HISTOIRE DE L'EUROPE

de 1610 à 1789

Tout exemplaire de cet ouvrage, non revêtu de notre griffe, sera réputé contrefait.

COURS D'HISTOIRE

CONFORME AU PROGRAMME OFFICIEL

CLASSE DE RHÉTORIQUE

HISTOIRE
DE L'EUROPE
de 1610 à 1789

Par T. TOUSSENEL

ANCIEN PROFESSEUR D'HISTOIRE AU LYCÉE CHARLEMAGNE,
INSPECTEUR HONORAIRE DE L'ACADÉMIE DE PARIS,
OFFICIER DE LA LÉGION D'HONNEUR.

PARIS
LIBRAIRIE CH. DELAGRAVE
15, RUE SOUFFLOT, 15

1879

AVIS.

Nous n'avons pas jugé à propos d'insérer dans ce volume des cartes qui eussent été d'un format trop restreint ou d'un maniement difficile. Nous recommandons à nos lecteurs les excellents *Atlas historiques* de M. Ch. Périgot, qui correspondent à chacun des Cours du programme officiel.

AVANT-PROPOS

Bien souvent, depuis vingt-cinq ans, mes nombreux élèves du lycée Charlemagne m'ont reproché de n'avoir pas publié les leçons d'histoire que j'y avais données à vingt-six générations scolaires (1834-1857), et dont le souvenir était resté dans leur esprit et dans leur cœur. Pendant mon rude exercice de quarante-cinq ans, il m'était difficile de satisfaire à leur désir ; aujourd'hui que l'Université m'a fait de riches (ou de pauvres) loisirs, il est bien naturel que pour l'honneur et la consolation de ma vieillesse, je me rappelle avec autant de plaisir qu'eux-mêmes mon laborieux enseignement du lycée Charlemagne. Enseignement laborieux et fécond ; il a donné la première impulsion, comme on veut bien me le rappeler souvent, à de jeunes talents qui s'ouvrirent d'abord les portes de l'École normale, plus tard celles de la Sorbonne, du collège de France et de l'Institut (1) ; d'autres se sont fait au barreau, dans les lettres, dans la presse, dans l'administration et dans nos lycées une position brillante ou honorable (2). Le succès de ces anciens cours d'histoire, que des hommes âgés de plus de soixante ans n'ont pas encore oublié, peut s'expliquer aisément, non certes par la science et le talent du professeur, mais par son travail et sa patience. Les *Sommaires* dictés avant chaque leçon en facilitaient l'intelligence, la rédaction et le souvenir précis ; l'étude de l'histoire devenait commode à ceux de nos élèves qui ne voulaient pas négliger pour elle les lettres proprement dites. Ces sommaires rédigés avec le plus grand soin et suivis par nous-mêmes jusqu'en 1871, avaient pour but et pour résultat d'accoutumer la mémoire des élèves à la discipline imposée par le jugement et de leur enseigner les faits *toujours les uns par les autres, au lieu de se borner à les amener les uns après les autres*. C'est là une méthode fort simple, mais trop souvent négligée, et qu'on pourrait développer longuement, mais qu'il suffit d'indiquer en quelques mots. Fénelon n'en dit pas si long dans son projet d'un traité sur l'histoire ; il demande « une narration facile à retenir par la liaison des faits ». Ces *Sommaires* qui par nos élèves de l'École normale et par leurs camarades, s'étaient répandus dans la plupart de

---

(1) Qu'il nous soit permis de nommer entre autres MM. Zeller, Perrot, Geffroi, Fustel de Coulanges, Foucard, Benoist, Crouslé, Albert.

(2) MM. Ferdinand Duval, les Tardieu, Got, Girette, Margry, About, Sarcey, Maxime Ducamp, de Molènes, Thiénot, Bonnefont, Hubault, Périgot, Simonnot.

nos lycées, même avant d'être imprimés, sont la partie importante du *manuel* que nous offrons aujourd'hui aux fils de nos anciens élèves.

T. TOUSSENEL.

Paris, 1ᵉʳ juin 1879.

ERRATA

Page 6, ligne 18, *au lieu de* Etas, *lire* Etats.
— 33, avant-dernière ligne, *au lieu de* Eurpo, *lire* Europe.
— 56, première ligne, *au lieu de* mdil, *lire* midi.
— 59, ligne 20, *au lieu de* le, *lire* les.
— 63, première ligne du sous-titre, *au lieu de* 1681, *lire* 1618.
— 66, avant-dernière ligne, *au lieu de* progrè, *lire* progrès.
— *Id.* dernière ligne, *au lieu de* n'espéran, *lire* n'espérant.
— 68, ligne 13, *au lieu de* Mecklembourgs, *lire* Mecklembourg.
— *Id.* ligne 16, *au lieu de* frai, *lire* frais.
— 71, ligne 14, *au lieu de* Hesse-Casse, *lire* Hesse-Cassel.
— 92, deuxième ligne, avant-dernière, *au lieu de* grossissent *lire* grossissent.
— 150, deuxième ligne, *lire :* à l'Angleterre.
— 196, ligne 33, après les succès de Créqui sur le Rhin, *ajouter :* (victoires de Rheinfelden et d'Offenbourg).
— 212, ligne 8, *au lieu de* Albermarle, *lire* Albemarle.
— 219, première ligne, *au lieu de* rovin, *lire* revint.
— 398, ligne 7, *au lieu de* 1763, *lire* 1766.
— 407, ligne 6 de la note, *au lieu de* 1783, *lire* 1785.
— 411, ligne 6, *au lieu de* 1643, *lire* 1743.
— 416, troisième ligne, avant-dernière, *au lieu de* 1754, *lire* 1764.
— 434, sixième ligne, avant-dernière, *au lieu de* Le français, *lire* Lefrançais (en un seul mot).
— 480, ligne 22 du sommaire, *au lieu de* 1763, *lire* 1773.

HISTOIRE DE L'EUROPE

Depuis 1610 jusqu'à 1789

CHAPITRE I.

GÉOGRAPHIE POLITIQUE DE L'EUROPE EN 1610.

SOMMAIRE.

1. — Henri IV est mort en préparant la guerre contre la maison d'Autriche. Au dedans, il a par son avénement agrandi le domaine royal, et par sa fermeté réduit les grands à l'obéissance; au dehors il a partout assuré ses alliances. — Si Jacques 1ᵉʳ, faible successeur d'Elisabeth, et penchant vers l'Espagne par sa croyance au droit divin des rois, n'est maintenu qu'avec peine dans l'alliance française, les Provinces-Unies sont de plus fidèles alliés de Henri IV; les Hollandais pendant la treve de 12 ans qu'il leur a ménagée (1609), et qui ne concerne que l'Europe, fondent déjà leur empire colonial. — En Italie, les Etats les plus importants, Venise, le Saint-Siége, la maison de Savoie, la Toscane, sont ralliés, comme les plus petits, à la politique française par l'appât des dépouilles de l'Espagne. — Philippe III poursuit la politique de son père au dehors contre la France et la Réforme; au dedans il ruine son royaume par l'expulsion des Maures; mais l'Espagne est toujours redoutable par le fanatisme de ses habitants, par ses possessions en Europe, et par ses vastes colonies que la conquête du Portugal a doublées.

2. — L'Allemagne, envahie par le calvinisme, est partagée par ses querelles religieuses entre l'Union évangélique(1608) et la Ligue catholique(1609). La maison d'Autriche, toujours puissante par ses Etats héréditaires, s'affaiblit sous Rodolphe II par ses dissensions intérieures. L'ouverture de la succession de Juliers (1610) semble annoncer la guerre entre les deux confédérations, comme entre la France et l'Autriche. — Parmi les états Scandinaves, le Danemark est prépondérant sous Christian IV par l'étendue de ses possessions. La Suède alors portée vers la Finlande et vers les provinces qui bordent son golfe, a renié les Wasa catholiques de la Pologne et soutient contre eux la branche cadette ou luthérienne des Wasa (Charles IX, Gustave-Adolphe). — La Pologne, déjà ruinée par cette guerre, envahit la Russie, et convoite pour un de ses princes le trône vacant de Moscovie, autre sujet de rivalité avec la Suède. — La Russie, encore éloignée de la mer Baltique et de la mer Noire, disputée et déchirée par les faux Démétrius, envahie par les peuples voisins, va sortir enfin de l'anarchie par l'élévation des Romanow (1613).

— Les Turcs ont conservé les conquêtes de Mahomet II et de Soliman II en Europe: toute la presqu'île Illyrique, et sur la rive gauche du Danube, la Valachie et la Moldavie, le banat de Temeswar, les pays entre le Danube et la Theiss, la Save et la Drave. Par les Tartares de Crimée, qui sont leurs vassaux, ils avoisinent la Pologne et la Russie. Henri IV a maintenu l'alliance de François Iᵉʳ avec la Porte, et le pavillon français couvre dans les échelles du Levant les navires et le commerce de l'Occident. — Ainsi Henri IV s'est partout ménagé des alliances. Si l'on ne croit pas au grand projet que lui prête Sully, il a au moins préparé l'abaissement de la maison d'Autriche par Richelieu et Louis XIV. Sa mort ajourne la guerre de l'indépendance politique et religieuse contre l'Autriche et l'Espagne.

I. Europe occidentale et méridionale : France, Angleterre, Provinces-Unies, Italie, Espagne.

Henri IV était mort en préparant la guerre contre la maison d'Autriche. Il avait mis la France, pacifiée au dedans, en état d'agir fortement sur l'Europe. En 1610, on était loin du temps où Montpensier venait faire à Henri IV sa fameuse proposition des gouvernements héréditaires. En frappant Biron et Bouillon, il avait guéri la haute noblesse de cette impertinence féodale. Il avait voyagé dans le Midi, fait tenir les grands-jours, abattu certaines têtes, démoli les châteaux, nids de rébellion qu'il connaissait mieux que personne, et préparé ainsi l'œuvre de Richelieu qui renversera en 1626 les forteresses intérieures. Les Bourbons des branches de Condé et de Montpensier, la maison de La Tour établie par un mariage dans la principauté de Sedan et Bouillon, les Gonzague dans les comtés de Nevers et de Rethel, la branche de Savoie dans le duché de Nemours, les princes lorrains, Mayenne et Mercœur, les autres familles puissantes, Montmorency, Clermont-Tonnerre, La Trémoille, reconnaissaient désormais et subissaient l'autorité du roi de France. L'avénement de Henri IV avait réuni au domaine royal les États de la principale branche de Bourbon et de la maison d'Albret: Basse-Navarre, comtés de Foix, de Béarn, de Bigorre; vicomtés de Soule et de Dax; Astarac et Armagnac, Fezensac, Lomagne, Rouergue et Périgord. Pour la réunion de ces États au domaine de la couronne, le Parlement triompha de la résistance illégale de Henri IV et consomma par l'édit de juillet 1607 ce dernier recouvrement des apanages et des grands fiefs. Le traité de Lyon conclu en 1601 avec le duc de Savoie avait donné à la France la Bresse, le Bugey, le Valromey et le pays de Gex.

Henri IV avait su se donner par sa politique autant de force en Europe qu'en son royaume. On peut s'en convaincre en examinant l'état de l'Europe à sa mort.

Jacques VI, roi particulier d'Écosse depuis la mort de sa mère, était aussi devenu roi d'Angleterre et d'Irlande en 1603, sous le nom de Jacques Ier, et gouvernait les deux royaumes dont l'union politique et parlementaire ne devait se réaliser qu'un siècle plus tard (1707). Il ne donna pas d'abord à la politique de la France l'appui que Henri IV avait le droit d'attendre du successeur d'Élisabeth. L'apologiste imprudent du droit divin des rois ou de ce qu'il appelait la *monarchie libre*, se sentait plus de sympathie pour l'Espagne. Mais le fils de Marie Stuart avait contre lui les catholiques et les presbytériens. Effrayé des encouragements secrets que donnait l'Espagne aux catholiques d'Irlande et d'Angleterre, il revint vers 1610 à l'alliance française. Il fiança le prince de Galles à une fille de Henri IV et promit de joindre ses troupes à celles de la Hollande et de l'Union évangélique. En dépit de ces promesses, Jacques était pour la faction protestante un appui peu solide. Ce roi, qui cassait le parlement en 1610 pour avoir réclamé contre les droits féodaux de la couronne et contre la cour de haute commission, n'était pas fait pour comprendre et servir la politique de Henri IV. Il persécutait Raleigh, qui avait découvert la Virginie, et s'intéressait peu à ceux qui continuaient ses découvertes, Davis, Hudson, etc. Il abandonnait les deux éléments où les Anglais avaient sous Élisabeth entrevu leur grandeur future, le protestantisme et la mer.

Les sept Provinces-Unies étaient de plus fidèles alliées pour la France. Elles s'étaient vengées de la prise d'Ostende, le grand succès du génois Spinola (1604), par leur victoire navale de Gibraltar en 1607, et l'habile agent de Henri IV, le fameux président Jeannin, leur avait ménagé en 1609 la trêve de douze ans : première reconnaissance de la République néerlandaise. Elle avait déjà par la Zélande les bouches de l'Escaut; Amsterdam pouvait déjà prévoir la décadence prochaine d'Anvers. La trêve, n'étant conclue que pour l'Europe, donnait aux Hollandais le droit de fonder aux Indes leur puissance coloniale. La compagnie des Indes, créée en 1602, occupait Java et les îles de la Sonde, découvrait dès 1606 la Nouvelle-Hollande ou Australie; en Amérique, à l'embouchure de l'Hudson, ils fondaient l'importante colonie de la Nouvelle-Belgique, qui sera plus tard l'État de New-York.

Dans l'Italie même, aussi peu entamée que l'Espagne par la Réforme, la France avait relevé son parti. Elle offrait les dépouilles de l'Espagne aux plus grands princes et aux plus petits. Au duc de Savoie, qui songeait dès lors peut-être à la dignité royale et demandait pour son fils une fille de France (traité de Brussol, 1610), elle offrait l'occasion de s'agrandir sur le Milanais et le Montferrat; elle faisait promettre les Présides à Cosme, grand-duc de Toscane; on gagnait de même le duc de Modène et de Reggio, César, de la maison d'Este, naguère obligé de céder Ferrare au pape; les Gonzague de Mantoue et du Montferrat, les Farnèse de Parme et Plaisance. Les républiques de Saint-Marin et de Lucques, les principautés de Piombino, de Massa et Carrare, n'étaient que d'insignifiants débris de l'ancien morcellement. Gênes elle-même, quoique maîtresse de la Corse, ne jouait plus qu'un rôle médiocre dans la politique italienne. Henri IV s'attacha surtout à gagner l'alliance de Venise, qui la première parmi les États catholiques l'avait salué roi de France; il s'était fait inscrire sur le Livre d'or, parmi les nobles Vénitiens, à titre héréditaire. A ses possessions en terre ferme, de l'Oglio au Frioul, Venise rattachait une partie de l'Istrie, les côtes et les îles de la Dalmatie, les îles Ioniennes et Candie. Venise avait maintenu sa fière politique contre le pape, et par la plume du moine fra Paolo Sarpi, défendu son pouvoir temporel contre Paul V, à l'époque même où le Saint-Siége affirmait sa suprématie dans la fameuse bulle *In cœnâ domini* (1610), et dans le livre du cardinal Bellarmin. Henri IV parvint, par l'habileté du cardinal de Joyeuse, à réconcilier le pape et la République. Il avait réveillé dans Paul V toutes les défiances de Sixte-Quint contre l'Espagne, et promettait Naples au Saint-Siége si les Espagnols étaient chassés d'Italie.

Philippe III poursuivait au dehors la politique de son père par ses intrigues contre l'Angleterre et la France, et au dedans la ruine de l'Espagne par la persécution et l'expulsion des Morisques de Valence, d'Andalousie et d'Aragon. Le clergé accusait les Morisques d'être restés musulmans au fond du cœur, et les alliés secrets de

Henri IV ou des Turcs ; la noblesse et la bourgeoisie ruinées ne leur pardonnaient pas d'être les plus industrieux et les plus riches habitants de la Péninsule. On rejeta ceux du midi sur l'Afrique, où plus de cent mille périrent de misère ; ceux du nord vers les Pyrénées, où Henri IV les fit recevoir avec charité. Ceux qui restaient dans le pays promettaient de l'aider en cas de guerre contre l'Espagne, et lui demandaient des chefs et des armes, en offrant de les payer. Henri IV attirait sans scrupule ces ennemis d'une puissance intolérante et perfide. Il savait que pour l'avénement d'une politique plus franche et plus généreuse, il faudrait longtemps surveiller, contenir et combattre par ses propres armes cette Espagne encore si puissante par la masse de ses États et le fanatisme de ses sujets.

Par la conquête du Portugal qui lui soumettait toute la Péninsule, elle avait doublé du même coup ses immenses colonies. A ses possessions d'Amérique (Floride, Mexique, Pérou, Chili, Buenos-Ayres, Cuba, la Jamaïque,) et à celles d'Afrique (Oran, Bougie), elle avait joint les colonies portugaises, en effaçant la ligne de démarcation : dans l'Amérique du Sud, le Brésil ; en Afrique, les comptoirs de la Guinée et du Congo, la côte de Mozambique ; en Asie, les îles de Socotora et d'Ormuz, Goa et la côte de Malabar, Ceylan, Malacca, les îles de la Sonde, les Moluques, Célèbes et Bornéo, et Macao. En Europe, elle possédait l'Italie du Nord et du Midi, c'est-à-dire le Milanais, la Sardaigne, les présides de Toscane, Naples et la Sicile, dix provinces aux Pays-Bas, et sur les frontières de France, en dehors de son cadre naturel, des provinces que Henri IV avait résolu de lui enlever : l'Artois, la Franche-Comté, le Roussillon et la Cerdagne.

II. Europe centrale et septentrionale : Allemagne, États scandinaves, Pologne et Russie. — Empire ottoman.

Henri IV voyait comme toute l'Europe l'autre branche de la maison d'Autriche resserrer son alliance avec l'Espagne, et préparer la guerre contre ceux qui s'étaient retirés de l'Église romaine. Il portait de ce côté tout l'effort de sa diplomatie. L'avénement et les rapides progrès du calvinisme en Allemagne, cette grande cause de la guerre de Trente ans, avaient donné plus d'audace au protestantisme et à la France un plus solide appui. L'*Union évangélique*, fondée sous le patronage de Henri IV et l'année même de sa conversion (1594), comprenait, calvinistes ou luthériens, l'électeur Palatin et les branches de Neubourg et de Deux-Ponts, les maisons de Bade-Dourlach et de Wurtemberg ; dans la maison de Brandebourg, l'électeur et les margraves d'Anspach et de Bayreuth ; le landgrave de Hesse-Cassel et un grand nombre de villes. Il lui manquait les maisons de Saxe et d'Anhalt, les ducs de Mecklembourg et de Poméranie. L'*Union* à ses congrès d'Aschausen et de Hall (1610) organisait la défense et même l'attaque (1). La constitution de Maximilien Ier avec sa division de l'Allemagne en dix cercles, sa chambre impériale et ses armées d'exécution, n'avait pas prévu cette division par la Réforme. Dès 1609, la *Ligue catholique* était formée par le duc de Bavière, les évêques du Midi, les électeurs ecclésiastiques et l'archiduc Ferdinand de Styrie.

Henri IV, informé de ces dissensions par les princes qui venaient réclamer son appui, comme le landgrave Maurice de Hesse en 1602, et par son habile agent Bongars, s'assurait des alliés même parmi les catholiques ; il promettait la couronne impériale dès qu'elle serait redevenue élective, au chef même de la Ligue, Maximilien de Bavière.

La maison d'Autriche était puissante aussi en Allemagne par ses vastes domaines. A son archiduché elle joignait les provinces annexes : Styrie, Carinthie, Carniole, Istrie, Tyrol et Vorarlberg, et certaines régions de la Souabe : Ortenau, Brisgau, Alsace ; à son royaume de Bohême, la Silésie, la Moravie et la Lusace ; à la couronne de Hongrie, l'Illyrie, la Croatie et une partie de la Dalmatie. Ces États héréditaires lui donnaient plus de pouvoir que son titre impérial. Mais la maison d'Autriche était divisée contre elle-même ; Rodolphe II, toujours entouré d'alchimistes et d'astrologues, terminait parmi des querelles de famille un règne troublé par tant de conflits en Allemagne.

Ce n'était pas assez d'avoir à combattre en Transylvanie quelques princes souverains toujours soutenus par les Turcs, les rebelles de la Hongrie, les hussites et les frères Moraves de Bohême ;

---

(1) Pfister, *Histoire d'Allemagne*, t. IV (allem.).

en 1607, son frère l'archiduc Mathias, reconnu par un conseil de princes autrichiens pour le vrai chef de la famille et le futur Empereur, se faisait reconnaître à l'avance roi des Hongrois, au prix d'une capitulation qui leur prodiguait les priviléges, et Rodolphe, craignant de perdre encore de son vivant la Bohême, signait la *lettre de majesté* (1609) qui donnait à ce royaume le droit de nommer des défenseurs de ses libertés religieuses et politiques.

L'ouverture de la succession de Juliers, le nombre des prétendants, la position des pays contestés sur le Bas-Rhin, le séquestre ordonné par l'Empereur sur les fiefs vacants, l'assemblée des princes protestants à Hall (1610), les armements de Henri IV, la levée des armées de l'Union et de la Ligue, firent croire que la guerre préparée par tant de violents conflits depuis 1555, allait dès lors éclater. Le crime de Ravaillac ajourna la guerre de Trente ans.

Les Etats scandinaves étaient par leur ferveur luthérienne autant que par la politique et le commerce, intéressés aux querelles de l'Allemagne. Le Danemark alors était prépondérant sous Christian IV. Outre la presqu'île du Jutland, le Schleswig et le Holstein, et son archipel, il possédait dans la péninsule scandinave la Norwége, toute la Laponie, et des provinces du sud et du centre de la Suède : Blekingie, Scanie, Halland, Jemtland, Héridalie. — La Suède, quoique maîtresse de la Finlande, était moins puissante sous la branche cadette des Wasa luthériens, Charles IX et son fils Gustave-Adolphe, qu'elle maintenait sur le trône en haine du fils de Jean III, Sigismond, devenu catholique et roi de Pologne. Gustave-Adolphe (1611) allait continuer la guerre contre la Pologne pour la couronne de Suède et pour l'Esthonie et la Livonie, et contre les Russes pour la Carélie et l'Ingrie.

Ce roi de Pologne et de Lithuanie, dont l'autorité nominale s'étendait des Karpathes à la Baltique, et de la Silésie au plateau de Waldaï, vers les sources du Dnieper, déjà ruiné par la guerre contre la Suède, envahissait la Russie, et brûlait Moscou pour établir son fils sur le trône alors vacant de Moscovie. La Russie, éloignée de la mer Baltique par la Suède et la Pologne, et qui ne songeait guère alors à s'étendre jusqu'à la mer Noire, dont la séparaient les Cosaques et les Tartares, s'abîmait dans l'anarchie qu'on nomme la période des faux Démétrius. A Féodor, dernier descendant direct de Rurik, avait succédé son beau-frère Boris Godùnow, qu'on accusait d'avoir empoisonné Démétrius, frère du czar. La Russie disputée par des imposteurs à ce despote intelligent, qui poussait déjà son pays à la civilisation européenne, allait sortir de l'anarchie par l'élévation des Romanow (1613).

Les Turcs Ottomans, quoique entrés en décadence, conservaient dans l'Europe orientale une position formidable depuis les conquêtes de Soliman sur la Hongrie. Au sud du Danube toute la péninsule illyrique leur appartenait : Thrace, Macédoine et Grèce, Albanie, Herzégovine et Croatie jusqu'à l'Unna; Bosnie, Servie et Bulgarie; au nord du Danube, ils avaient la Valachie, la Moldavie, et par leur suzeraineté sur les tartares de Crimée, ils s'avançaient jusqu'aux frontières de la Podolie et de l'Ukraine; ils occupaient le banat de Temeswar, une partie de la Hongrie entre le Danube et la Theiss; à l'ouest du Danube, presque tous les pays entre la Drave et la Save. Les Turcs, sous Mahomet III et sous Achmet Ier, étaient menacés en Asie par les Persans qui leur disputaient la vallée de l'Euphrate et du Tigre, et leur enlevaient pour un temps Tauris et Bagdad; mais en Europe ils entretenaient parmi les chrétiens les divisions qui assuraient leurs conquêtes sur le Danube. Ils soutenaient contre la maison d'Autriche les princes rebelles de la Transylvanie, Boskaï, Ragotski, Bathori, Gabor. Le représentant de la France à Constantinople, Savari de Brèves, l'un des plus habiles diplomates de Henri IV, cimentait l'alliance conclue par François Ier. Par un traité formel, le pavillon français couvrait tous les navires marchands, même ceux de l'Angleterre, dans les échelles du Levant.

On voit quel rang Henri IV avait donné à la France dans le monde. Si l'on ne croit pas à sa politique dans les formes grandioses que lui prêta peut-être l'imagination de Sully, à ce grand projet qui devait former en Europe une confédération de quinze États, et les maintenir en paix par un tribunal suprême, et par des principes établis de justice et de tolérance, au-dessus des diversités de religion et de gouvernement, on reconnait au moins qu'il avait solidement préparé l'abaissement de la maison d'Autriche, qui fut l'œuvre de Richelieu et de Louis XIV. Il allait faire la guerre à l'Autriche pour la succession de Juliers, et si la guerre générale en résultait, il avait partout des alliances et des armées.

En Allemagne et aux Pays-Bas espagnols, contre les deux branches de la maison d'Autriche, il donnait la main aux armées des rois d'Angleterre, de Danemark et de Suède, aux protestants des États autrichiens ; du côté de l'Italie, Lesdiguières devait se joindre aux troupes levées par le Pape, Venise et la Savoie ; enfin deux autres armées se préparaient sur les Pyrénées. La mort de Henri IV ajourna cette guerre de l'indépendance politique et de la liberté religieuse contre la maison d'Autriche.

CHAPITRE II.

LOUIS XIII; ÉTATS GÉNÉRAUX DE 1614; RICHELIEU; SA LUTTE CONTRE LES PROTESTANTS ET CONTRE LA NOBLESSE.

SOMMAIRE.

1. — Marie de Médicis, investie des pleins pouvoirs de la régence par le Parlement, mais trop faible contre les intrigues des seigneurs et des huguenots, abandonne bientôt la politique de Henri IV pour se rapprocher de la maison d'Autriche et négocier avec l'Espagne un double mariage. La disgrâce de Sully et la faveur de Concini provoquent la première révolte des huguenots et des seigneurs, que la régente désarme par le traité de Sainte-Menehould.
2. — Aux États généraux de 1614, les derniers de l'ancienne monarchie, la noblesse attaque la vénalité des charges, le clergé réclame la promulgation des décrets du Concile de Trente, le tiers état demande l'inviolabilité et l'indépendance de la couronne, et de grandes réformes, sagement et clairement indiquées. L'impuissance et la division des trois ordres livrent le peuple à la monarchie absolue. Le Parlement, reprenant l'œuvre des États, oppose à son tour de vaines remontrances au despotisme de la cour et à sa politique extérieure, mais refuse de s'unir à la seconde révolte des seigneurs, qu'on désarme encore par le traité de Loudun (1616). La vigueur ne réussit pas mieux à la cour que ces lâches concessions. L'arrestation de Condé est bientôt suivie du meurtre de Concini (1617), et du supplice de sa femme.
3. — La reine-mère se fait deux fois la complice des grands contre le nouveau favori de son fils, d'Albert de Luynes (traités d'Angoulême et d'Angers, 1619-1620). Dans la même année, le rétablissement de la religion catholique dans le Béarn provoque une guerre plus sérieuse, celle des calvinistes entraînés par l'exemple de leurs frères d'Allemagne et des Provinces-Unies (siège de Montauban, et mort de Luynes, 1621). Louis XIII, comme son père, achète la soumission des seigneurs protestants et signe avec eux la paix de Montpellier (1622).
4. — Richelieu, introduit au conseil par la reine-mère (1624), impose au roi ses plans contre la noblesse, les huguenots et la maison d'Autriche. Il gagne d'abord l'Angleterre qu'il unit à la France par un mariage, soutient l'Allemagne du nord contre l'empereur, les Hollandais contre l'Espagne, et chasse les Espagnols de la Valteline. Mais il est forcé par les huguenots de La Rochelle d'ajourner sa politique extérieure, et par les intrigues de la cour de traiter avec les huguenots et avec l'Espagne (traité de Monçon, 1626). Il se venge sans pitié du premier complot de Gaston, de la reine et des nobles

(supplice de Chalais). Pour en appeler des courtisans à l'opinion publique, il convoque l'assemblée des notables (1626) et les gagne comme le roi à sa politique ; il rétablit les finances, organise les forces de terre et de mer, supprime les grandes charges et démolit les forteresses intérieures.

5. — Charles Ier soutenant contre lui les huguenots de La Rochelle, le force de s'unir à l'Espagne, et de différer son intervention directe dans la guerre de Trente ans, où ses alliés sont vaincus. Il dompte les calvinistes à l'ouest et au midi, par la prise de La Rochelle et par la paix d'Alais (1629). A peine vainqueur des calvinistes, il attaque deux fois la maison d'Autriche en Italie, dans la guerre pour la succession de Mantoue, et lance contre elle Gustave-Adolphe, tout en la désarmant dans la diète de Ratisbonne (1630).

6. — Pendant ces guerres d'Italie et ces négociations actives en Allemagne, il conserve son ascendant sur Louis XIII, même contre sa famille (journée des dupes) ; il étonne les grands par le supplice de Marillac et de Montmorency (1632) ; il humilie le Parlement et brise les libertés provinciales du Languedoc.

7. — Il occupe la Lorraine, toujours complice de Gaston. Le duc d'Orléans, chassé de France et de Lorraine, devenu l'allié de l'Espagne, est forcé de se soumettre à Richelieu, qui peut enfin secourir directement ses alliés d'Allemagne (1635). Il combat jusqu'à sa mort, en même temps que la maison d'Autriche, les provinces soulevées par les impôts et par la haine opiniâtre de ses ennemis intérieurs, qui se manifeste encore par la guerre ouverte et par deux conspirations (le comte de Soissons, 1641, et Cinq-Mars, 1642).

8. — Richelieu laisse la France partout victorieuse, en possession de quatre provinces (Alsace et Lorraine, Artois et Roussillon), la maison d'Autriche vaincue en Allemagne par les Suédois et bravée en Espagne par la Catalogne et le Portugal. — Son administration intérieure a préparé dans tous les sens le règne de Louis XIV. Les parlements sont réduits à leurs attributions judiciaires, encore amoindries par les commissions. La création des intendants, opposés dans les provinces aux gouverneurs et chargés de l'administration civile (1635), a porté le dernier coup à l'aristocratie féodale. Les finances d'abord rétablies par le marquis d'Effiat, restent en souffrance par suite des dépenses de la guerre de Trente ans ; mais les forces terrestres et maritimes de la France sont considérablement augmentées, sa législation améliorée ; sa puissance coloniale se développe ; sa suprématie littéraire commence ; l'Académie française est fondée, 1635. (Le Cid est de 1636 ; la Méthode de Descartes de 1637).

1. Régence de Marie de Médicis.—Concini.— Première révolte des huguenots et des seigneurs. — Traité de Sainte-Menehould (1614).

L'aîné des fils de Henri IV n'avait que neuf ans. Les ministres poussèrent la reine-mère à s'emparer de la régence. Dans le premier moment, noblesse, bourgeoisie, parlement, protestants et catholiques, tout le monde s'entendit contre le crime de Ravaillac. Sully et d'Épernon s'embrassèrent. Plusieurs curés de Paris tonnèrent contre les Jésuites. Le Parlement, plus hardi que la cour n'eût voulu, somma la Sorbonne de confirmer son décret de 1413 contre le meurtre des princes, et fit saisir les écrits de Mariana et de Bellarmin. Quelques heures après la mort du roi, tandis que Sully s'enfermait dans la Bastille, le Parlement, pressé par le duc d'Epernon et par l'opinion publique, conféra les pleins pouvoirs de la régence à la reine-mère. Quoique le lendemain, pour modérer l'orgueil qu'il en pouvait prendre, on lui montrât le petit roi dans un lit de justice, déléguant le pouvoir à sa mère, le Parlement se crut dès lors autorisé par la nation et comme son premier représentant à joindre le pouvoir politique au pouvoir judiciaire. Les ministres avaient reconnu son droit. On le verra sous les deux règnes suivants répéter la même usurpation.

Le conseil de régence, où figuraient les princes du sang, les princes de Lorraine, le duc d'Epernon et Sully, eut moins de crédit sur la reine-mère que ses conseillers secrets, qui la rapprochaient de l'Espagne, le favori Concini et le Père Cotton. Si d'abord Marie de Médicis envoya 12,000 hommes avec La Châtre joindre les troupes de l'Union et des Provinces-Unies et s'emparer de Juliers pour les princes de Brandebourg et de Neubourg, on vit bientôt qu'après ce premier ménagement pour les alliés de Henri IV, elle abandonnait sa politique et ses alliances. Elle promettait de ne plus troubler les princes autrichiens dans les affaires d'Allemagne, pourvu que Philippe III n'assistât plus les mécontents de son royaume. Déjà même, abandonnant les mariages préparés par Henri IV avec la Lorraine et la Savoie, elle proposait le double mariage de Louis XIII avec l'infante Anne d'Autriche, et d'Élisabeth avec le fils de Philippe III, comme base d'une secrète alliance entre les deux cours. Marie de Médicis croyait trouver dans ce changement de politique extérieure un sûr moyen de contenir les princes du sang et les Huguenots et de mettre dans son parti la bourgeoisie catholique. Les ministres Sillery, Villeroi et Jeannin, sans être vendus à l'Espagne, étaient dévoués au système des alliances catholiques. Pour donner un premier gage à cette puissance, la mauvaise politique de la régente rejeta sur l'Afrique 150,000 des Morisques chassés par Philippe III et recueillis dans les Pyrénées par les soins généreux de Henri IV et de La Force, gouverneur du Béarn. Bientôt nos troupes étaient rappelées de Juliers, et nos alliés d'Allemagne et d'Italie, le pape, la Toscane et la Savoie, livrés à la merci de la maison d'Autriche. Le duc de Savoie, qui tirait déjà l'épée pour conquérir son royaume de Lombardie, se vit contrarié par la régente dans son coup de main sur Genève. Marie de Médicis ménageait même les protestants.

Au dedans, les grands, les huguenots, quelques-uns même des catholiques *à gros grains*, comme on appelait les partisans de la reine, s'indignaient de la puissance du florentin Concini, mari de la confidente Éléonore Galigaï, qui devint successivement marquis d'Ancre, gouverneur d'Amiens, de Péronne et de Dieppe, et maréchal de France. Condé, revenu de Milan, parut gagné d'abord par les faveurs de la reine-mère. Sully se retira devant la fortune scandaleuse de l'aventurier, petit-fils d'un notaire auquel on rapportait de Florence une généalogie illustre. Sully, voyant la France tombée en d'étranges mains, suivant sa prédiction, négocia sa retraite, prit sa part du Trésor que les courtisans pillaient déjà, et se retira dans son gouvernement du Poitou, pour y vivre jusqu'à sa mort (1641) dans la pompe austère d'un souverain féodal. Sa disgrâce fut regardée comme un désaveu formel du règne de Henri IV, et ses dernières paroles jetèrent l'alarme parmi les huguenots. La confirmation de l'édit de Nantes, premier acte du gouvernement de Louis XIII, ne les rassurait plus. Le roi est mineur, soyons majeurs, disait Duplessis-Mornay, qui publiait alors le *Mystère d'iniquité*, c'est-à-dire l'histoire des papes. Ils demandèrent qu'on leur permit de s'assembler comme sous le règne précédent, pour l'élection des deux commissaires qui devaient résider durant trois ans auprès du roi. Les réformés français, répartis en cinq cents églises et quinze provinces, sans compter le Béarn, se réunirent dans leurs synodes partiels et nommèrent soixante-dix députés, trente gentilshommes, vingt pasteurs, seize membres du tiers-état, et quatre du gouvernement de La Rochelle. Ainsi ce peuple des huguenots avait ses états généraux, ses trois ordres, et, pour mieux ressembler à l'autre peuple, ses chefs militaires et féodaux, ses pairs, qui figuraient de plein droit dans l'assemblée, sans tenir leur pouvoir de l'élection : les ducs de Bouillon, de La Trémoille, de Rohan, de Soubise, de La Force, etc. Qu'on se figure l'effet que devaient produire sur la nation ces rassemblements des réformés dans les provinces. C'était pour les catholiques comme une insulte à leur croyance, ou comme un exemple dangereux de liberté politique. Dans cette assemblée de Saumur, qui n'entendait pas se borner à nommer ses commissaires près du roi, se révéla par une éloquence vive et concise, alors peu commune, le jeune duc de Rohan, désormais le véritable chef du parti. Le duc de Bouillon, toujours ennemi de Sully, et Lesdiguières aidèrent la cour à dissoudre cette dangereuse assemblée, où les Huguenots se promettaient de rester unis par cercles pour le maintien de leur indépendance. Mais les assemblées provinciales se reformèrent pour entendre et commenter le rapport de leurs députés. A quelque temps de là Rohan, bien résolu à *périr ou faire une république*, prit Saint-Jean-d'Angely par un coup de main que la régente n'osa pas punir (1612), et rétablit les conseils provinciaux que l'édit de Nantes avait supprimés.

D'autre part, la noblesse jugeait le moment favorable pour réagir contre la royauté. La régence d'une femme sans cœur et sans esprit était le bon temps pour les intrigues. Les grands, qui sentaient que la régente avait besoin d'eux contre les princes du sang, se faisaient promettre la survivance de leurs gouvernements pour leurs héritiers. Au milieu d'un peuple las de guerres civiles, on vit la plus haute noblesse, Condé, les deux Vendôme, Henri de Mayenne, les ducs de Guise, de Longueville, d'Epernon, de Nevers, s'agiter, non pour avoir l'indépendance féodale, comme au temps de Louis XI, ni pour défendre la liberté de conscience ou l'ancienne croyance, comme au temps de la Ligue, mais dans le but misérable de piller le trésor de la Bastille. Elle faisait la guerre au trésor plutôt qu'à la royauté. La soumission des nobles au gouvernement de Concini dura autant que le trésor de la Bastille. Dans ces courts moments de repos, Marie de Médicis élevait le palais du Luxembourg sur le modèle des palais de Florence. La noblesse recherchait le luxe et les plaisirs, les fêtes chevaleresques auxquelles on n'avait guère songé pendant les guerres de religion ; c'était le sacre de Louis XIII, puis le fameux carrousel de 1612, sur la Place Royale bâtie par Henri IV. Pour cette noblesse livrée aux émotions violentes de la magie et du jeu, les duels aussi étaient des fêtes.

Quand le trésor de la Bastille fut vide, alors seulement Condé jugea la politique de la reine-mère contraire aux intérêts de la France, comme Sully l'avait dit dès les premiers jours de la régence ; et son manifeste ou déclaration de guerre civile plein de contradictions ridicules, où il réclamait pour tout le monde, et se posait comme vengeur de l'État après l'avoir pillé, dénonça la faveur de Concini, l'alliance espagnole, le mépris qu'on faisait de la noblesse, les impôts qu'on levait sur le peuple. La guerre n'eut pas lieu. Concini connaissant la *grosse faim* de leur avarice et de leur ambition, comme dit Richelieu, marchanda le traité de Sainte-Menehould, fit aux seigneurs un nouveau partage du trésor et des charges, pour défrayer la révolte, et promit que les Etats généraux seraient convoqués et consultés pour les mariages. Les rentiers ne touchèrent cette année-là que la moitié de leurs rentes; mais le duc de Mayenne eut 300,000 livres pour se marier. Le peuple ne s'était guère ému des déclamations patriotiques d'un prince qu'on soupçonnait de correspondre avec l'Espagne.

II. Majorité de Louis XIII. — États généraux de 1614. — Deuxième révolte de Condé ; traité de Loudun (1616). — Arrestation de Condé. — Meurtre de Concini (1617).

Louis XIII approchait de sa quatorzième année, et c'est pourquoi la reine avait reculé devant cette révolte des nobles qui n'était soutenue ni par les parlements ni par les huguenots. Elle mettait son honneur à parvenir au terme de sa régence sans guerre civile. Louis XIII, reconnu majeur dans une assemblée solennelle des princes et des seigneurs, semblait peu capable de gouverner. Il aimait la chasse comme Charles IX, montrait du goût pour la guerre, et n'avait bien étudié que l'art des fortifications. Celui de ses courtisans qu'il préférait était Charles d'Albert de Luynes, pauvre gentilhomme du comtat d'Avignon, habile à dresser des pies-grièches pour la volerie, et créé *maître des oiseaux du cabinet*.

Les États généraux s'assemblèrent quelques semaines après la déclaration de majorité, la reine insistant pour convoquer ces États dont les princes ne voulaient plus, et dont les élections leur furent défavorables. Il y avait cent quarante membres du clergé, parmi lesquels on distingua le jeune Richelieu, évêque de Luçon, sous la présidence du cardinal de Joyeuse ; cent trente-deux gentilshommes, présidés par le marquis de Baufremont, et cent quatre-vingt-deux députés du tiers-état, présidés par Robert Miron, prévôt des marchands, frère du prévôt François Miron qui sous Henri IV avait achevé l'Hôtel de ville et présidé à tous les embellissements de Paris. On a vu naguère la cour de Rome déposer Henri III et Henri IV, et disposer deux fois de la couronne; Jacques Clément poignarder Henri III aux applaudissements d'un peuple fanatique, vingt furieux avant Ravaillac s'armer contre Henri IV. On vient de voir Marie de Médicis se rapprocher de l'Espagne, les huguenots braver la cour avec leurs deux cents places fortes et leurs assemblées légales, puis la noblesse prendre les armes, et faire payer sa révolte. Cette assemblée des États, toujours irrégulièrement convoquée, inégalement fournie par les provinces, votant par bailliages dans les bureaux, par gouvernements dans les discussions générales, qui dénonçait les abus sans faire les lois, et ne disputait pas même au conseil d'état le droit de statuer sur les élections contestées, avait donc à traiter, sinon à résoudre, les plus hautes questions de la politique : au dedans l'indépendance et l'inviolabilité de la couronne, compromises par les fureurs de la Ligue, les privilèges dangereux des calvinistes, l'éternelle sédition des seigneurs, la dilapidation des deniers publics par les pensions des nobles, et la vénalité des charges ; au dehors l'alliance de la régente avec l'Espagne, et l'abandon des alliés de Henri IV.

Après les discours d'ouverture et d'apparat, la noblesse demanda dans son intérêt privé, mais au nom du bien public, l'abolition de la vénalité des charges de judicature, qui donnait tant de force à la haute bourgeoisie dans les parlements et dans les tribunaux. Le tiers-état, en effet, c'était la magistrature même et l'ordre judiciaire en face de l'ordre sacerdotal et de l'ordre militaire. Le tiers-état, pour n'être pas seul en sacrifice, demanda la diminution des impôts et l'abolition des pensions réservées à la noblesse, dont la somme totale égalait presque les gages des fonctionnaires publics. Le clergé, médiateur habile et quelquefois sincère entre les deux ordres laïques, demandait la publication des décrets du Concile de Trente. Ce fut sur ce terrain brûlant des libertés de la couronne et de l'église gallicane, des questions à la fois politiques et religieuses, que s'exerça principalement l'éloquence des grands orateurs du temps. Le tiers-état pour en finir avec les doctrines

ultramontaines de la Ligue, proclamait dans le premier article de
son cahier, sous le nom de loi fondamentale, adoptée par dix gouvernements sur douze, l'inviolabilité et l'indépendance des rois.
Le clergé admettait leur inviolabilité, comme le concile de Constance, mais sans rien statuer sur leur indépendance, par égard
pour le Saint-Siége. Le parlement appuya d'un nouvel arrêt sur
la matière les opinions du tiers-état. Miron réfuta dans une improvisation, remarquable par l'éloquence politique et par le savoir, tous les sophismes du cardinal Duperron qui représentait
l'article du tiers-état comme une inspiration du calvinisme. La
cour, effrayée de la résistance du clergé, imposa lâchement silence
au tiers-état comme au parlement. Mais à défaut d'une loi, le progrès des esprits condamnait les doctrines anarchiques de la Ligue.
A ce point de vue, et comme expression des sentiments de la
bourgeoisie, le discours de Miron valait une loi. Quelques années
plus tard (1623-1626), le clergé et la Sorbonne assurèrent le
triomphe des principes du tiers-état en condamnant le régicide,
et l'article de 1614 reparut dans la fameuse Déclaration du clergé
en 1682.

On vit bien encore les progrès du tiers-état, et quelle idée
il avait de son importance, à propos d'une querelle où le sieur
de Bonneval, député de la noblesse, avait battu Chavaille, membre
du tiers. Miron et tout le tiers-état allèrent demander justice au
roi, à genoux, mais comme représentants de toute la nation: réplique hardie aux prétentions de la noblesse qui soutenait que la
différence entre elle et le tiers-état était du maître au valet, et
non de l'aîné au cadet, comme les bourgeois l'avaient osé dire.
Miron porta la parole une troisième fois, à la fin de la session,
pour exposer les vœux du tiers-état, ses vues sur l'ensemble du
gouvernement, sur l'état de la société française et sur les réformes
qu'elle avait le droit d'exiger : abolition des priviléges et des corporations, égale répartition des impôts sur toutes les classes, convocation régulière et décennale des États-généraux, commissions
permanentes des États pour veiller à l'accomplissement des promesses de la cour ; affranchissement des mainmortables moyennant récompense estimée par les tribunaux ; jugement des gens
arrêtés dans les vingt-quatre heures ; unité des poids et mesures ;
unité douanière ou transport des douanes aux frontières ; suppres-

sion de la charge de connétable, des fermes générales, des monopoles en France et dans la *Nouvelle-France* du Canada.

Le discours de Miron et le cahier du tiers-état résument pour ce temps-là toute la science de la bourgeoisie, et sont faits pour en donner une haute idée. Toutes ces demandes sont dictées par le sage désir de soulager le peuple et de prévenir les révolutions, d'affermir l'ordre public en même temps que l'autorité royale, d'améliorer progressivement la législation civile, et d'assurer à la nation une représentation réelle. Il importait surtout de rendre les décisions des États plus obligatoires pour la royauté qui possédait seule le pouvoir législatif. Toutes ces demandes furent éludées. Un gouvernement assez faible pour refuser, comme on l'a vu, les armes que lui offrait le tiers-état, se garda bien d'entreprendre la réforme de la noblesse et du clergé ; il y fallait la main puissante de Richelieu et de Louis XIV. Toutes les réformes demandées par Miron et consignées dans le cahier du tiers, furent des matériaux tout prêts pour les ordonnances de Richelieu, pour les codes de Louis XIV, et même pour notre législation moderne.

Avec les États de 1614 finit ce vieux système représentatif des trois ordres toujours impuissant, que le peuple cessa de regretter dans son ancienne forme, et qu'il ne rappela plus tard que pour l'imposer aux privilégiés dans une forme nouvelle. Personne n'avait suivi plus curieusement les débats de cette dernière assemblée des États que le jeune évêque de Luçon, déjà remarqué pour l'élévation de ses idées et de son langage, et se plaignant qu'on ne donnât pas au clergé dans les affaires publiques la place que lui-même y allait prendre.

Après que la reine-mère eût renvoyé les députés avec de vaines promesses, ayant besoin de leur salle pour un ballet composé par la sœur du roi, le parlement tenta de suppléer à l'impuissance des États, soit par l'assemblée des princes et des pairs que la cour ne permit point, soit par des remontrances qui lui attribuaient parmi d'autres réformes le droit de modifier les édits qu'il enregistrait. Un arrêt du conseil supprima encore ces remontrances. La reine prétendit fièrement que dans un État monarchique comme la France, le roi ne devait compte de ses actions qu'à Dieu. Le parlement n'osa pas se joindre aux princes contre la cour, et rallumer la guerre civile : modération remarquable entre la Ligue et la

Fronde. La noblesse, abandonnée par le parlement, continua sa lutte contre la cour. Un manifeste qu'elle répandit dans le royaume, accusait la reine de sacrifier la France à l'Espagne, et la dignité du trône à d'indignes favoris. En même temps que les princes armaient dans le nord, ils soulevaient les huguenots du midi pour mettre la cour entre deux révoltes. La cour alla sous la protection d'une armée conclure à Bordeaux le mariage de Louis XIII avec Anne d'Autriche. L'armée des princes la suivit sans l'attaquer. Le mariage conclu, Marie de Médicis ne fut ni plus forte, ni plus respectée. Il fallut par le traité de Loudun (1616), plus honteux que celui de Sainte-Menehould, céder à Condé cinq places de sûreté, distribuer six millions et des titres à ses partisans, et reconnaître qu'ils avaient tous agi en bons et fidèles sujets. On promit d'avoir égard aux remontrances des États et du parlement.

Condé se crut maître du gouvernement qu'il avait deux fois humilié. Les plus fougueux de ses partisans parlaient de l'élever au trône, à la place d'un enfant maladif, qui ne semblait rechercher ni les droits ni les plaisirs de la royauté. Ce triomphe insolent qui chassait Concini dans ses villes de Normandie fut troublé par Richelieu. Le favori, poussé par ses conseils, décida la reine-mère à tenter un coup d'état. Condé fut arrêté au Louvre, conduit à la Bastille, et emprisonné à Vincennes comme son aïeul, son père et son fils. Les ducs de Bouillon, de Longueville, de Vendôme et de Mayenne eurent le temps de s'enfuir. La populace ameutée par leurs partisans, pilla l'hôtel d'Ancre, et fut contenue par la bourgeoisie; Concini revint triompher à son tour, distribuer les emplois, et braver la haine publique. Villeroi, ministre sous quatre rois, Sillery et Jeannin vieillis dans les affaires publiques, et qu'on appelait les *barbons*, sortirent du conseil où la confiance de la reine-mère appelait Richelieu, comme ministre des affaires étrangères et de la guerre, avec le pas sur les autres. Concini offrit au roi contre les partisans de Condé une armée de sept mille hommes qu'il avait levée en Allemagne. On s'indigna de voir un Condé sacrifié à ce florentin. Ce pouvoir scandaleux d'un étranger humiliait ceux qui supportaient par habitude le pouvoir d'un prince du sang. Concini lui-même s'effrayait de son étrange grandeur, et voulait se retirer en Italie avec huit millions de fortune; mais sa femme craignit de se montrer ingrate envers la reine. Ce fut une intrigue de palais qui renversa le favori.

Albert de Luynes, ce pauvre gentilhomme du comtat d'Avignon, chargé d'élever pour le roi des oiseaux de chasse, fut pour Concini un plus terrible ennemi que ces princes qui soulevaient les provinces au nom du roi captif, et qu'on assiégeait dans Soissons. De Luynes, allié secret des mécontents, sut persuader à son maître, esprit sombre et soupçonneux, qu'il était bien temps de quitter les jeux de son enfance, et de renverser le maire du palais qui régnait à sa place. Louis XIII chargea Lhospital de Vitry, capitaine des gardes, d'arrêter Concini et de le tuer s'il résistait. Le lendemain, quand le maréchal se présenta au Louvre, Vitry le somma de remettre son épée, et comme il faisait mine de la tirer, il tomba percé de trois balles (1617). Vitry devint maréchal de France pour avoir tué Concini, comme Thémines pour avoir arrêté Condé; le duc de Bouillon à ce propos s'indignait justement de porter le bâton de maréchal de France, depuis qu'il se gagnait par le métier de sergent et d'assassin, et Richelieu dans ses mémoires, s'indigne de la servilité du parlement qui reconnut au roi le droit de meurtre sans formalités. Louis XIII élevé sur un billard par ses jeunes courtisans, tout joyeux d'être roi, et de s'entendre appeler le *Juste*, ordonna d'arrêter la maréchale, fit mettre des gardes à la porte de sa mère, et refusa de lui parler. Il lui fit savoir seulement qu'elle pouvait recouvrer ses bonnes grâces en quittant Paris pour quelque temps, lui laissa le choix de son exil, et la vit partir pour Blois sans paraître ému de sa douleur. Il annonça par une déclaration qu'il avait pris en main les rênes de l'État, rappela les princes à la cour, confirma le traité de Loudun et changea le ministère. Luynes pensa qu'on lui saurait gré de rappeler au pouvoir les barbons chassés par Concini, les anciens ministres de Henri IV, Villeroi, Jeannin et Sillery. Richelieu fut renvoyé dans son évêché de Luçon. Le peuple se fit sa part dans cette révolution de palais. Ameuté par les laquais des princes, il déterra le cadavre du maréchal d'Ancre, qui fut pendu sur le Pont-Neuf, déchiré, brûlé et jeté dans la Seine. Restait le procès de la maréchale que le parlement condamna au feu comme sorcière et criminelle de lèse-majesté, et dont le courage émut le peuple.

Pour avoir mis quelque énergie à défendre contre les grands son crédit et sa fortune, Concini ne méritait pas d'être considéré par quelques historiens comme un précurseur de Richelieu ; il y a loin de l'aventurier florentin au grand ministre de Louis XIII.

III. D'Albert de Luynes.— Révoltes de la reine-mère: traités d'Angoulême et d'Angers (1619-1620) — Révolte des huguenots: siège de Montauban; mort de Luynes (1621); traité de Montpellier (1622).

La France, gouvernée par d'Albert de Luynes, qui devint duc et pair, n'avait ni plus de gloire ni plus de repos qu'aux mains de Concini. Le favori du roi remplaçait celui de sa mère, et Bouillon retiré à Sedan pouvait bien dire que la cour était toujours *la même auberge avec un autre bouchon*. Une insignifiante assemblée de notables à Rouen, présidée par Gaston, frère du roi, alors âgé de neuf ans, l'abolition très-passagère de la *Paulette*, des ordonnances contre le duel et le luxe, donnèrent peu de relief à la nouvelle administration. On jugea que ce n'était point la peine d'avoir obtenu du jeune roi le meurtre de Concini et le renvoi de sa mère, pour élever si haut un petit gentilhomme de province, ses frères Cadenet et Brant, devenus maréchaux de France, et tous les petits parents qui leur vinrent du côté d'Avignon. On se prit de pitié pour Marie de Médicis qui n'était pas même consultée pour le mariage de sa fille Christine avec le prince de Piémont. Le duc d'Épernon, alors en disgrâce, résolut de rendre le pouvoir à la reine-mère pour l'exercer en son nom. Il la tira de Blois, et la reçut à Angoulême, ville de son gouvernement. La cour en apprit la nouvelle au milieu des fêtes du mariage. Mais personne ne bougea. D'Épernon, effrayé de son échauffourée, et craignant quelque trahison de la reine-mère, ne songea plus qu'à négocier avec le favori, qui craignait de son côté la violence et la révolte. Richelieu, tiré de sa retraite par la cour, obtint de Marie un raccommodement peu sincère, quoique suivi d'une entrevue larmoyante. La reine-mère eut la liberté d'aller où elle voudrait ; on lui donna une maison considérable et le gouvernement de l'Anjou. Ce fut le traité d'Angoulême (1619).

La trêve ne dura pas longtemps. Le favori tira Condé de sa prison pour l'opposer à Marie toujours éloignée de la cour. Le roi fit pour lui et les siens une quinzième promotion de chevaliers du Saint-Esprit. On accusait la belle duchesse de Luynes, Marie de Rohan, qui fut plus tard la duchesse de Chevreuse, d'éloigner le roi de sa femme, et de communiquer à la jeune reine son humeur galante; la cour d'Angers se peuplait de mécontents, et Marie de Médicis flattait les huguenots alors réunis à Loudun pour leur assemblée triennale. La ligue féodale se reforma dans l'ouest depuis la Normandie jusqu'à la Guyenne, mais confuse et troublée de mesquines passions, et sans action sur le peuple qui vit avec indifférence le roi soumettre la Normandie, Condé et le maréchal d'Ornano tuer quatre ou cinq cents rebelles aux Ponts-de-Cé, et ruiner d'un seul coup la ligue des nobles. Richelieu, habile à ménager pour sa fortune tous les accidents de la politique, vint s'entremettre encore entre le roi et sa mère, et conclure le traité d'Angers qui confirmait celui d'Angoulême (1620). Il y gagna le chapeau de cardinal (1622).

Cette même année 1620, Louis XIII, à la tête d'une armée, allait rétablir le culte catholique dans le Béarn, réunir le pays à la couronne, et rendre au clergé tous ses biens, en indemnisant par des pensions les ministres protestants. C'était l'accomplissement d'une promesse faite par Henri IV au moment de son absolution, et d'une ordonnance portée par Louis XIII lui-même en 1617, mais dont les intrigues de la noblesse et les menaces des députés de Loudun avaient retardé l'exécution. Cette expédition ralluma la guerre des huguenots, plus sérieuse que celle des nobles. C'était le temps où le chef des calvinistes allemands, l'électeur palatin Frédéric V, commençait la guerre de Trente ans contre la maison d'Autriche. Le Béarn osa résister comme la Bohême pour ses libertés religieuses. Malgré Sully et Duplessis Mornay, la grande assemblée de La Rochelle proclama la république des églises réformées de France et de Béarn. Dans cette déclaration d'indépendance semblable à celle des Provinces-Unies, on partageait les 722 églises réformées en huit cercles, dont chacun aurait ses chefs civils et militaires, sous la direction d'un conseil représentatif. On nomma Bouillon chef-général des armées réformées; on demanda des secours aux calvinistes de Hollande, d'Angleterre et d'Allemagne. On crut trouver dans Bouillon ou dans Rohan un Guillaume d'Orange. Mais les huguenots disséminés en 722 églises étaient sans force au milieu de la majorité catholique, même dans le midi. Si le catholicisme n'avait plus les passions farouches de la Ligue, il n'en était pas moins la croyance définitive du pays, et le symbole de l'unité nationale. Des ordres nouveaux attestaient sa fécondité. Le cardinal de Bérulle fondait les Oratoriens, et saint Vincent de Paul les Sœurs de charité. Les Jésuites, agents de la Sainte Ligue ou Société de la propagande chrétienne instituée par Grégoire XV, maîtres de l'Espagne et de l'Italie, soutenaient le catholicisme en Angleterre, essayaient de le rétablir en Suède, entamaient l'Indostan, la Chine et le Japon, et fondaient leur république du Paraguay. Les Jésuites poussaient Louis XIII à soutenir la maison d'Autriche contre les calvinistes allemands, au lieu de protéger comme son père les protestants contre l'Autriche et l'Espagne. Par leurs conseils, Louis XIII, croyant soutenir le catholicisme et la royauté contre la république et l'hérésie, favorisait l'élection de Ferdinand II, lui ménageait la trêve avec les hongrois, et aidait les Espagnols et la Ligue allemande à désarmer l'Union protestante fondée par Henri IV. Les calvinistes allemands dont ceux de France imploraient l'appui, étaient vaincus par l'Autriche à la bataille de Prague (1621). Ceux de Hollande étaient vaincus par les Espagnols à l'expiration de la trêve de douze ans, et Jacques Ier, loin de soutenir en Allemagne l'électeur palatin son gendre, recherchait pour son fils une princesse espagnole. Il abandonnait la politique d'Élisabeth, comme Louis XIII celle de Henri IV.

Au dehors et au dedans c'étaient là de tristes présages pour les huguenots. Leurs chefs ne s'entendaient point, et la plupart ne songeaient qu'à se vendre à la cour ; Lesdiguières prit du service dans l'armée royale, Bouillon et La Trémoille refusèrent le commandement ; Rohan et Soubise étaient seuls fermes et dévoués. Louis XIII ayant confirmé l'Edit de Nantes pour ôter à la rébellion tout prétexte, se mit lui-même à la tête de l'armée. Albert de Luynes, connétable et garde des sceaux, à la fois chef de l'armée et chef de la justice, eut pour lieutenant le vieux Lesdiguières. Les huguenots furent bientôt réduits à deux places, Montauban et La Rochelle. La première était défendue par une garnison de 6,000 hommes, et l'armée royale en comptait 12,000. La défense fut si bien conduite par La Force, que le connétable dut lever le siège au bout de trois mois. Il avait perdu

8,000 hommes et plusieurs chefs dont le jeune duc de Mayen= nom si cher aux Parisiens que la nouvelle de sa mort les soule= contré les huguenots de la capitale. Le connétable, convain= d'ineptie et de lâcheté, mourut à propos, au siége de Monheur, la fièvre maligne qui décimait son armée. Ce favori dont le lui-même était las, *ce roi Luynes*, comme l'appelait son maît= n'avait rien fait pour justifier la haute fortune qu'il laissait à famille. La place vacante aux affaires et dans l'esprit du roi disputée par la reine-mère et par Condé, l'une conseillant la pa= avec les protestants pour s'occuper des affaires d'Allemagne, l'on avait trop bien servi la maison d'Autriche, et l'autre qui d= mandait qu'on poussât vivement la guerre contre les huguenot Le roi, sollicité dans le même sens par les catholiques du midi, déclara pour la politique de Condé. Le clergé offrait de contribu= pour un million au siége de La Rochelle. 6 à 7,000 protestan= retranchés avec Soubise dans les marais de Ré et de Saint-Gille y furent tués ou pris. La guerre conduite par le roi et par Cond= ne fut pas moins sanglante en Guyenne. Les seigneurs du par= réformé, gênés dans leurs opérations par le conseil général de églises, et las de partager le pouvoir avec les prédicants et le échevins qui se défiaient d'eux, se vendirent à la royauté pou échapper à cette démocratie intraitable. Louis XIII acheta le chefs de la rébellion, comme son père. Déjà Lesdiguières s'éta= converti pour devenir connétable, et cette première dignité milit= taire de l'ancienne France allait finir au moins dans les main d'un héros. La Force livra Montauban pour 200,000 écus et l= bâton de maréchal.

Le vrai successeur de Coligny, Rohan, seul inébranlable, appe= lait à lui, pour sauver son parti, Mansfeld et Christian de Brunswick qui, chassés du Palatinat par la Ligue allemande, avaient traversé la Lorraine avec 25,000 hommes et menaçaien= la Champagne. Pendant que la cour les amusait par des offre= avantageuses, le duc de Nevers, gouverneur de la province, eu= le temps de se faire une armée; les Espagnols avançaient de leu= côté par le Luxembourg. Les deux aventuriers, qui craignaien= d'être enveloppés, se jetèrent sur les Pays-Bas, forcèrent le pas= sage à Fleurus, et joignirent le prince d'Orange. D'autre part, le roi avait mis le siége devant Montpellier. Les huguenots deman=

dèrent la paix, et cette fois la reine-mère l'emporta sur Condé. Par le traité de Montpellier (1622), qui confirmait l'Edit de Nantes, les calvinistes devaient s'abstenir désormais de toute assemblée politique, et détruire leurs fortifications, excepté celles de Montauban et de La Rochelle, villes de sûreté sans garnison royale.

IV. **Entrée de Richelieu au ministère. — Sa politique intérieure et extérieure. — Paix de Monçon (1626). — Abaissement des grands; complots de Gaston; exécution de Chalais. — Assemblée des notables (1626).**

La maison d'Autriche avait grandi si vite pendant les ministères de Concini et de Luynes, par l'étroite union de ses deux branches et par les victoires de Ferdinand II en Allemagne, que Marie de Médicis elle-même, jusque-là trop favorable à l'Espagne, accusait de trahison ou d'incapacité les ministres de Louis XIII, le chancelier Sillery et son fils Puysieux. Elle s'étonnait surtout qu'on permit aux Espagnols, déjà maîtres du haut Rhin par le Palatinat, de prendre la Valteline sur les Grisons, et de joindre par le nord de l'Italie l'Espagne à l'Autriche, le Milanais au Tyrol, sous la protection du pape. Le plus grand désir de la reine-mère était de pousser au ministère son favori, le cardinal de Richelieu, pour gouverner par lui le roi et le royaume. Le roi n'admit qu'avec défiance dans ses conseils ce prêtre de mauvaises mœurs, qui venait lui rappeler la politique de son père, et que Sully, du fond de sa retraite, disait envoyé par le ciel. Dès que Richelieu fut entré au ministère, il y prit de fait la première place. Dès qu'il eut exposé dans le conseil ou dans ses conversations avec le roi, la politique à suivre contre les huguenots, les grands et l'Autriche, la nécessité de créer l'unité de pouvoir et de nation, pour donner ensuite à la France le rang qui lui convenait en Europe, le roi comprit au moins ce prêtre qu'il n'aimait pas. Il admira la grandeur et la justesse de ses idées, sa profonde connaissance de la nature et des destinées du pays, sa vaste instruction et son langage facile. Il eut le courage et le mérite de lui sacrifier sa famille et ce fut peut-être la seule gloire de Louis XIII.
« Richelieu, dit Montesquieu, fit jouer à son monarque le second

rôle dans la monarchie et le premier dans l'Europe : il avilit le roi, mais il illustra le règne. »

Six semaines après son entrée au conseil, Richelieu envoie des subsides aux Hollandais. Il donne à la diplomatie française la fermeté de son langage, à la politique nationale toute la hauteur de son caractère. Il marie Henriette de France au prince de Galles (Charles Ier), malgré les cours de Madrid et de Rome. Il arme contre l'Autriche, l'Angleterre, Venise, la Savoie, le Danemark et l'aventurier Mansfeld. A la tête de huit mille hommes son ambassadeur en Suisse chasse les Espagnols de la Valteline. Il eût dès lors engagé la lutte avec l'Autriche, sans la révolte des huguenots et les intrigues de la cour. Mais Richelieu, pour attaquer directement l'Autriche, n'est pas encore assez sûr de la cour et du roi, ni des huguenots et des grands. Les huguenots se plaignent qu'au mépris du dernier traité, on n'ait pas démoli le Fort Louis, aux portes de La Rochelle. Déjà les chefs calvinistes Rohan et Soubise, voyant Richelieu s'unir aux rois protestants et se brouiller avec l'Espagne, ont soulevé le Languedoc et La Rochelle. Ils sont payés par l'Espagne pour faire la guerre, et ils seront protégés par les rois protestants en cas de défaite. Ainsi la première alliance du cardinal avec les protestants étrangers enhardit ceux de la France et scandalise les catholiques. Ceux-ci l'appellent le pape des huguenots et le patriarche des athées. Avec les vaisseaux que n'osent lui refuser l'Angleterre et la Hollande, et qu'il fait monter par des officiers français, il bat la flotte protestante, qui avait d'abord vaincu les Hollandais, se contente d'avoir désarmé les huguenots qu'il détruira plus tard, et renouvelle avec eux la paix de Montpellier, sous la garantie de l'Angleterre. L'année suivante (1626), à la grande surprise de Buckingham, il conclut la paix de Monçon avec l'Espagne, à la seule condition que la Valteline sera rendue aux Grisons. Il faut que pour affermir au dedans son pouvoir, il désarme aussi l'Espagne qui se vantait de rendre aux huguenots l'argent prêté par la France aux Hollandais. Il faut qu'il établisse l'unité en France pour fonder l'équilibre en Europe.

Les courtisans furent punis plus sévèrement que les huguenots pour avoir arrêté le cardinal dans le premier élan de sa politique extérieure. Les grands, qui n'étaient plus souverains en leurs charges, mais simples représentants du roi dans les provinces, fonctionnaires amovibles et responsables, les gentilshommes et les femmes, qui se plaignaient qu'on ne leur prodiguât plus les fonds du trésor et les secrets de l'État, opposaient au ministre le frère du roi, Gaston, et complotaient sa mort. Le colonel d'Ornano, gouverneur de Gaston, quoique nommé maréchal de France par le cardinal, poussait le prince à refuser la main de mademoiselle de Montpensier. Ce mariage était désiré par la reine-mère et par Richelieu; mais les courtisans de Gaston croyaient qu'une alliance étrangère le rendrait plus indépendant de son frère et de ses ministres, et lui représentèrent qu'il ne convenait pas au futur roi de France d'épouser une sujette. Ornano, conduit à Vincennes, y mourut peu de temps après. D'autres conseillers irritèrent la colère de Gaston; le chevalier de Vendôme, grand-prieur de France, le comte de Chalais, maître de la garde-robe et amoureux de la duchesse de Chevreuse, entrèrent dans un complot contre le cardinal. On avait résolu de *tuer la bête au gîte*. Averti par d'imprudentes confidences, Richelieu crut ramener par des avis sévères Chalais que la duchesse poussait à sa perte. Chalais et les deux Vendôme furent arrêtés; l'aîné de ces bâtards de Henri IV, gouverneur de Bretagne, prétendait succéder aux anciens ducs, comme héritier des Penthièvre, et le cardinal avait conduit le roi dans sa province pour contenir cette folle ambition. Gaston, effrayé par ce coup d'autorité, épousa mademoiselle de Montpensier à Nantes, aux mêmes lieux et dans le même temps où son complice Chalais, jugé et condamné par une commission spéciale, mourait sur l'échafaud. Gaston devint duc d'Orléans pour avoir trahi ses amis. L'entrée de la chambre de la reine fut défendue aux hommes, et surtout à l'ambassadeur d'Espagne. Le roi prenait des sûretés contre sa femme et son frère, le cardinal reçut des gardes, modifia le conseil à son gré et se fit prêter par le roi un serment de fidélité.

Presque en même temps que Chalais, le comte de Montmorency-Bouteville (père du maréchal de Luxembourg), et le comte Des Chapelles furent décapités pour s'être battus en duel sur la Place Royale et sous les fenêtres du roi. Deux édits conformes aux vœux des États de 1614, et mieux observés que ceux de Henri IV, comprimèrent cette fureur des combats singuliers. Les nobles étaient plus indignés qu'effrayés de ce nouveau régime où les intrigues et les duels finissaient par des supplices.

Pour en appeler des courtisans à l'opinion publique (1626), Richelieu ouvre aux Tuileries l'assemblée des notables, moins dangereuse que les États généraux, élite imposante de la magistrature, du clergé, de la petite noblesse et du commerce. On ramène les finances à l'ordre sévère de Sully, en se réglant sur l'état de 1608 ; c'est rendre un magnifique et juste hommage à Sully qui vit encore. On fixe la dette à 30 millions par le rachat des domaines royaux, par la suppression des grandes charges, la réduction des pensions, et la démolition des forteresses intérieures qui ne sont point nécessaires à la défense des villes. On rétablit l'équilibre entre la recette et la dépense. La suppression des charges de connétable et d'amiral régularise la comptabilité militaire. Le nombre, l'entretien et la discipline de l'armée qui se composera désormais de 2,000 cavaliers et 18,000 fantassins, payés pour un tiers seulement par les provinces ; l'établissement d'une marine nationale, la création de quarante-cinq vaisseaux qui seront toujours armés, l'exclusion des marchandises étrangères au profit de l'industrie naissante du pays, occupent tour à tour l'attention des notables. Richelieu élève la nation, comme le roi, à la hauteur de ses idées, et révèle à tous les ressources et la grandeur future de la France. Il veut qu'on cesse de *mépriser la mer*. L'assemblée écoute avec transport ses révélations sur la destinée maritime du pays. Lui-même, pour en hâter le développement, prendra bientôt le titre de grand-maître de la mer, de la navigation et du commerce. Il veut soustraire la France à la tyrannie de ses voisins, qui sont déjà *fondés sur mer*, en créant pour la marine marchande de grandes compagnies à la place des petites entreprises, en donnant au roi lui-même une marine puissante. On ne peut, sans la mer, avait dit l'orateur des notables, l'évêque de Chartres, ni profiter de la paix, ni soutenir la guerre. Cette assemblée des notables, où ne figurait pas un seul duc et pair, n'a donc pas été, suivant le mot de son président (de Verdun), *morte et muette* comme les précédentes. Elle n'a résisté que sur deux points aux grandes vues de Richelieu : la création d'une Chambre des grands-jours, qui redresserait partout les dénis de justice et punirait les magistrats prévaricateurs ; la proposition de rendre les tailles *réelles* par tout le royaume, comme en Provence et en Languedoc, c'est-à-dire d'imposer toutes les terres, sans distinction d'origine.

V. Nouvelle guerre avec les protestants.— Siége de La Rochelle (1628). Paix d'Alais (1629).— Guerre pour la succession de Mantoue (1629-1631). — Diète de Ratisbonne (1630).

« Cependant les troubles intérieurs de la France ont ruiné nos alliés d'Allemagne. Pendant que Richelieu comprime la révolte des huguenots et les intrigues des courtisans, Ferdinand II a vaincu la seconde confédération des protestants aux champs de Lutter (1626). Christian IV, roi de Danemark, Christian de Brunswick et Mansfeld, ont cédé partout la victoire aux bandes de Tilly et de Waldstein. Quand Richelieu croit le moment venu de soutenir les protestants d'Allemagne et de renouer les alliances rompues au traité de Monçon, il se trouve que le favori de Charles Ier, Buckingham, a besoin, pour se soutenir, d'une guerre contre la France. Ce favori, si fier de sa beauté et si odieux à l'Angleterre, qu'on accusait comme son maître d'un penchant secret pour le catholicisme, se déclara pour les protestants de France, sans vouloir comprendre qu'il ruinait par là ceux d'Allemagne. On dit que l'insolent Buckingham, éconduit par Richelieu pour avoir osé déclarer son amour à la reine de France, vengeait du même coup son injure personnelle. Ainsi les intrigues amoureuses ou politiques de Buckingham, la troisième révolte des huguenots, ajournaient l'intervention du cardinal dans les affaires de l'Empire, et le forçaient de traiter encore avec l'Espagne, dont il n'était point la dupe. Elle promettait son alliance active contre les hérétiques de France et d'Angleterre. Richelieu ne désirait que sa neutralité. Avant que La Rochelle se fût déclarée, une flotte anglaise de quatre-vingt-dix vaisseaux, sous les ordres de Buckingham, débarquait 16,000 hommes dans l'île de Ré. C'est là que périt le baron de Chantal, père de la marquise de Sévigné. Pendant que Toiras s'y défendait bravement avec cinq ou six cents hommes, Richelieu vint mettre le siége devant La Rochelle que sa fermeté poussait dans l'alliance anglaise. Il avait résolu de réduire à merci cette fière république, toujours en révolte depuis

Louis XI ; il avait dès longtemps médité sa ruine, car il y voyait la ruine des huguenots et des grands, la force du pouvoir royal en France et la grandeur de la France en Europe.

Mais Richelieu, comme il disait dans son fier langage, avait trois rois à vaincre pour prendre La Rochelle : Louis XIII qui s'ennuyait, le roi d'Espagne qui se disait son allié, et le roi d'Angleterre. Richelieu, entouré de son *église militante*, Sourdis, évêque de Maillezais, les évêques de Mende et de Nîmes, l'abbé de Marcillac, soutenu par les subsides du clergé de France assemblé à Fontenay, y mit tout son génie, et comme Buckingham, toute sa fortune. Six mille hommes jetés dans l'île de Ré sous la conduite de Schomberg en chassèrent les Anglais avec une perte de quatre mille hommes. Une ligne de circonvallation de trois lieues enveloppa La Rochelle du côté de la terre ; une digue de sept cent quarante toises de longueur, construite par Métezeau, architecte du roi, et par Tiriot, maître maçon de Paris, l'isola de la mer et des Anglais. Une flotte de trente-deux navires délabrés qu'envoya l'Espagne après le départ des Anglais, s'en alla sur le bruit de leur retour. Deux fois la flotte anglaise essaya de forcer la digue, et deux fois Richelieu la repoussa. L'Amsterdam française, abandonnée par Charles Ier, dut capituler après quatorze mois de siége, malgré le fanatisme et le poignard de son fameux amiral Guiton. Richelieu ne laissa que la liberté de conscience aux Rochellois, et les réduisit, selon son expression, aux termes où les sujets doivent être, à ne plus faire un corps séparé dans l'État. Le lendemain de son entrée, il célébra la messe dans l'église Sainte-Marguerite de La Rochelle ; Sourdis, devenu archevêque de Bordeaux, lui servit de diacre. L'évêque de Mende était mort pendant la construction des travaux qu'il dirigeait, en ordonnant qu'on l'enterrât dans La Rochelle. Le duc de La Trémoille, le plus grand seigneur protestant du Poitou, était venu abjurer dans le camp entre les mains de Richelieu : double victoire de l'unité monarchique et nationale sur l'esprit féodal et municipal.

Après la soumission des protestants de l'ouest, le duc de Rohan continua dans le Languedoc une guerre plus utile à lui-même qu'à son parti, jusqu'au traité d'Alais (1629) qui fut la dernière paix de religion, et la dernière où le roi traita de puissance à puissance avec ses sujets. Rohan, désarmé par la publication de la paix conclue avec l'Angleterre, s'arrangea pour cent mille écus, et dut sortir du royaume jusqu'au jour où il plairait au roi de le rappeler. Les calvinistes étaient détruits comme parti politique et ne formaient plus qu'une secte dissidente. C'était le chef-d'œuvre de la politique, pour Richelieu, d'avoir enchaîné ses alliés et ses ennemis eux-mêmes à son entreprise, les Hollandais, l'Espagne et les grands *assez fous pour prendre La Rochelle*, selon le mot de Bassompierre.

Dès que La Rochelle fut prise, Louis XIII, si brave sur la digue et sous le canon des Anglais, alla forcer le pas de Suse et délivrer Casal, la capitale du Montferrat, assiégée par les Espagnols. Les Français, depuis longtemps chassés d'Italie, y venaient soutenir un prince français, Charles de Gonzague, duc de Nevers, qui disputait le Mantouan et le Montferrat aux ducs de Savoie et de Guastalla protégés par l'Espagne et l'Autriche. Telle était l'importance de cette guerre de succession, que Richelieu avait délibéré s'il n'abandonnerait pas La Rochelle pour courir à Casal où le pape l'appelait. Les Espagnols et le duc de Savoie, étourdis par le premier choc de la *furie française*, avaient d'abord consenti à traiter; ils furent bientôt relevés par l'Autriche qui leur envoya trois armées avec Spinola, et comptèrent sur les embarras de Richelieu dans sa guerre du Languedoc. Olivarez espérait que le vainqueur d'Ostende et de Bréda donnerait Casal à l'Espagne; mais Richelieu regardait Casal et Mantoue comme les citadelles de l'Italie. A travers les intrigues de Marie de Médicis et du duc de Savoie, il ramena les Français sur l'ancien théâtre de leur gloire, et prit d'assaut Pignerol. Appuyé sur Venise, secondé par Montmorency qui remplaçait le roi, malade à Lyon, et qui gagna la bataille de Veillane, par l'abbé Mazarin qui débutait dans la diplomatie, il conserva Casal au duc de Mantoue et Pignerol à la France (traités de Cherasco et de Millefleurs, 1631). Richelieu réparait les fautes des derniers Valois et tenait les clés de l'Italie. Il n'y voulait plus que *des portes*. Nos soldats buvaient à la santé du grand cardinal, et Venise l'inscrivait sur son Livre d'or. Dans le même temps que Richelieu triomphait de la maison d'Autriche en Italie, il armait contre elle Gustave-Adolphe au nord de l'Europe, et la forçait de conclure la paix avec la France dans la diète de Ratisbonne (1630).

VI. Journée des dupes (1630). — Révolte de Gaston. — Exécution de Marillac. — Insurrection du Languedoc; exécution de Montmorency.

Pendant cette guerre d'Italie si vivement conduite, et pendant la guerre des Suédois contre l'Autriche, si bien préparée par sa diplomatie, Richelieu, nommé premier ministre en 1629, continuait sa lutte contre les courtisans. A voir en détail les misérables intrigues qui troublaient sa haute politique, on se prend d'une étrange pitié pour ce fier génie auquel six pieds de terre, comme il disait lui-même en parlant du cabinet du roi, donnaient plus de peine que le reste de l'Europe. On peut voir par son histoire si le gouvernement était plus facile sous l'ancien régime, avec les intrigues des grands et des princes du sang, qu'aujourd'hui avec les assemblées délibérantes.

Il fallait que dans le même temps il fortifiât la France contre la maison d'Autriche, et le roi contre sa famille ou son confesseur. La reine-mère ne lui pardonnait point son indépendance. Elle avait tout mis en œuvre avec la reine, le duc d'Orléans et les deux Marillac pour contrarier les opérations de la guerre d'Italie qu'elle désapprouvait, et ruiner ainsi le crédit de Richelieu. Pendant la maladie qui ramena Louis XIII à Lyon, sa mère et sa femme lui firent promettre qu'il renverrait son ministre après la guerre. A Paris Marie de Médicis somma son fils encore malade d'exécuter sa promesse, et de choisir entre sa mère et son *valet*. Pour lui donner l'exemple, elle ôta au cardinal l'intendance de sa maison. A ce moment tout le monde le crut perdu. Mais Louis XIII maladif et se défiant de lui-même, bien convaincu de la supériorité de Richelieu sur tous ses ennemis, s'effrayait à l'idée de sacrifier à sa mère et à ses amis d'Espagne l'homme qui servait si hardiment la France contre la maison d'Autriche et la royauté contre les grands. Après avoir en pleurant chargé Montmorency de conduire le cardinal à Bruxelles, Louis agitait ces tristes pensées dans sa maison de chasse à Versailles ; Richelieu, déjà chansonné sur le Pont-Neuf, pliait bagage et toute la cour entourait Marie triomphante dans son palais du Luxembourg. Mais Richelieu, averti par le favori Saint-Simon que tout n'était pas perdu, et poussé par le cardinal de La Valette, vit le roi à Versailles, et à la suite de l'entrevue, il fit jeter en prison le chancelier Marillac, arrêter le maréchal son frère au milieu de son armée d'Italie, et reléguer la reine au Val-de-Grâce. Ce fut la fameuse *journée des dupes*. Le roi avait promis au ministre de n'avoir plus de secrets pour lui, et de lui dénoncer désormais tous les complots. Marie furieuse jurait de se donner au diable pour se venger ; elle se donna à l'Espagne. Monsieur alla trouver le ministre avec une escorte de gentilshommes armés, et menaça de châtier comme un valet l'homme auquel on sacrifiait sa famille. Le roi indigné courut chez son ministre, promit de nouveau de le soutenir envers et contre tous, et assembla le conseil pour délibérer sur la conduite qu'il devait tenir avec sa mère.

Richelieu, plus éloquent que jamais, déclara qu'il en fallait finir avec elle. Nous avons autre chose à faire, dit-il, qu'à combattre des intrigues de femmes et de jeunes gens. Le roi, bien décidé à rompre avec sa mère pour le bien de l'État, la laissa prisonnière du maréchal d'Estrées à Compiègne, et lui notifia sa résolution. Sommée de se retirer à Moulins, elle pria, menaça, refusa tout ce qu'on lui offrait pour la consoler du pouvoir qu'elle perdait sans retour, et s'arrêta pour son malheur à l'idée de quitter la France en se livrant à l'Espagne. Elle s'échappa, croyant tromper une surveillance qui se relâchait d'elle-même, se flatta de l'espoir d'imposer des conditions au roi, dès qu'elle aurait gagné quelque ville frontière, et trompée dans son attente, poussa jusqu'à Bruxelles, où Gaston devait bientôt la rejoindre. Ce jeune fou armait du côté d'Orléans ; le roi marcha contre lui, et le força de se jeter en Lorraine où il épousa en secret la sœur du duc Charles IV. L'armée française envahit le duché, le duc signa le traité de Vic, livra quatre forteresses, et renvoya son beau-frère.

Le roi ne pouvait plus douter des relations de sa mère et de son frère avec les étrangers qui les recueillaient. Toutefois, on ne vit pas sans pitié la mère du roi chassée du royaume par l'homme qui lui devait sa fortune. Quand Richelieu déjouait les complots des grands et de l'Espagne, on l'accusait de brouiller par ses intrigues la famille royale et toute l'Europe, afin de se rendre à jamais nécessaire. On accusait le prélat licencieux d'asservir à ses volontés le roi et l'État, de cacher son ambition sous le manteau du bien public, et ses vengeances sous les formes de la justice. Un arrêt du Conseil déclarait criminels de lèse-majesté les ducs d'Elbeuf et de Bellegarde ; une Chambre de justice était créée pour faire le procès aux autres complices de la reine et de Gaston ; le maréchal de Bassompierre était mis pour douze ans à la Bastille ; le duc de Guise obligé de fuir en Italie ; d'autres, et parmi eux l'ancien ministre La Vieuville, condamnés à mort par contumace. Le Parlement, qui résista deux fois à ces jugements arbitraires, fut puni par l'exil de ses membres, forcé de demander pardon et de faire amende honorable, à genoux et tête nue, devant le roi. Celui-ci n'était pas moins dur que son ministre. Le maréchal de Marillac fut jugé par commission dans la maison même de Richelieu à Ruel, et condamné à mort, non pour ses intrigues de cour, mais comme convaincu de péculat. Le cardinal avait choisi les commissaires dans les deux parlements les plus dévoués à sa politique, celui de Dijon et celui de Metz qu'il avait récemment fondé. Marillac périt sur l'échafaud après quarante ans de bons services. Il réclama vainement l'impunité pour un genre de délits qu'on n'avait jamais reprochés aux gens de sa qualité. C'était précisément la politique du Cardinal, d'humilier la noblesse dans l'opinion publique et devant la loi. Le chancelier Marillac mourut peu de temps après dans son exil.

Les frivoles ennemis de Richelieu ne se rendirent pas si vite. A plusieurs reprises, la petite cour de Bruxelles envoya contre lui des assassins. Il y fut décidé que le duc d'Orléans, à la tête d'une armée levée en Lorraine avec l'argent de l'Espagne, irait soulever le midi de la France. Dans ces provinces du Midi, encore émues des guerres de religion, toujours hostiles à la royauté, et qui défendaient fièrement les débris de leurs franchises locales, des intrigants lui ménageaient pour allié le plus grand et le plus brave seigneur du royaume, le maréchal de Montmorency, trop sensible à la gloire chevaleresque de venger la famille royale et toute la noblesse, ou à l'ambition d'être connétable comme son père et son aïeul, en se faisant craindre comme Lesdiguières. Ce grand seigneur semblait plutôt l'héritier des comtes de Toulouse que le successeur de sa famille, dans ce gouvernement du Languedoc ; il y était plutôt souverain que simple gouverneur ; c'était comme une royauté féodale, appuyée plutôt que limitée par les États qui faisaient les levées d'hommes en leur propre nom, et réclamaient le droit de lever aussi les impôts par eux-mêmes comme la Provence et la Bourgogne.

Richelieu ne laissa pas à Gaston le temps d'organiser la guerre civile. Ses alliés, les Suédois et les Hollandais, dispersèrent les troupes espagnoles qui devaient soutenir l'armée lorraine. Le roi lui-même envahit la Lorraine avec 25,000 hommes, et Gaston forcé de se jeter en France plus tôt qu'il n'eût voulu, n'eut pour traverser et piller les provinces de Bourgogne et d'Auvergne que deux mille aventuriers de tous pays, Espagnols, Flamands, Croates, serrés de près par le maréchal de Schomberg. Montmorency s'effraya de sa brusque arrivée; mais les États du Languedoc lui promirent des subsides. L'indépendance provinciale faisait cause commune avec la noblesse contre la royauté. Mais le parlement de Toulouse, favorable à la cause royale, cassa la délibération des États, et déposa le gouverneur. La fermeté de Richelieu fit le reste. Ni les protestants, ni les grandes villes du Midi n'osèrent se déclarer pour les États dissous par le ministre, et pour Montmorency dépouillé de ses biens et de ses titres. Il ne restait plus à celui-ci qu'à se sacrifier noblement pour une cause perdue. Il se jeta sur l'armée royale à Castelnaudary, y fut blessé et pris. Gaston, loin de rien faire pour sa délivrance, fit sonner la retraite; et parvenu en lieu de sûreté, envoya sa soumission au ministre qui déclarait les princes du sang sujets aux lois comme les autres. Gaston n'osait plus s'y jouer; il jura d'aimer tous les ministres du roi, particulièrement le cardinal de Richelieu, et de ne réclamer pour personne contre la justice royale.

Le roi, de son côté, avait démoli trois cents châteaux-forts en Lorraine et forcé le duc à signer le traité de Liverdun, qui lui donnait Clermont, Jametz et Stenay. Il vint traîner devant le Parlement de Toulouse ce grand seigneur que le Languedoc avait respecté comme son maître, et le fit exécuter. Le dernier de la branche aînée des Montmorency, maréchal de France, naguère amiral, qui comptait dans ses aïeux quatre connétables et six maréchaux de France, portait sa tête sur l'échafaud, malgré les supplications du Languedoc, de sa famille, et de Gaston qui prétendait faussement, pour couvrir sa lâcheté, qu'on lui avait promis la vie de son complice (1632). Qui pouvait donc implorer désormais la clémence du roi et du cardinal? A quoi bon dire encore les rigueurs des Parlements de Dijon et de Toulouse contre les autres complices de Gaston, les États et les villes rebelles du Languedoc? Les États obtinrent toutefois la suppression des élus, et recouvrèrent leur ancien droit de lever eux-mêmes les impôts.

VII. Dernières révoltes des grands. — Intervention directe de la France dans la guerre de Trente ans. — Gaston et le comte de Soissons — Cinq-Mars. — Mort de Richelieu et de Louis XIII (1642-1643).

Ce n'était pas encore assez de persécutions et de supplices pour réduire les nobles à l'obéissance. Alors Richelieu s'obstina dans ses rigueurs autant que les gentilshommes dans leurs intrigues. Sa police devint une sorte d'inquisition politique. Devant ce hardi despote qui croyait travailler pour le salut de l'État, les grands n'étaient plus défendus par leur naissance, ni les petits par leur obscurité. On se parlait tout bas des oubliettes de Ruel, et des magistrats Laffemas et Laubardemont qu'on surnommait les bourreaux du cardinal; on se disait que le vrai crime du curé de Loudun, Urbain Grandier, brûlé comme sorcier, était d'avoir médit de Richelieu.

Une maladie du cardinal qui semblait mortelle, releva le courage de ses ennemis. On crut qu'en voyant l'héritier présomptif de la couronne retourner à Bruxelles, il allait succomber enfin à tant de chagrins et d'intrigues. On conspirait contre lui dans sa société intime, et jusqu'en son ministère. Autre journée des dupes: Richelieu se releva plus terrible que jamais; et le garde des sceaux, Chateauneuf, autre ami de la duchesse de Chevreuse, resta prisonnier d'État jusqu'en 1642. Le duc de Lorraine qui se promettait d'envahir la France avec les Impériaux, vit sa province envahie, et le Barrois confisqué par le parlement qui cassait le mariage de sa sœur. Arrêté en trahison et contraint de céder sa capitale aux Français, il laissa son duché même entre leurs mains, espérant se venger d'eux à la tête des armées impériales. Gaston lui préparait comme à sa femme une terrible vengeance. Dans son traité d'alliance et de subsides avec l'Espagne qui fut signé par sa mère, il promettait de ne point faire la paix avec Louis XIII avant deux ans, et de remettre aux Espagnols plusieurs places du royaume. Richelieu impatient d'intervenir en Allemagne, redoubla d'efforts pour tirer des mains de l'Espagne l'héritier de la couronne. Puylaurens, pourvu d'un duché-pairie, épousa une parente de Richelieu, et ramena Gaston qui promit d'aimer M. le Cardinal autant qu'il l'avait haï, et s'en alla vivre à Blois. Marie de Médicis refusa de rentrer en grâce en sacrifiant ses serviteurs; elle ne fit que changer d'exil et se réfugia à Londres près de sa fille Henriette. Alors Richelieu, plus libre au dedans, put jouer le premier rôle en Allemagne.

Il s'était préparé par la réforme des abus à cette guerre directe et générale contre la maison d'Autriche. Il avait supprimé en 1634 près de cent mille offices inutiles créés par les édits bursaux, et considérablement réduit le nombre des exempts pour arriver à la conversion de la taille *personnelle* en taille *réelle*, et pour établir ainsi par toute la France et sur toutes les terres l'impôt foncier de la Provence et du Languedoc. La résistance opiniâtre des privilégiés ne lui permit point d'opérer cette grande réforme. Mais il avait déjà réalisé pour la marine le vœu de 1626; la France avait sur l'Océan 47 navires de guerre, environ 750 canons.

Une armée française alla relever en Allemagne les Suédois ruinés par la bataille de Nordlingen, et la guerre fut déclarée à l'Espagne. La campagne de 1636 fut presque partout malheureuse. Charles de Lorraine, général de la ligue catholique à Nordlingen, était rentré dans son duché avec une armée volante de cavaliers hongrois et croates. Tandis que les Impériaux avec Gallas entraient par la Bourgogne, les Espagnols prenaient Corbie en Picardie, et le bavarois Jean de Werth jetait l'effroi dans la capitale. Richelieu, effrayé des malédictions du peuple, et atteint lui-même de la terreur générale, allait quitter le pouvoir, si le fameux père Joseph, l'*Éminence grise*, n'eût relevé son courage. Une armée levée à la hâte et par une sorte de mouvement national comme en 1793, repoussa les Espagnols, pendant que les Impériaux eux-mêmes étaient rejetés au delà du Rhin. Les princes que Richelieu menait contre l'ennemi, Gaston et le comte de Soissons, avaient à ce moment résolu sa mort. Des assassins n'attendaient que le signal du duc d'Orléans pour le poignarder à Amiens, à la sortie du conseil; mais Gaston n'osa pas le donner.

Les grands continuaient leurs complots, et Richelieu ses vengeances. Le duc de Vendôme, accusé d'avoir conspiré contre le cardinal et relâché faute de preuve, s'expatriait. Le duc d'Epernon, le dernier représentant du seizième siècle, privé de ses charges à la suite d'une querelle avec Sourdis, mourait dans l'exil à quatre-vingt-sept ans. Le comte de Soissons, réfugié à Sedan depuis l'affaire d'Amiens, prenait les armes contre la France et mourait dans sa victoire de la Marfée, qu'il avait gagnée sur l'armée royale (1641) avec le secours de sept mille hommes envoyés par la maison d'Autriche. Quant à Gaston, il se réconcilia une fois de plus avec son frère, qui lui promit de reconnaître enfin Marguerite de Lorraine pour sa femme légitime. Ce prince, jusqu'alors héritier présomptif de la couronne, perdit ce titre par la naissance d'un Dauphin en 1638, année célèbre par le vœu de Louis XIII à la sainte Vierge. Un second fils naquit à Louis XIII en 1640.

Richelieu dut soutenir jusqu'à sa mort, en même temps que sa lutte contre la maison d'Autriche, une lutte non moins opiniâtre avec ses ennemis intérieurs. L'excès des impôts soulevait la Normandie, et les paysans s'armaient sous la conduite d'un chef qu'ils nommaient Jean Va-nu-Pieds, par allusion à la misère où les subsides et la solidarité des tailles les avaient réduits. En Guyenne les *croquants* déclaraient la guerre aux châteaux. On fit marcher des armées contre les rebelles que l'Angleterre et l'Espagne avaient soldés. Le parlement de Rouen fut interdit et la ville dépouillée de ses priviléges et de ses revenus. Tandis qu'au dehors Richelieu héritait des conquêtes de Bernard de Weimar en Alsace (1639), et soulevait contre le roi d'Espagne la Catalogne et le Portugal (1640), Louis fouillait des renards à Saint-Germain, et les courtisans espéraient toujours qu'il se lasserait d'être gouverné par un ministre qu'il n'aimait pas. Le jeune Cinq-Mars, second fils du maréchal d'Effiat, placé près de Louis XIII comme favori par Richelieu lui-même, puis devenu grand-écuyer, et las d'être gourmandé comme un enfant par son protecteur, résolut de le supplanter pour gouverner le roi et le royaume à sa place. Il entraîna Gaston qui lui prêta son nom pour traiter avec l'Espagne. Cinq-Mars avait suivi Louis XIII dans la conquête du Roussillon; il ne doutait point du succès et n'hésitait plus qu'entre les divers moyens de se défaire du cardinal : ou l'assassiner, ou le chasser de la cour. Richelieu, malade à Tarascon, et qui croyait comme tout le monde à sa prochaine disgrâce, déjoua pourtant ce dernier complot. Il se procura la copie du traité conclu par Cinq-Mars avec l'Espagne, et le roi, qui s'était laissé mettre dans la confidence de la conspiration, livra le favori à sa vengeance. Cinq-Mars et son ami de Thou, fils de l'historien et parent du duc de Bouillon, coupable seulement de n'avoir pas révélé le complot, furent jugés par une commission et décapités à Lyon. Bouillon, le vrai complice de Cinq-Mars, en fut quitte pour livrer sa ville de Sedan, et Gaston pour renier une dernière fois ses amis. Le cardinal mourant put écrire à Louis XIII : Sire, vos armes sont dans Perpignan, et vos ennemis sont morts.

Le roi apprenait vers le même temps que sa mère, Marie de Médicis, dont quatre enfants régnaient sur les trônes de l'Europe, mourait dans l'indigence à Cologne. Richelieu suivit de près dans la tombe cette victime infortunée de sa politique (décembre 1642). Louis XIII lui-même mourut cinq mois après son ministre (juin 1643). Esprit faible dans un corps maladif, trop faible pour agir par lui-même, il n'eut que le mérite de reconnaître la supériorité de Richelieu et de le maintenir au pouvoir.

VIII. — **Administration Intérieure de Richelieu. — Création des intendants. — Soumission de la noblesse et du Parlement. — Législation. — Finances. — Armée et marine. — Commerce et colonies. — Principales Institutions. — État des lettres : Corneille et Descartes ; fondation de l'Académie française.**

Que serait devenue la France avec la faiblesse de Louis XIII, les intrigues de la reine-mère et l'insolence des grands, sans la vigilance et l'énergie de Richelieu ? Il eut la gloire de triompher des huguenots et de la noblesse, et de tourner contre la maison d'Autriche toutes les forces de la France. On pourrait lui reprocher peut-être d'avoir trop fait pour la monarchie absolue, d'avoir trop exclusivement remis au roi et à ses ministres les destinées du pays, et prolongé ainsi la minorité de cette bourgeoisie, qui semblait mériter l'émancipation après son langage et sa conduite aux États de 1614. Mais, s'il vit trop souvent le salut de l'État dans le progrès du pouvoir royal et de sa propre autorité, il faut convenir qu'il sut au moins intéresser à ce double progrès la masse de la nation.

L'œuvre la plus importante de Richelieu fut la destruction du système provincial et la création des intendants. Après la démolition des forteresses intérieures, les grands gouvernements continuaient pour la haute noblesse une sorte de féodalité. Richelieu, pour restreindre l'autorité des gouverneurs, établit en 1635 dans chaque généralité financière des intendants, agents directs du roi, dont la juridiction s'étendit sur le domaine royal, la voirie, les ponts-et-chaussées, et devait bientôt comprendre toute l'administration civile, les gouverneurs étant réduits au commandement des troupes. Cette réforme, qui concentrait toutes les forces sociales sous la main du roi dont il était ministre, eut pour effet de soulager le peuple opprimé par les trésoriers de France. Il était bon d'abaisser au profit de la classe industrielle et commerçante une classe oppressive et dévorante, l'aristocratie bourgeoise de cinquante mille familles, qui possédait héréditairement tous les offices de judicature et de finances, et ne payait point d'impôts. Par ses quarante-sept intendances, Richelieu diminuait considérablement les attributions des trois mille trésoriers ou élus de France, en attendant qu'on les remplaçât, et restreignait du même coup l'autorité des Parlements, dont relevaient ces menus officiers, sur l'administration des provinces.

Le Parlement ou la noblesse de robe, aussi rudement traité par Richelieu que la noblesse d'épée, dut se borner au devoir d'enregistrer et de promulguer les édits. Il résista plus longtemps par son esprit de corps, par l'appui qu'il trouvait dans l'opinion publique, et par la force que lui donnait l'hérédité des charges depuis l'établissement de la *Paulette*. Les parlements se plaignirent surtout qu'on leur enlevât la connaissance des procès politiques pour en saisir des commissions, comme on fit pour Chalais, Marillac, le duc de la Valette et quelques autres. Ils durent céder devant la volonté du cardinal. Mathieu Molé fut interdit pour avoir accepté la requête de Marillac. Le Parlement de Paris fit amende honorable au Louvre pour avoir refusé d'enregistrer les procédures du comte de Moret, des ducs d'Elbœuf, de Bellegarde et de Roannais. Après l'exil des conseillers Barillon, Scarron (le père du poëte), Laîné, Gayan, la Compagnie osa présenter des remontrances au roi en 1631, et dans le procès contre La Valette, les présidents Novion et de Bellièvre refusèrent d'opiner. On se vengea par la création de cent quinze offices de conseillers. La Compagnie refusa de reconnaître les nouveaux magistrats, et les présidents ne leur distribuèrent point les rôles des procès. La dernière résistance du Parlement fut brisée dans le lit de justice de 1641, où le roi vint faire enregistrer l'ordonnance qui réduisait le Parlement à ses attributions judiciaires, et lui enjoignait d'enregistrer et de publier les édits royaux, sans même en prendre connaissance. Et pour sanction de cette ordonnance, le roi supprimait la charge d'un président et de quatre conseillers. Le Parlement attendit sa vengeance.

Le lent progrès de notre législation n'en continuait pas moins au milieu de ces luttes intérieures. Le grand travail législatif, commencé sous Louis XII, avait préparé les ordonnances d'Orléans, de Moulins et de Blois ; Richelieu prépara de même les ordonnances et les codes de Louis XIV, en faisant passer dans la législation par divers édits la plupart des réformes sur le droit civil et sur les matières ecclésiastiques demandées par les États de 1614 et par les notables de Rouen et de Paris (1617-1626). Il recueillait pour les règnes suivants la sagesse de Miron et du tiers-état. Le *code Michau*, porté par Louis XIII au Parlement avant son départ pour l'Italie en 1629, plus complet qu'aucune des grandes ordonnances du XVIe siècle, était la pensée même de Richelieu, exprimée par Michel de Marillac. Malgré la mauvaise volonté du Parlement, Richelieu, pendant tout son règne, en renouvela les principales dispositions. Le soldat pouvait devenir capitaine, et les privilèges de la noblesse étaient dans beaucoup de cas accordés aux armateurs et négociants maritimes.

Richelieu ne fut pas aussi heureux dans la gestion des finances, où le soin et l'économie de Sully lui firent défaut. Le marquis d'Effiat, père de Cinq-Mars, qu'il avait distingué dès son arrivée au ministère et nommé surintendant, continua d'abord les sages traditions du grand ministre de Henri IV, et conçut l'idée du budget annuel, qu'après lui Colbert tenta de réaliser. C'est lui qui réprima les pillages des traitants et indiqua la plupart des réformes financières qu'on soumit à l'assemblée des notables de 1626, ou dont Richelieu poursuivit plus tard l'application. Après sa mort (1632), les embarras de la politique et surtout les dépenses de la guerre de Trente ans imposèrent à Richelieu des expédients ruineux pour le pays. Il lui fallait dépenser par an 89 millions, quand le Trésor ne recevait pas la moitié des 80 millions que payait le peuple. Il se vit forcé, en 1635, d'augmenter les impôts, de faire des emprunts onéreux, d'exiger du clergé un don gratuit de 3 millions 600,000 livres, des États de Bretagne 2 millions, de créer et de vendre de nouvelles charges, des offices dans le Parlement de Metz. Effrayé de la misère des campagnes en 1637, il réduisit la taille de moitié ; mais par compensation, il leva un emprunt forcé sur les villes et les gros bourgs. Et quand la résistance se manifestait dans un Parlement, il en triomphait par un lit de justice ; quand une révolte, comme celle des Croquants de Guyenne ou des Va-nu-Pieds de Normandie, éclatait dans les campagnes par l'effet de la misère, il en avait raison par la force des armes. L'institution des intendants, dont le contrôle s'exerçait sur tous les agents du fisc, améliorait l'administration des finances, plutôt que les finances elles-mêmes. Si les recettes et les dépenses étaient assurées, ainsi que le paiement des charges publiques avant l'acquit des pensions, s'il renforçait les attributions de la Cour des Comptes et soumettait le roi lui-même à son contrôle pour les ordonnances du comptant au-dessus de 3,000 livres, s'il parvint à continuer la guerre avec l'Autriche et l'Espagne sans prendre sur les gages des officiers, sans toucher au revenu des particuliers, sans demander l'aliénation des biens du clergé, tous moyens extraordinaires auxquels les prédécesseurs de Louis XIII avaient recouru pour les moindres guerres, il n'en faut pas moins reconnaître qu'il laissait à ses successeurs d'immenses embarras de finances (1).

Mais, à côté de cette mauvaise partie de l'administration de Richelieu, et de ce despotisme qu'il opposait si énergiquement à celui des privilégiés, combien de réformes utiles! Il créait un conseil des dépêches pour la correspondance avec la province. Les attributions des ministres étaient jusque-là réglées par les divisions des provinces ; il les réglait désormais par la spécialité des services. Selon le vœu de Sully, il appelait les princes, ducs et pairs à prendre part aux travaux du Conseil d'État et de finances, à titre de conseillers extraordinaires. Il n'eut pas le temps de

---

1. J. Caillet. De l'administr. en France sous Richelieu. Chap. IX.

fonder à Bicêtre un grand établissement pour les invalides, annoncé par une ordonnance de 1633, mais il ouvrait, sous le titre d'Académie royale, une école militaire pour la jeune noblesse. Il renouvelait l'institution des Grands-Jours ; ceux de Poitiers, en 1634, condamnèrent plus de 200 nobles.

Aucun homme n'a donné à l'extérieur plus de force ni plus de gloire au royaume. Après avoir conquis pour la France l'Artois, l'Alsace et le Roussillon, il lui prépara la conquête de la Flandre et de la Franche-Comté, et lui indiqua de loin celle de la Lorraine. Par la fondation du Parlement de Metz ou d'Austrasie, il brisait les derniers liens des trois Évêchés avec l'Empire. Il donna sept armées sur terre, en tout plus de 180,000 hommes, et sur mer deux flottes, 60 vaisseaux dans l'Océan, 40 galères dans la Méditerranée, au même roi qui naguère assiégeait Montauban avec 12,000 hommes et combattait La Rochelle avec les vaisseaux de la Hollande. Il se vante à juste titre dans ses Mémoires d'avoir mis la France en état de se passer des mercenaires étrangers. Il fit creuser le port de Brest pour la marine royale. On peut dire qu'il créa dans le même temps le commerce maritime. En sa qualité de surintendant de la marine, il prépara la puissance coloniale de la France, par les compagnies du Morbihan, du Canada et des Indes occidentales, par les établissements de la Martinique (1635), de la Guadeloupe et de Saint-Domingue, par ceux du Canada repris sur les Anglais, par les trois traités qu'il signa avec le dey d'Alger, le roi du Maroc et le czar de Russie, par tous les encouragements prodigués aux armateurs : argent, vaisseaux, lettres de noblesse (1). Profiter de l'exemple de l'Espagne, qui n'avait songé dans ses colonies qu'à l'exploitation des mines, et fonder celles de la France sur l'agriculture et l'industrie, c'était montrer à la nation les véritables sources de la richesse publique.

Supprimer les deux charges de connétable et de grand-amiral, dont l'un payait l'armée et l'autre la flotte sans contrôle, et payer directement les soldats par les agents du Trésor, c'était créer la comptabilité militaire et faire plus que Sully. Fournir tous les calculs et tous les moyens pour acquitter en sept ans la dette de l'État, c'était créer la science de l'amortissement et régulariser

---

1. J. Caillet, idem chap. XI,

au moins pour l'avenir le crédit public ; c'était préparer une réforme que les embarras de sa vaste politique ne lui permettaient pas à lui-même de réaliser. Accorder aux laboureurs la libre exportation des grains, sauf en quelques années stériles, c'était favoriser l'agriculture et compenser ainsi les charges d'une guerre européenne. Fonder le Jardin des Plantes et le collége du Plessis, bâtir le palais Cardinal, fonder l'Académie en lui donnant la mission de rendre la langue française capable de traiter tous les arts et toutes les sciences, agrandir la Sorbonne, la Bibliothèque et l'Imprimerie royales, rappeler d'Italie Simon Vouët qu'il nommait premier peintre du roi, et Le Poussin, qu'il logeait aux Tuileries et qu'il chargeait de décorer la grande galerie du Louvre, c'était donner à la France la suprématie de l'intelligence comme celle des armes, et commencer le siècle de Louis XIV. Relever par des établissements conformes aux vœux de 1614 l'intelligence et la moralité du clergé français, c'était préparer la génération ecclésiastique dont Bossuet fut le chef. Et tout ce qu'il fit pour la France, personne ne l'a mieux dit que lui dans sa *Succincte narration*; ses *Mémoires* et son *Testament politique*.

Le magnifique éloge de Richelieu qu'on lit dans le résumé des cahiers de 89, n'est qu'une justice rendue à sa mémoire.

Malherbe avait salué de ses derniers accents les exploits de Richelieu dans son *Ode à Louis XIII* partant pour le siége de La Rochelle. Sous ce fier génie qui continuait la centralisation énergique de Henri IV, Malherbe avait continué cette discipline sévère des lettres qui préparait la littérature du grand siècle. Ce *tyran des mots et des syllabes*, devant lequel Regnier seul trouvait grâce, achevait de *dégasconner* la France. Ses disciples, Mainard et Racan, eurent la pureté, l'élégance et l'harmonie du maître avec moins d'élévation. Les bergeries de Racan rappellent trop souvent par l'afféterie et l'affectation le fameux roman de l'*Astrée*. A son tour Balzac tenta d'imposer des lois à la prose, et ses principaux ouvrages, *le Prince, le Socrate chrétien*, enseignèrent le nombre et l'harmonie de la phrase, le choix et la propriété des termes. Vaugelas, Ménage et Voiture, l'astre le plus brillant de l'hôtel de Rambouillet, aidèrent Balzac dans ce travail précieux du beau langage. Désormais l'esprit donnait rang dans le monde. Déjà les écrivains, Balzac, Voiture, Chapelain, Sarrazin, se rencontraient dans les salons de Catherine de Vivonne et de sa fille Julie d'Angennes, avec les princes et les ducs, Condé, La Rochefoucauld ; les écrivains et les grands étaient rapprochés par l'attrait d'une causerie fine et délicate. Celles qu'on nommait les *précieuses* et qui n'avaient pas encore mérité la censure de Molière, épuraient le langage et les mœurs.

D'autres beaux-esprits se réunissaient chez Conrard, rue Saint-Denis, pour s'entretenir de littérature. Richelieu en prit l'idée de fonder l'Académie et réclama pour l'État la direction des esprits. C'était si bien le moment précis de la maturité du génie français, qu'un an après sa fondation, Corneille faisait jouer le *Cid* (1636), et fixait la langue de la tragédie, déjà épurée par Mairet et Rotrou. Richelieu eut le temps de voir les pâles imitateurs des Italiens et des Espagnols, Hardy avec ses sept cents pièces, Mairet, Tristan, Rotrou, et lui-même avec sa tragi-comédie de *Mirame*, éclipsés par cette brillante merveille du *Cid*, qu'il fit représenter deux fois au palais Cardinal et dont sa nièce, la duchesse d'Aiguillon, accepta la dédicace. Il vit passer encore, avant de mourir, d'autres chefs-d'œuvre qui ne l'ont point rendu si jaloux qu'on l'a dit, *Horace*, *Cinna*, *Polyeucte*, et le *Menteur* (1642) qui fondait la vraie comédie.

S'il n'admettait pas le système de Copernic, il comprit mieux le génie de Descartes, essaya de le ramener de Hollande, et le pensionna pour sa philosophie « utile à l'humanité. » C'est en 1637 que Descartes publiait son *Discours sur la méthode*, et bientôt après, en 1641, ses *Méditations*. Le programme tracé par Richelieu à l'Académie était rempli dès lors par ce philosophe qui vécut loin d'elle et loin de la France : le langage français était désormais *capable de traiter tous les arts et toutes les sciences.*

CHAPITRE III.

LA GUERRE DE TRENTE ANS; PAIX DE WESTPHALIE.

SOMMAIRE.

1. — Après l'abdication de Charles-Quint et la pacification d'Augsbourg, Ferdinand Ier et Maximilien II (1564) ont maintenu la paix dans l'Empire par la tolérance. L'électeur palatin a pu établir le calvinisme en Allemagne (catéchisme de Heidelberg), dans l'année même où finit le Concile de Trente (1563). Sous le faible Rodolphe II (1576-1612), dominé par les Jésuites, dépouillé par son frère Mathias de ses états héréditaires, les querelles religieuses au sujet des clauses du traité d'Augsbourg et principalement de la réserve ecclésiastique, ont divisé l'Allemagne en deux confédérations, *l'Union évangélique*, dirigée par le palatinat calviniste, et la *Ligue catholique*, conduite par le duc Maximilien de Bavière, qui se mesurent d'abord dans la succession de Juliers (1610), puis dans la guerre de Trente ans (1618), quand les protestants de Bohème soulevés contre les jésuites et la maison d'Autriche appellent à leur aide les calvinistes du palatinat. L'empereur Mathias (1612-1619) a tenté vainement de relever le pouvoir impérial au-dessus des deux confédérations.

2. — Les rois scandinaves, enrichis des dépouilles du clergé, deviendront dans cette guerre les alliés naturels des luthériens allemands. Christian IV de Danemark, qui sera le premier appelé à leur secours, possède une marine et des finances en bon état. La Suède, qui prendra la place du Danemark vaincu, est florissante depuis Gustave Wasa. Menacée par Jean III d'une restauration catholique, elle a rejeté son fils Sigismond, roi catholique de Pologne, et soutient contre ces Wasa polonais et en même temps contre les Russes et les Danois, Charles IX et son fils Gustave-Adolphe, défenseurs énergiques du luthéranisme. Les traités imposés successivement par Gustave-Adolphe au Danemark, à la Russie, délivrée de l'anarchie par l'avènement des Romanow, et à la Pologne que les vices de sa constitution ont conduite à la décadence, laisseront la Suède libre de ses mouvements contre la maison d'Autriche.

3. — *Période Palatine* (1618-1625). — Après la *défénestration* de Prague, l'Autriche triomphe des calvinistes et des luthériens divisés, par l'alliance étroite de ses deux branches, par l'appui de la Ligue catholique, et de la France alors mal gouvernée. Ferdinand II, supplanté en Bohème par l'électeur palatin Frédéric V et devenu empereur en 1619, le chasse du pays par la bataille de Prague (1621), et le remplace dans l'électorat par le duc de Bavière, dont le général Tilly a vaincu et dispersé les chefs de partisans Mansfeld et Brunswick.

4. — *Période Danoise* (1625-1629). — Les princes luthériens du Nord, aidés par les subsides de Richelieu, ayant mis le roi de Danemark à leur tête, Ferdinand II, se donne contre la nouvelle confédération une armée indépendante de la Ligue et formée par Waldstein. Après la défaite de Mansfeld à Dessau et de Christian IV à Lutter (1626), tous les princes catholiques ou luthériens sont effrayés de l'audace de Waldstein qui devient amiral de la mer Baltique, et des progrès de la puissance impériale qui menace de prévaloir enfin sur leur indépendance. Le Danemark est désarmé par la paix de Lübeck (1629) ; l'*Édit de restitution* s'exécute au profit de l'Autriche et des jésuites. La Ligue catholique se croit menacée aussi bien que l'Union évangélique. Mais la France, dans la diète de Ratisbonne (1630), aide les princes à désarmer l'empereur et suscite en même temps contre lui la Suède et la Bavière.

5. — *Période Suédoise* (1630-1635). — Le roi de Suède, appelé par Richelieu contre l'Autriche deux fois victorieuse, à la tête d'une armée bien supérieure aux bandes qui pillent l'Allemagne, s'établit d'abord dans la Poméranie, entraîne les électeurs du nord qui voulaient rester neutres ou former un tiers-parti, venge Magdebourg sur les impériaux à Breitenfeld, et dirigeant les Saxons sur la Bohême, occupe les pays du Rhin, la Franconie et la Bavière. Ferdinand II est forcé de rappeler Waldstein. Gustave-Adolphe, tiré du midi par les dangers de la Saxe, périt dans sa victoire de Lützen en 1632. L'inaction de Waldstein, renfermé dans la Bohême, donne partout l'avantage aux Suédois et aux protestants dirigés par Oxenstiern et par Bernard de Weimar. La Bavière et l'Espagne imposent à l'empereur le second renvoi de Waldstein, qui n'a pas le temps de s'unir aux Suédois. Après sa mort tragique, la défaite des Suédois à Nordlingen (1634) rapproche de l'empereur les princes luthériens du Nord par la paix de Prague, et livre à Richelieu les protestants de l'ouest.

6. — *Période Française* (1635-1648). — La France relève la Suède en Allemagne, et par l'alliance des Provinces-Unies et de la Savoie, complique la guerre de Trente ans de sa lutte avec l'Espagne sur l'Escaut, dans les Alpes et les Pyrénées. D'abord vaincue aux Pays-Bas après la victoire d'Avein, vaincue en Italie et sur le Rhin, envahie par les Espagnols en Picardie et par les Impériaux en Bourgogne, elle est sauvée par l'énergie de Richelieu (1636). La guerre, attirée sur le Rhin par la France, qui charge Bernard de conquérir l'Alsace, est continuée au nord par Banner, qui relève à Wittstock l'honneur des armes suédoises (1637). Ferdinand II meurt vaincu. Les Français, chassés de la Valteline, sont victorieux aux Pyrénées, aux Pays-Bas, en Alsace et sur le Rhin. La mort de Bernard, qui visait à l'indépendance, laisse à Richelieu ses armées et ses conquêtes (1639). Tandis que Banner menace l'Autriche et que Guébriant bat les Impériaux à Wolfenbuttel et à Kempen, la France enlève à l'Espagne Arras, le Portugal et ses provinces du nord-est (1640). D'Harcourt, par ses victoires de Turin, de Casal et d'Ivrée, chasse les Espagnols de l'Italie. Leipzig voit la troisième défaite des Impériaux (1642). Richelieu laisse en mourant la France partout victorieuse. — Les Espagnols enhardis par sa mort sont vaincus à Rocroi (1643) par Condé, qui prépare de nouvelles conquêtes en Belgique, et qui va deux fois venger en Allemagne les défaites de Rantzau et de Turenne (Dutlingen, Mergentheim) par les victoires de Fribourg et de Nordlingen (1644-1645). D'autre part les Suédois avec Torstenson ont triomphé du Danemark envahi (1645), et pénètrent par la Bohême jusqu'en Autriche, où l'armée du Rhin doit les rejoindre. Vienne est sauvée par la défection des Hongrois. Tandis que la France porte ses principaux efforts sur la Flandre (prise de Dunkerque par Condé), sur la Catalogne (double siège de Lérida, 1646-1647), et sur l'Italie (victoires de la Mora et de Bozzolo), Turenne, joint aux Suédois, impose la paix à la Bavière, et rappelé par son manque de foi, défait les Impériaux à Sommershausen.

Enfin la prise de Prague et la victoire de Condé à Lens (1648) forcent l'Autriche à signer la paix de Westphalie, malgré l'Espagne qui veut dompter le Portugal avant de traiter avec la France.

7. — Les négociations ouvertes dès 1643 sont longtemps arrêtées par la mauvaise foi des puissances. L'indépendance des États de l'empire en est la base. La France convoque au congrès tous les États que l'empereur prétend représenter seul. La politique extérieure domine les négociations de Munster et d'Osnabruck. La France et la Suède démembrent l'empire à l'ouest et au nord; l'une conquérant l'Alsace et stipulant la libre navigation du Rhin, l'indépendance de la Suisse et des Provinces-Unies, l'autre occupant les bouches de l'Oder et de l'Elbe par la Poméranie, Brême et Verden. Les calvinistes sont déclarés égaux aux luthériens, et les princes allemands sont plus que jamais indépendants de l'empereur. L'Allemagne, accrue d'un électorat, est divisée en 343 États : elle reste ouverte aux étrangers et reconnaît le protectorat de la France et de la Suède. — L'exécution des traités de Westphalie n'est pas moins lente que leur conclusion ; les discordes intérieures se prolongent jusqu'à l'élection de Léopold Ier (1657) et jusqu'à l'établissement de la diète permanente (1662).

I. L'Allemagne depuis la paix d'Augsbourg jusqu'en 1618. — Introduction du calvinisme en Allemagne. — Causes de la guerre de Trente ans. — L'union évangélique et la ligue catholique.

Un coup d'œil rapide sur l'histoire d'Allemagne sous les règnes de Ferdinand Ier (1558), de Maximilien II (1564), de Rodolphe (1576), et de Mathias (1612), fera comprendre par la tolérance ou la faiblesse des empereurs, par les conflits perpétuels des partis religieux, mais surtout par les progrès du calvinisme, les causes profondes de la guerre de Trente ans, dont les griefs et le soulèvement des Bohémiens en 1618 ne furent que l'occasion.

Après l'abdication de Charles-Quint en 1556, Ferdinand continua de gouverner l'Allemagne comme roi des Romains. Il attendit la mort de son frère en 1558 pour demander aux électeurs la couronne impériale et pour envoyer au pape Pie IV son serment d'obédience. Il mit sa gloire à maintenir parmi les États d'empire la paix de religion. Mais le pacifique empereur vit déjà s'élever sous son règne, parmi les querelles violentes des luthériens entre eux, un nouveau parti bientôt nombreux et puissant, les calvinistes, qui n'avaient pas été admis à la pacification d'Augsbourg. Alors commença la guerre des théologiens, plus rude et plus acharnée entre les différents partis de la Réforme qu'entre les protestants et les catholiques eux-mêmes. Ce fut une longue suite de débats théologiques, pour lesquels on se passionnaît d'un bout à l'autre de l'Allemagne. La branche Ernestine de Saxe, dépossédée de l'électorat, défendit par vengeance contre la branche Augustine la doctrine rigoureuse de Luther sur la justification de l'homme par la foi et sur l'insuffisance des bonnes œuvres ; les universités d'Iéna et de Wittemberg représentaient les deux partis, les rigides et les modérés, Flacius et Melanchthon. La lutte qu'ils engagèrent ne devait se terminer que vingt ans plus tard, en 1580, par le concordat de Bergen, nouveau formulaire ajouté aux livres symboliques des luthériens, qui fut signé par 96 États d'empire.

Ce fut entre les luthériens et les calvinistes que la lutte éclata plus vive et plus sérieuse, sur le dogme de l'Eucharistie. Presque toutes les églises du nord réprouvèrent publiquement les doctrines de Calvin ; mais l'électeur palatin Frédéric III, effrayé des violences des luthériens et prenant conseil de Melanchthon, introduisit le calvinisme dans ses États et publia en 1563 le *Catéchisme de Heidelberg*, qui devint le formulaire des calvinistes ou réformés allemands. L'ami et le successeur de Luther, poussé à bout par les théologiens d'Iéna, avait favorisé lui-même l'établissement du calvinisme en Allemagne. Il était mort en 1560 ; Calvin allait mourir en 1564.

Cette même année 1563, si mémorable dans l'histoire de la Réforme, vit aussi finir le concile de Trente, après 18 ans de durée et 25 sessions. A chacun de ses articles il répétait l'anathème contre les protestants, et fermait sur eux à tout jamais les portes de l'Église. Ce dernier concile œcuménique réforma les mœurs et la discipline du clergé catholique, renforça l'autorité du pape sur les évêques, et de ceux-ci sur le clergé inférieur. Ses décrets élevaient si haut le pouvoir spirituel que la plupart des États catholiques en ajournèrent l'adoption. Assurer l'exécution de ces décrets fut l'œuvre principale de la Compagnie de Jésus, fondée par Ignace de Loyola en 1534, adoptée par Paul III en 1540, et qui devait s'opposer aux protestants, comme jadis les dominicains aux Albigeois. Les Jésuites venaient relever les milices fatiguées du moyen âge, et firent plus pour la hiérarchie romaine que les armes des empereurs et les décrets des conciles ; ils lui conservèrent les deux tiers de l'Europe, et lui conquirent dans le Nouveau-Monde plus d'âmes qu'elle n'en perdait sur le vieux continent.

Quand Luther détruisait la vie monastique, Ignace entreprit de la réformer ; quand l'esprit d'examen et de résistance envahissait le monde, les Jésuites mirent leur gloire et leur vertu suprême dans l'obéissance. C'était le bataillon sacré qui allait combattre sur toute la terre par la propagation de la foi, la direction des âmes et l'éducation de la jeunesse. Les Jésuites, indépendants de tout pouvoir politique ou de toute juridiction épiscopale, sont moines, prêtres, religieux réguliers ; mais ce sont des moines sans cloître ni costume, des prêtres sans fonctions sacerdotales, des religieux qui vivent dans le siècle. Littérateurs, astronomes, mathématiciens, ils ramènent à l'Église la science qui s'est tournée contre elle. Confesseurs des princes et des femmes, moralistes aimables et faciles, ils gouvernent le monde par ses vertus et par ses faiblesses, et vont devenir une des puissances des temps modernes. C'est par cette fameuse Compagnie que Rome essaya de ressaisir l'Allemagne ; le foyer de la Réforme fut son premier champ de bataille. Les Jésuites eurent trois chefs-lieux en Allemagne, Vienne, Ingolstadt et Cologne.

Le successeur de Ferdinand Ier sur le trône impérial, son fils aîné, Maximilien II, mit tous ses soins à préserver l'Allemagne des guerres de religion qui déchiraient la France et les Pays-Bas, et refusa malgré les vives instances des catholiques et des luthériens, de sévir contre l'électeur palatin qui professait le calvinisme en pleine diète. Beau-père de Charles IX et de Philippe II, il réprouva le massacre de la Saint-Barthélemy et les rigueurs du duc d'Albe aux Pays-Bas. Maître absolu dans ses États héréditaires, il accorda la liberté du culte à la noblesse autrichienne, aux seigneurs et aux villes de Hongrie et de Bohême. Les protestants espéraient sérieusement qu'il embrasserait la Réforme. Mais le sage empereur ne trouvait point chez eux le véritable esprit du christianisme ; il voyait dans les États saxons la guerre qui se continuait entre les universités d'Iéna et de Wittemberg, et l'affreuse tyrannie des luthériens rigides contre les modérés, pire encore que celle de l'Inquisition. D'autre part, l'électeur Louis, successeur de Frédéric III dans le Palatinat, s'effrayant des excès du calvinisme, rétablit dans ses États la religion luthérienne. Les calvinistes allemands cherchèrent des appuis au dehors, et se renforcèrent par l'alliance des réformés de la France, de l'Angleterre et des Pays-Bas. A la mort de Louis, son frère Jean Casimir rétablit le calvinisme dans le Palatinat. Maximilien II mourut parmi ces débuts, en recommandant la tolérance à tous les partis (1576). A cette époque, l'Allemagne ne comptait déjà plus parmi ses princes que trois familles catholiques, l'Autriche, la Bavière et Juliers.

Rodolphe II (1576), élevé sous les yeux de Philippe II en Espagne, était mal préparé par son éducation à suivre l'exemple et les conseils de son père Maximilien. Plus indolent que fanatique, enfermé dans son château de Prague parmi les astrologues et les alchimistes, il laissa persécuter la Réforme en Autriche, et refusa toute liberté de religion aux villes. Il fut pendant toute sa vie inférieur aux partis que son père et son aïeul avaient dominés au moins par l'élévation de leurs idées. Les princes protestants continuaient d'envahir les domaines ecclésiastiques, malgré les conventions formelles de Passau et d'Augsbourg. Les seigneurs et prélats catholiques forçaient les sujets dissidents de revenir à l'ancien culte, sans leur accorder le droit d'émigrer stipulé pour eux en 1555, et disaient tout haut que le Concile de Trente abolissait la paix d'Augsbourg. Les États protestants refusaient tout subside pour la guerre des Turcs, avant qu'on eût confirmé la paix de religion, qu'eux-mêmes violaient ouvertement. Dans la diète mémorable de 1582, ils repoussèrent le calendrier grégorien, au grand dépit de Keppler, de sorte que l'Allemagne, pendant près de deux siècles, eut deux calendriers, comme elle avait deux confessions. Ils ne s'entendirent pas même entre eux pour soutenir Gebhard de Truchsess, archevêque de Cologne, qui se fit calviniste pour se marier, et prétendit garder son titre et son bénéfice, malgré la réserve ecclésiastique. Le Pape le déposa ; les chanoines le remplacèrent par un prince bavarois, qui prit possession de son siège à main armée, et chassa Gebhard dans son canonicat de Strasbourg. En 1592, les haines de religion s'envenimaient encore entre catholiques et protestants par le schisme de Strasbourg. Deux évêques élus par les deux partis se disputèrent par les armes le siège épiscopal, jusqu'à la transaction de Haguenau (1604), qui laissa le champ de bataille à l'élu des catholiques. En 1598, une armée impériale chassait les protestants d'Aix-la-Chapelle.

Pendant que les protestants demeuraient divisés, le parti catholique était représenté au midi de l'Allemagne par deux princes énergiques et bientôt fameux dans la guerre de Trente ans; l'un, Ferdinand, archiduc de Styrie, qui détruisait la Réforme dans ses États; l'autre, Maximilien, duc de Bavière, qui dégradait et confisquait Donauwerth, ville libre et protestante du cercle de Souabe, pour venger un couvent de cette ville. Tous deux, élevés par les Jésuites, voulaient relever contre le parti calviniste et français le parti de Rome et de l'Espagne, et poursuivirent la restauration de la foi catholique comme une vengeance de famille et comme un principe de gouvernement.

Les calvinistes, renforcés de plusieurs maisons princières (Anhalt, Hesse-Cassel), décidèrent les princes luthériens de Wurtemberg, de Bade, de Neubourg, deux margraves de Brandebourg et quinze villes impériales, dont Strasbourg, Ulm et Nuremberg, à former l'*Union protestante* sous la conduite de l'électeur palatin Frédéric IV et de son allié Henri IV (1594-1608). La maison palatine usurpait sur la maison de Saxe la direction du protestantisme. Bientôt (1609) se forma la *Ligue catholique*, dirigée par le duc de Bavière, entre les prélats du midi et les trois électeurs ecclésiastiques.

Les deux confédérations se rencontrèrent d'abord dans l'affaire de Juliers (1610). A la mort du dernier duc de Juliers, de Clèves et de Berg, le seul prince qui fût resté catholique au nord de l'Allemagne, plusieurs princes luthériens et catholiques, époux, fils ou gendres de ses sœurs, se disputèrent la succession. Pour éviter les longueurs d'un procès, deux des prétendants, Jean Sigismond, électeur de Brandebourg, et Wolfgang, comte palatin de Neubourg, se partagèrent provisoirement, par le traité de Dortmund, les trois principautés. De son côté, l'Empereur réclama les fiefs vacants de l'Empire et mit garnison dans Juliers. L'établissement de la maison de Habsbourg sur le Bas-Rhin, sur la frontière des Pays-Bas Espagnols et de la France, effraya tout le monde. L'Union poussée par le chef du parti calviniste, Frédéric IV, renforcée et réorganisée dans ses congrès d'Aschausen et de Hall, rechercha l'appui de Henri IV, qui voyait dans l'affaire de Juliers l'occasion de réaliser son projet de paix perpétuelle en abaissant la maison d'Autriche. L'Union soutenue par la France, rançonna les évêchés de Franconie, et reprit Juliers, avant que la Ligue eût le temps d'armer pour l'empereur. Dans le trouble qui suivit la mort de Henri IV, les deux confédérations, déjà ruinées par leurs premiers armements, conclurent la trêve de Munich (1610).

Le mariage du comte palatin de Neubourg avec la fille de Jean Sigismond allait confondre les droits des deux maisons sur les trois principautés, quand le jeune comte, soufileté par l'électeur dans une querelle de table, rechercha la main d'une princesse de Bavière, et se fit catholique pour avoir l'appui de la Ligue et de l'Espagne (1613). A son tour, Jean Sigismond, au grand dépit de ses sujets luthériens du Brandebourg et de la Prusse, se fit calviniste pour s'assurer le concours des Provinces-Unies. Les Espagnols armèrent pour le comte, et les Néerlandais pour l'électeur ; puis les deux prétendants, mécontents de leurs alliés, se rapprochèrent par un nouveau traité de partage. Ce traité de Xanten (1614) commença la grandeur actuelle de la maison de Hohenzollern, qui fondait la Prusse rhénane (Clèves, Mark, Ravensberg et Ravenstein) et allait prendre possession de l'ancienne Prusse en 1618, à l'extinction de la dynastie ducale.

L'Allemagne était partagée en deux confédérations indépendantes de l'empereur. L'Espagne s'effrayait déjà de voir le duc de Bavière jouer le rôle du duc de Guise, et Philippe III demandait à protéger la Ligue, comme autrefois Philippe II en France. Cependant, Rodolphe II distillait des liqueurs ou taillait des pierres fines, ou contemplait les astres avec Keppler et Tycho-Brahé. Les astrologues lui avaient défendu de se marier. Sa famille le força de céder la Moravie, l'Autriche et la Hongrie à son frère Mathias. Pour conserver au moins la Bohème, Rodolphe avait signé en 1609 la *lettre de majesté*, qui donnait aux Bohémiens la liberté de conscience et le droit de choisir des *défenseurs de la foi*. Mais les Bohémiens, pillés par une armée qu'il avait rassemblée à Passau, se donnèrent à Mathias. La mort ne lui laissa pas le temps de perdre encore la couronne impériale (1612).

Personne ne disputa l'empire à Mathias, prince trop faible et trop méprisé des partis qu'il avait flattés pour étouffer le germe des guerres de religion. Les électeurs, en vertu de l'ancien droit, refusèrent d'admettre les princes à rédiger avec eux la capitulation électorale qu'ils lui imposèrent. Sous le nouvel empereur, la grande ville de Prague, habitée par ses trois prédécesseurs, rendit à Vienne son titre de résidence impériale. L'Autriche redevint le centre de la monarchie autrichienne. Il était temps que la maison de Habsbourg, pour garder le protectorat du Catholicisme en Allemagne et en Europe, surveillât de plus près cette fière noblesse des États héréditaires et cette confédération des provinces, qui en s'appuyant sur la Réforme, semblait viser au même but que les Provinces-Unies ou tendre à l'anarchie aristocratique de la Pologne. Mathias lui-même avait sacrifié les droits de la couronne pour avoir des alliés et des complices contre son frère, et appris aux seigneurs qu'ils pouvaient faire des rois. Il essaya vainement de réconcilier l'Union et la Ligue, ou de les soumettre au moins à son influence.

Mathias n'ayant point d'enfants, ses frères, les archiducs Albert et Maximilien, lui conseillèrent de désigner son cousin, Ferdinand de Styrie, pour son successeur, et de lui céder d'avance les couronnes de Bohême, de Hongrie et d'Autriche, afin de mieux préparer son élection à l'empire. Ferdinand, fils d'une mère fanatique, fougueux disciple des jésuites d'Ingolstadt, avait détruit le protestantisme dans son archiduché, et chassé du pays, aux termes de la paix d'Augsbourg, tous ceux qui refusaient de revenir à la foi catholique. Les États luthériens de Bohême craignaient pour eux-mêmes le sort des Styriens ; malgré leur opposition, Ferdinand fut élu et couronné roi. Pendant que Mathias allait préparer en Hongrie l'élection de son successeur, la Bohême, gouvernée en son absence par un conseil de régence (sept catholiques et trois protestants), donna le signal de la guerre de Trente Ans.

II. Les États scandinaves et slaves de 1560 à 1618. — La réforme luthérienne en Danemark et en Suède. — Luttes de la Suède contre le Danemark, la Pologne et la Russie. — Avènement des Romanow en Russie. — Gustave-Adolphe.

Avant de raconter cette guerre, qui mêla sur les champs de bataille presque tous les peuples de l'Europe, il importe de jeter un coup d'œil sur l'histoire des peuples du Nord, et particulièrement sur les progrès de la Réforme dans les États scandinaves. Quelles révolutions agitèrent cette partie de l'Europe, entre le règne de Gustave Wasa et celui de Gustave-Adolphe ?

Les rois de Danemark et de Suède, que l'intérêt politique et religieux allait bientôt solliciter d'intervenir en Allemagne, avaient inégalement profité de la réforme luthérienne. En Danemark, la noblesse et le clergé dominaient la royauté. Frédéric Ier, le même qui en 1526 avait introduit le luthéranisme dans ses États, dut renoncer au droit d'anoblir les bourgeois. On ne vit pas une seule diète pendant plus d'un siècle, de 1536 à 1660. Le pouvoir et le gouvernement résidaient dans le conseil d'État où siégeait la haute noblesse. En Suède, monarchie élevée par des rois belliqueux, et devenue héréditaire depuis Gustave Wasa qui y avait fait pénétrer les doctrines de Luther, les bourgeois et les paysans étaient mieux défendus par la loi contre la tyrannie des nobles. En somme, ces deux royaumes, malgré la différence de leur organisation intérieure, avaient acquis, par la réforme luthérienne ou depuis cette réforme, une importance que n'avait pas encore la Russie, à peine retirée par l'avènement des Romanow de l'anarchie qui suivit l'extinction de la race de Rurik en 1598, ni la Pologne, livrée à toutes les mauvaises chances d'une royauté élective après la dynastie des Jagellons en 1572.

Avant de se mêler aux débats de la politique européenne, le deux peuples scandinaves agitèrent encore leur vieille querelle. Frédéric II, fils de Christian III, réclama d'abord l'ancienne suprématie sur la Suède et conclut la paix de Stettin en 1570. Son fils, Christian IV, qui ne réussit pas mieux à faire valoir les mêmes prétentions, fit la paix de Siorod en 1613 et chercha dans les travaux d'une sage administration une gloire plus solide. En voyant sa marine florissante, ses troupes nombreuses, ses finances bien réglées et ses alliances, les luthériens allemands, qui cherchaient un protecteur, purent se tromper et lui donner la préférence sur Gustave-Adolphe.

En Suède, on a vu Gustave Wasa relever l'autorité royale par la réforme. Après lui et jusqu'à Gustave Adolphe, les apanages furent une cause permanente de guerres civiles. Le règne d'Eric XIV (1560-1577), plus savant que son père et moins propre au gouvernement, fut troublé par sa folie et par l'ambition des nobles, ensanglanté par sa lutte avec ses deux frères, Jean et Charles, ducs de Finlande et de Sudermanie, qui partageaient le royaume avec lui et qui le détrônèrent pour régner l'un après l'autre. Jean III (1570-1594), poussé par sa femme, Catherine Jagellon, et par les intrigues de Philippe II à ramener la Suède au catholicisme, n'osa pas, après la mort de sa femme, poursuivre jusqu'au bout cette périlleuse entreprise. Son fils Sigismond, qui demeura catholique et devint roi de Pologne, y perdit la couronne de Suède (1604).

La royauté de Pologne ne valait pas un pareil sacrifice. La Pologne avait paru florissante sous la dynastie des Jagellons (1386-1572); mais après la mort du dernier de cette race, Sigismond II Auguste, la diète décréta que le roi ne pourrait de son vivant désigner son successeur, et désormais la couronne fut élective. A chaque vacance du trône, les nobles, [tous ceux dont les ancêtres possédaient des terres nobles, se rendaient en armes et à cheval dans la plaine de Vola, sur les deux rives de la Vistule, pour choisir entre les prétendants, étrangers ou nationaux. La diète se composait de deux sénats, celui des magnats (2 archevêques, 15 évêques, 37 woïwodes, 82 châtelains, 10 grands dignitaires), et celui des nonces ou représentants de la noblesse. Ceux-ci étaient les plus nombreux et les plus forts. L'Histoire ne connaît pas d'assemblée populaire plus désordonnée que ces deux sénats. Comme tous étaient égaux, il fallait, pour rendre un décret obligatoire, l'unanimité des voix; l'opposition d'un seul nonce divisait la diète; son *veto* arrêtait la délibération. On ne voit dans le courant du xvie siècle qu'un seul exemple de cette liberté brutale qui va s'exercer plus souvent sous les rois librement élus. Quand la diète s'était déclarée confédération générale, la majorité reprenait son droit; mais il était permis de se confédérer aussi contre le roi ; le remède était pire que le mal. D'ailleurs la royauté, annulée par les capitulations ou *pacta conventa*, n'était plus qu'un titre honorifique. Le roi n'était plus dans cette république étrange que le simple exécuteur des volontés de la diète. Le roi ne pouvait opposer à la noblesse ni tiers-état, ni villes libres, ni paysans privilégiés. Tandis que chez les peuples de l'Occident, les différentes classes tendaient à se confondre, la Pologne, trop étrangère à la civilisation de l'Europe, gardait suivant l'esprit du moyen âge la rigoureuse division des castes. La Pologne n'était qu'une aristocratie sans peuple. La passion de la liberté, se combinant chez les nobles polonais avec l'habitude et l'orgueil de la domination, devenait pour les rois et pour les classes inférieures une tyrannie insupportable.

Le haut clergé participait aux priviléges de la noblesse, le bas clergé à l'ignorance et à la superstition des serfs; les juifs, plus nombreux qu'ailleurs, accaparaient le commerce et l'industrie.

Le premier qui jura les *pacta conventa* fut le frère de Charles IX l'auteur de la Saint-Barthélemy, Henri de Valois; l'aristocratie le redoutait moins qu'un Polonais puissant par sa famille, ou qu'un prince voisin. Comme lui, Étienne Bathori, prince de Transylvanie, et Sigismond Wasa, fils de Jean III, achetèrent successivement la couronne de Pologne. Bathori défendit bravement la Livonie contre les Russes, améliora la position des Cosaques défenseurs des frontières contre les Tartares, et songeait, dit-on, à restreindre le droit d'élection. La Pologne, moins heureuse avec Sigismond III, fut engagée par ses prétentions sur la Suède dans une guerre dynastique entre les deux branches de la maison de Wasa. Les Suédois reconnurent d'abord ses droits à la couronne de Suède, à condition qu'il serait sacré par un évêque luthérien et que son fils serait élevé en Suède dans la religion protestante. A ce roi catholique de Pologne, ami des Jésuites et marié deux fois dans la maison d'Autriche, les Suédois opposèrent bientôt son oncle Charles IX, habile champion du luthéranisme, et surnommé par les nobles le *roi des paysans*. En 1604, Charles, qui n'était d'abord qu'administrateur, prit le titre de roi et continua pour son compte la guerre qu'il avait d'abord engagée et soutenue pour la nation. L'oncle et le neveu, réconciliés par une trêve en Suède (1609), poursuivirent la lutte en se disputant la Russie.

Ce pays, tiré du chaos et délivré des Tartares par Iwan III, déjà redoutable à ses voisins sous Wasili IV et sous Iwan le Terrible (1538-1584), était retombé dans l'anarchie après la mort de Féodor, le dernier prince du sang de Rurik (1598). Les grands élurent d'abord son beau-frère Boris Godunow, qu'on accusait d'avoir empoisonné Démétrius, frère de Féodor, pour se frayer le chemin du trône. Plusieurs imposteurs prirent le nom de Démétrius. Le premier, le moine Otrépiev, eut tant de succès, que Boris eut peur et s'empoisonna. Au bout d'un an, le boyard Basile Chouiski tua le moine dans une émeute, et monta sur le trône des czars comme libérateur de la nation. Un second Démétrius parut bientôt, puis un troisième, et plus tard encore deux autres. Les Polonais, sous le nom de ces imposteurs qu'ils feignaient de reconnaître, ravagèrent le pays, prirent Moscou pour la seconde fois et portèrent ses dépouilles à Varsovie. Les Suédois venaient au pillage comme alliés de Chouiski, qui mourut en Pologne. Les Polonais, croyant n'avoir plus besoin des Démétrius, firent élire Wladislas, fils de leur roi Sigismond. Les Suédois, de leur côté, réclamaient le trône pour le frère de Gustave-Adolphe, fils et successeur de Charles IX.

Les chrétiens de l'Église grecque, ainsi pillés par leurs voisins, craignaient encore pour leur religion les luthériens de la Suède, et surtout le roi catholique de la Pologne. Le fanatisme ralluma le patriotisme. Quelques patriotes rassemblèrent une armée, chassèrent les Polonais du pays, et convoquèrent les députés du clergé, de la noblesse et des villes pour l'élection d'un nouveau czar. Leur choix tomba sur Michel Romanow, descendant de Rurik par les femmes. Ce czar autocrate, qui recevait pour sa dynastie un pouvoir héréditaire et absolu (1613), se hâta de rendre la paix à la Russie, pour recueillir et réparer ses forces. A Gustave-Adolphe il céda, par la paix de Stolbova (1617), la Carélie et l'Ingrie, c'est-à-dire les provinces de la Baltique; à Sigismond III, par la paix de Divilina (1618), les provinces de Smolensk, de Séverie et de Tchernigow.

Les rois de Suède et de Pologne, ainsi désintéressés dans les affaires de la Russie, continuèrent leur guerre dynastique. Gustave-Adolphe, roi à dix-huit ans (1611), mena de front les trois guerres contre le Danemark, la Russie et la Pologne. Après avoir imposé aux deux premiers les traités de Siorod et de Stolbova, il envahit la Livonie et la Lithuanie, et réduisit Sigismond III à implorer contre les Suédois les secours de son beau-frère Ferdinand II. Les rigides luthériens de la Suède rencontraient déjà l'Autriche en Pologne. Au dedans, avec le concours de son chancelier Oxenstiern, Gustave-Adolphe soutint le fardeau d'un gouvernement ruiné par ces trois guerres, et contint la noblesse, enhardie par les troubles des règnes précédents. Ses soins éclairés pour le commerce, l'industrie, l'agriculture et les établissements scientifiques répandirent dans le pays la confiance et l'enthou-

siasme qui devaient bientôt le suivre dans la politique extérieure.
Telle était la situation des peuples du Nord au moment de la guerre de Trente ans.

III. Guerre de Trente ans. — Période palatine (1681-1628) : Défaite de l'électeur Palatin et de l'union évangélique.— Soumission de la Bohême à l'Autriche. — Mansfeld et Christian de Brunswick.

La liberté de religion accordée aux dissidents de Bohême par la *lettre de Majesté*, autorisait les seigneurs protestants à bâtir sur leurs terres et dans les villes royales des églises et des écoles, mais les États catholiques niaient que ce droit s'étendît jusqu'aux sujets luthériens de leurs domaines, auxquels on garantissait seulement les temples déjà construits. Les protestants, interprétant la charte dans le sens le plus général, et d'après le texte du privilége de Silésie plus favorable à leur cause, avaient récemment bâti deux églises en terre catholique : l'une, dans la ville de Klostergrab, soumise à l'archevêque de Prague, et l'autre à Braunau, ville soumise à son abbé. L'empereur ordonna d'abattre la première et de fermer la seconde, sans égard pour les réclamations des protestants. Les députés des États luthériens de Bohême, conduits par Mathias de Thurn, chef des mécontents, envahirent le château de Prague à main armée; et jetèrent par les fenêtres deux gouverneurs, Martinitz et Slawata, qu'on accusait d'avoir dicté ou supposé la réponse de l'empereur à leurs griefs. La *défénestration* des magistrats prévaricateurs était, disaient-ils dans leurs manifestes, l'ancien droit du pays (*more majorum*), comme le prouvait l'exemple des hussites. Les États protestants, comprenant bien qu'ils avaient déclaré la guerre à la maison d'Autriche, se saisirent du pouvoir, chassèrent les jésuites et donnèrent le gouvernement du pays à trente directeurs, et des troupes à Mathias de Thurn. De son côté, l'empereur, gouverné par Ferdinand de Styrie, et que sa famille traitait comme lui-même avait traité Rodolphe, dirigeait ses troupes sur la Bohême et sommait vainement les États rebelles de mettre bas les armes. Les Bohémiens comptaient sur les Autrichiens, soulevés comme eux, et sur les secours de l'Union dirigée par l'électeur palatin, ou plutôt par son ministre, Christian d'Anhalt. L'Union leur envoya le comte de Mansfeld, qui prit d'assaut Pilsen, la plus forte place du royaume, pendant que Thurn s'avançait jusqu'à Vienne. Ferdinand, assiégé par les rebelles jusqu'en son palais, mais toujours inflexible, fut sauvé de leurs mains par l'arrivée imprévue d'un régiment impérial. L'empereur Mathias était mort sur ces entrefaites. En vain Ferdinand offrait de confirmer les libertés religieuses de la Bohême ; les rebelles rompirent sans retour avec la maison d'Autriche, et dans le même temps que les électeurs lui donnaient la couronne impériale, ils le déposèrent comme roi de Bohême, en vertu de leur droit d'élection, et le remplacèrent par l'électeur palatin, Frédéric V, leur voisin dans le Haut-Palatinat. L'électeur resta sourd aux sages remontrances de sa mère (fille de Guillaume le Taciturne), du collége électoral, de la France et de l'Angleterre ; poussé par Christian d'Anhalt, par son aumônier Scultetus et par sa femme Élisabeth (fille de Jacques Ier), qui lui montraient la gloire là où les autres ne voyaient que le danger, il accepta cette fatale couronne de Bohême. Il se crut, par son beau-père, roi d'Angleterre, et par son oncle, Maurice de Nassau, le vrai représentant du protestantisme européen.

Tandis que Frédéric, fort de l'alliance de Bethlen Gabor, roi de Hongrie, élu comme lui par un soulèvement contre la maison d'Autriche, s'aliénait les Bohémiens par les cérémonies odieuses du calvinisme ou par les faveurs accordées aux Allemands de son armée, Ferdinand contenait les protestants autrichiens avec 8,000 cosaques qu'il avait reçus de son beau-frère Sigismond de Pologne. Sûr de l'Espagne, de la Bavière, de la Ligue et de l'électeur de Saxe, Jean-Georges, toujours jaloux du Palatinat, il désarmait l'Union par le traité d'Ulm (1620), qui la détachait des intérêts du roi de Bohême et ne lui réservait que le droit de défendre le Palatinat. La France, gouvernée à cette époque par le favori De Luynes, aidait l'Autriche contre les protestants, qui lui semblaient des républicains. Maximilien put mener alors son armée en Bohême et soumettre, en passant, l'Autriche. De leur côté, Spinola et les Espagnols occupaient le Palatinat au mépris du traité, et l'électeur de Saxe la Lusace, prix convenu de son alliance. La bataille de Prague ou de la Montagne-Blanche (nov. 1620), gagnée par Tilly sur le prince d'Anhalt, mit fin à la triste royauté de Frédéric V. Le *roi d'hiver*, qui vit sa défaite du haut des murs de Prague, se crut trop tôt perdu et profita d'une trêve de quelques heures pour fuir en Silésie. Encore chassé de cette province, il alla mendier la protection des princes du Nord et du Danemark, et vivre aux Pays-Bas des aumônes de Jacques Ier.

Ferdinand mit l'électeur rebelle au ban de l'empire, par un simple arrêt de son conseil aulique, et le déclara déchu de tous ses droits et domaines. Il traita la Bohême en pays conquis, déchira de ses mains la *lettre de majesté*, envoya vingt-sept gentilshommes à l'échafaud, mit les jésuites rappelés en possession des biens confisqués, et chassa du pays plus de trente mille familles. La Bohême perdit dès lors toute importance politique. Quelques mois avaient suffi pour rendre à l'Autriche la Bohême, la Moravie et la Silésie, et pour soumettre à son pouvoir monarchique une noblesse naguère aussi hardie qu'en Pologne. Depuis l'occupation du Palatinat par les Espagnols, l'Union semblait dissoute. L'empereur offrant pour l'électeur et ses adhérents le recours aux voies judiciaires, et proposant de renvoyer l'affaire à la prochaine diète, les princes luthériens du Nord s'autorisèrent volontiers de sa déclaration pour abandonner Frédéric V.

L'électeur n'avait plus d'autres champions dans l'empire que trois aventuriers ou chefs de bandes. Le plus fameux des trois, Christian de Brunswick, administrateur de l'évêché de Halberstadt, qui semblait poussé par la conviction religieuse ou par une passion chevaleresque pour l'électrice Élisabeth, petite-fille de Marie Stuart, craignait bien plutôt comme ses voisins que l'empereur, victorieux au midi, n'appliquât dans le nord la réserve ecclésiastique, et ne lui prît son évêché luthérien. Il continua la guerre en pillant les églises de Westphalie et du Rhin. Ses capitaines d'incendie brûlaient méthodiquement villes et villages. Les deux autres étaient le margrave de Bade-Durlach, et le comte Mansfeld qui battit la ligue à Wiesloch. Tilly, bien secondé par la division de ses ennemis, prit sa revanche à Wimpfen, et la guerre semblait finie, quand le prince de Brunswick vint se faire battre à Hœchst, et joignit ses débris à ceux de Mansfeld. Les deux aventuriers, congédiés par l'électeur qui négociait la paix avec Ferdinand, allèrent chercher fortune aux Pays-Bas. Ils gagnèrent sur les Espagnols la bataille de Fleurus et firent lever le siége de Berg-op-Zoom.

Ferdinand n'avait plus qu'à partager à ses alliés les dépouilles de l'électeur qui recourait trop tard à sa clémence, après avoir épuisé toutes les chances de la guerre. Le duc de Bavière reçut pour sa part, dans l'assemblée des princes à Ratisbonne, le Haut-Palatinat et le titre d'électeur, sauf les droits des agnats. Tilly campé sur la frontière de la Basse-Saxe, et chargé d'observer les aventuriers rejetés par la Hollande, battit Christian près de Stadtlohn, les força de licencier leurs troupes, et rétablit les catholiques dans leurs domaines. Les princes luthériens du nord, menacés dès lors dans la possession des biens de l'Église, se donnèrent pour chef Christian IV, roi de Danemark, membre de l'empire par son duché de Holstein, qui déclara la guerre à l'empereur. L'alliance de l'Angleterre et des Provinces-Unies releva Christian de Brunswick et Mansfeld.

IV. Période danoise (1625-1629). — Waldstein. — Défaite du roi de Danemark à Lutter et paix de Lübeck (1629). — Édit de restitution. — Diète de Ratisbonne (1630).

Jusqu'ici Ferdinand II, vengeur implacable de sa famille dans les États héréditaires, s'était montré plus conciliant dans l'empire. Il a résolu désormais de porter dans l'empire même la contre-réforme achevée dans ses domaines. Après avoir soumis ses sujets à son droit de réforme, il soumettra les princes de l'empire à l'observation rigoureuse des traités de Passau et d'Augsbourg. Par devoir de conscience, il associera les catholiques au bénéfice de ses victoires et les rétablira dans les biens que les protestants leur ont pris depuis ces deux traités. Il aura ainsi la chance d'augmenter dans les diètes le nombre des votes favorables au chef de l'empire et d'affaiblir l'opposition politique des protestants. La foi sincère de Ferdinand II n'exclut point les calculs de l'ambition personnelle et sa religion s'accorde avec sa politique. Il servira en même temps Dieu, l'Église et lui-même. Ferdinand, vainqueur dans l'empire, voit le danger plus loin. Le nouveau ministre de Louis XIII, Richelieu, s'effraie de l'étroite alliance de l'Autriche et de l'Espagne, et de la présence des Espagnols dans le Palatinat; les Provinces-Unies s'alarment des progrès de Tilly dans la Basse-Allemagne. Jacques Ier, n'espérant plus marier son fils en

Espagne pour sauver son gendre, se rapproche de la France et des Provinces-Unies. Ferdinand II, qui suit de l'œil tous ces mouvements de la faction protestante, voit commencer la guerre européenne. Mansfeld lève en Angleterre une armée de quinze mille hommes, Christian recrute ses bandes en France, et tous deux vont reparaître au nord de l'Allemagne. Contre les brigands qui ravagent l'empire, et contre les intrigues des puissances étrangères, l'empereur veut se donner une armée qui ne dépende plus de la Bavière dont il a payé les services. Cette armée sera levée par Albert de Waldstein, gentilhomme bohémien d'une ambition sans bornes exaltée par l'astrologie, déjà fameux par son courage, et devenu duc de Friedland et prince d'empire pour les services qu'il a rendus à la maison d'Autriche contre la Hongrie et la Bohême. Au nom de l'empereur, Waldstein organisera le brigandage militaire, dont Mansfeld et Brunswick ont donné l'exemple.

Les États de Basse Saxe, toujours effrayés de voir Tilly dans leur voisinage, ont nommé capitaine de leur cercle Christian IV, qui commence la guerre avec les subsides de la France, de l'Angleterre et des Provinces-Unies. Waldstein rejoint Tilly avec son armée de cinquante mille hommes qu'il a promis de nourrir par la guerre. C'est une réunion d'aventuriers de toutes les religions et de tous les pays ; c'est comme une nation ambulante dont il est le roi absolu, et qu'il sépare à dessein des troupes de la Ligue, afin de marquer son entière indépendance. Dans une guerre de pillage et d'incendie, le plaisir et la richesse étaient pour le soldat, la ruine et la souffrance pour le bourgeois et le paysan. Il y avait chance de fortune rapide sous un général insensible aux maux du peuple et généreux pour ses troupes. Le soldat régnait seul dans cet âge de fer.

Christian IV, avec les forces du Danemark et de la Basse Saxe, tenait tête à Tilly sur le Weser. Tilly occupe tous les pays de la rive gauche jusqu'à Minden ; le roi de Danemark couvre les pays de la rive droite et le territoire de Brunswick. L'aile droite de Christian IV, sous Christian de Brunswick, doit tourner l'ennemi et fondre sur le midi ; l'aile gauche sous Mansfeld occupera Waldstein et donnera la main à Bethlen Gabor. Waldstein bat Mansfeld à Dessau, et malgré l'échec d'Oppeln, le poursuit jusqu'en Hongrie. L'intrépide aventurier, trahi par Bethlen Gabor, meurt dans un village de la Bosnie, quelques mois après Christian de Brunswick. Les deux meilleurs généraux des protestants étaient mal remplacés par le roi de Danemark, sur qui retombe tout le poids de la guerre. Christian IV, surpris et battu par Tilly à Lutter (1626), perd toutes ses positions en Allemagne. Déjà le Danemark est envahi; Waldstein, revenu du midi, pousse les États du pays à déposer Christian pour élire son maître victorieux.

Cependant l'armée du duc de Friedland monte à cent mille hommes, et moins il a d'ennemis, plus il amasse de troupes. Son faste et son orgueil croissent avec les misères de l'Allemagne. On se demande partout avec inquiétude s'il fonde le pouvoir absolu pour l'empereur ou pour lui-même. Les ducs de Mecklembourgs de Poméranie et de Brandebourg supplient Ferdinand d'éloigner de leurs pays les maux de la guerre; mais l'empereur n'est plus maître de son armée. Waldstein demande et reçoit pour ses frais, les deux duchés de Mecklembourg; il met garnison chez l'électeur de Brandebourg. Il semble que son ambition grandisse encore en face de la mer : il se fait nommer grand amiral du Saint Empire, il veut relever la ligue hanséatique, et fonder sur les côtes de la Poméranie une marine allemande pour l'opposer aux flottes des Pays-Bas et de l'Angleterre. Pendant qu'il assiége sans vaisseaux et malgré l'Empereur l'excellent port de Stralsund, Christian IV s'allie au roi de Suède, qui vient de conquérir la Livonie sur les Polonais et menace d'enlever encore à la Pologne ses provinces de la Baltique; il resserre son alliance avec la France, l'Angleterre et les Pays-Bas. Tous les États maritimes s'effraient des projets de l'Autriche sur la Baltique. Waldstein, forcé par les Suédois de lever le siége de Stralsund, craignant d'autre part les conséquences de *l'édit de restitution* et le soulèvement de toute l'Allemagne luthérienne, conclut la paix de Lübeck avec le Danemark (1629); Christian rentre en possession de ses États et sacrifie lâchement ses deux alliés, les ducs de Mecklembourg, dépouillés par Waldstein et déposés par Ferdinand II sans jugement.

Par le fameux édit de 1629, Ferdinand II, malgré l'avis de la majorité des catholiques et de Maximilien lui-même, somme tous les États protestants de restituer les biens de l'Église envahis et sécularisés par eux depuis le traité de Passau. Il enlève aux protestants trois archevêchés, quinze évêchés, et presque toutes les abbayes du nord. Les prélats catholiques auront le droit de chasser leurs sujets dissidents, et les calvinistes ne seront plus soufferts dans l'empire, mesure légale et rigoureusement conforme au traité de 1555, mais impolitique et violente, qui doit prolonger la guerre et livrer l'Allemagne aux étrangers. Les catholiques ont d'ailleurs le droit d'accuser l'égoïsme de la maison d'Autriche qui, parmi les biens restitués, réclame pour l'archiduc Léopold Guillaume, déjà titulaire des sièges de Passau et de Strasbourg, les archevêchés de Brême et de Magdebourg et l'évêché de Halberstadt. Pour exécuter l'édit, l'empereur garde son armée, et pour surveiller l'empereur, la Ligue augmente la sienne. Magdebourg ose résister à l'édit de restitution, comme jadis à *l'intérim*. Dans la diète électorale de Ratisbonne, les princes catholiques et luthériens se plaignent tout haut de l'orgueil et de la tyrannie de Waldstein. Il a dit publiquement qu'il était temps de ranger les électeurs à la qualité des grands d'Espagne et les évêques au titre de chapelains de la Cour impériale. L'électeur de Bavière, soutenu par les Jésuites qui voulaient bien détruire la Réforme, mais non pas l'ancienne aristocratie, et par le père Joseph, le fameux confident de Richelieu, qu'on avait envoyé avec Brulart de Léon pour traiter de l'affaire de Mantoue, dénonce l'insolent dictateur qui menace de soumettre tous les princes à l'autorité impériale et ne respecte pas même les électeurs. La diète menace de se dissoudre, si l'empereur ne brise, comme dit Richelieu, la *verge sanglante* qui flagelle l'Allemagne. Ferdinand II, pour faire élire son fils roi des Romains, licencie une partie de ses troupes et dépose Waldstein, qu'on remplace par Tilly (1630). Waldstein, rassuré sur l'avenir par son astrologue, se résigne aux volontés de son maître avec une facilité qu'on n'attendait pas de lui, et se retire fièrement dans ses États de Bohême. Il attendra dans sa fastueuse retraite que son étoile, aujourd'hui éclipsée par celle du Bavarois, mette à ses pieds tous ses ennemis.

V. **Période suédoise (1630-1635).** — Campagnes de Gustave-Adolphe : sa mort à Lützen (1632). — Meurtre de Waldstein. — Défaite des Suédois à Nordlingen (1634). — Traité de Prague (1635).

Au moment même où Waldstein était privé du commandement, Gustave-Adolphe à la tête de 15,000 hommes débarquait sur la côte de Poméranie, un siècle après cette fameuse Confession d'Augsbourg qu'il venait défendre (1630). A ce grand souvenir l'armée s'agenouilla sur le rivage. « Bien prié, disait le roi de Suède, c'est victoire à moitié gagnée. » Son chancelier Oxenstiern restait en Prusse avec 10,000 hommes pour surveiller la Pologne.

On affecta d'abord de mépriser à Vienne *ce roi de neige* qu'on avait provoqué en Pologne et à Stralsund, et dédaigné de comprendre dans la paix de Lübeck. Ferdinand toutefois a compris ce que valait ce nouvel ennemi, soutenu par la France et débarrassé par Richelieu de sa guerre de Pologne, car il a négocié avec lui à Danzig, au moins pour gagner du temps. Le roi de Suède exigeait que l'empereur évacuât les pays protestants, réhabilitât les ducs de Mecklembourg et les autres proscrits, et soumît à l'arbitrage des électeurs l'affaire des biens ecclésiastiques.

L'homme qui parlait si haut et qui sommait l'Autriche de renoncer au fruit de toutes ses victoires, savait bien ce que valaient contre les troupes mercenaires de Tilly ses 15,000 Suédois, forts par la religion, le patriotisme et la discipline. Les plus vieux généraux apprendront bientôt de ce jeune roi, chef d'une nouvelle école, l'art de ranger une armée en bataille, d'organiser les réserves, d'étendre les masses de l'infanterie, de rendre la cavalerie plus rapide et l'artillerie plus mobile.

Ce peuple de Suède, que la Réforme tenait en réserve, aussi obscur avant Gustave-Adolphe que les Macédoniens avant Philippe ou les Russes avant Pierre le Grand, voulait aussi grandir avec son roi, et en protégeant le luthéranisme contre les projets ambitieux des successeurs de Charles-Quint, il défendait en même temps sa loi fondamentale et constitutionnelle et son indépendance politique.

Gustave-Adolphe occupe d'abord Stettin et chasse les Impériaux de la Poméranie, sa première base d'opération, puis somme les princes allemands de s'unir à lui pour la défense du protestantisme, et signe avec la France le traité de Berwald (janvier 1631). Il promet, pour un subside annuel de 400,000 écus, d'entretenir pendant six ans en Allemagne une armée de 36,000 hommes. Les électeurs du Nord, alors rassemblés au congrès de Leipzig, refusent de s'unir à l'étranger contre l'empereur, et résolvent en même temps de s'opposer par les armes à l'édit de restitution. Ils forment dans l'empire un tiers parti. L'électeur de Saxe prétend servir de chef aux luthériens du nord, comme le duc de Bavière aux catholiques du midi, et fonder ainsi une politique à la fois protestante et patriotique ; politique incertaine qui nuisit d'abord aux Suédois sans servir l'Allemagne. Les ducs de Lunebourg, de Saxe-Weimar, de Saxe-Lauenbourg, le landgrave de Hesse-Casse et Magdebourg se déclarent seuls pour Gustave-Adolphe. Pendant que le roi de Suède, déjà maître de Francfort-sur-l'Oder, demande le passage aux électeurs de Brandebourg et de Saxe pour aller au secours de Magdebourg, la malheureuse ville, si fière d'avoir bravé Charles-Quint et Waldstein, et plus fière encore d'avoir été pendant plusieurs siècles la métropole et le tribunal suprême du droit germanique pour la plupart des cités de l'Est, est prise d'assaut par Tilly et le farouche Pappenheim, et s'abîme dans les flammes. 20,000 hommes périssent dans le sac. Le Suédois Falkenberg qui la défendait y met le feu pour enlever aux Impériaux cette place importante que Tilly se fût bien gardé de détruire.

Gustave-Adolphe, impatient de venger Magdebourg, impose l'alliance de la Suède à son beau-frère l'électeur George-Guillaume de Brandebourg, rétablit les ducs de Mecklembourg sous la suzeraineté de la Suède, rallie à sa cause les landgraves de Hesse-Cassel, le duc Bernard de Weimar, et l'électeur de Saxe attaqué par Tilly comme chef de la confédération de Leipzig. Le roi de Suède, supplié par la Saxe de livrer bataille aux Impériaux, remporte sur Tilly par sa nouvelle tactique la victoire de Breitenfeld (près de Leipzig), qui lui ouvre toute l'Allemagne (1631). Tilly, tourné lestement par les Suédois, perdu par ses combinaisons savantes, foudroyé par sa propre artillerie, n'a rien compris à la déroute de son armée. Le *vieux Caporal* avant ce jour-là se vantait de n'avoir jamais connu ni le vin, ni les femmes, ni la défaite.

Gustave-Adolphe a su vaincre et sait mieux encore profiter de la victoire. Pendant que les Saxons se dirigent sur la Bohême, il occupe les évêchés du Rhin et de la Franconie, et va jusqu'en Alsace donner la main à la France. Sa marche triomphale à travers ces pays du Rhin naguère opprimés par les Espagnols, l'hommage qu'il exige pour lui-même, l'enrôlement des princes allemands au service de la Suède, le gouvernement suédois qu'il installe à Wurtzbourg, l'occupation de l'électorat de Mayence, prouvent clairement sa ferme intention de s'établir en Allemagne, et de lui donner peut-être un empereur luthérien. Frédéric V est comblé d'égards par les Suédois, mais demeure privé de ses États.

Si les princes protestants n'accueillent qu'avec effroi leur libérateur, le peuple salue sa venue par des cris de joie. Sa noble figure inspire la confiance et le respect. Son activité, son courage, sa tolérance, auxquels ses ennemis ont rendu justice, communiquent aux Allemands l'enthousiasme qu'il inspire aux Suédois. La discipline et la piété de ses troupes étonnent les populations pillées naguère par les bandes de Waldstein et de Tilly.

Des pays du Rhin le roi de Suède gagne la Bavière par la Franconie, et Tilly reçoit le coup mortel en défendant le passage du Lech (1632). Gustave-Adolphe échoue contre Ingolstadt, reçoit la soumission d'Augsbourg à la couronne de Suède, et fait son entrée à Munich, en même temps que l'électeur de Saxe entre à Prague. Maximilien implore en vain, après la protection de l'empereur, celle de la France, qui s'effraie des progrès de la Suède, et qu'il autorise à prendre possession de la rive gauche du Rhin, de Coblentz à Constance. Cependant Ferdinand II, menacé par les Saxons et les Suédois, arrache de sa retraite orgueilleuse le duc de Friedland, et ne le décide à reprendre le commandement qu'à des conditions qui font du sujet presque un empereur. Il sera maître absolu de son armée, et ne permet pas même à l'empereur d'y paraître ; il disposera librement des pays conquis, et prend sur les États héréditaires une sorte d'hypothèque ; il réserve ses droits sur le Mecklembourg. Au premier roulement de ses tambours, sa renommée, l'attrait d'une solde élevée, surtout l'espoir du pillage et des confiscations, et les malheurs du temps attirent sous ses drapeaux des aventuriers de tous pays.

Waldstein, à la tête de sa nouvelle armée, ne se hâte point

d'obéir à son maître et de sauver Maximilien, auteur de sa première disgrâce. Il chasse les Saxons de la Bohême avant de marcher sur la Bavière et d'en tirer les Suédois. Gustave-Adolphe se retranche à Nuremberg. Waldstein campé à deux lieues de la ville affame les Suédois. Après une attaque meurtrière, mais inutile, sur le camp de Waldstein, le roi de Suède quitte un pays ruiné par les deux armées et se rejette sur la Bavière. Waldstein, au lieu de l'y suivre, envahit la Saxe, mal défendue par Arnheim, son ancien lieutenant. Gustave-Adolphe va au secours de son allié. A la fin de l'automne, quand Waldstein croit la campagne finie, les Suédois, qui ne connaissent point l'hiver, lui présentent la bataille à Lützen, près de Leipzig. L'armée de Gustave entonne le chant fameux de Luther, puis le chant composé par lui-même (*Ne perds point courage, petite armée*), et commence l'attaque. La cavalerie de Pappenheim fait plier d'abord l'infanterie suédoise. Gustave-Adolphe qui vole à son secours, trompé par le brouillard et par sa vue courte, donne dans un escadron ennemi, reçoit deux coups de feu et tombe dans les bras de son page. Les cavaliers impériaux l'achèvent sans le reconnaître. La Suédois conduits par Bernard de Weimar vengent sa mort par celle de Pappenheim, et par la déroute de Waldstein, qui va cacher sa honte en Bohême et décimer ses bataillons vaincus (1632). Le grand roi qui joignait au génie politique de Gustave Wasa la bravoure de Charles XII, qui résumait et perfectionnait dans sa tactique la science des plus grands capitaines de l'Espagne, de la France et des Pays-Bas, fut pleuré par l'Allemagne protestante et même par les catholiques. La mort, à l'âge de 38 ans, ne lui laissait pas le temps de souiller sa gloire par son ambition. Le pape Urbain VIII en témoigna publiquement sa douleur. On dit que Ferdinand lui-même ne put retenir ses larmes à la vue de l'armure ensanglantée du héros. La joie n'éclata librement qu'à Madrid. Onze jours après Gustave-Adolphe, Frédéric V, l'auteur de la guerre, mourut sans qu'on y prît garde.

Après la mort de Gustave-Adolphe, son chancelier Oxenstiern, régent de Suède au nom de la reine Christine, âgée de six ans, prend la direction des affaires suédoises en Allemagne, malgré les prétentions de l'Electeur de Saxe. Le sénat et les généraux ont résolu de continuer la guerre avec l'appui de la France; mais le chancelier se voit forcé de continuer au duc Bernard le commandement de l'armée principale qu'il a conquis sur le champ de bataille, et de lui donner en fief le duché de Franconie avec les évêchés de Bamberg et de Wurtzbourg. Il rétablit la maison palatine. La Suède, qui n'est plus représentée par Gustave-Adolphe, n'ose plus affecter la même souveraineté sur les pays conquis dans l'empire, et son ambition se borne dès lors à s'assurer des indemnités sur les côtes. Gustave-Adolphe était l'allié de Richelieu, Oxenstiern n'est plus que son protégé. Les princes de la Basse-Allemagne craignent toujours de se mettre dans la dépendance de la Suède en se servant d'elle contre l'Autriche. L'électeur de Saxe lui dispute la direction du protestantisme, et celui de Brandebourg l'expectative de la Poméranie. Oxenstiern n'a de pouvoir réel que sur les petits États protestants des quatre cercles de Souabe, Franconie, Haut et Bas-Rhin, réunis dans la confédération de Heilbronn par l'influence française. Le commandement militaire est partagé entre Bernard de Weimar et le général suédois Horn. Le chancelier aura la direction suprême de la guerre, et devra pour le reste prendre l'avis du conseil fédéral.

Les armées protestantes ont d'abord et partout l'avantage. Waldstein, qui n'a plus de rivaux parmi les catholiques et qui pourrait à la tête de 40,000 hommes accabler des ennemis divisés par la jalousie du commandement, délivrer l'Allemagne des étrangers, justifier ainsi sa toute-puissance et réparer le désastre de Lützen, demeure inactif en Bohême à la grande surprise des deux partis, et se contente de négocier en Silésie avec Oxenstiern et Bernard. S'il rompt brusquement la trêve et s'il attaque la Saxe et le Brandebourg pour les séparer d'Oxenstiern, dont la défiance l'irrite, il est bientôt rentré dans sa Bohême et laisse les Suédois, qu'il a vaincus à Steinau, accabler la Bavière et prendre Ratisbonne.

La Bavière, l'Espagne et les Jésuites accusent Waldstein d'oublier ses devoirs envers la maison d'Autriche, de négocier un arrangement politique avec les Suédois en sa qualité de prince d'empire, et de convoiter la couronne de Bohême en s'aidant de la France. La France en effet, moins défiante de Waldstein que la Suède et la Saxe, ou plus hardie à risquer toutes les intrigues, offrait de l'aider par ses subsides et ses armées à consommer cette usurpation. L'empereur, qui s'est donné dans sa détresse un collègue à l'empire, n'entend pas souffrir plus longtemps ce partage de son pouvoir, et prête l'oreille aux insinuations perfides des ennemis de Waldstein. Il lui fait proposer d'abord de se démettre du commandement, puis se donne une seconde armée en démembrant celle de Waldstein. Celui-ci promet d'obéir pour gagner du temps, continue de négocier avec les Suédois et cherche à s'assurer le dévouement de ses officiers pour se maintenir par la force dans sa dictature militaire. Mais la seconde armée était composée en grande partie d'Autrichiens et non plus d'aventuriers étrangers, comme la première, qui était restée sur les plaines de Nüremberg et de Lützen. Ferdinand s'effraie d'apprendre par les généraux Gallas et Piccolomini que les principaux officiers de Waldstein, réunis par ses confidents à Pilsen, ont signé l'engagement de lui rester fidèles, et n'ont pas même réservé les droits de l'empereur. A son tour Waldstein apprend qu'il est secrètement remplacé par Gallas. Ses ennemis ne lui laissent plus le temps ni les moyens de se justifier. L'empereur, qui n'ose lui faire le procès au milieu de son armée, arme contre lui des assassins. Waldstein, forcé par la défection d'une partie de ses troupes de fuir de Pilsen à Ægra, pour se rapprocher des Suédois et des Saxons, est suivi dans cette ville et massacré avec ses principaux partisans par les officiers de fortune qui le trahissaient. L'empereur distribue ses biens à ses meurtriers.

Tel fut le dénouement d'une fortune aussi altière et d'une position aussi fausse. Le parti impérial ou catholique n'eut pas lieu de regretter ce grand capitaine dont la mort donna presque aussitôt la victoire à son armée. Ceux qui se battaient pour leur religion ou leur patrie ne plaignirent point l'homme qui parmi tant de passions violentes, semblait n'avoir eu d'autre croyance ni d'autre intérêt que sa fortune.

Le roi des Romains, Ferdinand, nouveau chef de l'armée impériale sous la direction de Gallas, et renforcé par Jean de Werth et les Bavarois, gagne sur les Suédois la sanglante et décisive bataille de Nordlingen, livrée par Bernard de Weimar contre l'avis de son collègue, le Suédois Gustave Horn (1634). La Souabe et la Franconie sont livrées aux Impériaux, le duc de Wurtemberg et le margrave de Bade se réfugient à Strasbourg, et le duc Bernard en Lorraine. L'électeur de Saxe renonce à l'alliance de la Suède, qu'il n'avait subie que pour résister aux violences de l'Autriche, et signe avec l'Empereur, sous la médiation de l'Espagne, la paix séparée de Prague (1635). Ferdinand suspend l'édit de restitution, confirme aux luthériens les traités de Passau et d'Augsbourg, leur garantit pour quarante ans la possession des biens de l'Église sécularisés depuis 1627, donne à l'électeur la haute et la basse Lusace comme fiefs masculins de la Bohême, et l'archevêché de Magdebourg à son fils. Il offre une amnistie générale aux états qui signeront le traité et s'uniront contre les étrangers, au chef de l'empire ; mais il excepte les rebelles de la Bohême et du Palatinat, Bade, Wurtemberg et les confédérés de Heilbronn. L'Allemagne était si lasse de la guerre que ce traité de Prague, malgré ses imperfections et quoique dépourvu de forme légale en l'absence des diètes, rallia successivement les princes protestants de Brandebourg, Mecklembourg, Hesse-Darmstadt, Lunebourg, Anhalt, Saxe-Weimar, le cercle de Basse-Saxe, et les villes hanséatiques ; il ne laissait du côté de la Suède que la Hesse-Cassel avec les proscrits de Wurtemberg et de Bade.

La bataille de Nordlingen produisit ces deux grands résultats : la défection de la Saxe, et l'entrée des troupes françaises en Allemagne.

VI. Période française (1635-1648). — Alliances de Richelieu. — Invasion de la France (1636). — Bernard de Saxe-Weimar. — Conquêtes de l'Alsace, de l'Artois et du Roussillon. — Victoires des Suédois en Allemagne : Banner et Torstenson — Victoires de Condé à Rocroi (1643), à Fribourg (1644), à Nordlingen (1645), à Lens (1648). — Campagne de Turenne et de Wrangel en Allemagne. — Fin de la guerre de Trente ans.

Ainsi Ferdinand II triomphait pour la troisième fois de la Confédération protestante. Tout le monde croyait les Suédois perdus. La cour de Vienne ne daignait pas même entendre leurs envoyés ; la Saxe, au nom du parti évangélique, leur offrait pour la vie de leur grand roi quelques millions d'écus. Mais Ferdinand II triomphait trop tôt ; Richelieu par ses nouveaux traités avec

Oxenstiern et Bernard ent bientôt rétabli l'équilibre. La France avait pu naguère s'effrayer des succès de Gustave-Adolphe qui serait devenu plus dangereux pour elle à la tête d'un empire luthérien, que la maison d'Autriche avec son empire divisé. Elle ne craint plus maintenant ses alliés, mais plutôt ses ennemis. Elle a ménagé ses forces pour intervenir à son heure entre les partis épuisés. Par la *convention de Paris*, elle offre d'entretenir un corps de 12,000 Allemands sous la conduite d'un prince d'empire, mais se fait reconnaître par les confédérés allemands le droit d'occuper l'Alsace et toutes les places fortes de la rive droite du Rhin. On lui a déjà livré, et plus vite que le chancelier n'eût voulu, l'Alsace et Philippsbourg. Les princes allemands ont subi ses conditions. Oxenstiern est forcé de les subir à son tour, et de voir ainsi la direction de la guerre passer de la Suède à la France (*traité de Compiègne*, 1635). Richelieu gagne à ses intérêts le plus grand des généraux de Gustave-Adolphe; Bernard de Weimar, mal secondé par l'Union de Heilbronn, reçoit de la France 4 millions par an et l'Alsace (*traité de Saint-Germain*) pour entretenir douze mille hommes de pied et six mille chevaux sous la direction secrète, mais exclusive, de la France. L'habile cardinal fait conquérir l'Alsace à la France par des Allemands. Il assure partout ses alliances contre l'Autriche et l'Espagne. Par le *traité de Wesel*, le landgrave de Hesse s'engage à fournir dix mille hommes. Par le *traité de Paris*, les Provinces-Unies et la France s'unissent pour partager les Pays-Bas espagnols; par le *traité de Rivoli*, la France et les ducs de Savoie, de Parme et de Mantoue, pour le partage du Milanais. Richelieu met quatre armées sur pied: la première pour les Pays-Bas, la seconde pour l'Italie, la troisième pour la Valteline, et la quatrième pour la guerre du Rhin avec Bernard de Weimar. Un corps d'observation se porte sur les Pyrénées.

Richelieu déclara la guerre à l'Espagne, en l'accusant d'avoir enlevé l'électeur de Trèves, qui s'était mis sous la protection de la France. Les maréchaux de Châtillon et de Brézé gagnèrent d'abord aux Pays-Bas la bataille d'Avein et firent leur jonction avec les Hollandais aux portes de Maëstricht; mais les Hollandais, qui avaient réservé à la France dans le traité de partage la rive gauche de l'Escaut et les ports de Dunkerque, d'Ostende et d'Anvers, craignaient fort l'établissement des Français aux Pays-Bas à la place des Espagnols dégénérés, et ils secondèrent si mal leurs opérations, que les Espagnols, rejoints par Jean de Werth et dix-huit mille impériaux, rejetèrent nos armées sur la Hollande, envahirent la Picardie, franchirent la Somme et s'emparèrent de Corbie. La terreur était si grande à Paris que Richelieu lui-même perdit courage; ses ennemis l'accusaient d'avoir perdu l'État, et la cour parlait déjà de fuir derrière la Loire. Louis XIII repoussa ces lâches conseils. Richelieu, ranimé par Mazarin et le père Joseph, appela tout le peuple aux armes ; les ouvriers et les laquais s'enrôlèrent; le parlement et la ville votèrent des hommes et des subsides. Parmi de nouvelles intrigues de Gaston et des courtisans, quarante mille hommes conduits par le roi et le cardinal allèrent reprendre Corbie et chasser les Espagnols du territoire français. Les impériaux, entrés en Bourgogne avec Gallas et le duc de Lorraine, échouèrent contre la petite ville de Saint-Jean-de-Losne, héroïquement défendue par ses habitants ; Rantzau et Weimar eurent le temps d'arriver et de chasser les impériaux. Le maréchal de La Force battait Colloredo en Lorraine, et d'Épernon chassait les Espagnols de la Guyenne. Au nord de l'Allemagne, Banner relevait l'honneur des armes suédoises par deux victoires, à Domnitz et à Wittstock (1637).

Alors mourut Ferdinand II, ce grand ennemi de la liberté religieuse et politique, dont les protestants ont longtemps maudit la mémoire, mais qu'il faut juger d'après son époque et d'après ses ennemis. Son fils Ferdinand III, moins fanatique, désespéra d'obtenir une paix honorable et continua la guerre. Aux Pays-Bas, le cardinal de La Valette prit sur la Haute-Sambre Landrecies, Maubeuge, la Capelle, etc.; mais les impériaux chassèrent les Suédois de la Saxe et d'une partie de la Poméranie. En Italie Rohan était forcé par la défection des Grisons d'évacuer la Valteline, et la mort des ducs de Savoie et de Mantoue livrait ces deux pays aux intrigues de l'Espagne par les embarras d'une double minorité. Du côté des Pyrénées où le duc de La Valette et le prince de Condé assiégeaient Fontarabie, l'amiral Sourdis, archevêque de Bordeaux, détruisit la flotte envoyée au secours de la ville, mais une armée plus heureuse, ou mieux conduite que la flotte, força les Français de lever le siége et de repasser la Bidassoa.

Pendant que Ferdinand III pousse vivement la guerre contre les Suédois au nord de l'Allemagne, Bernard de Weimar se trouve plus libre sur le Rhin. Le noble émule de Gustave-Adolphe, ce beau jeune homme de trente ans, adoré de ses soldats, luthérien rigide et maintenant la discipline religieuse dans son armée comme le roi de Suède, s'indignait de prêter son nom et son bras à la politique intéressée de la Suède et de la France, qui songeaient moins à servir les protestants qu'à démembrer l'Allemagne. Il semble qu'il ait voulu la démembrer pour lui-même ou pour la Réforme, en fondant avec l'Alsace et la Franconie une puissante principauté qui aurait tenu l'équilibre entre la France et l'Autriche. Qui sait si ce hardi projet d'indépendance ne lui coûta pas la vie? En subissant l'alliance de Richelieu, il avait compté que la guerre lui rendrait sa liberté. Il passe le Rhin, bat l'armée de la Ligue à Rheinfelden, où il prend Jean de Werth, bat trois fois les impériaux sous les murs de Brisach, s'empare de la ville et se croit déjà maître de l'Alsace. L'empereur s'efforce de le détacher de la France; Bernard songe à prendre ses sûretés contre le cardinal, quand sa mort subite livre à Richelieu ses conquêtes et son armée. Waldstein n'était pas mort plus à propos pour Ferdinand II. Guébriant et Turenne, à la tête de l'armée weimarienne, allaient tenter de joindre Banner, encore vainqueur à Chemnitz, pour fondre avec lui sur l'Autriche.

L'année 1640 ouvre à la France une ère de gloire et de conquêtes. Au nord un vigoureux effort combiné par les trois maréchaux de la Meilleraye, neveu de Richelieu, de Châtillon et de Chaulnes, nous donne enfin la capitale de l'Artois, tant désirée par Louis XI. Le duc d'Enghien fait ses premières armes au siége d'Arras. Au delà des Alpes les trois grandes victoires du comte d'Harcourt, *Casal, Turin, Ivrée*, relèvent l'autorité de la régente Christine, sœur de Louis XIII, et ramènent la Savoie dans notre alliance. Du côté des Pyrénées les Portugais et les Catalans se soulèvent presque en même temps contre l'Espagne. Richelieu assure son alliance au nouveau roi de Portugal, Jean de Bragance, et décide les Catalans à reconnaître Louis XIII pour comte de Barcelone et du Roussillon. Lamothe-Houdancourt chasse les Espagnols de la Catalogne; une armée conduite par Louis XIII assiége et prend Perpignan (1642). La France a conquis le Roussillon et saura le garder. Même succès en Allemagne : Guébriant à la tête des Weimariens, bat Piccolomini à Wolfenbuttel (1641), de Lamboy à Kempen (1642), et soumet l'électorat de Cologne. En même temps Banner, passant le Danube sur la glace, a failli enlever la diète et l'empereur à Ratisbonne, mais il meurt de poison ou d'ivrognerie au retour de ce hardi coup de main. Le paralytique Torstenson, successeur de Banner, se lève de son lit de douleur, pour épouvanter l'Allemagne et l'Autriche de sa fougue et de sa vitesse. Il soumet la Silésie, emporte Glogau, bat les impériaux à Schweidnitz, s'empare d'Olmütz, et rejeté sur la Saxe par l'archiduc Léopold et Piccolomini, gagne sur eux la brillante victoire de Leipzig (nov. 1642).

Richelieu mourant laisse la France partout victorieuse, en Allemagne, en Italie, en Roussillon, maîtresse de l'Alsace et de la Lorraine, des Alpes et des Pyrénées, et d'une marine puissante qui partage avec la flotte hollandaise la domination des deux mers. Il lègue à Mazarin cette politique hardie qui montre à l'Europe et surtout à l'Allemagne ce que peut la France bien gouvernée « par l'union de toutes ses parties, sa grande fertilité, et le nombre infini des soldats qui s'y trouvent toujours. »

Cependant sa mort enhardit les Espagnols. Nos armées, disséminées sur toutes les frontières, et ne sentant plus la main puissante qui les dirigeait, étaient sur plusieurs points battues ou réduites à la défensive. Anne d'Autriche, investie de la régence, ne continue qu'avec mollesse et répugnance la politique de son ennemi Richelieu contre son frère Philippe IV. Mazarin n'avait pas encore saisi le pouvoir. Dans ce moment critique, Don Francisco de Mellos envahit la Champagne et conduit vingt-six mille hommes au siége de Rocroi. Le duc d'Enghien, général de l'armée de Flandre et gouverneur de Champagne à vingt-deux ans, ose affronter avec des forces inférieures ces vieilles bandes castillanes et wallones qui passaient pour invincibles. Moins retenu par la prudence du maréchal de L'Hopital qu'entraîné par l'intrépide Gassion, il gagne la brillante victoire de Rocroi, cinq jours après la mort de Louis XIII (1643). Les Espagnols perdent huit mille hommes et leur vieille renommée. Pendant qu'avec une partie de ses troupes, le vainqueur de Rocroi prend Thionville et Sierck, l'autre va se joindre à Guébriant qui périt glorieusement sous les murs de Rotweil en Souabe. Son successeur Rantzau, moins heureux que brave, est vaincu et pris par les Bavarois à la bataille de Duttlingen, et l'ennemi poursuit les débris de son armée jusque sur la rive gauche du Rhin. A la tête de ses troupes victorieuses, Mercy assiége Fribourg en Brisgau, la plus importante des villes forestières que Bernard avait conquises, et la clef de toutes les positions entre le Rhin et le Danube. Turenne, que la prise de Trino a fait maréchal de France, et le duc d'Enghien, reposé de ses dernières victoires, se joignent sur le Rhin. Mercy, après une bataille de trois jours, est forcé, plus encore par les manœuvres de Turenne que par la fougue du duc d'Enghien, de lever le siége de Fribourg. Philippsbourg et Mayence, Spire, Worms, Bingen, Landau sont le prix de cette belle victoire (1644). Le duc d'Enghien rentre à Paris au milieu des acclamations de la foule. Turenne, qu'il a laissé sur le Rhin pour achever tant de précieuses conquêtes, est mal obéi par cette république militaire qu'on nomme l'armée weimarienne, et qui se compose de bandes indisciplinées, allemandes, flamandes et suédoises. Forcé par leurs mutineries de prendre trop tôt ses quartiers d'hiver, il y est surpris et vaincu par Mercy à Marienthal en Franconie. Le duc d'Enghien, devenu prince de Condé, répare encore cette défaite par sa troisième victoire sur les impériaux et les Bavarois, dans les champs de Nordlingen où Mercy trouve la mort. La Bavière est ouverte à nos armes (1645).

L'année 1645 n'était pas moins glorieuse pour les Suédois. Après sa victoire de Leipzig, Torstenson avait poussé jusqu'aux portes de Vienne. Il apprend que le Danemark jaloux s'unit contre la Suède à la maison d'Autriche. Il revient sur la Baltique avec une vitesse inouïe, envahit le Holstein et le Jutland, tandis qu'au midi de la Suède, Horn occupe trois provinces danoises, Bleckingie, Halland et Scanie. Christian IV livre bataille sur mer près des îles Femern et fait reculer les Suédois; mais l'attaque des Hollandais alliés de la Suède, lui impose le traité de Bromsebro (août 1645). Ce traité affranchit les Suédois du péage du Sund, leur cède deux provinces, Jemtland, Herjidalie, les îles de Gothland et d'Œsel et pour vingt-cinq ans le Halland. Torstenson, sorti du Jutland où ses ennemis n'ont pas su l'enfermer, écrase deux armées impériales, celle de Gallas à Juterbock, celle de Gœtz et de Hatzfeld à Jankowitz, rentre en Bohême, et pousse encore une fois ses partis jusqu'aux portes de Vienne. Il appelle Turenne à lui par la vallée du Danube. Mais la belle défense de Brünn en Moravie, la défection du prince transylvanien Ragotsky, et la défaite de Turenne à Marienthal sauvent l'Autriche. Torstenson, épuisé de fatigue ou furieux d'avoir manqué ce brusque dénouement, cède la place à Wrangel.

En 1646, Mazarin porte le principal effort de la guerre en Flandre, où Condé donne Dunkerque à la France. Les Espagnols sont battus en Catalogne à Llorens par d'Harcourt, en Italie à La Mora et à Bozzolo par le prince Thomas et le duc de Modène. Vers la même époque, le beau-frère de Condé, Armand de Brézé, neveu de Richelieu, meurt à vingt-sept ans dans sa victoire d'Orbitello; ce Condé de la mer avait gagné sur les Espagnols quatre batailles navales. Après lui et sous Mazarin, la marine française allait retomber en langueur jusqu'au temps de Colbert.

Cependant Turenne, qui semble oublié sur le Rhin avec son armée d'aventuriers, fait, au lieu d'une simple diversion qu'on lui demandait, trois grandes campagnes. Il rétablit l'électeur de Trèves, délivre la Hesse, et s'unit à Wrangel, successeur de Torstenson, pour envahir la Bavière. Cette malheureuse Bavière, qui a perdu ses trois grands généraux, Tilly, Pappenheim et Mercy, ruinée par ses défaites et par ses victoires, est envahie pour la troisième fois et désarmée par la seule supériorité des manœuvres de Turenne (1647). Son vieux duc Maximilien, depuis vingt-huit ans fidèle à l'Autriche, se voit forcé de signer le traité d'Ulm, qui détache la Bavière de l'alliance autrichienne. Au nord, après le départ de Condé pour l'Espagne, où des intrigues de cour l'envoyèrent échouer au siège de Lérida comme Lamothe et d'Harcourt, Rantzau et Gassion poursuivaient la conquête de la Flandre; mais la mort de Gassion au siège de Lens et la défection des Hollandais, qui font leur paix séparée avec l'Espagne en janvier 1648, arrêtent le succès de nos armes. D'autre part Maximilien, forcé par Jean de Werth et par ses généraux de revenir à l'empereur, provoquait une nouvelle invasion de ses États. Turenne et Wrangel s'unissent encore, remportent sur les troupes impériales la victoire de Sommershausen, et passent le

Lech à la même place que Gustave-Adolphe ; ils menacent l'Autriche elle-même. Un débordement de l'Inn et l'arrivée de Piccolomini sauvent la cour de Vienne. En même temps, les Suédois, commandés par Kœnigsmark, emportaient les faubourgs de Prague, et le comte palatin, Charles Gustave, courait se joindre à eux pour achever leur conquête, quand on apprit qu'une dernière victoire de Condé avait mis fin à la guerre de Trente ans.

En effet, du côté des Pays-Bas, les Espagnols, enhardis par la mort de Gassion et par l'éloignement de Turenne, avaient repris la Flandre et menaçaient de nouveau la Picardie. Condé revint réparer aux Pays-Bas son échec de Lérida et gagna sur l'archiduc Léopold la fameuse bataille de Lens (1648), qui décida enfin l'Autriche à signer la paix.

VII. Paix de Westphalie (1648). — **Congrès de Munster et d'Osnabrück.** — **Acquisitions de la France et de la Suède.** — **Clauses relatives à la religion.** — **Indépendance des États de l'Empire.** — **Exécution et conséquences des traités de Westphalie.**

Il y avait treize ans que l'on négociait ; car après le traité de Prague on avait parlé de la paix générale. L'empereur avait proposé d'ouvrir des conférences à Cologne et à Lübeck avec la France et avec la Suède, sous la médiation du pape et du Danemark. Les deux alliées n'avaient pu s'entendre alors, ni au sujet des médiateurs, ni pour les deux villes qu'elles auraient voulu plus rapprochées. L'empereur de son côté refusait d'admettre les villes impériales au congrès, comme alliées des deux couronnes. Ferdinand III se montra plus conciliant dans la diète de Ratisbonne (1640). Les préliminaires de Hambourg (1641), conformes au recès de la diète, et ratifiés par l'empereur et par l'Espagne en 1643 après les premières victoires de Torstenson, annoncèrent l'ouverture du congrès d'Osnabrück, sous la médiation du Danemark, entre l'empereur et les catholiques d'un côté, les Suédois et les protestants de l'autre, et du congrès de Munster, sous la médiation du pape et de Venise, entre l'Allemagne, la France, l'Espagne et les Provinces-Unies. Les négociations à peine entamées se traînèrent d'année en année, chaque parti comptant sur la victoire pour élever et fixer ses prétentions. Chacun pour accepter la paix eût voulu la dicter. La France était représentée par d'Avaux et Servien, l'un habile et souple, l'autre ingénieux et superbe ; la Suède, par Jean Oxenstiern, fils du chancelier, et par l'insinuant Salvius ; l'Autriche, par le sage et prudent Trautmannsdorf ; la papauté, par le nonce Chigi (plus tard Alexandre VII).

Le congrès ne s'ouvrit réellement qu'au mois d'avril de l'année 1645, quand la Suède et la France firent connaître leur propositions, et que l'empereur envoya son plus sérieux représentant Trautmannsdorf. Le duc de Bavière, Maximilien, servit la France en haine de la Suède et des protestants. Les prétentions hautaines de la France et de la Suède, les disputes minutieuses sur la préséance et les titres, la mauvaise foi des parties, le nombre et la confusion des États allemands, que les deux puissances appelèrent tous au congrès malgré la longue résistance de l'Autriche, reculèrent jusqu'à l'année 1648 (24 oct.) la conclusion de cette paix tant désirée.

On régla d'abord les indemnités de territoire ou satisfactions accordées aux puissances étrangères. La France, confirmée dans la possession de Pignerol, acquis en 1632, et des Trois Évêchés, qu'elle avait conquis sous Henri II, Metz, Toul et Verdun, reçut le landgraviat de Haute et Basse Alsace, le Sundgau et tous les droits de la maison d'Autriche en cette province ; Brisach sur la rive droite du Rhin, avec le droit de garnison dans Philippsbourg et la promesse qu'aucune forteresse ne serait construite sur la rive droite entre cette ville et Bâle. Mais les évêques de Strasbourg et de Bâle, les abbayes immédiates d'Alsace, Strasbourg et les dix villes libres de la préfecture de Haguenau, enfin les princes d'empire, les comtes et seigneurs allemands possessionnés en Alsace, gardaient leurs anciennes relations avec l'empire et leur rang d'États immédiats. La navigation du Rhin était déclarée libre, ce qui voulait dire qu'on n'établirait point de nouveaux péages (1).

(1) Au moment des débats sur la cession de l'Alsace, les envoyés de l'empereur imaginèrent de publier une description éloquente du pays que par ses divisions l'Allemagne allait perdre. « Il n'y a pas en Allemagne, disaient-ils, une province égale à celle-là, et pas une en Europe qui lui soit supérieure......... Dieu jugera si la France mérite une si riche province! » On ne lit pas aujourd'hui sans émotion cette description de l'Alsace. *Meiern, Acta pacis Westphalicæ*, t. III.

La Suède eut la Poméranie citérieure, de Stralsund à l'Oder, Stettin et d'autres villes de la Poméranie ultérieure, les îles de Rügen, de Wollin et d'Usedom, Wismar dans le Mecklembourg, l'archevêché de Brême, l'évêché de Verden, comme fiefs de l'empire, avec trois voix à la diète et 5 millions d'écus.

Il fallut, selon le conseil des Suédois, séculariser encore les biens de l'Église, pour indemniser les princes qu'on avait dépouillés à leur profit. La maison de Brandebourg, qui réclamait toute la Poméranie à la mort de Bogislas XIV, eut la partie orientale et ce qui restait de l'ultérieure, l'archevêché de Magdebourg et trois évêchés, Halberstadt, Minden et Camin. Le duc de Mecklembourg, qui perdait Wismar, eut les évêchés de Schwerin et de Ratzbourg. La maison de Brunswick-Lünebourg eut le singulier droit d'alterner dans l'évêché d'Osnabrück avec les évêques catholiques. Hesse-Cassel eut, pour sa longue fidélité à la Suède, l'abbaye de Herschfeld et quelques bailliages de Minden. La Saxe eut la Lusace et quatre bailliages de Magdebourg. La Bavière garda le Haut-Palatinat, le comté de Cham et le rang qu'elle avait pris dans le collège électoral, mais dut restituer le Palatinat du Rhin à Charles-Louis, fils de Frédéric V, qui devint le huitième électeur de l'empire (architrésorier). On remit sur le même pied qu'avant la guerre les maisons de Würtemberg, Bade, Nassau, etc. Mais l'empereur, sauf quelques exceptions pour la Silésie, n'admit point les sujets des États héréditaires aux bénéfices de l'amnistie et des restitutions. On ajourna les questions de Juliers et de Donauwerth.

En matière de religion, l'esprit du siècle ne permettait pas aux négociateurs de proclamer la liberté de conscience, qui seule eût désarmé les bras et les esprits. On fonda la paix de religion sur toutes les précautions que réclame l'état de guerre. On fixa les priviléges des Églises et des États plutôt que les droits des citoyens. Les calvinistes, considérés plutôt par les catholiques que par les luthériens comme adhérents à la confession d'Augsbourg, eurent désormais tous les droits que le traité de Passau et la paix d'Augsbourg avaient reconnus aux luthériens seuls. On songea bien plus à fixer les relations des catholiques avec les protestants des deux Églises, que celles des calvinistes et des luthériens entre eux. L'état public de la religion et la possession des biens ecclésiastiques étaient réglés par la jouissance de l'année 1624, année *décrétoire* ou *normale* (1618 pour le Palatinat). L'année normale réglait le sort des personnes et des biens. Les sujets dissidents exerçaient publiquement leur culte ou se voyaient réduits au triste droit d'émigration, suivant l'état de la religion dans leur pays au 1ᵉʳ janvier 1624 (ou 1618). Aux termes du traité de Westphalie, qu'on a trop vanté, la même religion était, dans les diverses contrées d'un même pays, dominante ou seulement tolérée, ou rigoureusement proscrite, et soumise aux mauvaises chances d'un changement de famille, de religion ou de politique parmi les princes. La liberté de conscience demeurait le privilège des États d'empire et de la noblesse immédiate; la religion des sujets dépendait du hasard de la possession antérieure ou du bon vouloir des princes. L'année normale fixait de même et à jamais la religion des villes libres. Mais pour les États autrichiens, la liberté de religion n'était garantie par le traité qu'en Silésie. En somme, le protestantisme triomphait sans profit pour la liberté de croyance.

On convint que le corps catholique et le corps évangélique seraient représentés par moitié dans les tribunaux de l'empire et dans les députations ou comités de la Diète, mais que dans la Diète même, où l'égalité n'existait plus, toute affaire de religion et toute question où le corps évangélique réclamait la division (*itio in partes*), serait décidée à l'amiable et non plus à la pluralité des suffrages. Garantie nécessaire aux droits de la minorité, mais dont l'emploi trop fréquent relâcha les liens de la Confédération germanique. Hors des trois Églises reconnues par la loi, aucune secte n'avait d'existence légale. Mais le protestantisme aussi avait sa scolastique, et après une vaine ardeur de libre examen, subissait la théologie autoritaire des livres symboliques : Confession d'Augsbourg, Apologie, Articles de Smalkalden, Catéchisme de Luther, Concordat de Bergen, Catéchisme de Heidelberg, etc.

Tandis que la Suède, au congrès d'Osnabrück, présidait les débats relatifs à la religion, la France, à Munster, constituait l'indépendance politique des princes allemands contre la maison d'Autriche. L'empereur reconnaissait à tous les États d'empire, au nombre de 343 (158 souverains séculiers, 123 ecclésiastiques et

62 villes libres), le droit de participer à l'administration générale et à la puissance législative, le droit de souveraineté territoriale au spirituel comme au temporel, la faculté de conclure des alliances au dedans comme au dehors, sauf la réserve illusoire des droits de l'empire et de l'empereur. Il y eut de nombreuses dispositions sur la division de la Diète en trois collèges : celui des électeurs, celui des princes, où siégèrent les évêques protestants, et celui des villes ; sur la composition de la Chambre impériale, qui reçut 24 protestants avec 26 catholiques, et celle du Conseil aulique où siégèrent six conseillers protestants ; enfin, sur la paix publique et la répartition des impôts.

Avant la conclusion du traité de Westphalie, l'Espagne avait reconnu, par un traité particulier à Munster (janvier 1648), l'indépendance des Provinces-Unies, qui fut confirmée par l'empereur (juin 1648) presque en même temps que celle des cantons suisses. Une partie considérable du cercle de Bourgogne et du cercle de Souabe était donc perdue pour l'empire. L'Espagne sacrifiait les Provinces-Unies dans l'espoir de recouvrer le Portugal et pour retenir son royaume des Deux-Siciles, qui menaçait de lui échapper par la double révolte de Masaniello et d'Alessi. De leur côté, les marchands d'Amsterdam renonçaient volontiers à l'alliance de la France, qui eût pu s'établir aux Pays-Bas et relever le commerce d'Anvers. L'Espagne, comme alliée de l'empereur, était nommée et comprise dans cette paix générale avec l'Angleterre, le Danemark, la Pologne, le Portugal, la Russie, la Lorraine, Venise, les Provinces-Unies, la Suisse et la Transylvanie ; mais l'Espagne, comptant sur les troubles de la Fronde qui commençait, refusa de traiter avec la France, et continua la guerre jusqu'à la paix des Pyrénées, en 1659.

La France, établie en Alsace, séparant la Lorraine de l'Allemagne, enveloppant la Franche-Comté au nord et au sud, et la Suède, campée aux bouches de l'Oder et du Weser, étaient garants de ce fameux traité, qui devint loi fondamentale de l'empire et demeura jusqu'à la Révolution française la charte diplomatique de l'Europe. La protestation du pape Innocent X contre la paix de Westphalie n'eut pas de suite : la religion était désormais subordonnée à la politique.

Ainsi, grâce aux victoires de la France et de ses alliés,

le fédéralisme ou la division féodale l'emportait en Allemagne ; le sceptre et le glaive de Charlemagne n'étaient plus que d'insignifiants symboles aux mains des empereurs. Les abus nés de la guerre lui survécurent : justice arbitraire des princes, impôts levés sans l'aveu des états provinciaux, armées permanentes, relâchement du lien fédéral et du pouvoir central. Les princes allemands, qui ont vu consacrer toutes leurs usurpations, vont ruiner l'Empire en servant l'ambition de Louis XIV, et leurs sujets en imitant le luxe du grand roi. Les peuples ne gagnent rien de plus au traité de Westphalie qui déclare leurs princes indépendants de l'empereur, qu'à la Réforme qui les avait affranchis du pape. La France, au contraire, va profiter de toutes leurs divisions politiques ou religieuses ; son grand avantage n'est pas seulement d'avoir enlevé l'Alsace à l'Autriche, c'est encore de l'avoir entourée d'une foule de petits souverains jaloux de leurs droits, qui, au moindre mouvement de l'Autriche, courront se blottir sous la protection de l'étranger et resteront dans sa dépendance comme alliés ou pensionnaires.

L'Allemagne était épuisée par la guerre de Trente ans ; ses campagnes avaient été ravagées ; quelques-unes de ses villes, comme Augsbourg, avaient perdu la majeure partie de leurs habitants ; le commerce, jadis si florissant à Nüremberg, à Brême, à Dantzick, était ruiné. On put croire cependant que le traité de Westphalie, qui brisait l'unité de l'Allemagne, ne lui donnerait pas même la paix. Toutes les questions encore pendantes que la diète prochaine devait décider, élection du roi des Romains, capitulation électorale, mise au ban de l'empire, répartition des impôts, promettaient d'orageux débats. L'ennemi continuait d'occuper la moitié de l'empire et demandait satisfaction sur tous les points avant de retirer ses troupes. A voir les puissances s'observer d'un œil si défiant et se maintenir sur le pied de guerre, on eût dit que chacun refusait de croire au traité qu'il avait signé. Personne n'osait se risquer à commencer la paix. Les Français occupaient toujours le sol allemand sur le Haut-Rhin ; les armées suédoises, réparties en sept cercles et demandant leurs 5 millions de thalers, en levèrent pendant deux ans quatre fois davantage. Au bout de quatre mois, les négociateurs toujours rassemblés échangèrent les ratifications ; au bout de deux ans, il fallut rassembler le congrès de Nüremberg, et par le recès d'exécution (juin 1650), fixer l'époque où chacun serait payé et commencerait son mouvement de retraite.

Enfin la diète, à laquelle le traité de Westphalie avait laissé tant d'ouvrage, s'assembla en 1652. Ce fut la dernière où l'empereur et les princes parurent dans leur vieille pompe; désormais les délibérations était si confuses et si longues que les princes s'y firent représenter. L'empereur profita de la lenteur des premiers débats pour faire élire roi des Romains son fils Ferdinand IV qui mourut avant lui. Ce ne fut pas alors une médiocre surprise pour les électeurs de voir Christine de Suède, la fille de Gustave-Adolphe, leur recommander le fils de Ferdinand III, et leur vanter, comme indice de sa prochaine conversion au catholicisme, la sage administration de l'empire par la maison d'Autriche.

Cette diète, où le corps évangélique se constitua à part sous la direction de l'électeur de Saxe, devait prononcer en dernier ressort sur tous les points laissés en suspens. On renvoya la plupart des questions litigieuses à la diète suivante, selon l'ancien usage, et une députation fut chargée de résoudre les plus difficiles, entre autres le projet d'une capitulation électorale permanente, telle que l'avait prévue le traité de Westphalie. La députation continua sa lourde besogne, sans résultat visible jusqu'à la mort de l'empereur en 1657.

A la mort de Ferdinand III, la France, qui redoutait comme allié de l'Espagne son second fils, Léopold, roi de Hongrie, et la Suède, dont le roi belliqueux Charles-Gustave voyait en ce prince un futur allié de la Pologne, tentèrent d'enlever la couronne impériale à la maison d'Autriche, et comptèrent sur les divisions ordinaires des Allemands. La Bavière et le Palatinat se disputaient le vicariat dans l'interrègne, Cologne et Mayence l'honneur du couronnement et les fonctions du sacre, dispute qui se continuait depuis Othon le Grand. Mazarin prodigua l'or et les promesses, acheta la voix du Palatinat pour 90,000 écus, marchanda les votes à la foire électorale de Francfort, et crut que les Allemands se donneraient à Louis XIV. Trompé dans son attente, il espérait qu'au moins l'électeur de Bavière se laisserait opposer à la maison d'Autriche : mais le jeune prince, bien conseillé, refusa d'être empereur pour le compte de la France, et le jour de l'élection, Léopold Ier réunit tous les suffrages (1658). Les princes allemands trouvaient encore la maison d'Autriche seule capable de représenter l'Allemagne et l'empire en face de l'étranger, quoique par ses alliances avec l'Espagne et par ses luttes avec la France, elle menaçât de mêler l'Empire à toutes les guerres de l'Europe.

Les Français voulurent au moins affaiblir le nouvel empereur, à peine âgé de 18 ans. Philippe de Schœnborn, archevêque de Mayence, adroitement flatté par Mazarin, et du reste l'un des plus habiles et des plus influents politiques de l'Allemagne, fut du même avis; il y voyait la sûreté des trois électorats ecclésiastiques qu'il avait sauvés de la sécularisation en 1648. Les Français exigèrent donc que Léopold fût contraint par la capitulation électorale à conformer ses alliances au traité de Westphalie, c'est-à-dire à jurer qu'il abandonnerait l'Espagne dans la guerre d'Italie et des Pays-Bas. Cette capitulation, écrite sous la dictée de nos ambassadeurs et imposée au jeune empereur par le collège électoral, qui n'attendit même pas que la députation de la diète eût terminé son travail sur la capitulation permanente, fut bientôt suivie de la formation de la Ligue du Rhin. Mazarin sut unir la France, la Suède, les trois électeurs ecclésiastiques, l'évêque de Munster, le duc de Bavière, etc., dans cette confédération qui devait surveiller et imposer au besoin à l'Autriche l'éxécution du traité de Westphalie et qui donnait à Louis XIV le protectorat de l'Allemagne occidentale. Il ne se trouva qu'un seul prince allemand pour résister à l'influence envahissante de la France et de la Suède; ce fut le Grand-Electeur Frédéric-Guillaume de Brandebourg, qui pendant un règne de 48 ans (1640-1688) allait fonder par ses traités et l'habileté de son gouvernement l'état le plus puissant de l'Allemagne après la monarchie autrichienne. Les autres allaient s'affaiblir de plus en plus par leurs discordes sans fin et bientôt réduire l'empereur à proclamer la permanence de la diète (1662). La royauté française avait alors tout ce qui manquait à l'empire, pouvoir héréditaire, unité politique et religieuse, suppression des grands fiefs, égale protection sur toutes les classes du peuple; elle était seule en état de recueillir le bénéfice des divisions du corps germanique, et la Ligue du Rhin, conclue à Mayence par les soins de Schœnborn, n'était que la consécration de sa puissance, due à politique persévérante de Richelieu et de Mazarin.

CHAPITRE IV.

LES STUARTS EN ANGLETERRE. — RÉVOLUTION DE 1648. — OLIVIER CROMWELL.

SOMMAIRE.

1. — Le successeur d'Elisabeth, Jacques I*er*, fils de Marie Stuart, trompant l'espoir des puritains et des catholiques, se déclare en Angleterre et en Ecosse pour les *épiscopaux* ou *anglicans*, partisans du droit divin de la royauté. Les communes, plus hardies que sous les Tudors, marchandent les subsides à ce roi entouré d'Ecossais, réclament contre les droits féodaux de la couronne (droits de garde-noble et de pourvoyance) et contre la réunion des deux royaumes. Un complot fameux des catholiques (1605) les rend plus favorables au roi, mais n'arrête point leurs projets de réforme. Jacques I*er*, abandonnant le rôle glorieux d'Elisabeth au dehors, abuse au dedans de sa prérogative contre les parlements sans cesse dissous, et se livre à d'imprudents favoris. Il gouverne sans parlement pendant dix ans (1610-1620). Il espère sauver son gendre, l'électeur palatin Frédéric V, chef des calvinistes allemands, par une alliance avec l'Espagne. Le parlement rappelé en 1621 profite de ses embarras pour fonder la liberté civile, et la guerre avec l'Espagne, où l'entraîne Buckingham, le jette dans l'alliance française, non moins suspecte aux Anglais. Le prince de Galles épouse Henriette, sœur de Louis XIII.
2. — Charles I*er* (1625), trompé par les succès des Tudors, essaie pour son malheur de transporter chez un peuple déjà doté d'institutions libres la monarchie absolue qui triomphe sur le continent. Il casse en deux ans deux parlements, et lève, à défaut de subsides, des taxes arbitraires pour continuer sans succès la guerre d'Espagne et soutenir la révolte des protestants français. Le 3*e* parlement lui impose le bill de la *pétition des droits* (1628). Le meurtre de Buckingham, vaincu en France, le rejette dans la tyrannie. Le comte de Strafford (Thomas Wendworth), et l'archevêque Laud le décident à régner sans parlement, en abandonnant les protestants d'Allemagne et de France. Hampden, par son procès fameux, donne au peuple le signal de la résistance aux taxes illégales. D'autre part, la tyrannie ecclésiastique de Laud soulève l'Ecosse où la Réforme est d'origine populaire (1637). Le 4*e* ou *court* parlement refuse de soutenir le roi dans sa guerre épiscopale contre les Covenantaires que la France encourage.
3. — Le 5*e* ou *long* parlement s'empare du pouvoir (1640), met en jugement les ministres de Charles I*er* (1641) et proclame son indépendance. Strafford est condamné par les communes malgré la résistance des lords, et lâchement

sacrifié par le roi. Tandis que Charles Ier va flatter les Ecossais, les catholiques d'Irlande se soulèvent en son nom et massacrent les protestants. La guerre civile éclate dans les rues de Londres et partage l'Angleterre en deux camps : d'un côté le nord, l'ouest et la noblesse, de l'autre les riches comtés industriels du centre et de l'est. Charles Ier, sorti de Londres après le supplice de Strafford, arbore l'étendard royal à Nottingham. L'armée du parlement, d'abord vaincue, arrête deux fois les troupes royales qui marchent sur Londres, et se fortifie par les soins de Hampden et de Cromwell. Les parlementaires, réconciliés par les insultes du roi, battent son armée à Newbury et prennent les Ecossais à leur solde (1643).

4. —Bientôt les *presbytériens* du parlement, partisans de la monarchie limitée, sont dépassés par les *indépendants*, républicains dans l'Eglise et dans l'Etat. Charles Ier, qui pouvait profiter de leurs divisions, oppose vainement son parlement d'Oxford à celui de Londres. La victoire de Cromwell à Marston-Moor enhardit les indépendants ; en vain les presbytériens, effrayés de leur audace, essaient de se rapprocher du roi ; le parti de Cromwell leur enlève l'armée par le bill du *renoncement*. La victoire de Cromwell à Naseby (1645), la défaite de Montrose en Ecosse, et la reddition de Bristol par le comte palatin Robert ruinent les royalistes. Charles Ier, réfugié dans le camp des Ecossais, et refusant d'abandonner l'épiscopat et les partisans de la couronne, est vendu au parlement (1647).

5. — L'armée, licenciée par les presbytériens, leur enlève le roi, et rétablit les indépendants chassés par eux du parlement. Cromwell, convaincu de la duplicité de Charles Ier, a résolu sa perte. La proclamation de sa déchéance, encore prématurée, provoque une réaction royaliste à Londres et dans les comtés. Cromwell bat trois fois les Ecossais et ressaisit le roi fugitif. Enfin la Chambre des communes, épurée par l'armée, livre Charles Ier à ses juges, qui abolissent la royauté et la Chambre des lords (1649).

6. — La République, proclamée par les 80 membres indépendants qui composent le Long parlement ou *Rump* (croupion), s'impose à la majorité de la nation par les supplices ou par la guerre. Au dehors elle est combattue par l'Ecosse qui proclame Charles II, et par l'Irlande ; au dedans elle est troublée par les complots des *cavaliers* et des *niveleurs*. Charles II, réfugié en Hollande, préfère d'abord à l'Ecosse presbytérienne l'Irlande catholique, soulevée par d'Ormond. Pendant que Montrose se perd en Ecosse, Cromwell dompte la révolte en Irlande, triomphe à Dunbar (1650) des Ecossais animés par la présence de Charles II, et le chasse de l'Angleterre par la bataille de Worcester (1651). Les colonies américaines reconnaissent la république. Au dehors, l'*Acte de navigation* (1651) prépare la grandeur maritime de l'Angleterre, et l'engage dans une guerre navale contre la Hollande, seule alliée des Stuarts. Blake et Monk triomphent des Hollandais commandés par Tromp et Ruyter (1652-1654). Cromwell, dès lors respecté de toute l'Europe et chef du protestantisme, met en délibération le gouvernement de l'Angleterre et se déclare avec les juristes pour la monarchie. Après avoir attendu vainement la royauté du long parlement, il tourne l'armée contre lui, et le dissout (1653).

7. — Il casse encore le parlement *Barebone* qui lui succède, et fonde avec ses officiers le Protectorat, d'abord électif, puis héréditaire. Vainqueur de l'Espagne comme allié de Mazarin, conquérant de la Jamaïque (1655) et de Dunkerque (1658), il meurt sans pouvoir dompter au dedans la résistance opiniâtre des communes. Les dissensions du parlement et de l'armée sous le protectorat et après l'abdication de son fils Richard (1658), incapable de lui succéder, grosssissent le parti des royalistes. Monk prend la défense du long parlement contre Lambert, rallie dans sa marche d'Edimbourg sur Londres Fairfax et les royalistes, rappelle les presbytériens au long parlement, et prépare dans

une nouvelle assemblée le retour de Charles II, sans avoir dans cette brusque restauration fixé les prérogatives de la couronne et les droits de la nation (1660).

I. **Avénement des Stuarts en Angleterre : Jacques Ier (1603-1628). — Le droit divin des rois. — Abandon de la politique d'Élisabeth. — Conspiration des poudres (1605). — Lutte entre la couronne et le Parlement. — Gouvernement des favoris.**

Le plus proche héritier d'Élisabeth était Jacques VI, fils de Marie Stuart, laid de visage et faible d'esprit, quoique savant, et que ne devaient désirer ni les anglicans ni les catholiques, ni les courtisans d'Élisabeth, meurtriers de sa mère ; mais le droit était pour lui, comme autrefois pour Marie Tudor, et le principal conseiller d'Élisabeth, William Cécil, ne divulgua sa mort qu'après avoir assuré l'avénement du roi d'Écosse.

Le peuple anglais eut pour ce fils protestant de Marie Stuart, alors âgé de trente-six ans, un premier mouvement de confiance et d'enthousiasme, que l'aspect et la conduite de Jacques Ier eurent bientôt calmé. On lui défendit de se presser sur le passage du roi, dans son voyage d'Édimbourg à Londres. Le peuple se rappela l'affabilité de sa grande reine et se garda bien de gêner les Écossais. Avant d'arriver à Londres, Jacques Ier avait perdu toute popularité. Le caractère du nouveau roi n'était pas fait pour changer ces dispositions. L'Angleterre vit de mauvais œil un roi écossais, entouré d'Écossais, appartenant par sa mère à la maison de Guise ; du reste plus versé dans la théologie que dans la politique, apprenant le latin à ses favoris et tremblant devant une épée nue. Jacques Ier, surnommé par Henri IV *maître Jacques, capitaine ès arts et clerc aux armes*, et par Sully *le plus sage fou de la chrétienté*, parlait de son droit divin à ce peuple dont Élisabeth avait dans un long règne fatigué l'enthousiasme et l'obéissance. Il ne lui suffisait point, comme à Élisabeth, d'opprimer sans bruit les ennemis du trône ; il fallait, pour satisfaire son ambition et son pédantisme, que l'on reconnût publiquement son pouvoir absolu comme celui de Henri VIII. En donnant moins de gloire, il exigea plus d'obéissance. Il prodigua dès son avénement les titres et les grâces, et créa plus de deux cents chevaliers en six semaines. On ne lui sut point gré de ces faveurs banales, dont les Écossais prenaient la meilleure part. Au dehors, le premier des Stuarts, quoique entouré des principaux conseillers d'Élisabeth, abandonna ce rôle d'adversaire de l'Espagne et de chef de la Réforme par où la grande reine avait donné tant de gloire et de puissance à l'Angleterre. Il refusa d'entrer dans la ligue que Henri IV lui fit proposer par Sully entre l'Angleterre, la France, Venise, les Provinces-Unies et les États du Nord, pour l'abaissement de la maison d'Autriche. Il ne consentit qu'une alliance défensive avec la France en faveur de la Hollande, et dès l'année suivante, il fit sa paix avec l'Espagne (1604). Les Anglais, privés de toute influence sur les affaires du continent, portèrent leur attention et leur énergie sur leurs affaires intérieures, pour le malheur de Jacques Ier et de sa famille.

Autant Jacques Ier, élevé parmi les presbytériens, détestait ces démocrates qui rabaissaient le roi au niveau des fidèles, et se défiait des catholiques qui mettaient le pape à la place du roi, autant il éprouvait de sympathie pour les épiscopaux qui reconnaissaient sa suprématie ecclésiastique. « Point d'évêques, point de roi, » disait-il aux conférences de Hampton-Court où le savant théologien fit disputer les docteurs en sa présence. Il développa cette maxime des Stuarts dans un ouvrage sur la *Véritable loi des monarchies libres*. Il crut relever le pouvoir royal en Écosse en y rétablissant l'Église épiscopale, et il prépara la réaction violente qui devait commencer la révolution sous le règne suivant. En Angleterre, il comptait sur l'appui de l'Église anglicane pour mieux combattre une réaction déjà visible contre la tyrannie des Tudors. A peine monté sur le trône d'Angleterre, il voyait se former contre lui plusieurs complots, entre autres celui où entrèrent Walter Raleigh et les lords Cobham et Grey. Dès 1604, le Parlement réclamait contre les droits féodaux de la couronne et contre les monopoles qui faisaient de Londres le centre exclusif du commerce anglais, et de ses marchands une sorte d'oligarchie commerçante. En même temps les Communes, refusant les subsides nécessaires, forçaient le roi d'introduire de nouveaux abus, ou de maintenir les anciens pour suffire aux dépenses de l'État. La Chambre basse ne voyait pas que les revenus de la couronne étaient insuffisants par l'élévation du prix de toutes les denrées. Elle refusa de même l'union des deux royaumes qu'elle eût mieux fait d'accorder.

L'opposition politique se renforçait des haines religieuses. Les puritains étaient plus malheureux que sous le règne précédent. Les catholiques, indignés de rencontrer un persécuteur dans le fils de Marie Stuart, résolurent d'exterminer d'un seul coup le roi, sa famille et tout le Parlement par l'explosion de trente-six barils de poudre déposés sous le palais de Westminster : ce fut la fameuse *conspiration des poudres* (1605). Les conjurés, saisis au moment de l'exécution, vendirent chèrement leur vie. Piercy et Catesby, les deux chefs du complot, périrent les armes à la main ; d'autres furent pris et livrés au bourreau, parmi eux le Père Garnet, provincial des Jésuites, accusé de non-révélation. On renforça les lois contre les catholiques. La conspiration coïncidait avec la réimpression du fameux livre de Mariana : *De rege et regis institutione* (*Tolède* 1599, *Mayence*, 1605). Le Parlement, convaincu de la complicité de l'Espagne, se montra plus favorable au roi en haine des catholiques et vota pour lui un subside considérable, mais poursuivit ses projets de réforme. Le Parlement de 1610 n'accorda qu'un faible subside et censura les droits féodaux de la couronne (garde-noble et pourvoyance), la procédure odieuse de la cour de haute-commission, l'abus des proclamations royales, le droit de douanes (tonnage et pondage) que le roi percevait sur l'entrée et la sortie des marchandises. Le roi cassa le Parlement. Les droits de la nation n'étaient suivant lui que des concessions bénévoles de l'autorité royale, qu'elle pouvait toujours restreindre ou révoquer, et qu'on n'avait pas le droit d'invoquer contre elle. Au dehors, ce roi qui souffrait que malgré sa défense les Hollandais fissent leur pêche de harengs sur les côtes de ses trois royaumes, poursuivait chez eux avec un ridicule acharnement le théologien Vorstius, disciple d'Arminius ou calviniste modéré, qui ne pensait pas comme lui sur la prédestination. Une autre ambition de Jacques Ier fut d'achever la soumission des Irlandais vaincus par Élisabeth, et d'établir chez eux une administration régulière. Il s'intitula, le premier, roi de la Grande-Bretagne et de l'Irlande. Il rétablit la procédure anglaise en Irlande, et fit confisquer et vendre pour la couronne les biens des chefs rebelles. La plupart des terres de l'Ulster et de la côte orientale, entre Dublin et Waterford, passèrent sous son règne aux mains des Anglais.

Élisabeth avait pu par son économie échapper aux parlements et Jacques Iᵉʳ par sa prodigalité se mettait dans leur dépendance. Après avoir épuisé de misérables expédients, comme les amendes imposées par la Chambre étoilée, et la vente des lettres de noblesse, mises au rabais pour l'Écosse et l'Irlande, il convoqua le quatrième parlement qui reproduisit les mêmes griefs et fut dissous (1614). Cinq membres de l'opposition furent conduits à la Tour. La persécution poussa les dissidents, catholiques et puritains d'Angleterre, presbytériens d'Écosse, catholiques d'Irlande, vers les colonies de l'Amérique du nord. Les puritains portèrent leurs principes rigides sur les plages de la Nouvelle-Angleterre. Ils y furent les *ancêtres* des États-Unis.

Parmi les combats de coqs, la chasse, les festins et la théologie, le Salomon anglais n'avait guère le temps de gouverner son royaume. Un roi de son caractère était condamné aux favoris. Ce fut d'abord un jeune Écossais élevé par le roi lui-même, Robert Carr, qui devint marquis de Rochester, et fut mis en jugement comme empoisonneur : grave humiliation pour son royal précepteur. Après Rochester, Villiers, duc de Buckingham, le plus bel homme de son temps et le plus fameux par ses galanteries et sa fatuité, régna dans cette cour licencieuse. Ce fut le premier gentilhomme qui fut duc en Angleterre sans être parent ou allié du roi. Pour enrichir son favori, le roi vendit les trois places que les Hollandais avaient données en garantie à la reine Élisabeth ; il vendit les terres immenses et affermées à bas prix qui maintenaient dans les provinces l'influence de la couronne ; il vendit les charges de la cour et les offices judiciaires. Le chancelier Bacon, accusé de concussion par les Communes, condamné par les pairs à l'énorme amende de 40,000 livres sterling et déclaré incapable de remplir aucun office public, n'avait guère fait que suivre l'exemple donné par le roi lui-même.

Pour soutenir en Allemagne son gendre l'électeur palatin Frédéric V, dépouillé de la Bohême et de ses États héréditaires par l'empereur Ferdinand II, Jacques Iᵉʳ imagina de marier son fils Charles en Espagne. On crut que dans ce but il avait sacrifié lâchement à l'Espagne et livré au bourreau (1618) un des héros du règne précédent, le chevalier Raleigh, coupable d'avoir durant la paix attaqué la colonie espagnole de Saint-Thomas.

Le peuple anglais s'alarmait de cette alliance et craignait que Jacques Ier ne l'achetât par des conditions trop favorables aux papistes, liberté du culte catholique pour la reine et sa suite, révocation des lois contre les catholiques anglais. Le mécontentement public éclata dans le nouveau parlement, quand Jacques demanda des subsides pour soutenir l'électeur palatin (1621). Deux orateurs, emprisonnés pour la franchise de leurs discours, Coke et Sands, parurent deux martyrs de la cause nationale. Les Communes couvrirent ces deux membres de leurs prérogatives et n'accordèrent les subsides pour l'Allemagne qu'à deux conditions qui devaient déplaire à Jacques Ier, la guerre contre l'Espagne et le mariage de son fils avec une princesse protestante. Le roi, si jaloux de son autorité, cassa le Parlement (1622), et continua la persécution contre les plus hardis de ses membres, Coke, Philipps, Pym et Mallory, d'abord emprisonnés, puis relâchés, et désormais ennemis déclarés de son gouvernement. Des proclamations ridicules imposèrent silence aux citoyens sur les affaires publiques.

Cependant les Anglais apprenaient chaque jour les revers des protestants d'Allemagne. Cette alliance espagnole, que Jacques Ier négociait depuis six ans pour sauver son gendre, lui manqua par l'extravagance de Buckingham. Le favori, attentif à s'attacher de bonne heure le prince de Galles, lui persuada d'aller voir à Madrid sous un déguisement la princesse qu'on lui destinait. Ainsi Jacques Ier avait visité sa fiancée en Danemark. Le favori révolta par sa galanterie impertinente la cour sévère de Madrid et se fit chasser par le comte-duc Olivarès ; puis, cherchant dans cette rupture dont s'affligeait son maître une occasion de popularité, il poussa Jacques Ier à rompre avec l'Espagne. Il lui fallut donc assembler encore le Parlement, exposer la pénurie de son trésor et la pauvreté de ses alliés, demander des subsides considérables pour l'équipement de la flotte et de l'armée et pour la défense de l'Irlande. Le Parlement l'attendait là pour imposer ses conditions à la couronne et limiter ses prérogatives. Jacques Ier dût se résigner à confier aux commissaires du Parlement la levée et l'administration des impôts, abolir tous les monopoles et reconnaître en principe qu'il n'appartenait qu'aux lois de régler la liberté de chaque citoyen ; que les libertés du Parlement étaient le patrimoine des Anglais, qu'il avait le droit de faire les lois, de voter les subsides, de donner son avis librement sur les grandes affaires de l'État et de présenter les griefs de la nation. L'Angleterre ne vit pas sans défiance Jacques Ier, engagé dans une guerre avec l'Espagne, se rapprocher de la France et obtenir pour son fils la main de Henriette, sœur de Louis XIII. Henriette obtenait pour l'exercice de sa religion et pour les catholiques anglais tout ce qu'on avait promis naguère à l'infante. Jacques Ier mourut parmi ces embarras (1625).

II. — Charles Ier (1625). — Continuation de la lutte de la Couronne avec les Parlements. — Bill de la pétition des droits (1628). — Assassinat de Buckingham. — Dissolution du 3e Parlement (1629). — Charles Ier gouverne sans parlement en s'appuyant sur l'église épiscopale. — Laud et Strafford. — Persécutions religieuses et émigrations. — Procès de Hampden. — Covenant d'Écosse (1638). — Le 4e ou Court Parlement (1640).

L'avénement de Charles Ier, prince de mœurs graves, aussi savant que son père, estimé de tous pour ses vertus domestiques, fut salué par un cri de joie dans le Parlement et dans la nation, tant le roi et la nation connaissaient peu leur position nouvelle et les causes fatales de leur désunion prochaine. Charles Ier, imbu comme son père des maximes de la monarchie absolue du continent, songeait, pour son malheur, à les appliquer chez un peuple déjà doté d'institutions libres. Il comprenait mal la révolution qui venait de s'accomplir en Europe en faveur de la monarchie pure, et celle qui s'était faite en Angleterre depuis la guerre des Deux Roses. Avec le vieux parlement d'Angleterre, la monarchie pure, établie par les Tudors, était moins complète et moins légitime dans l'opinion des Anglais que la monarchie absolue de Paris et de Madrid au jugement des Français et des Espagnols. Il voyait bien que la tyrannie hautaine de Henri VIII et le brillant despotisme d'Élisabeth avaient transformé les grands seigneurs en courtisans, et que sous ces deux règnes, les Communes n'avaient pas encore osé prendre la place des barons, dans la lutte des libertés nationales contre la royauté; mais il ne sut pas prévoir que sous son règne, les Communes oseraient davantage par le progrès des classes moyennes, et que le Parlement, après n'avoir été sous les Tudors qu'un instrument de tyrannie, pourrait devenir, par le développement naturel de la Réforme, un instrument de liberté. L'abaissement de l'aristocratie sous les Tudors, la vente des grands fiefs sous Henri VII, des biens ecclésiastiques sous Henri VIII et des domaines de la couronne sous Élisabeth, les progrès du commerce et de l'industrie, avaient enrichi et fortifié la petite noblesse et la haute bourgeoisie qui se rencontraient dans les Communes. Il était naturel qu'un jour la Réforme rendît la vie aux libertés nationales, et que le zèle religieux ranimât l'audace politique. Le jour où Henri VIII avait donné la suprématie ecclésiastique à la royauté, il avait forcé les dissidents en religion d'être en même temps les ennemis du pouvoir temporel. L'esprit public avait déjà fait de tels progrès sous le règne précédent, que Jacques Ier, sur le point de recevoir douze députés du Parlement, ordonnait de préparer des fauteuils à douze rois.

Après ce premier mouvement d'enthousiasme qu'elle avait ressenti pour Jacques Ier lui-même, la nation reprit bientôt toutes ses défiances. En voyant Buckingham près de Charles Ier, elle crut n'avoir pas changé de roi. Dans le premier parlement, la chambre des Communes, composée en grande partie de puritains et d'ardents patriotes, tels que Edward Cocke, Pym et Selden, examina tous les actes du gouvernement. Un de ses orateurs rappela les actes les plus hardis des anciens parlements avec une érudition menaçante pour la couronne. Elle n'accorda qu'un faible subside pour la guerre d'Espagne, et ne vota que pour un an les droits de douane (tonnage et pondage), dont les rois précédents avaient joui pendant tout leur règne. Elle ne cacha point l'intention d'obtenir, par le retard des subsides, le redressement des griefs publics. La chambre des Lords, où le comte de Pembroke dirigeait l'opposition puritaine, ne témoignait pas plus de confiance aux Stuarts. Le Parlement fut dissous. Les ordres du conseil autorisèrent les officiers royaux à lever par voie d'emprunt forcé l'argent nécessaire à la cour, et par compensation les catholiques furent persécutés. Mais au bout de six mois, après une expédition malheureuse contre l'Espagne, il fallut convoquer le second parlement. Le roi avait pris soin d'éloigner Cocke, Pym et quelques autres, en les nommant shérifs.

Les Communes accusèrent le favori de tous les maux du pays et comme un mauvais conseiller, qui séparait le roi de son peuple. Le roi s'indigna qu'on vînt frapper à ses côtés l'homme qu'il honorait de sa confiance. Puis, au lieu de s'occuper du bill des subsides, on rédigea des remontrances contre la tolérance accordée aux catholiques, et contre la perception illégale du droit de douane. Les violences impolitiques de Charles Ier contre les orateurs les plus hardis des Communes et contre deux lords (les comtes d'Arundel et de Bristol), avaient montré le roi moins attentif aux grands intérêts du gouvernement qu'à ses propres vengeances. Le second parlement fut dissous. Aux embarras du despotisme, Buckingham ajouta bientôt ceux d'une guerre contre la France. Sous prétexte de sauver La Rochelle assiégée et de secourir les protestants français, il engagea son maître dans une guerre contre Richelieu, qui lui défendait de revoir Anne d'Autriche, ou qui refusait d'armer pour l'électeur palatin, beau frère de Charles Ier. Mais la nation se défia de ce faux zèle pour la Réforme. Un emprunt général levé par les soldats, un premier essai de la taxe odieuse des vaisseaux (*Ship-Money*), l'arrestation illégale des gentilshommes qui refusaient de concourir à l'emprunt, tous ces expédients tyranniques, pour donner au favori une flotte de cent vaisseaux, n'aboutirent qu'à la défaite de Buckingham dans l'île de Ré (1627). Pendant son absence, le roi, trop sensible au plaisir de montrer qu'il n'était point gouverné par son favori, exagéra tous les abus de son gouvernement.

Au retour de Buckingham, et sur sa proposition, le troisième parlement est convoqué. La session s'ouvre par un discours hautain et menaçant où le roi se réserve tous les droits de la tyrannie, et notamment celui d'exiger les subsides qu'il veut bien demander. La cour triomphe trop tôt après le vote provisoire d'un subside considérable. La chambre des Communes, qui s'indigne d'être protégée par le favori et d'apprendre qu'elle lui doit sa convocation, rédige son fameux bill de la *pétition des droits* (1628); elle impose à la chambre des Lords cette déclaration solennelle des libertés nationales et cette confirmation de la Grande Charte; elle l'impose au roi qui ne pourra plus, sans rébellion contre la loi, envoyer à la Tour les membres du Parlement, ni lever des taxes arbitraires; et passant de la déclaration des principes à leur application, elle rédige dans la même semaine deux remontrances, une contre le favori, une autre contre la perception du droit de douane non consentie par le Parlement. Le roi perd patience et proroge le Parlement. Deux mois après, l'assassinat de Buckingham par Felton, officier mécontent, fanatique obscur et sans complice, excite la joie du peuple et rejette le roi dans la tyrannie. Il remplace son favori par le plus éloquent et le plus ambitieux orateur du parti populaire, Thomas Wendworth, l'un des rédacteurs du *Bill des droits*, qui devint sous le nom de lord Strafford l'ennemi le plus acharné des libertés qu'il avait d'abord défendues avec tant d'éclat.

Dans la seconde session, Charles Ier espérait la concession des droits de douane pour tout son règne; la chambre des Communes s'obstine à la refuser, et brave les violences de la cour. Le roi dissout le troisième Parlement et ne songe plus qu'à gouverner seul, sans respect pour l'opinion publique, plus dangereuse que tous les parlements. Charles livre à des juges corrompus ou tremblants les principaux défenseurs des droits publics, conclut la paix avec la France et l'Espagne (1629-1630), et n'ayant plus à protéger les protestants de France ou d'Allemagne, se croit sans ennemis au dehors comme au dedans. Par mesure d'économie, l'Angleterre abdique une fois de plus le protectorat de la Réforme.

Lord Strafford, nommé gouverneur d'Irlande, essaya d'arracher ce malheureux pays à la tyrannie des employés du fisc et de l'aristocratie, réorganisa et contint l'armée, paya les dettes publiques, et reconnut aux Irlandais le droit de propriété, nié par Jacques Ier. En Angleterre, Laud, archevêque de Cantorbéry, serviteur fanatique du pouvoir royal, commençait dans les finances la réforme qui fut continuée par Juxon, évêque de Londres. Ce gouvernement énergique et probe, cette administration laborieuse et despotique, qui confondait l'ordre avec la justice, répugnaient à la cour, après le règne élégant de Buckingham. La reine elle-même, qui était l'âme de toutes les intrigues catholiques, accusait les deux ministres de tyrannie, et Charles Ier n'avait que le courage de garder ses deux ministres. La servilité des tribunaux d'exception, la Chambre étoilée et la Cour du nord, le rétablissement des monopoles en faveur des courtisans, les procès du fisc irritaient chaque jour le peuple, et ne suffisaient pas à défrayer la tyrannie.

Pour se passer des parlements, Charles Ier essaie de s'appuyer sur la haute noblesse, en prenant la défense de ses vieux priviléges. Il trouve plus de sympathie dans l'église anglicane, attaquée à la fois par les catholiques et par les puritains, et qui s'est vouée par intérêt au service du pouvoir temporel. Sous Henri VIII, sous Elisabeth et même sous Jacques Ier, les évêques n'avaient pas tenté de recouvrer leur indépendance ; ils pensent que l'heure est venue pour eux de s'affranchir, sous Charles Ier brouillé avec le Parlement. La royauté fait cause commune avec l'épiscopat. Laud concentre le pouvoir dans la main des évêques, les établit dans la Cour de haute-commission qui, chaque jour, étend sa compétence, leur sacrifie les non-conformistes, restaure dans les temples les pompes du culte catholique, et rend l'église anglicane en tout si semblable à l'église romaine que le peuple pouvait aisément s'y tromper. Il y a dès lors même péril à offenser la cour de Rome ou l'église épiscopale. Le droit divin des évêques est prêché par toute l'Angleterre, et reconnu par le roi. Le haut clergé prêche par reconnaissance que le roi peut prendre suivant son bon plaisir l'argent de ses sujets. Mais la haute noblesse est bientôt jalouse des priviléges du clergé qui lui enlève les charges publiques et les faveurs de la couronne. La moyenne et la petite noblesse (Gentry), relevées naguère par l'abaissement de la haute aristocratie, ne se voient qu'avec dépit abaissées à leur tour par les évêques. Les philosophes, Selden et lord Falkland, répandent dans les hautes classes l'esprit d'indépendance et d'examen ; les Brownistes, les Saints, vêtus de noir, échauffent par leurs prédications secrètes l'imagination du peuple. Des milliers d'hommes de rangs divers, chassés par la persécution religieuse, passent en Amérique, et le bruit se répand qu'une valeur de plus de douze millions est déjà sortie du pays. Un ordre du conseil interdit ces émigrations, et retient dans la Tamise le vaisseau sur lequel étaient déjà montés le savant jurisconsulte Pym, Haslerig, Hampden et Cromwell. Le peuple, fier du courage de ses martyrs, Leighton, Burton, Lillburne et Prynn, ce dernier attaché au pilori et condamné à perdre les oreilles pour avoir censuré les plaisirs de la cour, accuse la noblesse de lâcheté, quand un gentilhomme du comté de Buckingham, ancien membre des Communes, homme sage et modéré, John Hampden, vient donner le signal de la résistance nationale. Il se laisse condamner pour avoir refusé de payer la taxe des vaisseaux, et désormais le peuple compte sur la noblesse.

Le peuple aura bientôt d'autres encouragements. Un mois environ après la condamnation de Hampden, l'introduction subite d'une nouvelle liturgie dans la cathédrale d'Edimbourg soulève toute l'Écosse. Le calvinisme républicain engageait la lutte dans la patrie même des Stuarts contre l'église anglicane. Charles Ier et Laud oubliaient qu'en Écosse la Réforme était d'origine populaire et dès longtemps façonnée aux luttes politiques. Les Écossais avaient souffert la restauration de l'épiscopat sous Jacques Ier, plus récemment l'installation de la haute-cour ecclésiastique et la suspension de leurs assemblées politiques et religieuses ; ils ne souffrent point qu'on altère leur culte. La noblesse, troublée dans la possession des biens sécularisés, est prête à la révolte. En quelques semaines, toute l'Écosse a juré le *Covenant* ou l'alliance pour la défense de la religion et des libertés du pays (1638). Le synode général de Glascow ne se laisse point désarmer par les concessions qu'un Écossais, le marquis de Hamilton, apporte trop tard au nom du roi. Celui-ci a d'abord espéré que les Anglais auraient grand plaisir à le venger de l'Écosse. A peine en face des rebelles, bien commandés par Lesley, il s'effraie de la sympathie de son armée pour les Écossais, et conclut la pacification de Berwick pour gagner du temps. Sur les conseils de Strafford qu'il a rappelé d'Irlande, il convoque le quatrième Parlement pour lui dénoncer l'alliance des Écossais avec Richelieu, comptant bien cette fois que les Anglais s'indigneront de la trahison de l'Écosse. Mais le *Court* parlement de Londres, moins complaisant que celui d'Irlande, ne songe qu'à faire passer ses griefs avant les subsides, malgré l'avis contraire des lords. Il refuse de racheter moyennant douze subsides la taxe illégale des vaisseaux. Le roi dissout le Parlement. Les Anglais, conduits par Strafford, refusent de livrer bataille aux Écossais, qui viennent d'abolir l'épiscopat et d'envahir l'Angleterre. La rébellion d'Écosse a révélé l'impuissance de cette tyrannie naguère si hautaine et si menaçante. La nation refuse de subvenir aux frais de la guerre épiscopale. Charles Ier imagine d'en appeler à la haute noblesse et de convoquer le conseil des pairs à York. Au milieu de cette assemblée féodale, il reçoit deux pétitions, l'une de la Cité de Londres et l'autre de douze pairs, pour la convocation d'un vrai Parlement. Le roi est obligé de se rendre au vœu de la nation, et il convoque le cinquième Parlement, celui qui doit à son tour dissoudre la royauté.

III. Le 8e ou Long Parlement s'empare du pouvoir (1640). — Procès de Strafford. — Massacre des protestants d'Irlande. — Commencement de la guerre civile. — Le roi installe son gouvernement à York. — Essex chef de l'armée parlementaire. — Débuts de Cromwell.—Défaite de Charles Ier à Newbury (1643).

Après douze ans d'absence, le Parlement revient donc en maître (1640), bien convaincu par douze années d'agressions de la part du roi que, pour concilier la monarchie avec la liberté, il faut dépouiller la première de ses prérogatives usurpées, et que, s'il n'est point prévenu par les Communes, le roi violera pour se venger les lois fondamentales du royaume. Les Communes les violeront sans scrupule pour se garantir de ses vengeances. La nation qui se défiait de la Cour n'avait envoyé au *Long* Parlement que des ennemis de la Cour et de l'Église épiscopale; à côté des sages et loyaux défenseurs de l'ancienne constitution, comme Hampden, se trouvaient de plus hardis champions de la liberté politique et religieuse, Pym et Hollis, Vane, Haslerig, le savant Selden, et le plus fanatique de tous, Olivier Cromwell; la plupart des députés étaient puritains ou le devinrent, et transportèrent de l'Église à l'État leurs doctrines démocratiques et républicaines. Par une étrange fatalité, l'ordre du roi lui-même avait retenu en Angleterre la plupart de ces chefs de la Révolution qui s'embarquaient pour l'Amérique.

En quelques jours le Parlement passe en revue et condamne tous les actes arbitraires de la couronne. Plus de quarante comités d'enquête se forment dans la chambre des Communes et s'investissent d'un pouvoir immense. On dresse dans tous les comtés une liste de *délinquants* ou d'agents prévaricateurs de la couronne. La terreur saisit tous les serviteurs du roi. Strafford, qui dès lors prévoit sa perte, rentre à Londres sur la seconde invitation du roi, pour accuser les chefs des Communes d'intelligence avec les Écossais. Ceux-ci le préviennent et l'accusent de haute trahison devant la chambre des Lords. Strafford et Laud sont mis en jugement et conduits à la Tour. Un comité secret, qu'on charge d'instruire le procès de Strafford, est secondé par un comité de protestants irlandais et par une déclaration violente des Écossais contre leur plus cruel ennemi. Les trois peuples se liguent contre le prisonnier. La chambre des Communes prend possession du gouvernement, lève les subsides, ordonne les emprunts en son nom, et vote pour ses frères d'Écosse une somme considérable. Les meneurs des deux chambres, qui dînent tous les jours à frais communs chez M. Pym, constituent le véritable gouvernement de l'Angleterre. On chasse de Londres Marie de Médicis, mère de la reine. Enfin le Parlement proclame son indépendance. Désormais il sera convoqué tous les trois ans, ou par le roi, ou par douze pairs, ou par les shériffs des comtés, ou enfin par les citoyens : il ne sera dissous que sur le consentement des deux chambres, et seulement cinquante jours après sa réunion. Les taxes illégales et les tribunaux d'exception (la chambre étoilée et la cour de haute-commission) sont supprimés.

Ces divers actes du Long Parlement, dans la mémorable session de 1641, sont moins des innovations, disent les meneurs, que le rétablissement de la constitution anglaise. Mais de jour en jour le gouvernement des affaires se précipite et se fixe dans la chambre des Communes. A part quelques sectaires encore obscurs, la plupart de ses membres, poussés par la défiance et le ressentiment bien au delà de leurs premières intentions, pensent qu'il sera toujours temps, après la destruction des abus, de revenir à l'ancien équilibre des pouvoirs. Mais les sectaires, encore en minorité dans la chambre, sont déjà nombreux dans la nation. Déjà dans la Cité de Londres une pétition pour l'abolition de l'épiscopat se couvre de 15000 signatures. On conseille au roi de prévenir l'union des politiques et des sectaires, en appelant les premiers au partage du pouvoir. Les négociations entamées avec eux par la cour sont bientôt rompues par les intrigues de la reine. Le chef de la police du Parlement, Pym, découvre un complot de la reine avec l'armée, qui resserre l'alliance des politiques avec les presbytériens, et décide la perte de Strafford.

Amené devant la chambre haute, en présence de la chambre des Communes tout entière et des commissaires d'Ecosse et d'Irlande, Strafford malade se défend seul et pendant dix-sept jours contre ses treize accusateurs. En voyant les lords ébranlés par l'éloquence et l'énergie de Strafford, les meneurs des Communes ont résolu de le condamner par un acte du Parlement, ce qui veut dire par un coup d'état, puisqu'aux lords seuls appartient le jugement des crimes de haute trahison. Pym lui-même est troublé par le langage si noble et si fier de l'accusé. Les Communes portent contre *le grand délinquant* un bill *d'attainder,* ou de haute trahison ; les lords approuvent le bill sans conséquence pour l'avenir. Le roi, effrayé comme eux par les menaces du peuple, et marchandant la vie de son ministre, reçoit de Strafford une lettre qui l'engage à sacrifier sa personne aux intérêts de la couronne. Le roi, maîtrisé par sa femme, accepte lâchement le sacrifice, et nomme une commission pour signer le bill en sa place. Strafford reçoit la bénédiction de Laud en passant devant sa prison et subit sa sentence avec le calme et la piété d'un martyr (1641). Le parti presbytérien commence dès lors à dominer les politiques effrayés de leur triomphe.

Le roi, humilié par la joie insolente de ses ennemis qui passent en armes sous ses fenêtres, quitte Londres, se rapproche de l'armée et va flatter les Ecossais. Il accorde au parlement d'Edimbourg tout ce qu'il refuse à celui de Londres ; il fréquente les temples des puritains, rend les biens d'église aux nobles et s'assure le dévouement du jeune comte de Montrose, rival présomptueux du comte d'Argyle. Un comité anglais l'a suivi en Ecosse pour veiller aux intérêts du Parlement, un autre siége à Westminster entre les deux sessions. On apprend presque en même temps à Londres les intrigues du roi en Ecosse et le massacre des protestants d'Irlande. Les catholiques, soulevés au nom du roi et sous les ordres de Phélim O'Néal, ont massacré dans l'Ulster seul, disent les premières nouvelles, 40,000 colons anglais. Dans sa haine pour Strafford et la couronne, le Parlement avait oublié l'Irlande, ou n'y avait songé que pour licencier les 8,000 hommes qui gardaient le pays. A la nouvelle de cette seconde Saint-Barthélemy, un cri de fureur s'élève contre les papistes, qu'on dit soulevés par la reine ou même par le roi, et qu'en réalité la cruauté des Anglais avait seule poussés à la vengeance. Charles Ier imagine d'ajouter aux embarras du Parlement, en le chargeant de conduire cette guerre politique et religieuse. Les Communes saisissent volontiers cette autre occasion d'augmenter leur pouvoir et d'échauffer le peuple. Au retour de Charles, la guerre civile avait déjà commencé dans les rues de Londres. On voyait les nobles ou *Cavaliers* parcourir en armes les tavernes et les rues pour offrir au roi leurs fortunes et leurs bras. De l'autre côté, aux portes du Parlement, se tenaient les *Têtes rondes*, fanatiques presbytériens qui s'offraient aux Communes pour remplacer la garde que le roi leur avait enlevée. Douze évêques, las de la position qu'on leur a faite dans la Chambre haute, ont résolu d'en sortir en protestant contre les bills qui seront votés en leur absence ; les douze évêques, approuvés par le roi, mais accusés de haute trahison par les presbytériens des Communes, sont conduits à la Tour.

Le roi se laisse conseiller ensuite par la reine et par lord Digby une démarche plus dangereuse. Un bill était proposé pour attribuer au Parlement la nomination des chefs de l'armée. A la tête des Cavaliers, le roi va chercher lui-même au parlement les auteurs de la motion, un lord et cinq membres des Communes, qu'il accuse de haute trahison et qu'on refuse de livrer à ses agents ; il les poursuit jusque dans la Cité où les citoyens s'arment pour les défendre. Ce coup d'État, qui devait dans l'opinion de certains courtisans rendre au roi tout son pouvoir, tourne à leur confusion. La chambre, après avoir protesté contre la violation de son *privilége*, s'ajourne pour six jours. La veille de la rentrée des Communes, le roi et sa famille quittent Londres ; Charles Ier n'y rentrera plus que pour mourir sur l'échafaud. Le lendemain, les accusés sont ramenés en triomphe, le Parlement vote l'inviolabilité de ses membres, le droit de s'ajourner quand bon lui semblera, et la mise du royaume en état de défense.

Pendant que la reine passe en Hollande avec les joyaux de la couronne pour acheter des soldats, Charles Ier avec ses deux neveux, Robert et Maurice, fils de l'électeur palatin Frédéric V, s'enfonce dans les comtés du nord, sans rompre avec le Parlement. Les Cavaliers, qui l'ont tiré de Londres, se croient plus forts dans les provinces; mais les comtés royalistes et féodaux, ceux du nord, du sud et du sud-ouest où la propriété est moins divisée, la noblesse plus influente et les catholiques plus nombreux, s'étendent sur une ligne étroite et longue, souvent brisée ; les comtés parlementaires du centre, de l'est et du sud-est, plus riches et mieux peuplés, couvrent la capitale de leur masse compacte et dévouée. Les Communes demandent, sans tenir compte de l'opposition des lords, le commandement de toutes les places fortes et de l'armée pour des hommes investis de leur confiance. Le roi, après de longs pourparlers, ne consent qu'à l'exclusion des évêques de la Chambre haute.

Avant de se rencontrer sur le champ de bataille, la souveraineté nationale et le droit divin de la couronne, le gouvernement parlementaire et le gouvernement royal en appellent à l'opinion publique, et les deux partis, à ce nouveau tribunal, s'accusent réciproquement de tyrannie : lutte solennelle et jusqu'alors sans exemple en Europe, où les royalistes se croient trop tôt vainqueurs, parce qu'ils se raillent avec une supériorité d'esprit fort dangereuse du *roi Pym* et des bourgeois raisonneurs. Les parlementaires, accusés d'usurpation sur le pouvoir exécutif et de violence contre la Chambre des lords, savent bien montrer dans la conduite du roi les causes principales de son abaissement, son défaut de jugement dans les affaires, et son manque de bonne foi vis-à-vis de son peuple. Charles Ier copie de sa main pendant la nuit la réponse aux écrits du Parlement, faite par Edouard Hyde ou par lord Falkland. La guerre parait commencée par la tentative du roi pour s'emparer de Hull, la clef du nord de l'Angleterre, occupée par un membre des Communes. Le Parlement déclare que la garde des places fortes et des arsenaux n'appartient pas au roi. Sur cette déclaration, trente-deux lords et plus de soixante membres des Communes partent pour York, où Charles Ier tente d'établir son gouvernement. Les commissaires du Parlement osent le suivre dans ce comté royaliste, et rallient contre ses partisans les francs-tenanciers et les fermiers du pays. Le départ des modérés simplifie la situation du Parlement ; ses chefs ont dès lors tout le pouvoir sans opposition. Les dernières propositions qu'on adresse au roi stipulent la destruction complète de la prérogative royale et l'abandon du pouvoir aux Communes. La réponse était facile à prévoir. Le roi refusant de se laisser mener comme un doge de Venise, la guerre civile est mise en délibération et décrétée, malgré les supplications de Benjamin Rudyard, le plus honnête homme de la révolution anglaise.

Une armée d'environ 20,000 hommes de pied et de 75 escadrons est donnée au comte d'Essex, et de son côté le roi plante l'étendard royal à Nottingham avec cette devise : *rendez à César ce qui est à César* (août 1642). L'armée d'Essex, les régiments de Hollis et de Hampden arrêtent deux fois (combats d'Edge-hill et de Brentfort) l'armée royale qui marchait sur Londres. Mais le comte d'Essex n'ose risquer une action décisive avec des milices bourgeoises enrôlées par le fanatisme. Il craint le courage élégant des Cavaliers et leur mépris pour les parlementaires. Le peuple se plaint déjà de l'accroissement des taxes et force le Parlement de négocier la paix en préparant la guerre. Au milieu des querelles du comte d'Essex et des parlementaires, qui le pressaient de terminer par quelque entreprise hardie la guerre à peine commencée, le colonel Olivier Cromwell, déjà fameux dans l'armée par ses coups de main, mais bien convaincu comme Essex de l'infériorité des milices bourgeoises en face des Cavaliers, entreprend de former une armée d'élite et capable en tout point de tenir tête aux troupes royales. Il recrute dans les comtés de l'est les fils des franc-tenanciers, tous engagés dans la guerre par leurs convictions ou par leur confiance en lui-même, et portant la Bible à l'arçon de leur selle. Il forme quatorze escadrons de ces volontaires à qui leur position de fortune permet de se passer de solde, et sait opposer ainsi le fanatisme patriotique et religieux au point d'honneur des Cavaliers. Avant que cette milice redoutable paraisse en ligne, les troupes du Parlement sont battues dans une suite d'escarmouches où périt John Hampden. Son nom est resté proverbial pour exprimer une révolution qui s'annonce en certains hommes avec force et dignité. Tout le royaume pleura ce grand citoyen; personne n'avait inspiré tant de confiance au parti national, ni tant de crainte au parti royaliste. Les parlementaires, battus en détail dans le nord, l'ouest et le sud, craignent déjà pour les comtés de l'est, dernier boulevard du Parlement. Essex, contrarié par ses rivaux, et réduit à l'inaction par ceux-mêmes qui lui en font un crime, conseille la paix ; les lords la demandent avec hauteur. Les deux chambres sont bientôt réconciliées par une violente proclamation du roi. Le parti de la guerre l'emporte dans le Parlement. La probité du comte d'Essex, toujours fidèle au parti national, suspend toute défiance, et les partisans de la guerre remettent dans ses mains le sort de la patrie. Avec une armée recrutée dans la milice de Londres, il en sort pour délivrer Gloçester assiégé par le roi, et gagne pour y rentrer la bataille de Newbury (1643), où lord Falkland, le plus honnête homme du parti royaliste, cherche et trouve la mort. Le Parlement concentre le pouvoir militaire dans les mains de son libérateur, et s'arroge l'administration de la haute justice que la guerre a suspendue. L'Ecosse a promis aux représentants des Communes d'envoyer à leur défense 21,000 hommes.

IV. Divisions des Presbytériens et des Indépendants. — Victoire de Cromwell à Marston-Moor. — 2ᵉ bataille de Newbury. — Bill du renoncement. — Prédominance des indépendants et de l'armée. — Défaite du roi à Naseby et ruine du parti royaliste. — Charles Iᵉʳ, réfugié chez les Ecossais, est vendu au parlement.

Les *presbytériens*, alliés puissants des politiques depuis trois ans, triomphent des victoires d'Essex, et ne voient pas qu'eux-mêmes sont déjà dépassés par les *indépendants*. Les presbytériens, plus républicains dans l'Eglise que dans l'Etat, fanatiques en religion et modérés en politique, vont faire place aux logiciens plus rigides et plus dangereux qui réclament dans l'Eglise et dans l'Etat un régime de liberté absolue. Après avoir renversé la monarchie du pape et l'aristocratie des évêques, les indépendants ne s'arrêtent pas même à la démocratie presbytérienne. Ils proscrivent dans l'Etat la monarchie et l'aristocratie que les puritains ont seulement chassées de l'Eglise. Ils n'entendent pas avoir brisé le joug du clergé romain pour subir celui du clergé presbytérien et des synodes. A leur avis chacun peut bien expliquer l'Ecriture sans prêtre ni caste sacerdotale. Les indépendants sont les hommes libres de leurs paroles et de leurs actions.

De toutes parts on conseille au roi de profiter des nouvelles dissensions du Parlement et de l'embarras des presbytériens pour traiter avec avantage. Charles Ier, apprenant l'union des parlements d'Edimbourg et de Londres, essaie de ramener à lui les Ecossais, et leur offre, avec un accroissement de territoire, le tiers des charges de la couronne. Mais ses intrigues en Irlande, la trêve conclue en son nom par le général Ormond avec les catholiques deux fois battus, effraient les presbytériens d'Ecosse, et déplaisent aux émigrés des deux chambres, toujours hostiles aux papistes. Ces transfuges de Londres, quarante-cinq lords et cent dix-huit membres des Communes, imaginent de s'ériger en parlement siégeant à Oxford. Cette misérable parodie déplaît au roi, sans effrayer le vrai Parlement qui couvre le pays de cinq armées, et qui les entretient par tous les moyens de tyrannie qu'il a reprochés au roi : les emprunts forcés, les réquisitions, les impôts de guerre et l'*accise*, jusqu'alors inconnue aux Anglais. Un Covenant est conclu avec les Ecossais pour l'union des deux églises et l'abolition de l'épiscopat ; une armée écossaise entre en Angleterre et marche sur York. Le comité des deux nations a décrété le siège d'Oxford et d'York, les deux places d'armes du roi. Charles Ier s'échappe d'Oxford et bat Waller dans l'ouest. Mais le Parlement prend sa revanche près d'York ; il y gagne par le bras de Cromwell et la témérité du prince Robert la bataille de Marston-Moor, la plus décisive qu'on eût livrée jusqu'alors (Juillet 1644). Les Saints de l'armée, les Cavaliers de Cromwell prennent sur le champ de bataille leur fameux surnom de *Côtes-de-fer*.

Les indépendants opposent fièrement les victoires de Cromwell aux timides succès du comte d'Essex, arrachés par les ordres du Parlement. Déjà même Cromwell annonce qu'il est temps de se passer des presbytériens et des Écossais. La défaite d'Essex, battu dans l'ouest et forcé d'abandonner son armée qui met bas les armes, ajoute encore à l'audace de Cromwell et de son parti. D'autre part, le roi croyant le désastre de Marston-Moor réparé par celui d'Essex et par deux victoires de Montrose en Écosse, marche de nouveau sur Londres. En l'absence d'Essex, le comte de Manchester arrête le roi par la seconde bataille de Newbury (1644). Cromwell, d'abord courtisan de Manchester qu'il opposait au comte d'Essex, l'accuse d'avoir perdu malgré ses conseils l'occasion d'anéantir toute l'armée royale. Les presbytériens espèrent traiter avec le roi dans les conférences d'Uxbridge, quand de nouveaux succès de Montrose rendent à Charles son orgueil et sa duplicité.

Pendant que les presbytériens cherchent la paix, les indépendants s'emparent de la guerre. Un fanatique obscur, poussé par Cromwell, propose que tout membre du Parlement soit tenu de résigner ses charges militaires ou civiles. Les presbytériens des Communes votent le bill par pudeur, la chambre des lords le rejette d'abord en faisant tomber par compensation la tête de Laud ; mais la Chambre haute, moins hardie après la rupture des conférences avec le roi, vote à son tour le fameux bill de *renoncement*, et l'armée échappe au Parlement. Les lords Essex, Manchester et Denbigh, déposent leur commandement. Fairfax, désigné par Cromwell, est nommé seul chef de l'armée nouvelle. L'organisation de cette armée, l'installation des nouveaux chefs, opération difficile et délicate, ne donne pas aux Communes tous les embarras qu'en attendait la cour présomptueuse d'Oxford ; elles n'excitent qu'une agitation passagère, facilement calmée par les anciens chefs et par Essex lui-même, toujours loyal et fidèle. Cette cohue de paysans et d'ouvriers prédicants, dont se moquaient les Cavaliers, fait ses preuves sous Cromwell qui n'a pas donné sa démission. En cinq jours il bat trois fois les royalistes, et sur la demande de Fairfax, le Parlement décide qu'il gardera le commandement de la cavalerie.

Le sang-froid de Fairfax et le courage opiniâtre de Cromwell triomphent de nouveau à Naseby (1645) de la témérité du prince Robert et de la bravoure chevaleresque de Charles Ier. Le Parlement publie les papiers saisis dans les bagages du roi, et qui prouvent son incurable duplicité. Il est désormais avéré, malgré ses protestations mille fois répétées, qu'il appelle à lui les étrangers et les catholiques d'Irlande. Depuis cette défaite de Naseby, le roi fuit de ville en ville, poursuivant ses intrigues avec l'Irlande et les chefs du parti catholique, mais toujours convaincu de son droit, et s'indignant qu'on lui conseille la paix avec des rebelles. Rentré dans Oxford avec cinq cents chevaux, il apprend la septième et la plus brillante victoire de Montrose, et marche contre les Écossais pour appuyer son lieutenant. Arrivé sur la frontière, il apprend la capitulation de Bristol, la seconde ville du royaume. Le prince Robert avait promis au roi de tenir quatre mois dans la place ; il n'y tient pas quatre jours. En Écosse, Montrose, fanfaron présomptueux, sans crédit sur ses égaux, et n'ayant d'autre puissance que la victoire, est ruiné par sa première défaite de Selkirk. Fairfax et Cromwell ont pacifié les comtés royalistes de l'ouest. Charles Ier cache dans Newark les discordes et les débris de son parti, et se voit bientôt réduit à demander aux deux chambres un sauf-conduit pour quatre négociateurs. Le moment est mal choisi. Les indépendants viennent de recevoir dans les Communes un renfort de cent trente nouveaux membres à la place de ceux qui se sont réfugiés près du roi. Alors entrent dans la chambre Fairfax, Ludlow, Ireton, Blake, Sidney, Hutchinson, Fletwood. On refuse tout sauf-conduit aux agents du roi, on publie de nouvelles preuves de son alliance avec les catholiques d'Irlande, qu'il avait cachée à son conseil. On défend sous peine de mort de correspondre avec lui.

Telle est la détresse de Charles Ier qu'il s'échappe d'Oxford, son dernier asile, pour se réfugier dans le camp des Écossais, sans autre garantie que les vagues promesses de quelques officiers, et la protection du ministre de France, M. de Montreuil (1646). Au premier mot des Écossais, le roi comprend qu'il est leur prisonnier. Les Communes, instruites de son arrivée par le comte de Lewen, votent qu'aux deux chambres seules il appartient de disposer du roi, et qu'il sera conduit sans retard au château de Warwick. Les indépendants ne le voient qu'avec terreur aux mains des Écossais presbytériens. Ils poussent les Communes à déclarer qu'on n'a plus besoin de l'armée écossaise, et qu'on lui demandera ses comptes. Les Écossais soutiennent avec sang-froid les injures du parti, surveillent leur gage avec soin, se contentent d'affirmer qu'ils n'ont rien promis au roi, et pour se montrer fidèles au Covenant, entreprennent sa conversion. Le roi soutient la controverse avec dignité. Toujours perfide par mépris, et comptant qu'un des deux partis sera forcé de se joindre à lui pour exterminer l'autre, il repousse fièrement les propositions du Parlement. Il n'entend pas abolir l'épiscopat, approuver le Covenant, remettre aux deux chambres pour vingt ans le commandement de l'armée, abandonner soixante et onze de ses amis, et consentir à l'interdiction légale de tous ses partisans. Il demande qu'on le reçoive à Londres. Les refus du roi comblent de joie les indépendants, et sem blent réconcilier les deux partis. Les presbytériens décident le Parlement à voter 400,000 livres sterling pour les Écossais, et ceux-ci à remettre le roi au Parlement. Ils comptent qu'une fois les Écossais partis, et le roi livré aux Communes, il leur sera facile de licencier l'armée qui fait la principale force des indépendants. Les Ecossais livrent le roi, en échange du premier paiement, et Charles Ier acheté et vendu, comme il dit lui-même, est conduit au château de Holmby (1647).

V. Domination de Cromwell. — Les niveleurs. — Cromwell dompte la réaction royaliste. — Procès et mort de Charles Ier. — Abolition de la royauté (1648).

Trois jours après, les presbytériens votent que l'armée sera licenciée, sauf les besoins de la guerre d'Irlande et de la police du royaume, que ceux qui resteront sous les armes jureront le Covenant, et que nul, après Fairfax, n'aura dans l'armée un grade supérieur à celui de colonel. Les indépendants ont prévu le coup. Cromwell est déjà maître de l'armée par ses chefs, Ireton son gendre, Lambert, Harrisson, Hammond, Pride, etc. L'armée a déjà son propre gouvernement, qui signifie aux Communes par ses messagers, en dernier lieu par trois soldats, ses conseils, sa justification et ses vœux. Les officiers supérieurs y forment la chambre haute, et les Communes sont représentées par deux sous-officiers ou soldats de chaque corps, sous le nom d'*agitateurs*. Dès que l'ordre est venu de licencier les troupes, les soldats jurent de ne point se séparer. Les presbytériens pour sortir d'embarras espéraient traiter avec le roi ; mais un détachement, commandé par le cornette Joyce, ancien tailleur, l'enlève du château de Holmby, malgré les commissaires du Parlement, pour le conduire à Newmarket, sous la main de l'armée. La bonhomie de Fairfax a laissé faire Cromwell et les agitateurs. Le Parlement sans l'armée est aussi impuissant que le roi sans le Parlement. Cromwell, accusé dans les Communes d'avoir enlevé le roi et de méditer un coup de main contre le Parlement, se justifie avec une grande abondance de larmes et de paroles, et part pour l'armée. Quelques jours après son arrivée, elle marche sur Londres, précédée d'une humble représentation, ainsi qu'elle appelle l'expression hautaine de ses vœux sur la réforme générale de l'État. Le pouvoir législatif et le gouvernement civil sont dès lors suspendus par la force militaire. En chassant Hollis et dix de ses membres pour complaire à l'armée, le Parlement la fait seulement reculer de quelques milles. Le roi, traîné de ville en ville à la suite des troupes, peut voir ses enfants ; Cromwell et son gendre Ireton, cherchant le dénouement de la crise révolutionnaire, se demandent si la faveur du roi, relevé par leurs mains, ne serait pas après tout leur meilleur moyen de fortune. Les négociateurs royalistes sont surpris d'entendre les conditions modérées des chefs de l'armée, et plus surpris encore de les voir repoussées par leur maître. L'armée consentirait à rétablir l'église épiscopale, en assurant la liberté de conscience aux dissidents. Charles Ier, toujours convaincu que les partis ne pourront se passer de son alliance, et assez imprudent pour le dire, compte sur un mouvement dans Londres. Une émeute éclate en effet dans la Cité. Quand les presbytériens, sur l'injonction des Communes, cèdent le commandement de la milice urbaine aux indépendants, des bandes d'apprentis, d'officiers réformés, de mariniers, de bourgeois effrayés du nombre de leurs tyrans, forcent les portes de Westminster, contraignent la chambre à voter le retour du roi, et soixante membres des deux chambres à se réfugier près de l'armée. Mais l'armée entre dans Londres, et rétablit les Indépendants sur leurs siéges. C'est le triomphe des *niveleurs* ou rationalistes, parti composé d'une foule de sectaires sans doctrine commune, dont quelques-uns parlent d'établir entre les hommes une rigoureuse égalité de droits et de biens.

Cromwell flatte les sectaires et continue de négocier avec le roi. Il croit tenir le roi dans sa main, et le *parlement dans sa poche*. De son côté, Charles Ier croit perdre dans l'esprit de leurs partisans ceux qui négocient avec lui et qui se font promettre les plus hautes dignités de la couronne. Une de ses lettres à la reine, interceptée par Cromwell et Ireton, leur révèle sa duplicité. Cromwell, déjà suspect aux niveleurs, se hâte de ressaisir son pouvoir sur l'armée qui lui échappe, fait conseiller la fuite au roi pour le perdre, et lui indique perfidement l'île de Wight comme un sûr asile. Pendant que la fermeté de Cromwell rétablit la discipline militaire, et dompte les agitateurs par le supplice de l'un d'eux, le malheureux roi croyant recouvrer la liberté, va se mettre au pouvoir du colonel Hammond, gouverneur de l'île et créature de Cromwell. On vote sur un discours de Cromwell qu'il appartient aux Communes, puisque le roi lui retire sa protection, de régler désormais l'État sans lui. C'est proclamer déjà la déchéance de Charles Ier. La réaction royaliste éclate par des émeutes à Londres et dans les comtés. Pour la seconde fois l'armée traverse la ville en appareil de guerre. Cromwell qui craint l'anarchie, et qui sait bien que l'Angleterre n'est point républicaine, ni capable de supporter la république, réunit les chefs des deux partis dans une conférence inutile, pour délibérer sur la forme de gouvernement qu'il convient de donner au pays, écoute les républicains avec déférence, et sort de Londres où les presbytériens dominent encore, pour maintenir par la guerre son ascendant sur tous les partis.

Les Écossais, honteux d'avoir trahi Charles Ier, ont promis d'envahir l'Angleterre au nombre de quarante mille pour défendre contre les républicains et les sectaires le Covenant et la royauté. Ils sont seulement quinze mille, mal commandés par Hamilton. Leur invasion, combinée avec les soulèvements des royalistes en plusieurs comtés, échoue contre l'énergie et la vitesse de Fairfax et de Cromwell. Les Cavaliers n'ont pas eu la patience d'attendre les Écossais. Cromwell, à la tête de cinq régiments, réduit ceux de l'ouest enfermés dans Pembroke, et Fairfax, vainqueur à Madstone, étouffe la guerre civile dans l'est. Cromwell, ayant soumis l'ouest, va rejoindre Lambert au nord, battre les Écossais en trois rencontres (Prexton, Warrington, Uttoxeter), et les poursuivre chez eux.

Les presbytériens ou constitutionnels, sûrs d'échapper aux Cavaliers, ne craignent plus que l'orgueil des républicains et l'ambition de Cromwell. Ces *girondins* anglais reviennent donc à l'idée de conclure la paix avec Charles Ier, et de relever le roi qu'eux-mêmes ont avili. On charge trois commissaires de porter au roi en l'île de Wight de nouvelles propositions. Sur la promesse qu'il fait de ne point s'échapper, on lui permet de venir à Newport conférer avec les envoyés du Parlement, en s'entourant de ses conseillers. Charles, toujours perfide, comptant sur les secours de la France et de l'Irlande, s'obstine dans ses premiers refus, et proteste en secret contre les concessions partielles qu'on lui arrache. Les presbytériens proposent de les déclarer satisfaisantes et propres à la paix ; car il leur tarde de l'avoir conclue avant le retour de l'armée et de Cromwell qui vient d'entrer en Écosse et de rétablir au pouvoir Argyle et son parti. Déjà dans une longue remontrance apportée par le colonel Ewers, l'armée somme les Communes de mettre le roi en jugement, de proclamer le peuple souverain et la royauté élective ; de pourvoir encore à l'égale répartition du droit de suffrage et à la tenue régulière des parlements : sinon l'armée elle-même se chargera de sauver la patrie.

Pendant qu'on délibère sur les concessions du roi, les indépendants l'enlèvent de l'île de Wight, pour le transporter au château de Hurst. Le Parlement proteste en vain contre l'enlèvement de Charles Ier dont lui-même a garanti la liberté, et vote que ses concessions peuvent servir de base à la paix (traité de Newport). Les indépendants, que les fureurs de la guerre civile ont conduits par degrés à l'idée de renverser la monarchie, pensent que le temps est venu d'agir sans ménagement. Il ne leur semble pas trop hardi de juger et d'envoyer à l'échafaud un roi qu'ils ont pu combattre. Des troupes entourent la porte de Westminster ; le colonel Pride, une liste à la main, fait arrêter ou simplement exclure en deux jours environ quatre-vingt membres royalistes. Le Parlement tombe dès lors au pouvoir de l'armée et des indépendants. Hughs Peters, chapelain de Fairfax, prêche devant ce parlement *purgé*, débris des deux chambres, que l'armée va détruire la royauté en Angleterre, en France et dans toute l'Europe. Cromwell revient prendre sa place dans les Communes, et son logement à White-Hall dans les appartements du roi. Déjà le Protectorat s'annonce en même temps que la République.

Le roi est transporté de Hurst à Windsor ; les Communes votent qu'il sera mis en jugement, et qu'il sera condamné ; car elles déclarent qu'il y a eu trahison de sa part à faire la guerre au Parlement. Une ordonnance rejetée par les lords institue pour le juger, au nom des Communes qui seules représentent le peuple, une haute-cour, où siégent cent trente-cinq membres, trois grands-juges, onze baronets, dix chevaliers, six aldermens de Londres, et tous les chefs du parti dans l'armée, les Communes et la Cité. En réalité, c'est la misérable minorité surnommée le parlement *croupion*, investie d'un pouvoir illégal par la force militaire, qui s'érige en haute-cour de justice pour juger le roi. Le président est le jurisconsulte Bradshaw, cousin de Milton, et le procureur général, l'avocat John Coke. Fairfax ne parait qu'à la première séance, et Sidney se récuse. Le roi comparaît quatre fois devant ses ennemis, et se fonde sur l'absence des lords pour décliner leur juridiction. Il entend avec fermeté son arrêt de mort, et avec résignation les insultes grossières des soldats qu'on a soigneusement choisis pour contenir l'émotion visible du peuple. Rentré à White-Hall, il refuse de recevoir ses plus fidèles serviteurs, voit pour la dernière fois ses enfants, la princesse Élisabeth et le duc de Glocester, reçoit pendant trois jours les secours religieux de Juxon, évêque de Londres, et montre sur l'échafaud le même courage qu'à Westminster. Les ambassadeurs hollandais ont seuls intercédé pour lui, comptant sur Fairfax qui ne peut rien contre l'ambition farouche de Cromwell et la vengeance d'Ireton. Cromwell avait *cherché le Seigneur* et découvert que la volonté divine était conforme à celle des républicains. On avait occupé Fairfax à réciter des psaumes en choisissant les plus longs. Six jours après le supplice de Charles Ier, les Communes décrètent l'abolition de la chambre inutile des Lords et de la royauté (1648).

Malgré son gouvernement arbitraire, son caractère impétueux et raide qui le rendait peu propre aux devoirs d'un souverain constitutionnel, malgré la mauvaise foi que lui donna l'orgueil du droit divin dans ses rapports avec le peuple et le Parlement, Charles Ier n'avait pas mérité d'être choisi pour servir d'exemple aux tyrans. Ses accusateurs ne prouvèrent point qu'il eût commencé la guerre civile. Au dernier moment il avait refusé de garder la couronne et la vie à des conditions qui eussent livré, disait-il, les lois et les vraies libertés du peuple à une bande de factieux. Il se crut donc jusqu'au bout martyr du peuple et de la constitution, ou justement frappé pour avoir permis le supplice de Strafford. Comme tous les Stuarts, il supporta mieux le malheur que la prospérité.

VI. République anglaise.— Proclamation de Charles II en Écosse. — Victoires de Cromwell à Dunbar et à Worcester (1650-1651). — Fuite du prétendant. — Soumission de l'Écosse et de l'Irlande. — Politique extérieure de Cromwell : acte de navigation ; guerre avec la Hollande. — Ambition de Cromwell : dissolution du long Parlement.

Après l'abolition de la royauté et de la chambre des Lords, le Parlement investit du pouvoir exécutif un conseil d'État composé d'abord de quarante-deux membres, dont lui-même fournit les trois quarts, et dont chacun dut approuver par serment le supplice du roi et l'abolition de la chambre haute : premier sujet de discorde. Cromwell et dix-huit membres jurent sans façon ; Fairfax et vingt-et-un conseillers refusent le serment dans ces termes et ne consentent qu'à jurer fidélité au Parlement : exemple frappant de l'audace et de la puissance des minorités dans les temps de révolution. Le pouvoir royal est plutôt suspendu par une petite partie de la nation qu'aboli par un changement réel dans l'opinion publique ; cette révolution n'est pas même approuvée sans réserve par la majorité de ceux qui l'ont faite ; mais trente mille vétérans soutiennent ce fantôme de parlement, et les sectaires investis des administrations locales contiennent la majorité mécontente. Le Parlement rappelle pour remplir ses vides ceux des membres proscrits qui méritent leur pardon, et remplace les autres par des élections partielles dans les cantons les plus dévoués.

Le supplice d'un certain nombre de chefs de Cavaliers (le duc d'Hamilton, lord Holland et lord Capel) paraît nécessaire pour effrayer tous les ennemis du Parlement, anciens royalistes ou épiscopaux, nouveaux royalistes ou presbytériens, sans compter le peuple aigri par les maux de la guerre civile. Aux yeux des niveleurs, la République n'a point d'ennemis plus redoutables que ses chefs, Cromwell, Ireton, Bradschaw et Morton. Les niveleurs de l'armée, dont le chef est John Lilburne, disent tout haut qu'on éprouve par le conseil d'État la patience du peuple, et qu'on le prépare par l'oligarchie à la monarchie de Cromwell. Ils s'arment contre le Parlement de tous les droits que lui-même a réclamés contre la royauté. Les niveleurs demandent qu'on assemble tous les ans un nouveau parlement, qui, dans l'intervalle des sessions, exercera par un comité le pouvoir exécutif; nul ne pourra deux fois de suite être membre du Parlement, ni joindre à ce titre aucune charge; abolition du conseil d'État et de la haute-cour, suppression de l'accise, des douanes et des dîmes, et liberté absolue du culte; les prêtres seront payés par les fidèles. Officiers et soldats, animés par les pamphlets de Lillburne, défendent contre Fairfax leur droit de délibération et de remontrance. Douze mille hommes, commandés pour l'Irlande par le conseil d'État, refusent de s'embarquer. Si quelque mutin est fusillé, les autres l'enterrent avec une solennité menaçante. Il faut pour les réduire la présence et l'audace de Cromwell, puis la guerre contre l'Irlande et l'Écosse.

Cependant le parlement d'Écosse, dirigé par le comte d'Argyle, a protesté par ses commissaires contre le supplice de Charles Ier, et proclame son fils, Charles II. Mais les Écossais exigent pour le recevoir chez eux, qu'il jure le Covenant et sanctionne les changements survenus dans l'Église et dans l'État ; Charles II, alors réfugié en Hollande, refuse de sacrifier ainsi sa conscience et la prérogative royale. A l'Écosse presbytérienne, il préfère l'Irlande catholique. Le marquis d'Ormond a réuni en Irlande contre le Parlement les catholiques et les protestants royalistes, et secondé par la flotte du prince Robert, ne laisse que trois villes aux parlementaires, Dublin, Belfast et Londonderry; mais Charles II manque d'argent pour le rejoindre. Cromwell, bien payé par le Parlement et nommé pour trois ans chef de l'armée, a le temps de passer dans l'île avec douze mille vétérans et d'accabler les royalistes déjà vaincus près de Dublin, à la journée de Rathmines. Il y *verse le sang comme l'eau*. Après deux mois d'horribles vengeances, telles que les massacres de Drogheda et de Wexford, il laisse la besogne à son gendre Ireton pour aller à Londres marchander encore le commandement de l'armée d'Écosse que Fairfax a refusé.

Déjà le Parlement l'appelle en Écosse. Après le supplice de Montrose, livré par un traître et fier de mourir pour la cause royale, Charles II débarque en Écosse aux conditions qu'il avait repoussées d'abord. Il adhère au Covenant, désavoue Montrose et proscrit par avance dans tous ses états l'idolâtrie de sa mère, le catholicisme; il se livre aux prêtres presbytériens, meurtriers de

Montrose, qui l'éloignent de l'armée, contrarient les opérations de Lesley et procurent la victoire à Cromwell. Celui-ci, vainqueur à Dunbar (3 septembre (1650), s'empare de Leith et d'Édimbourg. Mais l'année suivante, Charles II, plus libre après sa défaite et couronné à Scone, s'avance au cœur de l'Angleterre. Le conseil d'État, qui se croit trahi par Cromwell, apprend bientôt que le jour anniversaire de la victoire de Dunbar, il a battu Charles II à Worcester (1651). Quoiqu'on ait mis au prix de 1,000 livres sterling la tête du prince vaincu, et qu'il doive se confier dans sa fuite aventureuse à plus de quarante personnes de condition diverse, il ne se trouve pas un laquais assez vil pour le trahir. Il peut passer en Normandie.

Mais Charles II n'a gagné l'Écosse qu'en s'aliénant l'Irlande. La déclaration que les Écossais ont exigée de Charles II contre le catholicisme, brouille de nouveau les catholiques d'Irlande et les protestants royalistes. D'Ormond parti, Cromwell réunit le pays à la république d'Angleterre. Après la mort d'Ireton, Ludlow, Lambert et Fletwood, le second gendre de Cromwell, achèvent la soumission ou la ruine de l'Irlande. Les soldats républicains et les citoyens auxquels le parlement a dû emprunter de l'argent pour la guerre, se partagent les biens confisqués. Les rebelles, *tories*, bandits, réfractaires, qu'on traque dans les bois et les marais, se ruent pendant la nuit sur les nouveaux propriétaires ; aussi, la réunion de quatre Irlandais catholiques est réputée crime de haute trahison, et la possession des armes de guerre est punie de mort. On coupe les oreilles à quiconque ne dénonce pas la retraite des prêtres catholiques. Pour diminuer le nombre des catholiques, on autorise les chefs rebelles à passer avec leurs hommes au service de l'étranger ; environ 40,000 officiers et soldats quittent le pays. On encourage l'émigration en Amérique.

En Écosse, Monk achève l'œuvre de Cromwell. Il brave le fanatisme des presbytériens et le patriotisme de tous les Écossais jusqu'à prononcer la réunion du pays à la république d'Angleterre. Après l'Irlande et l'Écosse, les colonies d'Amérique ont reconnu à leur tour ce gouvernement militaire de Cromwell, dont le conseil d'État et le Parlement ne sont que la décoration.

Avant d'avoir achevé la soumission de l'Écosse et de l'Irlande, la république soutient déjà la guerre au dehors. Le Parlement a songé de bonne heure à relever la marine anglaise. Henri Vane et trois de ses collègues président l'amirauté. A la tête d'une flotte équipée par leurs soins, Blake, poursuivant jusqu'en Portugal la flotte du prince de Galles commandée par le prince Robert, force la maison de Bragance d'abandonner les Stuarts et d'accorder au commerce anglais de grands priviléges. Puis vient la guerre avec les Provinces-Unies, alors gouvernées par le parti des États pendant la minorité de Guillaume III. Cette république ayant refusé de s'unir à lui, Cromwell a résolu de l'abaisser au profit de la marine anglaise, et de gagner ainsi à la cause de la république tout le commerce d'Angleterre. Il fait rédiger par Whitelocke le fameux *Acte de navigation* (1651) : défense à tout navire étranger d'importer en Angleterre les marchandises qui ne seraient pas les produits directs de son pays ; l'approvisionnement de l'Angleterre et de ses colonies, l'importation des denrées coloniales, le cabotage entre les ports des trois royaumes, n'appartiendront plus qu'aux navires et aux marins anglais. On exige de plus des Hollandais la dîme sur la pêche des harengs sur les côtes de l'Angleterre. Les Hollandais, ces *rouliers des mers*, arment alors 150 vaisseaux de guerre pour défendre leur monopole et leur grand commerce de commission et de transport. Dans cette guerre, signalée par tant de batailles navales, les Anglais conservent l'avantage par la grandeur et la force de leurs vaisseaux et de leurs canons, et surtout par leur union, sur les Hollandais toujours divisés en deux factions, même sur leurs flottes et devant l'ennemi. Blake et Monk égalent le génie de Tromp et de Ruyter. Blake, improvisé marin à cinquante ans, transforme la guerre navale jusque-là timide, et démontre le premier la force des vaisseaux contre les batteries du rivage. Dans une première rencontre près de Douvres, il bat van Tromp, le présomptueux *balayeur* de l'Océan, qu'on remplace par Ruyter ; il bat Ruyter dans une lutte sanglante de trois jours, près du cap de la Hogue, où les Hollandais perdent 9 vaisseaux de guerre et 24 navires marchands. Enfin Monk à son tour bat et tue van Tromp à la bataille de Katwyck, en 1653. Les Anglais ont capturé dans cette guerre de dix-huit mois plus de 1600 bâtiments de commerce ; le canal est fermé aux Hollandais, la pêche de la baleine suspendue, et leur commerce dans la Baltique menacé ; plus de 1500 maisons d'Amsterdam sont désertes. La Hollande perd encore la plus grande partie du Brésil, au profit du Portugal, allié de l'Angleterre. Bientôt Cromwell désire autant que les Hollandais la fin de cette guerre maritime, qui pourrait créer sur la flotte un pouvoir indépendant du sien.

La république, victorieuse au dehors, est menacée au dedans par l'ambition de Cromwell. Depuis sa victoire *couronnante* sur Charles II, Cromwell bien convaincu que la monarchie est nécessaire aux Anglais, aspire plus ouvertement à la royauté. Comme il a défendu la liberté contre les royalistes et l'ordre contre les niveleurs, il se croit sûr de l'armée, du peuple et des marchands, presbytériens pour la plupart; il rassure par une amnistie générale les royalistes eux-mêmes qui craignent pour leurs biens. On avait décidé qu'avant la dissolution du long Parlement, on réglerait la forme de celui qui devait le suivre. Or les misérables parvenus des Communes ne se pressaient pas d'appeler leurs successeurs, et se votaient trois ans d'existence. Cromwell profite de leurs fautes. Il assemble tout à coup un certain nombre d'officiers et de membres du Parlement pour délibérer sur le gouvernement de l'Angleterre. Lequel vaut mieux, de la république ou de la monarchie limitée? Les officiers se déclarent pour la république; les juristes et Cromwell pour la monarchie limitée, en proposant de rétablir un des fils de Charles Ier. Cromwell lève la séance. Les juristes, pensant qu'il va s'appuyer sur eux, réduisent l'armée d'un quart et bravent ses murmures. Cromwell se pose médiateur entre le Parlement et l'armée. « L'armée est trop séditieuse, et le Parlement trop despotique, dit Cromwell au jurisconsulte Whitelocke. Il faudrait au pays un pouvoir assez fort pour les contenir tous deux. — Si quelqu'un se faisait roi? » Whitelocke lui conseille de ne point risquer l'épreuve, et de se contenter de la puissance royale, sans rechercher le titre. Mieux vaudrait rappeler Charles II, et l'enchaîner par de solides garanties.

Cromwell, désespérant de s'élever à la royauté par le Parlement, ne songe plus qu'à le renverser par l'armée. Avec trois cents soldats, il va chasser de Westminster les députés du Rump qu'il accable d'injures, puis ferme les portes, et retourne tranquillement à White-hall. Il chasse le lendemain le conseil d'État, comme tenant ses pouvoirs du Parlement qu'il a chassé la veille.

Les royalistes applaudissent à cette fin honteuse du Parlement régicide, et la majorité de la nation s'en réjouit comme eux; le petit nombre seulement s'inquiète, craignant plus l'usurpation militaire et l'anarchie que le règne des formes et des lois connues (1653).

VII. — Le Parlement Barebone. — Proclamation du Protectorat. — Puissance extérieure de l'Angleterre. — Lutte de Cromwell contre les Communes. — Sa mort (1658). — Abdication de Richard Cromwell. — Monk et la Restauration des Stuarts (1660).

L'armée et la flotte se déclarent pour Cromwell. Les Saints le félicitent d'avoir fondé le royaume de Jésus-Christ. Mais Cromwell a trop de bon sens et d'ambition pour confier aux Saints les destinées de l'Angleterre. Les plus fanatiques auraient voulu d'après l'Ancien Testament un sanhédrin de 70 membres; Cromwell, plus évangélique, institue un conseil d'État de 12 membres sous sa présidence : quatre juristes et huit officiers. Il est à la fois lord-généralissime, président du conseil d'État et chef du conseil des officiers. Il imagine avec ceux-ci d'assembler pour 15 mois un Parlement de Saints, qui serait nommé par le conseil d'État sur des listes envoyées par les églises. Ce parlement *Barebone*, ainsi nommé d'un corroyeur de la Cité, le plus fervent des anabaptistes, était composé de 139 représentants pour l'Angleterre, 6 pour le pays de Galles, 6 pour l'Écosse et 4 pour l'Irlande. Au bout de 15 mois, ils devaient choisir eux-mêmes leurs successeurs. Cromwell et ce Parlement ne s'entendent que sur un seul point : le bannissement du hardi pamphlétaire des niveleurs, John Lillburne. Du reste les anabaptistes, dont le colonel Harrisson est le chef, ont la majorité sur les indépendants dévoués à Cromwell. Ce parlement d'honnêtes gens, qui prennent des surnoms bibliques et demandent par l'inspiration d'en haut des réformes radicales, a bientôt contre lui le dictateur et tout le monde, la magistrature, l'armée et le clergé. Accusés par un des plus hardis agents de Cromwell, le colonel Sydenham, les chefs des anabaptistes s'étaient mis en prière; des officiers viennent les mettre à la porte, et tous s'en vont processionnellement abdiquer à White-hall entre les mains de Cromwell. Celui-ci paraît d'abord surpris, et se plaint d'être chargé d'un si lourd fardeau, mais se résigne pourtant et proclame la constitution nouvelle, qui lui confère des pouvoirs plus étendus que ceux des anciens rois, mais sans leur titre. Au nom des trois royaumes et de l'armée, Lambert et les officiers le nomment Protecteur de la république, à la charge de convoquer le Parlement tous les trois ans, et au moins pour 5 mois entiers (1653). Tout bill du Parlement aura force de loi vingt jours après le vote, quoique non ratifié par le Protecteur. Ainsi la faction militaire donne le pouvoir exécutif à Cromwell et réserve la souveraineté du Parlement. L'assemblée ouverte en 1654 met le pouvoir de Cromwell en question, révise la constitution et déclare le Protectorat électif, non héréditaire. Cromwell déclare qu'il saura défendre le pouvoir qu'il a reçu de Dieu et du peuple, et sur de nouveaux signes d'opposition casse le Parlement après cinq mois *lunaires*.

La gloire couvre son despotisme. Les Hollandais, après la mort de Tromp, ont demandé la paix, et leur soumission à l'Acte de navigation entraîne celle de toute l'Europe maritime : Suède, Brandebourg, Danemark et Portugal. L'Espagne n'a plus de flottes, et la France n'en a pas encore. Le Protecteur reçoit les félicitations d'une partie de l'Europe et semble en être l'arbitre. Un homme qu'on n'avait pas remarqué dans la foule des gentilshommes campagnards avant sa quarantième année, est devenu l'égal des souverains et leur effroi. Il ose pousser la révolution jusqu'à ses dernières limites et l'enchaîner. La Pologne implore son secours contre la Russie, le woïwode de Transylvanie contre les Turcs, les Vaudois du Piémont contre le duc de Savoie ; Gênes le remercie d'avoir purgé la Méditerranée des pirates ; enfin Mazarin recherche son alliance contre l'Espagne et Louis XIV l'appelle son frère. Cromwell prend part à la lutte, soit pour occuper les Anglais au dehors, soit pour soutenir par la guerre ses finances et son gouvernement. On l'entend dire souvent qu'il rendra le nom des Anglais aussi respectable au monde que jadis celui des Romains. Une flotte, commandée par Blake, va dans la Méditerranée, où les Anglais n'ont guère paru depuis les croisades, rançonner le duc de Toscane et châtier les beys de Tunis et d'Alger ; une autre avec Penn va dans les Indes occidentales réclamer contre l'Espagne la liberté du commerce et conquérir la Jamaïque (1655).

L'Espagne pour se venger met l'embargo dans tous ses ports sur les biens des Anglais. Alors Cromwell signe avec la France le traité qui lui donne Dunkerque (1658).

Mais les finances de l'Angleterre restent dans le même désordre. Les majors-généraux auxquels il a distribué le pays en quatorze gouvernements pour recruter l'armée, percevoir les impôts, et rançonner les royalistes, ne peuvent lui fournir assez d'argent. Les dépenses de la guerre le forcent d'assembler encore un Parlement. Pour l'avoir plus docile, il a partout désigné les candidats. L'Irlande et l'Écosse, pays vaincus, lui donnent les députés qu'il demande; mais en Angleterre, malgré l'exclusion des Cavaliers et l'emprisonnement des plus ardents républicains, des catholiques et de tous les ennemis du Protecteur, un grand nombre de comtés repoussent les créatures de Cromwell. Aussi refuse-t-il d'admettre ceux qui ne sont point pourvus d'un certificat du conseil d'État. Ce Parlement si bien épuré vote 400,000 livres sterling pour la guerre d'Espagne, et décide que la couronne lui sera offerte. Cromwell est bien décidé à rétablir dans sa personne et dans sa famille la royauté qu'il croit nécessaire au pays; mais la motion du Parlement est si mal accueillie par les officiers, que lui-même la repousse. Il comprend que les généraux lui permettent bien d'être le premier d'entre eux, mais non pas de régner sur eux; il sait que plusieurs officiers ont signé l'engagement de le tuer dès qu'il sera roi. Mais le Parlement de 1657, de l'aveu des officiers, restaure de fait le pouvoir monarchique en faveur de Cromwell, par une nouvelle constitution qui lui permet de désigner son successeur, de rétablir la chambre des lords et d'en nommer les membres, sauf la ratification des Communes. Dès ce moment Cromwell, comme dégoûté du peuple, recherche la noblesse, et marie ses deux plus jeunes filles à deux comtes. Les Saints se plaignent plus que jamais qu'il ait cessé de rire et de prier avec eux. Un dernier attentat contre sa personne réchauffe le zèle de ses partisans; tout le monde s'effraie des désordres qui peuvent suivre sa mort. Et pourtant dans la seconde session du Parlement, où les membres exclus reprennent séance, les Communes, naguère si dociles, osent contrôler ses actes et censurer cette chambre des lords, où il a poussé, faute de mieux, ses fils et ses gendres : nouvelle dissolution. Ainsi Cromwell a dissous les Parlements aussi souvent que Charles Ier. Il ne peut, lui aussi, régner avec eux ni sans eux, et ne sait plus comment fonder son pouvoir sans ravir aux Anglais les formes extérieures de la liberté. Il meurt dans sa puissance avec moins de calme que Charles Ier sur l'échafaud, et dans son jour de bonheur, le 3 septembre (1658). L'Angleterre a beaucoup pardonné à cet usurpateur qui fit revivre dans sa politique étrangère les glorieuses traditions du règne d'Élisabeth, tandis qu'au dedans il assurait l'impartialité des juges et la discipline des armées.

Le Conseil d'État proposa de donner pour successeur à Cromwell son fils Richard, d'un caractère doux et bienveillant, qu'on avait vu pleurer sur les supplices ordonnés par son père, et qui préférait les jouissances de la vie privée aux ennuis du pouvoir. Richard, n'étant ni soldat ni saint, n'eut point d'autorité sur l'armée, ni sur le Parlement. Il y eut donc en présence trois puissances rivales, le Protecteur, le Parlement et l'armée. Richard congédia le Parlement, et fut chassé par l'armée, qui rappela le long parlement et le chassa de même, dès qu'à la voix de Haslerig et des autres chefs républicains, Henri Vane, Bradschaw, il voulut se prendre au sérieux, au nom de la *vieille cause*. Richard, accusé comme son frère Henri, gouverneur d'Irlande, d'avoir correspondu avec les Stuarts, perdit la pension qu'on lui avait promise, et passa sur le continent pour échapper à ses créanciers. L'Angleterre n'eut plus d'autre gouvernement qu'un *conseil de sûreté*, ou comité de salut public, présidé par Fletwood et Lambert. Les troupes d'Écosse et la flotte réclamèrent pour les anciennes libertés du pays contre l'oligarchie militaire de Londres. La nation semblait lasse de l'agitation stérile et des coteries misérables qui remplaçaient les grandes factions.

Monk, chef de l'armée d'Écosse, reconnut d'abord cette république sans tête, mais prépara dès lors la restauration monarchique à l'insu de ses officiers. Il se déclara pour le Parlement contre Lambert, et s'intitula défenseur des vieilles lois et franchises du pays. Abandonné par une partie de ses soldats comme traître à l'armée, il n'avait plus qu'une troupe de volontaires dirigée par deux conseils, celui des colonels et celui des officiers. C'est avec ces faibles moyens, en trompant tout le monde, ses amis et ses ennemis, l'armée séditieuse et le Parlement, que

Monk entreprit de rendre à l'Angleterre la paix et l'ordre. Le parlement d'Écosse lui fournit de l'argent contre Lambert qui n'en avait pas. Le presbytérien Fairfax, éloigné depuis longtemps des affaires, lui ouvrit la route de Londres à la tête des royalistes du comté d'York. Arrivé à Londres, il rétablit le long parlement, qui emprisonna Lambert et cassa le conseil de sûreté. C'était déjà sauver l'Angleterre que de briser la soldatesque effrénée qui faisait à ce Lambert le rôle d'un Cromwell. Monk soutint d'abord l'assemblée contre la bourgeoisie de la Cité, qui se soulevait pour avoir une représentation plus libre et plus complète; puis le lendemain, il passait du côté des bourgeois pour la forcer à rappeler dans son sein les presbytériens expulsés en 1648. Du même coup et par un même triomphe de l'opinion, qui se manifestait librement dans les églises et dans la Cité, Haslerig et les républicains sortirent du Parlement. L'assemblée ainsi modifiée s'en alla d'elle-même, et céda la place au nouveau parlement où les presbytériens et les royalistes avaient la majorité.

Alors, et avec une précipitation imprudente, Monk poussa l'assemblée à la restauration des Stuarts. Le courant de l'opinion publique, emportée vers la monarchie par le souvenir des maux de la révolution, l'entraînait peut-être plus vite et plus loin qu'il n'eût voulu. Le long parlement lui-même, avant de se dissoudre (mars 1660), avait désavoué les excès de la république. Monk lut dès la première séance les lettres qu'il avait reçues de Charles II pour les deux chambres, l'armée, la flotte et la Cité, avec liberté de les envoyer à leur adresse ou de les retenir. Elles faisaient espérer les concessions qu'on avait demandées, et qu'Ormond et Hyde avaient sagement conseillées : amnistie générale, liberté de conscience, sécurité pour les acquéreurs des biens de l'Église et de la couronne, paiement des arrérages de la solde, etc. Les deux chambres votèrent d'enthousiasme le rétablissement de l'ancienne constitution par la formule ordinaire, *le roi, les lords et les communes*. Charles II, rappelé comme héritier légitime du trône, rentra dans Londres sans autres conditions que cette vague *déclaration* de Bréda. Une restauration si brusque préparait de nouvelles catastrophes à l'Angleterre et aux Stuarts eux-mêmes, rien n'étant fixé pour les droits respectifs du roi et du Parlement. Les Communes virent le danger, mais se contentèrent de voter, avant le retour de Charles II, la confirmation des libertés nationales, le privilége du Parlement, la Grande Charte, la pétition des droits, etc. Il faudra une nouvelle révolution et un changement de dynastie pour résoudre les questions politiques et religieuses soulevées par la révolution incomplète de 1648.

CHAPITRE V.

MINORITÉ DE LOUIS XIV. — LE PARLEMENT DE PARIS ET LA FRONDE. — GUERRE CONTRE L'ESPAGNE. — TRAITÉ DES PYRÉNÉES.

SOMMAIRE.

1. — Anne d'Autriche fait casser le testament de Louis XIII par le parlement, qui lui confère les pleins pouvoirs de la régence. La reine mère, trompant la cabale des *Importants*, naguère ses alliés et ses complices contre Richelieu, donne le pouvoir à Mazarin qu'il a désigné pour son successeur ; ce retour à la politique de Richelieu est le premier grief du parlement et de la noblesse contre la cour. Le désordre des finances et les nouveaux édits fiscaux (édits du *tarif* et du *toisé*) provoquent bientôt les murmures du peuple et l'opposition du parlement, qui s'unit aux cours souveraines (*Arrêt d'union*, mai 1648), pour fixer l'impôt, réformer l'État et poser des bornes à la prérogative royale. Anne d'Autriche s'enhardit par la victoire de Lens à tenter contre le parlement un coup d'état, qui fait éclater la révolte préparée par les intrigues de Gondi (Retz), coadjuteur de l'archevêque de Paris (journée des barricades, août 1648). Le Parlement, non content d'avoir délivré ses membres prisonniers, impose à la régente ses décrets de réforme.
2. — Bientôt la cour s'enfuit à Saint-Germain. Soutenu par une partie de la noblesse, le Parlement proscrit Mazarin et fait la guerre à Condé ; mais plus effrayé que les nobles de l'invasion des Espagnols et battu à Charenton, il signe brusquement la paix de Rueil (mars 1649), qui laisse le pouvoir à Mazarin. — Condé prétend dominer la cour qu'il a sauvée, et forme le parti des *Petits-Maîtres* d'où sortira bientôt la jeune Fronde. La cour gagne la vieille Fronde ou les parlementaires par l'ambitieux Gondi, fait arrêter les princes (1650), bat Turenne à Rethel et réduit Bordeaux. Le coadjuteur, mécontent de la cour et mal payé, réconcilie les deux Frondes contre Mazarin, qui s'exile à Cologne en délivrant les princes (février 1651).
3. — Bientôt l'humeur hautaine de Condé met contre lui Gaston d'Orléans, chef irrésolu d'un tiers-parti, la vieille Fronde et la cour. Chassé de Paris par l'audace de Gondi, que la reine a su gagner de nouveau sur les conseils de Mazarin et qui devient cardinal de Retz, Condé va soulever le midi et s'unir aux Espagnols. C'est la troisième période de la Fronde, la guerre ouverte de Condé contre le roi. Mazarin, rappelé par le roi majeur, rentre en France à la tête d'une armée. Condé vainqueur à Bléneau de l'armée royale, arrêté par Turenne à Gien, battu aux portes de Paris (com-

bat du faubourg Saint-Antoine, 1652), est sauvé par Mademoiselle et règne un moment sur la capitale, mais s'y déshonore par son alliance avec la populace et par les massacres de l'Hôtel de ville, et passe au service de l'Espagne. Le Parlement, toujours effrayé de l'invasion des Espagnols, conseille le second renvoi de Mazarin pour calmer les esprits. La bourgeoisie rappelle alors le roi à Paris, et termine ainsi la Fronde qui, par l'humiliation de la noblesse et du parlement, a préparé le triomphe de la monarchie absolue (1653).

4. — Mazarin, libre à l'intérieur, continue la guerre contre l'Espagne. Turenne arrête au nord Condé et les Espagnols qui s'entendent mal. D'abord vainqueur devant Arras (1655), il échoue contre Valenciennes. Avec le secours de Cromwell, auquel on promet Dunkerque et qui convoite les colonies espagnoles, il gagne la bataille des Dunes (1658). D'autre part la diplomatie de Mazarin, par les conditions posées à l'élection de l'empereur Léopold 1er et par la formation de la *Ligue du Rhin* qui isole les Pays-Bas espagnols, force la cour de Madrid de signer la paix des Pyrénées (1659), qui donne à la France le Roussillon et l'Artois, et prépare par le mariage de Louis XIV les droits des Bourbons sur l'Espagne. La France s'engage à rendre la Lorraine qu'elle occupait depuis 25 ans. Mazarin, quoique moins heureux dans l'administration intérieure du royaume et sans probité dans la gestion des finances, meurt plein de gloire (1661), laissant le roi maître souverain de la France et médiateur de l'Europe.

I. **Régence d'Anne d'Autriche.—Cabale des Importants — Mazarin. — Résistance du Parlement à l'autorité royale. — Arrêt d'union des cours souveraines. — Journée des barricades (août 1648). — Déclaration de Saint-Germain (oct. 1648).**

Louis XIII survécut seulement de quelques mois à Richelieu, à peine le temps qu'il lui fallait pour rendre hommage à la mémoire du grand politique et imposer silence à ceux qui triomphaient devant lui de sa mort.

Le testament de Louis XIII instituait pour son fils mineur, âgé de cinq ans, un conseil de régence où sa veuve n'avait que la seconde place, la première étant réservée sous la présidence nominale du prince de Condé à Mazarin, que Richelieu lui-même avait désigné pour son successeur. Or la noblesse et le parlement comptaient sur Anne d'Autriche pour détruire l'œuvre de Richelieu. Le parti des *Importants*, ainsi que s'appelaient les nobles victimes du cardinal, en tête les princes des maisons de Vendôme et de Lorraine, obtint donc sans peine que le parlement cassât le testament du feu roi et confiât les pleins pouvoirs de la régence à sa veuve. Mazarin, se croyant perdu comme tous ses collègues, allait partir pour l'Italie. Mais Anne d'Autriche, sûre de la maison de Condé, avait trop de bon sens pour sacrifier aux privilégiés les conquêtes de Richelieu. Les Importants, qui voyaient les prisonniers délivrés, les proscrits rappelés à la cour et comblés de pensions et d'honneurs, allaient répétant partout : La reine est si bonne ! Béthune, La Châtre, Vendôme et ses fils Beaufort et Mercœur, Guise, Epernon et La Rochefoucauld, triomphaient trop tôt avec leur principal ministre, l'évêque de Beauvais, Potier, que le cardinal de Retz appelle une *bête mitrée*, et qui par sa première dépêche sommait les Hollandais de revenir à l'Église catholique, sous peine de perdre l'alliance française. « Les importants, dit Retz, étaient quatre ou cinq mélancoliques qui sont morts fous, et qui dès ce temps-là ne paraissaient guère sages. Ils s'assemblèrent mystérieusement à l'hôtel de Vendôme ou dans quelque maison des faubourgs et complotèrent la mort de Mazarin. » Ils comptaient surtout sur la duchesse de Chevreuse, la vieille amie de la reine, qui s'exagéra son importance et se perdit par l'excès de ses prétentions. Mazarin eut bientôt renversé la cabale. La découverte du complot décida la reine à lui sacrifier ses ennemis. On envoya Beaufort à la Bastille, Potier dans son diocèse, la duchesse de Chevreuse dans ses terres, et Mazarin demeura premier ministre (décembre 1643).

Alors la noblesse d'épée et la noblesse de robe, quoique souvent divisées d'intérêt, s'unirent contre la cour qui les trompait et contre ce renard qui succédait au lion, mais sans dévouement sincère au bien public. Il était donc naturel que le peuple finît par se détacher d'eux et préférât la domination d'un seul à cette tyrannie confuse. C'est toute l'histoire de la Fronde.

L'italien Jules Mazarin, signalé de bonne heure par ses talents diplomatiques au coup d'œil de Richelieu, et revêtu par ses soins de la pourpre romaine (1640), comme s'il eût voulu désigner plus clairement le dépositaire et l'héritier de ses grands desseins, domina bientôt l'esprit et même le cœur de la reine-mère. Il était souple, insinuant, plus sensible aux revers qu'aux injures ; il croyait au temps et surtout aux gens heureux qui savaient comme lui aider et préparer la fortune. Sa devise était : « Le temps et moi. » Nul ne savait mieux déguiser son influence, dissimuler l'importance ou la difficulté des affaires qu'il expédiait, et suggérer aux autres sa pensée comme venant d'eux-mêmes. Dans le conseil intime composé avec lui de Gaston et de Condé, il parut ne diriger d'abord que les affaires extérieures, où ses ennemis reconnaissaient sa supériorité. L'italien Particelli d'Emery était chargé des finances, Le Tellier de la guerre et Séguier de la justice.

La régence, après la chute des Importants, eut quelques jours tranquilles qu'on nomma l'*âge d'or*. Mazarin prodiguait l'or aux nobles et les flatteries aux parlements, mais refusait de rendre à la noblesse de robe et d'épée la puissance politique dont Richelieu l'avait privée. Ce gouvernement, d'abord si doux et si simple, était moins pur et coûtait plus cher que l'administration fastueuse de Richelieu. On vit bientôt Mazarin, pendant qu'on emprisonnait pour les taxes plus de 20,000 personnes et que 5,000 mouraient dans les prisons, dépenser 500,000 écus pour son Opéra. La nation détestait ce ministre étranger, plus occupé que Richelieu de sa propre fortune et plus souple avec les courtisans.

Pour suffire aux dépenses de la guerre après la défection des Hollandais et pour gagner les batailles de Rocroi, de Fribourg et de Nordlingen, Mazarin et d'Emery se mirent en quête de vieilles redevances et de nouveaux impôts, et exhumèrent ainsi l'*édit du toisé* de 1548, qui défendait de bâtir dans les faubourgs de Paris au delà de certaines limites, sous peine de démolition, de confiscation et d'amende arbitraire. Le peuple faillit se soulever, et le parlement refusa d'enregistrer l'édit. Il y fallut renoncer et chercher d'autres expédients, que le parlement condamnait encore. Dès 1644, on vit la cour emprisonner et bannir plusieurs présidents et conseillers, le parlement se rendre à pied au Palais-Royal pour réclamer leur mise en liberté, et suspendre pendant trois mois le cours de la justice.

Le parlement pouvait se croire le représentant de la nation depuis qu'il avait deux fois donné la régence. Après avoir si longtemps servi la royauté contre la noblesse, il entreprit de servir la nation contre la royauté, prononça le mot hardi de réforme dans l'État, et mit en question les prérogatives sans limites de la royauté. Comme il donnait le pouvoir, il voulut le modérer. Il eût volontiers constitué, comme tuteur des rois, une monarchie parlementaire. Un lit de justice força le parlement d'enregistrer dix-neuf édits bursaux. Ces ressources épuisées, Emery établit le *tarif* ou droit d'entrée sur les denrées (1646). Ce tarif, essayé déjà du temps de Henri IV et de Richelieu sous le nom de *Pancarte* ou du *vingtième*, était le plus raisonnable des édits de finances, puisqu'il atteignait tous les consommateurs ; mais les magistrats et les bourgeois s'indignaient d'avoir à payer pour l'entrée des fruits de leurs crûs. Mazarin croyait n'avoir affaire qu'à la cour des aides ; le parlement se déclara compétent.

Anne d'Autriche, élevée dans un pays où les Cortès n'existaient plus, somma le parlement de déclarer s'il entendait borner les volontés du roi. C'était provoquer imprudemment la nation ou ceux qui se disaient ses représentants, à chercher en effet les bornes du pouvoir royal et l'étendue des droits nationaux. L'Europe montrait alors à la France plus d'un peuple révolté contre le despotisme des rois ; l'Angleterre contre les Stuarts, le Portugal, l'Aragon, la Catalogne, les Deux Siciles contre les rois d'Espagne, les princes allemands contre l'Autriche. Le peuple parlait surtout de Mazaniello et du bon exemple donné par les Napolitains. « L'étoile est alors terrible contre les rois, » dit madame de Motteville. — « Tout le monde s'éveilla ; l'on chercha comme à tâtons les lois » (Retz). Mazarin comprenait les embarras et les dangers de sa position ; mais au dehors, il fallait qu'il redoublât de sacrifice et d'énergie pour sortir avec honneur de la guerre de Trente ans. L'édit du tarif ne lui rapportant presque rien, il imposa les six corps des marchands de Paris à 700,000 livres, augmenta les droits du sceau et du grand fief, créa douze nouvelles charges de maîtres des requêtes, accorda le renouvellement de la Paulette, et retrancha quatre années de gages aux membres des cours souveraines par forme d'emprunt, mais le Parlement excepté.

Le Parlement, sans tenir compte de l'exception, répondit aux nouveaux actes du gouvernement par son *Arrêt d'union*. Les quatre commissions des cours souveraines, grand conseil, cour des aides, chambre des comptes et Parlement, se réunirent malgré la cour dans la chambre Saint-Louis, en forme d'États Généraux, pour fixer l'impôt et réformer l'État (13 mai 1648). C'était l'élite et la tête de la magistrature française. Les cours souveraines des provinces envoyèrent leur adhésion. Le Parlement de Paris, malgré la différence d'origine et d'attributions, n'entendait pas moins faire contre la royauté que celui d'Angleterre. Les vingt-sept articles présentés à l'acceptation de la régente comme une fière réplique à ses provocations, posaient les bases d'une constitution régulière et rappelaient sur plusieurs points le fameux *Bill de la pétition des droits*. On y distingue tout de suite quatre points principaux : abolition du quart des tailles qui s'élèvent à 50 millions ; suppression des intendants dans les provinces ; aucun impôt ne sera levé qu'en vertu d'édits vérifiés et librement consentis par le Parlement ; aucun sujet du roi ne sera détenu prisonnier plus de vingt-quatre heures sans être interrogé et remis à ses juges naturels. Certes, ceux qui réclamaient contre la cour le contrôle de l'impôt et la liberté personnelle, n'étaient pas seulement des brouillons. Le Parlement se passa de la sanction royale pour supprimer les intendants et les commissions extraordinaires, sur les instances des princes et des pairs.

Anne d'Autriche parle d'abord de châtier cette *canaille* qui s'attaque à l'autorité de son fils, puis se laisse adoucir par Mazarin, consent à la suppression des intendants par déclaration royale, et discute sur les autres demandes. On renvoie d'Emery. Le Parlement s'enhardit par les concessions du ministre. Le peuple applaudit aux envahissements politiques du Parlement, sans trop connaître ou rechercher les secrets motifs des plus ardents frondeurs. Le peuple admire surtout son tribun, le vieux conseiller Broussel, opiniâtre ennemi de la cour et des impôts. Il oublie pour les sottes déclamations de Broussel la sage modération, l'austère vertu, et la vigoureuse éloquence de Mathieu Molé. Il n'estime pas même à l'égard du *bonhomme* Broussel le plus actif des ennemis de Mazarin et le plus adroit courtisan des passions populaires, le futur cardinal de Retz, alors Paul de Gondi, neveu et coadjuteur de l'archevêque de Paris, historien et grand admirateur de Fiesque, fier du surnom de *petit Catilina* qui donne pourtant toute la mesure de son génie politique. Il ne fallait pas tant de génie en effet pour exciter à la révolte un peuple écrasé d'impôts et de jeunes conseillers tout fiers de gouverner le royaume.

L'assemblée Saint-Louis avait su mêler habilement les intérêts du peuple à ceux des officiers du roi. La noblesse de robe fournissait au Parlement de Paris une clientèle de 50,000 familles de ces officiers héréditaires qui dirigeaient le reste de la bourgeoisie: élus, juges, trésoriers, effrayés naguère par la création des intendants. La royauté en était venue à trembler devant cette aristocratie héréditaire qu'elle-même avait créée dans un but fiscal.

La cour, intimidée par le nombre et l'audace de ses ennemis, leur accorde dans un lit de justice la remise du quart des tailles, la réduction du tarif, l'enregistrement des impôts par le Parlement, une chambre de justice contre les traitants; mais en même temps elle interdit l'assemblée de la chambre Saint-Louis. Bientôt, apprenant la victoire de Lens, elle veut gagner aussi des batailles à Paris. Pendant qu'on chante le *Te Deum* à Notre-Dame, elle fait enlever les trois conseillers les plus opiniâtres, Blancmesnil, Charton et Broussel. Aussitôt le peuple dresse des barricades. Gondi sort de son palais en habits sacerdotaux, harangue le peuple et s'offre pour médiateur à la cour. Dédaigné par la régente, maltraité par les courtisans, il se met à la tête du mouvement qu'on l'accusait d'avoir excité. Le Parlement va deux fois, en corps et à pied, à travers les barricades, jusqu'au Palais-Royal, et demande la liberté des prisonniers. Broussel a sa *journée des barricades* comme Henri de Guise. Vaincue par les instances du président Molé, de Mazarin et de la reine d'Angleterre, alors réfugiée à Paris et qui s'offre en exemple à sa belle-sœur, la régente cède enfin, et toute la ville, dit Retz, semble plus tranquille qu'un jour de vendredi saint. Après le retour triomphal de Broussel, le Parlement, sûr du peuple, se compare au sénat romain, aux éphores de Sparte, au Parlement anglais, oublie de rendre la justice et refuse de punir les libelles diffamatoires publiés contre la reine (août 1648).

Le Parlement, au lieu de prendre ses vacances, parle d'appliquer à Mazarin l'ordonnance rendue après le meurtre de Concini, qui défend à tout étranger sous peine de mort d'accepter un ministère en France. Le retour de Condé rend à la reine son langage hautain. Mais Condé, quoique mécontent du parlement qui naguère coupait les vivres à son armée, ne se livre point sans réserve à la cour. Il comprend qu'une réforme est nécessaire dans la monarchie, que la noblesse a des intérêts communs avec les magistrats contre la royauté, et que les garanties demandées par le parlement sont indispensables à tous, même aux princes du sang. Ainsi les articles sur la liberté personnelle concernaient plutôt les grands que le peuple, sur lequel les rigueurs de la cour ne descendaient guère. Condé s'offre donc pour arbitre entre la cour et le parlement, et Mazarin qui n'a pas d'armée prête ou qui craint de subir la protection de Condé, décide la reine à négocier. Les commissaires du parlement réclament avant tout la liberté personnelle, et refusent avec une opiniâtreté dont le grand Condé s'irrite, tout ce que la cour demande pour gagner du temps, la délibération préalable sur les finances, un délai de trois mois pour juger les prisonniers d'état. Mazarin conseille encore à la reine de céder. Molé porte à sa signature la *déclaration* qui transforme les demandes de la chambre Saint-Louis en lois fondamentales, sans permettre à ses ministres d'y rien changer. Anne d'Autriche signe en pleurant, le même jour (24 oct. 1648) où ses ambassadeurs signaient le traité de Westphalie. La cour, victorieuse de la maison d'Autriche, était vaincue par le Parlement, et le peuple était bien plus joyeux de la déclaration de Saint-Germain que du traité qui lui donnait la limite du Rhin. On croyait d'ailleurs sur la foi du comte d'Avaux, revenu mécontent du congrès de Westphalie, que Mazarin avait par intérêt personnel repoussé la paix avec l'Espagne.

II. Guerre de la Fronde. — La Fronde parlementaire ; paix de Rueil (1649). — La Fronde des princes ou des Petits Maîtres ; arrestation de Condé et des princes (1650). — Union des deux Frondes contre Mazarin ; exil de Mazarin et retour de Condé (1651).

Le vainqueur de Lens ne vit pas sans colère quelques mois plus tard (janvier 1649) la reine avec son fils et son ministre fuir à Saint-Germain, où presque toute la cour était réduite à coucher sur la paille. Insensible aux cajoleries de Gondi, et rebuté par l'insolence des bourgeois et des parlementaires, il déclare bientôt qu'il se croit tenu par sa naissance à défendre l'autorité royale contre les *bonnets carrés* du parlement, et il promet d'en finir assez vite avec les bourgeois pour ouvrir la campagne de 1649 aux Pays-Bas à l'époque ordinaire. La reine, sûre d'un tel appui, ne songe plus qu'à châtier *l'assassinat* commis contre l'autorité royale. On se prépare à la guerre des deux côtés. Mazarin réunit près de Paris huit mille hommes. D'autre part, le coadjuteur donne au parlement plus d'alliés qu'il n'eût voulu, le parti Vendôme et une fraction du parti Condé ; le prince de Conti, que son frère voulait faire cardinal pour garder le patrimoine de la famille ; sa sœur, la belle duchesse de Longueville, ennemie personnelle de la reine ; son mari gouverneur de la Normandie ; son amant le prince de Marsillac (La Rochefoucauld), Turenne et son frère le duc de Bouillon, dépouillé de la seigneurie de Sédan pour avoir autrefois servi la régente ; la duchesse de Chevreuse qui promet les secours de la Lorraine et de l'Espagne ; les ducs de Vendôme, de Nemours, de la Trémoille, enfin Beaufort. Retz se vante dans ses *Mémoires* d'avoir employé pour le succès de ses intrigues jusqu'aux cheveux blonds du *roi des halles*. Ce singulier disciple de Saint-Vincent de Paul remuait à la fois le parlement, les nobles et la populace. Il avait essayé de gagner Condé lui-même, qui lui avait fièrement répondu : « Je m'appelle Louis de Bourbon, et ne veux point ébranler les couronnes. »

Le parlement déclare Mazarin perturbateur du repos public, ennemi du roi et de l'État, et lui enjoint de quitter Saint-Germain dans les vingt-quatre heures, et le royaume dans la huitaine (8 janvier 1649). Au cri de guerre, la noblesse a pris la direction du mouvement, et porte dans cette lutte, si bien nommée d'un jeu d'enfants (la Fronde), sa brillante valeur et ses petites intrigues. On vote pour la guerre civile tout ce qu'on refusait naguère à Mazarin pour continuer les guerres de Richelieu et conquérir l'Alsace : la levée de 14,000 hommes de pied et de 4,000 chevaux, l'armement des milices bourgeoises, un cavalier par porte cochère. Les cours souveraines, le clergé, les maîtrises, les corporations rivalisent de zèle. Tous les autres parlements s'unissent à celui de Paris ; les provinces protestent à leur tour contre la centralisation tentée par Richelieu. Les nobles accourent à Paris pour faire encore une fois, et sans danger, la guerre au trésor public. Les seigneurs signent leur alliance avec la bourgeoisie ; le prince de Conti, petit et bossu, est le généralissime des Parisiens, le duc d'Elbeuf est son lieutenant, la duchesse de Longueville établit sa cour et son quartier général à l'Hôtel de ville. Scarron et les autres poëtes burlesques sont les publicistes du parti. Ainsi commence la guerre de la Fronde, où les graves intérêts de la bourgeoisie se mêlent aux intrigues d'amour, les arrêts du parlement aux vaudevilles bouffons de Marigny, le génie de Turenne et de

Condé aux combinaisons politiques et militaires de leurs maîtresses et de leurs femmes.

La guerre se fait d'abord aux portes de Paris, guerre de convois et d'escarmouches commencée par les parisiens qui craignent d'être affamés. La seule affaire sérieuse est celle du poste de Charenton, où neuf compagnies parisiennes se font tuer. Les bourgeois sont bientôt las d'une guerre qui ruine leur commerce et n'enrichit que les seigneurs. La cour offre la paix. Après avoir menacé sans effet, elle promet d'assembler les États Généraux. La cour est effrayée par le bruit qui se répand que Turenne a promis d'amener à la Fronde les troupes weimariennes; le Parlement, par l'approche de 18,000 Espagnols que l'archiduc Léopold envoie à son secours, en lui offrant son alliance. Les seigneurs, habitués à la guerre civile comme à leur plus ancienne prérogative, acceptent l'alliance de l'Espagne; les plus hardis introduisent dans Paris et au Parlement l'envoyé de Léopold. Mais les bourgeois, effrayés du supplice de Charles I*er*, sont moins aguerris contre la royauté, et le Parlement, jaloux de ses traditions de patriotisme et de fidélité, ne veut point sortir de la résistance légale.

Malgré la faction Broussel, le Parlement brusque la paix. Molé va la signer à Rueil (mars 1649), au péril de sa vie. Les concessions de la cour au parlement et ses libéralités aux nobles, la détresse de Turenne abandonné par ses troupes weimariennes que Mazarin avait gagnées, la retraite des Espagnols et les conseils du coadjuteur, décidèrent les plus furieux à signer la paix après les modérés, que le peuple appelait les *mazarins*. Molé s'était contenté de stipuler la diminution des impôts, une amnistie générale, le droit pour le parlement de tenir ses assemblées, le retour du roi à Paris, et quelque argent pour les généraux, mais point de provinces ni de villes fortes. Les seigneurs étaient furieux contre Molé. Pour se justifier, il dénonça le traité secret des généraux avec l'Espagne, et les réclamations non moins secrètes des seigneurs près de la cour; on sut par exemple que La Trémoille avait demandé tout simplement le Roussillon, comme issu de la maison d'Aragon par les femmes; il eût fallu donner encore Sedan à Bouillon, l'Alsace à Turenne, la Bretagne à Beaufort, etc. On délibéra dans une assemblée de la noblesse sur la proposition de jeter à la rivière le premier président: *la grande barbe du palais* brava la noblesse et la populace. Un avocat, chef d'émeute, criait d'autre part : « Les rois ont fait les parlements, le peuple a fait les rois ; il est donc autant à considérer que les uns et les autres ». Quelques-uns criaient : vive la république ! la monarchie est trop vieille ! Puis Condé et le coadjuteur se disputaient l'honneur de ramener le roi à Paris.

Avant de rentrer dans la capitale, Mazarin va chasser les Espagnols de la Champagne et reprendre les places de l'Escaut. Condé a refusé d'assiéger Cambrai pour venger la prise d'Ypres, et s'est réjoui autant que les Frondeurs d'y voir échouer d'Harcourt. Il domine et méprise à son aise cette cour qu'il a sauvée et ramenée dans Paris, ce ministre qu'il a tiré du gibet, ces bourgeois qu'il croit vaincus, et les Frondeurs qui s'offrent à lui. Il ne permet pas même à Mazarin de marier sans son aveu ses neveux et ses nièces. Il se réconcilie avec sa famille et fonde avec la noblesse le parti des *Petits-Maîtres*, qui sera bientôt la nouvelle Fronde. Comme le parlement essayait de s'affranchir de la noblesse en triomphant de la cour, une partie de la noblesse tendait à s'isoler de la cour et du parlement en triomphant de tous deux.

L'orgueil de Condé rapproche de la cour la Fronde parlementaire ; Gondi et Beaufort, compromis avec lui par les intrigues de Mazarin, le premier espérant devenir cardinal, sont les alliés de la cour contre le vainqueur de la Fronde. Cette bizarre alliance est suivie de l'arrestation des trois princes, Condé, Conti et Longueville (janvier 1650). Le parlement ne songe guère alors à invoquer pour les princes arrêtés la déclaration du 24 octobre. Tandis que Beaufort et les vieux Frondeurs sont rangés autour de la reine, les partisans de Condé ou la *nouvelle Fronde* vont soulever la noblesse de Normandie, de Bourgogne et de Guyenne, encore toute meurtrie des coups de Richelieu. La princesse de Condé, Clémence de Maillé-Brézé, va se jeter dans Bordeaux avec les ducs de Bouillon et de La Rochefoucaud, et l'alliance de l'Espagne. L'armée royale soumet sans peine la Normandie et la Bourgogne, et force les rebelles dans leur dernier asile, la séditieuse province de Guyenne. Là aussi l'antipathie du parlement et de la bourgeoisie pour la noblesse rend la victoire facile à l'autorité royale. Bordeaux se soumet par l'entremise de Gaston et du parlement de Paris, pour faire ses vendanges. La cour, victorieuse au midi, envoie des renforts au maréchal du Plessis-Praslin qui bat Turenne à Rethel (10 décembre 1650).

Mais la vieille Fronde et Gondi, qui n'était pas cardinal, s'alarment alors des succès de Mazarin. Les deux Frondes se rapprochent par l'intermédiaire de la princesse palatine, Anne de Gonzague, autre héroïne de ce temps d'intrigues. Déjà Gaston, mené par Gondi et par sa fille, forme contre la cour un tiers-parti et demande le renvoi du ministre; le parlement fulmine un arrêt d'exil, et le peuple enferme dans le Palais-Royal la reine qui veut rejoindre Mazarin sorti de Paris. Le ministre va lui-même au Hâvre délivrer les princes (février 1651), afin d'embarrasser et d'embrouiller les partis par leur présence. Retiré d'abord à Sedan, puis à Brühl chez l'électeur de Cologne, il gouverne encore la reine-mère par sa correspondance et par les ministres qu'il a laissés près d'elle, Le Tellier, de Lionne et Servien.

III. — Nouvelle révolte de Condé et guerre ouverte contre le roi; retour de Mazarin; combat du faubourg Saint-Antoine (1652). — Massacres de l'Hôtel de ville. — Fin de la Fronde. — Rentrée du roi et de Mazarin à Paris (1652-1653).

Condé revient prendre possession du gouvernement au profit de sa famille et de la noblesse, et traite avec un égal mépris la reine et les bourgeois du parlement. La noblesse alors convoquée à Paris par députés, et le clergé tenant son assemblée quinquennale, se déchaînent contre cette noblesse de robe qui prétend s'ériger en *quatrième ordre*. Au milieu de cette discorde générale, Condé demande une sorte de royauté dans le midi, près de l'Espagne, le gouvernement du Languedoc et de la Guyenne pour lui-même, celui de la Provence pour son frère, etc. La noblesse demande la convocation des États-Généraux, également redoutés de la cour et du parlement. La reine, sur les conseils de Mazarin, se rapproche encore de la vieille Fronde et met aux prises Condé et Gondi. Le coadjuteur, pour obtenir le chapeau, ose disputer le pavé au premier prince du sang, et soutient de sa présence à la tête d'une petite armée, devant les cours souveraines et le conseil de ville, la lecture d'une déclaration où la reine dénonce les relations de Condé avec l'Espagne et ses vols au trésor. On dit que la haine furieuse d'Anne d'Autriche s'inspirait de l'exemple de Henri III contre le duc de Guise, et qu'elle avait consulté son confesseur sur un meurtre d'État. Condé, qui craint au moins une seconde prison, va soulever la noblesse du midi (décembre 1651). Il compte gagner même les calvinistes, par eux l'appui de Cromwell, et marcher de Bordeaux sur Paris, pendant qu'avec les Espagnols Turenne envahira la Champagne. Mais Condé, que sa sœur entraîne dans la révolte et la trahison, n'a pas prévu dans ces continuelles évolutions la lassitude du peuple, ni la défection de Turenne et de Bouillon. Il a toutefois pour lui dans le sud-ouest les deux grandes maisons protestantes de La Trémoille et de La Force, qui lui donnent la plus grande partie du Périgord, de l'Angoumois et de la Saintonge.

Ainsi commence la troisième période de la Fronde, la guerre ouverte de Condé contre le roi. La reine, toujours conseillée par Mazarin, fait preuve d'adresse et d'énergie. Elle donne les sceaux à Mathieu Molé, sort de Paris pour montrer aux provinces du centre le roi déclaré majeur, met sur pied trois armées et demande le rappel de Mazarin au nom de son fils. A cette nouvelle, le Parlement ordonne de vendre les meubles et la bibliothèque du cardinal, amassée avec tant de peine par Gabriel Naudé, et de prendre sur la vente 150,000 livres pour récompenser celui qui livrera Mazarin mort ou vif. La situation est grave et compliquée pour le Parlement qui met à prix la tête du ministre, tout en refusant noblement de s'unir à Condé, c'est-à-dire à l'Espagne. Les deux Frondes prennent les armes. Sur les conseils de Gondi, devenu enfin cardinal, le Parlement essaie de fonder, entre la servilité et la révolte, un tiers-parti qui serait composé des cours souveraines et des bonnes villes; mais le chef nominal que l'ambitieux cardinal veut donner à ce tiers-parti, Gaston, passe dans la nouvelle Fronde avec ses troupes, et sa fille, avec ses *maréchales de camp*, va défendre Orléans contre l'armée royale.

Condé, effrayé du retour et du triomphe de Mazarin à Poitiers, et d'un premier succès de Turenne à Jargeau sur Nemours et Beaufort, vient rejoindre sous un déguisement l'armée de Gaston et de Nemours, et surprendre à Bléneau l'armée du roi dans ses quartiers (avril 1652); il eût surpris la cour elle-même à Gien, si

Turenne, qui le premier avait deviné sa présence, n'eût arrêté ses douze mille hommes à la tête de quatre mille. Les deux armées se rapprochent de Paris pour livrer sous ses murs une bataille décisive : dernière bataille de la noblesse contre la royauté, où les deux partis sont si fidèlement représentés par leur chefs, l'impétueux Condé et le savant Turenne. Condé, venu seul à Paris, tente vainement d'entraîner le Parlement et la bourgeoisie, qui lui reprochent son alliance avec l'étranger. Le duc de Lorraine, Charles IV, chef de partisans comme Christian de Brunswick et Mansfeld, bien payé par Condé pour envahir la France, est mieux payé par Mazarin pour la quitter, et s'éloigne de Paris avec ses dix mille aventuriers. Turenne, encore vainqueur de la Fronde près d'Étampes, enferme Condé dans le faubourg Saint-Antoine, entre l'armée royale et Paris qui lui ferme ses portes. Au milieu d'une lutte sanglante où Condé va périr, les portes de Paris s'ouvrent, et le canon de la Bastille foudroie l'armée royale : Mademoiselle de Montpensier, la fille énergique de l'imbécile Gaston, la plus romanesque héroïne de la Fronde, sauve l'armée vaincue (juillet 1652).

A peine maîtres de Paris, Condé et Gaston somment la grande assemblée de magistrats, de curés et de notables réunis à l'Hôtel de ville et délibérant sur les propositions de la cour, de déclarer l'union de la ville avec les princes. Sur le refus de l'assemblée, ceux-ci dénoncent les notables à la populace comme des gens vendus au Mazarin. Plus de trente notables, dont plusieurs membres des cours souveraines, sont tués sur place. Le reste des bourgeois est sauvé par Mademoiselle. Les plus riches sortent de la ville. Les princes organisent par la terreur un gouvernement où Gaston est malgré lui lieutenant-général du royaume, Condé généralissime, Beaufort gouverneur de Paris, et Broussel prévôt des marchands. La cour qui négocie avec les notables, frappe de nullité tous les actes du nouveau gouvernement, et transfère le parlement de Paris à Pontoise. Quatorze magistrats seulement y suivent Molé, dont le nom et l'autorité suffisent à la cour. Molé et Turenne vont porter les derniers coups à la Fronde. Sur les remontrances du parlement qui craint toujours les Espagnols, Mazarin se retire à Sedan (août) pour ôter à la rébellion son dernier prétexte, et les Parisiens se déclarent prêts à poser les armes sous condition d'une amnistie. Avec 8,000 hommes seulement, Turenne arrête pendant deux mois 20,000 Espagnols et Lorrains qui marchent sur Paris. Condé, privé de sa dernière ressource, sans crédit sur les bourgeois, avili par son alliance avec la populace, repoussé par la cour, n'a plus qu'à se jeter dans les bras des Espagnols ; il suit le duc de Lorraine en Champagne. Alors une députation de la bourgeoisie supplie le roi de rentrer dans sa capitale. Après avoir commencé comme une révolution, la Fronde finissait comme la dernière intrigue des nobles. La noblesse était trop vieille pour ressaisir le pouvoir, et la bourgeoisie trop jeune encore pour réformer l'État : la royauté absolue revenait à la demande du peuple achever la ruine de la noblesse et l'éducation de la bourgeoisie.

Le lendemain de son entrée (octobre 1652), le jeune roi publie dans un lit de justice une sorte d'amnistie qui ne rassure personne, et défend au parlement, le 24 octobre, l'anniversaire même du jour de la fameuse déclaration, de se mêler à l'avenir des affaires d'État et de finances. Gaston et Mademoiselle, Beaufort et les seigneurs de la Fronde, madame de Longueville et douze conseillers, en un mot les plus ardents frondeurs de robe et d'épée sont bannis. Gondi, transféré de Vincennes à Nantes, s'échappe de sa prison, visite l'Espagne et l'Italie, et reviendra finir en France par une vieillesse honorée cette vie de scandales et d'aventures, que lui-même a si bien racontée. Douze ans après l'amnistie, la vengeance du roi frappait encore des frondeurs qui se croyaient oubliés. Paris perd ses milices bourgeoises et reçoit garnison royale. Trois mois après Louis XIV, Mazarin ramené par Turenne rentre dans Paris (février 1653), sans orgueil ni vengeance, oubliant les injures comme les bienfaits, et n'ayant plus d'autres ennemis que l'Espagne. Un jour de l'année suivante, Louis XIV, trop longtemps habitué par le spectacle de l'anarchie à craindre la liberté, entre dans la grand'chambre en habit de chasse, pour imposer silence au parlement qui se reprenait à délibérer sur les édits bursaux. L'ordre revient avec le despotisme. Le roi déclare que les arrêts du conseil d'État obligeront désormais les cours souveraines, et rétablit les intendants dans les provinces. Le rôle que le parlement vient de jouer rappelle cette parole de lord Chesterfield à

Montesquieu : « Votre Parlement peut faire des barricades, mais il n'élevera jamais de barrières. »

Toutes les provinces rentrent en même temps dans le devoir, excepté Bordeaux. L'*Ormée* est l'épisode le plus intéressant de l'histoire de la Fronde. Ce que Paris écrit dans les pamphlets les plus hardis, Bordeaux l'exécute. Là le peuple, assemblé sous l'Ormée, prend le pas sur les princes et sur les gros bourgeois, reprend les idées républicaines des huguenots, rend des plébiscites avec cet exergue : *Vox populi, vox Dei*, livre bataille aux nobles, et profite de la défaite de Vendôme par Blake pour vendre librement ses vins à l'Angleterre. Le comte d'Harcourt, chargé de réduire les bordelais, leur laisse le temps de faire leurs vendanges, en allant sur le Rhin prendre possession de Brisach pour son propre compte. Ainsi la royauté, restaurée au centre, est bravée au sud-ouest par une insurrection populaire aussi hardie que la Ligue, dans l'est par un général établi par surprise dans une place qu'il compte vendre à Mazarin, au nord par Condé généralissime de l'Espagne. Les Espagnols ont pris en trois semaines Réthel, Château-Porcien et Sainte-Menehould, et Condé, maître de la Champagne, entame le Barrois. Mazarin ne rentre à Paris qu'après avoir, à côté de Turenne, repris trois places à Condé. L'Ormée de Bordeaux, après avoir attendu vainement les secours de l'Espagne et de l'Angleterre, fait sa soumission et voit périr sur l'échafaud son chef Dureteste. Mazarin n'a plus en face de lui que l'Espagne.

IV. Guerre avec l'Espagne. — Bataille d'Arras (août 1654). — Alliance de Mazarin avec Cromwell (1657). — Bataille des Dunes (1658). — Ligue du Rhin. — Traité des Pyrénées (1659). — Mort de Mazarin (1661). — Son administration intérieure.

Maître absolu dans les huit années qui suivirent la Fronde, non plus comme favori de la régente, mais comme représentant du roi, et tourné tout entier vers la politique extérieure, Mazarin s'occupa de rendre à la France en Europe le rang qu'elle avait failli perdre par ses guerres civiles. L'Espagne, enhardie par les troubles intérieurs de la France, avait refusé de souscrire au traité de Westphalie, et s'était servie de la Fronde, comme autrefois de la

Ligue, pour s'avancer au cœur du pays. Au dehors elle nous reprenait presque en même temps Dunkerque, Barcelone et Casal. Elle avait pour général un prince français plus habile que le connétable de Bourbon et plus dévoué que les Guises, Condé, condamné à mort par la cour des pairs, tandis que son frère Conti épousait une nièce de Mazarin, et que sa sœur, lasse d'amour et de politique, se reposait dans le jansénisme. Il amenait aux Espagnols une foule de gentilshommes de son parti et près de 10,000 hommes. Tout l'effort de la guerre se porta sur la Flandre et la Champagne; guerre savante de marches et de siéges, où Louis XIV fit ses premières armes à l'école de Turenne. Il vit le siége de Stenay par Fabert, l'habile précurseur de Vauban et le premier roturier qui devint maréchal de France.

Chassés de Réthel et de la Champagne, et rejetés hors des frontières par la position menaçante que prit Turenne au plateau de Saint-Quentin, les Espagnols assiégeaient la capitale de l'Artois. Turenne força les lignes de l'archiduc Léopold et délivra la ville (1654), malgré la mauvaise volonté des maréchaux d'Hocquincourt et La Ferté; Condé ne put sauver que les débris de l'armée vaincue. Les Espagnols perdirent dans cette bataille d'Arras 4,000 hommes et toute leur artillerie. 12,000 hommes suffisaient à Turenne contre des armées plus nombreuses, mais dont la marche timide enchaînait le génie de Condé. Turenne d'ailleurs était plus hardi par ses calculs que le vainqueur de Rocroi par sa fougue. Au milieu des dilapidations de Mazarin, trafiquant de toute espèce d'offices, achetant à vil prix des créances sur le trésor qu'il se remboursait à lui-même sur le pied de la valeur nominale, et spéculant sur les fournitures du roi et de l'armée, le secrétaire d'État de la guerre, Le Tellier, eut le mérite de sauver de la cupidité du ministre l'armée et les victoires de Turenne.

A ce moment, l'Espagne et la France se disputaient l'alliance de Cromwell. Il était facile de prévoir que la chance de conquérir les colonies espagnoles déciderait le Protecteur pour l'alliance française. Sur un premier traité de paix et de commerce entre la France et l'Angleterre, les Anglais enlevèrent la Jamaïque à l'Espagne (1655). Pour faire plus et pour être notre allié direct, Cromwell demandait Dunkerque, c'est-à-dire un autre Calais.

On vit bien alors toute la différence de Mazarin à Richelieu. Ce n'était pas assez d'abandonner le système d'améliorations administratives par où le grand cardinal avait doublé sa gloire; pour vaincre l'Espagne épuisée, Mazarin subit l'alliance de Cromwell jusqu'à chasser de France les petits-fils de Henri IV, Charles II et le duc d'York; pour ruiner la marine et les colonies espagnoles qui ne gênaient point la France, il servit la dictature maritime de l'Angleterre. Toutefois, avant de promettre Dunkerque aux Anglais, il fit un nouvel et sérieux effort pour traiter avec l'Espagne et envoya Lionne à Madrid. Les négociations furent rompues sur les intérêts du prince de Condé, et par les intrigues de Ferdinand III, qui secourait l'Espagne aux Pays-Bas malgré le traité de Westphalie, dans l'espoir d'obtenir l'infante Marie-Thérèse pour son fils et de reconstituer par ce mariage l'empire de Charles-Quint. Dans le cours de la guerre, Condé fit lever le siége de Valenciennes; revanche d'Arras. Turenne sauva son armée, recula jusqu'au Quesnoy et, le lendemain, présenta la bataille. Il n'eut peut-être jamais d'égal dans la guerre défensive et dans l'art de réparer un échec. Pour en finir avec l'Espagne, Mazarin promit Dunkerque aux Anglais (traité de 1657), et reçut de Cromwell un secours de 6,000 hommes.

Ainsi renforcé, Turenne prit Mardick et investit Dunkerque, dont le port était bloqué par une flotte anglaise. En vain don Juan d'Autriche et Condé vinrent au secours de la ville assiégée. Don Juan, resté seul à la tête de l'armée espagnole, justifia trop bien la prédiction de Condé que la jalousie des Espagnols privait de son commandement, et perdit la bataille des Dunes, où les puritains de Cromwell culbutèrent les royalistes anglo-irlandais commandés par deux Stuarts, les ducs d'York et de Glocester, et firent prisonnier un lieutenant de Condé, le comte de Boutteville, qui fut plus tard Luxembourg (juin 1658). Dans les conquêtes qui suivirent la bataille, la prise de Gravelines et d'Ypres signala les débuts du jeune ingénieur Vauban. A la fin de cette brillante campagne, la mort de Cromwell, allié fier et dangereux, compensa pour la France la cession de Dunkerque. Ferdinand III mourant voyait l'Espagne partout vaincue sauf en Catalogne, et nos diplomates allaient triompher en Allemagne après sa mort, comme nos soldats en Flandre.

La cour de Madrid voyait dans le même temps sa marine détruite devant Barcelone par le capitaine Paul, le meilleur officier de Sourdis et de Brézé; les Portugais, vainqueurs près d'Elvas et le duc de Modène dans le Milanais. La position était difficile pour la maison d'Autriche ; car pendant que l'Espagne était vaincue par la France, l'équilibre était rompu dans le Nord par la Suède, alliée de la France. Charles-Gustave, neveu de Gustave-Adolphe, avait d'abord enlevé la Pologne à Casimir Wasa qui lui disputait la couronne de Suède, et de là menaçait les royaumes de Bohême et de Hongrie. Au moment de la mort de l'Empereur, le Danemark, les Hollandais, les Russes et l'Autriche se liguaient contre ce *Pyrrhus du Nord*. Mais la France ne laissa pas à la maison d'Autriche le loisir d'organiser la coalition. Grammont et Lionne, envoyés à la diète électorale, négocièrent avec les princes allemands et organisèrent, avec l'assistance de la Suède, la *Ligue du Rhin*, conclue avec les trois électeurs ecclésiastiques, l'évêque de Munster, les ducs de Brunswick, le landgrave de Hesse-Cassel, le comte palatin de Neubourg et le duc de Bavière, qui sous forme de maintenir à chacun ses droits et ses libertés et la jouissance perpétuelle du traité de Westphalie, avait surtout pour but de forcer l'Autriche à la paix, et d'isoler les Pays-Bas espagnols de l'Allemagne et de l'Empereur pour les livrer à la France (1658).

Mazarin, forcé de renoncer à l'espoir de faire donner la couronne impériale à Louis XIV, comme il en avait eu la pensée, ou même à l'électeur de Bavière, avait au moins par cette confédération, que Napoléon imitera plus tard, assuré sa prépondérance en Allemagne et sa victoire sur l'Espagne. Il emmena la cour à Lyon et feignit de vouloir marier le roi à Marguerite de Savoie. Philippe IV, espérant qu'une fois libre, il pourrait au moins soumettre le Portugal, envoya Pimentel offrir sa fille à Louis XIV. Pimentel déguisé vint à Lyon trouver Colbert, l'intendant de Mazarin. On négocia d'abord un armistice, et quelques mois plus tard, les deux ministres dirigeants de France et d'Espagne, Mazarin et don Louis de Haro, se rencontraient sur la frontière des deux pays dans l'île des Faisans pour signer le traité des Pyrénées (7 nov. 1659).

La France obtint la Cerdagne et le Roussillon, l'Artois moins Aire et Saint-Omer; en Flandre, Gravelines et Saint-Venant; dans le Hainaut, Landrecies, le Quesnoy, Avesnes, Philippeville et Marienbourg, deux places bien choisies pour couvrir le nord de la Champagne et la trouée des Ardennes ; dans le Luxembourg, la vallée du Chiers, Thionville, Montmédy, Ivoy, qui protégeaient Stenay et Verdun en avant de la Meuse. Le duc de Lorraine était rétabli dans ses États, Condé dans ses biens et dans ses prérogatives de prince du sang. Enfin l'infante Marie-Thérèse épousait Louis XIV, en renonçant pour elle et pour ses descendants à toute prétention sur la couronne d'Espagne ; mais Mazarin comptait bien que sa dot de 500,000 écus d'or ne serait jamais payée et qu'ainsi l'infante recouvrerait tous ses droits ; on ferait valoir dans un avenir prochain certain droit *de dévolution* sur la Belgique. Après avoir abaissé l'Autriche ou la branche allemande de Habsbourg au traité de Westphalie, Mazarin abaissait la branche espagnole au traité de 1659. Mais il était revenu malade et mourant des Pyrénées, comme Richelieu en 1642, et quand la députation du parlement où figuraient les fils de Molé et de Broussel, alla le saluer à Vincennes, Mazarin ne put triompher debout de ses anciens ennemis.

Au dehors, en 1661, la France, après les nouvelles guerres et la mort de Charles-Gustave, ménageait à la Suède les traités d'Oliva, de Copenhague et de Cardis, qui lui valurent la Livonie, l'Esthonie et la Scanie. La royauté qui triomphait alors parmi ces États du Nord, chez les Scandinaves, chez les Russes, dans les États héréditaires de la maison d'Autriche et en Angleterre par la restauration des Stuarts (1660), n'était nulle part plus forte et plus glorieuse qu'en France, après Richelieu et Mazarin. Un jeune poëte, âgé de vingt et un ans, Jean Racine, célébra l'entrée du roi à Paris dans une *ode à la nymphe de la Seine* (1660). L'année précédente, entre le voyage de Lyon et celui des Pyrénées, on avait vu surgir deux noms nouveaux : Poquelin avait joué au théâtre du Petit-Bourbon, près du Louvre, sa pièce des *Précieuses ridicules*, composée en Languedoc en 1658 pour un théâtre de province que protégeait le prince de Conti, et Bossuet avait prêché le carême de 1659. Une génération de grands hommes se levait déjà pour entourer le grand roi.

Malheureusement, le ministre qui donna trois provinces à la France par ses glorieux traités, ne sut pas joindre les talents et les soins de l'administration à ceux de la diplomatie. Il négligea le commerce, l'agriculture et surtout la marine, sacrifiée l'Angleterre. Il n'eut pour les finances ni talent, ni probité, ni dignité; car il faisait de ses agents ses complices, et par toute sorte de procédés honteux amassa une fortune de plus de 200 millions. Pendant que le trésor épuisé devait 430 millions, il trouvait moyen de doter royalement ses nombreuses nièces. L'une devint princesse de Conti; une autre, duchesse de Modène; une autre épousa le comte de La Meilleraye, qui fut créé duc de Mazarin; une autre fut mariée au comte de Soissons : ce fut la mère du prince Eugène; une autre fut duchesse de Vendôme; Marie Mancini, qui faillit être reine de France, épousa le connétable Colonna; une dernière enfin épousa le duc de Bouillon. Il fit de son neveu un duc de Nivernais, et de son frère, qu'il appela d'Italie, un archevêque français et un cardinal comme lui. C'était l'argent de la France qui faisait vivre toute cette famille étrangère.

Il est plus honorable pour la mémoire de Mazarin d'avoir construit le Palais-Mazarin (*Bibliothèque nationale*), d'avoir fondé le collége des *Quatre-Nations* pour l'instruction gratuite de soixante enfants nobles ou bourgeois des provinces nouvellement réunies au royaume, et doté pour ce collége et pour le public la bibliothèque créée à grands frais par Naudé, qui porte aujourd'hui son nom. Les goûts italiens du cardinal pour les beaux-arts nous valurent l'introduction de l'Opéra et la fondation de l'Académie de peinture et de sculpture (1655). Il n'oubliait pas les lettres et pensionnait Descartes, Ménage et Mézeray.

Mazarin, après avoir tenu longtemps le jeune roi en tutelle, songea dans ses dernières années à le préparer à la royauté. Il l'obligea de siéger fréquemment au conseil, et lui recommanda surtout de ne point avoir de premier ministre. A côté de Fouquet, il lui laissait Lionne, Le Tellier et Colbert. Les instructions de Mazarin à son élève étaient soigneusement écoutées, et le cardinal put *faire bonne mine* à la mort, en prévoyant la grandeur du règne qui se préparait. Il mourut à Vincennes le 9 mars 1661, à l'âge de cinquante-neuf ans.

CHAPITRE VI.

SITUATION POLITIQUE DE L'EUROPE EN 1661.

SOMMAIRE.

1. — La politique d'équilibre européen, qu'on a vue commencer aux guerres d'Italie, triomphe aux traités de Westphalie et des Pyrénées au profit de la France, en abaissant les deux branches de la maison d'Autriche. Mazarin mourant fait signer encore en 1661 les trois traités de Copenhague, d'Oliva et de Cardis, qui règlent les affaires du Nord et de l'Est au profit de la Suède. — La France, encore séparée du Jura par la Franche-Comté, touche au Rhin par l'Alsace, à la Meuse et à la Moselle par les Trois-Évêchés, au pays de Genève par les acquisitions de Henri IV, à la maison de Savoie et aux Alpes par les provinces du Sud-Est. Le traité de 1659 achève sa limite naturelle des Pyrénées et recule sa frontière au Nord et au Midi. — L'Espagne décroît rapidement sous les successeurs de Philippe II par l'expulsion des Maures (1610), par la révolte du Portugal (1640), par la perte définitive des Provinces-Unies, de l'Artois et du Roussillon (1648-1659) ; mais elle conserve le Nord et le Midi de l'Italie, la Franche-Comté, les provinces méridionales des Pays-Bas, et de vastes colonies. — Même décadence en Italie. Au royaume de Naples l'excès de la tyrannie et de la misère provoque trois révoltes. La maison de Savoie est seule en progrès, au-dessus des maisons secondaires de Mantoue, de Parme et de Modène. Gênes n'a plus d'importance. Venise, encore puissante dans ses provinces de terre-ferme et sur l'Adriatique, continue contre les Turcs la défense de Candie (1644-1669). Florence est riche encore par sa banque et son commerce. — L'Angleterre, éloignée par sa révolution des affaires du continent, vient d'y rentrer avec Cromwell, qui fonde sa puissance maritime, mais sera de nouveau abaissée par la restauration des Stuarts (1660). — La république des Provinces-Unies, reconnue par l'Espagne et par l'Empire, s'étend depuis les bouches de l'Ems jusqu'en deçà des bouches de l'Escaut, et se fait donner en dehors de son territoire les pays de *généralité*. La fermeture de l'Escaut ruine Anvers au profit d'Amsterdam. Elle conserve de plus l'empire colonial qu'elle a conquis sur l'Espagne et le Portugal depuis la trêve de douze ans (1609). La paix de Münster et la mort de Guillaume II (1650) ont suspendu le stathoudérat et compromettent la puissance des Nassau, si formidable pendant la guerre contre l'Espagne. Le parti des États avec Jean de Witt a lutté hardiment sur mer contre les Anglais et les Suédois, et luttera contre la France elle-même.
2. — L'Allemagne, diminuée des cantons Suisses, des Provinces-Unies et de l'Alsace, accrue d'un électorat, divisée en 360 États indépendants, voit grandir la maison

qui représentera le protestantisme allemand mieux que la Saxe et la Suède : la maison de Brandebourg, héritière en 1618 du duché de Prusse, ayant pris dans la succession de Juliers, Clèves, Mark et Ravensberg, et reliant par ses acquisitions du traité de Westphalie ses possessions déjà éparses du Rhin au Niémen. La maison d'Autriche encore divisée en deux branches, Tyrol et Styrie, jusqu'en 1673, a perdu l'Alsace, mais joint toujours à son archiduché les autres provinces dont nous l'avons vue en possession en 1610. Ses forces ne sont pas moins dispersées que celles de l'Empire.—La Suède, après les traités de 1648 et de 1661, est prépondérante parmi les Etats du Nord. Elle a pris sur l'empire Breme, Verden et presque toute la Poméranie ; sur ses voisins de l'Est, les autres pays de la Baltique, Carélie, Ingrie, Esthonie et Livonie ; sur le Danemark, les quatre provinces de Bohus, Halland, Scanie et Bleckingie. Après l'abdication de la reine Christine (1654), elle a continué sous Charles X (1654-1660) ses guerres d'envahissement, provoquant des coalitions, et s'épuisant par cette grandeur factice que les traités de 1660-1661 ont consacrée.—Le Danemark, avec le Jutland, le Sleswig, le Holstein et les îles qui forment le Sund et les deux Belt, ne possède plus dans la péninsule scandinave que la Norwège et la Laponie ; au loin l'Islande et les îles Féroë.—La Pologne, bornée au nord par la Baltique, la Livonie suédoise et la Poméranie prussienne, à l'ouest par la Silésie, au sud par les monts Carpathes et le Dniester qui la séparent de la Hongrie et de la Turquie, a conquis à l'est sur la Russie des pays qu'elle va bientôt lui rendre (traité d'Andrussow, 1667), Smolensk et Tchernigow. La Pologne des Jagellons, jadis si puissante, est précipitée vers sa décadence par les vices de sa constitution. Le Suédois Sigismond III, fils de Jean III, qui s'est fait catholique pour être roi de Pologne, l'a ruinée par son obstination à disputer la Suède à la branche luthérienne de sa famille. Le dernier de ces Wasa polonais rejetés par la Suède, Jean-Casimir, battu par les Cosaques, par les Suédois, par les Russes, par les nobles qui lui ont arraché la loi fatale du *liberum veto*, abdiquera en 1668, en prédisant le démembrement de la Pologne.—La Russie, livrée aux mêmes chances que la Pologne par l'extinction de la dynastie de Rurik en 1598, se relève sous les Romanow. Alexis Ier (1645-1676), forcé de confirmer les concessions faites par son père à la Suède (traité de Cardis), va bientôt reprendre à la Pologne, moins redoutable que la Suède, le pays cédé aux Polonais depuis Smolensk jusqu'à l'Ukraine (1667). La Russie, exclue de la Baltique par la Suède, la Pologne et la Courlande, de la mer Noire par les Cosaques polonais et les Tartares de la Crimée vassaux de la Turquie, est bornée à l'ouest par la Suède et la Pologne, à l'est par la mer Caspienne et les monts Ourals, au nord par la mer Glaciale.—La Turquie occupe toujours en Europe la plus grande partie de la péninsule illyrique, et garde au nord du Danube ses conquêtes en Hongrie. Les Turcs ont conquis Azow sur les Cosaques vassaux de la Pologne (1642). Ils ont pris Chypre aux Vénitiens et vont leur prendre bientôt Candie (1669).

I. Europe occidentale et méridionale : France, Espagne, Italie, Angleterre, Provinces-Unies.

La politique de l'équilibre européen qu'on a vue commencer avec les guerres d'Italie, triomphe au traité de Westphalie, en dehors et au-dessus des questions religieuses. Aucune puissance n'en profite plus que la France. Quoique troublée par la Fronde en 1648, et abandonnée par les Provinces-Unies qui craignent son voisinage, la France abaisse les deux branches de la maison d'Autriche, l'allemande au traité de Westphalie, l'espagnole au traité des Pyrénées (1659). Le digne héritier de Henri IV et de Richelieu, Mazarin mourant, fait signer en 1661 les trois traités qui règlent les affaires du Nord et de l'Est au profit de la Suède (Traités de Copenhague, d'Oliva et de Cardis).

La France, encore séparée du Jura par la Franche-Comté, touche au Rhin par l'Alsace où Strasbourg va bientôt lui appartenir, à la Meuse et à la Moselle par les Trois-Evêchés, au pays de Genève par les acquisitions de Henri IV (traité de Lyon 1601), à la Savoie et aux Alpes par Cunéo et Pignerol, et par ses provinces du sud-est où le pape possède toujours Avignon. Le traité de 1659 achève sa limite naturelle des Pyrénées, et recule sa frontière au nord et au midi (Artois et partie de la Flandre, du Hainaut et du Luxembourg ; Roussillon et Cerdagne). Elle tient dans ses mains les clefs des Pays-Bas, de l'Allemagne, de l'Italie et de l'Espagne. Elle va racheter Dunkerque à l'Angleterre. Elle restera l'alliée de la Turquie, même après l'avoir combattue à Saint-Gothard (1664), et ses combinaisons politiques embrasseront l'Europe et le monde entier. Elle aura par Colbert son empire colonial.

L'Espagne décroît rapidement sous les successeurs de Philippe II par l'expulsion des Maures (1610), par la révolte du Portugal (1640), par la perte définitive des Provinces-Unies, de l'Artois et du Roussillon (1648-1659), et enfin par l'ignorance et le fanatisme du peuple espagnol. Réduite à ses anciennes limites dans la péninsule par l'avénement de la maison de Bragance en Portugal, elle conserve le Nord et le Midi de l'Italie, Milan et Naples, les présides de Toscane, les îles Baléares, la Sardaigne, la Franche-Comté et neuf provinces méridionales des Pays-Bas, Oran et Ceuta en Afrique, et ses vastes colonies d'Amérique et d'Océanie. Mais le soulèvement des colonies portugaises a suivi celui de la métropole; le Brésil, Macao, Goa et les comptoirs de la mer Rouge et d'Afrique se sont détachés de l'Espagne et réunis de nouveau au royaume de Portugal.

La décadence de l'Italie se précipite également dans les pays soumis à l'Espagne et dans les pays indépendants. Dans les premiers, l'excès de la tyrannie et de la misère provoque à ce moment-là trois révoltes inutiles (Masaniello, Annese, Alessi). Parmi les seconds, la maison de Savoie, représentée par Charles-Emmanuel II, est seule en progrès et s'affermit sur les deux revers des Alpes (Savoie et comté de Nice, Piémont, marquisat de Saluces et Montferrat). Les maisons ducales de Mantoue, de Parme et de Modène, trop faibles pour maintenir leur indépendance, ont formé naguère le parti français. Gênes est sans importance, quoique possédant toujours la Corse. Venise, plus forte que son ancienne rivale, joint l'Istrie, la Dalmatie moins Raguse, une partie de l'Albanie et les îles Ioniennes à ses provinces de terre-ferme, le Doga, le Frioul, le Trévisan, le Padouan, Vicence, Vérone, Brescia, Bergame, le Crémasque. Venise garde son rang et son influence dans la politique de l'Europe. Naguère menacée par la conspiration de Bedmar (1618) pour avoir fourni des munitions et des subsides à ceux qui commençaient la guerre de Trente ans contre la maison d'Autriche, elle a su déjouer cette guerre d'intrigue, et faire accepter sa médiation au congrès de Westphalie; à la même époque, elle continue contre les Turcs la longue défense de Candie (1644-1669). Au centre de l'Italie, dans le grand-duché de Toscane érigé par Pie V et par Maximilien II, Florence garde plutôt qu'elle ne continue les chefs-d'œuvre de ses grands artistes. La Toscane, encore active et riche par son commerce, sous ce grand-duc Ferdinand qui reconnut le premier Henri IV et fit du port franc de Livourne un des plus riches entrepôts de la Méditerranée, et sous Cosmo II qui lutta vaillamment contre les Barbaresques, est retombée dans sa langueur et sa décadence pendant le long règne de Ferdinand II (1621-1670). La république de Lucques et la principauté de Massa avec la seigneurie de Carrare ont gardé près de Florence une obscure indépendance. Le pape Innocent X, au milieu des États de l'Église, accrus de Ferrare et du duché d'Urbin, et bornés au Nord par les duchés de Parme et de Modène et par les bouches du Pô, à l'Ouest par la Toscane, au Sud par le royaume de Naples où il possède le duché de Bénévent, ne joue plus d'ailleurs qu'un rôle secondaire dans la politique européenne. Sa médiation au congrès de Westphalie n'a pas valu celle de Venise.

L'Angleterre, éloignée des affaires du continent par la révolution qu'elle accomplissait contre les Stuarts malgré l'Irlande et l'Écosse, vient d'y rentrer avec Cromwell, pour imposer aux Hollandais (1651) l'*Acte de navigation* qui fonde sa grandeur maritime, et conquérir la Jamaïque et Dunkerque sur l'Espagne (1655-1658). Mais la brusque restauration des Stuarts (1660) et les fautes de Charles II vont de nouveau abaisser et troubler l'Angleterre.

La république des Provinces-Unies, reconnue par l'Espagne et par l'Empire, s'étend du Nord au Sud depuis les bouches de l'Ems jusqu'en deçà des bouches de l'Escaut, par le territoire des Sept-Provinces, *Hollande, Zélande, Utrecht, Gueldre, Over-Yssel, Frise, Groningue*, et possède encore des portions du Brabant, du Luxembourg et de la Flandre, comme *pays de généralité*, en deçà des bouches de la Meuse : Bois-le-Duc, Berg-op-Zoom, Bréda, Grave, Kuik, Maëstricht, Fauquelmont, Hulst et Axel. La fermeture de l'Escaut ruine Anvers au profit d'Amsterdam. La Hollande conserve en outre ses conquêtes sur l'Espagne et le Portugal dans les deux Indes. Dès la paix de Vervins, et surtout depuis la trêve de 12 ans (1609), les Hollandais, quoique divisés en deux grands partis religieux et politiques, le parti des États et celui du Stathouder, les gomaristes et les arminiens, ont fondé leur empire colonial dans les deux Indes, cinq gouvernements aux Indes-Orientales, dont Batavia est la glorieuse capitale, et en 1650, en Afrique, la grande colonie du Cap; en Amérique celles de Guyane, des Antilles, de la Nouvelle-Belgique et de la baie d'Hudson. Ils ont découvert la Nouvelle-Hollande, la Nouvelle-Zélande et le détroit de Lemaire. En Europe, la maison d'Orange, triomphant du parti républicain ou parti des États par le supplice d'Olden-Barnevelt (1619), a repris et dirigé la guerre contre l'Espagne (1621). La paix de Munster et la mort de Guillaume II (1650) ont suspendu le stathoudérat et mettent en question la puissance des Nassau, si formidable sous Maurice et sous Frédéric-Henri (1625-1647), et tant que dura la guerre avec l'Espagne. Le parti des États, avec Jean de Witt, n'a pas lutté moins hardiment contre les Anglais qui lui disputent l'empire des mers (acte de navigation), contre les Suédois trop puissants sur la Baltique, et il luttera contre la France elle-même, son ancienne alliée, dont les Hollandais craignent le voisinage en Belgique. La Hollande, cette province assez puissante pour désigner par son seul nom toute la république, et pour la gouverner par son premier magistrat ou grand-pensionnaire, est devenue par ses colonies, par son commerce et par ses hommes d'État, une puissance de premier ordre.

II. Europe centrale et septentrionale : Allemagne, Suisse, États scandinaves, Pologne et Russie.— Empire ottoman.

L'Allemagne, diminuée des treize cantons de la Suisse, des sept Provinces-Unies et de l'Alsace, accrue d'un huitième électorat, divisée en 360 États d'empire représentés à la diète, principautés ecclésiastiques et laïques, villes libres, qui sont répartis dans les dix cercles, voit grandir au nord la maison qui représentera le protestantisme mieux que la Saxe et la Suède, en face de l'Autriche catholique : la maison de Brandebourg, héritière en 1618 du duché de Prusse qu'elle affranchit de la Pologne et de la Suède par les traités de Labiau et de Welau (1657), ayant pris dans la succession de Juliers les duchés de Clèves, Marck et Ravensberg, qui lui seront confirmés par le règlement définitif de 1666, et reliant par ses acquisitions du traité de Westphalie (Minden, Halberstaldt, Magdebourg et Camin), ses possessions déjà éparses du Rhin au Niémen. La maison d'Autriche, encore divisée en deux branches jusqu'en 1673, celle de Styrie qui occupe le trône impérial, et celle du Tyrol qui perd l'Alsace, joint toujours à son archiduché de nombreuses provinces ; à l'ouest et au sud, les domaines de Souabe (villes forestières, Forêt-Noire, Brisgau, Ortenau), le Tyrol, la Styrie, la Carinthie, la Carniole, l'Istrie, le pays de Salzbourg jusqu'à l'Inn qui la sépare de la Bavière ; au nord, la Bohême avec la Moravie et la Silésie ; à l'est, la Hongrie et ses dépendances, l'Illyrie, la Croatie et une partie de la Dalmatie. Le vieil empire est ruiné par la dispersion de ses forces, par l'indépendance de ses nombreux États, par la décadence des villes libres et de la petite noblesse, par le luxe ridicule de ses grands et petits princes ; pour comble d'anarchie et d'impuissance, la diète sera bientôt permanente (1662). Les forces de la maison d'Autriche ne sont pas moins dispersées que celles de l'Empire. La Ligue du Rhin, fondée par Mazarin en 1658, sépare la branche allemande de la branche espagnole, que la France attaquera dans les Pays-Bas. Léopold Ier, fils et successeur de Ferdinand III, n'a reçu des électeurs qu'un pouvoir annulé par la capitulation électorale dont la France a dicté les termes, et par cette diète perpétuelle où le corps évangélique se constitue à part dès 1653. Le protestantisme a conquis son indépendance politique plutôt que la liberté de conscience. Les discordes vont se perpétuer comme la diète.

Dans le même temps que la politique espagnole détachait de l'empire la république des Provinces-Unies, la politique française en avait séparé sa cliente, la Confédération helvétique, affranchie depuis longtemps du joug de l'Autriche. La Suisse, engagée depuis François Ier au service de la France et la servant le plus souvent contre les Autrichiens, ses anciens maîtres, comprenait toujours treize cantons, que divisaient les partis religieux et politiques : cantons aristocratiques et protestants, Berne, Bâle, Soleure, Zurich, Turgovie ; cantons catholiques ou démocratiques, Fribourg, Lucerne, Zug, Uri, Schwytz, Unterwald ; cantons mixtes, Glaris, Appenzell. On appelait *bailliages communs* ou *pays dépendants* les pays qui devaient former plus tard neuf cantons nouveaux, Vaud, Argovie, etc., et les sept bailliages italiens conquis au temps des guerres d'Italie, Bellinzona, Lucarno, Lugano, etc. Les Grisons et la Valteline, Saint-Gall, Mulhouse, le Valais et Genève, autres éléments des cantons futurs, étaient pays *alliés* ou *protégés*.

La Suède, après les traités de 1648 et de 1661, est prépondérante parmi les Etats du Nord : elle tient les bouches du Weser et de l'Oder, deux grands fleuves de l'Allemagne, et règne sur la Baltique. Elle a pris sur l'empire Brême, Verden et presque toute la Poméranie, avec un siége et trois voix à la diète ; sur ses voisins de l'est, les autres pays de la Baltique, Carélie, Ingrie, Esthonie et Livonie ; sur le Danemark, les quatres provinces de Bohus, Halland, Scanie et Bleckingie. La Suède a toujours grandi depuis Gustave Wasa. Sous Gustave-Adolphe elle a préludé par ses conquêtes sur les Russes et les Polonais à sa glorieuse intervention en Allemagne (traités de Stolbova 1617, et de Viasma 1634). Après l'abdication de sa fille Christine (1654), on la voit continuer sous Charles X ses guerres d'envahissement contre la Russie, la Pologne et le Danemark, provoquer des coalitions d'équilibre et s'épuiser par cette grandeur factice que confirment les trois traités de Copenhague, d'Oliva et de Cardis (1664).

Le Danemark, avec le Sleswig et le Holstein qui le rattachent à l'empire germanique, la presqu'île du Jutland, et l'archipel qui forme le Sund et les deux Belt (Seeland, Fionie, Bornholm etc.), ne possède plus dans la péninsule scandinave depuis les traités de Bromsebro (1645) et de Copenhague (1661), que la Norwège et la Laponie; au loin l'Irlande et les îles Féroë, comme dépendances de la Norwège. La Suède ne lui doit plus aucun péage dans le Sund et les deux Belt.

Le plus important des États du Nord après la Suède, la Pologne, a pour limites : au nord la Baltique, la Livonie suédoise, la Poméranie prussienne ; à l'ouest la Silésie ; au sud les monts Carpathes et le Dniester, qui la séparent de la Hongrie et de la Turquie ; à l'est elle a conquis sur la Russie des pays qu'elle va bientôt lui rendre par le traité d'Andrussow (1667), les provinces de Smolensk et de Tchernigow ou Sévérie. La Pologne des Jagellons, si puissante et si brillante au XV° et XVI° siècles par sa réunion avec la Lithuanie (1386), par ses conquêtes sur l'Ordre Teutonique (2° traité de Thorn, 1466), par l'acquisition de la Prusse occidentale et de la Livonie, enfin par l'élévation de ses rois aux trônes de Bohême et de Hongrie, est précipitée ensuite vers sa décadence par les vices de sa constitution : prépondérance des nobles sur les rois, servage des paysans. Après le dernier des Jagellons, Sigismond II (1572), la Pologne jette son dernier éclat sous Etienne Bathori, successeur de Henri de Valois. Le Suédois Sigismond III, fils de Jean III, qui s'est fait catholique pour être roi de Pologne, la ruine par son obstination à disputer la Suède à la branche luthérienne de sa famille. Le dernier de ces Wasa polonais, rejetés par la Suède comme apostats du luthéranisme, Jean-Casimir, jésuite et cardinal avant d'être roi, battu par les Cosaques, par les Suédois, par les Russes, et par ses nobles qui lui arrachent la loi funeste du *liberum veto*, abdiquera pour aller mourir en France dans une abbaye en prédisant le démembrement de la Pologne (1668).—Les trois régions principales de la Pologne étaient : la grande Pologne à l'ouest, la petite Pologne au sud, et les quinze palatinats de la Lithuanie à l'est.

La Russie, livrée aux mêmes chances que la Pologne par l'extinction de la dynastie de Rurik en 1598 (période des faux Démétrius), s'est relevée plus vite, en recouvrant sous les Romanow l'énergie qu'elle avait déjà montrée sous Iwan III le vainqueur des Tartares, sous Wasili IV (1505) le vainqueur des Polonais, et sous Iwan le terrible (1533) qui commença la conquête de la Sibérie. Michel Romanow, investi du pouvoir absolu par le vœu national (1613), n'a songé d'abord qu'à pacifier la Russie pour recueillir ses forces. Il a cédé l'Ingrie et la Carélie à la Suède par le traité de Stolbova (1617), les duchés de Smolensk, de Sévérie et de Tchernigow à la Pologne par le traité de Viasma (1634). Son fils Alexis Ier (1645-1676), forcé de confirmer ses concessions à la Suède par le traité de Cardis (1661), allait bientôt et plus aisément reprendre à la Pologne le pays cédé depuis Smolensk jusqu'à l'Ukraine (1667). Un des fils d'Alexis sera Pierre le Grand. — La Russie exclue de la Baltique par la Suède, la Pologne et la Courlande, de la mer Noire par les Cosaques polonais et les Tartares de la Crimée, vassaux de la Turquie, était bornée à l'ouest par la Suède et la Pologne; à l'est par la mer Caspienne et les monts Ourals; au nord par la mer Glaciale. Elle était partagée en huit gouvernements : Arkhangel, Novgorod, Moscou, Kiew, Bielgorod, Nijni-Novgorod, Kasan et Astrakhan.

La Turquie, affermie dans ses premières conquêtes en Europe, Roumélie, Macédoine, Grèce, Albanie, Bulgarie, Bosnie, Valachie et Crimée, gardait ses fortes positions en Hongrie depuis sa victoire de Mohacz (1526): le banat de Temeswar, la partie de la Hongrie située entre la Theiss et la rive gauche du Danube jusqu'à leur jonction, sur la rive droite le cours de la Drave jusqu'au confluent de la Murr, et l'Esclavonie entre la Save et la Drave. Voisins des Polonais en Podolie, les Turcs avaient conquis Azow sur les Cosaques vassaux de la Pologne (1642). Ils avaient pris Chypre aux Vénitiens (1570), et devaient bientôt leur prendre Candie (1669). Ils menaçaient Vienne elle-même, et quoique combattus par les Français à Saint-Gothard en 1664, ils devaient rester d'utiles alliés pour Louis XIV, en tenant l'Autriche dans la crainte perpétuelle de leurs invasions.

CHAPITRE VII.

GOUVERNEMENT PERSONNEL DE LOUIS XIV. — COLBERT ET LOUVOIS. — GUERRE DE DÉVOLUTION. — PAIX D'AIX-LA-CHAPELLE.

SOMMAIRE.

1. — Après Mazarin, Louis XIV gouverne sans premier ministre, mais s'entoure d'hommes supérieurs. La condamnation de Fouquet, aggravée par le roi, sert d'exemple aux concussionnaires.
2. — Le ministère de Colbert, désigné à son choix par le cardinal mourant, et gouvernant pendant vingt-deux ans l'intérieur, la marine et les finances, est dans tous les genres la plus belle époque de son règne (1661-1683). Colbert réforme d'abord les finances dilapidées par Mazarin et Fouquet, sévit contre les traitants et la nouvelle noblesse, diminue les rentes de l'État, réduit l'impôt foncier, augmente les aides ou impôts indirects, fortifie l'autorité des intendants et fonde l'équilibre des recettes et des dépenses. Pour fortifier l'industrie en même temps qu'il encourage l'agriculture, Colbert établit contre les produits étrangers des droits protecteurs, achète les secrets des nations voisines, attire leurs ouvriers, multiplie et subventionne les manufactures; il place la France au premier rang pour les produits de luxe. Pour encourager le commerce intérieur et lointain, il supprime les douanes provinciales, répare ou crée les grandes routes, creuse des canaux, donne des colonies à la France dans les deux Indes, fait permettre le grand négoce à la noblesse et développe la marine marchande. Pour la marine militaire, il crée cinq arsenaux, établit l'*inscription maritime* ou le *système des classes*, et plusieurs écoles navales. En moins de 20 ans, il donne à la France une marine formidable. Son *ordonnance maritime*, qui sera complétée par son fils, est le meilleur des six codes publiés sous Louis XIV. Colbert, créateur du budget, de la marine, de la police et de la charité publique, trouve encore le temps de créer quatre Académies et l'école de Rome, de construire à Paris de grands monuments, d'indiquer à Louis XIV la réforme de la législation, et d'attacher son nom à la plus belle époque des lettres françaises. Il pensionne au nom du roi les écrivains nationaux comme les savants étrangers.
3. — Louvois, rival de Colbert, chargé de la guerre après son père Le Tellier (1666-1691), organise :
L'autorité centrale du roi et du ministre sur toute l'armée par la suppression ou la diminution des grandes charges, par l'établissement des généraux ins-

pecteurs, par l'uniforme, par la hiérarchie des grades qui sont tous conférés par le roi ; enfin, par l'*ordre du tableau*, qui pour les grades supérieurs consacre les droits de l'ancienneté ;

L'instruction militaire et le *recrutement* des officiers par les compagnies de cadets, les écoles d'artillerie créées à Douai, Metz et Besançon, par le corps des ingénieurs, par tous les travaux dont Vauban donne l'exemple sur nos frontières et dans nos ports, et par ses inventions dans l'art des fortifications et des siéges ;

Une meilleure composition de l'armée par sa division en régiments, par la création des compagnies d'élite et de corps nouveaux, par le perfectionnement des armes (service spécial de l'artillerie, invention de la baïonnette), par un enrôlement plus régulier et une discipline plus sévère, par le service obligatoire de la noblesse dans l'infanterie, et par l'accès des grades aux plébéiens ;

Un système tout nouveau d'administration et de comptabilité militaire par la création des commissaires ordonnateurs des guerres et des intendants délégués près de chaque corps d'armée, par les magasins, les casernes, les hôpitaux, etc. — A ces grandes réformes, il faut joindre l'hôtel des Invalides, l'organisation du Dépôt de la guerre créé sous le règne précédent, et l'ordre militaire de Saint-Louis créé après lui en 1693. Mais Louvois flattera les deux principales passions du roi, la guerre et les grandes constructions, et sa funeste influence, balancée d'abord par celle de Colbert, triomphera à partir de 1672. — A côté de lui, Vauban mérite une place à part ; il invente les fortifications rasantes, les feux croisés, les boulets creux, les parallèles, etc., et il couvrira de places fortes nos côtes et nos frontières. — Lionne continue dans la politique extérieure la diplomatie de Richelieu et de Mazarin, et cherche des alliés à Louis XIV pour les débats de la succession espagnole.

4. — Louis XIV, bien servi par Colbert aux finances, par Louvois aux armées et par Lionne à l'extérieur, réclame partout le premier rang pour la France, humilie le pape, l'Espagne et les Etats barbaresques, refuse le salut au pavillon anglais, rachète Dunkerque, protége l'indépendance du Portugal, et prend une part glorieuse à la bataille de Saint-Gothard contre les Turcs, plus tard au siége de Candie où Beaufort va mourir. Il s'allie à la Hollande pour envahir un jour les Pays-Bas espagnols, et se garde bien de la secourir activement contre les Anglais. A la mort de Philippe IV (1665), Louis XIV réclame et occupe suivant la loi du Brabant ou de *dévolution*, et pour le paiement de la dot de Marie-Thérèse, les Pays-Bas espagnols et la Franche-Comté. L'Angleterre, la Suède et la Hollande protestantes, formant la triple alliance, soutiennent l'Espagne catholique contre Louis XIV, qui signe la paix d'Aix-la-Chapelle, rend la Franche-Comté et garde une partie de la Flandre (1668).

I. Gouvernement personnel de Louis XIV. — Disgrâce de Fouquet.

Ce fut pour les ministres de Louis XIV une grande surprise de l'entendre déclarer après la mort de Mazarin qu'il faudrait désormais pour les affaires du gouvernement s'adresser à lui-même, et plus grande encore de le voir fidèle à sa promesse. Il ne voulait plus de premier ministre, et pendant cinquante ans, il travailla huit heures par jour. Il tenait tous les jours le conseil secret avec les trois ministres dirigeants, Fouquet, Le Tellier et Lionne ; puis deux fois par semaine, le conseil des dépêches, où le chancelier et les secrétaires d'État siégeaient avec les trois autres ministres ; le conseil des finances où figuraient le surintendant, deux contrôleurs généraux, deux directeurs et deux intendants ; souvent le conseil privé ou des parties, conseil d'en haut qui jugeait les conflits de juridiction entre les tribunaux ; enfin le conseil de conscience, fondé par sa mère en 1643 sous saint Vincent de Paul et supprimé par Mazarin, qu'il avait rétabli pour la collation des bénéfices et autres matières ecclésiastiques.

Jamais roi ne conçut une plus haute et plus magnifique idée de la royauté. La meilleure preuve en est dans les *Mémoires* et *Instructions* destinés par Louis XIV à son fils, et rédigés sur ses notes et sous ses yeux par Pellisson. Il voyait la France victorieuse au dehors par les armes et par les traités ; au dedans la noblesse humiliée avec le vainqueur de Rocroi, le clergé soumis, les parlements discrédités, les États-Généraux oubliés, le peuple las des guerres civiles où les nobles jouaient sa fortune, et tourné vers les arts de la paix. Le mot fameux de Louis XIV : « l'État, c'est moi, » qui nous étonne aujourd'hui, n'étonna point ceux qui l'entendirent ; car il était pour eux l'expression historique de la situation préparée par Richelieu et Mazarin au fils de Louis XIII. Les temps de la monarchie pure étaient venus, et toutes les forces de la nation se concentraient d'elles-mêmes dans les mains du roi. On croyait comme Louis XIV et comme sa mère que le roi représentait la nation tout entière, que Dieu a mis dans les rois un discernement surnaturel, un instinct supérieur à celui des autres hommes, et comme il dit lui-même, un esprit de maître. Sa gloire est d'avoir usé pour la grandeur du pays de cette croyance dangereuse qui remet les destinées d'un peuple aux mains d'un seul homme. Sa merveilleuse fortune est d'avoir assemblé dans son cortége tant de grands hommes. S'il vit toute la France dans la personne du roi, il vit aussi toute la gloire du roi dans la grandeur de la France. Ce beau talent de connaître les hommes et de les employer, lui tint lieu de génie, si même il ne fut pas le vrai génie de la royauté. Mazarin avait dit : « il se mettra en chemin un peu plus tard, mais il ira plus loin qu'un autre... il y a en lui de l'étoffe pour faire quatre rois et un honnête homme. »

Les ministres que Louis XIV avait résolu de diriger lui-même et de réduire au rang de simples commis, étaient Séguier aux sceaux, Lionne aux affaires étrangères, le plus grand de nos diplomates après Richelieu et Mazarin, Le Tellier à la guerre, et son fils Louvois que le roi forma lui-même aux affaires ; Fouquet, surintendant des finances. Fouquet, marquis de Belle-Isle, après avoir pillé le trésor avec Mazarin, espérait le remplacer au poste de premier ministre. Il éclipsait tous ses collègues par son faste royal, s'entourait d'une cour de gens de lettres et recueillait les débris de la Fronde. Il avait su mettre à la fois dans son parti les parlementaires et les jésuites, que Mazarin avait négligés. Il tenait la ville et la cour à ses gages, et traitait le roi lui-même dans son château de Vaux qui lui coûtait plus de trente millions. Louis XIV avait dès lors résolu la perte du surintendant et choisi son successeur. Mazarin lui-même avait dénoncé l'ambition de Fouquet que son exemple avait perdu, et désigné son intendant Colbert à la confiance du roi. Fouquet, amené par l'espoir du cordon bleu à se démettre de sa charge de procureur général, fut accusé de rapines par Colbert et Le Tellier, arrêté à Nantes et traduit devant une commission présidée par Séguier, pour concussion et crime d'État. Il fut condamné au bannissement ; mais le roi traita plus sévèrement que les juges un coupable instruit des secrets de l'État, et le fit enfermer dans la citadelle de Pignerol, où il mourut en 1680 après dix-neuf ans de captivité. Un homme si éloquemment défendu par Pellisson et La Fontaine, et qui, par les encouragements prodigués aux lettres et au commerce maritime, par les expéditions envoyées au Sénégal et aux Antilles, avait préparé pour sa part la gloire du grand règne, méritait peut-être à ces divers titres que Louis XIV n'aggravât pas la peine prononcée par les juges. On expliqua l'acharnement du roi, moins encore par la nécessité de donner un grand exemple et d'effrayer à jamais les concussionnaires que par des griefs personnels et par l'âpre jalousie de Colbert, qui convoitait la succession de Fouquet.

II. Ministère de Colbert. — Réforme des finances. — Encouragements à l'agriculture et à l'industrie. — Commerce intérieur et extérieur. — Colonies. — Marine militaire. — Police. — Beaux-arts.

Le roi supprima la surintendance et donna la direction du conseil des finances à Colbert, avec le titre de contrôleur général. Il n'osait produire sous l'ancien titre le fils d'un marchand de draps de Reims, et ne le fit secrétaire d'État qu'en 1669. « Je vous dois tout, Sire, avait dit Mazarin mourant, mais je crois m'acquitter en quelque manière en vous donnant Colbert. » Colbert eut son avènement comme Louis XIV. Il aida le roi à créer l'administration. Probe, mais ambitieux, il mit successivement dans ses attributions la marine, le commerce, les manufactures, les beaux-arts, l'administration, quelquefois même la justice et la guerre. Il porta partout sa prodigieuse activité, sa passion de travail et de rénovation, et son culte pour la mémoire de Richelieu. Il associa si bien la grandeur et l'économie qu'en 1662, sur une réserve de 43 millions, fruit de ses premières épargnes, Louis XIV rachetait Dunkerque et Mardick aux Anglais.

Comme au temps de Sully, la réforme des finances était la plus urgente. Il fallait, pour réduire les charges de l'État et pour accroître son revenu, réformer la perception et la comptabilité, réviser les titres des créanciers, restreindre le nombre des offices. Il fallait, pour soulager les campagnes et pour réduire la taille et la gabelle qui pesaient principalement sur les paysans, grossir la masse des contribuables, supprimer une foule de priviléges, augmenter le produit des impôts indirects, et procurer cette augmentation soit par le progrès de la consommation, soit par le dégagement des revenus aliénés. Il fallait, pour favoriser l'agriculture, l'industrie et le commerce, abaisser les classes judiciaire et financière au profit des classes agricole, commerçante et industrielle ; dégoûter les capitaux de la chicane et de l'achat des offices héréditaires, pour les tourner vers les professions utiles et productives ; protéger le peuple des campagnes contre la petite noblesse et les agents du fisc ; multiplier le bétail, aménager les eaux et forêts, améliorer ou créer les voies de communication par terre et par eau, donner à la France des ports, des colonies, et une marine marchande qui serait protégée par une marine militaire. Colbert a fait tout cela ; car ce génie universel, qui s'inspirait de Richelieu, ambitionnait pour la France toutes les richesses et la croyait destinée à toutes les grandeurs. Il n'est pas vrai qu'il ait favorisé telle force de la nation aux dépens d'une autre, et sacrifié, autant qu'on l'a dit, l'agriculture à l'industrie.

Le premier travail de Colbert, la réforme des finances, eût suffi pour lui donner une part glorieuse dans tous les travaux qu'il rendit possibles. Une chambre de justice, établie contre les traitants, leur reprit près de 100 millions. On racheta sur le pied de l'achat 8 millions de rentes acquises à vil prix. On révoqua les lettres de noblesse expédiées depuis 1630, et d'un seul trait de plume on biffa 40,000 nobles. On réduisit le nombre des officiers de finances, et tous les offices comptables furent déclarés casuels ou viagers, au lieu d'héréditaires. En même temps qu'il abaissait la taille ou l'impôt direct, énorme dans les pays d'élection, c'est-à-dire dans les trois quarts de la France, il élevait les impôts indirects ou les taxes sur le vin, le café, les cartes, etc., de 1,500,000 francs à 21 millions. Les aides et les autres fermes adjugées en 1661 donnèrent des bénéfices considérables sur les baux précédents. En 1665, au bout de quatre ans, les charges annuelles étaient déjà diminuées de 22 millions, et le revenu net augmenté de 27 millions. En 1680, après les deux guerres des Pays-Bas et tant de constructions ruineuses, l'État recevait sur l'impôt 117 millions, au lieu de 32 millions qu'il avait reçus en 1668. Ces réformes étaient confiées dans les provinces au zèle des intendants, qui devinrent sous Colbert, et jusque dans les pays d'États où il osa les introduire, les agents les plus énergiques du pouvoir central. Le plus utile et le plus dévoué parmi eux fut Daguesseau, intendant de Limoges et de Bordeaux, dont le fils nous a raconté la vie et la mort. Un des projets favoris de Colbert était de substituer à la taille *personnelle* et arbitraire, la taille *réelle* assise sur les propriétés non nobles, comme elle existait déjà en Languedoc et en Provence ; mais l'exécution de ce beau projet fut d'abord arrêtée par la guerre de Hollande, ensuite par la mort de Colbert, et la taille arbitraire ne disparut qu'avec l'ancien régime en 1789. Colbert ne réussit pas mieux, au milieu des guerres où s'emporta l'ambition de Louis XIV, à maintenir l'équilibre des recettes et des dépenses par son *état de prévoyance*, qui créait ce que nous appelons aujourd'hui le *budget*, et dont Sully avait conçu la première idée.

Après avoir ainsi dégagé, augmenté et régularisé les revenus publics, Colbert entreprit de dégager les revenus des communes urbaines et rurales aliénés aux seigneurs, de soustraire les communes, comme l'État, à l'exploitation des capitalistes, et d'attaquer comme les traitants cette aristocratie municipale, soutenue par les parlements et par le Tiers dans les pays d'États. Il rendit aux villes la moitié de leurs octrois. Bien plus hardi que Henri IV et Sully, il obligea les provinces en 1671 d'éteindre les dettes des communes rurales, c'est-à-dire les villes d'aider les villages à se liquider.

On a reproché à Colbert de n'avoir pas assez protégé l'agriculture. Elle ne fut pourtant ni négligée ni persécutée. On dit bien qu'après les famines de 1661 et de 1669, Colbert voulant nourrir à bon marché le peuple industriel, restreignit la liberté du commerce des grains ; mais on n'ajoute pas que de 1669 à 1683, il permit l'exportation des grains neuf années sur quatorze, et que s'il défendait de saisir les meubles et les outils des artisans, il renouvela de même tous les quatre ans l'interdiction de saisir les bestiaux pour dettes. Il faut dire encore, pour être juste, qu'il dessécha les marais, rétablit les haras, améliora les races bovines, diminua la gabelle pour faciliter les engrais, affecta des primes considérables à la multiplication des bestiaux, exempta de la taille pour cinq ans les paysans qui prendraient femme à vingt ans, et pour toute sa vie le père de dix enfants.

Si Colbert ne sut pas favoriser l'agriculture autant que l'industrie, et par là prévenir les disettes qui suivirent sa mort, il adopta du moins de sages mesures pour accroître la population et protéger les basses classes. On défendit la fondation de nouveaux ordres religieux. Après les traitants, on châtia les gentilshommes et les gens de loi. De Grands-Jours tenus fréquemment dans le midi, entre autres ceux d'Auvergne (1665), continrent la tyrannie des seigneurs sur les paysans, et la police, créée en 1667, doubla la vitesse et la force du pouvoir central. Un édit de 1662 ordonna d'établir en chaque ville et gros bourg du royaume un hôpital où les orphelins apprendraient un métier : c'était organiser la charité publique, dont la mort récente de saint Vincent de Paul (1660) semblait laisser la direction vacante.

La France apprit de Colbert, fils d'un fabricant, à rivaliser d'industrie avec les peuples voisins. L'organisation du *système protecteur*, les droits levés sur les produits importés de l'étranger, les dépenses qu'on fit pour attirer leurs meilleurs ouvriers, les subventions et les avances pour chaque métier battant, les conseils de prud'hommes établis dans nos villes manufacturières, toutes ces mesures adoptées par Colbert dans les années glorieuses où sa pensée régna sans partage, de 1661 à 1672, développèrent notre industrie naissante. « Il faut, disait-il à Louis XIV, réduire les droits à la sortie sur les denrées et les produits des manufactures du royaume ; diminuer aux entrées les droits sur tout ce qui sert aux fabriques ; repousser par l'élévation des droits les produits des manufactures étrangères. » Alors l'industrie française fut en état de lutter avec les draps fins de la Hollande et de l'Angleterre, avec les dentelles de Brabant, les tapis de Turquie et de Perse, les tapisseries de Flandre, les porcelaines de la Chine et du Japon et les glaces de Venise. On déroba aux Anglais le secret de la trempe de l'acier et du métier à faire les bas. On apprit à travailler le fer-blanc, la faïence, les cuirs maroquinés. Dès 1669, la France comptait 44,200 métiers battants. Les draperies de Sedan, d'Elbeuf, de Reims, de Louviers, d'Abbeville, les soieries de Tours et de Lyon tissées avec l'or et l'argent, les tapis de la Savonnerie et d'Aubusson, les tapisseries de Beauvais et des Gobelins, qui reproduisaient les tableaux des grands maîtres sous la direction de Lebrun et de Mignard, les glaces de Paris et celles de Tourlaville, puis de Saint-Gobain, les porcelaines de Sèvres, ne craignirent plus la concurrence de l'étranger. En dépit d'une réglementation minutieuse et d'une protection souvent tracassière, notre industrie de luxe atteignit le degré de perfection qu'elle a conservé, et l'Europe à son tour devint tributaire de la France.

Colbert avait résolu d'organiser les producteurs et les marchands comme une puissante armée. Pour distribuer par le commerce les produits d'une industrie qui occupait déjà plus de 60,000 ouvriers, il simplifia les impôts indirects et les douanes dans la moitié de la France, établit onze entrepôts francs, et supprima les douanes intérieures en douze provinces du nord et du centre.

Mais Colbert et Louis XIV n'osèrent pas encore réaliser le vœu des États de 1614 pour l'unité commerciale du pays. Tout le Midi, la Bretagne, l'Artois et les acquisitions récentes, l'Alsace, les Trois-Évêchés et les trois ports francs, Marseille, Dunkerque et Bayonne, conservèrent l'ancien régime comme *provinces étrangères*, ayant liberté de commerce avec l'étranger, et payant les mêmes droits que lui pour le commerce intérieur. Colbert répara les anciennes routes, et, bien secondé par les intendants qui *firent merveille*, commença le grand système des routes royales tant vantées par madame de Sévigné. Il traça le plan du canal de Bourgogne, compléta le canal de Briare par celui d'Orléans à Montargis, fit creuser en 16 ans (1664-1680) le fameux canal du Languedoc, exécuté par Riquet, qui joignait deux mers et quintuplait la valeur des terres du Midi. Le port de Cette fut commencé en 1666 à son débouché sur la Méditerranée.

Pour le commerce extérieur, il créa selon le vœu de Richelieu la compagnie des Indes orientales et celle des Indes occidentales en 1664, celles du Nord et du Levant en 1669, et celle du Sénégal en 1673. Il rétablit par un traité le commerce de la France avec l'empire ottoman, son droit de protection sur le Saint-Sépulcre et sur les chrétiens d'Orient. Il fit déclarer par un édit que le commerce de mer ne dérogeait pas à la noblesse. Il racheta les Antilles françaises à des particuliers (la Guadeloupe, la Martinique, Sainte-Lucie, etc.), envoya des colons à Cayenne, et prit sous sa protection les flibustiers français conquérants d'une partie de Saint-Domingue. La France qui possédait le Canada, l'Acadie et Terre-Neuve dans l'Amérique du Nord, établissait ses droits sur la Guyane (France équinoxiale), sur la Louisiane découverte en 1682 par Cavelier de la Salle, et sur Madagascar (île Dauphine) qu'elle ne sut pas garder. Colbert revint pour les colonies au système mixte : former des compagnies privilégiées, mais sans interdire la concurrence aux particuliers. Le roi avança 6 millions à celle des Indes orientales pour donner l'exemple, et présida tous les quinze jours le *conseil du commerce et des manufactures*, institution glorieuse de Henri IV que Mazarin avait laissé tomber. L'édit de 1664 partageait la France en trois régions commerciales, dont les députés se réunissaient chaque année en trois groupes. Colbert en désignait trois pour suivre la cour. Il voulait former de tous les gens de mer une grande armée servant la patrie dans la guerre ou dans le commerce, et faire de la marine marchande une pépinière et une école de matelots et de marins. Par l'exemption du droit de fret, et par les primes qu'il accordait pour chaque tonneau d'exportation ou d'importation, il encourageait les armateurs français à faire eux-mêmes le commerce de la France, accaparé jusque-là par les Anglais et les Hollandais. L'ordonnance qui déclarait les navires biens meubles afin de faciliter les transactions, la prime offerte aux constructeurs, et à ceux qui rapportaient de la Baltique des bois de construction et des goudrons, les priviléges octroyés aux grandes compagnies, les compagnies d'assurances fondées à Paris et à Marseille, la franchise accordée dans les ports de Marseille et de Dunkerque aux marchandises du Levant et du Nord, développèrent notre marine marchande de cabotage et de long cours. Nos armateurs associèrent leurs capitaux à la manière des Anglais et des Hollandais. Port-Louis au Sénégal, Cayenne dans la Guyane, Bourbon dans la mer des Indes, Surate, Pondichéry fondé en 1679 sur la côte de Coromandel, furent les grands entrepôts de notre commerce maritime.

La marine militaire, qui devait protéger ces colonies et ce commerce, était tombée si bas sous Mazarin et sous le ministre Guénégaud (1643-1662), que nos navires marchands arboraient le pavillon anglais, hollandais ou suédois pour échapper aux pirates. Colbert, succédant à Lionne en 1669, refit l'œuvre de Richelieu avec une rapidité qui tient du prodige. Il acheta des vaisseaux à l'étranger, et créa des arsenaux de construction à Toulon, à Rochefort, fondé sous son administration, au Hâvre, à Dunkerque, racheté des Anglais, à Brest, où Duquesne reprit les plans de Richelieu. Pour recruter la flotte, il créa l'*inscription maritime* ou le *système des classes* et la caisse des Invalides de la marine. La population de nos côtes, répartie dans ces classes en plusieurs catégories d'après l'âge et la position de famille, devait fournir au roi 65,000 marins prêts à passer du commerce à la guerre, qui recevaient dans leur vieillesse une pension de retraite. Il y avait loin de ce recrutement légal et régulier de la marine royale à l'ancien système de la *presse*, par lequel le roi en cas de guerre enlevait brusquement et brutalement tous les matelots de la marine marchande.

La France, à laquelle Mazarin n'avait laissé que 18 mauvais vaisseaux, avait en 1667 60 vaisseaux de 80 à 30 canons, 11 frégates, 40 autres navires de guerre ; en tout, 110 navires portant 3,713 canons et 22,000 hommes. En 1678, Louis XIV eut sur mer ou dans ses ports les 120 vaisseaux qu'il avait demandés à Colbert. En 1681, il en eut près de 200 avec les allèges et 30 galères à Toulon. On comptait 166,000 hommes inscrits pour les divers services de la marine. Quatre mois suffirent, pendant la guerre de Hollande, pour armer 31 vaisseaux de ligne (mai–septembre 1675).

Pour avoir de bons officiers, d'habiles pointeurs et des cartes exactes, il institua le corps des *gardes-marines*, composé de 1,000 gentilshommes des écoles d'artillerie et d'hydrographie. Enfin, dans le conseil de marine établi en 1672, il prépara la belle *Ordonnance de* 1681, qui couronna si dignement son œuvre.

Combien de réformes ou de projets il faudrait citer encore à la gloire de Colbert : abolition des seize justices seigneuriales de Paris ; suppression en sept ou huit ans de l'hérédité ou de la vénalité des charges, fondation du régime hypothécaire ! Il perfectionna la poste aux lettres. De la surintendance des bâtiments achetée en 1664, il fit la direction générale des beaux-arts. Paris lui dut sa police, dont le premier lieutenant fut La Reynie (1667), ses établissements de grande voirie, ses premières lanternes, qu'on imita dans toutes les villes considérables du royaume ; des quais nouveaux, de larges boulevards qui remplaçaient les anciens remparts, des faubourgs peuplés de splendides hôtels et mieux reliés à la ville par d'élégantes plantations.

De même que Richelieu avait fondé l'Académie française pour épurer et discipliner la langue, Louis XIV par les conseils de Colbert fonda (1663) l'Académie des Inscriptions et Belles-Lettres, qui ne borna pas longtemps sa mission à chercher des médailles et des inscriptions pour les monuments publics, et qui sut l'agrandir par ses travaux d'érudition. Colbert fonda dans le même genre le *Journal des Savants* (1665), et la Bibliothèque royale lui dut de nouvelles richesses. La collection formée par son bibliothécaire Baluze en devint le fonds principal. Puis, vint l'Académie des sciences en 1666 ; celle de musique avec Lulli, l'école de Rome (1667) pour les artistes couronnés à Paris par l'Académie de peinture, l'école des Jeunes de langues pour l'étude des langues orientales ; enfin, l'Académie d'architecture (1671). C'est encore Colbert qui bâtit l'Observatoire sous la direction de Cassini (1667), la colonnade du Louvre, les portes Saint-Denis et Saint-Martin, et commença les constructions de Versailles dont il déplora plus tard le faste ruineux. L'éclat de la poésie et des beaux-arts s'alliait à la dignité des sciences pour rehausser cette administration laborieuse. Molière, Racine, Quinault, écrivaient leurs chefs-d'œuvre pour les fêtes de Louis XIV ; Mansard et Perrault élevaient ses palais décorés par Lebrun, Lesueur, Girardon et Le Nôtre. Les présents du roi allaient chercher les savants étrangers et les attiraient près de lui, comme au foyer commun des arts de l'esprit. « Nous ne sommes pas, disait Colbert à l'intendant de Toulon, dans un règne de petites choses. » Et parmi tant de travaux, il trouvait le temps d'indiquer encore à Louis XIV la réforme de la législation et de la procédure.

III. Ministère de Louvois. — Centralisation militaire. — Instruction de l'armée. — Organisation des différents corps. — Nouveau système d'administration militaire. — Vauban. — Lionne : affaires étrangères.

On a dit de Louvois qu'il « facilita les grandeurs extérieures du règne, comme Colbert en avait ménagé les prospérités intérieures. » La France n'eut pas avant Carnot de plus habile ministre de la guerre que Michel Le Tellier, marquis de Louvois, d'abord commis dans les bureaux de son père, et chargé après lui comme secrétaire d'État de l'administration militaire (1666-1691). Ce ministre hautain, violent, ambitieux et jaloux, mais d'un zèle infatigable, et joignant la science des détails à la hauteur des vues, sut refondre et soumettre à la volonté d'un seul tous les éléments de la guerre.

Ce fut son œuvre et sa gloire d'établir *l'autorité centrale* du roi et du ministre sur toute l'armée. On avait déjà sous Louis XIII créé pour la guerre un ministre spécial, et supprimé la charge de connétable à la mort de Lesdiguières. Sous Louis XIV, à la mort du duc d'Epernon en 1661, on supprima celle de colonel-général de l'infanterie. On maintint le colonel-général de la cavalerie, mais en créant près de lui le colonel-général des dragons. Un ordre rigoureux fixa la hiérarchie des grades, qui tous étaient conférés par le roi. Au-dessous du maréchal-général, (titre honorifique créé pour Turenne) et des maréchaux de France, venaient les lieutenants-généraux, les maréchaux-de-camp, les brigadiers (charge nouvelle), les colonels et mestres de camp. *L'ordre du tableau* régla d'abord par le droit d'ancienneté les contestations sur le commandement, survenues après la mort de Turenne, et plus tard par ce même droit, à moins d'actions d'éclat, l'avancement des officiers supérieurs. La vénalité des charges de colonel et de capitaine ne fut pas abolie, mais contrôlée et réglée. Les charges de major et de lieutenant-colonel n'étaient point vénales, et portaient l'officier de mérite jusqu'au rang de brigadier (général de brigade). Par le service dans les corps d'élite où la vénalité n'était pas admise, dans les compagnies de cadets, dans les gardes-du-corps et dans les régiments du roi, la bonne bourgeoisie, celle qui *vivait noblement*, arrivait aussi bien que les gentilshommes aux charges de capitaine et de colonel. Des officiers-généraux inspecteurs, souvent changés, visitaient les corps d'armée et passaient de fréquentes revues. L'uniforme, imposé d'abord aux régiments étrangers qu'on payait plus cher, remplaça partout les couleurs des colonels. La plupart des régiments, qui portaient jusque-là le nom de leurs colonels, reçurent des noms permanents de ville ou de province. Les ordres du jour furent publiés au nom du roi.

L'enseignement militaire, qui devait former de bons officiers, n'était pas seulement dans ces compagnies de cadets ou de gentilshommes réunies à Metz et à Tournay jusqu'au nombre de 4275 ; les corps d'élite de la maison du roi, gardes-du-corps, compagnie des gendarmes et compagnie des chevau-légers de la garde, les deux compagnies des mousquetaires du roi qui faisaient le double service à pied et à cheval, et parmi les troupes de pied le régiment du roi, les deux régiments des gardes françaises et des gardes suisses, étaient comme autant d'écoles militaires. Pour les armes savantes, on créa des écoles d'artillerie à Douai, à Metz et à Besançon, un corps d'ingénieurs, des compagnies de mineurs. Il faut rattacher à l'enseignement militaire tous les travaux dont Vauban donna l'exemple sur nos frontières et dans nos ports, et toutes ses inventions dans l'art de prendre et de fortifier les villes. L'introduction de la marche au pas dans l'armée est aussi une des réformes de Louvois.

Louvois, bien secondé par deux organisateurs habiles, Martinet pour l'infanterie et le chevalier de Fourilles pour la cavalerie, et par deux grands administrateurs, Saint-Pouenge et Chamlay, *distribua dans un ordre plus savant* tous les corps de l'armée, en même temps qu'il en améliorait l'armement, la discipline et l'esprit. Il y eut pour les régiments d'infanterie des soldats et des compagnies d'élite ou de grenadiers, pour ceux de la cavalerie des compagnies de carabiniers, réunies plus tard en régiments et en brigades. Les dragons ou mousquetaires à cheval (43 régiments en 1690) formèrent la cavalerie légère avec son état-major et ses brigadiers à part. Ce n'est qu'après Louvois qu'on y joignit les hussards. On créa pour la garde et le service de l'artillerie un régiment de fusiliers, puis deux compagnies de bombardiers et jusqu'à 12 compagnies de canonniers ; pour le génie et au service du corps d'ingénieurs créé pendant la guerre de Hollande, deux compagnies de mineurs. Ces corps intermédiaires rapprochaient pour la première fois dans une action commune la cavalerie, l'infanterie et l'artillerie. Même perfectionnement dans les armes : dès 1680, la cavalerie remplaça l'épée par le sabre, et les carabiniers reçurent la carabine rayée ; mais pour l'infanterie, le fusil ne triompha du mousquet et de la pique que plusieurs années après la mort de Louvois. Deux ans après l'invention de la baïonnette à douille par Vauban (1687), et quoique Louvois eût reconnu la supériorité du fusil sur le mousquet par l'exemple des Allemands et de nos grenadiers, on conservait encore l'usage du mousquet et de la pique. Nos soldats gagnaient les batailles de Neerwinde et de la Marsaille par la charge à la baïonnette, mais sans tirer, le manche grossier de la baïonnette bouchant le canon du fusil. Ce n'est qu'en 1703 que Vauban fit donner à toute notre infanterie les fusils armés de la baïonnette à douille ; alors était complétée l'invention des armes à feu (1).

Les troupes mieux armées étaient plus régulièrement payées,

---

1. Rousset, *Hist. de Louvois*. T. Ier, chap. III.

et recrutées, non plus à l'entreprise, mais au nom du roi. Louvois fixa la durée du service militaire au minimum de quatre ans. La désertion était punie de mort, et l'abus des *passe-volants* ou soldats fictifs, fraude ordinaire des capitaines, détruit par la vigilance des inspecteurs. L'accès des grades supérieurs aux officiers de fortune, l'orgueil d'appartenir aux compagnies et aux corps d'élite, le service obligatoire de la noblesse dans l'infanterie, la création de l'ordre militaire de Saint-Louis en 1693 d'après les conseils de Vauban, répandirent l'émulation dans ce grand corps de l'armée, pourvu des nouveaux organes qui reliaient tous les services. Il faut tenir compte à Louvois de toute fondation qui ne lui survécut pas. Il ne tint pas à lui de donner à la France une armée vraiment nationale, où la vénalité des charges eût complétement disparu. Il créa en 1688 30 régiments de milices qui donnaient un effectif de 25,000 hommes ; mais les milices enrégimentées ne durèrent pas plus que les compagnies de cadets ; on ne les vit plus après le traité de Ryswick.

Le plus solide mérite de Louvois est d'avoir séparé nettement ce qu'on avait confondu jusqu'alors, la guerre et *l'administration de l'armée*, le commandement militaire et les fournitures. C'est à lui que l'on doit ce système nouveau d'administration et de comptabilité, par la création des commissaires ordonnateurs et des intendants délégués près de chaque corps d'armée, qui permit de porter vite et loin tous les instruments de la guerre, chevaux artillerie, vivres et fourrages. L'organisation des casernes, des magasins, des transports militaires, des hôpitaux et des ambulances à proximité des armées, compléta l'ensemble de ces réformes.

L'armée, ainsi ramenée sous la main du roi, pourvue d'officiers et d'ingénieurs plus instruits, améliorée par le recrutement, l'armement, la discipline, animée par l'émulation et mieux assurée de sa subsistance, comptait du vivant de Louvois en 1678 près de 280,000 hommes, dont 60,000 environ de cavalerie, et put s'élever dans la guerre d'Espagne à 450,000 hommes. Dès 1674, Louvois ouvrit l'hôtel des Invalides à 4,000 vieux soldats, et il organisa le Dépôt de la guerre, créé sous Louis XIII par Servien. Mais ce grand réformateur de notre puissance militaire fit payer cher à la France les services qu'il lui rendait. A son début dans les affaires, il eut l'art de paraître formé par les leçons de Louis XIV ; par cette apparente docilité, il devint réellement le maître. Nous le verrons flatter les deux plus dangereuses passions de Louis XIV, les conquêtes et les grandes constructions ; nous verrons sa funeste influence l'emporter sur celle de Colbert à partir de la guerre de Hollande. De même que Colbert marque le temps de l'administration savante, de la grandeur littéraire et de la prospérité commerciale, Louvois marquera celui de l'ambition militaire et de la prépondérance politique qui finiront par compromettre les grands résultats du règne de Louis XIV.

Nous avons rattaché les travaux de Vauban à l'organisation de l'enseignement militaire et au progrès des armes savantes ; mais dans sa spécialité l'œuvre de Vauban est si considérable qu'il mérite une place à part à côté de Louvois. Vauban fut le chef de ce corps d'ingénieurs, répartis dans toutes les places fortes du royaume, qui devint sous sa direction le plus savant de l'Europe. Apprécié de bonne heure par Mazarin, il débuta à vingt-cinq ans par les sièges de Gravelines, d'Ypres et d'Oudenarde. Aussi habile à prendre les places qu'à les fortifier, il inventa les boulets creux, le tir à ricochet qui changea le système des sièges, les parallèles pour relier les tranchées et approcher des remparts assiégés, les cavaliers de tranchée pour couvrir l'artillerie des assiégeants, et enfin les fortifications rasantes. Il répara trois cents places anciennes, en construisit trente-trois nouvelles, et munit tous ces remparts d'une artillerie de seize cents pièces de canon. Il protégea d'une triple ceinture de places fortes la plus faible frontière du royaume, celle du nord-est qui va de Dunkerque au Rhin. Le port de Dunkerque, racheté à Charles II, fut son premier chef-d'œuvre. Trois places de premier ordre, Lille, Metz et Strasbourg, après sa réunion à la France, puis les forteresses du second rang, Maubeuge, Charlemont, Philippeville, Longwy, Thionville, Sarrelouis, Landau, couvrirent de ce côté la Flandre française, la Picardie, la Lorraine et l'Alsace, les vallées de l'Oise, de la Meuse et de la Moselle. Belfort et Besançon assurèrent notre frontière vers le Jura, Briançon et Mont-Dauphin vers les Alpes, Perpignan et Bayonne au pied des Pyrénées. Une troisième ligne de citadelles appuyait toutes ces places fortes. La même activité régna sur nos côtes. Il refit la ville et le port de Toulon pour cent vaisseaux de guerre. Il songeait à faire de Port-Vendres un autre grand port sur la Méditerranée, pour donner un abri à nos flottes près de la côte espagnole. Sur l'Océan, il fortifia l'Ile de Ré et construisit l'enceinte de Brest. Il avait deviné l'importance de Cherbourg en face de Portsmouth, mais il n'eut pas le temps de l'assurer. Ainsi par les fortifications maritimes, le génie de Vauban reliait les travaux de Colbert à ceux de Louvois. En 1703, Louis XIV devait récompenser tant de services par la dignité de maréchal de France, accordée pour la première fois à un ingénieur. Et ce grand *patriote*, comme l'appelle Saint-Simon, aurait voulu encore creuser des canaux, améliorer les ports de commerce, rendre les rivières navigables, réformer même les finances et les impôts. Ses travaux sont assurément la partie la plus durable de la gloire de Louvois et de Louis XIV.

Le plus grand de tous les ministres du règne, au jugement de Saint-Simon, Hugues de Lionne, ministre des affaires étrangères jusqu'à sa mort (1671), continuait dans la politique extérieure l'habile diplomatie de Richelieu et de Mazarin, et préparait des alliés à son maître pour les prochains débats de la succession espagnole. De 1661 à 1667, il ne cessa point de négocier avec la Hollande, la Ligue du Rhin et la diète de Ratisbonne pour isoler l'Espagne aux Pays-Bas; avec la Suède et l'Angleterre pour avoir leur aide ou leur neutralité; avec l'empereur Léopold lui-même pour l'intéresser par des arrangements secrets au partage éventuel de la monarchie espagnole. Lionne était secondé par d'habiles agents dans les principales cours, d'Estrades, de Gravel, Grémonville. Le roi lui-même écrivait les plus importantes dépêches à ses ambassadeurs et minutait de sa main leurs instructions.

IV. Premiers actes de la politique de Louis XIV. — Guerre de dévolution. — La triple alliance. — Paix d'Aix-la-Chapelle (1668).

Au dehors tous les actes de Louis XIV annoncèrent, dès les premiers jours de son gouvernement personnel, l'audace que donne la force, la passion de la gloire, ou l'excès de l'ambition. Dans une dispute de préséance entre les ambassadeurs d'Espagne et de France à Londres, les Espagnols avaient maltraité l'escorte française; Louis XIV menaça Philippe IV de la guerre s'il n'obtenait réparation ; le roi d'Espagne reconnut la préséance de la France, et fit l'aveu de la décadence espagnole (1662). Le pavillon français cessa de s'abaisser devant le pavillon anglais, comme il faisait depuis le règne d'Élisabeth, et Louis XIV profita de la pénurie de Charles II, pour racheter Dunkerque et Mardick, au grand dépit du parlement anglais. La même année 1662 il achetait au vieux duc Charles IV l'expectative de la Lorraine, et sur sa rétractation occupait sa place forte de Marsal.

La garde corse du pape avait maltraité les gens du duc de Créqui, ambassadeur à Rome; le pape Alexandre VII fut contraint de s'humilier devant Louis XIV, de casser sa garde, et d'élever à Rome une pyramide qui perpétuât le souvenir de l'injure et de la réparation. 600 officiers et sous-officiers, 2,000,000 de subsides et le comte de Schomberg envoyés secrètement aux Portugais, leur procuraient les victoires d'Almexial et de Villaviciosa (1664-1665) et cette indépendance que l'Espagne allait bientôt reconnaître (1668). 15 vaisseaux allaient dans le même temps, sous la conduite du duc de Beaufort, l'ancien *roi des Halles*, châtier les pirates d'Alger et de Tunis. 6,000 hommes de vieilles troupes commandés par le brave et spirituel comte de Coligny, qui fut trop oublié ensuite, allaient se joindre aux impériaux contre les Turcs et gagner avec Montecuculli la bataille de Saint-Gothard (1664). Quand les Turcs tournèrent toutes leurs forces contre les Vénitiens et poussèrent plus vivement le siége de Candie, le même duc de Beaufort conduisit 7,000 hommes au secours de la place et périt glorieusement sur ce dernier boulevard de la chrétienté, en 1669.

Mais le grand projet de Louis XIV, et le fond de sa politique depuis la paix des Pyrénées, était de réunir un jour à sa couronne ou la totalité de la monarchie espagnole ou les Pays-Bas, malgré la renonciation formelle de Marie-Thérèse. L'acquisition des Pays-Bas, écrivait Mazarin dès 1646, forme à Paris un boulevard inexpugnable ; et ce serait alors véritablement qu'on pourrait l'appeler le cœur de la France. Lionne poursuivit cette pensée de Mazarin pendant sept ans (1661-1668), préparant la cour d'Espagne aux réclamations de la France, s'assurant la neutralité des uns, l'amitié des autres, prévoyant surtout et prévenant deux oppositions redoutables, l'empereur et la république des Provinces-

Unies, l'un qui pouvait prétendre à la succession par sa mère et par sa femme, l'autre qui craignait toujours le voisinage de la France. L'empereur était déjà contenu par la ligue du Rhin, qu'on renforça de l'électeur de Brandebourg. On pensionna ce nouvel allié; puis les électeurs de Mayence et de Cologne, l'évêque de Munster et le duc de Neubourg, pour fermer à Léopold la route des Pays-Bas ; on négocia avec la diète de Ratisbonne pour séparer de l'empire le cercle de Bourgogne. La Suède s'effrayait de voir Louis XIV si puissant dans l'empire par ses alliances et ses subsides, et refusa de s'unir à lui pour donner la Pologne au fils du grand Condé, sous prétexte de la défendre contre le Brandebourg, la Russie et l'Autriche ; mais la Suède resta dans l'alliance de la France, et promit de lui laisser sa liberté contre l'Espagne. Louis XIV ne craignait rien de l'Angleterre, gouvernée par Charles II qui lui vendait Dunkerque, et d'ailleurs épuisée par sa guerre de Hollande. Il maria son frère unique, Philippe d'Orléans, à Henriette, sœur de Charles, et lui offrit de l'argent pour gagner son parlement. Restaient les Provinces-Unies, alors gouvernées par le parti des États, pendant la minorité de Guillaume III. Jean de Witt et les républicains, effrayés de la restauration des Stuarts alliés des Nassau, devaient naturellement se rapprocher de la France.

Quoique Jean de Witt et Louis XIV ne s'entendissent guère sur les Pays-Bas espagnols, l'un voulant les transformer en république belge, et l'autre les partager avec les Provinces-Unies, les deux États se lièrent par un traité de commerce et d'alliance offensive et défensive (1662). Dans la guerre qui suivit entre Charles II et la république, Louis XIV secourut faiblement ses alliés. Il soutint Jean de Witt contre le parti d'Orange, plutôt que la Hollande contre l'Angleterre. L'élévation des Nassau, c'est-à-dire l'union des Provinces-Unies à l'Angleterre, tant désirée par Cromwell, eût gêné les projets de Louis XIV sur les Pays-Bas espagnols. D'autre part il ne lui convenait pas de compromettre sa marine naissante dans l'horrible choc des deux flottes. Le duc d'York avait détruit au mois de juin une partie de la flotte hollandaise commandée par Wassenaer. Ruyter et van Tromp livrèrent aux Anglais dans la Manche et dans la mer du Nord plusieurs batailles où la flotte française ne parut point, quoiqu'elle eût promis de paraître. Le roi de France aimait mieux voir les deux puissances se combattre et s'épuiser à son profit. Il se contenta d'abord de maintenir dans la neutralité l'Espagne, la Suède et l'Empereur, dont l'Angleterre recherchait l'alliance, et de procurer aux Hollandais celle du Danemark et du Brandebourg. Plus tard, les voyant si faibles sur terre, il envoya 6,000 hommes contre l'évêque de Munster, Bernard de Galen, allié des Anglais. Aux Antilles, nos colons de Saint-Christophe battirent les Anglais, les chassèrent de l'île, et leur enlevèrent Montserrat et Antigoa. Mais les Français perdirent l'Acadie. Ruyter forçant l'entrée de la Tamise et brûlant les navires en rade de Chatam, hâta la conclusion de la paix signée à Bréda (1667), qui nous rendit l'Acadie.

Jean de Witt, qui dans cette guerre avait subi l'influence et l'alliance équivoque de la France, se retourna contre elle dès que Louis XIV eut démasqué ses projets sur les Pays-Bas espagnols. Même avant le traité de Bréda, Louis XIV avait conclu une trêve secrète avec l'Angleterre. Autant Jean de Witt redoutait la paix, autant son allié la désirait pour être libre d'agir en Belgique.

Philippe IV en mourant (1665) laissait pour héritier un enfant de son second mariage, Charles II, faible de corps et d'esprit. Louis XIV, au nom de sa femme, fille unique du premier lit, dont la dot n'avait pas été payée, et par le *droit de dévolution*, réclama les parties de la succession espagnole régies par cette coutume de Brabant : la plus grande partie des Pays-Bas espagnols et la Franche-Comté. A cette loi particulière du Brabant qui statuait que la propriété des biens immeubles d'un veuf ou d'une veuve, passant à de secondes noces, était dévolue de plein droit aux enfants du premier lit ; à cette coutume provinciale et du droit privé, les Espagnols opposaient les lois fondamentales de l'Espagne, qui consacraient l'indivisibilité de la monarchie. On répliquait de Paris que les biens réclamés par Louis XIV étaient plutôt des biens héréditaires et privés des rois espagnols que des possessions intégrantes de la couronne. Louis XIV négocia pendant dix-huit mois et publia le *Traité des Droits de la Reine*, en réponse aux écrits de l'Espagne. Il rappelait aux Flamands que les rois de France étaient leurs seigneurs naturels avant qu'il y eût des rois de Castille. Après cet appel à l'opinion publique, il envahit les Pays-Bas (1667) avec une armée de 35,000 hommes commandée par Turenne, tandis que d'Aumont agissait sur la Flandre maritime, et Créqui sur le Rhin. Louis XIV comptait moins sur son droit que sur l'épuisement de l'Espagne, ruinée en Europe par les efforts de sa longue domination, pillée en Amérique par les flibustiers, et qui n'était défendue aux Pays-Bas ni par ses troupes et ses forteresses, ni par l'affection de ses sujets. En deux mois, ses trois généraux prirent toutes les villes de la Flandre wallone, Charleroi, Ath, Tournai, Bergues, Furnes, Douai et les forts de la Scarpe; il fallut deux jours à sa formidable artillerie pour réduire Oudenarde; neuf jours pour faire capituler entre ses mains Lille, défendue par une garnison de 6,000 hommes et par la milice provinciale. Vauban fortifiait les villes à mesure qu'elles se rendaient, et Louis XIV, laissant l'armée à Turenne, repartait pour Saint-Germain.

La régente d'Espagne, l'autrichienne Marie-Thérèse, mal gouvernée par le jésuite Nithard et réduite à payer ses soldats par souscription, cherchait en vain des alliés contre la France. Charles II était gagné par la cour de Louis XIV, les Provinces-Unies, encore en guerre contre l'Angleterre, étaient liées par leurs traités avec la France, et l'empereur, par un traité secret avec Louis XIV pour le partage éventuel de la monarchie espagnole. Louis XIV s'arrête après la prise de Lille, et propose de s'en tenir à ses conquêtes. Après la paix de Bréda, les Hollandais, alarmés de ses progrès, s'offrent pour médiateurs. Mais l'Espagne, quoique forcée à ce moment de traiter avec le Portugal, temporise, comptant sur l'hiver et sur les puissances jalouses de la France. Pour la rendre plus traitable, Condé soumet la Franche-Comté en trois semaines, au cœur de l'hiver. Il semblait que la facilité de ces conquêtes prouvât leur légitimité, et que Louis XIV eût raison de réclamer l'unité territoriale de la vieille Gaule.

Jean de Witt et le parti des États qui s'appuyaient sur la France contre la maison d'Orange et l'Angleterre, n'osèrent plus dès lors soutenir l'alliance française. On sait que les Hollandais, depuis leur alliance avec la France, avaient toujours craint son voisinage dans les Pays-Bas et la marche de ses troupes sur Anvers. Le parlement chez les Anglais, le parti orangiste des Provinces-Unies, et la Suède intimidée par les menaces de ces deux puissances maritimes, se montrèrent plus sensibles aux intérêts de l'Espagne que l'empereur lié par son traité, et les princes allemands contenus par l'argent de Louis XIV. Les trois nations protestantes n'attendirent pas même l'invasion de la Franche-Comté pour s'unir contre leur ancienne alliée en faveur de l'Espagne catholique. L'intérêt commercial et maritime effaçait la question religieuse. Le but avoué de la *triple alliance* était de rétablir la paix en offrant à la France une part de ses conquêtes à son choix, et son but secret d'arrêter au besoin par la guerre les envahissements de Louis XIV.

Louis XIV, qui ne connut pas d'abord le traité secret, accepta les conditions de la triple alliance, malgré l'avis de Turenne et de Condé qui lui montraient la facilité d'achever la conquête, avant que les trois puissances fussent prêtes à la guerre. Par la paix d'Aix-la-Chapelle (2 mai 1668), il rendit la Franche-Comté et ses places démantelées, préférant conserver les places fortes des Pays-Bas, que Vauban allait rendre imprenables, Charleroi, Binch, Ath, Douai, les forts de la Scarpe, Tournai, Oudenarde, Lille, Armentières, Courtrai, Bergues et Furnes.

En réalité, Louis XIV avait posé les armes moins devant les confédérés de La Haye que devant la future succession d'Espagne, dont la faiblesse de Charles II semblait annoncer l'ouverture. Son attente fut trompée, car le roi d'Espagne devait encore vivre plus de trente ans. Mais le traité d'Aix-la-Chapelle eut d'importantes conséquences dans les Provinces-Unies. La rupture de notre alliance envenima la lutte des deux partis qui s'y disputaient le pouvoir. Les orangistes s'enhardirent par les événements qui laissaient Jean de Witt et le parti des États sans appui au dehors. Celui-ci crut alors enchaîner à jamais l'ambition des Nassau en faisant voter par les états provinciaux de Hollande l'*édit perpétuel* portant qu'à l'avenir le commandement supérieur des forces de terre et de mer serait incompatible avec le stathoudérat, s'il était rétabli. L'édit, modifié par l'*acte d'harmonie* qui séparait définitivement du stathoudérat le commandement militaire, fut successivement adopté par toutes les provinces. Les Provinces-Unies se partagèrent entre les partisans de la Hollande et ceux du prince d'Orange. Ces factions troublaient également l'église et la science. D'un côté les calvinistes rigides et l'Université d'Utrecht ralliaient le peuple à la famille des Nassau ; de l'autre Jean de Witt et les Etats de Hollande avec l'Université de Leyde suivaient les principes modérés d'Arminius. En religion comme en politique, Jean de Witt était le véritable successeur du grand-pensionnaire Barnevelt. Avec lui la lutte sous toutes les formes continuait plus vive que jamais entre les républicains et les Nassau; nous allons la voir se mêler à la grande lutte de Louis XIV contre la Hollande.

CHAPITRE VIII.

GUERRE DE HOLLANDE. — CONQUÊTE DE LA FRANCHE-COMTÉ. — PAIX DE NIMÈGUE. — CHAMBRES DE RÉUNION. — RÉVOCATION DE L'ÉDIT DE NANTES.

SOMMAIRE.

1. — Louis XIV, ajournant ses projets contre l'Espagne, se tourne contre la république des Provinces-Unies, dont il déteste l'orgueil, la religion et la prépondérance maritime, et que déjà Colbert avait combattue par ses tarifs (1664-1667). Il achète l'alliance de l'Angleterre, de la Suède et des princes allemands, moins le Grand-Electeur. Pour isoler entièrement la Hollande, ses armées occupent d'abord la Lorraine (1670). Ses succès rapides contre la république toujours divisée, excitent dans son sein une révolution démocratique où périt Jean de Witt, et en Europe une coalition en faveur de la Hollande et de Guillaume d'Orange. Les fautes de Louvois et l'énergie de Guillaume devenu stathouder, le génie de Ruyter à Solbay et la rupture des digues sauvent les Provinces-Unies. Une ligue formidable se forme à La Haye contre la France (1673). L'électeur de Brandebourg, désarmé une première fois par Turenne, y joue un rôle important. Turenne est opposé à l'empire, et Condé au prince d'Orange. Les Hollandais et les Impériaux se joignent malgré Turenne. Charles II est forcé par le parlement de signer la paix avec la Hollande; la France chassée des Pays-Bas, et menacée d'une triple invasion au nord, à l'est et par les Pyrénées, n'a plus d'autre allié que la Suède.
2. — Pendant que Louis XIV envahit la Franche-Comté, Condé tient tête au prince d'Orange (bataille de Senef, 1674). Turenne ravage le Palatinat, couvre la Lorraine, sauve deux fois l'Alsace, et meurt à Salzbach (1675), tandis que Créqui est vaincu à Consarbrück. Pour son dernier exploit, Condé sauve à son tour l'Alsace. Au nord de l'Allemagne, le Grand-Electeur bat les Suédois à Fehrbellin (1675). La France repousse partout l'invasion. Duquesne, trois fois vainqueur, anéantit la flotte hollandaise et espagnole sur les côtes de Sicile (1676). Les succès de Créqui sur le Rhin (bataille de Kochersberg, prise de Fribourg), de Louis XIV et de son frère aux Pays-Bas (bataille de Mont-Cassel, prise de Valenciennes, de Cambrai, de Gand et d'Ypres, 1677-1678), enfin la dernière campagne de Créqui (victoires de Rheinfelden et d'Offenbourg) et les rivalités intérieures de la Hollande amènent en dépit de Guillaume d'Orange le traité de Nimègue, au profit de la France et aux dépens de l'Espagne (1678-1679). La Hollande recouvre

toutes ses possessions. La France, accrue de la Franche-Comté et de douze places des Pays-Bas, Aire, Saint-Omer, Cassel, Warneton, Cambrai, Bouchain, Valenciennes, Condé, Maubeuge, etc., restitue à l'Espagne huit villes Courtray, Oudenarde, Gand, Charleroi, etc. Elle désarme le Danemark et le Brandebourg, ennemis de la Suède, par les traités de Fontainebleau et de Saint-Germain. Vauban entoure la France au nord et à l'est d'une triple enceinte de forteresses et fortifie toutes ses côtes.

3. — A ce moment, où Louvois l'emporte sur Colbert, Louis XIV au comble de la gloire reste seul armé, provoque l'Allemagne, l'Espagne et la Suède elle même par ses *chambres de réunion*, surprend Strasbourg, achète Casal (1681) et favorisé par une invasion des Turcs, prend Luxembourg, brave la ligue de La Haye, imposant à ceux qu'il a dépouillés en pleine paix la trève de Ratisbonne (1684). D'autre part, il châtie les États barbaresques, bombarde Gênes, humilie le pape Innocent XI, d'abord par la fameuse *déclaration* de 1682 au sujet du droit de régale, plus tard par l'affaire du droit d'asile

4. — Il brave enfin les puissances protestantes par la révocation de l'Édit de Nantes, qui leur envoie des ouvriers et des soldats (1685). Son intervention dans les affaires de Cologne et du Palatinat tend à lui donner le cours entier du Rhin (1688). La mort de Colbert (1683) l'a livré à l'influence de Louvois et de madame de Maintenon. Le prince d'Orange forme contre lui la Ligue d'Augsbourg pour se donner le temps de détrôner Jacques II. La France est seule contre l'Europe et n'a d'autres alliés que les Turcs, vaincus par Sobiesky sous les murs de Vienne (1683), et bientôt chassés de la Hongrie par une série de défaites. Louis XIV déclare et commence la guerre pour maintenir l'Angleterre dans son parti ; mais attaquant l'Allemagne sur les conseils de Louvois et laissant la mer libre à Guillaume, malgré les avis de Seignelay, il ne fait que hâter la chute des Stuarts, préparée par les fautes de deux règnes.

I. — **Causes de la guerre de Hollande. — Alliances de la France. — Invasion des Provinces-Unies (1672). - Révolution de Hollande ; Guillaume d'Orange. — Coalition contre Louis XIV. — Grande alliance de La Haye (1673).**

La guerre de dévolution, injuste, mais utile au pays, prouvait l'étendue de ses ressources et la force de son gouvernement ; elle fut suivie d'une guerre injuste et impolitique. Les courtisans et la fortune échauffaient l'ambition de Louis XIV. Il ne pardonnait pas aux Hollandais, à ce peuple de *gueux*, à ces créatures des rois de France, d'avoir posé des bornes à ses prétentions, et comme ils disaient eux-mêmes, arrêté le soleil. Déjà persécuteur des réformés de son royaume, il détestait cette république de marchands calvinistes, asile commun des républicains que la restauration des Stuarts avait chassés d'Angleterre, et des gazetiers qui censuraient l'ambition et les maîtresses du roi de France. Il craignait pour sa marine naissante ces fiers dominateurs de l'Océan et du Rhin. Les Hollandais nous enlevaient jusqu'au commerce avec nos colonies ; ils approvisionnaient nos Antilles par la contrebande et gagnaient quatre millions par an sur les sucres français qu'ils revendaient à la France. Ils avaient ruiné la compagnie des Iles créée par Richelieu en 1635. Colbert s'indignait que sur les 25,000 vaisseaux qui faisaient le commerce maritime en Europe, les Hollandais en eussent 15 à 16,000, et les Français 600 au plus. Il établit d'abord pour les chasser de nos ports un droit de 50 sous par tonneau sur les navires étrangers, puis les tarifs de 1664 et 1667 sur leurs marchandises. A leur tour, les Hollandais augmentèrent les droits sur les vins et les eaux-de-vie de France. Ainsi Colbert voulait la guerre contre la Hollande pour élever le commerce et la marine de la France, comme Louvois, pour conquérir un jour les Pays-Bas espagnols et porter la France jusqu'au Rhin.

Ces marchands, enrichis par la vente des harengs, tiendraient-ils contre la brillante noblesse de France ? Louis XIV résolut d'anéantir la République et de partager avec les Anglais ses provinces maritimes ; il espérait conquérir avec la Hollande son commerce et son industrie. Mais Louis XIV ne comprit pas qu'en attaquant chez les Hollandais le foyer du calvinisme, il reprenait aux yeux de l'Europe le rôle odieux de Philippe II ; qu'en substituant à la politique savante et mesurée de Richelieu et de Mazarin une politique de vengeance, il perdait le protectorat de l'Empire et sa médiation puissante en Europe ; qu'en recherchant la domination catholique de Charles-Quint, il donnait pour ennemis à la France tous ceux qu'elle avait eus pour alliés depuis un siècle et demi contre la maison d'Autriche. La mort de Lionne, élève de Mazarin, laissa Colbert sans appui contre Louvois, qui livrait les grandes réformes et les finances rétablies aux chances d'une guerre de passion.

Il faut convenir qu'au moins cette guerre injuste fut merveilleusement préparée. Pendant un voyage de fêtes et de plaisirs que fit la cour aux Pays-Bas, la belle duchesse d'Orléans alla conclure à Douvres avec son frère Charles II un traité secret, déjà préparé par Colbert de Croissy avec les ministres catholiques ou, pour mieux dire, avec les complices de Charles II. Ce prince incrédule, qui prétendait comme Louis XIV appuyer son pouvoir absolu sur l'Église catholique, ennemi par ses plans secrets des Hollandais calvinistes dont la richesse et la puissance maritime excitaient la jalousie de l'Angleterre, espérait que la guerre le rendrait maître de la flotte par son frère le duc d'York, et forcerait le Parlement à voter plus largement les subsides qu'il mesurait avec tant de parcimonie à sa cour licencieuse. Il crut flatter l'esprit national en publiant son traité d'alliance offensive et défensive avec la France contre la Hollande. Mais par son traité secret, qui ne fut connu qu'après l'expulsion de sa famille, et qui l'eût conduit à l'échafaud plus justement que son père, il s'engageait, pour un subside annuel de trois millions et la cession éventuelle des îles de la Zélande, à prêter à Louis XIV soixante vaisseaux et six mille hommes de terre, il jurait de favoriser les projets de son allié sur la monarchie espagnole, et de rétablir la religion catholique dans ses États avec l'appui de la France (1670).

Arnauld de Pomponne allait promettre à la Suède que son maître serait plus libéral en fait de subsides et plus exact que les puissances maritimes. L'aristocratie vénale, qui gouvernait la Suède pendant la minorité de Charles XI, rentra dans notre alliance dont l'avaient détachée naguère les menaces de l'Angleterre et de la Hollande, et promit d'occuper chez lui l'électeur de Brandebourg, pourvu qu'on lui garantît la paix avec le Danemark. Pour mieux s'ouvrir la route du Rhin, Louis XIV avait déjà occupé la Lorraine. Le duc Charles IV, mécontent du traité des Pyrénées, avait d'abord obtenu du roi de France un nouveau traité (1661) qui lui rendait le duché de Bar. Plus tard, au préjudice de son neveu Charles et dans l'intérêt de son fils naturel, il avait vendu à Louis XIV l'expectative de la Lorraine (1662), puis révoqué ce troisième traité pour en revenir au second et négocier une alliance avec les États-Généraux. Louis XIV chargea Créqui d'occuper la Lorraine (1670). L'empereur ne réclama point. Léopold renouvela par un traité secret (1671) la neutralité promise en 1668. Lobkowitz et les Jésuites voulaient la paix à tout prix avec la France pour dompter la Hongrie rebelle.

La guerre qui se préparait de tous côtés contre la république rendait la famille d'Orange plus chère au peuple. Toutes les provinces, et même une partie des États de la Hollande, demandaient qu'on élût Guillaume capitaine-général à vie. Jean de

Witt, assez puissant jusqu'alors pour s'opposer au rétablissement du stathoudérat, obtint qu'on en bornât les pouvoirs à la durée de la guerre. Le parti républicain et marchand, confiant dans l'alliance française, n'avait songé qu'à la flotte; il ne laissait à son ennemi qu'une mauvaise armée de vingt-cinq mille hommes, étrangers pour la plupart, et commandée par des officiers de faveur. Mais la seule province de Hollande avait 10,000 bâtiments de commerce, montés par 168,000 marins, et construisait presque tous les grands vaisseaux de l'Europe.

Au moment même où Louis XIV menaçait la Hollande, l'empire ottoman outrageait son ambassadeur et lui refusait le libre transit par l'Egypte et la mer Rouge, la protection des catholiques de l'Orient, et la restitution du Saint-Sépulcre aux latins. Un jeune Allemand, Leibnitz, alors à Paris, lui proposait d'entreprendre, pour se venger des Turcs, la conquête de l'Egypte, d'où il eût menacé les colonies et le commerce des Hollandais dans l'Inde. Louis XIV dédaigna, comme une imitation surannée des croisades, l'expédition dont la grandeur devait tenter le génie de Bonaparte.

Au printemps de 1672, Louis XIV et Charles II déclarèrent la guerre à la République (5 avril), et 120,000 hommes marchèrent tout à coup de Sedan et de Charleroi sur la Hollande, avec l'art et la précision d'une armée moderne. Il fallait donc qu'avec une mauvaise armée de 25,000 soldats, un jeune homme de vingt-deux ans et d'une constitution faible, défendît son pays contre la plus formidable armée que l'Europe eût jamais vue; mais ce jeune homme était Guillaume III, le plus redoutable adversaire de Louis XIV, qui cachait sous le flegme hollandais le génie politique et militaire de ses aïeux. Les Français, suivant la Meuse depuis Charleroi et laissant de côté Maëstricht et sa forte garnison, devaient, sur le plan de campagne tracé par Turenne, pénétrer par le Rhin et l'Yssel au cœur de la République. Le passage sur les États de leur allié, l'électeur de Cologne, en même temps évêque de Liège, les dispensait de violer le territoire espagnol. La division de Chamilly, placée dans la province de Liége, assurait la marche des troupes; celle de Luxembourg devait rallier les auxiliaires de Cologne et de Munster pour attaquer avec eux les Provinces-Unies au nord-est; une autre observait les Espagnols en Flandre.

Les Français, d'abord maîtres des villes brandebourgeoises du duché de Clèves, que les Néerlandais avaient jadis occupées pour mieux se défendre contre l'Espagne, Orsoy, Rheinberg, Buderich, Wesel, passèrent le Rhin sans peine à Tolhuis (juin 1672), à l'endroit où le fleuve est diminué de toutes les eaux qu'il verse dans le Wahal et le Leck. Quelques détachements envoyés par Guillaume défendirent mal ce passage si vanté et si facile. Les Français avaient déjà pénétré par le Betaw jusqu'à Muyden, à quatre lieues d'Amsterdam, où se trouvent les écluses dont ils auraient dû s'emparer. Les plus riches citoyens envoyaient leurs fortunes et leurs familles en Danemark, aux villes anséatiques, dans le Brabant et même en France. On calculait déjà que les vaisseaux qui se trouvaient dans les ports pourraient transporter cinquante mille familles à Batavia. Le peuple, si mal défendu, se croyait trahi. Les calvinistes rigides détestaient dans le grand-pensionnaire le disciple de Descartes et l'ami de Spinosa. La Hollande n'avait plus d'autre ressource que l'article du traité secret qui ne permettait pas aux Français d'occuper la Hollande avant que les Anglais eussent pris possession de la Zélande ou des bouches de la Meuse et de l'Escaut.

Charles II n'avait pas vendu son pays aussi facilement qu'on l'a dit, et la France n'avait pas tous les profits de l'alliance. Il avait réclamé le commandement des flottes unies, la manière des Anglais, disait-il, étant de commander à la mer. La flotte de Ruyter, forte de 133 vaisseaux, et la flotte anglo-française de 152 vaisseaux, commandée par le duc d'York, se rencontrèrent près de Solbay. La bataille dura tout un jour et fut indécise; le lendemain pourtant, les Hollandais se retirèrent, et sans la violence du flux, sans une tempête qui survint, le débarquement des Anglais et des Français eût anéanti la République.

Au milieu des cris du peuple qui l'accusait de trahison, Jean de Witt maintenait son autorité dans les États-Généraux, et ne désespérait pas encore de traiter avec la France. Mais déjà les États provinciaux de Zélande juraient de se défendre jusqu'à la mort, et s'il fallait mourir, de se livrer à l'Angleterre plutôt qu'à la France. Le peuple, électrisé par l'exemple de la Hollande, arborait partout les couleurs d'Orange. Les États envoyèrent cependant Pierre de Grott demander la paix au roi de France. Il devait offrir Maëstricht et toutes les possessions de la république en dehors des Sept Provinces, avec dix millions pour les frais de la guerre, mais stipuler le maintien de la constitution et de la liberté religieuse. Louis XIV, sans pitié pour ces marchands usurpateurs, que le pape Clément X le félicitait d'avoir enfin châtiés, fit à ces offres une telle réponse, malgré Turenne qui lui conseillait de se tourner contre l'Espagne et d'achever la guerre de *dévolution*, que l'envoyé de Hollande déclara la mort préférable aux conditions de la France et de l'Angleterre. Celle-ci pour son compte avait demandé, avec la cession de la Zélande, la couronne pour le prince d'Orange et l'expulsion des réfugiés anglais. L'ambassadeur continua néanmoins de négocier pour donner le temps de rompre les digues. Malgré les instances du comte d'Estrades, qui connaissait le mieux le pays, on avait négligé de s'emparer de Muyden, où sont les écluses d'Amsterdam. La Hollande était sauvée.

Le prince d'Orange, qui pouvait compter pour lui-même sur le bon vouloir de l'Angleterre, dédaigna d'acheter par l'asservissement de son pays un pouvoir que déjà ses concitoyens lui offraient pour le défendre. Pendant que les Anglais lui offraient la souveraineté héréditaire de quelques débris de la République, toute la bourgeoisie de Hollande et tout le clergé demandaient à grands cris que *l'Édit perpétuel* fût aboli, et Guillaume proclamé stathouder. Rotterdam et Amsterdam formulèrent le vœu du peuple dans l'assemblée des États. Le prince d'Orange fut nommé stathouder à vie, capitaine-général et grand-amiral de Hollande. Les États-Généraux le nommèrent encore capitaine-général de l'Union.

Les quatre provinces maritimes avaient rompu leurs digues; partout le peuple prit la place des mercenaires pour défendre ses murailles. Groningue brava héroïquement toute l'armée de Cologne et de Munster, qui faillit périr dans l'inondation; c'était la fin des revers de la Hollande. Le vieux Maurice de Nassau, le héros du Brésil, couvrit la Hollande. Guillaume releva le patriotisme de l'armée, et pour en finir avec le parti de la paix, souilla d'un crime affreux la plus noble cause. Il livra les deux frères de Witt aux coups d'une populace ameutée par de vils agents, et récompensa leurs meurtriers. Ruyter lui-même n'échappa qu'avec peine aux assassins. Pour l'honneur du parti républicain, alors calomnié par les Orangistes, Gaspar Fagel, successeur de Jean de Witt, et qui pensait comme lui, comprit que l'unité du commandement pouvait seule sauver la patrie, et se rallia franchement au prince d'Orange.

La rupture des digues avait déjà arrêté les progrès de l'ennemi; les fautes des Français achevèrent la délivrance de la Hollande. Louvois affaiblit l'armée par des garnisons, malgré l'avis de Condé qui voulait qu'on démantelât les places fortes pour marcher sur Amsterdam. Les 25,000 prisonniers que Turenne et Condé conseillaient d'employer au canal du Languedoc, et que Louvois par bravade laissa racheter pour un écu par tête, prouvèrent bientôt qu'on ne les avait pas vendus assez cher. Louis XIV, laissant Turenne et Luxembourg achever sa conquête, revint célébrer à Paris un triomphe dont s'alarmaient déjà toutes les puissances. Dès l'ouverture de la campagne, Frédéric-Guillaume avait offert à la Hollande une armée de 20,000 hommes dont la moitié serait soldée à ses frais. Après la mort de Jean de Witt, la République confirma ce traité de subsides. L'empereur feignit de s'engager en même temps par une convention secrète avec les Hollandais, mais Louis XIV avait gagné le premier ministre de Léopold, Lobkowitz, trop exclusivement préoccupé des rebelles de la Hongrie. Montécuculli, enchaîné par des instructions dont il rougissait, contrariait les opérations de l'électeur. La mauvaise foi de Léopold força le prince, mal payé par la Hollande et poursuivi par Turenne jusqu'au delà du Weser, de conclure à Vossein un traité de neutralité, sauf la guerre d'empire (avril 1573). Luxembourg en Hollande était moins heureux : un dégel subit l'arrêta dans sa marche hardie sur La Haye.

Cette guerre générale prévue par le patriotisme de Frédéric-Guillaume éclata bientôt. La politique du stathouder sut persuader aux puissances que la maison de Bourbon, qui dénonçait depuis si longtemps à l'Europe les tendances de l'Autriche à la monarchie universelle, méritait les mêmes reproches, et qu'il fallait s'unir promptement contre elle pour le salut de l'équilibre européen. La disgrâce de Lobkowitz inquiéta Louis XIV. Les cours de Vienne et de Madrid et les États-Généraux signèrent le traité de La Haye (août 1673), auquel accéda bientôt le duc le Lorraine. Le descendant de Guillaume le Taciturne devint généralissime du roi d'Espagne. La république soutenait sa diplomatie par les armes. Ruyter livrait trois batailles en trois mois, deux en vue de Walcheren, la troisième près du Texel (juin-août 1673), et balançait toujours la supériorité du nombre par son artillerie. Sur terre, Maëstricht, investie par un plan nouveau, les parallèles, dont Louis XIV s'attribua l'honneur, ne résista que treize jours. Mais Condé tentait vainement de rentrer dans la Hollande inondée, et Turenne d'empêcher la jonction du prince d'Orange et des impériaux. D'autre part, le Parlement ne permit pas à Charles II de suivre plus longtemps une politique contraire aux intérêts de son pays, et le refus des subsides força le roi de signer la paix avec les États-Généraux (février 1674). L'exemple de l'Angleterre entraîna l'évêque de Munster et l'électeur de Cologne.

Les Français, contraints par ces défections d'évacuer la Hollande, n'occupaient plus au mois de mai 1674 que Grave et Maëstricht sur le territoire de la République. Les Sept Provinces proclamaient le stathoudérat héréditaire dans la famille de Guillaume, pour sa descendance mâle. Le duc de Brunswick-Lünebourg, le roi de Danemark (Christian V) et d'autres princes allemands entrèrent successivement dans la coalition. L'empire déclara la guerre à Louis XIV (juin 1674). Le Grand-Électeur, en vertu de ses réserves pour la guerre d'empire, arma seize mille hommes contre la France.

Turenne, à la tête de 30,000 hommes, eut sur les bras toute l'Allemagne. 30,000 impériaux partis de la Bohême joignirent le prince d'Orange, coupèrent les communications des Français avec leurs conquêtes de Hollande par la prise de Bonn, et dominèrent sur les deux rives du Rhin. Louis XIV, sans alliés en Allemagne, n'en avait plus qu'un seul en Europe, la Suède, ennemie du Brandebourg. La France avait donc à combattre tous ses vieux alliés contre l'Autriche, catholiques et protestants; les deux branches de Habsbourg défendaient contre la France une république calviniste, que la France avait protégée contre l'Espagne; enfin, et c'était là le plus grand changement, les princes allemands s'unissaient à l'empereur contre les deux protecteurs de leurs libertés, la France et la Suède. La France reculait jusqu'à ses frontières pour sauver au moins le profit de ses derniers traités. Les alliés la menaçaient d'une triple invasion : Guillaume, avec 20,000 impériaux et 25,000 Hollandais qui s'étaient joints à Nivelles, devait envahir la Champagne ; l'armée allemande entrer par l'Alsace et la Lorraine, les Espagnols par le Roussillon. Heureusement nos généraux étaient Condé à Charleroi, Turenne à Bâle, Schönberg dans le Roussillon.

II. **Guerre générale.** — **Conquête de la Franche-Comté (1674).** — **Campagne de Condé aux Pays-Bas ; victoire de Senef.** — **Campagne de Turenne en Alsace (1674-1675) ; sa mort.** — **Défaite des Suédois à Fehrbellin (1675).** — **Dernière campagne de Condé en Alsace.** — **Victoires navales de Duquesne (1676).** — **Campagne de 1677.** — **Traité de Nimègue (1678).** — **Pacification générale.**

Louis XIV, ayant su maintenir par sa diplomatie l'importante neutralité de la Suisse, vint faire en personne avec une quatrième armée la conquête de la Franche-Comté, qui cette fois devait rester à la France. Vauban prit Besançon en neuf jours ; la province entière fut conquise en six semaines (juin 1674). Condé, attaqué en Belgique par le stathouder, arrêta l'invasion au nord par la furieuse bataille de Senef (août 1674). Schönberg aussi défit les Espagnols à Fort-les-Bains. De son côté, Turenne s'inspirait des dangers de la France et croissait d'audace en vieillissant. Avec 20,000 vieux soldats et sa fière indépendance vis-à-vis de Louis XIV et de Louvois, il brava toutes les forces de l'Empire. Il protégea la conquête définitive de la Franche-Comté, achevée si rapidement par son maître ; il couvrit la Lorraine et sauva l'Alsace. Il courut d'abord au devant de l'invasion, et battit deux fois au-delà du Rhin, aux journées de Sinzheim et de Ladembourg, Caprara, général de l'armée des Cercles, et le vieux duc de Lorraine, avant l'arrivée des Hongrois que leur amenait Beurnonville. Il repassa le Rhin après leur jonction, et cette fois, trop docile aux ordres de Louvois et trop résigné aux horreurs de la guerre, il incendia le Palatinat. L'électeur, qui venait de marier sa fille à Philippe d'Orléans, frère de Louis XIV et veuf de Henriette d'Angleterre, vit des fenêtres de son château de Friedrichsbourg plus de trente villes ou villages brûlés par l'armée française. Les vaincus passèrent le Rhin à leur tour au nombre de 35,000 hommes pour venger le Palatinat sur l'Alsace. Turenne, moins effrayé que la cour, refusa d'abandonner l'Alsace pour défendre la Lorraine. « Je connais, écrivait-il au roi, la force des troupes impériales, les généraux qui les commandent, le pays où je suis ; je prends tout sur moi. » Il battit les ennemis près d'Entzheim et les poussa sous le canon de Strasbourg, qui leur avait livré le passage au mépris de sa neutralité. L'électeur de Brandebourg arrivant après la défaite de ses alliés, les vaincus furent 60,000 en Alsace, et trois mois plus tard, tous avaient repassé le Rhin. Turenne les brava d'abord un mois entier dans une forte position sur la Zorn, puis feignit de battre en retraite. Quand ils croyaient la campagne finie et l'Alsace perdue pour la France, Turenne revint de Lorraine au cœur de l'hiver, en longeant les Vosges jusqu'à Belfort, les surprit dans leurs quartiers, et les mit en déroute aux journées de Mülhouse et de Turckheim. Dans une lettre au roi, Turenne avait tracé d'avance et jour par jour sa campagne d'Alsace, la plus glorieuse que la France eût jamais faite ; il avait bravé jusqu'au bout les ordres de Louvois. Louis XIV, attaqué par tant d'ennemis, lui refusa le repos qu'il demandait pour prix de ses services. Turennne franchit le Rhin et transporta la guerre en Souabe (1675).

On a vu qu'au nord l'invasion n'avait pas mieux réussi. Tous les succès de Guillaume, arrêté par Condé à Senef, se bornèrent à la prise de Grave, héroïquement défendue par Chamilly, qui avait résisté trois mois. Pour occuper dans ses États le plus énergique des princes allemands, les Suédois, sur un signe de la France, avaient envahi et ravagé le Brandebourg. Le Grand-Électeur courut à la défense de ses États et, sans avoir attendu son infanterie, battit à Fehrbellin (18 juin 1675) les Suédois jusque-là si redoutés. Ils furent déclarés par la diète ennemis publics, dépouillés de leurs possessions allemandes (Brême, Verden, Wismar) et battus sur mer par les Danois et les Hollandais. La défaite des Danois à Lunden, l'année suivante, fut la seule vengeance des Suédois.

Cependant les troupes de l'empereur et de l'empire formaient toujours deux armées, l'une de 25,000 hommes sous Montécuculli, l'autre de 20,000 hommes sous le duc de Lorraine. A la première qui manœuvrait sur le Rhin pour entrer en Alsace, la France opposa Turenne ; à la seconde qui menaçait la Lorraine par la Moselle, le vaillant duc de Créqui. Montécuculli, affranchi du conseil de guerre qui siégeait à Vienne, et Turenne, désobéissant à Louvois, luttèrent dans toute la liberté de leur génie sur un terrain de quelques lieues carrées. Chacun d'eux devinait ce que l'autre allait faire, parce qu'il l'eût fait à sa place. Ce fut, dit Follard, le chef-d'œuvre de Turenne et de Montécuculli. Le premier avait si bien placé son rival qu'il se croyait sûr de la victoire, lorsqu'il fut tué par un boulet perdu dans une reconnaissance près de Salzbach (27 juillet 1675). On sait les belles paroles de Saint-Hilaire, ce fils d'un savetier de Nérac qui devint lieutenant-général de l'artillerie ; privé d'un bras par le même boulet qui frappa Turenne, « ce n'est pas moi, disait-il à son fils, c'est cet homme irréparable qu'il faut pleurer. » Les dépouilles de Turenne reposèrent à Saint-Denis dans le tombeau des rois, comme celles de Du Guesclin.

L'armée française, consternée par la mort de Turenne, et dont le comte de Lorges et le marquis de Vaubrun se disputaient le commandement, fit sous le premier de ces généraux une belle retraite, et perdit le second au vigoureux combat d'Altenheim. Les Impériaux envahirent l'Alsace par Strasbourg. Dans le même temps, Créqui, vaincu à Consarbrück par le duc de Lorraine et réfugié dans Trèves, était trahi et livré par la garnison avec la ville assiégée. Sur les ordres du roi, le grand Condé vint des Pays-Bas converser, comme il disait, avec l'ombre de Turenne, et sans livrer bataille, il força Montecuculli d'évacuer l'Alsace. Ce fut pour tous deux la dernière campagne. Condé, plus heureux que Turenne, alla jouir de sa gloire dans sa délicieuse retraite de Chantilly, où les lettres et la religion occupèrent noblement ses dernières années. Après eux on en revint à la guerre de siéges, condamnée par Turenne, mais chère à l'orgueil de Louis XIV, que ses généraux appelaient avec sa cour au dernier assaut. Du vivant même du grand capitaine, en 1675, le roi, à la tête d'une armée de 70,000 hommes, avait pris Liége, Dinant et Limbourg; en 1676, il prit Condé et Bouchain, et manqua, malgré les instances de ses généraux, l'occasion d'écraser l'armée de Guillaume entre l'Escaut et la Scarpe. Le prince d'Orange échoua contre Maëstricht. Le duc de Lorraine, Charles V, fut plus heureux contre Philippsbourg, que l'on regardait comme la clef du Rhin et de la Franconie.

La prise des villes de Flandre sous les yeux du roi faisait plus de bruit en France que les victoires navales préparées par Colbert et gagnées par Duquesne dans la Méditerranée, victoires plus glorieuses, plus menaçantes pour les puissances maritimes, et qu'on aurait pu rendre plus utiles à la France.

Messine s'était révoltée en 1674, comme naguère en 1647. Cette fière république, gouvernée par son sénat et jalouse de ses priviléges, chassa le gouverneur espagnol, don Diégo Soria, et s'offrit à Louis XIV avec la souveraineté de la Sicile. Une première escadre envoyée par le roi de France prit possession de Messine ; une autre qui portait le vice-roi, duc de Vivonne, battit les Espagnols et prit Agosta. La Hollande, implorée par ses anciens maîtres, leur envoya Ruyter et vingt-trois vaisseaux de guerre. Mais la marine française était devenue, sous la discipline de Colbert, et malgré l'odieuse jalousie de Louvois, assez puissante pour attaquer et vaincre les Hollandais et les Espagnols réunis. Colbert avait fourni pour cette guerre cent quatre-vingt-quatorze bâtiments de guerre, dont 116 vaisseaux, armés de plus de six mille canons, et montés par six mille officiers, vingt-et-un mille matelots et treize mille soldats ; plus, vingt galères sur la Méditerranée (1). Ruyter, forcé d'obéir à l'amiral espagnol, ne combattait qu'à regret les Français qu'il avait toujours aimés. Duquesne, après un premier combat entre les îles de Stromboli et de Salini, ravitailla Messine ; la seconde bataille, celle d'Agosta, coûta la vie à Ruyter (avril 1676) ; la troisième, près de Palerme, où débuta le jeune Tourville, acheva de détruire la flotte combinée. Les Français restèrent maîtres de Messine. Mais Louis XIV avait songé bien plus à faire en Sicile une diversion aux guerres du continent qu'à s'assurer pour longtemps l'empire de la Méditerranée. La même licence qui jadis avait provoqué les Vêpres siciliennes, et la mollesse de Vivonne, eurent bientôt dégoûté la Sicile de ses protecteurs. Louis XIV avait promis d'envoyer un

1. Voir l'excellent ouvrage de M. Gaillardin, *Histoire de Louis XIV*, T. III.

prince de son sang pour rendre à ce pays son ancienne grandeur, et les domestiques de Vivonne opprimaient la Sicile ! Vers la fin de la guerre, en 1678, quand Louis XIV craignit d'être attaqué par les Anglais, il rappela sa flotte et livra la Sicile à la vengeance de l'Espagne. Les Messinois voulaient se donner aux Turcs.

Cependant la guerre de siéges continuait sur terre. En 1677, le roi prit Valenciennes et Cambrai ; son frère le duc d'Orléans prit Saint-Omer, après avoir battu le prince d'Orange à Mont-Cassel. Créqui, racheté et devenu par son malheur un grand capitaine suivant la prédiction de Condé, ferma l'entrée de la Lorraine au prince Charles, le battit en Alsace à Kochersberg et prit Fribourg. La même année vit les Espagnols battus dans le Lampourdan à Espola par Navailles. Aux Antilles, d'Estrées, avec huit bâtiments armés à ses frais, battait deux fois les Hollandais à Tabago et les chassait de l'île. Nos alliés du Nord, les Suédois, étaient moins heureux ; deux fois défaits sur mer devant Rostock et dans le Sund, chassés de Stettin et réduits à Stralsund, tout leur succès fut de fermer leur péninsule aux Danois et de battre Christian V à Landscrona.

Il avait fallu, pour entretenir sur pied deux cent cinquante mille hommes, augmenter les impôts, créer le monopole du tabac, inventer de nouveaux offices, ouvrir des emprunts onéreux, au grand regret de Colbert, qui voyait l'industrie ruinée et les finances rejetées dans l'ancien désordre. La Guyenne et la Bretagne étaient soulevées par le poids des taxes, treize mille Bretons ameutés criaient : Vive le roi sans impôts ! Les parlements de Bordeaux et de Rouen, trop indulgents pour les coupables, étaient dissous, et des corps d'armée marchaient contre les rebelles. Un seigneur de Rohan portait sa tête sur l'échafaud pour avoir tenté de livrer Quillebeuf aux Hollandais.

Là France ruinée exigeait pour traiter qu'on lui tînt compte de ses victoires. En 1678 la prise de Gand et d'Ypres par Louis XIV et les succès de Créqui sur le Rhin amenèrent la paix de Nimègue. Dès l'an 1673 la Suède avait ouvert le congrès de Cologne, où les Impériaux enlevèrent comme agent de la France et traître à l'Allemagne Guillaume de Fürstenberg, principal ministre de l'électeur de Cologne ; cette violence dont se plaignit la France, comme d'une atteinte au droit des gens, avait rompu le congrès.

En 1675 la médiation de l'Angleterre ouvrit celui de Nimègue, où les Impériaux parurent les derniers. La paix était sincèrement désirée par la France épuisée; la Hollande se lassait de payer des subsides à la coalition qu'elle avait formée contre la France, et le parti des États désirait la fin d'une guerre qui ruinait le commerce et donnait trop de crédit au prince d'Orange. Amsterdam craignait toujours de voir Anvers aux mains des Français. Mais les deux branches de la maison d'Autriche, armant à leur tour l'Europe contre la France, espéraient la ramener aux traités de Munster et des Pyrénées. Le Danemark et le Brandebourg prétendaient conserver leurs conquêtes sur la Suède. On négociait comme au traité de Westphalie, et chacun espérait comme alors simplifier les négociations par une victoire. Mais l'Espagne dégénérée, l'Autriche menacée d'une révolte en Hongrie, l'empire mal armé, tous ces membres d'une coalition travaillée par de sourdes rivalités, ne pouvaient rien sans les subsides de la Hollande, à qui la guerre coûtait 50 millions par an.

Louis XIV songea d'abord à tarir la source des subsides. Le ministre de la république, Beverningk, rejeta l'offre d'une paix séparée, par crainte du parti orangiste et par égard pour les confédérés qui se crurent désormais sûrs de la Hollande et s'applaudirent de sa loyauté. Louis XIV, satisfait de lui avoir fait connaître ses dispositions, continua la guerre avec plus de confiance. Il crut que la république se lasserait d'autant plus vite d'une guerre ruineuse, qu'on lui avait montré les moyens d'en sortir avec honneur. Le mariage de Guillaume avec Marie, fille du duc d'York et nièce de Charles II, et le traité d'alliance entre l'Angleterre et les Provinces-Unies qui suivit cette union (1678), précipitèrent le dénouement que la diplomatie française avait préparé. La France devait craindre que Charles II, malgré ses engagements secrets, ne fût contraint par son peuple d'entrer dans la coalition ; mais la république, considérant les clauses pécuniaires du traité, craignait d'avoir un allié de plus à payer, et le parti des États voyait dans cet allié des Stuarts un ennemi plus dangereux pour la république. Ces craintes habilement nourries par les agents de Louis XIV amenèrent la conclusion de la paix particulière entre la France et les Hollandais.

Cette paix, signée à Nimègue le 10 août 1678, accordait à la

Hollande de bonnes conditions ; on lui rendait Maëstricht, et surtout on lui accordait l'abolition du tarif de 1667, c'est-à-dire que la France abandonnait sa marine marchande au profit des Provinces-Unies. Guillaume, tout-puissant par la guerre, et qui ne savait pas les négociations terminées, essaya de les rompre en surprenant les Français près de Mons, à l'expiration d'une trêve de six semaines. Repoussé avec une perte de 3,000 hommes, il apprit quatre jours plus tard la conclusion de la paix, hâtée par le nouveau parti anti-orangiste, dont le centre était toujours Amsterdam.

Dès qu'il eut désarmé la Hollande, Louis XIV se montra plus fier avec les autres puissances. L'Espagne, recouvrant Gand et quelques villes cédées au traité d'Aix-la-Chapelle, Charleroi, Oudenarde, Courtray, etc., lui abandonnait la Franche-Comté, et dans les Pays-Bas, Aire et Saint-Omer, complément de l'Artois ; en Flandre et sur l'Escaut, Ypres et Cassel, Cambrai, Bouchain, Valenciennes et Condé ; Maubeuge sur la Sambre. C'était pour la France une ligne formidable de places fortes depuis les Ardennes jusqu'à la mer (septembre 1678). Le Jura, conquis par Louis XIV, assurait le Rhin conquis par Richelieu.

L'empereur, effrayé de son isolement, alarmé d'une insurrection des Hongrois et d'une attaque des Turcs, alliés secrets de Louis XIV, signa la paix pour l'empire et pour lui-même (février 1679). La France perdit Philippsbourg, et reçut Fribourg en échange. Les Furstenberg recouvrèrent leurs titres et leurs biens. Quant au duc de Lorraine, il devait rentrer en possession de ses États, mais à la condition de laisser aux Français sa capitale en échange de Toul, plusieurs forteresses et quatre routes militaires. Charles V préféra noblement l'exil et les chances d'une autre guerre aux propositions de Louis XIV.

L'électeur de Brandebourg et le roi de Danemark se refusaient toujours à rendre leurs conquêtes sur la Suède. La France mit sa gloire à maintenir son unique alliée dans toutes ses possessions et poussa deux petites armées au nord de l'Allemagne. L'électeur, abandonné par les États d'empire qui craignaient son ambition et sa puissance toujours croissante, dut se soumettre, et n'obtint qu'un petit district sur les bords de l'Oder, avec la promesse de 300,000 écus qu'on ne lui paya jamais. Il signa le traité de Saint-Germain (juin 1679), et le Danemark à son tour fit la paix à Fontainebleau deux mois après, en restituant aux Suédois tout ce qu'il leur avait enlevé, Wismar, Rügen, etc. Sacrifié par l'Autriche comme protestant, par la Saxe comme réformé, et redouté des deux côtés comme un rival, l'électeur de Brandebourg se rejeta par dépit dans l'alliance française.

Les Français, sortis vainqueurs d'une si terrible lutte, vantèrent leur adresse avec la Hollande, et leurs profits avec l'Espagne. Mais avec l'empereur, la France avait eu, disaient-ils, adresse, profit et gloire. C'est en quelques mots l'histoire des traités de Nimègue. La puissance des Français s'y révéla surtout par leur langue : au congrès de Westphalie peu de négociateurs entendaient la langue française ; tous la parlaient à Nimègue.

III. **Apogée du règne de Louis XIV.** — Chambres de réunion. — Occupation de Strasbourg (1681). — Formation d'une nouvelle coalition (1681-82) et trêve de Ratisbonne (1684). — Bombardement d'Alger et de Gênes. — Politique de Louis XIV à l'égard de la papauté ; déclaration du clergé de 1682.

La paix de Nimègue marque l'apogée du règne de Louis XIV et de la monarchie absolue, qui bâtissait alors son temple de Versailles. La France, naguère épuisée jusqu'à la révolte, oublia trop vite les souffrances d'une guerre injuste qui finissait par un si beau triomphe. Tous à l'envi célébraient cette victoire du roi sur l'Europe, sur la nature et sur eux-mêmes. La noblesse, brillante décoration de la cour, s'inclinait avec La Feuillade devant la statue de Louis XIV sur la place des Victoires ; la bourgeoisie, fière de ses richesses, de ses priviléges et de sa liberté civile, sous un gouvernement ferme et régulier qui l'admettait à l'exercice du pouvoir comme au partage de la gloire militaire, lui décernait le nom de *Grand* à l'Hôtel de ville ; le clergé, sévèrement réformé dans ses mœurs et sa discipline, plus soumis au roi qu'au pape, le saluait par la voix de Bossuet. Les peintures de Lebrun, les hymnes de Quinault, les tragédies de Racine, jetaient sur cette gloire militaire tout l'éclat des lettres et des beaux-arts. Le canal du Languedoc recevait les premiers vaisseaux. Jamais on ne vit tant d'hommes éminents travailler à la gloire d'un seul. En voyant éclore à la fois tous les germes de grandeur nationale, tous étaient heureux d'un triomphe si chèrement acquis, et complices d'une ambition qui n'avait plus de bornes.

Après la paix de Nimègue, Louis XIV resta seul armé. De même qu'après le traité d'Aix-la-Chapelle, la paix prépara la guerre et prolongea la conquête. Il fallait que la France fût bien étrangement convaincue de l'impuissance de l'Allemagne pour continuer l'invasion des provinces germaniques, par une interprétation scandaleuse des traités. Des *Chambres de réunion*, instituées dans quatre villes, Metz, Tournai, Brisach et Besançon, eurent mission d'examiner ce que signifiaient les *dépendances* des pays cédés à la France par les traités de Westphalie, d'Aix-la-Chapelle et de Nimègue. Ravaux, conseiller au parlement de Metz, en donna la première idée en cherchant dans les archives du pays jusqu'où pouvait s'étendre la juridiction de la nouvelle Cour établie par Richelieu. L'idée, qui d'abord parut folle, eut bientôt réuni tous les suffrages. Sur la frontière d'Allemagne, Louis XIV réclama des villes, des comtés et des principautés, comme fiefs mouvants des deux landgraviats d'Alsace et de la préfecture de Haguenau, ou des Trois Évêchés de Lorraine, de la Franche-Comté et de la Flandre. Avec ce mot *dépendances*, il abusait de la complexité du régime féodal. Ses procureurs découvrirent que les comtés de Weldenz, Vaudemont, Deux-Ponts, Saarbrück, Saarwerden, les domaines de Saarbourg, Salm, Hombourg et tout le duché de Luxembourg, étaient fiefs ou dépendances des Trois Évêchés ; que l'Alsace inférieure, les dix villes libres et Strasbourg relevaient des deux landgraviats, quoique l'Autriche n'eût cédé en Alsace que ses possessions héréditaires ; qu'enfin Montbéliard appartenait à la Franche-Comté. L'Espagne était vassale de la France pour les seigneuries des Pays-Bas, et le roi de Suède pour Deux-Ponts. Les Chambres de réunion citèrent tous ces vassaux à comparaître pour jurer obéissance à leur véritable suzerain, et sur leur refus, les troupes françaises occupèrent les fiefs séquestrés. Le prince d'Orange vit son comté de Ciney passer au maréchal d'Humières et sa principauté d'Orange au comte de Longueville. Le prieuré de Wissembourg, qui n'était pas en Alsace, fut réclamé comme fondation du roi

Dagobert, et Germesheim comme dépendance de Wissembourg. A ce compte-là Louis XIV eût pris toute l'Allemagne par sentence. Sur les réclamations des princes dépouillés, de l'empereur et de la diète de Ratisbonne, il accepta le congrès de Francfort, mais sans interrompre les travaux des Chambres, ni l'exécution de leurs arrêts. Pendant que la diète échangeait des notes et délibérait sur la manière de traiter (*modus tractandi*), Louis prit Strasbourg, sur un arrêt du parlement de Brisach (1681). Les bourgeois qui revenaient de la foire de Francfort se trouvèrent sujets du roi de France, et les prêtres catholiques rentrèrent dans leur grande cathédrale. Louis XIV vint y faire une entrée triomphale. Vauban fortifia sans délai ce boulevard du catholicisme qui semblait conquis sur la Réforme. Une médaille fut frappée avec cette légende : *Clausa Germanis Gallia.* Strasbourg conserva d'ailleurs ses priviléges ecclésiastiques et politiques, comme une sorte de république sous le protectorat de la France. Le même jour, les Français occupaient Casal vendu par le duc de Mantoue. Ils eurent dans leurs mains les clés de l'Allemagne et de l'Italie.

Après ce hardi coup de main, la diète délibéra sur la manière de se défendre. Enfin le congrès de Francfort, ordonné par la diète de Ratisbonne, décida que l'affaire serait renvoyée à la diète. Les princes s'affligeaient médiocrement de la chute d'une ville libre. Cependant le prince d'Orange, l'ennemi de Louis XIV, ménageait une nouvelle alliance de La Haye entre les Provinces-Unies, la Suède, l'empereur et l'Espagne pour le maintien des traités de Westphalie et de Nimègue (1681-1682). L'empereur s'unissait aux princes allemands et les entraînait dans la coalition. Mais personne n'osait déclarer la guerre à la France, ce vaste camp retranché de vingt millions d'hommes dont le génie de Vauban et cent cinquante mille soldats défendaient les approches. Louis XIV savait d'ailleurs le moyen d'occuper à l'Orient les forces de l'Allemagne, et de garantir ses nouvelles conquêtes. Pour forcer l'empereur à signer la paix de Nimègue, il avait soulevé les Hongrois et appelé les Turcs sur l'Autriche. L'année même où Louvois prit Strasbourg, la Hongrie se révolta, et au mois de juillet 1683, deux cent mille Ottomans, commandés par Kara-Mustapha, grand-vizir de Mahomet IV, ayant joint Tékéli, chef des Hongrois rebelles, arrivèrent sous les murs de Vienne. Les princes allemands coururent à la défense de l'Autriche ; ils oubliaient le mot de Charles-Quint : « Si les Français étaient devant Strasbourg et les Turcs devant Vienne, je laisserais là Vienne et j'irais défendre avant tout Strasbourg. »

L'Allemagne fut sauvée des Turcs par Jean Sobieski, et Louis XIV n'eut pas de la diversion qu'il s'était ménagée tout le fruit qu'il en attendait. Il avait tenu son armée prête à passer le Rhin. Il espérait que les Polonais, arrêtés par ses intrigues, n'arriveraient point jusqu'à Vienne, et que pour avoir son appui, l'Allemagne élirait son fils roi des Romains. On dit qu'il avait déjà traité pour l'élection prochaine avec les électeurs de Bavière, de Brandebourg et de Saxe. Le courage du roi de Pologne et de Charles de Lorraine trompa la politique de Louis XIV, qui ne sut même pas cacher son dépit. L'empereur n'avait demandé qu'une trêve au nom de la chrétienté ; la France offrit de conclure une trêve de trente ans et même la paix, si l'empire lui cédait Strasbourg et les territoires adjacents. Dès que Vienne fut sauvée et les Hongrois soumis, la France reprit les hostilités contre l'Espagne, qui seule avait déclaré la guerre. Quarante mille hommes mirent la Belgique au pillage, Luxembourg fut prise et confisquée, Trèves démantelée par Créqui. Les alliés de l'Espagne la forcèrent d'accepter pour vingt ans la trêve de Ratisbonne déjà signée par l'empereur (1684). L'empereur et l'empire cédaient pour vingt ans à la France Strasbourg, le fort de Kehl et tous les pays réunis avant 1681, mais sous la condition qu'elle accorderait à ces pays le libre exercice de leur religion. L'Espagne céda Luxembourg et quelques autres places en toute souveraineté, et tous les pays réunis jusqu'au mois d'août 1681, aux mêmes conditions que l'empire. L'empereur achetait par un nouveau sacrifice la liberté d'achever la guerre des Turcs et la soumission de la Hongrie ; sacrifice inutile ! Sur une décision du parlement de Brisach, les biens de l'Ordre Teutonique, du chapitre de Strasbourg et ceux de l'Université de Fribourg furent encore séquestrés. Louis XIV bâtissait à Huningue le fort Louis avec un pont sur le Rhin. A l'extinction de la branche de Simmern, qui fut remplacée dans le Palatinat par la branche catholique de Neubourg (1685), il réclamait sous le titre d'*alleux* une partie considérable du Palatinat pour la duchesse d'Orléans, fille du dernier électeur ; autre procédure féodale plus insultante que tous les arrêts des Chambres de réunion et plus menaçante pour les princes. Ceux-ci pouvaient bien sacrifier au roi de France les Provinces-Unies et les villes libres d'Alsace, mais non leurs principautés et leurs droits de succession. Toute l'Allemagne sentit ce dernier affront. Louis XIV réconciliait ceux que la politique de ses prédécesseurs avait si longtemps séparés, les princes allemands et l'empereur. Le Grand-Électeur se rapprocha le premier de l'empereur pour imposer à Louis XIV le respect des propriétés. Il lui céda sous forme d'échange les duchés de Silésie, que Frédéric le Grand devait réclamer plus tard. Guillaume d'Orange allait bientôt coaliser tous les griefs de l'Allemagne et de l'Europe dans la ligue d'Augsbourg, qui bouleversait l'ancien système d'alliances et ce qu'on avait appelé depuis deux siècles l'équilibre européen (1686).

Richelieu n'eût jamais prévu qu'un jour la Suède, les Provinces-Unies, les électeurs du Palatinat, de Saxe et de Bavière, le pape et tous les princes d'Italie, seraient les alliés de l'Autriche et de l'Espagne contre le fils de Louis XIII. Aussi Richelieu, satisfait de la trêve de Ratisbonne, qui prouvait si bien l'ascendant de la France sur l'Europe, n'eût-il point conseillé à Louis XIV toutes les mesures qui, depuis la paix de Nimègue, la tenaient dans une crainte perpétuelle de sa puissance et de son ambition. Colbert et Seignelay, son fils, avaient réalisé pour la marine française tous les plans du grand cardinal. Les ports de Toulon, de Brest, de Rochefort et de Dunkerque, créés ou agrandis, pouvaient mettre en mer plus de cent vaisseaux de ligne et plus de soixante mille marins. L'empereur du Maroc, dont les côtes étaient bloquées par Château-Renaud, Alger bombardée trois fois (1681-1683), Tunis et Tripoli craignant le même sort, étaient forcés par Duquesne, Tourville et d'Estrées d'accorder la liberté du commerce, de rendre tous les esclaves chrétiens et d'envoyer leurs ambassadeurs se soumettre à Louis XIV. S'il était beau de venger ainsi l'Europe sur les États barbaresques, et d'essayer contre les pirates les inventions de Petit-Renaud, les galiotes à bombes, les brûlots pour incendier les villes maritimes, et les mortiers sur mer, il y avait moins de gloire et plus d'orgueil à bombarder Gênes pour avoir fourni des munitions aux Algériens et construit des galères pour l'Espagne. Gênes, à moitié détruite par Seignelay et Duquesne, abandonnée par l'Espagne, envoyait son doge à Versailles implorer la clémence de Louis XIV (1684).

- Le pape n'était pas mieux traité que les Génois, ni comme chef spirituel de la chrétienté, ni comme prince temporel. Deux partis divisaient l'Église de France : les jésuites, partisans de la morale facile et de la monarchie absolue ; les jansénistes, opposition à la fois religieuse et politique contre cette double tendance des jésuites ; les uns engagés dans tous les intérêts du siècle, les autres s'isolant du monde et de la cour dans leur solitude austère et chagrine de Port-Royal. Louis XIV dominait l'Église par les jésuites, persécutait les jansénistes, ou comme un débris de la Fronde, ou comme adversaires du Saint-Siège, dans le même temps qu'il abaissait l'autorité pontificale au profit de la royauté. Jamais roi n'avait plus librement disposé des revenus de l'Église, ni plus entièrement soumis le clergé au pouvoir temporel. Il réclamait sur tous les évêchés de France le droit de *régale*, ou le droit que possédaient les rois depuis Charles V de percevoir les revenus des bénéfices vacants, que le pape lui reconnaissait dans les anciennes provinces. Il eut raison contre le pape Innocent XI et contre les deux évêques jansénistes de Pamiers et d'Aleth, dans une assemblée du clergé gallican que dirigea Bossuet.

Le pape ayant cassé la décision du clergé, l'assemblée, sous l'inspiration de Bossuet, qui n'était ni moins rigide en sa morale que les jansénistes, ni moins dévoué que les jésuites à l'autorité royale, et que Saint-Simon appelle le dictateur de l'épiscopat et de la doctrine, publia sa fameuse *Déclaration de* 1682. Ses quatre articles, pour mieux assurer les libertés de l'Église gallicane, proclamaient l'indépendance absolue des rois pour les choses temporelles, et la suprématie des conciles sur le pape en matière de foi. Les décisions du pape n'étaient reconnues irréformables qu'après le consentement général de l'Église.

D'après cette nouvelle *Pragmatique*, enregistrée par tous les parlements comme loi du royaume, l'Église en France était moins gallicane que royale. Louis XIV exerçait de fait la suprématie religieuse des rois d'Angleterre et des princes luthériens d'Allemagne, ce que Luther appelait la *papauté impériale*. Le pape condamna les quatre articles, et refusa les bulles aux évêques nommés par le roi. On vit trente-cinq diocèses sans pasteurs réguliers. Louis XIV fit saisir Avignon. Vingt-six évêques et l'Université approuvèrent son appel au futur concile général. Les plus hardis allaient jusqu'au schisme et parlaient d'établir un patriarche en France et de se séparer de l'Église romaine.

Le ressentiment de Louis XIV éclata plus tard encore (1687) dans une autre querelle avec le pape au sujet du droit de *franchise*, dont jouissaient tous les ambassadeurs catholiques à Rome pour leur hôtel et même pour leur quartier. Tous les souverains se dessaisirent sans peine de leur vieux droit. Louis XIV, seul, répondit qu'il ne s'était jamais réglé sur l'exemple d'autrui, et il envoya le marquis de Lavardin défendre ce privilège odieux à la tête de 800 hommes. Il ne renonça à son droit qu'en 1693, sous le pontificat d'Innocent XII.

IV. Révocation de l'Édit de Nantes (1685). — Formation de la Ligue d'Augsbourg (1686). — Intervention de Louis XIV en Allemagne. — Coalition générale contre la France.

Comme Louis XIV exigeait que le clergé français fût plus soumis à la royauté qu'au Saint-Siège, il se croyait plus fidèle et plus utile à l'Église romaine que le pape lui-même ; car il avait déjà résolu d'assurer l'unité religieuse en son royaume, et de renforcer le principe catholique en Europe, par l'extirpation du calvinisme en France : il préparait la révocation de l'Édit de Nantes, que l'assemblée du clergé, le parlement de Toulouse et les catholiques du Midi sollicitaient avec instance, que Louvois, Le Tellier et madame de Maintenon lui conseillaient, et par où lui-même croyait racheter les scandales de sa jeunesse. Les huguenots, désormais soumis, citoyens industrieux que Mazarin appelait *le troupeau fidèle*, administrateurs intelligents qu'estimait Colbert, représentés dans la gloire même de Louis XIV par Duquesne et Schönberg, dans les sciences par Huyghens et Bayle, ne trouvèrent point grâce devant la politique inflexible du roi et le fanatisme aveugle de ses conseillers. Louis XIV les croyait dangereux par leurs liaisons secrètes avec les calvinistes d'Angleterre et de Hollande. Les jésuites qui, dans l'affaire de la régale, avaient pris parti pour le roi contre le pape et les jansénistes, et le roi lui-même, comptaient bien expier tous leurs torts envers Rome par l'extermination des hérétiques. C'est pourquoi les édits se multiplièrent contre eux dans l'année même où le clergé français affirmait contre le Saint-Siége l'indépendance du roi.

Dès la mort de Mazarin, la persécution contre les huguenots avait commencé, et les dons gratuits du clergé s'achetèrent à leurs dépens. En 1662, on interdit les synodes nationaux qu'ils tenaient tous les trois ans. En 1663, défense aux protestants convertis de retourner au calvinisme; en 1664, refus des lettres de maîtrise aux non-catholiques; en 1665, autorisation des enfants protestants à changer de religion, les garçons à quatorze ans et les filles à douze ans ; défense aux réformés de tenir académies pour l'éducation de la jeune noblesse. La persécution, ralentie pendant quelques années par les remontrances de Colbert et du Grand-Électeur, recommence en 1674. La caisse des conversions est tenue par Pellisson (1676); l'édit contre les relaps est renforcé (1679).

Colbert et Turenne avaient proposé de convaincre les pasteurs réunis en synode. Louvois, qui proposa les *dragonnades* ou logements des soldats chez les hérétiques obstinés (1681), fit prévaloir son avis, et par le fait rangea les affaires du calvinisme dans ses attributions militaires. En matière de religion, Louvois eut raison contre Fénelon et Bossuet, et il eut trop bon marché des réserves doucereuses de madame de Maintenon, qui aurait voulu que l'on convertît sans persécuter, et qui recueillit dans son couvent de Saint-Cyr les jeunes filles nobles arrachées à l'hérésie. La suspension des conversions par logements fut le dernier triomphe de Colbert. La mort du grand ministre (1683) qui représentait dans les conseils de Louis XIV la pensée politique de Richelieu sans fanatisme, livra les dissidents sans défense aux coups de Louvois et de madame de Maintenon. On *dragonna* toutes les provinces de l'Ouest et du Midi. Les *missionnaires bottés* opérèrent soixante mille conversions en trois semaines dans la seule généralité de Bordeaux ou de Basse-Guyenne. Louis XIV ne connut pas tous leurs exploits. « Les enfants seront au moins catholiques, si les parents sont hypocrites, » disait madame de Maintenon. On n'était pas trop disposé à plaindre ceux dont la persécution assurait le salut.

Enfin parut le 17 octobre 1685 l'ordonnance qui révoquait l'Édit de Nantes : abolition de la religion réformée, excepté en Alsace; ordre aux ministres de quitter le royaume dans quinze jours, et défense aux religionnaires de les suivre sous peine des galères et de la confiscation des biens ; leurs mariages en dehors de l'Église catholique étaient réputés nuls et leurs enfants bâtards, leurs pasteurs envoyés en grand nombre à l'échafaud. Les luthériens d'Alsace étaient préservés, ou à peu près, par le traité de Westphalie et par la capitulation de Strasbourg. La France et la Savoie accablèrent les Vaudois. Paris, Versailles, la France entière, les plus généreux écrivains, La Bruyère, La Fontaine, des hommes tels que Ducange et Girardon, applaudissaient à cette victoire de la foi catholique sur l'hérésie, de l'unité religieuse sur la division ; les plus grands orateurs de la chaire, Bourdaloue en Languedoc, Fléchier dans l'Ouest, le jeune abbé de Fénelon, se disputaient la gloire de remplir les deux cent cinquante églises nouvelles ouvertes par le roi. On exaltait la victoire de Louis XIV sur l'hérésie fort au-dessus des victoires qu'à ce moment l'Autriche gagnait sur les Turcs. On oubliait dans l'emportement d'un zèle aveugle, que les deux cent cinquante mille protestants qui s'exilèrent malgré la défense du roi (sur environ un million cinq cent mille) étaient de vaillants gentilshommes, de riches bourgeois et des soldats intrépides. Exclus des fonctions libérales, la quincaillerie, les manufactures de cuir, de soie et de laine étaient presque toutes en leurs mains. Les nobles et les commerçants, qu'on eût volontiers retenus à cause de leur richesse, fuyaient plus aisément que les autres. On calcula qu'ils emportèrent soixante millions en cinq ans. Vauban regretta neuf mille matelots du Poitou et de la Rochelle. Nos armées y perdirent douze mille soldats, six cents officiers, Duquesne et Schönberg. Le véritable inventeur de la navigation à vapeur, après Salomon de Caux et avant James Watt, Denis Papin, sorti de France en même temps que Huyghens et Rœmer, alla faire sa découverte à Marbourg et l'écrire dans les *Actes* de Leipzig. Un réfugié inventa la machine infernale qui faillit faire sauter Saint-Malo en 1693.

Les calvinistes français, Claude, Jurieu, Bayle, dont la polémique ardente allait saper la monarchie de Louis XIV et de Bossuet, se rencontrèrent aux Pays-Bas avec les hommes les plus distingués de l'Angleterre, qui fuyaient la tyrannie catholique de Jacques II et venaient préparer sa ruine. Les plus riches se réfugièrent tous en Hollande, où leur présence porta le dernier coup au parti anti-orangiste ou français, que le stathouder contenait par la terreur. Beaucoup portèrent leur industrie dans les faubourgs d'Amsterdam et de Londres. Louis XIV n'avait pas compris qu'il envoyait ainsi à l'Allemagne dévastée une population dont l'industrie devait réparer tous les maux de la guerre. Leipzig, Dresde et bien d'autres villes eurent des colonies françaises; ce furent nos réfugiés qui préparèrent les grandes destinées de Berlin.

Les Provinces-Unies furent encore le centre de la coalition conclue en Allemagne, et que le prince d'Orange, son principal moteur, allait fortifier de l'Angleterre. Cette coalition, où le pape et tant de princes catholiques donnaient la main aux sectateurs de Luther et de Calvin, eut pour agents dans les cours du nord et pour soldats sur tous les champs de bataille, les calvinistes français chassés par la révocation de l'Édit de Nantes. Ceux-là n'avaient plus de patrie, comme les souverains qui se croyaient menacés par Louis XIV n'avaient plus de dissidences religieuses. Au mois de juillet 1686, une ligue contre la France fut secrètement conclue à Augsbourg entre l'empereur, les rois d'Espagne et de Suède, les Provinces-Unies, les électeurs palatin et de Saxe, les cercles de Bavière, de Franconie et du Haut-Rhin. L'année suivante, la coalition rallia le duc de Savoie, l'électeur de Bavière avec les princes italiens et le pape.

Le plan de Guillaume était d'occuper la France par la ligue d'Augsbourg, pendant qu'il irait avec les forces de la Hollande et de l'aveu de tous ses alliés, détrôner le roi catholique d'Angleterre et le seul allié que la France eût conservé, son beau-père Jacques II. Louis XIV à son tour résolut de prendre l'offensive contre la ligue d'Augsbourg, afin d'occuper les forces de la Hollande à la défense de ses alliés. Il n'apprenait qu'avec dépit les succès des impériaux contre les Turcs, les grandes victoires de Neuhausel et de Mohacz gagnées dans la même année 1687 par le duc de Lorraine, la conversion de la Hongrie en royaume héréditaire, le droit d'insurrection armée aboli dans la diète de Presbourg, la prise de Belgrade par l'électeur de Bavière, la conquête de la Servie et de la Bosnie, les Turcs réduits à demander la paix, et l'Autriche dédommagée en Hongrie de ses pertes à l'occident. Seignelay conseillait à Louis XIV de porter toutes ses forces de terre et de mer contre la Hollande, l'âme de la ligue d'Augsbourg, et qui pouvait devenir par l'usurpation de Guillaume le lien de l'Allemagne et de l'Angleterre protestante. Aux sages avis du fils de Colbert, le roi préféra les conseils intéressés de Louvois, qui le jetait dans une guerre plus longue et plus embarrassée pour se soutenir contre madame de Maintenon. En attaquant l'Allemagne, il ne ranima point le courage des Turcs; il resserra par la terreur de ses armes la ligue d'Augsbourg qu'il croyait dissoudre, et laissa la mer libre à Guillaume.

Dès qu'il fut décidé par ces funestes conseils qu'on attaquerait d'abord l'Allemagne, Louis XIV feignit d'être provoqué. Il exposa trois griefs dans sa déclaration de guerre (1688) : la ligue d'Augsbourg, la succession du palatinat et l'élection de Clément de Bavière comme archevêque de Cologne. Le roi soutenait, dans les prétentions à l'électorat vacant, son agent dévoué le cardinal de Fürstenberg, élu par quinze voix contre le prince de Bavière qui n'en avait eu que neuf, mais dont l'élection était soutenue par l'empereur et fut confirmée par le pape, les votes du chapitre n'étant pour la cour de Rome que de simples postulations. Tous les princes repoussaient Fürstenberg comme traître à l'Allemagne. Louis XIV accusait l'Autriche de condamner au célibat ecclésiastique un prince de Bavière pour hâter l'extinction de sa famille et lui succéder, et de négocier avec les Turcs pour se tourner contre la France. Les Français vinrent au secours du cardinal, qui leur livra Bonn, Nuitz et Kaiserwerth; Clément de Bavière appela les impériaux, et la guerre fut engagée dans le pays de Cologne, où les Français songeaient moins à faire un archevêque qu'à s'emparer d'une position militaire. « Par Landau, Sarrelouis et Luxembourg, disaient-ils plus tard, l'électorat de Trèves, celui de Mayence et le Palatinat étaient sous notre couleuvrine; il nous fallait l'électorat de Cologne pour être maîtres du Rhin. »

Une armée de 80,000 hommes commandée par le Dauphin prit

Philippsbourg et conquit en moins de deux mois les trois électorats ecclésiastiques et le Palatinat, toute la rive gauche du Rhin, moins Coblentz et Cologne. Mais Guillaume partait pour Londres avec huit cents officiers français conduits par Ruvigny, avec une armée commandée par Schönberg ; moins de deux mois après le débarquement de son gendre à Torbay, Jacques II quittait l'Angleterre et Louis XIV avait, selon le vœu de Louvois, la gloire d'être seul contre tous. Vienne, Madrid, Rome applaudissaient comme Berlin à l'élévation du roi protestant.

CHAPITRE IX.

RÉVOLUTION DE 1688 EN ANGLETERRE. — GUILLAUME III. — GUERRE DE LA LIGUE D'AUGSBOURG. — TRAITÉ DE RYSWICK.

SOMMAIRE.

1. — Charles II (1660), bien conseillé d'abord par Clarendon, s'était contenté d'assurer le triomphe de l'Église épiscopale et la prépondérance de la couronne sur le parlement; mais la vente de Dunkerque à la France, les désastres de la guerre de Hollande, l'incendie de Londres et la peste irritant l'opinion publique, avaient provoqué la disgrâce de Clarendon, odieux par sa modération même à tous les partis et remplacé par le ministère de la *Cabal*. La politique anglaise, un moment relevée par la triple alliance et par l'influence du chevalier Temple, s'avilit ensuite par l'alliance de Charles II avec Louis XIV contre la Hollande et le protestantisme. Le Parlement, croyant dès lors aux complots des papistes, impose le *test* aux catholiques (1673), et les exclut des emplois ainsi que des deux chambres, sans épargner le frère du roi (bill d'exclusion, 1673-1678). L'Angleterre, vendue aux étrangers par tous les partis, s'indigne encore de la paix de Nimègue (1679). Un nouveau parlement vote le bill d'*habeas corpus*. Les puritains d'Écosse se soulèvent et sont battus au pont de Bothwell. Alors se forment les deux grands partis de la liberté et de l'autorité, de la souveraineté nationale et du droit divin des rois, les *whigs* et les *tories* (1679). Charles II, attaqué même par sa famille et par ses ministres, ose enfin régner sans parlement, fait craindre au peuple une nouvelle révolution, et dompte ainsi les whigs, acharnés contre son frère : les plus illustres, Russel et Sidney, périssent sur l'échafaud. (1683).

2. — Jacques II (1685), d'abord soutenu par le parlement, profite d'une rébellion d'Argyle et de Monmouth pour se donner une armée permanente, protège ouvertement les catholiques au mépris du *test*, et s'aliène ainsi l'aristocratie et le clergé menacés dans leurs biens. Les chefs de l'Église anglicane, qui bravent le roi, sont absous. La nation, mal soutenue par le Parlement, se tourne vers Guillaume d'Orange, qui détrône son beau-père avec les forces de la Hollande et se fait déférer la royauté par les deux chambres. Le nouveau droit ou la souveraineté nationale, réservant la couronne à la ligue protestante des Stuarts, prévaut sur le droit divin dont Louis XIV s'est constitué le défenseur. La *déclaration des droits* complète la constitution anglaise. Locke, continuant l'œuvre de Sidney, est le théoricien et l'apologiste de la révolution de 1688,

dans son *Traité du gouvernement civil*, qui définit et sépare les pouvoirs du roi et ceux du peuple. Guillaume III, moins libre et moins puissant chez les Anglais qu'en Hollande, s'affermit par sa lutte contre Louis XIV, rend à l'Angleterre la direction du protestantisme européen, et la prépondérance maritime et commerciale (banque de Londres).

3. — Guillaume III est l'âme et le chef de la ligue d'Augsbourg. Louis XIV, contraint de diviser ses forces contre l'Allemagne et contre l'Angleterre, et portant le principal effort de la guerre en Irlande et sur mer, y subit, après ses deux victoires de Bantry et de Béveziers, les deux défaites de la Boyne et de la Hogue (1692). La victoire navale de Lagos et l'audace de nos corsaires, Jean Bart, Duguay-Trouin, ne compensent qu'à peine ce grand désastre de la marine française. L'Angleterre est perdue pour les Stuarts; l'Irlande se soumet après la défaite d'Aghrim.

4. — Sur le continent, l'Allemagne s'unit tout entière à la maison d'Autriche pour venger le second incendie du Palatinat (1689), et met sur pied trois armées d'abord victorieuses. Luxembourg est trois fois vainqueur aux Pays-Bas (Fleurus, Steinkerke, Neerwinde, 1690-92-93). Louis XIV prend Mons et Namur. En Piémont, Catinat remporte deux brillantes victoires (Staffarde et la Marsaille, 1690-93). Vendôme envahit la Catalogne. La France, épuisée et réduite à remplacer Luxembourg par Villeroi, divise encore ses ennemis, d'abord le pape et le duc de Savoie, et signe la paix de Ryswick (1697). Louis XIV, vaincu en Angleterre et forcé d'y reconnaître la dynastie protestante, triomphe encore sur le Rhin en gardant Strasbourg, et restitue enfin la Lorraine.

I. **Charles II (1660-1688).** — **Ministère de Clarendon.** — **Rétablissement de l'église épiscopale.** — **Guerre avec la Hollande (1662-1667).** — **La cabal.** — **Traité de Douvres (1670).** — **Opposition du Parlement: bill du Test (1673).** — **Bill d'habeas corpus (1679).** — **Révolte d'Écosse.** — **Les whigs et les tories.** — **Conspiration de Rye-House (1683).** — **Triomphe de la réaction monarchique.**

Telle avait été l'adresse de Monk après l'abdication de Richard Cromwell, et telles étaient les souffrances du peuple anglais depuis l'abolition de la royauté, que le fils de Charles Ier avait pu rentrer dans Londres sans conditions. Le nouveau roi fut reçu avec un enthousiasme qu'il parut mériter par ses premiers actes et par le choix de ses ministres, au nombre desquels brillaient par leurs vertus et leurs services le chancelier Hyde et Monk, duc d'Albermarle. Plus modéré que les deux chambres, il n'exclut de l'amnistie que dix régicides. Ceux qu'on put saisir furent pendus; on pendit même les morts, Cromwell, Ireton, Bradshaw. Lambert, condamné à mort et gracié, alla s'occuper à Guernesey de fleurs et de peinture. Vane fit hésiter ses juges et porta sur l'échafaud l'enthousiasme d'un républicain.

Le parlement fixa d'abord les revenus annuels de la couronne à 1,200,000 livres sterling; il n'avait jamais été si généreux pour aucun roi d'Angleterre. Il fournit à Charles II les moyens de payer et de licencier l'armée, en ne gardant que cinq mille hommes dévoués qui furent le noyau de l'armée régulière. Par un acte spécial il déclara coupable de haute trahison quiconque parlerait d'emprisonner ou même d'accuser le roi, et regretterait la république. Mais la noblesse des comtés, si fidèle à la cause royale, et que le roi n'indemnisait point de la vente volontaire de ses biens, les acquéreurs des domaines et des biens de l'Église aliénés par la Révolution et que la Restauration dépossédait violemment, allaient former malgré les efforts de Clarendon une masse de mécontents, bientôt grossie par les presbytériens auxquels Charles II devait surtout sa couronne.

La question la plus épineuse était celle de l'épiscopat. L'Église anglicane, qu'aucune loi n'avait abrogée et dont Cromwell lui-même avait toléré les ministres, prétendait renaître de plein droit avec la monarchie légitime et renverser l'Église presbytérienne de la Révolution. La réaction de l'Église anglicane fut plus violente que celle de la royauté. Les presbytériens espéraient par transaction conserver leurs bénéfices et firent des propositions modérées que Charles II parut soutenir. Mais le nouveau parlement, plus royaliste que le roi, et qui faillit rétablir la chambre étoilée, donna par le bill *d'uniformité* pleine satisfaction aux évêques. Il décréta que tous les ministres seraient tenus avant la Saint-Barthélemy (24 août 1662) d'approuver publiquement le livre des prières communes et de se conformer à la liturgie anglicane. Ce fut la *Saint-Barthélemy des presbytériens*. Deux mille ministres résignèrent leurs bénéfices plutôt que de souiller leur conscience. Les évêques reprirent leurs siéges à la chambre des lords, et l'Église épiscopale fut rétablie dans les trois royaumes.

En Écosse, la Restauration fut marquée par le supplice du marquis d'Argyle. En Irlande, les soldats et les marchands, mis par les victoires de Cromwell en possession du sol et craignant le soulèvement des anciens possesseurs, s'assemblèrent pour envoyer à Charles II leur serment d'obéissance et des sommes considérables.

Cependant les Cavaliers négligés, les presbytériens persécutés, les militaires licenciés, grossissaient l'opposition dans la nation et dans le Parlement. On blâmait la conduite privée du roi et les manières licencieuses qu'affichaient les Cavaliers pour se distinguer du parti fanatique. La joyeuse cour de Charles II, qui n'avait plus à craindre la sévérité d'un parlement triennal, ne songeait guère aux enseignements du passé. La rigidité républicaine avait fait place à la galanterie et aux débauches. Le frère du roi, Henri de Glocester, mourait de ses excès; l'autre, le duc d'York, épousait malgré Charles II la fille du chancelier Hyde; le roi lui-même, donnant l'exemple du scandale, présentait à la reine sa maîtresse, la duchesse de Cléveland.

La dot de 300,000 livres sterling que Catherine de Portugal lui avait apportée avec la ville de Bombay, ne pouvant suffire aux premiers besoins de son luxe insensé, Charles II vendit pour 5 millions Dunkerque à la France (1662). On a vu Colbert acheter sur ses premières économies ce *Calais* de Cromwell. Bientôt, pour obtenir du Parlement les subsides qu'il n'osait lui demander ouvertement, le roi engagea la nation dans une guerre contre la Hollande, d'ailleurs utile à ses intérêts et qui flattait sa jalousie, mais qui finit avec peu d'honneur.

Sur toutes les mers et sur toutes les côtes du nouveau monde, il y avait rencontre et rivalité de commerce entre les Anglais et les Hollandais. Ceux-ci avaient naguère occupé sur les côtes d'Afrique plusieurs colonies portugaises que Charles II réclamait comme dot de sa femme, et que Robert Holmes alla surprendre. Il surprit de même les nouveaux Pays-Bas d'Amérique et la Nouvelle-Amsterdam, qui devint New-York. Avec la même vitesse, Ruyter ressaisit la plupart de ces colonies. Le roi d'Angleterre espérait que la guerre conduite par son frère, le duc d'York, grand amiral, rendrait le pouvoir à son neveu, le prince d'Orange. Jean de Witt accepta sans crainte cette guerre que Charles II avait représentée d'abord comme une querelle entre les Compagnies de commerce des deux pays, qui n'engageait point les deux nations.

Après les premières hostilités (mars 1665), le duc d'York

par la supériorité manœuvrière des Anglais qui combattaient pour la première fois en ligne, gagna d'abord la bataille de Lowestoft sur l'amiral Wassenaer qui périt dans l'action. L'Océan vit ce choc épouvantable de 114 vaisseaux anglais et de 103 hollandais. Les Anglais vainqueurs réclamaient déjà l'empire des *quatre mers*. Le menu peuple de Hollande, toujours soulevé par les prêtres en faveur de la maison d'Orange, accusait déjà le grand-pensionnaire ; mais Ruyter prit la place de Wassenaer et protégea les convois des Indes orientales. Les Danois, effrayés de la puissance maritime des Anglais, aidèrent les Hollandais à les chasser de Bergen. Les agents de l'Angleterre, pour ajouter aux embarras de Jean de Witt, allaient partout répétant qu'elle ne faisait la guerre qu'à lui seul, et que Charles II signerait la paix dès que la République aurait rendu au prince d'Orange les pouvoirs de son père. On a vu que Louis XIV ne prit qu'une faible part à la guerre navale où se ruinaient les deux puissances. La flotte qu'il avait promise ne parut pas aux deux grandes batailles de Dunkerque et de North-Foreland. Les Néerlandais gagnèrent la première, qui dura quatre jours, avec leurs boulets ramés, invention de Jean de Witt, et sans Ruyter, Tromp eût perdu la seconde. Les Anglais vainqueurs refusèrent deux fois la revanche. Les deux peuples étaient las d'une guerre ruineuse et sans résultats. La République, qui ne l'avait pas provoquée, exigeait, pour la finir, qu'on admît aux négociations ses deux alliés, le Danemark et la France. Ruyter, en forçant l'entrée de la Tamise à la grande terreur des habitants de Londres, hâta la conclusion de la paix, qui fut signée à Bréda (1667) sous la médiation de la Suède. Les Anglais recouvrèrent Saint-Christophe, Antigoa et Montserrat, et gardèrent la Nouvelle-Belgique (New-York). L'Acadie était rendue à la France. Les Hollandais conservaient Surinam, et par une modification expresse à l'Acte de navigation, obtenaient le droit de transporter sur leurs vaisseaux les marchandises qui descendaient le Rhin. Ils ne devaient le salut au pavillon anglais que dans les mers britanniques.

Aux humiliations de cette guerre venaient en même temps s'ajouter deux grands désastres, la peste de 1665, qui dans un seul été enlevait cent mille personnes à Londres, et l'incendie de 1666, qui dévorait en cinq jours les deux tiers de la capitale, treize mille maisons et quatre-vingt-neuf églises. On attribua premier à l'incurie des ministres, le second aux papistes. peuple exaspéré se souvenait trop bien de la république pour accuser la royauté elle-même ; mais il fit retomber sa fureur sur ses conseillers, et accusa de tous ses maux le plus vertueux des ministres de Charles II, l'homme qui modérait la victoire des Stuarts et tenait la balance égale entre les prérogatives royales et les droits de la nation, le chancelier Hyde, odieux aux partisans du peuple par son dévouement à la cause royale, aux dissidents par son attachement à l'Église épiscopale, aux courtisans par son économie et son austérité, au roi lui-même par ses remontrances. Traduit en jugement par les Communes, défendu par la chambre des lords, banni par le roi et plus tard par acte de Parlement, Clarendon alla écrire dans son exil l'*Histoire des dernières guerres civiles*, qui l'ont placé au rang des bons historiens de son temps.

Dans le nouveau cabinet où domina d'abord Buckingham, fils du fameux favori des deux premiers Stuarts, et le pourvoyeur habile des plaisirs et des prodigalités de son maître, la politique anglaise parut se relever un moment, grâce au chevalier Temple par la *triple alliance* que Louis XIV eut bientôt dissoute. Mais l'enthousiasme royaliste des premiers jours s'était déjà dissipé, le Parlement se montrait avare. Charles II se fit pensionnaire de Louis XIV, et lui vendit l'honneur, les intérêts, la religion même de l'Angleterre. Par le traité de Douvres (1670), qui fut conclu par l'entremise de sa sœur Henriette duchesse d'Orléans, il promettait, moyennant une pension de 2 millions, de combattre avec Louis XIV la Hollande et le Protestantisme. A ce moment, le duc d'York se faisait catholique avec l'assentiment de son frère, obtenant du pape la permission de demeurer anglican en apparence.

Cinq ministres confidents de Louis XIV et de Charles II, formèrent alors, après la retraite du chevalier Temple, le conseil qu'on nomma la *Cabal*, soit par la réunion des cinq lettres initiales de leurs noms, et par anagramme, soit pour désigner un gouvernement qui n'était plus qu'une intrigue: Clifford, Ashley, Buckingham, Arlington, Lauderdale. Charles II, dominé par ce ministère et trop convaincu que Louis XIV devait son pouvoir au catholicisme, méprisa les conseils du sage et vertueux chevalier Temple, qui lui représentait la différence des deux monarchies, la force et la richesse de la bourgeoisie anglaise, l'autorité des parlements, le petit nombre des catholiques anglais. En vertu de sa suprématie ecclésiastique et sans consulter le Parlement, il publia un édit de tolérance qui permettait les assemblées religieuses en certains lieux et plaçait les prêtres dissidents sous la protection royale. Les anglicans, bien convaincus que c'étaient là les premiers pas du roi vers le papisme, le forcèrent de révoquer son édit, et le Parlement lui imposa le fameux acte du *Test* (1673), par lequel tout officier public à son entrée en charge fut tenu d'abjurer la *présence réelle*, c'est-à-dire de prêter serment de calvinisme. Charles II n'osa pas repousser le bill, qui forçait son frère de résigner le titre d'amiral et chassait du ministère le catholique Cliffort. Ainsi l'énergie des Communes dispersait les membres de la Cabal. Ashley, comte de Shaftesbury, observant les changements de l'opinion publique, passa au parti national, comme il avait passé de Cromwell à Monk, et de Monk à Charles II. Chassé du ministère, il se fit chef de parti contre le duc d'York. Les factions renforcées par ses collègues disgraciés, Lauderdale, Buckingham, Arlington, opposèrent au frère du roi son prétendu fils naturel, le duc de Monmouth, indigne du rôle qu'on lui faisait jouer. Quelques-uns, Shaftesbury en tête, songeaient déjà au prince d'Orange. Charles II lui-même, pour s'en faire un allié et plaire à la nation, offrit au protestant Guillaume sa nièce Marie, fille aînée du duc d'York.

Quoique mécontent de la paix conclue en 1674 par l'Angleterre avec la Hollande sur les instances du Parlement, Louis XIV paya encore la neutralité de Charles II comme il avait soldé son alliance. Avec l'argent du roi de France, Charles II s'assurait la majorité dans le Parlement contre le parti national. D'autre part, l'Autriche et l'Espagne, craignant que l'Angleterre ne recommençât la guerre pour la France, achetaient des voix dans les Communes contre Charles II. Quand Guillaume d'Orange vint lui-même en Angleterre presser son mariage avec la princesse Marie, Louis XIV soudoya à son tour l'opposition et supprima la pension du roi. L'Angleterre, ainsi vendue aux étrangers par tous les partis, apprit avec douleur la paix de Nimègue, imposée par la France à toute l'Europe (1679).

Le Parlement se vengea par le procès intenté à lord Danby, successeur de la Cabal (1673-1678), qui consacrait le principe de la responsabilité des ministres, et par toutes les accusations qu'il accueillit contre les Stuarts. Ce n'était pas assez pour la foi robuste des partis de croire à la conspiration des puissances catholiques contre l'Angleterre protestante dans sa forme sérieuse et vraie, telle qu'elle était prouvée par la correspondance de Coleman, secrétaire de la duchesse d'York, avec le père La Chaise, confesseur de Louis XIV ; le peuple, ameuté par ses chefs, y crut dans la forme ridicule que lui donnait Titus Oates, un renégat de toutes les églises, qui vint dénoncer au Parlement le grand complot du pape et des jésuites de Saint-Omer : poignarder le roi, incendier Londres, et donner la couronne au duc d'York pour en finir avec la religion protestante (1678). A ces bruits absurdes, la multitude prit les armes et tendit des chaînes dans les rues. Le sang des catholiques ruissela sur les échafauds. Shaftesbury présenta dans les Communes un bill d'exclusion contre le frère du roi, que la chambre des lords osa rejeter. Le roi, dans sa colère, cassa le *Long Parlement* (royaliste) qui siégeait depuis 1661 ; mais la nouvelle assemblée se montra plus hostile encore au duc d'York. Charles II décida son frère à s'exiler, et prit ses ministres dans l'opposition, aux applaudissements du peuple. L'un d'eux, Shaftesbury, le plus dangereux ennemi de la couronne, continua l'opposition dans le cabinet, agita le peuple en supposant de nouvelles conspirations des catholiques, et fit passer dans les Communes le bill qui déclarait le duc d'York déchu de ses droits au trône. Le même parlement, par le fameux bill d'*habeas corpus*, renouvela les garanties de liberté personnelle écrites dans la Grande Charte et qui obligeaient les juges à statuer sur le sort d'un prisonnier dans un délai de vingt-quatre heures après son arrestation. Charles II cassa encore le parlement d'Oxford. Il voyait des ennemis dans ses ministres, dans le Parlement, qu'après chaque dissolution le pays renvoyait plus hostile, dans son allié Louis XIV, parfois trop exigeant, et jusque dans sa famille. Le duc de Monmouth, vainqueur au pont de Bothwell, sur la Clyde, des Covenantaires écossais, en devint plus populaire et plus hardi. *Le duc protestant*, comme on l'appelait, pacifia l'Écosse que le bill d'uniformité et la tyrannie de Lauderdale avaient soulevée, et s'y de nombreux partisans. Le duc d'York, qui s'en effrayait, revint secrètement pendant une maladie de Charles II, fit exiler Monmouth en Hollande et prit sa place en Écosse.

Ce roi tombé si bas s'arma contre ses ennemis d'une énergie qu'on ne lui supposait plus. L'âge avait modéré son luxe et ses passions; il résolut de s'affranchir à force d'économie de Louis XIV et des parlements. De nombreuses pétitions demandaient un nouveau parlement; il opposa à ces demandes tant de fermeté que tous ceux qui craignaient une nouvelle révolution signèrent aussitôt des adresses pour déclarer qu'ils s'en rapportaient à la sagesse royale. C'est alors que parurent pour la première fois deux noms de partis si fameux dans l'histoire d'Angleterre ; on appela *whigs* (brigands ou gueux d'Écosse) ceux qui signaient les pétitions pour le Parlement, et *tories* (brigands ou gueux d'Irlande) ceux qui s'alarmaient de la violence des Communes et des attaques contre le droit héréditaire. Le roi et son frère croyaient revoir dans les whigs les révolutionnaires de la génération précédente, qui voulaient *réduire les rois d'Angleterre à la condition des doges de Venise*. Charles II crut toujours voir derrière le Parlement la République, et défendre contre elle la royauté et la constitution.

La lutte fut plus violente et plus acharnée que jamais dans le parlement de 1680. Les Communes refusèrent d'accorder aucuns subsides avant que les lords eussent voté le bill d'exclusion contre le frère du roi. Le supplice du vieux comte de Stafford, accordé lâchement par la chambre haute, ne suffit pas à leur haine. Nouvelle dissolution. Louis XIV, craignant que Charles II ne tombât au pouvoir des whigs alliés du prince d'Orange, lui rendit sa pension et lui fournit les moyens de paraître avec plus de fermeté devant le Parlement de 1681, où les whigs se rendirent en armes. Charles II offrit en vain aux protestants les plus solides garanties contre son frère. Pourvu que l'ordre de succession légitime fût conservé et le duc d'York reconnu roi d'Angleterre après lui, il consentit (bill de limitation) qu'on l'exilât et qu'on le remplaçât par un régent. Ces garanties, plus révolutionnaires qu'un changement dans l'ordre de succession, ne furent pas acceptées par les chauds partisans de Monmouth ou du prince d'Orange. Le roi ne se contenta plus cette fois de dissoudre le Parlement. Bien convaincu désormais que la religion n'était qu'un prétexte aux whigs pour agiter le peuple, il résolut de régner sa[ns] parlement et de tourner contre les whigs les vils instrumen[ts] qu'eux-mêmes employaient contre les tories. A son tour, il agi[ta] la nation par un manifeste qui lui dévoilait toutes les intrigu[es] de ses ennemis, fit mettre Shaftesbury en jugement, frappa l[es] corporations où résidait la principale force de la démocrati[e,] restreignit les priviléges de la Cité pour avoir un jury plus im[-] partial ou moins indépendant, et fit craindre à la bourgeoisi[e] une seconde révolution. Alors une immense réaction s'opéra [en] faveur de la royauté. Le clergé embrassa hautement le parti [de] la couronne. Le jury, jusque-là si complaisant pour les whi[gs] devint pour eux plus sévère. Ceux des plus importants qui [ne] s'étaient pas encore compromis, se hâtèrent de faire leur pa[ix] avec le duc d'York rappelé d'Écosse et siégeant dans le conse[il.] Shaftesbury, abandonné par ses partisans, s'en alla mourir a[u] Pays-Bas.

Une enquête sur les priviléges de la Cité et l'influence que [la] cour s'assurait pour l'avenir sur la nomination des magistra[ts] agitèrent de nouveau la capitale et les comtés. Les chefs d[es] whigs, Russel, Essex, Algernon Sidney, crurent le moment ve[nu] d'exécuter la conspiration que Shaftesbury avait préparée. U[n] traître révéla au roi le complot de Rye-House (1683). Monmo[uth] et quelques autres eurent le temps de fuir; Essex se tua pend[ant] l'interrogatoire de Russel. Le roi et son frère refusèrent de p[ar-] donner à ce furieux ennemi des papistes, qui retrouva sur l'éc[ha-] faud son courage et sa fierté. Sidney, plus calme devant [son] accusateur, le fameux Jeffries, implora la justice du roi, non [sa] grâce, et mourut avec joie pour la *bonne vieille cause*. Ce [fier] républicain avait échappé par la retraite à la tyrannie de Cro[m-] well et par l'exil au triomphe des Stuarts ; mais on croit q[u'il] toucha sans scrupule l'argent de la France, comme si dans ce[tte] période honteuse de l'histoire d'Angleterre, personne n'avait [eu] le droit d'échapper à la corruption. A la mort de Charles II (16[85)] la réaction monarchique semblait aussi forte qu'à son avèneme[nt.] Une foule d'écrivains et l'université d'Oxford, dans un déc[ret] célèbre que la chambre des lords fit brûler plus tard (170[9,)] exposaient publiquement la doctrine du pouvoir absolu.

II. **Jacques II (1685).** — **Opposition de l'aristocratie et de l'église anglicane aux tendances catholiques de Jacques II.** — **Procès des évêques (1687).** — **Révolution protestante de 1688 ; Guillaume III.** — **Déclaration des droits (1689).**

Jacques II, qui succéda à son frère malgré le bill d'exclusion, ne sut pas mettre à profit cette réaction monarchique. Il rêvait, pardessus la restauration des Stuarts, celle de la religion catholique, et croyait par là arriver au pouvoir absolu de Louis XIV. Dissimulant d'abord ses projets, même dans son conseil privé, il déclara qu'il entendait respecter la constitution de l'Église et de l'État. On lui vota pour toute la durée de son règne les mêmes subsides qu'à Charles II, le montant des douanes et le produit de l'accise. D'autre part, il demeura pensionnaire de Louis XIV et se fit même payer plus cher que Charles II.

Jacques II comptait surtout sur le dévouement des Écossais ; c'est chez eux qu'il ouvrit le premier parlement pour offrir à ceux d'Angleterre un exemple de complaisance et de soumission qui ne fut pas longtemps suivi. L'opposition n'éclata pas tout d'abord dans le premier parlement anglais (1685), le plus docile qui eût siégé depuis l'avènement des Stuarts. Elle se garda bien, quand la nation était lasse de guerres civiles, d'encourager les folles expéditions du comte d'Argyle et du duc de Monmouth, qui se jetèrent sur les côtes d'Écosse et d'Angleterre avec une poignée de proscrits et d'aventuriers, et périrent tous deux sur l'échafaud, le second après sa défaite de Sedgemoor (1685). Leur complice, le prince d'Orange, donna ce premier embarras à son beau-père. Jacques II profita de l'insurrection, si cruellement réprimée par Jeffries, grand-chef de justice et peu après chancelier, pour se faire une armée permanente, avec des officiers catholiques qu'il dispensait du serment. Ce mépris de la loi devait être désormais sa règle de conduite. Le Parlement protesta en dessous ; Jacques II déclara qu'il saurait bien régner sans parlement. Son catholicisme jetait les tories eux-mêmes sous la bannière des whigs qu'ils abhorraient. Les tories, qui lui auraient permis le pouvoir absolu, étaient bien décidés à défendre contre lui l'église protestante. D'autre part, la secte puissante des presbytériens ne consentit point, comme les quakers et William Penn, à partager avec les catholiques la tolérance de Jacques II. Deux partis divisaient la cour ; Rochester et Clarendon, fils du chancelier Hyde et beaux-frères du roi, qui désapprouvaient la restauration catholique et l'alliance française, furent bientôt supplantés par Sunderland qui retint Jacques II dans la dépendance de Louis XIV. Le jésuite Peters et l'ambassadeur de France animaient le zèle impolitique de Jacques II, que l'ambassadeur d'Espagne et le nonce lui-même s'efforçaient de contenir. Dans le temps même où le roi affectait de recueillir cinquante mille Français chassés de leur pays par la révocation de l'Edit de Nantes, il chassait de son armée quatre ou cinq mille soldats calvinistes, qui mendièrent leur pain dans les rues de Londres. En six mois, il avait plus fortement ébranlé le trône que son père en vingt ans.

En vertu de sa suprématie religieuse, Jacques II somma les deux archevêques d'Angleterre d'interdire la controverse aux prédicateurs, et suspendit l'évêque de Londres pour son opposition dans la chambre haute. La confirmation du droit de dispense qui mit la couronne au-dessus des lois (*a deo rex, a rege lex*), l'établissement d'une commission ecclésiastique renouvelée d'Elisabeth, menaçaient en même temps l'église et les libertés nationales. La disgrâce de Rochester et de Clarendon annonçait, comme autrefois celle de leur père, une lutte nouvelle de la prérogative royale contre les droits du peuple. Mais Jacques II daignait à peine s'apercevoir qu'il avait déjà perdu toute sa popularité parmi les anglicans. Il crut que les dissidents lui donneraient la majorité dans le Parlement. Il imposa des catholiques aux universités de Cambridge et d'Oxford ; il les admit dans son conseil ; il envoya une ambassade au pape ; il assistait à la messe dans Whitehall aussi publiquement que Louis XIV à Versailles, s'entourait de jésuites et répétait que son frère était mort dans la religion catholique, tant il avait oublié l'histoire de son père et les leçons d'un premier exil ! En Irlande, il s'efforçait de relever le parti national et catholique contre les colons protestants de Cromwell.

La cour de Versailles et les bannis d'Angleterre irritaient les défiances mutuelles de Jacques II et de son gendre le prince d'Orange. Les bannis imputèrent à Jacques le projet de changer l'ordre de succession pour assurer après lui le triomphe du catholicisme ; Guillaume envoya ses espions en Angleterre, engagea les dissidents à la neutralité, promit aux anglicans whigs ou tories le maintien de leur église, et reçut d'un grand nombre d'influents personnages, lord Mordaunt, les comtes de Shrewsbury, de Nottingham, de Devonshire, etc., la promesse écrite de maintenir un jour les droits de sa femme. Il prit dès lors avec son beau-père un ton plus assuré, le brouilla avec la Hollande, et ne lui laissa que le temps de se perdre. Jacques II se crut affermi contre l'ambition de Guillaume par la grossesse de la nouvelle reine, Marie d'Este, officiellement annoncée à ses sujets, et poursuivit plus hardiment une œuvre qu'il espérait léguer à son successeur. Sept évêques, ayant refusé de lire en chaire une déclaration de tolérance, furent conduits à la Tour, au milieu d'un peuple qui promettait de les venger, par des soldats qui demandaient à genoux leur bénédiction (1687). Les juges n'osèrent point les condamner. Le peuple s'était consolé de la tyrannie de Jacques II par l'espoir de voir régner après lui sa fille Marie, princesse d'Orange ; il apprit avec effroi la naissance d'un prince de Galles, filleul du pape, et le bruit se répandit aussitôt que l'enfant était supposé. Les whigs auraient pu se dispenser d'appuyer sur la crédulité vulgaire une révolution toute nationale et qui se justifiait d'elle-même. Les partisans ne manquaient pas à Guillaume ; le clergé anglican craignait pour sa riche dotation, et l'aristocratie pour les biens des couvents sécularisés à son profit. D'autre part, les Hollandais étaient tout prêts à payer à Guillaume leur dette contre Louis XIV.

Cependant le prince d'Orange, feignant de ne songer qu'à la France, avait formé contre Louis XIV la ligue d'Augsbourg (1686). Louis XIV lui-même s'était trompé quelque temps sur les projets de Guillaume ; mieux éclairé, il se hâta d'offrir à Jacques II un traité d'alliance défensive. Jacques II pensa que la France voulait le compromettre avec la Hollande, et se crut habile en repoussant ses offres ; il s'indignait d'ailleurs que Louis XIV osât protéger le roi d'Angleterre comme un petit prince de l'Empire. Jacques II en effet n'avait rien à craindre, si Louis XIV occupait Guillaume par quelque diversion puissante.

Mais il apprit bientôt que les Français portaient la guerre sur le Rhin ; alors il vit le danger, et offrit aux Hollandais de s'unir à la coalition, aux évêques de se réconcilier avec leur église. On dédaigna ces concessions tardives qui semblaient la preuve et l'aveu de sa faiblesse. Guillaume débarqua sans obstacle à Torbay (nov. 1688), avec un corps de 16,000 hommes, un grand nombre de seigneurs anglais et de réfugiés français, et cette devise sur ses bannières : *Je maintiendrai la religion protestante et les libertés de l'Angleterre.* Il venait, sur le vœu des principaux seigneurs, *vérifier la naissance du prince de Galles.* Au lieu d'accabler à son débarquement, à la tête d'une armée encore fidèle, le prince d'Orange, mal reçu par ceux qui se rappelaient la fin d'Argyle et de Monmouth, le roi se laissa persuader de prendre une forte position près de Londres, et donna le temps à son adversaire de débaucher son armée. Abandonné par ses généraux, par son autre gendre le prince de Danemark, et par sa seconde fille Anne, Jacques II rassembla quarante pairs protestants et signa toutes les concessions qu'on voulut ; il s'obstinait seulement à maintenir les catholiques dans leurs emplois, jusqu'à la décision du prochain parlement.

Cependant Guillaume marchait sur Londres et refusait de négocier. Jacques II licencia son armée pour rejoindre sur le continent sa femme et son fils. Arrêté dans sa fuite, il rentra dans sa capitale en triomphe. Le prince d'Orange, le croyant déjà sorti d'Angleterre, avait saisi le pouvoir avec une brusquerie dont quelques-uns de ses partisans s'effrayaient. La prudence ramenait déjà près de Jacques II ceux qui l'avaient trahi le plus vite. Guillaume, surpris par le retour de son beau-père, et ne voulant pas le garder captif, refusa de le voir, et fit en sorte que Jacques II pût échapper de nouveau à ses propres partisans. L'ancien roi gagna la France, où Louis XIV lui réservait à Saint-Germain une somptueuse hospitalité.

Après la fuite de Jacques II, l'embarras fut grand pour remplir le vide que son départ laissait dans la constitution. Il était bien évident pour tous qu'il appartenait au Parlement d'y pourvoir, mais qui devait convoquer le Parlement ? Quelques-uns disaient bien qu'en quittant l'Angleterre, Jacques II avait abdiqué, et que dès lors la couronne revenait de plein droit à sa fille aînée Marie, princesse d'Orange. Mais reconnaître aussitôt Marie, c'était, comme au retour des Stuarts en 1660, conférer le pouvoir souverain sans garanties pour la nation. L'opposition des whigs triompha sur ce point. Les quarante pairs assemblés par Jacques II, quelques anciens membres des Communes et les magistrats invitèrent par une adresse le prince d'Orange à convoquer un parlement sous le nom de Convention nationale. La chambre des Communes déclara le contrat primitif qui liait le roi et la nation rompu par les attaques de Jacques II contre la constitution et les lois fondamentales du royaume, et le trône vacant par son abdication. La chambre des lords combattit ces doctrines révolutionnaires. D'une part, on invoquait le salut du peuple comme la loi suprême, et l'on réclamait pour lui le droit d'élire son souverain. D'autre part, on n'acceptait les faits accomplis qu'à la condition qu'ils s'appuieraient sur l'ancien droit. La fermeté des Communes l'emporta sur l'opposition des lords. Guillaume, soit par négociations, soit par l'éloignement momentané de quelques tories, parvint à ranger la majorité des lords à l'opinion des whigs. Il y eut donc élection d'une nouvelle dynastie par les représentants de la nation. Le prince d'Orange préférait l'élection ou le droit révolutionnaire qui lui conférait le pouvoir, à l'hérédité qui n'eût consacré que les droits de sa femme. Toute la satisfaction accordée aux tories fut qu'on associât Marie aux honneurs de la royauté, dont Guillaume seul avait la charge. Tous deux signèrent en recevant la couronne, la *Déclaration des droits* (février 1689), dernière sanction des libertés nationales. La couronne donnait caution pour sa bonne conduite, et perdait toute prérogative supérieure aux libertés qu'elle avait concédées.

Après les Provinces-Unies, l'Angleterre à son tour appliquait les principes révolutionnaires prêchés par Sidney, dont Locke se fit le théoricien et l'apologiste dans son *Traité du gouvernement civil* (1689), et qui devaient recevoir en France à la fin du siècle suivant un plus hardi développement.

Cette révolution de 1688, fondée sur le principe de la souveraineté nationale, renversa la suprématie religieuse et le droit divin des rois d'Angleterre. L'église anglicane se déclarait supérieure à la volonté royale qui l'avait fondée un siècle plus tôt, puisqu'il était dit que désormais les prétendants catholiques à la couronne d'Angleterre seraient réputés morts, et leurs droits dévolus à leurs plus proches héritiers. Quant au droit divin, le Parlement, après avoir réglé l'ordre de succession au trône pour les héritiers de Guillaume et de Marie, pour la princesse Anne et ses descendants, réservait, à l'extinction de l'une et de l'autre branche, son droit d'élection pour l'avenir.

La révolution de 1688 a fixé les prérogatives royales et les droits de la nation anglaise, qui reposent désormais sur quatre bases principales : *la pétition des droits* (1628) assure aux parlements le vote des impôts ; *l'acte du Test* (1673) exclut les catholiques des emplois ; le bill d'*habeas corpus* (1679) garantit la liberté personnelle de chaque citoyen ; la *déclaration des droits* (1689) stipule la liberté des discussions parlementaires et des élections, enlève à la couronne le droit de dispense et le droit d'entretenir une armée permanente sans l'aveu du Parlement. L'équilibre s'établit entre les deux grands pouvoirs de l'État, qui savent par la triste expérience d'un demi-siècle que l'usurpation de l'un ou de l'autre entraînerait une révolution fatale à tous deux. La royauté choisit ses ministres au gré de la majorité des deux chambres, parmi les whigs ou parmi les tories, parmi les défenseurs du Parlement ou parmi les soutiens de l'aristocratie et de l'église anglicane. Depuis Guillaume III, aucun roi d'Angleterre n'a refusé sa sanction aux bills du Parlement.

Quoique le triomphe de Guillaume III fût celui des whigs, la nation, que l'imprudence de Jacques II avait rejetée dans la révolution, n'accorda jamais une entière confiance à son successeur. A peine sauvée, l'église anglicane témoigna son antipathie pour le roi presbytérien qui lui imposait la tolérance. L'archevêque de Canterbury, Sancroft, sept évêques et quatre cents membres du haut clergé aimèrent mieux abandonner leurs bénéfices que de lui prêter le serment d'allégeance ; c'étaient presque les mêmes scènes que sous Charles II et Jacques II. En votant le bill de tolérance que demandait Guillaume, le Parlement en exclut les catholiques. Il lui vota le même revenu qu'aux deux rois précédents, mais par un vote annuel. Il vota malgré lui la triennalité des parlements (1694). Les Anglais lui reprochaient de leur préférer les Hollandais, et d'avoir choisi parmi ses anciens sujets ses confidents et ses favoris, Bentinck, comte de Portland, et

Keppel, comte d'Albemarle. Son règne de quatorze ans, qui allait rendre à l'Angleterre la direction du protestantisme européen et la prépondérance maritime et commerciale, et qu'illustrèrent la création de la banque de Londres (1694) et la renaissance de la littérature anglaise renouvelée par de célèbres écrivains, Swift, Pope, Addison, etc., fut troublé par les embarras politiques dont Louis XIV profitera, après la guerre d'Augsbourg, pour obtenir de Guillaume deux traités de partage au sujet de la succession espagnole. Dès le lendemain du traité de Ryswick, l'Angleterre, ruinée par la guerre et craignant pour ses libertés, désarmera Guillaume, celui-là même qui les avait sauvées. Le Parlement ne lui laissera que 10,000 hommes de terre et 3,000 marins. Même défiance dans les Provinces-Unies, et même progrès de ce que Heinsius appelait les *maximes anglaises*. Messieurs d'Amsterdam réduiront l'armée de 100,000 hommes à 46,000. On a dit un peu au hasard que Guillaume III était roi dans sa république de Hollande et stathouder dans son royaume d'Angleterre ; il est plus vrai de dire qu'il gouverna les affaires des Anglais en Europe plutôt que les Anglais eux-mêmes. En 1699, on le forcera de renvoyer sa garde hollandaise, et, poussé à bout par tant d'économie et de défiance, il songera sérieusement à remettre le gouvernement de l'Angleterre à des régents nommés par les chambres, pour se retirer en Hollande. C'est parmi tant de difficultés intérieures que Guillaume dirigea la seconde coalition contre Louis XIV et prépara la dernière, avec cette activité infatigable que les revers ou les défaites ne parvinrent jamais à décourager, quand il s'agissait de combattre la France.

III. Guerre de la Ligue d'Augsbourg (1687). — Lutte maritime contre l'Angleterre. — Expédition d'Irlande (1689-90). — Défaite de la Hogue (1692). — Bataille de Lagos (1693).

La chute des Stuarts était la vengeance du protestantisme européen, la réplique du calvinisme à la révocation de l'Édit de Nantes. La révolution de 1688, fondée sur la Réforme et la souveraineté du peuple, ajoutait à la république fédérative des Provinces-Unies la monarchie constitutionnelle d'Angleterre contre la monarchie absolue et catholique de Louis XIV.

Louis XIV reçut magnifiquement Jacques II, jeta le gant à toute l'Europe, comme seul défenseur de la royauté et seul représentant du droit divin des rois, et mit sur pied 350,000 hommes. C'était plus qu'il n'eût fallu d'abord pour empêcher la révolution orangiste : ce n'était plus assez pour combattre en même temps toute l'Europe coalisée et complice de cette révolution. Louis XIV comprit sans peine qu'il devait attaquer Guillaume en Angleterre, pour affaiblir son action sur le continent. Il y porta le principal effort de la guerre et toutes ses forces maritimes ; mais dans l'entraînement fatal de ses premiers succès, Louis XIV avait déclaré la guerre à trop d'ennemis ; Louvois, jaloux de Seignelay et de sa marine, demandait trop d'hommes et trop d'argent contre l'Allemagne encore impuissante, quoique unie, et contre l'Espagne dégénérée. Guillaume III, le plus redoutable ennemi de la France, trop bien servi par le partage de ses forces, triompha du roi d'Angleterre, et revint tout entier à la guerre du continent. L'effort précipité de notre marine ruina sa grandeur prématurée. En apprenant la descente de Guillaume en Angleterre, Louis avait déclaré la guerre aux Hollandais pour leur intervention dans les affaires de Cologne ; il la déclara ensuite à Guillaume comme usurpateur du trône de son allié Jacques II, et il crut la France assez forte pour soutenir à la fois deux guerres de succession. A son tour, la France méritait toutes les accusations qu'elle avait si longtemps portées contre l'Autriche. Naguère encore, au congrès de Cologne (1673), elle dénonçait la conjuration de la maison de Habsbourg contre l'Allemagne, et on l'accusait maintenant elle-même de tendre à la monarchie universelle. Elle avait épuisé le génie de Richelieu et de Mazarin, de Turenne et de Condé, pour atteindre ses véritables limites et remplir son cadre naturel par l'acquisition de quelques provinces qui lui furent longtemps disputées ; on l'accusait de vouloir réduire l'Europe en servitude. Pour les passions du moment, Louis XIV justifia trop bien l'exagération des plaintes et des griefs. On eût dit qu'en voyant croître le nombre de ses ennemis, il comptait d'autant plus sur leur lenteur et leurs divisions, et n'en bravait que plus hardiment leur colère.

L'Irlande catholique appelait Jacques II en haine de la Réforme et de la race anglaise. Louis XIV le fit passer en Irlande, en lui souhaitant de ne jamais le revoir. L'île entière reconnut son autorité. Une victoire navale de Château-Renaud sur l'amiral Herbert, près de la baie de Bantry, assurait les communications avec la France. Jacques II échoua pourtant par ses dissensions avec le Parlement, par sa faiblesse et par sa tyrannie imprudente. Ce n'était guère le moment de marchander la liberté au peuple infortuné qui se dévouait pour lui. Il s'obstina au siége de Londonderry, la seule ville orangiste du pays. Guillaume III eut le temps de s'affermir en Angleterre, de recevoir les secours de la Hollande, et d'aller battre son beau-père à Drogheda sur la Boyne (10 juillet 1690). Le plus illustre des émigrés français, le vieux maréchal de Schönberg, mourut dans cette bataille. Mais la veille, Tourville avait mis en déroute, près de Beachy Head ou du cap Beveziers, à la hauteur de Dieppe, les flottes réunies de la Hollande et de l'Angleterre. L'ennemi avait perdu dix-sept vaisseaux, brûlés par les vainqueurs ou par lui-même; le reste s'était dispersé et réfugié dans la Tamise ou dans les îles de Hollande. Louis XIV avait l'empire de la mer. Jacques II aurait donc pu continuer la guerre; mais ce prince insignifiant, qui n'était plus que l'ombre de lui-même, se hâta de repasser en France, et Lauzun, qui commandait l'armée de secours, abandonna la partie aussi vite que Jacques II.

Cette défaite de Jacques II suffisait pour effacer les trois victoires que la France avait remportées dans l'année 1690, Beachy-Head, Fleurus et Staffarde.

En vain Louis XIV continua d'envoyer à l'Irlande des secours d'hommes et d'argent; les Irlandais, encore vaincus près d'Aghrim, retombèrent sous le joug odieux de l'Angleterre, qui promit, par la capitulation de Limerick, de respecter les biens et la croyance des catholiques. Seize mille Irlandais, qui ne s'y fiaient pas, aimèrent mieux passer en France sur les vaisseaux de Château-Renaud et remplacer dans nos armées les émigrés protestants. L'année suivante, après les victoires de Fleurus et de Staffarde, le roi de France tenta de nouveau de frapper la ligue en Irlande. Tourville avec cinquante vaisseaux devait porter trente mille hommes en Angleterre, revenir à Brest, y rallier l'escadre de Toulon forte de seize vaisseaux. Tourville, retenu près d'un mois par les vents à Brest, n'y gagna pas même d'être renforcé par les escadres de Toulon et de Rochefort. D'Estrées n'arriva qu'après notre défaite. Insulté par Pontchartrain et par ses commis pour avoir demandé sur ces retards de nouvelles instructions, poussé par le roi lui-même, qui crut trop aisément sur la foi de Jacques II à la trahison de l'amiral anglais Russel, Tourville, avec quarante-quatre vaisseaux, trois mille cent quatorze canons et vingt mille hommes, affronta quatre-vingt-dix-neuf vaisseaux, sept mille cent cinquante-quatre canons et quarante-deux mille hommes. Il avait montré dans le conseil de guerre les ordres précis du roi. Après avoir lutté pendant dix heures sans perdre un seul bâtiment, il dut céder au nombre et gagner les côtes de France. Il eût sauvé toute sa flotte si Colbert, qui donna tant de ports à la France, eût pu lui donner déjà le port militaire de Cherbourg, en face de Portsmouth. Dans sa retraite sur Saint-Malo, le seul abri qu'il eût dans la Manche, Tourville vit quatre de ses vaisseaux brûlés à Cherbourg, et treize autres dans la baie de la Hogue. Jacques II et le maréchal de Bellefonds avaient vu de la côte la bataille et le désastre (mai 1692) sans pouvoir aider Tourville.

Louis XIV honora, du moins, du bâton de maréchal de France cette glorieuse défaite, à laquelle les Anglais eux-mêmes ont rendu justice. Après tout ce n'était que la revanche de Beveziers, et nous avions encore, avec les deux flottes de Tourville et de d'Estrées, quatre-vingt-treize vaisseaux à la mer. L'année suivante, à l'affaire de Lagos ou du cap Saint-Vincent, où Tourville, aidé de Jean Bart, attaqua les vingt-trois vaisseaux de guerre qui protégeaient le convoi du Levant, les alliés perdirent environ cent navires et trente millions. La Hogue était vengée. L'incurie de l'administration, après la mort prématurée de Seignelay (1690), bien plutôt que cette fameuse défaite, nous fit perdre l'empire des mers. La France désormais lutta sur les flots plutôt par ses corsaires que par ses flottes. Elle lança chaque année, à travers les cent quinze vaisseaux des alliés, sur les côtes d'Espagne et d'Angleterre, les intrépides marins de Bretagne et de Normandie qui ramenaient dans nos ports les dépouilles des marchands de Londres et d'Amsterdam. Ses escadres et quelquefois de simples navires, montés par Duguay-Trouin, Jean Bart, Forbin, Pointis, etc., lui valaient des flottes. A plusieurs reprises, les

Anglais tentèrent de détruire les ports où s'entassaient leurs dépouilles, d'abord Saint-Malo, le plus hardi et le plus riche, par un immense brûlot qu'un réfugié avait construit et qui vint éclater inutilement dans la rade; Brest que Vauban vint défendre; Dieppe alors bâtie en bois et qui fut brûlée, Dunkerque où l'héroïque Jean Bart se jouait de leurs flottes. Vauban fortifia toutes les côtes, et des batteries flottantes repoussèrent partout leurs attaques. En Amérique, au lieu de se borner à défendre le Canada et ses douze mille colons, le comte de Frontenac avait conquis sur les Anglais la baie d'Hudson et presque toute l'île de Terre-Neuve. En Asie, tout le succès des alliés se bornait à la prise de Pondichéry par les Hollandais en 1693. On a calculé qu'en neuf ans, nos corsaires prirent deux cent soixante vaisseaux de guerre et trois mille trois cent quatre-vingt navires marchands. Les exploits de Jean Bart et de Forbin compromirent dans le commerce anglais la popularité de Guillaume III.

IV. Guerre continentale. — Incendie du Palatinat (1689). — Campagnes de Catinat en Italie ; victoires de Staffarde et de la Marsaille (1690-1693). — Campagnes de Luxembourg aux Pays-Bas ; victoires de Fleurus, Steinkerke et Neerwinde (1690-92-93). — Traité de Turin (1696). — Paix de Ryswick (1697).

Pendant cette guerre maritime, la France livrait sur toutes ses frontières la guerre continentale. Forcé en 1689 de rappeler une partie des troupes du Rhin pour la guerre d'Irlande, Louvois résolut de changer en déserts tous les pays qu'on abandonnait, pour affamer l'ennemi sur ses terres et châtier les princes allemands qui s'étaient déclarés contre nous. L'alliance des princes allemands avec l'empereur fut punie en effet comme une trahison envers la France. Tout fut brûlé et rebrûlé, ainsi que Louvois en avait donné l'ordre. Spire, Worms, Heidelberg, Mannheim, une multitude de bourgs et de villages dans le Palatinat, l'électorat de Trèves et le margraviat de Bade, furent incendiés au mépris des capitulations. La fuite ne fut permise qu'à ceux qui venaient repeupler l'Alsace et la Lorraine. A Spire les tombeaux des empereurs, à Heidelberg ceux des électeurs, vénérables monuments de l'art germanique, furent profanés, et les vieux ossements tirés de leurs cercueils d'argent. Tous les actes de la Chambre impériale, perte irréparable pour les parties intéressées, furent envoyés en France avec le trésor, dans le temps où Croissy fondait les archives françaises. Les officiers français eux-mêmes s'indignaient de cette violation inouïe du droit des gens. Le roi le veut, disait l'incendiaire Mélac ; le roi le veut, disait Créqui, en montrant une liste de 1,200 villes ou villages condamnés, parce que les Allemands se sont unis au prince hérétique d'Orange contre le roi catholique Jacques II. La diète décréta l'expulsion de tous les Français et défendit tout commerce avec la France (1689).

Ces atrocités, dont Louvois était plus coupable que Louis XIV, et que suivirent de près sa disgrâce et sa mort, indignèrent toute l'Allemagne et renforcèrent la ligue d'Augsbourg par le traité de Vienne (mai 1689). Les rois d'Angleterre, d'Espagne et de Danemark, et le duc de Savoie, formaient contre Louis XIV une sorte de confédération européenne. On eût dit que pour les princes allemands, il s'agissait de la famille impériale aussi bien que de l'empire, et que pour la première fois l'Autriche représentait l'Allemagne. On assurait à l'empereur la succession éventuelle de l'Espagne, et à son courageux allié, le duc de Lorraine, la restitution entière de ses États.

Les Allemands mirent sur pied trois armées. La première, avec les Hollandais et les Espagnols, sous le commandement du prince de Waldeck, battit d'Humières à Valcourt ; les deux autres reprirent Bonn et Mayence, quoique vaillamment défendues par d'Huxelles et Asfeld. Les Français étaient rejetés sur la Lorraine et l'Alsace. La France eût couru de grands dangers si la coalition eût levé les 222,000 hommes qu'elle annonçait. Mais l'Allemagne ne soutint pas ce premier mouvement de colère. Les contingents des princes se composaient toujours de bandes mercenaires. Les Turcs, découragés par leurs défaites de Nissa et de Widdin, s'étaient ranimés à la voix de Louis XIV, gagnaient la bataille d'Essek (1690) et reprenaient Belgrade. La France se releva par Catinat et Luxembourg, les plus dignes successeurs de Turenne et de Condé.

Le duc de Savoie, Victor-Amédée II, plus important par la position de ses États que par leur puissance réelle, avait d'abord hésité entre la France et la coalition ; poussé à bout par l'insolence de Louvois et craignant que Louis XIV ne voulût faire du Piémont une autre Lorraine, il s'était déclaré contre la France. On envoya contre lui Catinat, l'ami de Vauban, général plébéien, d'abord avocat, qui fit son chemin sans intrigue, et que les soldats appelaient le *Père la Pensée*. Catinat débuta dans les Alpes par la victoire de Staffarde (août 1690). La prise de Saluces et de Suse, renforçant Pignerol, nous assurait les cols du Mont-Cenis, du Mont-Genèvre et d'Agnello. Si l'année suivante les renforts envoyés par l'empereur le forçaient d'évacuer le Piémont, au moins la prise de Montmélian nous donnait toute la Savoie.

Aux Pays-Bas, Luxembourg avait remplacé d'Humières, le vaincu de Valcourt. A peine arrivé, il gagne sur le prince de Waldeck la bataille de Fleurus (1er juillet 1690). Guillaume, vainqueur en Irlande, repasse la mer, rallie et renforce l'armée vaincue, tandis que Louvois affaiblit Luxembourg pour renforcer l'inutile armée du Rhin. En 1691, Louis XIV assiège et prend Mons, la clef de la Belgique, malgré Guillaume, qui plus heureux sur un autre point, débloque Liége investie par Boufflers. Après le départ des deux rois, Luxembourg bat pour la seconde fois à Leuze le prince de Waldeck, avec des troupes bien inférieures en nombre. L'année suivante, au moment de notre défaite de la Hogue, Louis XIV retourne au camp pour assiéger Namur que le fameux Cohorn défendait contre Vauban, et la place capitule (30 juin 1692), malgré Guillaume tenu en échec par Luxembourg. Pour réparer ce désastre, Guillaume surprend Luxembourg près de Steinkerke. Déjà les Français pliaient ; leur chef, quoique malade, les ramène au combat, charge trois fois à la tête de la maison du roi et des princes du sang, et gagne la victoire avec l'infanterie. En voyant tous les drapeaux pris à l'ennemi (août 1692), le peuple appelait Luxembourg le *tapissier de Notre-Dame*.

Aux Alpes, les opérations avaient plus d'importance qu'aux bords du Rhin. Le duc de Savoie, renforcé par vingt-cinq mille impériaux qu'amenait le prince Eugène, et guidé dans les montagnes par ses sujets vaudois, les vengeait des cruautés de Catinat, ordonnées par Louvois, sur nos pays de Gap et d'Embrun. Mais affaibli par les maladies, harcelé par nos montagnards, il reporta la guerre dans le Piémont, sous les murs de

Pignerol. Catinat vint l'année suivante délivrer la place, et gagner sur les réfugiés français la victoire sanglante de la Marsaille où la baïonnette joua un rôle décisif. Le duc de Leinster, fils de Schönberg, y fut tué (1693). Cette même année 1693, Louis rejoignit l'armée de Flandre, mais perdit par sa faute l'occasion d'écraser Guillaume avec cent dix mille hommes contre cinquante mille. Son général et son armée en frémissaient de rage. Le roi repartit pour Versailles et ne reparut plus à la tête de ses troupes. Luxembourg resté seul, et quoique affaibli par les renforts qu'on envoyait aux armées d'Allemagne et d'Italie, mit le comble à sa réputation militaire par la brillante victoire de Neerwinde, gagnée par la baïonnette comme celle de la Marsaille, mais dont la prise de Charleroi fut le seul résultat.

Le maréchal de Lorges sur le Rhin et le maréchal de Noailles en Catalogne soutenaient l'honneur des armes françaises, le premier par la victoire de Pforzheim (1692), le second par la prise d'Urgel et de Girone, et par la victoire de Vergès. Mais tous ces succès rapportaient plus de gloire aux généraux que de profit réel au pays. Le génie de Guillaume savait réparer ses défaites. Louvois et Seignelay étaient remplacés par d'habiles courtisans, que Louis XIV se flattait de former et de diriger. Louvois avait pour successeur son fils Barbezieux, âgé de 18 ans. Les finances étaient mal administrées par Pelletier et Pontchartrain, mauvais successeurs de Colbert. Pour soutenir une guerre où l'on mettait sur pied quatre cent cinquante mille hommes, il fallut recourir à des expédients ruineux et tyranniques, altérer les monnaies, fondre les chefs-d'œuvre d'orfèvrerie qui décoraient les salons de Versailles, demander des avances aux fermiers généraux, des dons aux villes et au clergé, vendre la noblesse et les fonctions publiques, les charges de maires et d'échevins, créer de nouvelles rentes sur l'Hôtel de ville, des impôts nouveaux, entre autres la *capitation* établie sur tous les chefs de famille, le roi en tête. Le peuple chansonnait madame de Maintenon, le père La Chaise, les Jésuites, le grand roi lui-même. Les pamphlets des réfugiés calvinistes invitaient la noblesse, les provinces et les villes à ressaisir sur la monarchie absolue leurs vieux priviléges. On croyait si bien la France ruinée et prête à se révolter, que les alliés en 1693 repoussèrent les propositions de Louis XIV, quoique fort modérées. La famille de Nassau avait besoin de la guerre en Angleterre comme jadis aux Pays-Bas, et l'empereur repoussait la paix pour la même raison qui la faisait désirer à Louis XIV, l'ouverture prochaine de la succession d'Espagne. Il fallut continuer la guerre.

Luxembourg était mort (janvier 1695) après une belle campagne sur l'Escaut. Villeroi, son successeur, laissa pour son début Guillaume reprendre Namur. En 1696 Jean Bart prit aux Hollandais cinq vaisseaux de guerre et cinquante navires marchands. La France essaya de diviser ses ennemis comme à Nimègue. Innocent XII se laissa le premier désarmer par la promesse que les candidats en théologie ne seraient plus contraints de soutenir la Déclaration de 1682; puis le duc de Savoie par la restitution de Pignerol, par le mariage de sa fille avec le duc de Bourgogne, et les distinctions accordées à ses ambassadeurs. Victor-Amédée, détaché de la grande alliance par le traité de Turin, obtint de l'Empereur et de l'Espagne la neutralité de l'Italie. La défection de la Savoie (1696) décida peu à peu les autres, et le congrès de Ryswick s'ouvrit sous la médiation de la Suède. Louis XIV craignait d'avoir la ligue sur les bras quand la mort de Charles II, qu'on savait prochaine, ouvrirait la succession d'Espagne. Nos derniers succès, la prise d'Ath, seul trophée d'une armée de 120,000 hommes commandée par Catinat, Boufflers et Villeroi, le coup de main du chef d'escadre Pointis sur Carthagène, le riche entrepôt de l'Amérique espagnole, la prise de Barcelone par le duc de Vendôme et le comte d'Estrées, hâtèrent la conclusion de la paix (octobre 1697).

Par un premier traité avec l'Espagne et les puissances maritimes, la France restituait toutes ses conquêtes dans la Catalogne et les Pays-Bas, et recouvrait Pondichéry. Louis XIV, reconnaissant Guillaume III pour roi légitime d'Angleterre, abandonnait la cause des Stuarts. Les Hollandais se faisaient reconnaître le droit de mettre garnison dans les principales places des Pays-Bas, et, après avoir obtenu au traité de Nimègue l'abolition du tarif de 1667, obtenaient qu'on rétablît à leur profit le tarif de 1664.

L'Autriche fut plus lente à se décider. Le prince Eugène avait porté le dernier coup aux Turcs par sa victoire de Zenthe (1697), qui rendit son nom célèbre dans toute l'Europe, et rapportant sur le Rhin cette gloire du Danube, réclamait Strasbourg pour l'Allemagne. Mais Louis XIV avait divisé et gagné ses ennemis et son orgueil se vengea sur les Allemands du triomphe de l'Angleterre. La France restitua les pays réunis et les villes conquises au-delà du Rhin, Fribourg, Brisach, Philippsbourg, Kehl, mais garda Strasbourg, malgré les protestations patriotiques de l'Allemagne. Elle rendit la Lorraine au duc Léopold, mais se réserva Sarrelouis et Longwy, avec le droit de passage à travers le duché. En Amérique, elle gardait la baie d'Hudson et la moitié de Terre-Neuve.

Au dernier moment, les Français produisirent comme un article oublié ce qu'on appela *la clause* de Ryswick, avec menace de continuer la guerre contre ceux qui refuseraient de signer. La religion catholique était maintenue dans tous les pays *de réunion* que la France restituait. Ainsi Louis XIV, forcé de saluer en Angleterre le triomphe de la religion protestante, l'humiliait sur le Rhin et la traitait comme une secte dans les pays de réunion. Étrange destinée pour le protestantisme allemand que la France avait si longtemps protégé !

CHAPITRE X.

GUERRE DE LA SUCCESSION D'ESPAGNE. — TRAITÉ D'UTRECHT.

SOMMAIRE.

1. — Toutes les puissances ont signé la paix dans l'attente d'une guerre prochaine au sujet de la succession de Charles II d'Espagne, disputée par Louis XIV, par l'empereur Léopold et par le prince électoral de Bavière, que désigne un premier testament de Charles II. La France et les puissances maritimes, dans l'intérêt de l'équilibre européen, partagent deux fois par avance la monarchie espagnole entre les prétendants (traités de La Haye et de Londres, 1698-1700). La mort du prince de Bavière annule le premier partage, et l'empereur refuse le second. L'Espagne s'indigne d'être ainsi démembrée et se résigne à passer tout entière aux Bourbons plutôt qu'à l'Autriche. Charles II est forcé par son conseil et par le vœu national de reconnaître pour son héritier le duc d'Anjou, que Louis XIV envoie en Espagne, et que toutes les puissances reconnaissent d'abord, à l'exception de l'Autriche. Louis XIV, violant le testament de Charles II par ses mesures pour la réunion éventuelle des deux couronnes, et le traité de Ryswick par la reconnaissance de Jacques III, procure à l'Autriche les alliés qu'elle attendait, et provoque la nouvelle alliance de La Haye (1701). La politique de Guillaume III, qui meurt en 1702, est continuée sous la reine Anne par les triumvirs Marlborough, Eugène et le grand-pensionnaire Heinsius.

2. — Tandis qu'en Italie, où l'empereur a déjà commencé la guerre, Vendôme répare les défaites de Catinat et de Villeroi (Carpi, Chiari, 1701), par une série de victoires, Marlborough triomphe aux Pays-Bas et s'empare de l'électorat de Cologne. Villars, deux fois vainqueur des Allemands (Friedlingen et Hochstœdt, 1702-1703), menace l'Autriche avec l'électeur de Bavière, unique allié de la France. Mais la Savoie et le Portugal abandonnent la France, troublée au midi par les Camisards. Les Anglais portent les derniers coups à la marine française (batailles de Vigo et de Malaga), et prennent Gibraltar (1704). La défaite de Hochstœdt (1704) chasse les Français d'Allemagne, celle de Ramillies (1706) leur enlève les Pays-Bas, et celle de Turin l'Italie.

3. — D'autre part les Portugais proclament Charles d'Autriche à Madrid. Tessé sauve Toulon; Villars rappelé des Cévennes couvre la France sur le Rhin; Berwick rétablit Philippe V à Madrid par la victoire d'Almanza (1707). La France, privée par Marlborough de l'alliance de Charles XII

alors campé en Saxe, et vaincue à Oudenarde (1708), demande la paix. Louis XIV, insulté par les triumvirs, en appelle à la nation, et subit encore avec Villars et Boufflers la glorieuse défaite de Malplaquet (1709). Boufflers ne peut sauver Lille. La victoire de Rumersheim sauve du moins l'Alsace. Les alliés repoussent de nouveau les offres de Louis XIV à Gertruidenberg. Philippe V, deux fois battu, est vengé par Vendôme à la journée décisive de Villaviciosa (1710).

4. — L'avénement des tories au ministère par la disgrâce de Marlborough, et celui de l'archiduc Charles à l'Empire par la mort de Joseph Ier, bouleversent la diplomatie européenne et rapprochent la France de l'Angleterre. La prise de Rio de Janeiro par Duguay-Trouin, la victoire de Villars à Denain (1712) et la défection des Portugais amènent le traité d'Utrecht (1713), qui reconnaît Philippe V roi d'Espagne et des Indes, mais sépare à jamais les couronnes de France et d'Espagne suivant le testament de Charles II, assure à l'Angleterre la succession des Stuarts protestants, lui donne l'Acadie et Terre-Neuve, Gibraltar et Minorque, reconnaît les royautés nouvelles de Prusse et de Sicile, et réserve à la maison d'Autriche, après son adhésion au traité, le royaume de Naples, le Milanais et les Pays-Bas. Villars impose facilement à l'Autriche, qui résiste encore, la paix de Rastadt, et à l'empire celle de Baden (1714). Les Hollandais signent le traité de la Barrière avec l'empereur, en lui livrant les Pays-Bas espagnols. — Le retour des whigs à l'avénement de George Ier, la fameuse querelle du jansénisme, et des malheurs domestiques (mort du grand dauphin 1711, des ducs de Bourgogne et de Berry 1712-1714), attristent les dernières années de Louis XIV, qui meurt en 1715.

I. Négociations relatives à la succession d'Espagne. Traités de partage (1698-1700). — Mort de Charles II et avènement de Philippe d'Anjou (1700). — Grande alliance de La Haye contre Louis XIV (1701).

Charles II, vieillard à trente-neuf ans, deux fois marié, n'avait pas d'enfant. Après lui, l'ordre de la succession castillane appelait à lui succéder sa sœur aînée, Marie-Thérèse, reine de France. Louis XIV avait déjà prouvé, par la guerre de *dévolution*, qu'en cas il entendait faire de la renonciation formelle de sa femme à la couronne d'Espagne. Les enfants d'ailleurs ne pouvaient, disait-on, perdre par la volonté de leur mère les droits qu'ils tenaient d'une loi fondamentale. L'empereur Léopold invoqua d'abord contre la reine de France les pactes de famille de la maison d'Autriche, et les traités de réversibilité conclus entre les deux branches mâles, à l'exclusion des femmes. Mais la loi fondamentale d'Espagne annulait aussi ces arrangements particuliers. Quant à Marguerite-Thérèse, femme de Léopold et sœur cadette de la reine de France, que la loi castillane appelait après elle au trône, et que Philippe IV avait désignée pour son héritière l'exclusion de Marie-Thérèse et de ses enfants, son représentant n'était point Léopold, veuf de Marguerite et remarié, mais le petit-fils de Léopold et de Marguerite, né de leur fille unique, Ferdinand-Joseph, prince électoral de Bavière. Afin de revendiquer pour lui-même la monarchie espagnole, Léopold invoquait les droits de sa mère, Marie-Anne, fille de Philippe III ; Louis XIV se présentait sur ce nouveau terrain comme fils d'Anne d'Autriche, sœur aînée de la mère de Léopold. Celui-ci répliquait que les rois d'Espagne, en mariant leurs filles aînées aux rois de France, leur avaient imposé des renonciations qu'on n'avait pas exigées des cadettes. Mais les Cortès espagnoles, disait Louis XIV, n'avaient pas sanctionné cette double exclusion des filles aînées, et la dot de Marie-Thérèse n'avait pas été payée.

A la cour de Charles II, la question n'était débattue qu'entre la Bavière et l'Autriche. La mère du roi, Marie-Anne d'Autriche, obtint de son fils, avant de mourir, un testament secret en faveur du prince de Bavière (1696). La femme du roi, Marie-Anne de Neubourg, belle-sœur de Léopold, fit casser le testament, et Charles II promit de se déclarer pour l'archiduc Charles, si l'empereur envoyait une armée en Catalogne ou dans le Milanais contre la France. Quoique Léopold, occupé par la France et par les Turcs, n'envoyât pas les secours qu'il avait promis et n'obtînt point la déclaration qu'il avait espérée, la cause de son fils semblait gagnée à la cour de Charles II, et les droits de l'archiduc étaient reconnus avant la paix de Ryswick par tous les alliés de l'empereur. Le marquis d'Harcourt, ambassadeur de Louis XIV en Espagne, quoique plus aimable et plus libéral que le comte de Harrach, l'ambassadeur autrichien, n'obtenait pas même une audience du roi. Que la maison de Bourbon ou celle d'Autriche montât sur le trône d'Espagne, le danger était le même pour les autres puissances. Louis XIV, qui n'attendait plus rien de la cour d'Espagne, offrit à Guillaume III, comme à l'arbitre de l'Europe, de sauver l'équilibre européen par un partage éventuel entre les trois prétendants. Le traité de La Haye (1698) entre la France et les deux puissances maritimes assurait au dauphin Naples, la Sicile, les présides de Toscane et le Guipuzcoa, qui pourraient être réunis à la couronne de France, le Milanais à l'archiduc, et le reste, c'est-à-dire l'Espagne, les Indes, les Pays-Bas et la Sardaigne, au prince de Bavière, principal héritier. Les trois puissances contractantes convenaient d'imposer le traité de La Haye aux maisons d'Autriche et de Bavière, quel que fût le testament de Charles II. Le roi d'Espagne, indigné de voir les étrangers partager sa monarchie de son vivant, déclara pour la seconde fois le prince de Bavière son héritier universel. La France et l'Autriche protestèrent. Mais quelques mois plus tard (1699), la mort du jeune prince annula le testament et le partage.

Les Espagnols aussi s'indignaient d'être ainsi partagés. Ils avaient épuisé dans leurs expéditions d'Italie et des Pays-Bas, en Amérique et dans l'Inde, toute l'énergie que leur avait donnée la lutte politique et religieuse contre les Maures. Nulle part ils n'avaient su gouverner les peuples conquis ; ils ne savaient pas même gouverner l'Espagne. L'esprit de liberté communale et provinciale, qui survivait au despotisme de Philippe II, n'était qu'une nouvelle cause de faiblesse et de décadence. Après Charles-Quint, l'histoire de l'Espagne se résume par ses pertes : les Pays-Bas, le Portugal, le Roussillon, l'Artois, la Flandre et la Franche-Comté.

L'Espagne, réduite à 6,000,000 d'habitants, à 20,000 mauvais soldats pour toute armée, communiquait avec ses colonies par les vaisseaux de Gênes, gardait les Pays-Bas par les garnisons hollandaises et le Milanais par les Impériaux. L'histoire ne sait rien de plus misérable que le règne de Charles II, gouverné par sa mère jusqu'en 1677. Au jésuite Nithard, qui n'avait que le désintéressement de Ximenès et qui fut chassé par une émeute, succéda (1669) Valenzuela, mari d'une Allemande au service de la reine ; à ce nouveau favori, entraîné dans la disgrâce de la reine mère, don Juan d'Autriche, fils naturel de Philippe IV. Cependant l'Anglais Morgan, à la tête d'une bande de flibustiers, pillait la riche colonie de Porto-Bello. Le duc de Medina-Cœli, qui remplaça don Juan, tenta au moins quelques réformes (1679-1684). Sa retraite rendit le pouvoir à de vils intrigants (Oropesa, Melgar) qui se disputaient le triste honneur de porter les derniers coups à l'Espagne.

Mais les Espagnols, résignés à la domination prochaine d'un étranger, exigeaient au moins qu'il leur garantît l'intégrité de la monarchie. Ils n'entendaient pas permettre au descendant de

Guillaume le Taciturne de démembrer ainsi avec la France la monarchie de Philippe II. Ils avaient accueilli avec joie le testament qui reconnaissait le prince de Bavière; ils n'apprirent qu'avec indignation le premier et le second traité de partage. Quand Louis XIV désespérait d'obtenir autrement sa part de la succession, toute la nation était déjà pour lui. Elle préférait à la maison d'Autriche, embarrassée dans le gouvernement difficile de ses États héréditaires et dans son empire d'Allemagne, la France qui venait de résister seule et deux fois à toute l'Europe. Elle préférait la force à la faiblesse, et ceux qui gagnaient des provinces à ceux qui en perdaient comme elle. Les Espagnols étaient bien convaincus d'ailleurs que, s'ils refusaient d'accorder à la France une part de la succession, elle saurait bien la prendre. Il se forma donc dans toutes les classes un parti pour sauver l'intégrité de la monarchie en plaçant sur le trône un Bourbon qui ne réunirait jamais les deux couronnes de France et d'Espagne. Déjà même les seigneurs espagnols, mécontents des reines autrichiennes et de la hautaine parcimonie du comte de Harrach, s'informaient près du marquis d'Harcourt si Louis XIV accepterait un testament en faveur du duc d'Anjou, second fils du dauphin. Le roi de France, sans repousser cette proposition inattendue et cette chance nouvelle d'arriver à ses fins, pressa la conclusion d'un second traité de partage, moins favorable à la France que le premier (traité de Londres, 1700). On ajoutait à la part du dauphin la Lorraine, en donnant le Milanais à son duc Léopold, l'Espagne, les Pays-Bas et les Indes à l'archiduc, principal héritier. Ainsi la France, qui depuis Richelieu s'efforçait d'entraîner l'Espagne dans sa politique, afin d'être sans inquiétude au midi et d'agir librement sur le Rhin, eût encore retrouvé l'Autriche sur les Pyrénées. Louis XIV se résignait pourtant au second partage qu'il avait demandé. L'empereur, quoique toujours certain d'obtenir toute la succession, ne refusa pas de négocier, et proposa d'échanger les Pays-Bas et les Indes contre le Milanais. Mais la France ne pouvait posséder les Pays-Bas sans se brouiller avec l'Angleterre et les Provinces-Unies dont elle comptait se servir contre l'Autriche. Louis XIV refusa l'échange, et l'empereur le partage.

Charles II en appela à toute l'Europe. D'Harcourt quitta Madrid, et une armée française se forma sur les Pyrénées. Le parti français devint alors le parti vraiment national. Le cardinal Porto-Carrero, principal ministre de Charles II, lui conseillait d'en référer aux États du royaume. Le roi, ne croyant qu'à sa souveraineté, appelait l'archiduc en Espagne. Le conseil de Castille lui déclara qu'il fallait sacrifier ses préjugés de famille à l'intérêt national, en se décidant pour un Bourbon. Un comité de jurisconsultes et de théologiens assemblés à Madrid; Innocent XII alors mourant, et les cardinaux qui craignaient toujours l'Autriche en Italie, confirmèrent l'avis du conseil. Alors Charles II fit son troisième testament en faveur du duc d'Anjou, et mourut vingt huit jours après l'avoir signé. Il déclarait que la renonciation de sa sœur Marie-Thérèse n'avait plus d'objet, si la couronne d'Espagne était léguée à ce fils puîné de la maison de Bourbon qui ne pourrait jamais la réunir à la couronne de France. Dans le cas où le duc d'Anjou mourrait sans enfants, ou monterait sur le trône de France, il lui substituait son frère le duc de Berry, troisième fils du Dauphin, et à celui-ci l'archiduc Charles.

L'Espagne accueillit par un cri de joie les dernières volontés de Charles II. La junte de régence adressa une copie du testament à Louis XIV, en le priant de lui envoyer sans délai son petit-fils. Devait-il accepter ce testament et provoquer par là une guerre européenne, où s'en tenir au traité de partage ? Il fit délibérer sur cette grave question par un conseil extraordinaire où siégèrent le dauphin, le chancelier Pontchartrain, le duc de Beauvilliers et le marquis de Torcy. Celui-ci exposa que la maison d'Autriche n'avait pas accepté le traité de partage; que le refus du testament par le duc d'Anjou transmettrait tous ses droits à l'archiduc; qu'il valait bien mieux revendiquer toute la succession, en s'armant des dernières volontés de Charles II, que d'en réclamer une partie qui serait refusée par l'archiduc et par l'Espagne, en comptant sur l'Angleterre et la Hollande, alliés douteux, peu disposés à maintenir ces traités de partage que le Parlement anglais avait condamnés et que Guillaume avait conclus sans bonne foi. Après trois jours de réflexion, Louis XIV, poussé encore par madame de Maintenon, déclara à l'ambassadeur espagnol qu'il acceptait le testament; et en donnant à son petit-fils le baiser d'adieu, il lui adressa, dit-on, ce mot fameux : Il n'y a plus de Pyrénées.

L'Espagne de Philippe II n'avait pu se donner la France au seizième siècle ; la France de Louis XIV allait se donner l'Espagne, le Portugal, et tenter de restaurer les Stuarts. C'était la monarchie universelle, plus compacte qu'au temps de Charles-Quint, entraînant l'Espagne et l'Italie dans sa politique, pesant par le Rhin sur toute l'Allemagne, par Anvers sur Amsterdam et Londres, par son commerce et sa marine sur toutes les colonies de l'Amérique et des Indes. Les Espagnols étaient si joyeux de voir leur ancien ennemi Louis XIV devenu leur protecteur, que même avant l'arrivée de Philippe, ils abandonnèrent le gouvernement au roi de France et le nommèrent, comme il disait en riant, *premier ministre* d'Espagne.

Louis XIV, qu'on accusait d'avoir trompé les puissances par ses traités de partage, s'efforçait de leur prouver que l'occupation de toute la monarchie espagnole par un Bourbon qui ne pourrait jamais réunir les deux couronnes, était moins contraire à l'équilibre européen qu'un traité de partage qui réunirait à la monarchie française les Deux-Siciles, la Lorraine et le Guipuzcoa, et que d'ailleurs l'empereur avait repoussé. Louis XIV qui voyait toutes les puissances excepté l'empereur reconnaître Philippe, crut d'abord avoir convaincu de la justice de sa cause ceux qui s'effrayaient de son ambition et qui n'attendaient que ses fautes ou simplement une occasion favorable pour s'unir à l'empereur. Une première faute fut d'envoyer à son fils établi dans Madrid, salué par les Espagnols sous le nom de Philippe V (avril 1701), et reconnu par tous les États de la monarchie, des lettres-patentes, enregistrées au Parlement de Paris, qui réservaient ses droits à la couronne de France au défaut du duc de Bourgogne et de sa descendance mâle. Guillaume, forcé par le Parlement de licencier son armée, armait déjà sous main la Hollande. Pour s'assurer contre la ligue secrète des deux puissances maritimes, Louis XIV tente sur la Belgique un coup de main qui justifie leurs défiances et leurs armements. Autorisé par le conseil de Madrid à commander dans les provinces espagnoles au même titre que le roi d'Espagne, il ordonne à l'électeur de Bavière, gouverneur des Pays-Bas, d'aider une armée française de vingt mille hommes à surprendre et à remplacer les Hollandais dans les villes do[nt] le traité de Ryswick leur avait donné la garde. C'est la second[e] faute de Louis XIV, et le véritable commencement de la coaliti[on] nouvelle, que le roi de France, avec plus de sagesse, n'eût peu[t-] être pas évitée. On parle dans les Communes d'aider le roi Gui[l-] laume à défendre les libertés de l'Europe. Malgré l'or répan[du] par Louis XIV, le Parlement vote, dès 1701, la levée de tre[nte] mille matelots. La Hollande envoie ses subsides aux princ[es] allemands, qui soutiennent l'empereur : à l'électeur palatin, [au] duc de Hanovre, ce neuvième électeur qui n'ose encore siég[er] parmi ses collègues, à l'électeur de Brandebourg qui devient [roi] de Prusse, au roi de Danemark qui a promis d'armer do[uze] mille hommes.

Louis XIV a pour lui dans l'empire l'électeur de Bavière, g[ou-]verneur héréditaire des Pays-Bas, son frère l'électeur de Colog[ne,] celui-là même qu'on avait élu malgré la France, le duc de Bru[ns-]wick-Wolfenbuttel, jaloux de la branche électorale de Hano[vre,] le duc de Saxe-Gotha, l'évêque de Munster. Par l'électeur [de] Bavière, il compte maintenir dans la neutralité la moitié [de] l'empire. Il a gagné le duc de Mantoue, qui reçoit garnison fr[an-]çaise dans sa capitale. Il compte fermer l'Italie aux Allema[nds] par le duc de Savoie, généralissime des armées de France et d'E[s-]pagne en Italie, et beau-père de Philippe V ; l'Espagne aux A[n-]glais par le Portugal, ancien allié de la France. Mais Louis XIV [ne] sut pas s'assurer ces deux alliés, qui couvraient les deux pé[nin-]sules, par les concessions de territoire que ses ennemis deva[ient] bientôt leur faire.

Trop confiant dans ses alliés, Louis XIV apprit sans effr[oi le] traité signé par l'empereur avec les puissances maritimes, [à la] Haye, centre ordinaire des coalitions contre la France (8 [sep-]tembre 1701). Pour sa première vengeance, il reconnut roi d'A[n-]gleterre, à la mort de Jacques II, son fils, le prince de Gal[les] qu'on appelait le chevalier de Saint-Georges. L'Angleterre, a[insi] bravée et menacée d'un vice-roi, n'hésita plus à servir les r[an-]cunes de Guillaume III, et fit jurer aux confédérés de ne point [po-]ser les armes avant d'avoir vengé son injure. L'empereur pro[mit] quatre-vingt-dix mille hommes, la Hollande cent mille homm[es] et les princes allemands, qu'elle soudoyait, soixante mille.

Grande Alliance déclara la guerre à la France au mois de mai 1702, et l'année suivante, après la défection du Portugal et de la Savoie, elle devait réunir de nouveau toutes les puissances de l'Occident contre la France.

Guillaume III mourant laissait à l'Angleterre 282 navires de guerre, dont 130 vaisseaux de ligne. Chez nous, Tourville et Jean Bart étaient morts presque en même temps (1701-1702).

La politique de Guillaume fut maintenue par la reine Anne, sa belle-sœur et son héritière ; ses plans furent suivis par trois ennemis passionnés de la France, qui menèrent la coalition comme un seul homme, sauf l'Allemagne : Heinsius, grand-pensionnaire de Hollande, que jadis Louvois avait menacé de la Bastille ; Marlborough, chef des whigs, qui gouvernait la reine par sa femme, le Parlement par ses amis, et que les États-généraux avaient nommé leur généralissime ; enfin le prince Eugène de Savoie, fils d'Olympe Mancini, le vainqueur de Zenthe, que les dédains de Louis XIV avaient jeté dans le parti de l'Autriche. A ces deux grands capitaines Louis XIV opposa plus souvent Villeroi que Villars ou Catinat. C'était la triste époque de son règne où madame de Maintenon confiait à Chamillard le double fardeau de Louvois et de Colbert, la guerre et les finances. Mais la France, fière de ses victoires récentes, du nombre et du courage de ses troupes, protégée sur toutes ses frontières par les forteresses qu'elle avait conquises, mettait sa gloire à consommer son alliance avec l'Espagne. Ce résultat, qu'elle voyait redouté et combattu par toute l'Europe, flattait son orgueil et doublait son audace. Elle allait déployer pour cette dernière lutte d'immenses ressources.

II. **Guerre de la succession d'Espagne.** — **Défaites de Catinat et victoires de Vendôme en Italie (1701-1702).** — **Villars en Allemagne ; victoire de Friedlingen et de Hochstœdt (1702-1703).** — **Défection de la Savoie.** — **Bataille navale de Vigo et défection du Portugal.** — **Insurrection des Cévennes.** — **Défaite de Hochstœdt (1704) et perte de l'Allemagne.** — **Prise de Gibraltar par les Anglais.** — **Défaites de Ramillies et de Turin (1706); perte des Pays-Bas et de l'Italie.**

L'empereur n'avait pas attendu la grande alliance pour commencer la guerre en Italie (1701). A la grande surprise des Français, déjà maîtres des Alpes et de la Lombardie, Eugène parut près de Vicence à la tête de 30,000 hommes, vétérans des guerres de Hongrie, battit Catinat près de Carpi, sur le bas Adige, (9 juillet), et Villeroi, son indigne successeur, à Chiari (1er septembre). Le vainqueur de la Marsaille, battu par la faute de ses lieutenants qui n'avaient pas rougi de l'accuser à Versailles, aurait pu triompher de leur défaite ; il se fit blesser en dirigeant leur retraite. Les revers de Villeroi, déjà trahi par le duc de Savoie, et la perte du Mantouan eurent bientôt justifié Catinat. Le prince Eugène prit dans son lit, à Crémone, le vaincu de Chiari (février 1702) ; les soldats, qui ce jour-là repoussèrent l'ennemi, se félicitèrent d'avoir gagné la victoire et perdu leur général. On confia l'armée d'Italie au vainqueur de Barcelone, à Vendôme, petit-fils de Henri IV, de la brillante école de Condé et de Luxembourg, et que ses soldats adoraient pour sa vive et joyeuse bravoure. Quand la bataille semblait perdue par son imprévoyance, il la gagnait par quelque vive inspiration. Les Impériaux étaient maîtres des duchés de Parme et de Modène, et bloquaient Mantoue, la grande forteresse de la haute Italie. Vendôme, renforcé par Philippe V qui revenait de Naples, gagna deux victoires en quelques semaines, à Santa-Vittoria et à Luzarra (28 juillet-15 août) et reprit tout le Modénais. Une brillante campagne de neuf mois autour de Mantoue, qui fut débloquée, rejeta les Impériaux sur l'Adige et dans le Tyrol.

La fortune semblait justifier la puissance de madame de Maintenon et l'orgueil du vieux roi, qui croyait conférer le génie par le seul effet de son choix et de sa volonté à ceux que lui désignait la veuve de Scarron. Madame de Maintenon avait fait de Chamillard, l'honnête et dévot régisseur de Saint-Cyr, un ministre de Louis XIV. Le vieux roi commandait naïvement l'audace à Villeroi et la sagesse à Vendôme.

En 1702, la guerre plus générale eut pour théâtres les Pays-Bas, l'Allemagne, l'Espagne et l'Océan. Sur le Bas-Rhin et la Basse-Meuse, Boufflers essaya vainement de couvrir les États de notre allié, l'électeur de Cologne. Il fut rejeté sur ses lignes qui couvraient la Belgique entre la Mehaigne et le bas Escaut, de Huy à Anvers. Il gagna l'année suivante la bataille d'Eckeren sur les Hollandais ; mais par la prise de Huy, Marlborough entamait déjà les lignes françaises (1703).

Nos armes étaient plus heureuses sur le Haut-Rhin et sur le Danube, non par le génie de Catinat qui montra de ce côté la même faiblesse qu'en Italie, mais par l'heureuse témérité de son lieutenant Villars. Catinat n'avait pu sauver Landau, Wissembourg, Lauterbourg, Haguenau, et n'avait rien fait pour joindre les Bavarois, craignant de découvrir l'Alsace. Villars, plus hardi et plus fait pour conduire des Français, obtint de la cour la permission de combattre, et passant le Rhin à Huningue, défit les Impériaux bien supérieurs en nombre à Friedlingen (oct. 1702). Ses soldats le proclamèrent maréchal de France sur le champ de bataille; Louis XIV lui conféra ce titre et le commandement de l'armée du Rhin. L'année suivante, il passa le Rhin à Huningue, en laissant l'ennemi bloqué par Tallard dans ses lignes de Stolhoffen, vers le confluent de la Moder, et put joindre à Tuttlingen l'électeur de Bavière, deux fois vainqueur des impériaux.

Villars proposait de marcher sur Vienne pendant qu'une révolte de la Hongrie occupait le prince Eugène. L'électeur préférait donner la main à Vendôme, vainqueur en Italie. Il s'empara de Küfstein et d'Insprück; Vendôme monta jusqu'à Trente; mais au moment de se joindre au col du Brenner, tous deux étaient ramenés en arrière, l'un par le courage des paysans du Tyrol et les dangers de la Bavière, l'autre par la défection de la Savoie. Villars força l'électeur de livrer bataille au comte de Styrum avec les débris de son armée, et gagna malgré lui la bataille de Hochstœdt (septembre 1703), où les Impériaux perdirent 8,000 hommes, leur artillerie et leurs bagages. Un mois plus tard (15 novembre), Tallard battait les Allemands à Spire et reprenait Landau, deux exploits qui lui firent une réputation exagérée.

En somme, la France avec Boufflers, Vendôme et Tallard résistait glorieusement dans les Pays-Bas et sur le Danube, et les deux victoires de Villars en Allemagne ouvraient la route de Vienne à son successeur Marsin. Mais la Savoie nous abandonnait, et nous avions subi en Espagne la défaite de Vigo (1702). La flotte alliée, commandée par d'Ormond et Rooke, échoua dans son entreprise sur Cadix et se vengea de son échec en allant surprendre à Vigo Château-Renaud qui ramenait du Mexique dix-sept galions, escortés par quinze vaisseaux de guerre. Notre vaillant chef d'escadre, accablé par le nombre, échoua dix de ses vaisseaux; l'ennemi prit ou brûla le reste. La défection des Portugais suivit de près ce grand désastre. Le traité de Methuen (1703) fit du Portugal une colonie de l'Angleterre et lui ouvrit l'Espagne, en même temps que la défection de la Savoie séparait le Milanais de la France. Victor-Amédée, le beau-père de Philippe V, s'effrayait de voir un Bourbon dans le Milanais, et se faisait promettre par l'empereur (traité de Turin, octobre 1703) le Montferrat, le Novarais, etc. C'est pourquoi Vendôme revint du Tyrol sur le Piémont, tandis que La Feuillade entrait dans la Savoie.

Cette double défection, la défaite de Vigo, l'insurrection des Cévennes, les premiers succès des Camisards secourus par l'étranger et mal contenus par l'indécision du maréchal de Montrevel, par les cruautés de l'intendant Bâville et des volontaires catholiques ou *enfants de la croix*, annoncèrent le commencement de nos revers. Villars, mécontent de l'électeur de Bavière, avait demandé son rappel et combattait les Camisards.

Les calvinistes, réfugiés dans les montagnes du midi et dans la principauté d'Orange, s'étaient tenus tranquilles jusqu'à la paix de Ryswick, espérant toujours que les protestants étrangers les comprendraient dans leurs traités avec Louis XIV. Menacés d'une croisade par Clément XI, ils se laissèrent pousser par la Savoie et l'Angleterre à la nouvelle guerre de religion qui dévasta leur pays et fit périr plus de 100,000 hommes. Antoine de Guiscard, ancien abbé de Bourlie, conçut le grand projet de soulever contre Louis XIV toute la noblesse catholique et calviniste du midi. Il courut les châteaux du Rouergue, du Quercy et du Languedoc pour communiquer à tous les nobles mécontents un plan de révolte qui devait donner à la France méridionale la constitution des Provinces-Unies et la liberté religieuse. On ne voit pas toutefois que les nobles aient figuré dans cette guerre sanglante des Camisards, conduite par un galérien (Esprit Séguier), par un forgeron (La Porte), par un ancien dragon (Roland), et par un garçon boulanger (Cavalier). Villars entreprit de ramener ou de dompter ces rebelles dont il appréciait la bravoure et la force. Une campagne lui suffit pour refouler dans les montagnes la guerre qui menaçait de s'étendre sur

Montauban, Nîmes et Montpellier. Cavalier traita et fut nommé colonel par Louis XIV, puis offensé de ses dédains, conduisit ses derniers compagnons d'armes à l'étranger.

Cependant Marsin, successeur de Villars en Allemagne, et l'électeur de Bavière marchaient sur Vienne, comptant toujours qu'elle serait prise à revers par François Ragotski et les Hongrois. Pour sauver l'Autriche, Marlborough vint des Pays-Bas se joindre à Louis de Bade sur le Danube, près d'Ulm, et tous deux gagnèrent la bataille de Schellenberg, qui leur ouvrit la Bavière. Tallard, laissant Villeroi devant les lignes de Stolhoffen, alla faire sa jonction avec les vaincus, sous les murs d'Augsbourg. Mais Villeroi ne surveilla pas mieux les mouvements du prince Eugène que ceux de Marlborough. Eugène, sorti des lignes de Stolhoffen où il avait rallié les vaincus de Spire, suivit Tallard par la Forêt-Noire et les Alpes de Souabe, et joignit Marlborough à Donauwerth. Au lieu d'attendre Villeroi, nos généraux passèrent le Danube à Lawingen et marchèrent à l'ennemi. Villars, apprenant leurs manœuvres et leur position, prédit qu'ils seraient vaincus. La France en effet subit à Hochstœdt, aux lieux mêmes où Villars avait triomphé, l'une de ses plus honteuses défaites. Tallard se fit prendre ; 11,000 hommes mal postés à Blenheim se rendirent sans avoir combattu (août 1704). Cette défaite, préparée d'ailleurs par les ordres maladroits de Louis XIV, fit perdre à la France cent lieues de pays, toute la Bavière, une armée de 50,000 hommes. Les deux électeurs de Bavière et de Cologne, nos seuls alliés, étaient ruinés, l'Autriche sauvée et la France menacée d'invasion. Les alliés avaient passé le Rhin à Philippsbourg ; Marlborough occupait Trèves, Louis de Bade reprenait Landau. Tous deux devaient se joindre sur la Moselle pour entrer en Lorraine.

La France n'était pas plus heureuse en Espagne et sur mer. La victoire de Ducasse sur la flotte anglaise devant Saint-Domingue n'avait que bien faiblement réparé la défaite de Vigo. En 1704, la flotte anglaise, après avoir débarqué l'archiduc Charles à Lisbonne, manqua Barcelone, mais surprit Gibraltar défendue seulement par 200 hommes. Les Anglais ont gardé cette porte de la Méditerranée qu'ils avaient déjà désirée au temps de Cromwell, et qui les aida mieux encore que le traité de Méthuen à balancer l'influence française dans la péninsule. La sanglante bataille de Malaga, que le comte de Toulouse livra pour la reprendre, porta le dernier coup à notre marine. Le jeune prince, auquel Saint-Simon lui-même rend justice, eût peut-être gagné cette bataille, si le marquis d'O, que madame de Maintenon lui avait donné pour Mentor, lui eût permis le lendemain d'attaquer les Anglais fatigués et d'achever leur défaite. Pointis et Tessé ne réussirent pas mieux l'année suivante au siège de Gibraltar.

A la mort de l'empereur Léopold (mai 1705), son fils Joseph Iᵉʳ hérita de l'empire et suivit sa politique. Déjà Marlborough avec 80,000 hommes menaçait d'entrer en France par la Lorraine, et le prince de Bade par l'Alsace. A ce moment Villars s'offrit de lui-même à Louis XIV comme un favori de la victoire, et reparut sur le grand théâtre de la guerre. Marlborough s'avançait sur Thionville quand Villars accourt, et de sa forte position de Sierck couvre à la fois Luxembourg, Thionville et Sarrelouis. Marlborough, mal servi par les Cercles et fatigué de la hauteur du margrave de Bade, retourne aux Pays-Bas, débloque Liège en forçant nos lignes à Heylesen, et par les fautes de Louis XIV remporte sur Villeroi la bataille décisive de Ramillies (mai 1706), qui fait perdre à la France les Pays-Bas espagnols. Le vainqueur soumet la Flandre et le Brabant ; il eût même pris le Hainaut si la Hollande ne l'eût arrêté par économie. Les Hollandais n'étaient pas disposés à prodiguer l'argent comme l'Anglais prodiguait les hommes.

La France, vaincue en Allemagne à Hochstœdt, dans les Pays-Bas à Ramillies, essuyait dans le même temps en Italie une troisième défaite. Vendôme, vainqueur du prince Eugène à Cassano (1705) et de ses lieutenants à Calcinato (1706), avait conquis le Piémont et réduit Victor-Amédée à s'enfermer dans sa capitale. Une armée de 60,000 hommes l'y assiégeait. Le duc de La Feuillade, gendre inepte de Chamillard, qui commandait l'armée de siège, refusa les services de Vauban et se flattait de prendre Turin *à la Cohorn*. On envoyait Vendôme réparer encore aux Pays-Bas les fautes de Villeroi ; Marsin et le duc d'Orléans, qui ne s'entendaient pas, vinrent le remplacer au commandement de l'armée d'Italie. Le prince Eugène, trop bien servi par les mauvais choix de Louis XIV, reprit sa marche hardie sur Turin, franchit soixante rivières et mit en déroute l'armée française, qui, malgré l'avis du duc d'Orléans, l'attendait dans ses lignes (sept. 1706).

Le duc d'Orléans n'eut pas même la consolation d'atténuer la défaite qu'il avait prévue en obtenant qu'au lieu d'abandonner l'Italie, on dirigeât la retraite sur Casal pour rejoindre Mélavy vainqueur à Castiglione, et continuer la lutte en Italie même. C'était là une manœuvre hardie, mais dont le succès eût justifié l'audace, de l'aveu du prince Eugène. Mais les vaincus, dans leur fuite précipitée, reculèrent jusqu'à Pignerol. Le duc de Savoie recouvrait ses États, et l'empereur y ajoutait les pays d'Alexandrie et de Valenza, la Lomelline et le Montferrat. Le duc de Mantoue était déclaré déchu de ses États, les ducs de Parme et de Modène traités en vassaux rebelles. Clément XI, après sa déclaration de guerre à l'Empereur, parlait de quitter Rome pour Avignon. Les Autrichiens envahissaient les États de l'Église et le forçaient de reconnaître Charles III roi d'Espagne. Daun allait prendre possession de Naples. Toute l'Italie était perdue pour les Bourbons.

III. Succès de Berwick en Espagne; victoire d'Almanza (1707). — Succès de Tessé en Provence et de Villars sur le Rhin. — Charles XII à Altranstadt. — Défaite d'Oudenarde (1708). — Détresse de la France (1709). — Défaite de Malplaquet. — Conférences de Gertruidenberg. — Victoire de Vendôme à Villaviciosa (1710).

L'Espagne aussi avait ses désastres dans cette fatale année de 1706. Philippe V avait mis le siége devant Barcelone, où l'archiduc était proclamé roi et reconnu par les provinces de Catalogne, d'Aragon et de Valence, toujours ennemies de la Castille. La flotte alliée le force de lever le siége et de regagner Madrid même, où l'armée anglo-portugaise vient malgré Berwick proclamer l'archiduc. A Versailles, il est déjà question de renoncer à l'Espagne et d'envoyer Philippe V régner en Amérique. Mais les vrais Espagnols n'aiment point l'archiduc, roi catholique soutenu par des hérétiques; ils révèrent dans Philippe V le petit-fils du roi très-chrétien; ils adorent le courage et les grâces de Gabrielle de Savoie, habilement gouvernée par la princesse des

Ursins qui s'est fait le lieutenant de madame de Maintenon. Philippe V avait suivi les sages conseils de Louis XIV : n'employer que les Espagnols dans les grands gouvernements et contenir les Français en Espagne. Aussi Philippe, favorisé d'ailleurs par le défaut d'ensemble dans les opérations des alliés anglais, hollandais, portugais, reprit Madrid aussi facilement qu'il l'avait perdue, et le maréchal de Berwick rétablit ses affaires par la victoire d'Almanza (1707), qui ne laissait plus qu'une partie de la Catalogne à l'archiduc, naguère maître du royaume de Valence et d'Aragon. Presque tout le régiment des Camisards, commandé par Cavalier, périt dans la mêlée. Les Anglais étaient commandés par un réfugié français, Ruvigny, devenu lord Galloway, et les Français par un bâtard d'Angleterre, Berwick, fils de Jacques II et d'une sœur de Marlborough. Ainsi les armes françaises se relevèrent d'abord en Espagne. Berwick, renforcé par le duc d'Orléans, poursuivait les vaincus en Catalogne et les rejetait derrière la Sègre.

Cependant les alliés tentaient en France par le midi l'invasion repoussée au nord et à l'est. Eugène et le duc de Savoie, dans l'élan de la victoire de Turin, vinrent camper sous les murs de Toulon; les flottes alliées bloquaient notre grand port de la Méditerranée et réveillaient l'insurrection des Cévennes. Toulon résista, et le maréchal de Tessé força les assiégeants à la retraite avec une perte de treize mille hommes. Dans cette même année 1707, Forbin avait pris ou détruit près de cent navires ennemis.

Pendant la fatale campagne de 1706, Villars seul n'avait pas été vaincu. Il combattait sur le Rhin les mauvaises troupes de l'empire. Il avait repris les lignes de Wissembourg et délivré l'Alsace; il passa le Rhin, força sans perdre un seul homme les lignes de Stolhoffen qu'on disait imprenables, il envahit l'Allemagne, rançonna les pays de Bade, de Wurtemberg, de Franconie, et repassa le Rhin devant une armée plus nombreuse que la sienne. Les armes françaises se relevaient ainsi sur tous les points, en Espagne par Berwick, en Provence par Tessé, en Allemagne par Villars. Les succès de 1707 avaient réparé les revers de l'année précédente.

Cette guerre si vaste faillit se compliquer de la guerre du Nord. Charles XII, roi de Suède, vainqueur des Danois, des

Polonais et des Russes, envahit la Saxe. De son quartier général d'Altranstadt, du lieu même où Gustave-Adolphe avait passé la nuit avant la bataille de Lützen, il sommait toutes les puissances de reconnaître son allié Stanislas roi de Pologne. Alors tous les regards de l'Europe, jusqu'ici portés sur la guerre d'Occident, se tournèrent vers le camp de Charles XII. Il élevait son armée à cinquante mille hommes; on se demandait si le nouveau Gustave-Adolphe serait pour la France ou pour la coalition. Dans les deux cas, l'Allemagne était le théâtre de la guerre. Charles recevait dans son camp les ambassadeurs de presque tous les princes de la chrétienté. Le roi de France lui envoya deux agents pour renouer l'antique alliance avec la Suède; l'occasion se présentait à Louis XIV de renouveler les jours glorieux du grand Gustave. Les alliés envoyèrent au vainqueur de Narva celui d'Hochstœdt et de Ramillies: Marlborough, le chef de la coalition, remporta dans la tente de Charles XII une de ses plus grandes victoires sur Louis XIV. Le Suédois entendait seulement protéger les protestants d'Allemagne contre l'Autriche, et menaçait d'envahir la Silésie, si les alliés prenaient Toulon. Deux lettres de Marlborough apaisèrent Charles XII qui déchirait celles de l'empereur. L'Anglais gagna les ministres du roi de Suède, reconnut son roi de Pologne Stanislas, et lui persuada que l'ambition catholique de Louis XIV menaçait toute l'Europe et surtout les protestants. Charles XII quitta l'Allemagne pour aller se perdre à Pultawa [1].

La France n'eût pas eu trop de l'alliance de la Suède dans une guerre qui lui coûtait par an 250 millions. Chamillard ne trouvait plus à emprunter, même à 12 p. %. L'impôt avait pris les formes les plus ridicules et les plus odieuses pour atteindre toutes les classes. On taxait la vie et la mort, les baptêmes et les décès. Des paysans insurgés prirent d'assaut la ville de Cahors. Pour éviter les taxes, ils se mariaient et baptisaient leurs enfants sans l'Église. « On ne vit plus que par miracle, » disait Fénelon alors exilé de la cour, qui prévoyait une fin tragique à ce despotisme sans opposition et publiait son *Télémaque*. Un autre grand homme, Vauban, mourait dans la disgrâce de

---

1. Pùster, *Histoire d'Allemagne*, tome V.

Louis XIV, pour avoir étudié pendant vingt ans les souffrances du peuple et proposé de remplacer tous les impôts vexatoires par la levée d'un dixième sur toutes les propriétés immobilières (dîme royale). Chamillard s'avouait vaincu et cédait la place à Desmarets, neveu de Colbert, qui mit sur pied une nouvelle armée à force d'expédients ruineux. Une flotte commandée par Forbin, alla tenter en Ecosse une restauration des Stuarts. On croyait les presbytériens et les *highlanders* tout prêts à se soulever par fanatisme et par esprit d'indépendance, après l'*acte d'union* qui supprimait leur parlement d'Edimbourg. Mais l'expédition échoua contre la vigilance des Anglais, et ne fit qu'accroître l'opiniâtreté de nos ennemis, en leur prouvant celle de Louis XIV. Tout l'effort de la guerre continentale se porta sur les Pays-Bas. Eugène et Marlborough y remportèrent sur deux généraux qui s'entendaient mal, le vertueux duc de Bourgogne et l'indolent Vendôme, la grande bataille d'Oudenarde (1708). L'héroïsme de Boufflers ne put sauver Lille. Les ennemis occupaient la Flandre espagnole et s'ouvraient la Flandre française. En Espagne l'archiduc était battu et le duc d'Orléans prenait Tortose ; mais les Anglais s'emparaient des îles de Sardaigne et de Minorque.

Dans la fatale année de 1709, un hiver très-rigoureux fut suivi d'une horrible famine. Les laquais du roi mendièrent dans les rues de Versailles. Madame de Maintenon mangea du pain bis. Les croisières des alliés enlevaient les convois de blé qui venaient de la Pologne et de la Turquie. Le peuple accusait le roi de s'entendre avec les accapareurs. Louis XIV envoya le président Rouillé, puis Torcy demander la paix à Heinsius. Il offrait de céder à l'archiduc toute la monarchie espagnole, et ne demandait que les Deux-Siciles pour le duc d'Anjou, avec la restitution de Lille et la réhabilitation des électeurs de Bavière et de Cologne. Les triumvirs, jouissant de leur triomphe, offrirent pour une simple trêve de deux mois des conditions qui eussent mis la France au second rang et l'Autriche au premier. On somma Louis XIV, non pas seulement de renoncer pour son petit-fils à toute la monarchie, mais de rendre encore l'Alsace, un certain nombre de places fortes, dont Strasbourg et Lille, de consentir à la dépossession des deux électeurs, et d'aider au besoin les alliés à chasser Philippe V d'Espagne. « Puisqu'il faut faire la guerre, s'écria Louis XIV, j'aime mieux la faire à mes ennemis qu'à mes enfants. » Et il en appela de l'orgueil des triumvirs à la France elle-même, par une lettre aux gouverneurs des provinces, aux évêques et aux villes.

On vit bien que ce peuple, malgré ses souffrances, était le complice du grand roi. Le patriotisme autant que la famine poussa vers la frontière une foule de paysans et de pauvres gentilshommes, qui firent mieux que la haute noblesse, au jugement de Villars. Louis XIV avait prouvé à la nation qu'il désirait la paix. Desmarets ramassa comme il put 220 millions pour continuer la guerre. Villars alla commander l'armée de Flandre, presque entièrement composée de paysans. Le vieux Boufflers était venu se mettre sous ses ordres, après avoir apaisé dans Paris une émeute causée par la famine. Eugène et Marlborough, après s'être emparés de Tournay, héroïquement défendue par Megrigny, élève de Vauban, marchèrent sur Mons que Villars vint défendre. On sent déjà dans la furieuse bataille de Malplaquet (septembre 1709) l'élan des guerres de la Révolution. Les soldats qui n'avaient pas mangé depuis deux jours jetèrent leur pain pour combattre. Ils furent vaincus, mais ils tuèrent 22,000 hommes à Marlborough et n'en perdirent que huit mille. Villars blessé avait laissé la conduite de l'armée à Boufflers. La prise de Mons suivit sa défaite. Mais notre armée n'avait qu'à moitié perdu la bataille, et sa fière attitude entre le Quesnoy et Valenciennes couvrait la Picardie. Le comte Dubourg avait sauvé l'Alsace à Rumersheim; Berwick dans une campagne mémorable tenait en échec le duc de Savoie; les troupes de Philippe V avaient vaincu les Portugais à Badajoz.

Cependant le pain manquait dans les hôpitaux. « C'est une vie de Bohémiens et non de gens qui gouvernent », disait Fénelon, si charitable aux vaincus de Malplaquet. Louis XIV s'humilia de nouveau et proposa de rouvrir les conférences. Au congrès de Gertruidenberg, l'abbé de Polignac et le maréchal d'Huxelles offrirent d'abandonner Philippe V, de renoncer à l'Alsace, de combler le port de Dunkerque et d'assurer une barrière à la Hollande dans les places de Flandre; ils allèrent jusqu'à proposer un subside contre Philippe V. Ce n'était pas assez; il fallait que Louis XIV lui-même, et seul, chassât son petit-fils d'Espagne en deux mois. Les Hollandais parlant pour la coalition et recevant la nouvelle de deux victoires de Stahrenberg en Espagne (Almenara et Sarragosse), furent plus insolents qu'à La Haye. Louis XIV rappela ses ambassadeurs. A tous les impôts Desmarets ajouta par surcroît la *dîme royale*, qui devait, dans les idées de Vauban, remplacer presque tous les impôts. Puisqu'il fallait continuer la guerre, on rappela nos troupes d'Espagne pour la défense du royaume.

Tandis qu'au nord les vainqueurs de Malplaquet forçaient péniblement notre seconde ligne de forteresses (Béthune, Aire et Saint-Venant) et s'ouvraient la Flandre française et l'Artois, la lutte se décidait en Espagne. Il n'était plus au pouvoir des alliés ni de Louis XIV lui-même d'arracher Philippe V de son royaume. Aimé des Castillans, mal défendu par leur enthousiasme indiscipliné, mais opiniâtre, vaincu près d'Almenara et sous les murs de Sarragosse, chassé de Madrid par l'archiduc, il y rentra par la célèbre victoire de Villaviciosa, qui rétablit son trône et la réputation de Vendôme (décembre 1710). C'était la dernière bataille du grand capitaine qui allait bientôt mourir, et qui avait noblement gagné les honneurs de l'Escurial.

IV. Disgrâce de Marlborough et avènement des tories en Angleterre. — Avènement de Charles VI à l'Empire (1711). — Préliminaires de Londres. — Prise de Rio de Janeiro par Duguay-Trouin. — Victoire de Denain (1712). — Traité d'Utrecht (1713). — Traités de Rastadt, de Baden (1714), et de la Barrière (1715). — Mort de Louis XIV.

Vers la même époque de graves changements survinrent dans la politique européenne. Depuis que l'Europe avait connu les propositions de Louis XIV et voyait la France réduite à défendre ses propres frontières, le parti de la paix grossissait de jour en jour à Londres. Après avoir grevé leur dette nationale de soixante millions de livres sterling, les Anglais désiraient conclure au plus vite un traité qui leur assurât, pour indemnité, quelque part d'une succession où d'abord ils n'avaient rien à prétendre. Le parti whig, tout puissant depuis 1688 par la nécessité de défendre la nouvelle dynastie contre les Stuarts et le protestantisme contre

Louis XIV, avait trop longtemps imposé ses volontés à la reine Anne. Affranchie désormais par l'opinion publique de la domination hautaine de Marlborough et de sa femme, et de ses alliés Sunderland et Godolphin, elle donna le pouvoir aux tories, serviteurs plus respectueux de la royauté et moins hostiles à Louis XIV. Un nouveau parlement leur assura la majorité. Marlborough, laissé d'abord à la tête de l'armée par égard pour les alliés et pour ses grands services, n'y conserva qu'une médiocre autorité. Puis vint la mort de Joseph Ier, quelques jours après celle du Dauphin, et l'avènement de l'archiduc à l'empire sous le nom de Charles VI. La guerre était sans objet pour les Anglais qui travaillaient depuis dix ans au maintien de l'équilibre européen, et qui ne voulaient plus combattre la France pour réunir dans les mains d'un seul les Etats autrichiens, l'empire et la monarchie espagnole. Ce n'était point la peine d'abaisser Louis XIV pour élever un nouveau Charles-Quint. Il leur semblait plus conforme à la politique d'équilibre, à l'esprit des traités de partage ou même du testament de Charles II, de laisser à l'Espagne un Bourbon qui ne pourrait jamais la réunir à la France, et qui, indemnisant l'Autriche, leur laisserait à eux-mêmes la domination de la Méditerranée par Gibraltar et Minorque. Le roi de France, instruit des dispositions amicales du nouveau ministère par un prêtre français nommé Gautier et par le poète Prior, envoya Nicolas Ménager, député de Rouen, au Conseil de commerce, négocier et conclure à Londres un traité de préliminaires (octobre 1711). Elle promettait d'abandonner la cause des Stuarts, de combler le port de Dunkerque, d'accorder de solides garanties contre la réunion des couronnes de France et d'Espagne, et de justes satisfactions aux alliés de l'Angleterre ; les Pays-Bas, Naples et Milan à l'Autriche, une ligne de barrière dans les Pays-Bas aux Hollandais. On convenait d'ouvrir le congrès d'Utrecht pour la paix générale au commencement de 1712. Vainement les alliés, instruits de ces conférences, envoyèrent le prince Eugène à Londres pour aider Marlborough à renverser les tories ; les ministres destituèrent le grand capitaine de toutes ses charges, en l'accusant de concussion, et forcèrent le prince de quitter Londres. Un général incapable, le duc d'Ormond, alla commander l'armée anglaise;

et au mois de juillet 1712, cette armée quitta celle des alliés.

Le congrès d'Utrecht, ouvert au 29 janvier 1712, reçut les plénipotentiaires des autres puissances, mais peu disposés à négocier sur les bases du traité de Londres, et ramenant la France aux conditions de Gertruidenberg. Pendant que leur opiniâtreté suspendait les conférences, Louis XIV concluait les derniers arrangements avec l'Angleterre. Philippe V renonçait pour lui-même et pour ses héritiers au trône de France devant l'ambassadeur anglais, et devant les Cortès qui remplacèrent la succession castillane par la loi salique. L'Angleterre ainsi rassurée menaça ses alliés de traiter séparément, s'ils refusaient d'accorder à la France une paix honorable.

Les revers de Louis XIV n'étaient point finis. La retraite de Marlborough n'avait pas débarrassé le vieux roi de son plus redoutable ennemi. Il voyait la mort frapper à ses côtés le Dauphin (1711), le vertueux duc de Bourgogne, sa femme Adélaïde de Savoie, leur fils le duc de Bretagne (1712). Il ne restait plus de la famille royale que le duc d'Anjou, et un faible enfant de deux ans, qui devait être Louis XV. La clameur publique imputait ces morts précipitées au duc d'Orléans, prince libertin que Louis XIV appelait un *fanfaron de crimes*, et qui lui demanda la Bastille et des juges. On apprenait en même temps que le prince Eugène maître du pays entre l'Escaut et la Sambre par la prise de Bouchain, dernier exploit de Marlborough, menaçait par le siège de Landrecies la Picardie et la Champagne. Après la retraite des Anglais, il avait encore cent mille hommes, lançait des partis jusqu'à Reims, et menaçait de pousser jusqu'à Versailles, la torche à la main. Vendôme était mort d'indigestion. On conseillait au roi de se retirer sur la Loire : avec cette fermeté d'âme qui désarme Saint-Simon lui-même, il ordonna à Villars de livrer bataille, et lui promit, s'il était battu, de se mettre à la tête de sa noblesse et de marcher à l'ennemi pour périr avec elle ou sauver l'État.

L'État fut sauvé par Montesquiou et Villars à la bataille de Denain, qui n'était pas, comme on l'avait cru d'abord, un petit succès exagéré par Villars; car cette victoire délivrait Landrecies, Douai, Bouchain, le Quesnoy, et chassait l'ennemi de nos frontières (juillet 1712).

D'autre part, Rio de Janeiro était pris avec un butin de plus de 25 millions (octobre 1711) par le digne successeur de Jean Bart et de Tourville, Duguay-Trouin, qui depuis vingt-trois ans avait capturé seize navires de guerre et plus de trois cents navires marchands. Ce grand désastre et l'influence anglaise avaient forcé le Portugal de conclure une trêve avec la France. Les Autrichiens, isolés dans la péninsule, étaient forcés de l'évacuer, en stipulant pour leurs partisans une amnistie que la Catalogne dédaigna d'accepter. Barcelone fut soumise par Berwick et la province perdit ses priviléges. L'adhésion des Provinces-Unies à la trêve générale, la renonciation formelle de Philippe V à la couronne de France, ratifiée par les Cortès et par le parlement de Paris, mais non par des États Généraux dont Louis XIV n'avait pas voulu entendre parler, décidèrent enfin la paix d'Utrecht, qui fut signée au mois d'avril 1713 par toutes les parties belligérantes, sauf l'Empereur et l'Empire. Philippe V gardait l'Espagne et ses colonies à la condition que les deux royaumes ne seraient jamais réunis, cédait Gibraltar et Minorque aux Anglais et leur accordait l'*assiento* ou le privilége du transport des nègres dans l'Amérique espagnole, et la permission d'expédier tous les ans un navire de 500 tonneaux à Porto-Bello. La France garantissait la succession de la maison de Hanovre en Angleterre, et promettait le renvoi du prétendant Jacques III, comblait le port de Dunkerque, cédait l'île de Saint-Christophe, l'Acadie, Terre-Neuve avec les îles voisines, la baie et le détroit d'Hudson occupés pendant la guerre ; elle conservait le droit de pêche à Terre-Neuve, mais ne pouvait acquérir dans les colonies espagnoles aucun nouveau privilége. La Hollande gardait les Pays-Bas espagnols, pour les remettre à l'Autriche dès que l'Empereur aurait signé la paix générale et reconnu à la République le droit d'y tenir garnison dans huit places. Le duc de Savoie recouvrait la Savoie et le comté de Nice, recevait de la France le fort d'Exiles, Fénestrelle et Château-Dauphin en échange de la vallée de Barcelonnette, établissait ses droits sur les pays cédés par l'empereur (partie du Milanais, provinces d'Alexandrie et de Valence, Lomelline et Vigevano, val de la Sésia). Il recevait la Sicile avec la dignité royale, et faisait reconnaître les droits de sa famille sur la succession d'Espagne au défaut de la postérité de Philippe V.

La France, d'après une délimitation nouvelle de la Guyane, reconnaissait les droits du Portugal sur la région située entre le fleuve des Amazones et l'Oyapok. Frédéric-Guillaume Ier, fils de Frédéric Ier, renonçant en faveur de la France à toute prétention sur la principauté d'Orange, était reconnu par Louis XIV comme roi de Prusse, prince de Neuchâtel et de Valengin, et recevait de l'Espagne la haute Gueldre et le pays de Kessel. — On réservait à l'Empereur, pour le jour où il adhérerait au traité, les Pays-Bas espagnols, le royaume de Naples, le duché de Milan et la Sardaigne.

L'empereur, abandonné de ses alliés, n'avait plus qu'à signer à son tour une paix séparée avec la France. Charles VI, qui croyait la France épuisée et dont l'envoyé, Zinzendorf, avait deux fois refusé la paix à Louis XIV avec plus de hauteur que Marlborough lui-même, n'entendit pas sans surprise le vieux roi exiger qu'on réhabilitât les électeurs de Cologne et de Bavière, ou qu'on fît celui-ci roi de Sardaigne. Il préféra continuer la guerre. Avant que les renforts tirés des armées impériales de Catalogne et d'Italie eussent rejoint l'armée de l'Empire sur les bords du Rhin, Villars prit sous les yeux du prince Eugène Landau et Fribourg (août-novembre 1713). Le grand capitaine, réduit à se tenir sur la défensive pour couvrir au moins la Bavière et l'Autriche, ouvrit des conférences avec Villars dans le château de Rastadt. L'empereur, mal soutenu par les cercles d'Allemagne, craignait la guerre du Nord ou la guerre des Turcs, ou celle avec l'Espagne en Italie, comme Louis XIV craignait de son côté la mort de la reine Anne et la chute du ministère tory. Les circonstances rapprochaient donc les deux puissances. Par le traité de Rastadt (6 mars 1714), l'empereur accepta pour la succession d'Espagne les conditions d'Utrecht et conserva les Pays-Bas, Naples, les duchés de Milan et de Mantoue, la Sardaigne et les villes côtières de Toscane. La France restituait ses conquêtes sur le Rhin, Fribourg, Kehl, Vieux-Brisach, mais gardait Strasbourg, Landau, Huningue et le Nouveau-Brisach, et obtenait la réintégration dans leurs États de ses alliés, les électeurs de Cologne et de Bavière. L'Empire adhéra bientôt à la paix, à la suite des conférences de Baden en Suisse (septembre 1714).

Enfin le traité d'Utrecht devait trouver sa dernière garantie dans le traité de la *Barrière* (novembre 1715), par lequel la République des Provinces-Unies, livrant les Pays-Bas à la maison d'Autriche, convenait d'y entretenir avec elle une armée de trente à trente-cinq mille hommes, et se réservait le droit de garder par ses troupes Namur, Tournay, Menin, Furnes, Ypres, Warneton, Comines et le fort de Knock. Les Hollandais continuaient par là de tenir fermées les bouches de l'Escaut et du Rhin. L'Angleterre et la Hollande comptaient bien que les Pays-Bas espagnols ruinés par la fermeture de l'Escaut, séparés de l'Allemagne par la langue, les lois et les mœurs, resteraient, sous le gouvernement lointain de l'Autriche, dans le même état de faiblesse que sous la domination ignorante et paresseuse de l'Espagne. C'était si bien leur pensée, que du jour où Charles VI voulut ranimer le commerce des Pays-Bas autrichiens et créa la compagnie d'Ostende, il eut contre lui ses alliés aussi bien que ses ennemis, l'Angleterre et la Hollande aussi bien que la France et l'Espagne.

C'était beaucoup pour Louis XIV d'avoir signé cette paix d'Utrecht avant l'avènement de George Ier et de la maison électorale de Hanovre qui donnait encore à l'Angleterre une position importante sur le continent. Les whigs, remontés au pouvoir et sûrs du Parlement, décrétèrent d'accusation les torys pour avoir accordé la paix à la France, et recherchèrent l'occasion d'une rupture. Leur ambassadeur, lord Stairs, lié d'intrigue avec le duc d'Orléans et tous les mécontents du royaume, osa se plaindre à Louis XIV des travaux entrepris à Mardick comme pour remplacer Dunkerque : « Monsieur l'ambassadeur, répondit Louis XIV, j'ai toujours été maître chez moi, quelquefois chez les autres ; ne m'en faites pas souvenir. » Et il promit d'aider Jacques III, que proclamait dans le même temps l'Écosse révoltée. Le vieux roi, dont la fermeté déconcerta l'Angleterre, n'était guère en état de recommencer la guerre. Il voyait la France ruinée, le trésor endetté de 2,300 millions ; sa gloire et sa vie allaient s'éteindre dans les tristes querelles du Jansénisme.

Cette puissance hautaine qu'enfin l'Europe avait contenue et limitée, pesa jusqu'au dernier jour sur sa famille et sur ses sujets. N'ayant plus de sa descendance légitime après Philippe V que son arrière-petit-fils, le duc d'Anjou, âgé de cinq ans, il ordonna par un édit royal que ses deux fils bâtards, le duc du Maine et le comte de Toulouse, élevés par madame de Maintenon, déjà légitimés et prenant le pas sur les pairs de France, seraient traités comme princes du sang et reconnus aptes à succéder sur le trône à leur défaut et au même titre. Madame de Maintenon obtint de plus que Louis XIV établit par testament un conseil de régence. Le vieux roi, tombé malade à la fin d'août 1715, retrouva toute sa grandeur sur son lit de mort, dans sa résignation chrétienne et dans les sages conseils qu'il donnait à son petit-fils, incapable alors de les comprendre et plus tard de les suivre. Louis XIV expira le 1ᵉʳ septembre 1715, à l'âge de soixante-dix-sept ans, après en avoir régné soixante-douze. Dans sa profonde misère, le peuple insulta le cercueil de celui qu'il devait pleurer comme le prince qui avait élevé le nom français au-dessus de tous les autres; mais les souverains accordèrent à sa mémoire le respect que son peuple lui refusait.

CHAPITRE XI.

CARACTÈRE DU GOUVERNEMENT DE LOUIS XIV. — INSTITUTIONS ET FONDATIONS DE SON RÈGNE.

SOMMAIRE.

1. — Le gouvernement de Louis XIV abaisse devant la royauté toutes les classes : le clergé qui soutient le roi contre la cour de Rome (déclaration de 1682) ; la noblesse, autrefois si turbulente, arrachée à ses domaines et réduite à se ruiner dans les pompes de la cour, n'ayant plus que pour trois ans le gouvernement restreint des provinces, sous la surveillance des intendants, parfois visitée jusque dans ses domaines par la justice du roi (grands jours d'Auvergne, 1665) et soumise dans les camps à la rude autorité de Louvois ; le parlement subordonné au conseil d'État, réduit à ses attributions judiciaires et contraint d'enregistrer les édits royaux avant toute remontrance. Le tiers-état, quoique représenté à la Cour et dans les conseils de Louis XIV, n'est pas relevé par cet abaissement des classes privilégiées ; il est ruiné dans les campagnes par l'excès des impôts et privé dans les villes du droit d'élire ses magistrats. Toute liberté politique est détruite par la suppression des États-Généraux et l'insignifiance des États provinciaux ; toute franchise municipale est confisquée par le pouvoir central. Les pays récemment conquis sont soumis à la loi commune par des nouveaux parlements (Douai et Besançon). L'opposition qui pouvait comme dans les États voisins se produire sous la forme des querelles de religion, est frappée dans les calvinistes par la révocation de l'Édit de Nantes, et dans les jansénistes par la ruine de Port-Royal et par la bulle *Unigenitus*.

2. — Ce despotisme, soutenu par une armée nombreuse et par une police récemment fondée, qui tient trop longtemps la nation en tutelle, entreprend de lui procurer au moins tous les genres de gloire, de force et de richesse par une administration vigilante et par des institutions qui doivent survivre à ses fautes et à ses désastres. C'est d'abord le développement de l'industrie par les manufactures publiques ou privées, créées ou encouragées par Colbert, et par l'organisation du *système protecteur*; c'est le développement du commerce intérieur et lointain par la suppression des douanes en douze provinces, l'amélioration des routes, la construction de plusieurs canaux, la création des ports francs et des chambres d'assurances ; c'est la fondation de la marine militaire, du *système des classes*, des cinq grands arsenaux maritimes, et d'un empire colonial ouvert à cinq grandes compagnies aux deux Indes et sur les côtes d'Afrique et d'Amérique ; c'est enfin par les soins de Louvois la réorga-

nisation de l'armée permanente, et par le génie de Vauban la défense de nos frontières et de nos ports. D'autre part, le règne de Louis XIV est illustré par la réforme des lois et de la procédure : ordonnance civile ou code Louis (1667), ordonnance des eaux et forêts (1669), ordonnance de commerce (1673), ordonnance criminelle (1673), ordonnance de la marine (1681-1689), code noir (1685). Il y faut joindre les académies et les grands monuments, les embellissements de la capitale, l'organisation d'une police régulière dans les grandes villes. Mais la France a payé trop cher tant de glorieux travaux et sa grandeur politique et militaire. Les provinces sont ruinées par l'administration centrale. Le pouvoir absolu de Louis XIV que Bossuet justifie, est censuré par Fénelon et ses amis. Les rapports des intendants, les écrits des vrais fondateurs de l'économie politique (Boisguillebert, Vauban), dévoilent la misère du pays et la dépopulation des grandes villes. L'esprit de la régence s'annonce déjà dans la société du Temple.

I. Caractère du gouvernement de Louis XIV. — Soumission de toutes les classes et des parlements à l'autorité royale. — Suppression des libertés politiques et des franchises municipales. — Querelles du Jansénisme et bulle Unigenitus.

C'est le but, le caractère et le résultat du gouvernement de Louis XIV, d'abaisser toutes les classes devant la royauté.

Le clergé, qui pouvait réclamer une certaine indépendance pour des chefs tels que Bossuet, Bourdaloue, Fléchier, Fénelon, et qui contribua si puissamment par leur génie et leurs vertus à la gloire du règne de Louis XIV, se montra soumis et dévoué jusqu'à défendre le roi contre le pape, en proclamant en 1682, sous la présidence de Bossuet, l'indépendance absolue du pouvoir temporel en même temps que les libertés de l'Église gallicane. Quoi que l'assemblée du clergé, régulière et périodique, ne refusa guère au roi les subsides et les dons gratuits, et quoique deux cardinaux, l'un après l'autre, eussent glorieusement gouverné le royaume, Louis XIV affecta d'exclure les prêtres de son Conseil d'État.

La noblesse, qu'on a vue si puissante au temps de la Ligue, et turbulente dans les intrigues de la Fronde, s'est rangée à son devoir autour du roi. Elle sert dans ses armées, se ruine à ses fêtes et n'a plus d'éclat que celui qu'elle emprunte de la Cour. Les princes du sang eux-mêmes, le frère du roi et son fils (le duc d'Orléans), Condé et Conti, sont souvent éloignés des affaires et du commandement. Les ducs et pairs sont justiciables du *conseil des maréchaux* pour les questions d'honneur, et les plus fiers gentilshommes subissent les lois contre le duel. Le service du roi, non la naissance, fixe désormais le rang et l'importance de chacun. Ni les grands seigneurs, ni les grands écrivains ne valent par eux-mêmes. Les premiers n'ont plus le gouvernement des provinces et des villes qu'en vertu d'une commission royale qu'il faut renouveler tous les trois ans. Il n'est plus besoin de faire tomber les hautes têtes. Que si quelque part la noblesse affecte encore l'indépendance dans ses vieux manoirs, elle est visitée jusqu'en ses provinces par la justice royale, comme aux Grands Jours d'Auvergne (1665) dont Fléchier nous a laissé la relation. Ce tribunal extraordinaire jugea sommairement et sans appel, quatre mille causes, et prononça plus de 300 arrêts de mort ; le roi en fit frapper une médaille qui rappelait qu'on avait sauvé les provinces et réprimé l'audace des grands (*Salus provinciarum, repressa potentiorum audacia*). D'autre part, la noblesse fut soumise dans ses camps à la rude autorité de Louvois, et le langage amer de Saint-Simon révèle à ce sujet tout le dépit des grands seigneurs. Cette noblesse qui n'avait pas su, comme celle d'Angleterre, se mêler et s'associer aux grands intérêts de la nation, ne gardait pas même ses priviléges militaires.

On avait cessé depuis 1614 d'assembler les États-Généraux ; on ne convoqua pas même les notables ; les États provinciaux qui s'étaient conservés en dix-sept provinces, n'étaient plus assemblés que dans quelques-unes (Languedoc, Provence, Bourgogne, Bretagne), et pour voter les *dons* qu'on leur imposait. Mais les parlements se présentaient comme héritiers des États-Généraux ; ils réclamaient, suivant l'expression d'Omer Talon, cette juridiction politique, cette puissance seconde *que la prescription des temps autorise*. On les a vus disposer deux fois de la Régence, s'ériger dans les troubles de la Fronde en défenseurs de la nation contre la Cour, et dresser pour la France un plan de constitution. Les parlements expièrent cette audace par un long silence, et le roi, ordonnant en 1665 qu'ils ne fissent jamais de représentations que dans la huitaine après avoir enregistré les ordonnances, supprimait par le fait leur fameux droit de remontrances. Il ordonna dans le même temps et dans le même esprit que le parlement de Paris ne s'appellerait plus la Cour souveraine, mais seulement la Cour supérieure. Or, soumettre les parlements, c'était réduire les provinces ; car au palais de Paris qui donnait le signal de la résistance, se rattachaient par les autres parlements, par les présidiaux, etc., environ cinquante mille familles d'officiers ministériels héréditaires, qui menaient le reste de la bourgeoisie, les cités, les États provinciaux. Tous ces gens-là décoraient leurs priviléges du nom de franchises nationales, et n'eussent conquis sur la royauté qu'une liberté bâtarde, peut-être plus dangereuse que la monarchie absolue qui au moins préparait l'égalité. Mais les parlements et les provinces se soumirent dans les mêmes proportions. L'insignifiance des États provinciaux rangea sous le même niveau les pays d'États et les pays de généralité. Les priviléges municipaux ne furent pas mieux respectés ; la dignité de maire cessa d'être élective, et fut supprimée ou vendue au profit du roi comme office héréditaire. On fit de même pour les maîtrises et les jurandes. Par les soins des intendants, auxquels était confiée désormais la gestion financière des villes, la moitié du produit de leurs octrois alla grossir le trésor royal.

Ainsi le tiers-état, quoique représenté à la Cour et dans les conseils du roi par des ministres que sa faveur égalait aux plus nobles familles, et dans la gloire de son règne par tant d'écrivains et d'artistes éminents, était, comme ordre politique, aussi durement soumis que les ordres privilégiés. La misère du peuple, des villes et des campagnes commence dès la guerre de Hollande en 1672 et fait d'affreux progrès depuis la guerre d'Augsbourg. Colbert lui-même, si désireux d'enrichir les bourgeois par son système, ne croyait pas que la liberté leur fût bonne et utile en politique ou en industrie. Les justices particulières des pays récemment conquis furent ramenées au droit commun par de nouveaux parlements ; Louis XIV créa ceux de Besançon et de Douai.

L'opposition qui pouvait se produire sous la forme des querelles de religion, fut frappée dans les calvinistes par la révocation de l'Édit de Nantes, dans les Jansénistes par la ruine de Port-Royal et par la bulle *Unigenitus*. L'histoire des calvinistes se rattache aux affaires générales de l'Europe, celle des Jansénistes est plutôt mêlée à l'histoire intérieure du gouvernement, de la Cour et des mœurs de Louis XIV ; cette opposition à la fois religieuse et politique agita tout ce long règne et lui survécut.

Il serait trop long de reproduire ici la querelle tant de fois racontée des Jansénistes et des Molinistes, les rigueurs de Richelieu contre les disciples de Jansénius et de son ami, l'abbé de Saint-Cyran, Duvergier de Hauranne, qui s'assemblaient pour vivre en commun près des religieuses de Port-Royal à quelques lieues de Versailles; pendant la Fronde les parlementaires et les partisans du cardinal de Retz, et après la Fronde, les mécontents se retirant à Port-Royal avec la duchesse de Longueville et poursuivant leur opposition contre la cour; l'austère famille des Arnauld combattant au premier rang parmi ceux qui réclamaient pour la vraie morale contre les Jésuites et pour le sentiment religieux contre la dévotion de cour, même avant l'apparition du livre de Jansénius; Angélique Arnauld réformant Port-Royal en 1609 et proscrivant la richesse et la noblesse courtisées par les Jésuites.

Les Jansénistes défendaient la grâce contre le libre arbitre, comme autrefois saint Augustin contre Pélage, ensuite Luther contre Érasme, et naguère aux Pays-Bas les Arminiens contre les Gomaristes. Mais l'opposition politique vaincue dans les parlements avec la Fronde, et sans issue dans les États-Généraux ou provinciaux, se mêla comme en Hollande à la querelle théologique. Les débris de la Fronde se réfugièrent dans la secte savante qui formait Pascal, Boileau, Racine, et disputait les enfants aux Jésuites par ses petites écoles, ses travaux d'enseignement, ses méthodes pour les langues, sa *grammaire* et sa *logique*, deux chefs-d'œuvre d'Arnauld et de Nicole. Aux idées de Jansénius les Jésuites opposaient les idées semi-pélagiennes de l'Espagnol Molina, plus favorables à la liberté morale de l'homme que les Jansénistes étouffaient sous la grâce divine. La Sorbonne ayant par leurs soins condamné cinq propositions qu'elle disait tirées du livre de Jansénius, et chassé de son sein Antoine Arnauld, le plus jeune frère d'Angélique, le plus infatigable et le plus savant défenseur des Jansénistes (1654), Pascal porta brusquement la querelle devant le public dans le style simple et vigoureux des *Provinciales* (1656). Le formulaire imposé cette même année par Alexandre VII et plus tard la *paix Clémentine* décrétée par Clément IX (1669) n'étouffèrent point la dispute.

Louis XIV, excité par son confesseur le père La Chaise, prit parti pour l'infaillibilité du pape, pour l'autorité de l'Église contre les Jansénistes, qui lui semblaient des huguenots déguisés, alors même qu'Arnauld et Nicole préparaient contre le calvinisme leur livre intitulé *La Perpétuité de la foi dans l'Eucharistie*. Le pouvoir absolu détestait par instinct, soit pour leurs doctrines même, soit pour leurs relations intimes avec la partie sérieuse de la Fronde, ces stoïciens du christianisme intérieur, qui faisaient l'homme esclave de Dieu et de la grâce divine, mais pour l'affranchir de l'homme, et ne se résignaient pas à voir le souverain but de la religion dans la puissance et l'unité monarchiques.

La querelle se ralluma dans l'affaire de la *régale* par l'opposition de deux évêques jansénistes à la suprématie ecclésiastique de Louis XIV, Pavillon d'Aleth et Caulet de Pamiers, en sorte que les Jansénistes, jusqu'alors ennemis du pape, semblèrent vaincus avec lui en 1682. Un grand nombre de Jansénistes, Arnauld et Nicole en tête, allèrent fonder leur Église aux Pays-Bas. Ceux qui restaient continuèrent contre Louis XIV et les Jésuites une sourde opposition qui conservait dans une société religieuse la forme d'une querelle théologique, s'enhardissait par les revers et les fautes du roi, et se recrutait parmi tous les partis vaincus, dans la noblesse, dans la magistrature, et dans les ordres religieux jaloux des Jésuites. Louis XIV crut frapper dans un couvent cette opposition universelle. La destruction de Port-Royal fut un coup d'état conseillé par les Jésuites, par le père Le Tellier et par madame de Maintenon (1709). La vengeance des Jésuites ne s'arrêta pas là ; ils découvrirent tout à coup l'esprit de Jansénius dans un livre du père Quesnel que tout le monde lisait depuis quarante ans (*Réflexions morales sur le Nouveau Testament*), et le pape Clément XI condamna cent et une propositions du père Quesnel par la bulle *Unigenitus* (1713). Le parlement n'enregistra la bulle qu'en la modifiant. Le cardinal de Noailles, archevêque de Paris, auquel Racine a dédié son *Histoire de Port-Royal*, et huit autres prélats en appelèrent à l'autorité d'un concile, non comme jansénistes, mais comme défenseurs des libertés de l'Église que Louis XIV avait défendues lui-même en 1682. Les prisons se remplirent d'*appelants*. La persécution assimila les Jansénistes aux réformés, car les Jésuites lancèrent contre leurs ennemis trente mille lettres de cachet.

Le règne et la grandeur de Louis XIV finirent dans cette misérable persécution. Tout le monde était las de la tyrannie monacale qui pesait sur la cour et sur la nation, de l'hypocrisie du vieux roi qui persécutait de vertueux prêtres ou de savants magistrats, dans le même temps qu'il déclarait ses bâtards princes du sang. Le dangereux système qui supprimait les Etats Généraux, les Etats provinciaux et les magistratures municipales, avait la prétention de régler aussi les consciences ; c'était préparer aux révolutions déjà prévues et prédites par Fénelon et Leibnitz plus de réformateurs violents que d'administrateurs habiles.

II. Résumé des institutions et fondations du règne de Louis XIV. — Travaux législatifs. — Commencement de réaction contre le pouvoir absolu.

Ce despotisme, alors soutenu dans tout le royaume par une armée nombreuse, et au centre par une police récemment fondée, qui tint trop longtemps la nation en tutelle, malgré les avis de ses plus nobles serviteurs, n'eut pas de plus grande force ni de plus dangereuse illusion que sa confiance absolue en lui-même et en son droit divin, et sa croyance profonde aux lumières surnaturelles des rois. Louis XIV s'imposait la loi du travail, et le devoir d'assurer la subsistance de chacun par le développement facile de son labeur et de son industrie. Au-dessus des nobles, il appelle en son conseil d'Etat des roturiers de génie et des hommes de condition médiocre ; car il n'entend pas laisser à l'aristocratie le privilége des grandes charges, pas même celui du commandement militaire. Il préside en tout temps, même à l'armée, ce conseil de ministres bourgeois qui lui rapportent toutes les affaires ; il fait *son métier de roi*. Par ses ministres, par les intendants qui les représentent dans les provinces sans subir le contrôle des gouverneurs militaires ou des parlements, il concentre en ses mains toutes les forces du pays. Il se croit tenu en récompense de lui procurer par les bienfaits d'une administration laborieuse et vigilante tous les genres de gloire, de force et de richesse. Après avoir étudié plus haut les travaux de Colbert et de Louvois qui préparaient la grandeur immédiate de Louis XIV, il convient de rappeler ici plus particulièrement les grandes fondations qui devaient survivre aux fautes et aux désastres de la fin du règne.

On a vu Colbert animer et développer tous les genres d'industrie nationale, draps d'Abbeville, de Louviers et de Sedan, tapisseries de la Savonnerie et d'Aubusson, glaces de Saint-Gobain, etc.; multiplier les industries de luxe par les manufactures royales ou privées, dérober les secrets ou attirer les ouvriers des pays voisins ; tourner les capitaux vers les entreprises qui devaient nous affranchir de l'étranger ou même le rendre à son tour tributaire de nos produits, et enfin par son *système protecteur*, plus nécessaire alors et plus praticable que sa réglementation infinie, protéger cette industrie naissante. On a vu le développement du commerce par la suppression des douanes intérieures en 12 provinces et la réforme du système général des douanes ; par l'amélioration et l'entretien des grandes routes, la construction des canaux du Languedoc et d'Orléans, la création des ports francs et des chambres d'assurances. On a vu la fondation de la marine marchande et du commerce maritime *qui ne déroge pas à la noblesse* ; la formation de la marine royale ou militaire par le *système des classes* ou *l'inscription maritime* ; les écoles où se forment les officiers de marine ; les chantiers pour les constructions navales établis dans nos grands arsenaux, Dunkerque, le Havre, Brest, Rochefort, Toulon ; un empire colonial ouvert dans les deux Indes, sur les côtes d'Afrique et sur le continent américain, à cinq grandes compagnies. Ainsi se résument les travaux de Colbert pour l'industrie, le commerce et la marine. On n'a pas oublié ceux de Louvois pour l'organisation de nos forces militaires : l'armée plus directement soumise à l'autorité royale ; le perfectionnement des armes ; la formation des corps spéciaux de l'artillerie et du génie ; l'administration militaire, qui sera désormais séparée du commandement, assurant la subsistance de cette nombreuse armée ; toutes nos frontières protégées par les fortifications de Vauban, etc.

On a parlé déjà, pour en faire honneur à Colbert, des travaux législatifs de Louis XIV. Dans un mémoire présenté au roi en 1665, il lui montrait la gloire d'égaler Justinien et d'établir en

France l'uniformité des lois, des poids et des mesures ; de supprimer la vénalité des charges, de réorganiser les cours supérieures, de rendre la justice gratuite, les juges et les moines moins nombreux. Si Louis XIV n'embrassa pas tout ce programme et n'entreprit pas toutes ces réformes, il ambitionna au moins et mérita la gloire du législateur. Il réunit dans un grand conseil de législation, dont lui-même suivait souvent les travaux et les délibérations, les plus grands légistes de son temps, des conseillers d'État et des maîtres des requêtes : le chancelier Séguier, Lamoignon, Talon, Bignon, et l'un des plus éclairés et des plus actifs, Henri Pussort, oncle maternel de Colbert. Ce conseil discuta pendant deux ans, sous la direction du premier président Guillaume de Lamoignon, l'*Ordonnance civile* en trente-cinq articles, qui prit le nom de *Code Louis*, et fut enregistrée en présence du roi, au mois d'avril 1667. Achevée par une autre ordonnance du mois d'août 1669, en six titres, elle réglait les enquêtes, les interrogatoires, les saisies, l'exécution des jugements, etc., et préparait l'uniformité de la procédure plutôt que celle de la législation. On continuait de suivre les coutumes provinciales. En 1669, parut encore l'*Ordonnance des eaux et forêts*, préparée pendant huit ans par Colbert et par vingt et un commissaires ; en 1670, l'*Ordonnance criminelle* en 28 articles, qui réglait les formes de procédure et la compétence des tribunaux en matière criminelle, ordonnait la publicité de l'interrogatoire après l'arrestation, mais en maintenant la question et la torture avec les plus cruels supplices du moyen-âge, et sans accorder un défenseur à l'accusé dans les causes capitales ; en 1673, l'*Ordonnance du commerce* en douze titres, dont l'honneur revient en grande partie à Savary, auteur du *Parfait négociant*, et qui statuait sur la condition des apprentis et des marchands, sur les transactions et les sociétés commerciales, les banqueroutes, les tribunaux de commerce, la contrainte par corps, et l'organisation désormais uniforme des corporations ; en 1681, l'*Ordonnance de la marine* pour la police des ports et des côtes, les contrats maritimes, etc., qui servit de loi ou de modèle aux nations de l'Europe, et forme aujourd'hui une partie notable de notre Code de commerce ; enfin en 1685 le *Code noir* ou colonial, qui eut le grand mérite d'assurer aux esclaves nègres en certains cas la protection du roi ou du ministère public.

Après les travaux législatifs, il faut rappeler, comme fondations glorieuses et durables, les Académies et les monuments publics : l'Académie des Inscriptions et belles-lettres (1663); l'Observatoire, le *Journal des savants* (1665); l'Académie des sciences et celle de musique (1666); l'École des beaux-arts de Rome (1667); l'Académie d'architecture (1671); la bibliothèque Royale, accrue de trente mille volumes; la bibliothèque Mazarine ouverte au public quelques années après celle de Saint-Victor; la capitale embellie dans ses quais, ses ponts et ses boulevards, éclairée dans la nuit par cinq mille fanaux, et décorée de constructions magnifiques : le Val-de-Grâce, la colonnade du Louvre, la place du Carrousel, le jardin des Tuileries, les Invalides, les portes Saint-Martin et Saint-Denis, la place des Victoires et la place Vendôme. Ce n'est pas la moindre création de Louis XIV et de Colbert que cette police, combinaison ingénieuse de la force militaire et du pouvoir judiciaire, dont Nicolas de la Reynie (1667) et le marquis d'Argenson (1697) furent les premiers organisateurs sous le nom de lieutenants de police. La Reynie fit paver toutes les rues de Paris, et le roi se déclarait obligé de pourvoir de même à la sûreté et à la commodité des autres villes de son royaume.

Cette grandeur réelle de Louis XIV, conquérant, administrateur, législateur, et protecteur magnifique des beaux-arts et des lettres, ne suffit pas encore pour l'absoudre devant la postérité ni pour justifier ce pouvoir absolu que Bossuet tirait de l'Écriture sainte. La centralisation excessive qui détruisait les franchises municipales, les États provinciaux et généraux, isolait la royauté en l'élevant sur des ruines plutôt que sur des institutions régulières. Fénelon (1) lui reprochait en effet de « s'élever sur les ruines de toutes les conditions de l'État »; et il disait dans ses *Dialogues des morts* au jeune duc de Bourgogne : « Il faut des lois écrites toujours constantes et consacrées par toute la nation, qui soient au-dessus de tout. Celui qui gouverne doit être le plus obéissant à la loi; sa personne détachée de la loi n'est rien. » A la cour même Fénelon et ses amis, comptant peu sur le grand-dauphin, préparaient pour le duc de Bourgogne et avec

---

1. Lettre anonyme de Fénelon, 1698.

lui un gouvernement plus libre, où la noblesse aurait ses droits traditionnels et son rôle politique, et la nation toutes les garanties de la liberté générale. Louis XIV soupçonna ces plans de réforme qu'il jeta au feu après la mort de son petit-fils, et poursuivit dans l'affaire du *Quiétisme* moins le défenseur de madame Guyon et l'auteur des *Maximes des Saints*, que l'auteur du *Télémaque* publié sans l'aveu de Fénelon et vers la même époque (1697-1699). On exila dans son diocèse de Cambrai le réformateur *chimérique*.

Il n'était plus au pouvoir de Louis XIV d'arrêter ce mouvement parti de si haut, et cette opposition qui naissait sur les degrés du trône. L'opinion publique s'enhardissait par les souffrances communes, et jugeait ce qu'elle avait jusqu'alors admiré. On se rappelait le règne des favorites altières avant la domination sévère de la veuve de Scarron, et tous les scandales que le vieux roi croyait racheter par la dévotion rigide de ses dernières années ou par ses persécutions contre les Jansénistes et les protestants ; tant d'ennemis suscités à la France par l'ambition violente et souvent perfide du roi et de ses ministres. Une science nouvelle, *l'économie politique*, qui traite de la formation et de la distribution des richesses, naissait dans l'inquiétude des meilleurs et des plus clairvoyants esprits sur l'état de la France. Dans une enquête ordonnée à ce sujet sur l'avis du duc de Beauvilliers et faite sur les instructions du duc de Bourgogne, les mémoires des intendants révélaient partout d'affreuses misères. On apprit par chiffres exacts la décadence et la dépopulation du pays et des grandes villes ; on sut qu'à Lyon l'industrie était tombée de 18,000 métiers à 4,000 ; que Tours n'avait plus que 33,000 âmes au lieu de 80,000, et Troyes 20,000 au lieu de 50,000. La moitié du royaume, disait Vauban, vit des aumônes de l'autre. Depuis la paix de Ryswick, sur 800 millions de recettes, on avait dépensé bien près de 3 milliards. Un magistrat de province, Boisguillebert, publia le *Détail de la France* en 1697 et le *Factum de la France* (1707). Le second ouvrage fut saisi par arrêt du conseil et l'auteur exilé en Auvergne. Vauban, qui poursuivait depuis vingt ans la même enquête, osa demander le rétablissement de l'Édit de Nantes, et proposer en 1707 de remplacer tous les impôts par un impôt unique ou *dîme royale*, que tous payeraient sans exception. Son ouvrage fut mis au pilori, et Vauban, dit-on, mourut de douleur six semaines après. Celui que Saint-Simon appelle le grand *patriote*, eut seul la gloire d'une disgrâce qu'on a si longtemps et si faussement attribuée à Racine (1).

Une autre opposition, celle qui réagissait par la licence des mœurs et l'incrédulité contre la dévotion de la vieille cour, osait déjà se produire dans la société du Temple ; les *roués* de la Régence s'annonçaient chez messieurs de Vendôme.

1. Gaillardin, *Histoire de Louis XIV*, t. V, chap. 37.

CHAPITRE XII.

TABLEAU DES LETTRES, DES SCIENCES ET DES ARTS EN FRANCE PENDANT LE RÈGNE DE LOUIS XIV.

SOMMAIRE.

1. — La France exerce en même temps la domination de l'intelligence et celle des armes. A l'Italie en décadence, à l'Allemagne attardée, à l'Angleterre de Shakspeare et de Milton, à l'Espagne de Lope de Véga et de Caldéron, elle oppose dans tous les genres la littérature du siècle de Louis XIV : d'abord celle qui s'inspire d'elle-même et se forme toute seule avant l'avènement réel de Louis XIV, avec Corneille, Descartes, Pascal, La Rochefoucauld, Retz ; et celle qui subit l'influence du grand roi avec Racine, Boileau, Molière, Bossuet.

2. — La prose, depuis Balzac jusqu'à Massillon, est perfectionnée dans la philosophie, la morale, l'histoire et l'éloquence sacrée, par Descartes, Pascal, La Rochefoucauld, La Bruyère, madame de Sévigné, Bossuet, Bourdaloue, Fénelon et Fléchier. La poésie dramatique a pour glorieux interprètes Corneille, Racine et Molière ; la poésie didactique est représentée par Boileau et La Fontaine ; la poésie lyrique par Quinault et J.-B. Rousseau ; la poésie pastorale par Racan et Segrais ; la poésie épique manque seule au grand siècle, à moins qu'on ne lui attribue le *Télémaque*.

3. — La France tient le sceptre de l'érudition avec Adrien de Valois, Ducange, les bénédictins Mabillon et Montfaucon, et les orientalistes Bochard, Herbelot, Galland. — Dans la science du droit des gens et du droit civil où brillent Grotius et Puffendorf, elle produit Laurière, Domat ; et dans l'éloquence judiciaire, Lemaître, Patru et Pellisson. — Dans le domaine de l'histoire qui n'a pas encore toute sa liberté, la France produit toutefois, en face des noms les plus célèbres de l'étranger (Davila, Mariana, Clarendon), des écrivains tels que Mézeray, Bossuet, Fleury, Tillemont. Aucun pays n'égale ses auteurs de *mémoires* (Madame de Motteville, La Rochefoucauld, Retz, Saint-Simon), ni sa littérature *épistolaire* (mesdames de Sévigné et de Maintenon, Gui Patin).

4. — Dans la philosophie spéculative, les rivaux et les contemporains de Bacon, de Spinosa, de Locke et de Leibnitz, sont Descartes, Gassendi, Pascal, Malebranche, les écrivains de Port-Royal, Bayle, etc. Les opinions les plus hardies ont déjà de sérieux et de frivoles interprètes. — Dans le domaine des sciences exactes, dont la gloire est plus également partagée entre les nations de l'Europe sauf l'Espagne, la France avec Descartes, Pascal, Cas-

sini, Vauban, Rohault, Mariotte, Lémery, Fermat, Papin, Tournefort, ne redoute aucun parallèle. Aux plus grands noms de l'Europe (Keppler, Galilée, Harwey, Newton, Boerhave, Leibnitz), elle oppose les noms des savants qu'elle a produits ou de ceux qu'elle a adoptés (Cassini, Huyghens, Rœmer).

5. — Pour les beaux-arts, Lulli a créé l'opéra. La peinture française, qui va de Vouet à Jouvenet par Lesueur, le Poussin, Philippe de Champagne, Lebrun, Claude Lorrain, Mignard et Rigaud, rivalise avec l'école flamande alors si célèbre (Rubens, Van-Dyck, Rembrandt); avec l'école espagnole où florissent Velasquez et Murillo, et l'emporte sur l'école italienne en décadence (le Guide, l'Albane, le Dominiquin, Salvator Rosa). Avec Puget et Girardon, Coysevox et les Couston, la sculpture française n'a point de rivale. Nanteuil, Audran et Callot excellent dans la gravure. L'architecture, par les mains de Perrault, des deux Mansard et de Lenôtre, construit pour recevoir ces chefs-d'œuvre des monuments et des jardins grandioses.

6. — Mais cette glorieuse littérature, qui d'abord avait servi la politique du grand roi, cesse, à la fin de son règne, d'être son humble auxiliaire. Fénelon, Fontenelle, Saint-Simon, etc., inaugurent le système de critique, que leurs successeurs au XVIII° siècle vont transformer avec Voltaire en opposition formidable contre la monarchie absolue.

I. Prépondérance universelle de la France au XVII° siècle. — Période littéraire antérieure à l'avènement réel de Louis XIV. — Influence personnelle du roi sur la littérature de son règne.

La France conserva mieux la suprématie de l'intelligence que celle des armes. Le règne de Louis XIV fut pour elle une de ces époques privilégiées et mémorables dans l'histoire de l'humanité, où l'on voit par l'influence puissante des générations antérieures et par une mystérieuse fécondité de la nature, les génies les plus divers s'associer et se confondre dans la gloire d'un seul nom, Périclès, Auguste. Léon X, Louis XIV. Ceux qui disent pour l'Angleterre le *Siècle d'Élisabeth* ou pour l'Espagne le *Siècle de Philippe II*, ne désignent par là qu'une gloire locale et nationale, mais du mot que nous prononçons encore avec orgueil, le *Siècle de Louis XIV* ou le *Grand siècle*, le sens est bien autrement vaste et glorieux ; car il attribue à la France, et pour une longue période, la conduite et le gouvernement de la civilisation européenne. Ceux même qui détesteront la politique et la religion du grand roi, imiteront longtemps la France. « En Angleterre, en Allemagne, en Italie, en Espagne, partout on reconnaît qu'on a suivi les édits de Louis XIV pour la justice, ses règlements pour la marine et le commerce, ses ordonnances pour l'armée, ses institutions pour la police des chemins et des villes ; tout, jusqu'à nos mœurs et à nos habits, fut servilement copié (Chateaubriand). »

L'Angleterre admirait le *Paradis perdu* de Milton (1669) qu'elle attendit pendant plus d'un demi-siècle après la mort de Shakspeare; l'Espagne avait, dans sa décadence, de grands poëtes dramatiques, Lope de Véga et Caldéron, et de grands peintres, Murillo, Ribéra, Vélasquez; l'école flamande vantait non sans raison les toiles de ses plus fameux artistes, Rubens, Van-Dyck, Téniers, Rembrandt ; l'Italie gardait par exception la gloire de la peinture avec le Guide, l'Albano, le Dominiquin et Salvator Rosa ; Florence avait Galilée; la Hollande avait des philosophes et des savants, Grotius, Huyghens, Spinosa ; point d'historiens ni de poëtes. A ces travaux particuliers des nations voisines la France ajoutait l'œuvre d'une civilisation plus générale, et se donnait sous la double impulsion de Richelieu et de Louis XIV, par l'heureuse alliance de l'antiquité classique avec l'inspiration catholique, la gloire universelle des lettres, des sciences et des beaux-arts. Il doit nous suffire d'indiquer tout le mouvement et toute la fécondité du grand siècle, sans étaler pour tant de grands hommes et tant de chefs-d'œuvre une admiration superflue, et sans répéter les arrêts ou plutôt les applaudissements d'une critique éloquente (1).

On a vu les travaux de Malherbe et de Balzac, la grande fondation de Richelieu, les chefs-d'œuvre de Corneille et de Descartes préparer le grand siècle de notre littérature. On s'étonne de voir encore, après ces glorieux exemples, le mauvais goût revenir sous la régence d'Anne d'Autriche; l'enflure espagnole et l'afféterie italienne, l'*Astrée* et les *Amadis*, les ridicules romans de La Calprenède et de mademoiselle de Scudéry ; des épopées plus ridicules encore, s'il est possible, l'*Alaric* de Scudéry, le *Moïse sauvé* de Saint-Amand, le *Clovis* de Desmarest, le *Saint Louis* du père Lemoine, la *Pucelle* de Chapelain, « le grand effort des muses françaises, » et la *Pharsale* de Brébœuf; puis la littérature burlesque avec l'*Énéide travestie* de Scarron, et le genre précieux dans toutes les ruelles, qui croient reproduire à Paris et dans les provinces l'hôtel de Rambouillet. Il semble que l'anarchie va rentrer en même temps dans la littérature et dans la poli-

1. Nous renvoyons nos lecteurs aux jugements de MM. Villemain, Désiré Nisard, Sainte-Beuve, Demogeot, qu'il leur sera nécessaire de connaître après ceux de Voltaire et de La Harpe.

tique, et que le séjour de Marini chez la marquise de Rambouillet aura d'aussi fâcheux effets sur les lettres que le séjour d'Antonio Perez à la cour de Henri IV. Mais les grands esprits de ce temps-là conjurèrent le danger ; eux-mêmes ont gardé de cette époque agitée et licencieuse, hardie et féconde, une vigueur d'inspiration, une liberté d'esprit, une fierté de style, un tour original, vif et dégagé, qu'on regrettera peut-être au milieu de la discipline et de la correction de l'époque suivante. Alors se formaient La Rochefoucauld, Retz, Molière, La Fontaine, madame de Sévigné. Il y eut parmi ces écrivains de grands seigneurs et des chefs de parti. « Si la France se laissa séduire, elle ne se laissa jamais absorber ; la broderie de ces nuances étrangères vint colorer le ferme tissu de l'intelligence française, et le fond de la trame résista toujours ; il se présenta chez nous, de siècle en siècle, des réparateurs actifs qui s'opposèrent à l'excès funeste des envahissements extérieurs, et firent reparaître dans sa verte saveur la sagacité de notre esprit national. » (Phil. Chasles.)

Au sortir de la Fronde et avant l'avènement réel de Louis XIV, un homme remarquable entre tous, Pascal (1623-1662), le disciple et le défenseur passionné de Port-Royal, l'auteur des *Lettres provinciales* (1656) et des *Pensées*, eût suffi pour maintenir notre langue à la hauteur où de grands maîtres l'avaient déjà portée. Pascal est par son génie de la famille de Corneille et de Descartes ; à ce chef-d'œuvre des *Provinciales* Mazarin n'a fourni que la date de son ministère. Poussé à Port-Royal par le dégoût du siècle, Pascal porta brusquement devant le public la fameuse querelle des Jansénistes, et le premier, il traita les questions de l'école dans le langage du monde. Voltaire a pu dire en mêlant le nom de Pascal aux plus grands du siècle : « Les meilleures comédies de Molière n'ont pas plus de sel que les premières *Lettres provinciales* ; Bossuet n'a rien de plus sublime que les dernières. » Dans ses *Pensées*, publiées huit ans après sa mort, fragment sublime d'un ouvrage entrepris pour la défense du christianisme, il exprima les plus hautes idées de la philosophie chrétienne. Pascal accepte la méthode de Descartes plutôt que sa métaphysique. Il sent l'insuffisance de la raison pure et la nécessité de rendre au sentiment sa part dans les facultés de l'homme. Il enseigne que la raison examine les preuves de la vérité religieuse, mais ne les donne pas ; que c'est le cœur qui sent Dieu, et non pas seulement la raison.

Ainsi l'influence tant vantée de Louis XIV était préparée par une génération qui donna dès le milieu du siècle Corneille, Descartes, Pascal, et dans les arts, Poussin, Lesueur et Puget. Sans doute après ceux-là, des esprits de la même trempe tels que La Fontaine, Boileau, Racine, Molière, Bossuet, Bourdaloue et Fénelon, eussent grandi par eux-mêmes et sans la faveur de Louis XIV. Mais qui lui contestera la gloire d'avoir aimé leur génie, inspiré et récompensé leurs études, et mérité ainsi d'être entouré dès ses jeunes années par ce cortège de grands hommes? Sa cour polie et majestueuse attira les lettrés avec les grands, et leur donna le secret d'allier à la force de la pensée et de la passion la grâce et l'élégance. A l'égal des grands corps de l'État, l'Académie eut le droit de haranguer le roi dans les occasions solennelles. Les frondeurs de la régence, les conspirateurs du temps de Richelieu étaient devenus d'humbles courtisans de ce roi qui personnifiait l'État, et dont la poésie, les beaux-arts, la religion même, proclamaient la grandeur et la puissance.

II. Les prosateurs et les poëtes.

La prose française, depuis Balzac jusqu'à Massillon, est perfectionnée dans tous les genres. La Rochefoucauld écrivant ses *Maximes* (1665) après les désenchantements de la Fronde, et s'inspirant des mœurs du temps bien plutôt que d'une vraie connaissance des hommes, a le grand tort de rapporter à l'amour-propre toutes leurs actions et même leurs vertus ; mais son style vif et concis vaut mieux que sa morale. Plus tard un autre moraliste, La Bruyère (1645-1696), juge plus équitable et précepteur plus habile, veut guérir l'homme de ses travers, non l'y condamner. La langue s'aiguise et s'assouplit dans ses *Caractères* imités de Théophraste (1688). Son style est rapide et varié, son expression vive et pittoresque. Quiconque étudie les hommes du dix-septième siècle doit connaître La Bruyère aussi bien que les comédies de Molière et les mémoires du temps. Le plus célèbre moraliste de Port-Royal, Pierre Nicole (1625-1695), oppose la charité chrétienne au scepticisme affligeant de La Rochefoucauld, et mérite, au jugement de madame de Sévigné et de Voltaire, d'être rangé pour ses *Essais de morale* (1670-1678) parmi les bons écrivains du siècle.

La morale et la philosophie chrétienne inspirent les plus glorieux chefs-d'œuvre de la chaire sacrée, que Bossuet (1627-1704), ce vigoureux champion de l'autorité politique et religieuse, éleva à la hauteur de la tribune antique. « L'éloquence religieuse, a dit M. Villemain, voilà l'immortelle couronne du siècle de Louis XIV. Dans l'antiquité, le plus grand intérêt, la plus puissante affection, c'était la liberté ; dans le dix-septième siècle, ce fut la religion. » Les *Sermons* de Bossuet, depuis son début aux Minimes de la place Royale en 1657, ses *Oraisons funèbres*, son *Discours sur l'histoire universelle*, son *Traité de la connaissance de Dieu et de soi-même* et son *Histoire des variations des Églises protestantes*, font de lui le premier orateur et le premier historien du grand siècle. Quand, après la célèbre conversion de Turenne, il abandonne la chaire en 1670 pour se consacrer à l'éducation du dauphin, on voit monter le jésuite Bourdaloue, un des premiers, selon Voltaire, qui étala dans la chaire *une raison toujours éloquente*. « Dans son style plus nerveux que fleuri, sans aucune imagination dans l'expression, il paraît plutôt vouloir convaincre que toucher, et jamais il ne songe à plaire. » Bourdaloue ménage encore moins que Bossuet les avertissements sévères aux courtisans, et son audace effraie madame de Sévigné, car « il frappe comme un sourd... Sauve qui peut. » Le disciple et l'émule de Bossuet, Fénelon (1651-1715), qui devint son adversaire dans la querelle du Quiétisme, et qui, vaincu dans cette lutte, étonna le monde par sa prompte soumission à l'autorité du pape, révèle dans toutes ses œuvres la délicatesse de son âme tendre et pieuse, aussi bien dans son *Traité de l'éducation des filles*, dans sa *Démonstration de l'existence de Dieu*, dans ses *Dialogues sur l'éloquence* et dans sa *Lettre à l'Académie*, que dans cette épopée en prose harmonieuse et cadencée, qui demeure son plus beau titre de gloire. Dans le *Télémaque*, ce grand poëme en prose, l'onction chrétienne pénètre et purifie le génie antique. C'est la peinture des mauvais gouvernements et, quoi qu'on ait pu dire, la condamnation formelle de Louis XIV et de ses ministres ; ce fut pour son élève, le duc de Bourgogne, une admirable leçon de morale politique. L'inspiration n'avait pas été si haute dans Fléchier (1632-1710), rhéteur spirituel et laborieux, qui fit comme Mascaron (1634-1703) l'*Oraison funèbre de Turenne*, et garda comme lui quelques traces du mauvais goût de la période précédente.

Vers la fin du siècle, l'héritage de Bossuet et de Bourdaloue fut dignement recueilli, soit dans la prédication, soit même dans l'oraison funèbre, par Massillon (1662-1742), qu'on a quelquefois surnommé le Racine de la chaire sacrée, pour la grâce et l'élégance de son style, là où Bossuet et Bourdaloue rappelaient le génie mâle et vigoureux de Corneille. Qui ne connaît le *Carême* et l'*Avent*, l'oraison funèbre du grand roi et son exorde sublime, le sermon sur le *Petit nombre des élus*, et le *Petit Carême*, prêché devant Louis XV enfant, que Voltaire avait toujours sur sa table ?

En même temps que les grands prosateurs, les grands poëtes, Racine, Boileau, Molière, La Fontaine, saluèrent l'aurore du gouvernement personnel de Louis XIV et couvrirent de leur éclat tout son règne. Ceux-là par leur exemple et par leurs préceptes fixèrent l'alliance du génie et du goût. On a dit qu'ils servirent par leur perfection littéraire la pensée politique du souverain.

Louis XIV vint trop tard pour Corneille (1606-1684). L'auteur du *Cid*, que les sollicitations de Fouquet tirèrent mal à propos de sa retraite et de ses méditations religieuses, quand *Héraclius*, *don Sanche d'Aragon*, *Pertharite*, avaient tristement prouvé sa décadence, reparut sur la scène en 1659 avec *Œdipe* et *Sertorius*, plus tard avec *Suréna* (1675). Cinq tragédies de son frère, Thomas Corneille, entre autres *Ariane* et le *Comte d'Essex*, eurent plus de succès que n'en méritaient peut-être la froide élégance et la pureté de son style. Thomas remplaça son frère à l'Académie plus aisément qu'au théâtre.

Ce jeune homme qui à vingt ans, en 1660, célébrait le mariage du roi par une *Ode à la nymphe de la Seine*, Racine, disputa bientôt le sceptre de la tragédie à Corneille, et parut l'égaler dès qu'il cessa de l'imiter. Après deux pièces cornéliennes, (la *Thébaïde* et *Alexandre*), *Andromaque* révéla tout le génie de Racine, l'année même où Corneille faisait jouer *Attila* (1667). On sait les chefs-d'œuvre qui suivirent ce grand triomphe, et les inspirations merveilleuses qu'il demanda tour à tour au génie d'Aristophane, de Tacite et d'Euripide : les *Plaideurs* (1668), *Britanni-*

cus (1669,) *Mithridate, Iphigénie, Phèdre* (1673-1677), etc. Plein des souvenirs de l'antiquité, qu'il fait revivre avec la grandeur et la politesse de la cour de Louis XIV, Racine excelle à peindre les passions. La même tendresse du cœur qui touche dans ses tragédies, sous la grâce et l'harmonie du style, rejeta le poète loin d'un monde injuste qui le méconnaissait ; mais madame de Maintenon, mieux inspirée que Fouquet, sut tirer après douze ans de sa pieuse retraite celui qui avait trouvé dans la lecture des Livres saints et devait encore à notre scène les chefs-d'œuvre d'*Esther* et d'*Athalie* (1689 - 1691). Les curieux qui lisent ses lettres, ses discours académiques, et son *Abrégé de l'histoire de Port-Royal*, trouvent sa prose digne de ses vers.

La Fontaine (1621-1695) sentit tardivement son génie s'éveiller à la lecture d'une ode de Malherbe, et le révéla par une bonne et courageuse action, son élégie *aux nymphes de Vaux* sur la disgrâce de son protecteur Fouquet, qui marqua déjà son rang parmi les grands poëtes du siècle. Ce n'est qu'en 1668, à l'âge de quarante-sept ans, qu'il publia les six premiers livres de ses *Fables*, œuvre inimitable où la naïveté des vieux fabliaux s'allie si finement à la pureté classique de Racine et de Boileau.

Molière (1622-1673), non moins original que son ami La Fontaine, soit dans la peinture des travers de son temps, soit dans l'imitation des anciens, mérita le prix de son art, quoi que Boileau ait pu dire, dans la haute comédie et même dans ses pièces bouffonnes. La courte période de ses chefs-d'œuvre, de 1659 à 1673, illustra les premières années de Louis XIV et de Colbert. Depuis son premier début à Paris avec les *Précieuses ridicules* en 1659 jusqu'au *Malade imaginaire* à la veille de sa mort, combien de saines leçons de goût et de bon sens, dans ces types immortels que nous ont laissés *le Misanthrope* (1667), *l'Avare* (1668), *les Femmes savantes* (1672), etc. Le naturel et la vigueur de sa prose, la netteté et la précision de ses vers, la force comique qui lui est propre et qui le rend aussi inimitable dans son genre que La Fontaine, ont bien vengé Molière des préjugés de son temps qui ne lui permettaient pas l'accès de l'Académie, et donnent raison au grand roi qui, en dépit des courtisans, fit manger le poëte à sa table. Après lui, il faut descendre jusqu'à la fin du siècle et du règne pour trouver, après les pièces médiocres de Boursault et de quelques autres, les vives et joyeuses comédies de Regnard, *le Joueur, le Distrait, le Légataire universel*, qui n'ont pas d'autre but que de plaire et d'amuser.

Boileau (1636-1711) partage la gloire de Racine et de Molière pour les avoir aidés de ses conseils ou soutenus contre l'injustice de leurs contemporains, et pour avoir atteint la perfection dans la poésie didactique. Dans ses *Satires*, ses *Épîtres* et son *Art poétique* (1673), il a fixé les règles du bon goût et de la raison par des préceptes qui sont eux-mêmes des modèles de précision et d'élégance. Il a donné dans le *Lutrin* un chef-d'œuvre de poésie héroï-comique.

Les bergeries de Racan, le disciple chéri de Malherbe, les églogues de Segrais, imitateur élégant de Virgile, les idylles prétentieuses de madame Deshoulières, représentent la poésie pastorale. Mais le siècle de Louis XIV était peu sensible aux charmes de la nature. L'enthousiasme de la poésie lyrique convenait bien mieux à cette majestueuse époque de la monarchie absolue. Elle éclate dans les chœurs d'*Esther* et d'*Athalie*, dans les opéras de Quinault qui méritèrent d'être appelés des tragédies lyriques, dans les odes et les cantates de Jean-Baptiste Rousseau, versificateur habile et froid, auquel dans un enthousiasme factice la Bible inspira parfois de sublimes accents. La poésie épique a seule manqué au grand siècle après d'informes essais, à moins qu'on ne lui attribue le *Télémaque*, en acceptant contre les exigences de la versification et de la rime les opinions étranges de Fénelon lui-même, de Fontenelle et de Lamotte-Houdar.

III. Les érudits. — Les historiens.

Dans le domaine de la littérature qui confine à la science, la France eut des savants et de grands érudits, comme elle avait de grands prosateurs et de grands poëtes. A l'époque même où l'Angleterre vante Usserius et ses travaux chronologiques, l'Italie Muratori et son *Recueil des historiens italiens* (de 500 à 1500), la France tient le sceptre de l'érudition avec les dignes successeurs de Casaubon et de Scaliger : Saumaise, le prince des commentateurs, qui défendit Charles Ier contre Milton ; les PP. Petau (*Science des temps*), Labbé (*Collection des conciles*), Brumoy (*Théâ-*

tre grec), Jouvency (*Éditions latines*), monsieur et madame Dacier (*traduction de Plutarque et d'Homère*), Adrien de Valois (*Gesta Francorum, Notitia Galliarum*), Moréri (*Dictionnaire historique*, 1673), Baluze (*Capitulaires*), Ducange (*Glossaire*, etc.), le bénédictin Mabillon (*édition de saint Bernard, Diplomatique*), et ses continuateurs Montfaucon (*l'antiquité expliquée*), Martenne, Ruinart, Colmet; les frères de Sainte-Marthe (première édition de la *Gallia christiana*). Il faut compter encore dans la famille des grands érudits Lemaistre de Sacy († 1684), qui traduisait la Bible à la Bastille, Pierre du Pui (*Traité des libertés gallicanes, procès des Templiers*), Huet pour son *Histoire du commerce et de la navigation des anciens*; puis Sanson (d'Abbeville), père de la géographie en France, et les deux Delisle père et fils, le dernier surtout célèbre par ses cartes; les voyageurs et les orientalistes Bernier, Vaillant, Chardin, Tavernier, Bochart (*Géographie sacrée*), Herbelot (*Bibliothèque orientale*), Galland (traduction des *Mille et une nuits*). Avec le génevois Spannheim, Vaillant et Jobert fondaient la numismatique. C'est le grand caractère et la gloire de l'érudition française au XVII° siècle d'avoir déjà étendu ses études et reporté ses efforts vers le moyen-âge et vers l'Orient, au lieu de se borner à l'antiquité classique.

Dans la science du droit, la Hollande cite avec orgueil Grotius l'auteur du fameux traité *De jure belli et pacis*, et la Suède Puffendorf (*De jure naturæ et gentium*); mais la France produit de Laurière qui dresse le plan du *Recueil des ordonnances*, et le janséniste Domat, compatriote et ami de Pascal, qui fonde la philosophie du droit (*Lois civiles dans leur ordre naturel, droit public*, 1694-1697), et met le premier les lois romaines en langue française. N'oublions pas les dissertations savantes de Talon et de Bignon. Les jurisconsultes fameux et les savants magistrats du siècle précédent, Dumoulin, Cujas, Loisel, Pasquier, Du Vayr, avaient laissé de dignes héritiers de leur gloire et de leurs travaux. L'éloquence judiciaire, illustrée déjà par les plaidoyers de Lemaître et de Patru, le *Quintilien français*, et par les mémoires de Pellisson dans le procès de Fouquet, puis corrigée de l'affectation et de l'emphase par la critique salutaire de Boileau, de Molière et de Racine, par l'exemple fameux des *Provinciales*, n'a pas encore atteint la hauteur où la portera Daguesseau.

Pour l'histoire proprement dite, qui suppose outre l'érudition le style de l'écrivain et la raison puissante du philosophe, on ne peut dire assurément qu'elle ait manqué au grand siècle avec l'*Histoire ecclésiastique* de Fleury, l'*Histoire des Empereurs* de Tillemont, et surtout les grands travaux de Bossuet. Nous ne comptons pas ici les ouvrages secondaires, l'*Histoire d'Angleterre* par Rapin-Thoiras, l'*Histoire de France* par Mézeray, écrivain indépendant et énergique, mais qui ne se pique point de remonter aux sources ; celle de Daniel, écrivain plus savant et plus froid, qui nous a laissé d'ailleurs une estimable *Histoire de la milice française ;* l'*Histoire de Henri IV* par Péréfixe. Nous ne vantons pas non plus les historiens élégants qui tiennent le milieu entre l'histoire et le roman, Vertot avec ses *Révolutions de Portugal, de Suède* et *de la République romaine*, Saint-Réal avec sa *Conjuration de Venise* et celle des *Gracques*. L'Angleterre, l'Italie et l'Espagne nous opposeraient trop aisément des historiens bien supérieurs, tels que Clarendon, le ministre disgracié de Charles II, qui écrivit l'*Histoire de la rébellion*, William Temple, Burnet, Fra Paolo Sarpi, historien du *Concile de Trente*, Davila, Mariana, Herrera, Solis, avec leurs *histoires* d'Espagne, des Indes et du Mexique.

Il faut convenir aussi que peut-être l'histoire n'eut pas sous la monarchie absolue de Louis XIV la liberté d'esprit et de jugement qu'elle réclame. Mézeray, ancien pamphlétaire de la Fronde, il est vrai, perdit sa charge d'historiographe pour avoir écrit trop hardiment sur l'origine et l'excès des impôts. Dans de meilleures conditions nos écrivains eussent sans doute égalé les anciens là comme ailleurs. Mais dans un genre qui se rattache de fort près à l'histoire, nos auteurs de *Mémoires* nous ont fait une gloire originale que tous les pays nous envient et qu'aucun ne nous dispute. Madame de Motteville, la confidente d'Anne d'Autriche, nous raconte avec son aimable sincérité la Régence et la Fronde. Dans ses Mémoires « écrits avec un air de grandeur, une impétuosité de génie et une inégalité qui sont l'image de sa conduite, » le cardinal de Retz se fait l'historien de ses intrigues ; il prétend manier le stylet de Salluste après le poignard de Catilina, et raconte les troubles de la Fronde, comme il ferait ceux de la République romaine : admirable artiste en fait de langage, plus profond et plus intéressant dans ses mémoires que dans sa vie. Après tant d'autres, Choisy, Gourville, Lenet, La Rochefoucauld, madame de la Fayette, vient le plus fameux de tous, celui que ses contemporains n'ont pas lu, et qui, selon le mot de Chateaubriand, écrit *à la diable pour l'immortalité* : le grand seigneur Saint-Simon, trop entiché de sa noblesse, mais amoureux du bien, plein d'honneur et de vertu, qui se montre à la fois l'observateur le plus pénétrant malgré sa partialité, l'écrivain le plus savant jusque dans ses incorrections, le peintre le plus fidèle et le plus terrible dans ses tableaux de cour et ses portraits des princes et des ministres. Quel tableau que celui de la mort du grand-dauphin ! Quel portrait que celui de l'abbé Dubois ! On s'étonne qu'un homme qui se venge si cruellement de toutes les bassesses qu'il a vues ou devinées, n'ait pas de son vivant jeté ses arrêts à la face de ceux qu'il condamnait.

Les lettres de madame de Sévigné que La Bruyère a si finement appréciées, et qu'il est bien près d'admirer comme la perfection même du style, les lettres de madame de Maintenon, d'un bon sens si gracieux et d'une précision si élégante, celles de Guy Patin, si vives, si mordantes et si indiscrètes, sont encore de précieux mémoires sur la cour et la ville au temps de Louis XIV.

IV. Les philosophes. — Progrès des sciences.

Dans la philosophie spéculative, la France a pour émules et pour contemporains de Bacon, de Spinosa, de Locke et de Leibnitz, Descartes, Gassendi, Pascal, Malebranche et les écrivains de Port-Royal. Bacon, renversant la philosophie d'Aristote pour la renouveler, et fondant la méthode d'observation et d'induction dans son *Novum Organum* (1620), a tenté de constituer la science de la nature et de donner dans une sorte d'encyclopédie universelle la classification des connaissances humaines. A la même époque (1619), Descartes a voulu plus logiquement constituer la science de l'homme. Il n'admet point d'autre base de la certitude que l'évidence: « *Je pense, donc je suis.* » En vertu de ce fameux principe il renverse tout l'édifice des connaissances humaines pour en vérifier tous les matériaux et le reconstruire. Tandis que la philosophie pratique et positive de Bacon, conforme au génie anglais, arrive par le matérialisme politique de son disciple Hobbes au sensualisme de Locke, qui tire les idées de la sensation par la réflexion, et au scepticisme de Shaftesbury et de Bolingbroke; tandis que dans la même voie, le juif hollandais Spinosa conduit les hommes au panthéisme, en France l'idéalisme de Descartes inspire les plus nobles esprits du siècle, Bossuet, les oratoriens et les penseurs de Port-Royal. Arnauld enseigne dans sa *Logique*, composée en huit jours avec Nicole, la méthode cartésienne. Pascal ajoute à cette philosophie de la raison pure la foi et le sentiment. Cet idéalisme platonicien s'exagère dans l'oratorien Malebranche, qui dans la *Recherche de la vérité* tente de réconcilier la philosophie et la religion, que son maître avait prudemment séparées. Le provençal Gassendi a combattu le premier en France le système de Descartes et des idées innées par le sensualisme épicurien ; puis viennent les sceptiques, Lamothe Le Vayer, précepteur du duc d'Orléans, Bayle, l'auteur du *Dictionnaire historique et critique*, le plus hardi précurseur de Voltaire. Vainement la tendance sensualiste et sceptique est combattue en Angleterre par Cudworth et Clarke ; en Allemagne par Leibnitz, qui explique l'origine des idées par les *monades*, l'union de l'âme et du corps par l'*harmonie préétablie* et défend la Providence des attaques de Bayle par sa *Théodicée* ; en France, par La Bruyère, Bossuet, Fénelon, Malebranche. La France de Louis XIV a déjà ses esprits forts. Le dix-huitième siècle est déjà représenté dans ses opinions les plus frivoles ou les plus hardies par la réunion du Temple, où les Vendômes, le jeune duc de Chartres, Conti, Chaulieu, La Fare, Saint-Aulaire, madame Deshoulières, Fontenelle même, forment comme une petite Fronde. La vieille Ninon et le vieux Saint-Evremont, de bonne heure proscrit et retiré à Londres, ont leur grand rôle parmi ceux que La Bruyère appelait les *libertins*.

Le quinzième et le seizième siècle avaient dignement préparé en France la gloire scientifique du siècle de Richelieu et de Louis XIV. Il suffit de nommer Bernard Palissy, précurseur des philosophes de la nature, Fernel et Paré, réformateurs de la médecine et de la chirurgie, Ramus opposant Platon et la Bible à la tyrannie d'Aristote, et Viète qui constitua définitivement l'algèbre. Dès 1615 l'ingénieur français Salomon de Caux (*raisons des forces mouvantes*) proposait l'application de la vapeur à la mécanique et donnait le premier dessin d'une machine à vapeur. A la même époque, Galilée à Florence confirmait par ses observations et ses découvertes le système de Copernic, que le génie de Keppler en Allemagne avait déjà sanctionné. La fureur des Jésuites et des Dominicains ligués par Bellarmin contre Galilée, sa première condamnation en 1616, sa fameuse abjuration en 1633, n'arrêtent pas même en Italie l'effet de ces découvertes qui sont enseignées sous une forme populaire. Ses disciples, Torricelli (inventeur du *baromètre*) et Viviani, continuent son œuvre ; Peiresc, conseiller au parlement d'Aix, propage en France la doctrine du nouveau Socrate, et les plus fortes têtes de la Sorbonne, de Launoy, Arnauld, professent la doctrine que Richelieu lui-même avait proscrite et que le savant Cassini n'osera pas encore avouer.

Descartes, auquel ne suffisait pas la gloire d'avoir renouvelé la philosophie expérimentale de l'esprit humain, entraînait la France dans le mouvement scientifique. Il appliquait l'algèbre à la géométrie des courbes, découvrait la loi de la réfraction, et utile par ses erreurs même, provoquait par son système des *tourbillons* la découverte de Newton. Gassendi, grand géomètre et fort supérieur en physique à Descartes, est compté parmi les précurseurs de Newton. A douze ans, Pascal devinait la géométrie et trouvait tout seul les trente-deux premières propositions d'Euclide ; à dix-sept ans, il trouvait le triangle arithmétique ; plus tard il confirmait la découverte de Torricelli par ses expériences sur la pesanteur de l'air, et dotait la mécanique usuelle d'inventions précieuses, la brouette, le haquet, peut-être la presse hydraulique. Fermat, conseiller au parlement de Toulouse, quoique n'ayant rien écrit, partage avec Descartes la gloire d'avoir appliqué l'algèbre à la géométrie, avec Pascal celle d'avoir créé le calcul des probabilités, et dispute encore à Leibnitz et à Newton l'invention des calculs différentiels. Le marquis de L'hôpital écrivait son traité célèbre des *sections coniques*, publié seulement après sa mort en 1697.

En même temps que l'Irlandais Boyle, l'un des fondateurs de la Société royale de Londres, l'abbé Mariotte complétait par ses travaux l'invention de la machine pneumatique par Otto de Guéricke, et fondait pour les gaz la *loi* qui porte son nom. Le protestant Lémery publiait en 1675 un *Cours de chimie* qui devait faire autorité pendant plus d'un siècle et fut traduit dans toutes les langues ; Rohault un *Traité de physique* qui resta longtemps classique. L'Académie des Sciences, fondée par Colbert en 1666, était réorganisée en 1699, et Fontenelle en devenait le secrétaire perpétuel. A l'Observatoire, bâti de 1667 à 1672, le bon et modeste abbé Picard faisait appeler trois astronomes à jamais fameux par leurs travaux : le Hollandais Huyghens, inventeur des horloges à pendule, qui découvrit l'anneau de Saturne et un de ses satellites ; l'Italien Cassini qui trouva quatre satellites de la même planète et songea le premier à mesurer la terre ; le Danois Roemer qui détermina la vitesse des rayons solaires. Picard, Cassini et Lahire commençaient en 1669 le méridien de Paris. Un disciple de Huyghens, Papin, de Blois, appliquait le premier la vapeur à la navigation, en Allemagne, sur la Fulda. Tournefort, précurseur de Linnée, envoyé dans le Levant par Louis XIV, en rapportait des plantes pour le Jardin du roi et fixait les principes généraux de la botanique ; il essayait le premier une classification des plantes.

Si l'Angleterre est fière à bon droit de ses savants, Napier, inventeur des logarithmes ; Jacques Grégory, l'inventeur du télescope à réflexion ; Harwey, qui démontra la circulation du sang découverte par les grands médecins du XVIe siècle (Levasseur, Servet, Césalpini) ; Newton, qui fixa les lois de la gravitation universelle ; si le génie puissant et poétique de l'Allemagne se sent et s'admire dans les grandes conceptions de Keppler et de Leibnitz, la France peut leur opposer les noms des savants qu'elle a produits ou adoptés.

V. Les Beaux-Arts.

Les Beaux-Arts ont jeté le même éclat sur le siècle de Louis XIV. Le Florentin Lulli, surintendant de la musique du roi, a créé l'Opéra. Déjà sous Louis XIII, Vouet avait ramené les artistes au bon goût. Nicolas Poussin (1594-1665), formé à Rome, et qu'on a pu nommer le peintre de la raison et de l'esprit, a fondé l'école française, plus remarquable en effet par l'expression morale et religieuse que par l'éclat et le coloris. On admire surtout son *Déluge* et son *Triomphe de Flore*. Claude

Lorrain (1600-1682) fut le peintre de la mer et du soleil. Eustache Lesueur (1617-1655), le Raphaël français, le peintre de la foi, dans sa fameuse galerie des Chartreux, composa les vingt-deux tableaux de la *Vie de saint Bruno* en moins de trois ans, *Saint Paul à Éphèse*, le chef-d'œuvre de l'école française, mourut de travail à 38 ans. Philippe de Champagne (1602-1674), disciple de Poussin, peintre de Richelieu et de Port-Royal, supérieur dans le portrait. Lebrun (1619-1690), rival et lâche persécuteur de Lesueur, et chef de l'école de peinture et de sculpture fondée à Rome par Colbert en 1667, peignit les *Batailles d'Alexandre* dans la grande galerie de Versailles, et mérita par l'éclat de son talent d'être le peintre favori de Louis XIV. A côté de Lebrun qui domine dans la seconde moitié du siècle brillaient encore Jouvenet et Rigaud, dont les portraits sont justement célèbres, Pierre Mignard, le peintre du Val-de-Grâce, auquel on reproche un art trop raffiné. C'est par tous ces grands noms que la peinture française rivalise avec l'école flamande et avec l'école espagnole alors si brillantes, et l'emporte pour la grandeur du style et de la pensée sur l'école italienne qui n'a plus la sombre énergie de Michel-Ange ni la suave inspiration de Raphaël.

Tandis que la gravure s'illustrait par le burin de Callot, de Nanteuil et d'Audran, la sculpture française n'avait point de rivale. Il suffit de citer ses principaux chefs-d'œuvre : les *Cariatides* de l'horloge du Louvre par Sarrazin ; l'*Andromède* et *Milon* de Puget, d'abord constructeur et décorateur de vaisseaux à Marseille (1622-1694) ; le tombeau du cardinal de Richelieu et les *Bains d'Apollon* par Girardon, le *Neptune* et l'*Amphitrite* de Coysevox ; les *Chevaux de Marly* de Guillaume Coustou ; puis les chefs-d'œuvre d'orfèvrerie de Balin, les bronzes de Keller, etc.

L'architecture, par les mains de Perrault, des deux Mansart et de Lenôtre, construisit pour recevoir ces chefs-d'œuvre des monuments et des jardins grandioses. Colbert lui-même avait d'abord encouragé la passion de Louis XIV pour les grands monuments. François Mansard érigea le Val-de-Grâce et le château de Maisons ; son neveu, Jules Hardouin Mansard, les châteaux de Versailles, de Marly, du grand Trianon, la place Vendôme, la place des Victoires, et le dôme de l'hôtel des Invalides construit par Bruant ; Claude Perrault, la colonnade du Louvre et l'Observatoire. Lenôtre (1613-1700) dessina les magnifiques jardins des Tuileries, de Versailles, de Saint-Cloud, de Sceaux, de Chantilly, la terrasse de Saint-Germain, etc. « Celui qui a dessiné le parc de Versailles, qui à l'agrément des parterres, au mouvement des fontaines, au bruit harmonieux des cascades, aux ombres mystérieuses des bosquets, a su ajouter la magie d'une perspective infinie, au moyen de cette large allée où la vue se prolonge sur une nappe d'eau, pour aller se perdre en des lointains sans bornes, celui-là est un paysagiste digne d'avoir une place à côté du Poussin et de Lorrain ». (Cousin.)

VI. Réaction littéraire des dernières années de Louis XIV.

On a vu la fin du règne de Louis XIV s'assombrir parmi les revers de la politique, les malheurs domestiques et la querelle interminable des Jansénistes ; ce fut la même décadence dans la littérature, qui n'était plus soutenue que par deux grands noms, Fénelon et Massillon. Combien d'autres manquaient dans le glorieux cortège de Louis XIV, La Fontaine († 1695), madame de Sévigné et La Bruyère († 1696), Racine († 1699) et Boileau († 1711) ! Regnard avec ses comédies, Lesage avec *Turcaret* (1707) et *Gil Blas* (1715) ne suffisaient pas à remplacer Molière ; la sombre terreur des tragédies de Crébillon (*Atrée et Thyeste*, 1707 ; *Rhadamiste et Zénobie*, 1711) laissaient regretter l'héroïsme de Corneille, la grâce et le pathétique de Racine. J.-B. Rousseau n'atteignait pas à l'enthousiasme lyrique des chœurs d'*Esther* et d'*Athalie*, ni Lamotte-Houdar à la naïveté de La Fontaine. Dans les arts, la sculpture était réduite aux deux Coustou, et la peinture aux portraits de Rigaud, de Largillière et de Jouvenet, déjà si voisins du xviiie siècle et des Vanloo. Dans la science même, à ce moment-là, les grands noms sont ceux des pays voisins, Newton, Leibnitz, les Bernouilli.

Cette littérature qui dans l'éclat du xviie siècle avait régné de si haut sur l'Europe, imposant à l'Angleterre sa pureté classique dans les œuvres de Dryden, de Pope et d'Addison, et pénétrant dans la littérature allemande par la réforme du *Malherbe silésien* Opitz, avait cessé au dedans d'être l'humble auxiliaire de la gloire et de la politique du grand roi. Au temps de Colbert, Bos[suet] et Racine semblaient les grands prêtres d'une sorte de re[li]gion monarchique, dont Louis XIV était l'idole ; à la fin d[u] règne Fénelon, Fontenelle, Saint-Simon osaient critiquer et bl[â]mer les actes du souverain, la dévotion outrée de la cour e[t la] persécution sous toutes les formes. Le *Télémaque*, imprimé [en] 1699 d'après une copie soustraite à l'archevêque de Cambr[ai,] était, par la disposition des esprits autant que par l'intention [de] l'auteur, avidement lu comme une satire. Fénelon et Leibn[itz] prédisaient tous deux, à peu de distance, qu'une révolution vi[o]lente naîtrait des excès du pouvoir absolu. Les ouvrages de Lock[e,] si hardis en politique comme en philosophie, étaient déjà tradui[ts] et répandus en France. La Hollande imprimait de violents pam[]phlets contre Louis XIV, les *Soupirs de la France esclave*, et to[us] les écrits de Bayle, ses *Nouvelles de la république des lettres* (168[4-]1687), *Ce que c'est que la France sous le règne de Louis XIV* (168[6),] *Le commentaire philosophique sur le compelle intrare* (1687), A[vis] *aux réfugiés* (1690) contre Jurieu et les calvinistes intoléran[ts,] enfin le *Dictionnaire historique et critique*. A l'époque où parut [le] fameux dictionnaire (1695-1697), l'arsenal où s'armèrent l[es] sceptiques du siècle suivant contre toute certitude religieuse [et] philosophique, Voltaire venait de naître (1694) pour transform[er] bientôt en opposition formidable contre la monarchie absolue [les] premières tentatives de l'esprit nouveau.

CHAPITRE XIII.

LUTTE DE LA SUÈDE ET DE LA RUSSIE. — CHARLES XII ET PIERRE LE GRAND.

SOMMAIRE.

1. — La Suède, placée au premier rang des puissances du nord par cinq traités (Brœmsebro, 1645, — Westphalie, 1648, — Copenhague, Oliva et Cardis, 1660-1661), ne pouvait maintenir que par la guerre sa grandeur factice et sa domination violente sur la Baltique. Après le règne belliqueux de Charles X (1654-1660), elle est sagement administrée par Charles XI (1660-1697), qui donne à la royauté la même force despotique que le Danemark assure à Frédéric III dans la diète de 1660 et à son fils Christian V en 1670. Ces deux états forment alors un étrange contraste avec la Pologne, où l'anarchie croît sans cesse, par l'effet du *liberum veto*, sous le règne et après l'abdication de Jean-Casimir (1648-1668) et malgré le règne glorieux de Jean Sobieski (1674-1696). L'élection d'Auguste II, électeur de Saxe, et les factions de la noblesse livreront la Pologne aux coups de Charles XII.
2. — Au contraire la Russie se relève sous la famille des Romanow. Alexis Michailowitz (1645-1676), contraint de signer avec la Suède en 1661 le traité de Cardis, mais forçant la Pologne de lui rendre les trois provinces cédées par son père (Smolensk, Tchernigow, Kiewie), est par ses institutions le précurseur de Pierre le Grand. — Pierre Ier, triomphant de sa sœur Sophie et des complots des strélitz, maître du pouvoir en 1689, établi sur la mer d'Azov par ses premières entreprises contre les Turcs (1699), affermi dans ses projets de civilisation par son premier voyage en Europe en 1697, et désormais seul chef de l'Eglise, prépare les Russes à la lutte contre la Suède pour s'établir sur la Baltique.
3. — L'avénement d'un jeune roi qui paraît incapable de gouverner provoque contre la Suède une coalition de tous les états voisins. Mais Charles XII désarme les Danois au traité de Travendal (1700), bat les Russes à Narva, et envahit pendant cinq ans la Pologne (victoires de Clissow et de Pultusk, 1702-1703). Après avoir détrôné son roi, l'électeur de Saxe Auguste II, qu'il remplace par Stanislas Leczinski, il poursuit jusqu'en Allemagne les Saxons encore vaincus à Fraustadt (1706), leur impose le traité d'Altranstadt, et devient l'arbitre de l'Europe alors troublée par la guerre de la succession d'Espagne (1707). Il refuse de s'unir à la France et va se perdre contre la Russie.
4. — Pierre Ier, qui pendant ce temps a conquis l'Ingrie et fondé Saint-Pétersbourg (1703), laisse Charles XII s'enfoncer dans l'Ukraine à la suite de Ma-

zeppa. Le roi de Suède, bientôt enveloppé et vaincu à Pultava (1709), après la défaite de son lieutenant Lœwenhaupt à Liesna, cherche un refuge en Turquie. Les Turcs, poussés à la guerre par ses intrigues et par les Tartares de Crimée, se contentent d'humilier la Russie et de lui fermer la mer Noire par le traité du Pruth (1711) que ménage habilement la czarine, mais perdent l'occasion de relever la Suède, attaquée de nouveau et dépouillée par tous ses voisins, Danemark, Prusse, Hanovre, Pologne et Russie. Après cinq ans d'un exil volontaire (1709-1714), Charles XII rentre dans ses états ruinés par son absence, et perd ses provinces extérieures. Les alliés de la Russie s'alarment de ses progrès, la Suède espère se relever par la division de ses ennemis ou par les projets d'Albéroni, et négocie avec le czar, qui lui laisse le temps d'attaquer la Norwége. Charles XII périt au siège de Fredericshall (1718). Une révolution aristocratique rend le pouvoir au sénat suédois, et la Suède, malgré les efforts de la France, est démembrée par les traités de Stockholm et de Nystad (1720-1721). La Prusse lui enlève avec Stettin une partie de la Poméranie; le Hanovre lui prend Breme et Verden; et la Russie, désormais prépondérante au nord, quatre provinces autour du golfe de Finlande.

5. — Au retour d'un second voyage en Europe, Pierre Iᵉʳ a sacrifié son fils Alexis, instrument du parti rétrograde, à ses projets de civilisation (1718). Il multiplie ses réformes : police générale, maisons de charité, encouragements à l'industrie, académies, écoles, etc. Il ouvre un commerce de caravanes avec la Chine, accroît l'importance de ses deux grands ports Saint-Pétersbourg et Arkhangel. Il enlève à la Perse au-delà du Caucase les côtes occidentales de la mer Caspienne (Daghestan, Schirwan, 1723). Mais si la Russie entre avec Pierre le Grand dans le cercle des états européens, il prépare les révolutions de palais qui suivront son règne par une civilisation violente et superficielle, et par l'absence d'une véritable loi de succession. Moscou et Saint-Pétersbourg représenteront longtemps les deux partis qui se disputent la Russie. Ce qu'on a appelé le *Testament* de Pierre le Grand restera jusqu'à nos jours la règle politique de ses successeurs.

I. La Suède, le Danemark et la Pologne depuis le traité de Westphalie jusqu'à l'avénement de Charles XII (1648-1697). — Révolutions despotiques du Danemark et de la Suède. — Anarchie de la Pologne.

Tandis que les nations de l'Ouest et du Midi de l'Europe se battaient pour l'équilibre européen et pour la rivalité des deux maisons de Bourbon et de Habsbourg, les peuples du Nord se disputaient dans une guerre longue et sanglante l'empire de la mer Baltique (1700-1721). Tandis que l'Occident s'unissait contre la prépondérance française, le Nord se coalisait contre la Suède, l'ancienne alliée de la France. Il convient, pour mieux comprendre cette lutte de Charles XII et de Pierre le Grand qu'on nomma la *Guerre du Nord*, de jeter un coup d'œil sur l'histoire des états scandinaves, de la Pologne et de la Russie depuis le traité de Westphalie.

Les traités de Brœmsebro et de Westphalie (1645-1648) avaient placé la Suède au premier rang parmi les puissances septentrionales. Depuis Gustave-Adolphe, les plus fières nations de l'Europe ne prononçaient plus son nom qu'avec respect. Une prospérité factice cachait aux étrangers et même aux rois de Suède l'épuisement réel de ce petit peuple. Les longues guerres de Pologne et d'Allemagne avaient enrichi la noblesse et doublé ses priviléges ; mais le peuple était ruiné ; il avait soutenu de son argent et de son sang les guerres votées par les nobles. Pendant que Christine, au sortir d'une minorité de douze ans (1632-1644), oubliait la Suède dans sa cour de savants (Saumaise, Heinsius, Descartes, Grotius), Oxenstiern, président du conseil oligarchique des cinq ministres, gouvernait le pays au profit des nobles. Les murmures du peuple, qui ne comprenait point les goûts et les plaisirs de la reine, les plaintes des bourgeois et des paysans dans la diète, affermirent Christine dans la résolution qu'elle avait souvent manifestée, d'abdiquer la couronne en faveur de son cousin, Charles-Gustave. Malgré Oxenstiern, elle quitta le trône et la religion de son père (1654) ; elle abjura le protestantisme à Inspruck, et après avoir visité les Pays-Bas et la France, où elle se rendit odieuse par le meurtre de son écuyer Monaldeschi, elle se fixa à Rome, où elle mourut trente-cinq ans plus tard (1689), regrettant le pouvoir, remplaçant la puissance par l'intrigue et laissant le monde plus scandalisé que surpris.

La gloire de réparer par la paix les maux de la Suède ne suffisait point à la vaste ambition de son successeur Charles X (1654-1660). Ce comte palatin de Deux-Ponts, auquel son père avait laissé quelques villages et deux châteaux, prétendait régner sans rival sur la Baltique. Il fit d'abord la guerre au dernier Wasa de Pologne, Jean-Casimir, qui réclamait toujours la couronne de Suède et qu'il défit à Varsovie (1656). Arrêté dans ses premiers succès par la coalition des états voisins, il se vengea sur le Danemark et fit signer à Frédéric III le traité de Rœskilde (1658), qui donnait à la Suède la Scanie, le Halland et la Bleckingie, les provinces norwégiennes de Bohus, de Jœmtland et de Drontheim, l'île de Bornholm, et le libre passage du Sund et du Belt à l'exclusion des autres peuples. Ce conquérant par droit divin, ce *Pyrrhus du Nord*, osait proposer à la Hollande et à l'Angleterre le partage du Danemark, au Brandebourg et à l'Autriche le partage de la Pologne. Il reprit la guerre et remit le siége devant Copenhague pour conquérir tout le Danemark et refaire l'union de Calmar, se réservant de prouver son droit après la victoire. Sa mort prématurée en 1660 faillit compromettre cette grandeur exagérée de la Suède ; elle n'en fut pas moins consacrée, grâce à l'intervention de Mazarin, par les trois traités d'Oliva, de Copenhague et de Cardis avec la Pologne, le Danemark et la Russie, qui laissèrent à la Suède toutes ses conquêtes antérieures et toutes ses possessions sur la Baltique (1660-1661).

Dans cette guerre malheureuse, où le Danemark perdit tant de provinces, Frédéric III avait au moins gagné la confiance et l'amour de ses sujets. Les nobles ne voyaient qu'avec dépit les priviléges accordés par le roi aux vaillants bourgeois de Copenhague qui s'étaient si bien défendus contre le roi de Suède. Dans la diète de 1660, convoquée par Frédéric après une interruption de cent vingt-quatre ans, pour aviser aux besoins les plus urgents du royaume, la bourgeoisie et le clergé, poussés à bout par l'égoïsme et l'insolence de la noblesse, s'entendirent d'abord entre eux, puis avec le roi, pour abaisser l'aristocratie et relever l'autorité royale. Suane, évêque de Seeland, et Namsen, bourgmestre de Copenhague, étaient les chefs de cette révolution. La noblesse, enfermée dans la capitale, fut contrainte par les soldats et les étudiants de se réunir aux députés de la bourgeoisie et du clergé pour offrir au roi l'hérédité de la couronne jusqu'alors élective. Quelques mois plus tard l'*acte de souveraineté* lui déféra la dictature. Enfin la *loi royale*, promulguée à l'avénement de son successeur, Christian V (1670), fut la charte du despotisme et le complément d'une révolution qui s'accomplit sans effusion de sang. Il se trouva qu'elle avait privé de tout droit politique, non pas seulement la noblesse, mais encore la bourgeoisie et le clergé ; la diète fut abolie comme le Sénat, et le pouvoir absolu pesa sur le Danemark et la Norwége. Frédéric III usa d'abord avec sagesse d'une puissance illimitée, et la nation approuva ses premiers actes : création d'une armée régulière, répartition plus équitable des impôts, fiefs royaux retirés à la noblesse pour être affermés aux plus offrants, etc.

La Suède fut, sous la minorité de Charles XI, livrée comme la Pologne à l'aristocratie et vendue comme elle aux étrangers. La faction française entraîna le pays dans une guerre contre le Grand-Électeur de Brandebourg, qui renversa dans la journée de Fehrbellin, en 1675, la vieille renommée des armes suédoises. La Suède, vaincue encore sur mer par les Danois et les Hollandais, eût perdu dès lors tout le fruit des victoires de Gustave-Adolphe en Allemagne, si la politique altière de Louis XIV n'eût forcé le Danemark et le Brandebourg de restituer à son unique alliée toutes leurs conquêtes (Traités de Saint-Germain, de Fontainebleau et de Lund, 1679). Mais la Suède eut bientôt comme le Danemark sa révolution monarchique. Charles XI (1660-1697), si brave à la tête de ses troupes, n'avait pas vu sans émotion les désordres de la guerre et les misères de la Suède. Il jura de ne jamais prendre les armes que pour la défense du pays, et ne songea plus qu'à l'affranchir des nobles, en s'appuyant comme les rois de Danemark sur la bourgeoisie et sur les paysans libres, qui manquaient à la Pologne. Dans la diète de 1680, il accusa les ministres investis du pouvoir pendant sa minorité. Le Sénat fut déclaré conseil du roi, et non du royaume. Un collège de *réunions* rechercha et ressaisit tous les domaines de la couronne donnés, échangés ou vendus sous les règnes précédents. Enfin la diète de 1693 déclara le roi maître absolu du royaume et supérieur aux lois. Comme Frédéric III et Christian V, Charles XI se fit pardonner son despotisme par son habile administration. L'armée nationale et permanente fut organisée ; l'impôt territorial réglé par le cadastre. Le père de Charles XII, aussi guerrier que ses prédécesseurs, mais créant la banque de Stockholm, éteignant la dette nationale, creusant les premiers canaux, dotant l'université de Lund où fut appelé Puffendorf, fondant la ville et le port de Carlskrona, indiquait à son fils et à son peuple une autre gloire que celle des armes.

Parmi ces états du nord, le despotisme que le Danemark et la Suède s'imposaient forme un étrange contraste avec l'anarchie croissante de la Pologne. Après les traités de 1660-1661, la guerre avait continué entre la Pologne et la Russie. Jean-Casimir (1648-1668), vaincu au dehors par les Russes, comme au dedans par les nobles qui s'armaient contre lui du *liberum veto*, cédait à la Russie par le traité d'Andrussow (1667) toutes ses conquêtes depuis Smolensk jusqu'à l'Ukraine. Le Dniéper devenait ainsi la frontière des Cosaques de l'Ukraine, qui se mettaient sous la protection du czar Alexis contre les Polonais et les catholiques romains. Jean-Casimir, le dernier des Wasa polonais, abdiquait l'année suivante (1668) pour aller mourir en France abbé de Saint-Martin de Nevers. Avant de partir, il avait dit dans la diète aux députés de la nation : « Ce beau royaume avec une pareille constitution sera la proie des étrangers. La Russie s'emparera de la Lithuanie et de la Russie rouge, le Brandebourg de la Prusse et de la Grande Pologne, l'Autriche de la Petite Pologne et de Cracovie. Chacune de ces puissances aimera bien mieux acquérir en propre une partie de ces contrées que de les posséder en entier avec leur constitution actuelle. »

Après avoir longuement discuté les titres des quatre prétendants étrangers au trône vacant, le fils du czar, le prince de Condé, le comte palatin de Neubourg et un prince de Lorraine, les nobles, las de leur confusion et de leur vénalité, élurent d'enthousiasme dans la diète la plus tumultueuse qu'on eût jamais vue, un pauvre seigneur polonais descendant des Jagellons, mais fort incapable de régner, Michel Coribut. On tua sur place un député lithuanien qui s'opposait seul à l'élection, et Coribut fut porté de force sur le trône (1669). Sous ce règne anarchique, les Ottomans prirent Kaminiek et la Podolie, et se firent promettre par le roi un tribut que le sénat refusa de payer ; les Cosaques prirent l'Ukraine en deçà du Borysthène. Le grand-maréchal de la couronne, Jean Sobieski, vengea la Pologne à Choczim (1673), le lendemain de la mort de Coribut, et parut digne de lui succéder. Encore vainqueur des Ottomans à Lemberg, il affranchit la Pologne du tribut, mais ne recouvra qu'une partie de l'Ukraine. La désunion des nobles le forçait de laisser encore aux Turcs Kaminiek et la meilleure part de l'Ukraine et de la Podolie. Ce grand roi, accusé d'avarice par ses sujets, entretenait de ses deniers une partie de l'armée pour venger sur les Turcs les affronts de la Pologne. Appelé au secours de l'Autriche en 1683, et ne comptant guère sur les nobles et les Pospolites, il leva des troupes sur l'épargne de l'état et sur les siennes pour courir à la délivrance de Vienne. Il fut contraint, pour continuer la guerre contre les Turcs, d'acheter la protection des Russes par le *traité de Moscou* qui leur abandonnait Smolensk, Tchernigow et Nowgorod en

Sévérie, Kiew et toute la Petite Russie (1686). Après un règne glorieux de vingt-cinq ans, les nobles plus turbulents que jamais lui refusèrent l'élection de son fils, et le peuple le regretta à peine. Les nobles lui donnèrent pour successeur (1696) Auguste II, électeur de Saxe, chef des luthériens allemands, qui se fit catholique et versa dans leurs mains plus d'argent que le prince de Conti. Une armée saxonne marcha contre les Turcs, et la Pologne recouvra à la paix générale de Carlowitz (1699) la Podolie avec une partie de l'Ukraine. Malgré ce beau début les discordes continuèrent. Charles XII aura facilement raison de ce roi électif et de cette noblesse factieuse.

II. La Russie sous les Romanow. — Pierre le Grand (1689). — Son voyage en Europe (1697). — Extermination des strélitz (1698). — Ses premières conquêtes sur la mer Noire et ses premières réformes.

Au contraire la Russie se relevait sous la terrible unité du despotisme héréditaire. La famille des Romanow annonçait dès sa seconde génération sa force et sa grandeur. Alexis Michailowitz, plus ferme et plus belliqueux que son père, régna trente et un ans (1645-1676) pour le bonheur de la Russie. On reconnaît le père et le précurseur de Pierre le Grand dans ce czar de quinze ans qui prit le pouvoir au milieu d'une émeute provoquée par la tyrannie de ses ministres, et qui dompta par sa fermeté la populace brutale de Moscou.

On se rappelle que Michel Romanow n'avait songé d'abord qu'à désarmer la Suède et la Pologne, en leur abandonnant les provinces contestées, pour réparer dans la paix les forces épuisées de la Russie et fonder au dedans la dynastie nouvelle. Sous Alexis, la Russie réclamait déjà ses provinces. Trop faible encore pour se venger de la Suède et forcée de confirmer par la paix de Cardis (1661) le traité de Stolbova, elle contraignit la Pologne à lui restituer par le traité d'Andrussow (1667) Smolensk, la Sévérie et Tchernigow, l'Ukraine à l'est du Dniéper, et Kiew. Les Cosaques se placèrent sous la protection des Russes, et les Turcs apprirent dès lors à respecter des voisins qui devaient leur être un jour si terribles.

Mêmes progrès à l'intérieur. Les académies de Kiew et de Moscou étaient fondées. Les étrangers et surtout les Allemands attirés dans le pays, s'établissaient dans les grandes villes comme fabricants et négociants. A côté des 40,000 strélitz se formait déjà une armée régulière, dressée en grande partie par des officiers allemands. Il suffisait d'une administration habile et prévoyante pour susciter toutes les forces de la Russie. La noblesse, si fatale à la Pologne, était dans la dépendance du czar. Un ukase d'Alexis plaçait dans le domaine de la couronne toutes les villes et tous les bourgs. On pouvait donc croire qu'un jour la Russie aurait sa bourgeoisie libre, comme les états germaniques. Mais la masse des paysans languissait toujours dans la servitude. Ivan IV, si terrible aux nobles, avait bien accordé quelques garanties aux serfs contre le droit de vente et de détraction, mais la dynastie des Romanow, qui devait le trône au suffrage des nobles, rétablit le servage dans toute sa rigueur.

D'importantes réformes et de grandes améliorations signalèrent du moins le règne d'Alexis. Il établit une poste aux lettres, des manufactures dont les produits habillaient la czarine; il encouragea l'agriculture, la brasserie, la verrerie, l'exploitation des mines et l'exploration de la mer Glaciale; il fit traduire les livres étrangers dans la langue du pays, employa les prisonniers de guerre à l'agriculture, et appela de Hollande des constructeurs de vaisseaux. Son fils Féodor (1676) marcha sur ses traces; il imposa l'obéissance aux nobles qui refusaient de se soumettre aux officiers de noblesse inférieure, en faisant jeter au feu les registres qui constataient ces insolentes prérogatives. Avant de mourir (1682), il désigna pour lui succéder son second frère Pierre, fils de Natalie Narischkin, au préjudice de l'imbécile Ivan. Le patriarche et les boyards de Moscou acceptèrent la décision du czar mourant et proclamèrent Pierre Ier, sous la régence de sa mère Natalie. Mais la sœur aînée des deux princes, l'ambitieuse Sophie, souleva les strélitz, réclama pour Ivan, et s'arrogea le pouvoir au nom de ses deux frères. Le pouvoir dépendait donc de la milice insolente des strélitz ou de l'aristocratie des boyards. Cette noblesse sans assemblées périodiques et sans contrôle régulier sur le pouvoir qu'elle donnait était moins un sénat qu'une faction. Le génie hardi du prince

Galitzin, supérieur à tous ses compatriotes par ses lumières et par son caractère, fortifia cette régence d'une femme. Il crut gagner la noblesse en proclamant l'hérédité des fiefs, et contenir les strélitz en dispersant les plus mutins sur les frontières. Le même ministre qui, sous le règne précédent, avait conseillé de brûler les titres des boyards, leur accordait maintenant la même indépendance qu'en Pologne. Mais les boyards se défiaient de ses grands projets et craignaient qu'il ne portât des lois en faveur des serfs. Les mécontents se retournèrent d'un autre côté.

Le jeune Pierre, loin de se livrer, comme sa sœur y comptait peut-être, à la fougue de ses passions, se préparait dans la retraite à ressaisir le pouvoir. Il écoutait les conseils de l'aventurier genevois Lefort, qui lui vantait la civilisation de l'Occident. Il s'entoura de jeunes gens dressés comme lui à la discipline européenne et qui furent les officiers des deux premiers régiments de sa garde. Dans le même temps que le gouvernement de Sophie s'honorait par la conquête définitive des provinces de Smolensk et de l'Ukraine sur la Pologne, il était compromis par deux campagnes malheureuses de Galitzin contre les Turcs et les Tartares. Pierre, ayant pris part à la guerre, osa blâmer celui qui la dirigeait. Menacé par la vengeance du favori et des strélitz, il eut le temps de se réfugier dans un couvent, de rallier ses partisans et d'abattre ses ennemis. Il enferma sa sœur dans un cloître, et proscrivit Galitzin, dépouillé de tous ses biens.

Pierre était dès lors maître absolu du pouvoir (1689), quoique jusqu'à la mort d'Ivan (1696), il inscrivit son nom dans les actes publics à côté du sien. Il était libre d'accomplir tous les projets qu'il avait conçus pour agrandir et civiliser la Russie. Il fallait lui donner d'abord une armée régulière et une marine. Une troupe de cinquante domestiques, dressés par quelques fils de boyards dans une maison de campagne, fut l'origine de l'armée russe ; douze mille hommes levés par Lefort et la garde étrangère commandée par l'écossais Gordon composèrent d'abord cette armée. La marine commença par deux frégates et trois yachts, que des Hollandais construisirent sur le modèle d'une chaloupe anglaise. Pierre se fit marin ; il navigua sur la mer Blanche et prit possession de la mer Glaciale sur un vaisseau bâti par ses ordres dans le port d'Arkhangel, le seul abri que pût alors offrir la Russie aux navires de l'Europe. Il fit construire une flottille à Woronesch sur le Don, nomma Lefort amiral, et commença la guerre contre les Turcs, alors attaqués par la Pologne, l'Autriche et Venise. Avec ses nouvelles troupes, et les ingénieurs et les artilleurs venus d'Allemagne, il lui fallut deux campagnes pour s'emparer d'Azov; mais Lefort et le vénitien de Lima, avec la flottille de Woronesch, battirent la marine ottomane, et les Russes gagnèrent sur terre deux victoires signalées. Les Turcs cédèrent à Pierre par le traité de Carlowitz (1699) les deux ports d'Azov et de Taganrog. Le premier fut creusé pour contenir cinquante gros vaisseaux. La Russie arrivait jusqu'à la mer Noire ; c'était là un des plus grands événements du siècle.

Pierre avait pris part à l'expédition comme simple volontaire, et fondé pour ses officiers l'ordre militaire de Saint-André. Il revint triompher à Moscou. Il envoya soixante jeunes gens à Venise et à Lisbonne, d'autres en Allemagne, afin d'étudier la marine, la construction des vaisseaux et le service de terre. Il était parti lui-même, en 1697, à la suite d'une ambassade qui devait visiter plusieurs cours de l'Occident. On sait qu'il travailla en Hollande dans le chantier de Saardam parmi les charpentiers, sous le nom de *maître Pierre*, et qu'au bout de quelques mois, un vaisseau de cent canons, auquel il avait travaillé, partit pour Arkhangel. Il apprenait dans le même temps l'anatomie, la chirurgie, la physique. En Angleterre et partout, il enrôlait pour son pays des savants, des officiers, des mineurs, des artisans. A Vienne, il apprenait la discipline allemande et se ménageait l'alliance de Léopold contre les Turcs. Au moment de partir pour l'Italie, d'où il tirait des artistes, il apprit que sa sœur Sophie avait de nouveau soulevé les strélitz. Il accourut, fit pendre autour de son couvent, rouer ou décapiter par milliers ces nouveaux janissaires, moins terribles à l'ennemi qu'à leur maître (1698), et lui-même, armé d'une hache, aidait les bourreaux. C'était, selon le mot de Frédéric II, de *l'eau-forte qui rongeait du fer*. Plus tard en 1605, après une dernière révolte des strélitz dispersés dans les provinces, il supprima l'ordre entier. Il traitait comme les strélitz les Cosaques rebelles du Don ; il tua de sa main quatre-vingt-quatre de leurs chefs envoyés à Moscou.

La révolte des strélitz favorisait ses plans. Il remplaça la vieille milice par une armée permanente, composa la cavalerie de la jeune noblesse, et l'infanterie des recrues que les prêtres et les boyards étaient tenus de lui fournir. Des officiers étrangers dressaient cette armée à la tactique européenne et perfectionnaient son artillerie. Il avait déjà près de soixante bâtiments de guerre. Les fils des boyards étaient contraints de servir d'abord à l'exemple du czar comme soldats ou matelots. Il appliquait la hiérarchie militaire à toute l'administration, attribuait la noblesse personnelle aux simples officiers, réservant la noblesse héréditaire aux officiers supérieurs. Abordant dès lors les réformes les plus hardies, le czar abaissait le clergé par l'abolition du patriarcat, qu'il remplaça plus tard, en 1721, par le Très-Saint Synode, composé de quinze évêques ou archimandrites à son choix, et chargé de toutes les affaires ecclésiastiques. Désormais seul chef de l'église russe, il allait rallier sous son patronage toutes les populations slaves du schisme grec. La juridiction ecclésiastique perdait le droit de condamner à mort et aux peines afflictives. Les vœux monastiques n'étaient plus permis avant l'âge de cinquante ans. Il forçait le clergé, jusque-là célèbre par son ignorance et son ivrognerie, d'aller s'instruire dans les séminaires et les collèges fondés à Moscou. Les prêtres étaient soumis aux mêmes impôts que les laïques. La noblesse, privée de son pouvoir absolu sur les provinces, n'avait plus rien à voir dans la perception de l'impôt territorial, ni dans la chambre des comptes qui surveillait toutes les opérations financières. Le czar transporta le commencement de l'année du 1er septembre au 1er janvier, sans adopter toutefois le calendrier grégorien. Une de ses ordonnances les plus célèbres et les plus odieuses proscrivait les longues barbes et la robe flottante des Asiatiques ; ceux qui gardaient leur barbe et le cafetan étaient frappés d'une forte amende.

Voilà par quels travaux Pierre préparait les Russes à combattre les Suédois après les Turcs, et à s'ouvrir la mer Baltique après la mer Noire.

III. Avénement de Charles XII (1697) et coalition contre la Suède (1700).—Traité de Travendal avec le Danemark (1700). — Défaite des Russes à Narva. Invasion et occupation de la Pologne (1701-1706) Stanislas Leczinski. — Charles XII à Altranstadt.

Lorsque Charles XII monta sur le trône (1697), la Suède pauvre et comptant à peine trois millions d'hommes n'avait pas même assez de soldats pour garder ses conquêtes de la Baltique et son rang parmi les puissances européennes. Des garnisons suédoises occupaient Brême, Wismar, Stralsund, Stettin, Riga et Reval; des douaniers suédois campaient aux embouchures du Weser, de l'Oder, de la Dwina et de la Neva ; l'Ingrie, la Livonie et l'Esthonie étaient ses greniers d'abondance; mais il fallait trop de victoires pour disputer tant de conquêtes à plusieurs nations liguées naturellement contre la Suède, et qui n'attendaient que le moment de recouvrer leurs côtes et leurs fleuves. En voyant la couronne sur la tête d'un roi de dix-sept ans, le Danemark, la Pologne et la Russie crurent que l'heure était venue d'abaisser la Suède, tant ce jeune homme paraissait incapable de gouverner un peuple et de conduire une armée. Un patriote livonien, Patkul, unit contre la Suède l'électeur de Saxe, Frédéric-Auguste, prince fameux par son luxe et par sa galanterie, qui s'était fait catholique pour devenir roi de Pologne, et qui convoitait la Livonie pour se populariser et pour se donner un prétexte d'introduire les troupes saxonnes dans son royaume, Frédéric IV, roi de Danemark, successeur de Christian V, qui regrettait la Scanie, et le czar Pierre Ier qui voulait s'établir sur la Baltique en recouvrant l'Ingrie et la Carélie.

Charles XII, menacé par la Pologne en Livonie, attaqué par les Danois et les Saxons dans le Holstein, par le czar dans l'Ingrie, se trouvait donc dans la même situation que Gustave-Adolphe à qui son père avait légué trois guerres. Mais les puissances du Nord avaient mal jugé le jeune roi. Frédéric IV était entré dans le Holstein, qui appartenait au beau-frère du roi de Suède. Renforcé par les flottes de la Hollande et de l'Angleterre, Charles XII va camper à deux lieues de Copenhague, impose au roi de Danemark la paix de Travendal, qui reconnaît les droits et l'indépendance du duc de Holstein (août 1700), et termine ainsi en moins de six semaines la guerre avec le plus voisin de ses ennemis.

L'Europe s'étonne de la bravoure et de la modération du vainqueur ; les peuples admirent la discipline sévère de son armée. Charles XII, sans rentrer à Stockholm, débarque en Esthonie et se jette sur les Russes, qui assiégent Narva. Avec 8000 Suédois, il triomphe d'environ cent mille Russes (nov. 1700), se contente d'avoir délivré la province et renvoie ses prisonniers sans rançon. Au lieu d'accabler le czar étourdi de sa brusque défaite, Charles XII se retourne contre son troisième ennemi, chasse les Saxons de la Livonie, envahit la Courlande et menace la Pologne. Les parties belligérantes appartenant à l'empire, le roi de Pologne par la Saxe, le roi de Suède par la Poméranie, cette guerre du nord va menacer l'Allemagne pendant vingt ans.

Après les victoires de Clissow et de Pultusk (1702-1703) qui rendent Charles XII maître du pays depuis Cracovie jusqu'à Dantzig, la république désavoue les entreprises d'Auguste II en Livonie, et remplace son roi allemand par un polonais, Stanislas Leczinski, woïwode de Posnanie (1704). Le vainqueur avait songé d'abord à mettre sur le trône un des fils de Sobieski, qu'Auguste avait fait enlever et conduire à Leipzig. Mais il fallait continuer la guerre pour maintenir Stanislas contre les Saxons et les Russes. Pendant que Charles XII prend d'assaut Lemberg pour empêcher leur jonction, Auguste, secouru par les Russes et tirant des renforts de la Saxe, est déjà rentré dans Varsovie. Le retour des Suédois chasse les Saxons et les Russes. Schulembourg, qui commande les Saxons, vaincu en 1706 à Fraustadt par Renskild, le *Parménion* de Charles XII, illustre ses revers par une savante retraite. Le roi de Suède, revenu de la poursuite des Russes dans la Lithuanie et la Volhynie, rejoint Renskild en Pologne, traverse la Silésie sans demander le passage à l'empereur, franchit l'Elbe après l'Oder, et pénètre par la Lusace au cœur de la Saxe avec 20,000 fantassins et 15,000 chevaux. Auguste II, forcé dans son dernier asile, signe le traité d'Altranstadt. Il renonce à la royauté de Pologne pour lui et les siens, reconnaît Stanislas Leczinski, rompt avec la Russie, rend la liberté aux fils de Sobieski, et livre à Charles XII l'agent du czar à la cour de Dresde, le malheureux Patkul, qui périt sur la roue (1706).

Le roi de Suède n'avait plus que le czar à combattre. La France essaya de réconcilier Charles XII avec la Russie, comme jadis Gustave-Adolphe avec la Pologne, pour le tourner contre l'Autriche. C'était l'époque où la France, soutenant contre [la] coalition européenne la guerre de la succession d'Espagne, a[vait] à se défendre contre Eugène et Marlborough. On a vu comm[e] Marlborough, envoyé au roi de Suède, le détourna de l'allia[nce] française. Les ministres de Charles XII (Piper, Giederhol[m]) touchèrent l'argent des Anglais, et le roi se laissa convaincre p[ar] Marlborough des justes griefs de l'Europe contre la France. [Il] blâma hautement dans Louis XIV l'ambition qui le perdit lu[i] même. Il fut heureux pour l'Allemagne que le soldat grossier d[e] la Suède, qui méprisait les femmes, le vin et la langue fran̄çaise, ne pût guère aimer ni comprendre le despotisme élégant [de] Louis XIV, ni approuver la révocation de l'Édit de Nant[es]. Mais ce prince, élevé dans le luthéranisme le plus rigide, se [se] servait, comme garant du traité de Westphalie, la défense d[es] protestants de l'Empire contre Joseph I[er] et réclamait pour l[es] luthériens, en quatre principautés de la Silésie, tous les droi[ts] d'une église dominante. Il dirigeait déjà quatre régiments [en] la Silésie. Marlborough réconcilia Charles XII et Joseph I[er]. O[n] rendit aux protestants de Silésie cent dix-huit églises avec la f[a]culté d'en bâtir six nouvelles. Vainement le pape se plaign[it] de la faiblesse de l'empereur. « S'il m'avait demandé que [je] me fisse protestant, disait Joseph I[er] au nonce, je ne sais ce qu[e] j'aurais fait. » Ainsi Charles XII, au milieu de la boue de s[on] camp, dicta pendant un an des lois à l'Europe. Il en sor[t] pour aller se perdre en aventurier chez les Cosaques. Il se f[ai]sait fort de chasser du monde la *canaille* moscovite. On va v[oir] si Pierre I[er] méritait le mépris de Charles XII, et si lui-mêm[e] n'avait pas raison d'affirmer qu'il ne serait pas le Darius d[e] ce faux Alexandre. Il en coûta cher à Charles XII pour avo[ir] confondu dans ses dédains la Pologne et la Russie, deux pa[ys] si différents par leur génie, leur constitution et leur avenir.

v. Conquêtes des Russes sur la Baltique et fondation de Saint-Pétersbourg (1703).—Invasion de la Russie par Charles XII; sa défaite à Pultava (1709) et sa fuite en Turquie. — Traité du Pruth (1711). — Nouvelle coalition contre la Suède. — Retour de Charles XII à Stralsund (1714).—Sa mort (1718).—Traités de Stockholm (1720) et de Nystadt (1721).

Pendant la guerre de Pologne, habilement nourrie par ses armes et par ses subsides, Pierre n'a pas interrompu ses travaux, ses réformes. Il crée des fabriques de draps et d'armes, des manufactures de linge et de papier, et des fonderies ; il exploite les mines de la Sibérie, commence les canaux qui joindront la mer Baltique, la mer Caspienne et le Pont-Euxin, établit des écoles de géométrie, d'astronomie et de navigation, lance des flottilles sur les lacs Péipous et Ladoga, et dans le même temps il aide son général Sheremetoff à conquérir l'Ingrie sur la faible armée de Lœwenhaupt, le lieutenant de Charles XII, et fonde sur la Neva, avec les forts de Schlusselbourg et de Cronstadt, Saint-Pétersbourg, l'*Alexandrie du Nord*, la nouvelle capitale qui rapproche la Russie de l'Europe. Voilà Pierre Ier établi sur la Baltique, au moment où le vainqueur de Narva, délivré du Danemark et de la Pologne, et délaissant l'Occident, se retourne contre l'empire russe.

Quand Charles XII envahit la Moscovie, Pierre fait du pays un désert pour l'affamer. Le roi de Suède, deux fois vainqueur des Russes (Holowezyn, Malatice, 1708), a franchi le Niémen, la Bérésina et le Borysthène ; mais au lieu de marcher droit sur Moscou, il s'engage dans les marais de Pinsk pour gagner l'Ukraine, où il compte sur les Cosaques de Mazeppa, qui veut s'affranchir de la Russie ; il n'y trouve qu'un allié impuissant, ruiné déjà par les retards de l'armée suédoise, et mal soutenu par ses propres sujets dans ses projets d'indépendance. Privé des secours qu'il attend de la Suède par la défaite de Lœwenhaupt à Lesna, et sourd aux avis de ses plus sages conseillers, il mène son armée décimée par la disette et par le terrible hiver de 1709, sans artillerie et sans bagages, au siége de Pultava. Le czar, avec 70,000 hommes, bat complétement les 30,000 soldats du roi de Suède, et gagne sur le champ de bataille, aux acclamations de

son armée, le titre de général et de chef d'escadre. Naguère, [pour]
donner à sa noblesse un grand exemple de discipline et d'ob[éis-]
sance, il servait comme simple capitaine de bombardiers sou[s le]
général Shéremetoff, conquérant de l'Ingrie ; il avait passé
tous les grades et par toutes les défaites pour aboutir à Pul[tava.]
Cette journée consolide les créations de Pierre le Grand et r[uine]
la grandeur factice de la Suède. Lœwenhaupt est forcé de m[ettre]
bas les armes avec les 16,000 hommes qu'il a ralliés, et don[t aucun]
un ne reverra son pays. Charles XII, ce vainqueur de trois [rois,]
ce conquérant naguère si redouté, malade et blessé, rédu[it à]
quelques cavaliers et menacé à chaque instant de tomb[er au]
pouvoir de ses ennemis, passe le Bug et se réfugie à Bender
le territoire des Turcs. Il espère bientôt rentrer en Russie à [leur]
tête, car son orgueil ne supporte pas l'idée de retourner en S[uède]
sans armée.

Pendant que l'hôte royal du sultan Achmet III s'établit [dans]
son camp de Bender, les trois rois apprenant sa défaite
refait leur coalition contre la Suède. Déjà l'électeur de Sax[e est]
rentré dans son royaume de Pologne, et les Danois envahi[ssent]
la Scanie. Le roi de Prusse, le duc de Mecklembourg, l'éle[cteur]
de Hanovre et l'évêque de Munster vont grossir la ligue [pour]
avoir leur part des dépouilles. Vainement les puissances m[ari-]
times et l'empereur forment le concert de La Haye (1710) [pour]
maintenir la neutralité des possessions allemandes de la Suè[de et]
l'équilibre du nord de l'Europe. Charles XII, plus fier q[ue le]
sénat suédois, rejette le traité de La Haye qui pouvait seul [con-]
server à la Suède les conquêtes de Gustave-Adolphe, et dan[s sa]
colère brutale, il menace d'envoyer au Sénat *une de ses b[ottes]*
pour le gouverner. Il espère vaincre la Russie par les Turcs.

Les intrigues du roi de Suède et de son habile agent Ponia[tow-]
ski, aidées par la diplomatie française, et d'autre part les avi[s du]
khan de Crimée qui craint le voisinage des Russes établis su[r la]
mer Noire, ont poussé le divan à la guerre. Le czar, accouru [à la]
défense de ses frontières méridionales, et trompé par l'hospi[dar]
de Moldavie, comme Charles XII par Mazeppa, est enveloppé [sur]
les bords du Pruth par des forces supérieures et se croit p[erdu]
sans ressources. Il est sauvé par la czarine, la livonienne Ca[the-]
rine, ancienne servante de son favori Menzikoff. Au momen[t où]

livrer une bataille désastreuse, elle lui conseille de négocier. Le grand-vizir Baltagi-Méhémet, gagné par de riches présents, ne songe en traitant qu'aux intérêts de son maître et perd l'occasion de rétablir le roi de Suède. Le czar restitue par le traité de Falksen ou du Pruth (1711) ses possessions sur la mer Noire, Azov, Taganrog, etc. Charles XII, furieux de voir échapper son ennemi qu'il croyait tombé plus bas que lui-même, reçoit l'ordre de quitter la Turquie, aux termes de l'alliance récemment conclue entre les Turcs et les Russes sous la médiation intéressée des puissances maritimes. Il apprend que les Danois ont pris Brême et Verden, et que son général Steinbock, d'abord vainqueur à Gadebusch, a capitulé dans Tonningen. De son côté, le czar envahit les provinces orientales, Livonie, Esthonie et Carélie. Après avoir désarmé les Turcs en restituant ses conquêtes de la mer Noire, il vient s'indemniser sur la Baltique, et la victoire navale d'Aland lui livre la Finlande (1714). Tant de revers n'ont pas encore abattu Charles XII. Soit qu'il compte toujours sur les révolutions du divan, soit qu'il ait la folle ambition de se venger des Turcs, il résiste aux ordres du sultan, qui paie généreusement toutes ses dettes. Avec une poignée d'hommes, il livre bataille à Bender; vaincu et traîné à Démotica, il n'est plus l'hôte des Turcs, mais leur prisonnier interné, et s'obstine à rester encore dix mois en Turquie. Les Turcs admirent son courage et l'Europe le croit fou. Une dernière nouvelle triomphe enfin de cette furieuse opiniâtreté. Apprenant que le Sénat vient d'offrir la couronne à sa sœur, il traverse en quatorze jours sous un déguisement la Hongrie et l'Allemagne, et se jette dans Stralsund. La hauteur de ses réclamations range aussitôt parmi ses ennemis le roi de Prusse, dont les troupes occupaient la Poméranie pour en éloigner les Russes, et l'électeur de Hanovre auquel les Danois avaient vendu Brême et Verden. Chassé de Stralsund par tous ceux qui l'assiégeaient, Saxons, Danois, Russes et Prussiens, il repasse en Suède, recrute des enfants de quinze ans pour son armée, remplace ses flottes par des corsaires et frappe une monnaie qui n'a pas le seizième de sa valeur nominale. Son plus ferme espoir est dans la division de ses ennemis.

Une armée de 40,000 Russes débarque dans l'île de Seeland, sous le prétexte d'aider les Danois dans une attaque contre la

Suède. Mais on croit que la Suède n'est pas seule menacée par les Russes, et que Pierre Ier convoite la belle position de Copenhague et le passage du Sund qui le rendraient maître de la Baltique. La bourgeoisie de Copenhague prend les armes pour soutenir l'armée danoise, et la flotte va se joindre à celle des Anglais pour accabler la flotte russe. Pierre Ier n'ose pas attendre cette double attaque. On sait d'autre part que le czar, occupant le Mecklembourg dont le duc a épousé sa nièce, lui offre la Livonie et la Courlande en échange de son pays. On se demande si les Russes vont remplacer les Suédois au nord de l'Allemagne.

Le baron de Gœrtz, un allemand devenu le favori et le premier ministre de Charles XII, fonde sur ces divisions l'espoir de relever la Suède. Son plan gigantesque devait plaire à son maître. Avec le secours de Pierre le Grand et du cardinal Albéroni, Charles XII eût écrasé tous ses ennemis, renversé George Ier en Angleterre et le Régent en France, au profit du Prétendant et de Philippe V. Après la disgrâce d'Albéroni, Gœrtz continue ses conférences secrètes avec les plénipotentiaires de Russie dans l'île d'Aland. Charles XII cédait au czar les provinces orientales pour recouvrer avec son aide les provinces allemandes. Pendant que Pierre visitait pour la seconde fois l'Europe, Charles XII commençait l'exécution de ses plans par la conquête de la Norwége, quand une balle, peut-être lancée par une main suédoise, l'atteignit devant Frédéricshall, et mit fin à cette tyrannie brutale d'un soldat qui ruina si vite la monarchie de Gustave-Adolphe (déc. 1718).

La noblesse suédoise, fatiguée du despotisme militaire, profita d'une querelle de succession ouverte à la mort de Charles XII pour recouvrer les droits qu'elle avait perdus sous le règne de son père. Les États reprirent leur droit d'élection. Ulrique-Éléonore, sœur cadette de Charles XII, et son mari Frédéric de Hesse-Cassel, reçurent la couronne au préjudice de Frédéric de Holstein-Gottorp, neveu du feu roi par sa sœur aînée, mais à la condition de renoncer au pouvoir absolu, de rétablir l'ancienne constitution, et d'accorder de nouveaux priviléges au Sénat. Comme représentant des États où résidait la souveraineté, le Sénat s'arrogea la meilleure part du pouvoir exécutif et la nomination aux principales charges de l'armée, de la justice et de administration. Le roi n'eut que deux voix dans le Sénat. La première victime de cette oligarchie oppressive qu'on soupçonna d'avoir tué Charles XII fut le baron de Gœrtz, qui périt sur l'échafaud. Pour jouir en paix de son triomphe, le Sénat traita sans scrupule avec les puissances voisines. La Suède abdiquait son rang de puissance européenne et cédait la place à la Russie.

Par les traités de Stockholm (1720), George Ier, électeur de Hanovre et roi d'Angleterre, eut pour un million d'écus Brême et Verden ; Frédéric-Guillaume Ier, roi de Prusse, eut pour deux millions Stettin et la Poméranie citérieure jusqu'à la Peene, avec les îles d'Usedom et de Wollin. Le Danemark garda la province de Schleswig, enlevée au duc de Holstein-Gottorp, et moyennant 600,000 écus rendit ses autres conquêtes à la Suède (Wismar, Stralsund, Rügen), qui renonça de son côté au libre passage du Sund. Auguste II fut reconnu roi de Pologne. La guerre dura plus longtemps avec la Russie; mais la Suède, envahie par le czar et trahie par l'Angleterre qui ne fit que montrer sa flotte, dut lui céder par le traité de Nystadt (septembre 1721) l'Ingrie, l'Esthonie, la Livonie, une partie de la Carélie et de la Finlande, avec les îles des côtes orientales. La Russie célébra magnifiquement le triomphe de Pierre le Grand, l'*Empereur*, le *Père de la Patrie*, qui se vantait dans la relation de sa dernière campagne d'avoir détruit en Suède huit villes, 140 châteaux et plus de 1300 villages.

La Suède ne jouera plus désormais qu'un rôle secondaire en Europe. Partagée entre la faction française des *chapeaux* et la faction russe des *bonnets*, inutile alliée de la France, impuissante ennemie de la Russie, Gustave III tentera vainement de lui rendre son ancienne importance en menaçant Catherine II et la Révolution française.

V. **Fin du règne de Pierre le Grand. — Son voyage à Paris (1717). — Condamnation et mort de son fils Alexis (1718). — Dernières réformes et fondations de Pierre le Grand. — Son gouvernement autocratique. — Sa mort (1725).**

Avant la mort de Charles XII, le czar avait pour la seconde fois visité l'Europe avec sa femme Catherine. Après un séjour de trois mois en Hollande, il vint descendre à Paris chez le maréchal

de Villeroi, et quoiqu'il eût refusé de loger au Louvre, il [ne]
fut pas moins traité comme l'hôte du roi de France et de la [na]
tion. Les arts étalèrent devant lui leurs plus brillantes merve[illes]
et leurs plus ingénieux procédés. On lui offrit au nom du [roi]
tout ce qu'il admirait dans les fabriques et les manufact[ures]
royales, dans les ateliers des peintres et des sculpteurs. Une [mé]
daille, qu'on frappait devant lui à la monnaie, portait son ef[figie]
avec cette légende : *vires acquirit eundo*. Il étudia surtou[t la]
police de Paris. Il assura sa correspondance avec l'Académi[e des]
sciences, et corrigea devant elle une carte de la mer Caspie[nne].
On sait ses transports et son admiration devant la statu[e de]
Richelieu, et sa brutale visite à madame de Maintenon. Il [avait]
proposé de s'unir à la France contre l'Autriche et l'Anglete[rre.]
Dubois, vendu à George Ier, eut l'air de ne pas comprendr[e ce]
que valait ce nouvel allié, et n'accepta qu'un traité de comm[erce]
qui fut signé à La Haye (1717).

La seconde absence de Pierre Ier avait favorisé, comme la [pre]
mière, une réaction du parti moscovite contre les réformes. [Les]
boyards et les prêtres mécontents élevaient dans la haine des [in]
novations le fils du czar et de sa première femme qu'il avait [ré]
pudiée, Eudoxie Lapouchin. Alexis Petrowitz laissait dire q[u'un]
jour il saurait bien rendre la paix à la Russie et rétablir à Mo[scou]
la résidence des czars. Il n'entendait pas se résigner comm[e sa]
mère à voir du fond d'un cloître régner les enfants du second [lit.]
Pierre Ier essaya trop tard de gagner son fils à ses projets de [ci]
vilisation par les voyages, par la pratique des affaires et par [le]
mariage avec une princesse allemande. Ce représentant de l[ʼan]
cienne barbarie en avait déjà contracté tous les vices. Sa fe[mme]
mourut de chagrin. Sommé de choisir entre le trône ou le clo[ître,]
Alexis avait répondu qu'il se ferait moine. Pendant le sec[ond]
voyage de son père, sommé de le rejoindre ou d'entrer au c[ou]
vent, il s'enfuit, d'abord à Vienne, puis à Naples. Ramené à M[os]
cou par deux officiers et conduit devant les boyards qui deva[ient]
le juger, il avoua ses fautes, se reconnut pour la seconde fois [in]
digne de la couronne et ne demanda que la vie. Par un acte [so]
lennel, Pierre le déclara privé de la succession au trône de Rus[sie]
et désigna pour son héritier le fils de Catherine, qui mourut l'[an]
née suivante (1719). Le malheureux Alexis signa sa propre

échéance. La procédure commencée contre les complices que lui-même avait dénoncés fit croire à Pierre le Grand que son fils n'avait pas mérité son pardon par un aveu complet de toutes ses fautes. Ses juges le condamnèrent à mort à l'unanimité. Selon les uns, il mourut de frayeur en apprenant l'arrêt, et selon d'autres, il fut empoisonné dans sa prison. L'anglais Henri Bruce, alors présent à la cour de Russie, ne doute pas de l'empoisonnement. Parmi ses complices, le général Grebow fut empalé, l'archevêque de Rostow rompu vif, et l'impératrice flagellée. Le czar traitait les fonctionnaires prévaricateurs avec la même cruauté. Il faisait fusiller le gouverneur d'Arkhangel et frapper du knout celui de Saint-Pétersbourg. Certaine chambre de justice qui devait rétablir l'ordre dans les finances fit trembler Menzikoff lui-même.

Comme pour attester qu'il sacrifiait son sang à l'unique intérêt de la Russie, Pierre Ier signala par un grand nombre de réformes et d'établissements l'année même où mourut son fils Alexis (1718) : police générale instituée à Saint-Pétersbourg sur le modèle de la France, mais renforcée par une horrible institution, la chancellerie secrète d'Ivan III ; maisons pour les orphelins, abolition de la mendicité, uniformité des poids et mesures, tribunaux de commerce mi-partis de nationaux et d'étrangers, fabriques en tout genre, manufactures de glaces, tapisseries de haute lice imitées des Gobelins, fabriques de draps et de toile qui suffisaient déjà pour l'habillement de l'armée russe ; conseil des mines, construction du canal et des écluses de Ladoga, du grand canal de Cronstadt et de celui qui joint la mer Caspienne au golfe de Finlande ; description exacte de son vaste empire dans les cartes levées par les ingénieurs de son Académie de marine établie en 1715 à Saint-Pétersbourg ; extension du commerce extérieur jusqu'à la Chine par les caravanes de Sibérie. Behring explorait déjà les côtes de la Sibérie orientale. Deux cents vaisseaux entraient par an dans le port de Saint-Pétersbourg, dès lors plus fréquenté que celui d'Arkhangel, et mille à douze cents vaisseaux dans tous les ports de l'empire.

Le czar perfectionnait le code rédigé par son père (Oulogénie). A la place de la haute cour des boyards, il constitua le Sénat, dont lui-même choisissait les membres. Il créa dix colléges d'administration pour les provinces. Comme il empruntait la plupart de ses lois à la Suède, il admit dans ses tribunaux les prisonniers suédois instruits de la jurisprudence de leur pays.

Après la paix de Nystadt, le czar prit le titre d'Empereur de toutes les Russies. Il avait alors quarante vaisseaux de ligne, vingt frégates, cent cinquante galères, une armée dressée à l'européenne, qui monta jusqu'à 296,000 hommes, et une formidable artillerie. En terminant cette guerre de vingt et un ans, il déclarait qu'il aurait pu la continuer aussi longtemps encore sans contracter aucune dette. C'était là le fruit de l'économie rigoureuse qu'il maintenait dans les finances. Il porta les revenus de l'Empire de cinq millions de roubles à dix millions. Il favorisa le commerce de la Russie par l'abolition de certains monopoles de la couronne, fonda le collége commercial, envoya partout des consuls, et ne négligea rien pour exciter ses sujets aux grandes entreprises. Il ne se réserva que les monopoles les plus lucratifs. Pierre le Grand se constituait seul négociant de la Russie avec la Chine et la Sibérie, comme aussi le seul monnayeur, le seul marchand de tabac, de talc et de goudron, le seul cabaretier d'un empire où l'ivrognerie n'était point considérée comme un vice. Il s'enrichissait par tous ces monopoles.

Avec une armée désormais recrutée d'aventuriers habiles, Pierre ne fut pas longtemps en paix. Une expédition contre la Perse lui donna les côtes occidentales de la mer Caspienne, Derbent et Bakou avec les provinces de Daghestan et de Schirwan, de Ghilan, de Mazandéran et d'Asterabad (1723).

Avec Pierre le Grand, la Russie entra dans le cercle des états européens, mais plutôt par la politique et la volonté d'un seul homme que par le changement des mœurs nationales. La plupart des partisans du czar se civilisaient plutôt par obéissance que pour avoir compris ses grandes vues. Cette civilisation, improvisée par les ukases de Pierre, n'est pas moins violente que la barbarie qu'elle veut détruire. Mais le despotisme sur un pareil peuple lui semblait naturel. Il serait facile de montrer dans ce règne une effroyable tyrannie et d'entendre « ce gémissement sourd et prolongé qui semble s'élever encore de chaque maison de Taganrog, de Saint-Pétersbourg et de ses forts bâtis par corvées, peuplés par réquisitions (de Ségur) » ; mais qui peut nier qu'à de pareils esclaves il fallût un pareil maître ? Ce fut la gloire de Pierre le

Grand d'imposer le travail et la discipline à ce troupeau d'esclaves paresseux, qui depuis des siècles se gouvernaient par la crainte, et de faire un grand empire à défaut d'un grand peuple.

Les deux capitales représenteront longtemps encore les deux partis qui se disputent la Russie, Saint-Pétersbourg, le nouveau centre du gouvernement, et Moscou, le foyer des factions, la ville asiatique. Pierre le Grand lui-même, ce brutal médiateur entre la civilisation de l'Europe et la barbarie de son peuple, offre en sa personne l'image de la lutte qui déchirait son empire. Il a trop brusquement porté la culture étrangère sur le sol russe, sans donner assez de suite à ses plans d'enseignement populaire. Outre un Académie de marine à Saint-Pétersbourg et son école de mathématiques à Moscou, il fonda dans la première ville une Académie des sciences, qui devait mettre la Russie en rapport avec l'Europe savante et prêter au gouvernement le secours de ses lumières ; mais il négligea d'ouvrir dans les campagnes des écoles primaires. Les grands, par leurs voyages et leur éducation privée, par obéissance ou même par flatterie, prirent facilement le vernis des mœurs et des arts de l'Occident, mais sans être en état de disputer aux étrangers les dignités civiles et militaires. Ainsi le peuple restait en dehors d'une civilisation superficielle, et la noblesse était jalouse des étrangers qu'elle imitait.

Pierre le Grand ne fit rien dans sa toute-puissance pour tirer de la misère et de l'abaissement la masse des serfs qui gémissait sous le joug des nobles, rien pour préparer les basses classes à la civilisation qui venait d'en haut. Donner des paysans libres à la Russie n'eût pas été moins utile et moins glorieux pourtant que de lui donner une flotte et des armées nombreuses. Il semble qu'il ait vu tout l'avenir du pays dans le pouvoir absolu des czars, car il défend toute liberté de mouvement, tout développement libre et personnel qui pouvait gêner sa tyrannie. Par le Sénat dirigeant, il détruisait jusqu'à la dernière influence des knèses et des boyards. Les bourgeois n'étaient pas encore à craindre ; mais la noblesse, privée de ses droits politiques, gardait son indépendance civile avec sa richesse territoriale et ses troupeaux de serfs, et pouvait s'affranchir un jour, et réclamer ou prendre des droits constitutionnels. Pierre créa la noblesse d'office : le service public donnait seul un rang ; les officiers d l'État étaient divisés en seize classes (Tchin), dont les huit premières conféraient seules la noblesse héréditaire. Tout gentilhomme dut passer par les premiers grades. La famille dont le chef refusait le service ou ne prenait point ses grades perdait ses dignités, ses titres et jusqu'à la libre disposition de ses biens. Par cette discipline militaire appliquée à toute la nation et détruisant toute liberté personnelle, Pierre crut prévenir toute révolte ou confédération de la noblesse, et la tenir à jamais dans la dépendance de la cour.

En 1722, Pierre le Grand, par une loi de succession qui ajoutait les intrigues de cour aux chances de la guerre civile, avait donné à tout czar le droit de nommer son successeur. Il n'eut pas le temps de faire lui-même l'application de cette loi ; une maladie, provoquée par des excès qui ranimaient ses forces défaillantes, l'enleva rapidement au milieu des apprêts du mariage de sa fille aînée avec le duc de Holstein-Gottorp (1725). Ses successeurs suivirent constamment sa politique : donner à la Russie les formes et les usages de l'Europe ; maintenir l'État sur le pied de guerre ; s'étendre vers la Baltique et vers la mer Noire ; entretenir la jalousie des états du Nord contre la Suède, et de l'Autriche contre la Turquie ; alimenter l'anarchie de la Pologne ; se mêler à toutes les querelles, rallier à la Russie tous les Grecs schismatiques, etc. C'est cette politique qu'on a longtemps appelée le *Testament* de Pierre le Grand.

CHAPITRE XIV.

GÉOGRAPHIE POLITIQUE DE L'EUROPE EN 1715-1721.

SOMMAIRE.

1. — Dans la première période du XVII° siècle, la France avait abaissé la maison d'Autriche aux traités de Westphalie et des Pyrénées, comme la Suède, son alliée, avait triomphé au nord par les traités d'Oliva, de Copenhague et de Cardis. Dans la seconde période, son ambition suscite contre elle, outre l'Autriche, la Hollande et l'Angleterre, qui lui imposent le traité de Ryswick, puis ceux d'Utrecht, de Rastadt et de la Barrière (1713-1715), en meme temps que la Suède, abaissée par la Prusse et par la Russie, subit les traités de Stockholm et de Nystadt (1720-1721), et la Turquie ceux de Carlowitz et de Passarowitz (1699-1718). — En 1713, la France, épuisée par la guerre de la succession d'Espagne, garde pourtant à peu près les limites acquises par les traités précédents. Ses provinces sont distribuées en trente grands gouvernements militaires et sept petits, douze parlements et six départements maritimes. La Lorraine, le comté de Montbéliard et le Comtat-Venaissin demeurent enclavés dans ses frontières. La France perd l'Acadie et Terre-Neuve, mais garde ses positions sur le Mississipi et sur le Saint-Laurent et la plupart des colonies fondées par Colbert. — L'Angleterre, la plus formidable ennemie de la France depuis 1688, voit grandir son influence en Europe, et croître en meme temps son empire colonial (Acadie, Terre-Neuve, Bombay, Calcutta, Gibraltar, etc.). — La république des Provinces-Unies, rassurée contre la France par le voisinage de la maison d'Autriche aux Pays-Bas, et par son droit de garnison dans les villes de la Barrière, est toujours maîtresse d'un vaste empire colonial, mais reste asservie à la politique anglaise. — L'Espagne paie l'avénement des Bourbons par la perte des Pays-Bas, de ses annexes d'Italie, de la Sicile et de la Sardaigne, de Minorque et de Gibraltar; mais elle garde ses colonies des deux Amériques, d'Océanie et d'Afrique. Le Portugal, réduit dans les Indes à quelques comptoirs, règne toujours au Brésil; il n'est plus lui-meme qu'une colonie anglaise depuis le traité de Méthuen (1703).
2. — En Italie, l'Autriche a pris sur l'Espagne le Milanais et Naples; le duc de Savoie la Sicile qu'il échange bientôt contre le royaume de Sardaigne. Le reste de la péninsule languit dans la dépendance de l'Autriche ou du pape. Venise déchue a regagné la Morée en 1699 et la reperd en 1718. — L'Autriche, prépondérante en Italie et maîtresse des Pays-Bas, a gagné sur les Turcs au traité de Carlowitz (1699) la Transylvanie, l'Esclavonie et la Croatie, et au traité de Passarowitz (1718) une partie de la Servie et de la Valachie avec

le banat de Temeswar. Ainsi agrandie et investie de la dignité impériale, elle domine dans l'Allemagne méridionale. Mais au nord, grandit la maison de Brandebourg, qui devient royale en Prusse (1701) et gagne en 1713 la principauté de Neuchâtel et de Valengin, la Gueldre et le pays de Kessel. — Parmi les états du nord, la Suède ruinée à Pultava, a cédé au Hanovre Brème et Verden, à la Prusse Stettin et une partie de la Poméranie, à la Russie les provinces orientales de la Baltique; elle ne garde plus en Allemagne qu'une faible partie de la Poméranie. Le Danemark n'a rien gagné à l'abaissement de la Suède.—La Russie, agrandie au dedans par le traité de Moscou (Smolensk, Kiew, 1686), sur la Baltique par la paix de Nystadt (1721), va bientôt compenser la perte d'Azov (1711) par ses conquêtes sur la mer Caspienne, et sera désormais la grande puissance du nord. — La Pologne, enfermée entre la Silésie, les Carpathes, la Hongrie et le Dniester, s'étend jusqu'à la Baltique par la Prusse royale qui coupe les états des nouveaux rois de Prusse. — La Turquie, qui garde la Crimée, et recouvre la Morée en 1718, est entamée par l'Autriche jusqu'au milieu de ses provinces danubiennes. Les traités de Carlowitz et de Passarowitz signalent sa décadence.

1. Europe occidentale ; France, Angleterre et Provinces-Unies, Espagne et Portugal.

Au xvii° siècle, la France est dominante en Europe autant par les armes que par sa brillante et forte civilisation. Dans la première période, où il s'agit de maintenir l'équilibre contre la prépondérance de l'Autriche, la France avec Henri IV, Richelieu et la Suède, est le centre de la politique qui prévaut par les traités de Westphalie et des Pyrénées ; et tandis que la France triomphe à l'occident et au midi, la Suède, son alliée, l'emporte avec son appui parmi les états du nord (Traités de 1660-1661). Dans la seconde période, quand l'Europe entière s'effraye de l'ambition et des progrès de la France, c'est la Hollande d'abord, ensuite l'Angleterre, et non plus seulement la maison d'Autriche, qui contiennent l'ambition de la France par les traités de Ryswick et d'Utrecht. L'Angleterre, abaissée par les Stuarts, puis déchirée par les guerres civiles, mais relevée par Cromwell et fondant par *l'acte de navigation* sa grandeur maritime, fixant par la révolution de 1688 sa constitution intérieure, va désormais contrebalancer à l'occident la puissance française. La Hollande et l'Angleterre, sous le nom de *Puissances maritimes*, succèdent bien mieux et plus tôt que la France, malgré les efforts de Colbert, à la puissance coloniale de l'Espagne et du Portugal. A l'orient, la Prusse préparée à la monarchie par le Grand-Électeur, et balançant déjà l'Autriche en Allemagne, va prévaloir au dehors sur la Suède; la Russie, reconstituée par les Romanow, prévaudra bientôt sur la Suède et sur la Pologne. La Turquie, vaincue deux fois en vingt ans par le prince Eugène, signale sa décadence aux traités de Carlowitz et de Passarowitz (1699-1718). La maison de Savoie grandit seule en Italie ; le reste de la péninsule languit sous la main des papes ou de l'Autriche. L'Espagne a reconnu l'indépendance du Portugal. C'est là le mouvement général des peuples de l'Occident et de l'Orient, les premiers réglant leur situation définitive par les traités d'Utrecht, de Rastadt et de la Barrière, les autres par les traités de Stockholm et de Nystadt, de Carlowitz et de Passarowitz.

La France, épuisée par la guerre de la succession d'Espagne, humiliée à Dunkerque qui voit démolir ses fortifications et combler son port, garde pourtant par les traités de 1713 et de 1715 les limites acquises par les traités précédents, sauf quelques restitutions à l'Allemagne (Vieux-Brisach et Fribourg, Kehl et Philippsbourg). Sa frontière du nord va de Dunkerque à la Meuse par Cassel, Lille, Valenciennes, Philippeville, et rejoint le Rhin à Lauterbourg par Longwy, Thionville, Sarrelouis ; elle possède les Trois Évêchés en Lorraine, et derrière cette province, Landau qui couvre Strasbourg et l'Alsace. A l'est elle a pour limites le Rhin de Lauterbourg à Huningue, le Jura, le Rhône, les Alpes et le Var, au midi la Méditerranée, les Pyrénées et la Bidassoa.

Ses provinces sont distribuées en trente grands gouvernements militaires, où les villes de Paris, Toul, Metz et Verdun, Saumur, le Hâvre, Dunkerque, Boulogne, forment encore sept gouvernements particuliers ; en douze parlements, auxquels il faut ajouter les conseils souverains d'Alsace, d'Artois et de Roussillon ; en trente généralités financières ou intendances pour la perception de l'impôt ; en dix-huit archevêchés et cent huit évêchés ; en six départements maritimes (Dunkerque, le Hâvre, Brest, Rochefort, Toulon et Marseille). Quelques possessions étrangères sont encore enclavées dans les limites du royaume ; ce sont la Lorraine, restituée à son duc avec le Barrois, le comté de Montbéliard appartenant aux ducs de Wurtemberg, Avignon et le Comtat-Venaissin, possession du pape.

La France, quoique forcée par ses désastres maritimes de céder à l'Angleterre l'Acadie et Terre-Neuve, et les établissements de la baie d'Hudson, occupés pendant la guerre, garde la plupart des colonies fondées par Colbert et sa position sur les bouches du Mississipi et sur le Saint-Laurent, avec la chance d'être un jour une puissance coloniale (la Louisiane, le Canada, le Cap Breton, les Antilles, une partie de Saint-Domingue et la Guyane). Elle possède sur les côtes d'Afrique le Sénégal, Bourbon et l'Ile de France ; en Asie, Pondichéry, Karikal, Mahé, Chandernagor.

L'Angleterre, la plus formidable ennemie de la France depuis la révolution de 1688, s'est fortifiée au dedans par son union avec l'Écosse et la fusion des deux parlements (1707), et par la pacification de l'Irlande ; au dehors, après le triomphe de Guillaume III, des whigs et de la succession protestante, son influence politique, absorbant celle de la Hollande, s'impose à tous les états du continent. L'extension de ses colonies et de ses stations navales affermit dans le même temps sa suprématie maritime et semble déjà la conduire à la domination absolue des mers.

En Europe, elle a conquis et garde Gibraltar et Minorque. En Amérique, la Jamaïque, une partie de la Guyane, les Bermudes, les Lucayes, puis Terre-Neuve et l'Acadie, que le traité d'Utrecht ajoute à ses treize colonies du nord, enveloppent de toutes parts les Antilles françaises et le Canada. Aux Indes orientales, Bombay, Bencoulen et Calcutta sont le fondement du vaste empire qu'elle va bientôt créer pendant les guerres continentales du xviii° siècle.

La république des sept Provinces-Unies, accrue de la Haute Gueldre et de Venloo, est rassurée contre l'ambition des successeurs de Louis XIV par le voisinage de la maison d'Autriche, établie dans les Pays-Bas, et par le droit de garnison qu'elle s'est fait reconnaître (traité de la Barrière) dans les villes belges de Namur, Tournai, Menin, Furnes, Ypres, Warneton et le fort de Knock. Si elle est toujours maîtresse de ses vastes colonies des Indes, distribuées dans les cinq gouvernements de Java, Amboine, Ternate, Ceylan et Macassar, elle n'a plus ses amiraux ni ses flottes du grand siècle, et ne sera plus qu'une puissance secondaire à la remorque de la politique anglaise, « une barque, dira Frédéric II, voguant dans le sillage d'un puissant navire ». Le stathoudérat héréditaire, aboli en 1702 à la mort de Guillaume III, ne renaîtra plus qu'en 1746 à l'approche des armées françaises victorieuses aux Pays-Bas.

L'Espagne paie fort cher l'avénement des Bourbons, qui lui coûte les Pays-Bas, ses annexes d'Italie, Naples, Milan et la Sardaigne cédés à l'empereur, la Sicile donnée au duc de Savoie, enfin Minorque et Gibraltar abandonnés à l'Angleterre : Gibraltar, position inexpugnable qui commande la Méditerranée et que les flottes unies de France et d'Espagne essaieront vainement d'arracher à ses nouveaux maîtres. Mais l'Espagne garde ses riches colonies des deux Amériques et de l'Océanie, la Floride, Cuba, Porto-Rico, le Mexique et le Pérou, les Philippines, les Mariannes, et sur la côte voisine d'Afrique, Oran et Ceuta avec les Canaries. Le Portugal, moins heureux dans ses possessions des Indes orientales alors réduites aux comptoirs de Goa, de Diu et de Macao, mais conservant le Brésil et ses colonies sur les deux côtes d'Afrique, semble n'être plus lui-même qu'une colonie anglaise, depuis le traité de Méthnen (1703) qui l'asservit aux intérêts du commerce et de l'industrie britanniques.

II. **Italie.** — **Allemagne.** — **États Scandinaves.** — **Russie.** — **Pologne.** — **Empire Ottoman.**

La maison d'Autriche, qui perd la couronne d'Espagne, acquiert les possessions espagnoles en Italie (le Milanais, le royaume de Naples et les États des présides en Toscane). Le duc de Savoie a fait reconnaître par la France, en 1713, les cessions dont l'empereur avait payé sa défection en 1703 : une partie du Montferrat, les provinces d'Alexandrie et de Valence, les terres entre le Pô et le Tanaro, la vallée de la Sesia, etc. ; il gagne encore au traité d'Utrecht la dignité royale et la Sicile, qu'il échange en 1720 contre le royaume de Sardaigne. Les autres états de la péninsule ne jouent plus aucun rôle dans la politique européenne; les États de l'Église gardent leurs limites, des bouches du Pô au Garigliano, avec leurs deux possessions lointaines, Bénévent et le Comtat-Venaissin ; les Médicis vont bientôt s'éteindre dans leur grand-duché de Toscane ; les Farnèse, dans leur duché de Parme et de Plaisance ; Gênes avec la Corse est presque aussi obscure que la petite république de Lucques ou la maison d'Este à Modène ; enfin Venise, toujours établie sur les deux rives de l'Adriatique, n'a pris aucune part aux débats de la succession d'Espagne; alliée malheureuse de l'Autriche contre les Turcs, elle reperd en 1718 la Morée qu'elle avait regagnée en 1699.

Au delà des Alpes et des treize cantons de la Confédération helvétique qui sont restés depuis 1648 en dehors des agitations de l'Europe, l'Autriche, prépondérante en Italie et remplaçant l'Espagne aux Pays-Bas, a gagné sur les Turcs au traité de Carlowitz (1699) la Transylvanie, l'Esclavonie et la Croatie, et au traité de Passarowitz (1718) une partie de la Servie et de la Valachie, outre le banat de Temeswar. La Hongrie a recouvré Belgrade et les deux rives du Danube, en Valachie jusqu'à l'Aluta, en Servie jusqu'au Timock, et de plus tous les forts situés sur la Save.

L'Autriche, ainsi agrandie et joignant à deux royaumes et tous ses états héréditaires, réunis en une seule branche depuis 1673, la couronne impériale qui semble fixée dans la famille de Habsbourg, domine facilement dans l'Allemagne méridionale parmi les électorats de Bavière et du Palatinat et les maisons princières de Wurtemberg et de Bade. Mais parmi les états du nord de l'Allemagne, Hesse-Cassel, Saxe électorale et ducale, maison de Brunswick et maison de Hanovre récemment promue à l'électorat (1692), grandit la maison de Brandebourg qui devient royale en Prusse (1701), comme celle de Hanovre en Angleterre, celle de Saxe en Pologne et celle de Hesse en Suède. A ses possessions éparses du Rhin au Niémen, la maison de Hohenzollern ajoute encore en 1713 la principauté de Neuchâtel et de Valengin, héritage de la maison d'Orange, la Gueldre et le pays de Kessel. La Prusse, par le génie de ses nouveaux rois, va bientôt disputer à l'Autriche sa prépondérance en Allemagne et prendre place parmi les grandes puissances européennes.

Parmi les états du Nord, la Suède, ruinée par la folie guerrière de Charles XII, est tombée du premier rang à Pultava (170..) pour ne plus se relever. Sa grandeur finit en même temps que la branche directe des Wasa. La Suède inaugure le règne de Frédéric de Hesse-Cassel par les traités de Stockholm et de Nystadt (172.. 1721); elle cède à l'électeur de Hanovre, roi d'Angleterre, Brême et Verden, c'est-à-dire les bouches du Weser; à la Prusse, Stettin et la Poméranie au delà de la Peene avec les îles de Wollin et d'Usedom, c'est-à-dire les bouches de l'Oder; à Pierre le Grand enfin, la Livonie, l'Esthonie, l'Ingrie, une partie de la Carélie et le district de Viborg en Finlande, les îles d'Œsel, de Dago, de Moen, etc., c'est-à-dire toute la côte orientale de la Baltique, fermée à la Russie jusqu'au xviii° siècle. Soixante ans après les glorieux traités d'Oliva, de Cardis et de Copenhague, la Suède ne possède plus en Allemagne qu'une faible partie de la Poméranie, avec Stralsund, Wismar et l'île de Rügen. Le Danemark, qui garde toujours la Norwége et ses dépendances lointaines (Islande, îles Féroë), ne gagne rien pour son territoire à l'abaissement de la Suède.

La Russie, qui se civilise par l'énergie de Pierre Ier, entre alors dans le concert des nations de l'Europe, et par la défaite de sa rivale devient la grande puissance du Nord. Outre les quatre provinces qu'elle a conquises sur la mer Baltique et qui donnent des ports à sa marine naissante, elle s'est fait confirmer par la Pologne au traité de Moscou (1686) la possession des provinces occidentales déjà recouvrées en 1667 par le traité d'Andrussow, Smolensk, Tchernigow, Nowgorod, Kiew, Petite Russie. Le traité du Pruth la force en 1711 de rendre aux Turcs Azov, qui lui ouvrait la mer Noire et qu'elle avait acquis en 1699; mais elle va bientôt compenser cette perte par ses conquêtes sur les Persans, qui lui céderont en 1723 les provinces de Daghestan (Derbent), de Schirwan, de Mazandéran et d'Astérabad, c'est-à-dire les côtes ouest et sud de la mer Caspienne. Pierre le Grand prépare ainsi la double domination de son empire en Europe et en Asie.

La Pologne, bornée par la Silésie à l'ouest, par les Carpathes et la Hongrie au sud, par le Dniéper et le Dniester du côté de la Russie et de la Turquie, touche à la Baltique par la Prusse royale. Cette dernière province (Thorn et Dantzig) coupe les états des nouveaux rois de Prusse, en séparant le duché de Prusse de la Poméranie, et tente déjà leur ambition. La Pologne, réduite à l'impuissance par sa position physique aussi bien que par sa constitution, sera mal défendue par les électeurs de Saxe contre la domination des trois grands états voisins, Autriche, Prusse et Russie, qui la menacent déjà de tous les côtés.

La Turquie d'Europe, entamée par l'Autriche au traité de Carlowitz (1699) jusqu'au milieu de ses provinces danubiennes, a reconquis Azov sur Pierre le Grand en 1711, et garde la Crimée et le littoral de la mer Noire ; elle conserve ses possessions sur la mer Adriatique jusqu'à la Save. Le traité de Passarowitz (1718), qui lui rend la Morée, lui enlève encore au profit de l'Autriche Belgrade et une partie de la Servie, Témeswar et la Valachie jusqu'à l'Aluta. Quoique sa domination s'étende sur la mer Noire et sur l'Archipel et depuis le golfe Persique jusqu'aux états barbaresques, la Turquie voit continuer sa décadence, sans pouvoir lutter désormais contre le nouvel empire russe qui s'empare de la suprématie à l'orient comme au nord.

CHAPITRE XV.

LOUIS XV. — RÉGENCE DU DUC D'ORLÉANS. — SYSTÈME DE LAW. — MINISTÈRE DU CARDINAL DE FLEURY. — GUERRE DE LA SUCCESSION DE POLOGNE. — TRAITÉ DE VIENNE.

SOMMAIRE.

1. — La mort de Louis XIV est suivie d'une réaction générale dont profite l duc d'Orléans. Le parlement, reprenant son droit de remontrances suspendu depuis soixante ans, lui confère les pleins pouvoirs de la régence. La noblesse, rappelée aux affaires dans les conseils supérieurs établis sur les plans du duc de Bourgogne, s'y montre inférieure à sa mission : les ministères sont bientôt rétablis. Dubois gouverne et déshonore la France et le régent. Même réaction dans la politique extérieure. La France, ruinée au dedans par les dettes de Louis XIV, est menacée au dehors par les intrigues de l'Espagne. Le cardinal Albéroni, ministre de Philippe V, veut rendre à ce pays son ancienne grandeur, renverser le régent, et rétablir les Stuarts. Le régent s'enchaîne à la politique anglaise pour maintenir le traité d'Utrecht et son pouvoir. Dubois déjoue la conspiration de Cellamare et des princes légitimés. Albéroni, accablé par la triple et quadruple alliance, est vaincu par les Anglais en Sicile et par les Français en Espagne. Les Turcs qu'il poussait contre l'empereur sont vaincus par le prince Eugène. Le traité de Madrid (1720) renverse Albéroni, accorde aux Bourbons d'Espagne l'expectative des deux duchés de Parme et de Toscane, et donne à la maison de Savoie la Sardaigne en échange de la Sicile, qui reste à l'Empereur avec le Milanais.

2. — Pendant cette guerre d'Espagne, contraire à la politique de Louis XIV, la France est bouleversée par une révolution financière que ses guerres et son faste avaient préparée. Le *système* de Law, qui veut par le papier-monnaie fonder le crédit, ranimer le commerce et libérer l'Etat, donne au gouvernement comme au pays une prospérité factice et passagère. Il gâte ses premiers succès par l'étendue de ses entreprises, par l'union de sa banque et de la compagnie des Indes occidentales, par la multiplication exagérée de sa nouvelle monnaie. Il essaye en vain d'en arrêter la chute par la tyrannie et la violence. Son système a bouleversé les fortunes et corrompu la nation sans soulager l'état.

3. — Cependant Dubois, devenu par la faiblesse du régent archevêque, cardinal, et premier ministre du roi majeur, meurt de ses débauches. Le duc d'Orléans, qui lui succède, meurt à son tour (1723), et n'est regretté que par Louis XV, quoique des fondations utiles aient signalé son administration. L'évêque

de Fréjus, Fleury, laisse passer au pouvoir le duc de Bourbon (1723-172.), qui brouille encore la France et l'Espagne en mariant Louis XV à M.. Leczinska, persécute les protestants et mécontente par ses édits le peuple et l… privilégiés. Une intrigue de cour donne le pouvoir à Fleury, trop dur a… jansénistes, trop favorable aux Anglais, mais qui rétablit les finances et ma… tient la paix, d'abord menacée par la querelle de l'Autriche et de l'Espa… ensuite par leur rapprochement subit au traité de Vienne (1725-1726). Fleu… devenu cardinal, réconcilie la France et l'Espagne par le traité de Séville … garantit les duchés italiens à l'infant don Carlos (1729). Le deuxième tr… de Vienne en 1731 semble régler enfin la succession d'Espagne : les puissa… maritimes reconnaissent la *Pragmatique sanction* de Charles VI.

4. — Dans la guerre qui éclate en 1733 pour la succession de Pologne, … France intervient faiblement au nord pour Stanislas Leczinski, qui est bi… chassé de la Pologne et de Dantzig, son dernier asile. Ne pouvant le venge… la Prusse et de la Russie, la France arme contre l'Autriche l'Espagne et … Savoie, s'assure de la neutralité de l'Angleterre, et par trois victoires (Par… Bitonto, Guastalla) enlève à l'Autriche le Milanais et les Deux-Siciles. … troisième traité de Vienne (1738) établit les Bourbons d'Espagne à Nap… François de Lorraine en Toscane, et Stanislas dans le duché de Lorraine, … doit revenir à la France après sa mort. A ce prix, la France reconnait à … tour la pragmatique sanction de Charles VI.

I. Régence du duc d'Orléans (1715-1723). — Dubo… — Réaction contre la politique de Louis XIV. — A… liance avec l'Angleterre contre l'Espagne. — Pla… d'Albéroni. — La triple et la quadruple allianc… (1717-1718). — Guerre avec l'Espagne (1719-1720… — Traité de Madrid (1720).

Ce fut à la mort de Louis XIV comme à celle de Richelieu… tout le monde se crut délivré, et le testament du roi fut cass… ainsi que lui-même l'avait prévu. Réaction de la noblesse contr… la plume et la robe, du parlement contre le *lion mort*, des jans… nistes contre les jésuites, des esprits forts contre la dévotion d… vieux roi ; et toutes ces réactions s'appuyaient sur le duc d'O… léans.

Des trois générations royales qui l'entouraient encore en 171… le grand roi ne laissait qu'un enfant de cinq ans, son arrière-p… tit-fils, Louis XV, fils du vertueux duc de Bourgogne. Un des b… tards légitimés, le duc du Maine, était nommé par le testamen… de Louis XIV surintendant de l'éducation du jeune roi et chef d… sa maison militaire, avec le maréchal de Villeroi pour gouver… neur et Fleury, évêque de Fréjus, pour précepteur. Le premi… prince du sang, Philippe d'Orléans, n'était que chef d'un conse… de régence sans puissance réelle. Mais averti de bonne heure pa… Villeroi de la teneur du testament, le duc d'Orléans avait pri…

toutes ses mesures ; les princes de Condé et de Conti, le parlement, les ducs et pairs lui formaient un parti nombreux contre les princes légitimés et contre madame de Maintenon, leur ancienne gouvernante. Dès le lendemain de la mort de Louis XIV, le parlement dirigé par deux hommes favorables au duc d'Orléans, d'Aguesseau et Joly de Fleury, lui déféra les pleins pouvoirs de la régence et le commandement de la maison militaire du roi. Le parlement recouvra son droit de remontrances, suspendu depuis soixante ans, et son importance politique.

Le régent flatta dans tous les sens la réaction qui lui donnait le pouvoir. Il mit les jansénistes en liberté, exila Le Tellier, confia les affaires ecclésiastiques au cardinal de Noailles, nomma chancelier le procureur général d'Aguesseau, et confesseur du roi l'abbé Fleury, historien gallican de l'Eglise. Favorable à toutes les libertés, il permit la libre circulation des grains et fit imprimer le *Télémaque* à ses frais. Il songeait même à rétablir l'édit de Nantes, mais il en fut empêché une fois par les gallicans et les jansénistes, une autre fois par les jésuites. Sur la demande des princes de Condé, on dégrada les bâtards légitimés. Un arrêt du conseil invita tous les citoyens à donner leur avis sur les affaires publiques. La noblesse, si rudement soumise par Richelieu et tenue à l'écart par Mazarin et Louis XIV, fut rappelée aux affaires sur les vues du duc de Saint-Simon qu'on disait conformes aux plans du duc de Bourgogne, et distribuée en sept conseils de dix membres chacun. Dans cette combinaison maladroite qui détruisait l'unité de l'administration et créait 70 ministres à la place des secrétaires d'Etat, la noblesse ne montra ni zèle ni talent. Elle se fit donner les dignités de la cour et de l'Eglise, des pensions et jusqu'aux meubles de Marly : elle fit des *affaires*. Licencieuse et vide, elle donna l'exemple du libertinage de mœurs et d'esprit qui remplaçait l'hypocrisie de l'ancienne cour, et qui s'était caché dans les salons de Ninon de Lenclos avec les débris frivoles de la Fronde. Dans le conseil de régence, recomposé par le duc d'Orléans, entrèrent les ducs de Bourbon et du Maine, le comte de Toulouse, le chancelier d'Aguesseau, le duc de Saint-Simon, les maréchaux de Villeroi, d'Harcourt, Bezons et l'évêque de Troyes. Mais le véritable conseil du régent fut le fameux abbé Dubois, un de ces ministres qui déshonorent l'homme ou le pays qu'ils gouvernent. L'abbé Dubois, fils d'un apothicaire de Brives, « petit homme maigre, effilé, à mine de fouine », tour à tour valet, scribe, sous-précepteur du prince, le gouverna toute sa vie par ses vices. Il avait assez bien réussi dans son système de corruption pour justifier les défiances de Louis XIV. Dès que le duc d'Orléans fut nommé régent, sa mère, la princesse Palatine exigea de lui la promesse de ne jamais employer *ce fripon, le plus grand coquin qu'il y eût au monde*, qui vendrait l'état et le régent pour le plus léger intérêt. Quoique le régent eût donné sa parole, Dubois fut nommé conseiller d'État et vendit la France.

La noblesse supporta sans trop d'efforts la domination de l'ignoble favori qui remplaçait à la cour madame de Maintenon et dans la diplomatie la grande école de Richelieu, continuée par Mazarin, Lionne et Torcy. La noblesse reprochait à Dubois sa naissance plutôt que ses mœurs qui le rapprochaient d'elle. Dubois et son maître, et les *roués*, Broglie, Brancas, Canillac, représentaient près du trône, dans leurs fameux soupers, cette impiété licencieuse qui des mœurs allait passer dans les écrits et pour ainsi dire dans l'enseignement du siècle.

L'opinion publique, d'abord si favorable au régent, s'indigna bientôt de voir ses qualités et ses talents, sa vive intelligence, son vaste savoir, et sa bonté naturelle, digne d'un petit-fils de Henri IV, se perdre ainsi dans les débauches d'une cour dépravée ou dans la honte d'une politique égoïste et vénale. Le duc d'Orléans se laissa mettre par Dubois à la suite de l'Angleterre; il oublia la politique de Louis XIV et les vrais intérêts de la France pour ne plus songer qu'à ceux de sa famille. Le règne de George Ier en Angleterre n'était pas moins inquiet que celui de Guillaume III. L'Écosse était soulevée, prête à recevoir le Prétendant, quand Louis XIV mourut. George Ier mit tous ses soins à gagner le duc d'Orléans; il lui offrit des troupes pour s'emparer de la régence; son ambassadeur, lord Stairs, assista à la séance du Parlement où le testament fut cassé, partagea ses débauches, et lui persuada que son maître et lui avaient les mêmes intérêts, l'un contre le Prétendant et l'autre contre le roi d'Espagne, Philippe V, qui entendait succéder à la couronne de France si Louis XV venait à mourir. Dubois reçut de l'Angleterre une pension de 500,000 livres. Si le régent ne livra pas le Prétendant à George I, il ne fit rien pour l'expédition de Jacques III, que Louis XIV avait préparée. On blâma justement en France une alliance dont l'Angleterre avait tous les profits.

Il est vrai que Philippe V n'était pas moins coupable. L'Espagne, après la mort de Gabrielle de Savoie, était gouvernée par le cardinal Albéroni, parvenu de mauvaises mœurs, dont la fortune fut moins scandaleuse toutefois que celle de Dubois et la politique plus hardie. La seconde femme qu'il avait choisie à Philippe V, sa compatriote Élisabeth de Parme, eût voulu recouvrer les possessions de l'Espagne en Italie pour y établir ses fils ; elle demandait *ce morceau de pain* pour ses fils de roi. Philippe V s'indignait d'être exclu par le traité d'Utrecht du trône de France et d'avoir à disputer la régence et la succession éventuelle de la couronne à l'homme qu'il regardait comme l'empoisonneur de sa famille. Albéroni, servant l'ambition de la reine et les rancunes du roi, entreprit de rendre à l'Espagne ses annexes et son ancienne grandeur, et d'effacer le traité d'Utrecht. Il crut ranimer au souffle de son ambition le cadavre de l'Espagne, et dédaigna pour ce pays ruiné l'administration paisible que Fleury croira nécessaire à la France, bien autrement forte que l'Espagne. Son plan lui faisait trois ennemis, l'Empereur, George I, et le duc d'Orléans. Il comptait pousser les Ottomans contre l'Empereur, le Prétendant contre George I, et le duc du Maine contre le régent. En vain le duc d'Orléans essaya de détourner l'Espagne d'une folle entreprise qui lui mettrait toute l'Europe sur les bras. L'obstination de Philippe V et de son ministre l'effraya jusqu'à le mettre à la merci de l'Angleterre. Dubois conclut le traité de La Haye (4 janvier 1717) entre la France, l'Angleterre et les Provinces-Unies, pour maintenir le traité d'Utrecht et surtout les dispositions relatives à l'expulsion des Stuarts ainsi qu'à la séparation des couronnes de France et d'Espagne. Le régent paya l'alliance de l'Angleterre, quand il aurait dû faire payer la sienne. Il s'engagea à démolir Mardick, quand de l'aveu des Anglais, il aurait pu demander et obtenir le rétablissement de Dunkerque et la restitution de Gibraltar. Il promettait de chasser le Prétendant de sa retraite d'Avignon. Il laissait George I s'intituler roi de France, et ne réservait pour Louis XV que le titre de roi très-chrétien.

Vers ce temps-là Paris vit dans ses murs l'homme extraordinaire qui dirigeait la révolution du nord de l'Europe, et qui tirait la Russie du bloc pour la façonner à la civilisation de l'Occident. Après avoir dans un premier voyage étudié et pratiqué les arts de l'Europe, il semblait qu'il revînt cette fois étudier les cabinets. Pour donner à son voyage un résultat politique, Pierre le Grand offrit son alliance au régent avec celle de la Suède et de la Pologne qu'il dominait, contre l'Autriche et l'Angleterre. En retour il demandait les mêmes subsides qu'on avait payés à la Suède. Mais Dubois ne prévit point l'avenir de la Russie aussi clairement que le czar voyait la décadence prochaine de la monarchie française. Pierre I*er*, magnifiquement reçu, n'obtint qu'un traité de commerce. Albéroni, mieux avisé, faisait sa place au géant du Nord dans ses plans audacieux. Il chargeait Pierre le Grand et Charles XII réconciliés de rétablir le Prétendant en Angleterre. Déjà les Turcs avaient arraché la Morée aux Vénitiens et menaçaient la Hongrie; les flottes espagnoles enlevaient la Sardaigne à l'Empereur (1717) et la Sicile au duc de Savoie (1718); une autre flotte allait porter en Ecosse Jacques III appuyé par Charles XII; enfin Cellamare, ambassadeur de Philippe V à Paris, reçut l'ordre de mettre le feu aux mines et de faire éclater la conspiration ourdie par le duc du Maine.

A ces nouvelles, la triple alliance se convertit en projet de traité que les trois puissances convinrent d'imposer à l'Autriche et à l'Espagne, et devint la *quadruple alliance* par l'adhésion de l'Autriche (1718). L'Empereur devait reconnaître enfin Philippe V, garder les Pays-Bas, Naples et le Milanais, acquérir la Sicile en échange de la Sardaigne qui serait cédée au duc de Savoie, et donner l'investiture des états de Parme et de Toscane à un fils de Philippe V, après la mort des Farnèse et des Médicis qui n'avaient pas d'héritiers. Albéroni, repoussant ce traité favorable à l'Espagne, échoua de tous côtés. Le prince Eugène avait battu deux fois les Turcs, à Peterwardein et à Belgrade. L'amiral Byng détruisit la flotte espagnole en vue de Syracuse. Charles XII fut tué en Norwége (1718). La flotte de Jacques III fut dispersée par les tempêtes ou brûlée par les Anglais. Enfin la conspiration de Cellamare, connue à l'avance et surveillée par Dubois, fut découverte à propos; on put sans danger arrêter Cellamare et emprisonner le duc et la duchesse du Maine avec leurs plus zélés partisans. Dans la province qui se souvenait le mieux du régime féodal, la noblesse bretonne comptait sur une descente des Espagnols pour s'armer et défendre ses vieux priviléges : quatre gentilshommes furent décapités. Il aurait dû suffire à la vengeance du régent de voir les intrigues de l'Espagne partout déjouées. Mais Dubois, devenu ministre des affaires étrangères après l'abolition des conseils, avait promis de jouer jusqu'au bout le jeu de l'Angleterre ; il déclara la guerre à l'Espagne dans un manifeste rédigé par Fontenelle. Il envoya le maréchal de Berwick, ancien défenseur de Philippe V, au delà des Pyrénées prendre Fontarabie, Saint-Sébastien, Urgel, et les escadres françaises brûler les vaisseaux et les chantiers espagnols.

Les Anglais de leur côté brûlaient le port de Vigo, et les Impériaux soldés par la France avaient repris la Sicile. Tout le monde en France s'indignait de cette guerre avec l'Espagne et contre le petit-fils de Louis XIV, comme d'une guerre civile. Villars avait noblement protesté contre la quadruple alliance signée par Torcy. Enfin l'Espagne ruinée acheta la paix par la disgrâce d'Albéroni, et « le cadavre, comme il disait, se recoucha dans sa tombe ». Philippe V, dont Dubois avait gagné le confesseur, le jésuite Daubenton, accepta toutes les conditions de la quadruple alliance, accorda sa fille en mariage à Louis XV et reçut pour son fils une fille du régent (Traité de Madrid, 1720).

Au nord comme au midi, la France était la dupe de l'alliance anglaise. La flotte que l'Angleterre avait promis d'envoyer sur les côtes de Suède, ne fit rien pour sauver notre alliée des vengeances de Pierre Ier et du traité de Nystadt.

II. Révolution financière. — Système de Law (1716-1720). — Premier essai du crédit public. — Exagération et chute du système. — Corruption des mœurs. — Peste de Marseille (1720).

Au dedans la France était bouleversée par une révolution financière. L'embarras des finances était le legs le plus onéreux du règne. Louis XIV laissait une dette de deux milliards quatre cents millions, dont le tiers prochainement exigible, un revenu de soixante-dix millions environ (sur 165) pour une dépense de 148, les revenus de deux années engagés d'avance, la noblesse et les grands propriétaires endettés, le commerce ruiné par l'absence du numéraire et par l'usure. Saint-Simon, dans sa haine contre les financiers, plus riches et plus fastueux que les nobles, ne voyait d'autre remède que la banqueroute, qu'il proposait du reste de faire sanctionner par des États-Généraux : le régent ne voulut point de la banqueroute qui lui parut trop odieuse, encore moins des États-Généraux. Il espérait libérer l'État et remplir le trésor par des moyens plus doux et moins inusités. Il abolit un grand nombre d'offices créés ou plutôt vendus sous le règne précédent, et des lettres de noblesse et de priviléges concédés en 1689 ; il réduisit d'un quart ou d'une moitié des intérêts une partie des quatre-vingt-six millions de rentes de l'Hôtel de ville ; il ordonna la refonte des monnaies, haussa leur titre, et ne gagna que 70 millions à cette nouvelle mutation d'espèces. Par le fameux édit du *Visa*, dont l'exécution fut confiée aux frères Paris, il convertit les 743 millions de billets royaux, alors exigibles, en 350 millions de billets d'État portant 4 p. 100 d'intérêt. C'était la banqueroute en détail. Enfin, à l'exemple de Sully et de Colbert et de l'aveu du parlement, il institua contre les traitants concessionnaires une chambre de justice qui porta sur ses rôles d'accusation 4480 chefs de famille, encouragea les dénonciateurs, reçut les dépositions secrètes des domestiques contre leurs maîtres, et tint les financiers enfermés dans leurs palais, sous peine de la vie. Après l'exécution d'un traitant et la condamnation de quelques autres aux galères, la chambre de justice tomba sous les clameurs du peuple dont le régent avait su flatter la haine : les financiers furent sauvés et ruinés par les courtisans. Par ces divers expédients, on avait pu, même en supprimant l'impôt du dixième, réduire la dette d'environ 500 millions et diminuer le déficit ; mais le trésor restait vide.

Le régent n'avait pas même de quoi payer le prêt des soldats quand l'écossais Law, disciple de Locke et de Newton, joueur fameux, spéculateur hardi, déjà repoussé par la France, la Savoie et la Hollande, vint lui proposer l'établissement d'une banque générale, qui devait libérer l'État de sa dette et remplacer par des billets tout le numéraire sorti de la circulation. Le duc de Noailles, président du conseil des finances, ne permit point de tenter les finances de l'État cette première expérience du crédit. Rien de plus sage d'abord que la Banque privée de Law (mai 1616), fondée au capital de 6 millions, dont les trois quarts étaient fournis en billets d'État, qui s'interdisait toute opération de commerce et la faculté de contracter aucune dette, escomptant les effets de commerce à 6 et bientôt même à 4 p. 100, délivrant des billets payables à vue en écus de banque, dont la valeur ne variait point comme la monnaie d'or et d'argent. La réputation financière de Law était grande et le succès fut complet. Le commerce et l'industrie délivrés de l'usure reprirent l'essor. Un édit royal déclara les billets de banque recevables en paiement des impôts (avril 1717). Mais Law, emporté par le succès, et qui d'ailleurs avait promis de libérer le trésor, s'imagina qu'en multipliant sa monnaie fictive dans la proportion des besoins de l'État et du commerce, il augmenterait les richesses réelles de la nation ; il ne songea plus qu'à discréditer les espèces au profit du papier. Le numéraire fut encore tourmenté d'une refonte générale, et le marc d'argent porté de 40 livres à 60. Le régent sacrifia tout le monde à Law, le duc de Noailles, chef du conseil des finances, et le chancelier Daguesseau, qui furent tous deux remplacés par d'Argenson, le parlement qui perdit son droit de remontrances, les princes légitimés qui furent réduits à leur droit de pairie, et les conseils qui furent supprimés. La banque de Law fut déclarée *Banque royale* (déc. 1718). Il fut défendu de payer en argent au-dessus de 600 livres. On se dégoûta des espèces, et la banque absorbait déjà tout le numéraire dont le gouvernement avait si grand besoin dans sa guerre contre l'Espagne.

Dans ce périlleux essai du crédit, la confiance du public croissait avec l'audace de Law. C'était peu d'avoir mis sa banque au compte du roi. La même année, d'après les plans grandioses qu'on avait d'abord repoussés, il réunit à sa banque la Compagnie des Indes occidentales ou du Mississipi, rétablie sous sa direction dès 1717 et fondée au capital de 100 millions, par actions de 500 livres payables exclusivement en billets d'État. A celle-ci il joignit encore les priviléges des compagnies du Sénégal et des Indes orientales, le monopole des tabacs, des salines de l'Est, de la fabrication des monnaies, des cinq grosses fermes et de toutes les recettes. Par cette banque royale et par cette compagnie des

Indes, Law eut dans les mains tout le commerce, tous les grands services et tous les revenus de l'État. Il émit de nouvelles actions pour l'exploitation des mines de la Louisiane et de tous les priviléges de la compagnie. Chacun s'empressa d'échanger ses terres, ses bijoux, un argent qui variait sans cesse et qui ne rapportait plus que 2 p. 0/0, contre des billets de valeur invariable ou des actions qui promettaient d'énormes bénéfices. Law, ayant promis d'éteindre la dette, établit que ses actions ne pourraient se payer qu'un quart en espèces et trois quarts en billets d'État. Il payait la dette publique avec un papier qu'on lui permettait de multiplier à son gré, et tout le monde semblait croire avec lui que le numéraire et le papier étaient la richesse même, au lieu d'en être simplement le signe.

On s'arrachait à l'hôtel de la compagnie les actions qu'on allait revendre à gros profit dans la rue Quincampoix, surnommée le *Mississipi*. Heureux qui touchait le précieux papier avant la hausse, comme les souverains étrangers ou les plus grands seigneurs du royaume ! Six mille hommes, le rebut de la société, embarqués pour les mines de la Louisiane, y périrent de misère; mais le public avait vu transporter avec eux tous les instruments propres à l'exploitation des mines. Les billets d'État, les inscriptions de l'Hôtel-de-Ville se convertissaient en actions. Une somme de 1,500 millions, que Law prêta au gouvernement pour rembourser ses créanciers, lui revint aussitôt par l'achat des actions qui s'élevèrent d'une valeur primitive de 500 livres à 18,000. Law, qui ne devait en émettre que pour 640 millions, fut secrètement autorisé par le régent à les porter jusqu'à la somme de 1,675 millions, que l'agiotage éleva jusqu'à 10 ou 12 milliards. Le public ne s'inquiétait guère de savoir si cette somme de 1,675 millions était plus que le double de tout l'argent du royaume, et si Law pourrait un jour rétablir la balance par le papier de sa banque ; le public savait seulement que 10,000 livres placées à la banque en 1710 avaient rapporté en 1719 un million. Il avait vu un peaussier gagner 70 millions, un petit bossu gagner 150,000 francs à prêter son dos aux agioteurs en guise de pupitre. Il est vrai qu'un comte de Horn assassina un courtier pour lui voler son portefeuille et périt sur la roue, malgré son illustre origine. Les billets de banque étant jetés sur la place dans la même proportion que les actions de la compagnie, le papier-monnaie avait triomphé de l'argent, et portait partout la vie et l'abondance, dans les armées, dans les théâtres, dans les écoles qui devinrent gratuites, dans notre industrie qui fondait de riches manufactures, dans notre commerce maritime, dans les colonies de l'Ile-de-France et de la Louisiane. On perçait de grandes routes dans nos provinces, on creusait le canal de Montargis, on bâtissait la Nouvelle-Orléans en Amérique et de magnifiques hôtels à Paris, qui gagna, dit-on, deux cent mille habitants. Le régent put croire un moment que Law avait dit vrai, quand il jurait sur sa tête que la régence bien employée porterait la population de la France à 30 millions d'âmes, le revenu de la nation à 3 milliards et celui du roi à 300 millions. Le régent « donnait à toutes mains » (Saint-Simon). Il aimait aussi ces débauches de papier.

Quoiqu'on ne vît pas venir les dividendes, tout le monde jouait à ce jeu furieux de billets et d'actions, quelques-uns gagnaient prodigieusement, le plus grand nombre perdit, et tous s'y corrompirent. La foi la plus robuste fut ébranlée, quand on vit le régent et les courtisans, les fins spéculateurs de Genève et d'Amsterdam réaliser en immeubles tout leur papier. Les actions baissèrent aussitôt, et le jeu se vit à découvert. Les plus avisés et les plus timides soupçonnèrent enfin que la banque n'avait pas de quoi réaliser en argent sa masse énorme de papier. Le système fut dénoncé par un de ceux qu'il avait enrichis; le prince de Conti exigea de l'argent tout d'un coup pour tous les billets qu'il avait dans les mains, et de tous côtés les billets retombèrent sur la banque. Tout le monde courut au remboursement. Law, abjurant le protestantisme, se fit nommer contrôleur général (janvier 1720) pour soutenir son crédit, et continua sa guerre acharnée contre l'argent; il défendit de payer en argent au-dessus de 100 livres, de garder à domicile plus de 500 livres en numéraire; il donna cours forcé aux billets; il essaya de soutenir la compagnie et la banque, l'action et le billet l'un par l'autre; mais la plus odieuse tyrannie et les plus ingénieuses combinaisons qui vinrent au secours du système, n'en purent arrêter la chute. La mobilité de l'esprit français avait exagéré le succès et précipita la catastrophe.

Les plus rudes coups furent portés au système par le régent

lui-même, qui malgré Law réduisit de moitié la valeur nominale des actions et des billets, et révoqua trop tard son édit de banqueroute ; par les anciens membres du conseil des finances, par le parlement que Law fit exiler à Pontoise, et par la grande peste de Provence qui frappa le commerce maritime. Quoique Law eût dans sa caisse une grande partie du numéraire, et que pour dernier expédient, il eût augmenté démesurément la valeur des espèces, la banque fut réduite à ne plus rembourser que les billets de 10 livres. Trois hommes furent étouffés dans la foule qui se ruait à ses portes ; le peuple porta leurs cadavres devant le palais d'Orléans et faillit l'envahir. Un contemporain s'étonne que le régent et Law n'aient point alors péri dans une révolution tragique.

L'illusion s'était cruellement dissipée ; il ne restait plus qu'à changer les actions et les billets en rentes sur l'État, pour liquider les dettes de la compagnie et de la banque. L'immense et difficile opération du *visa*, confiée aux frères Paris (1721), fut une sorte de concordat entre les créanciers et le débiteur insolvable. 2,222 millions de billets présentés au visa furent réduits arbitrairement à 1,631 millions, et liquidés soit en billets de visa, soit en rentes perpétuelles et viagères. L'État resta grevé de 35 à 40 millions de rentes ; la banque fut abolie, et la compagnie réduite au commerce maritime. La seule compensation à tant de pertes était d'avoir supprimé beaucoup d'offices inutiles, racheté plusieurs branches de revenus aliénés, et diminué de moitié la dette publique. On eût pu se féliciter des effets du système pour l'économie politique, s'il n'eût fait que déplacer les fortunes, mobiliser la richesse et lancer les esprits dans les grandes spéculations du commerce et de l'industrie ; mais il avait détruit la simplicité des vieilles mœurs, répandu partout la corruption et la cupidité ; il n'entraîna point dans sa chute le luxe et les plaisirs nés dans sa prospérité factice. Avec ces mœurs dépravées qui ne se rétablissent que par la révolution d'un État, il laissait aux particuliers plus d'audace, au gouvernement plus de défiance, et préparait de loin leur division fatale. L'*Œdipe* de Voltaire (1718), les *Lettres persanes* (1721), les peintures de Boucher, annonçaient déjà la hardiesse et la licence des esprits, l'afféterie des mœurs et la décadence de l'art. N'est-on pas heureux de pouvoir opposer à tant de corruption l'héroïque dévouement de l'évêque de Marseille, Belzunce, du chevalier Rose et des échevins Estelle et Moustier, et du père de Vauvenargues, premier consul d'Aix, pendant la grande peste de 1720 qui désola la Provence et enleva dans la seule ville de Marseille 40,000 personnes?

Sur la demande du Parlement, on informa contre les charlatans ; mais la plus haute noblesse était si gravement compromise dans les plus honteuses manœuvres du système, que l'enquête ne fut point sérieuse ; et la corruption était si générale et si profonde, qu'une seconde enquête fut jugée nécessaire contre ceux qu'on avait chargés de la première. Il fallait juger les juges.

Law, après avoir bravé la haine publique pendant six mois près du régent, s'était enfui au moins de décembre 1720, et alla mourir à Venise en 1729 dans un état voisin de la misère, proclamant à bon droit le besoin absolu du crédit, mais sans comprendre que lui-même avait retardé par ses combinaisons aventureuses l'organisation de cette richesse fictive et mobile, nécessaire aux états modernes, et n'attribuant ses revers qu'à l'inexpérience des Français en matière de finances. Il s'accusait pourtant d'avoir voulu supprimer le temps et par despotisme avancer le bonheur public. Quant à la compagnie des Indes, elle fut sauvée du naufrage de la banque par le duc de Bourbon et le régent ; fortifiant l'île Royale ou du Cap-Breton, joignant le monopole du tabac et du café à ses autres priviléges et servie par cent gros navires, elle conserva dans ses mains presque tout le commerce extérieur de la France.

III. Ministère et mort du cardinal Dubois (1723). — Mort du duc d'Orléans. — Ministère du duc de Bourbon (1723-1726). — Mariage de Louis XV et de Marie Leczinska (1725). — Ministère du cardinal Fleury (1726). — Réconciliation de la France et de l'Espagne. — Reconnaissance des Bourbons d'Espagne par la maison d'Autriche (1731).

Cette révolution financière n'avait pas du reste interrompu la molle insouciance du régent ni ses orgies. Dubois avait si bien conduit les négociations avec l'Espagne en se rapprochant des Jésuites, et vit son maître si joyeux du succès, qu'il osa lui demander l'archevêché de Cambrai. « Eh! qui sera l'infâme qui osera te faire prêtre ? » Malgré une telle réponse, Massillon et Tressan, évêque de Nantes, garantirent la pureté des mœurs et la science ecclésiastique de l'abbé Dubois, qui reçut dans une matinée tous les ordres jusqu'à la prêtrise et fut sacré au Val-de-Grâce par le cardinal de Rohan. Après le siége de Fénelon, Dubois ambitionna la pourpre de Richelieu et de Mazarin son modèle. Le calviniste George Ier et le prétendant Jacques III, l'Empereur et le roi d'Espagne, les puissances rivales, s'unirent sans le savoir pour appuyer Dubois en cour de Rome. Le chapeau du cardinal Dubois coûta plus cher à la France que la couronne royale aux électeurs de Brandebourg. Il livra l'église au pape, comme il avait vendu la France aux Anglais. Il répandit plus de 8 millions à Rome, s'abandonna sans réserve aux Jésuites et leur rendit le confessionnal du roi. Mieux obéi que Louis XIV, il entraîna le vertueux Noailles lui-même, et força le Parlement, menacé d'aller de Pontoise à Blois, d'enregistrer la bulle *Unigenitus*. Clément XI, aussi rusé que Dubois, mourut sans l'avoir *cardinalisé*; son successeur Innocent XIII, élu par la faction française, n'eut que le temps de commettre cette lâcheté; on dit qu'il en mourut de chagrin. La folie du Système, qui ne permettait guère aux esprits, absorbés par le commerce des actions, de s'occuper du jansénisme et de la bulle, eut encore ce résultat bizarre de rapprocher le pape et le régent.

La majorité de Louis XV approchait. Le duc d'Orléans craignant de manquer à sa dignité s'il devenait de régent premier ministre, Dubois ambitionna encore cette place dédaignée par l'orgueil ou la paresse de son maître; il eut l'insolence de la demander et le duc eut la faiblesse de l'accorder (août 1722). Le jeune roi, conduit de Paris à Reims par la première grande route pavée qu'on eût construite en France, y fut sacré le 20 octobre 1723. A force de cynisme et de brutalité, Dubois rendit à chacun les affronts qu'il avait soufferts; il *pouillait* le régent lui-même comme un particulier, quand il lui arrivait de le trop contredire. Il prit la surintendance des postes pour avoir le secret des correspondances, entoura le duc d'Orléans et le roi de ses espions, et gouverna souverainement la cour et la France par l'intrigue. On dit qu'un jour il jeta au feu, pour se mettre au courant, un amas énorme de lettres qu'il n'avait pas décachetées. Pourvu de six abbayes, élu membre de l'Académie, il fut encore l'héritier de Bossuet comme président de l'Assemblée du clergé, et convoitait la dignité de chancelier. Mais il ne jouit pas longtemps de toutes ses grandeurs et mourut comme il s'était élevé, par ses débauches (août 1723). Pour imiter Richelieu, il monta un jour à cheval et passa la revue de la maison du roi à Versailles, où il avait ramené le roi et le régent; le mouvement du cheval fit crever un abcès et causa sa mort.

Le duc d'Orléans apprit avec joie la fin du *drôle* dont il n'avait jamais pu se délivrer, lui succéda comme premier ministre et le fit regretter ! Il songeait à tenter une nouvelle expérience du Système, quand il mourut lui-même le 2 décembre suivant d'une attaque d'apoplexie. Le complice de Law et de Dubois ne fut pleuré que par Louis XV. Plein de tendresse et de respect pour le jeune roi, il lui donnait des leçons de politique et de morale qui valaient celles de Massillon, mais dont l'imbécile Villeroi détruisit l'effet. L'histoire de la régence n'est pas d'ailleurs tout entière dans la scandaleuse fortune de Dubois, ni dans les aventures financières de Law et les orgies du régent; il faut citer, pour être juste, les meilleurs actes de son administration : une académie d'arts mécaniques ouverte au Louvre, les réformes opérées dans l'organisation de l'armée qui fut mieux payée, et de l'artillerie qui fut dotée de cinq écoles de théorie et de pratique ; la construction d'un grand nombre de casernes et l'abolition des tributs militaires pour le soulagement des bourgeois et des paysans ; la création d'un vaste système de grandes routes qui relia toutes les provinces.

Fleury, quoique tout-puissant sur l'esprit de son élève, laissa passer au pouvoir le duc de Bourbon, prince cupide et d'un esprit médiocre, qui n'était guère connu que par les *actions* du Système, et dont la maîtresse, la marquise de Prie, était pensionnée comme Dubois par l'Angleterre. Les Anglais se vengeaient à leur aise de la honte de Charles II. Une intrigue de femme, le mariage de Louis XV, fut l'acte le plus important du nouveau ministère. Le duc de Bourbon renvoya sans un mot d'excuse l'infante d'Espagne qui n'avait que six ans, pour marier plus vite Louis XV avant sa mort qui semblait prochaine. Il importait bien plus au duc de Bourbon de s'assurer le pouvoir pendant une minorité et d'éloigner les Orléans du trône par la naissance d'un dauphin, que d'achever l'œuvre de Louis XIV et de réparer les fautes de la Quadruple alliance par l'étroite union de la France et de l'Espagne. Louis XV fut donc marié à une fille de sept ans plus âgée que lui, Marie Leczinska, fille de ce roi de Pologne Stanislas que les Russes avaient détrôné.

Cette union, préférée à celle de la Russie, qui offrait la seconde fille de Pierre le Grand, Elisabeth, avec l'abjuration, n'affermit pas même le pouvoir du ministre. La précipitation et la violence marquèrent tous les actes de sa courte administration, qui fut comme une seconde régence. Les philosophes s'indignèrent d'un édit contre les protestants plus rigoureux que celui de Louis XIV. Le dernier des quatre frères Paris-Duverney, surintendant des finances, diminua de plus de moitié la valeur légale des monnaies et réduisit l'intérêt au denier trente, pour ramener à des prix modérés les denrées et la main d'œuvre. L'édit fut exécuté par les troupes du roi sur les ouvriers et les marchands. Le remède paraissant pire que le mal, l'édit fut révoqué, et l'Etat perdit encore à cette mutation d'espèces une somme de 35 millions. Duverney conçut alors un projet plus hardi et plus impraticable ; ce fut de lever pendant douze ans le *cinquantième* de tous les revenus sur toutes les terres, sans excepter celles de la noblesse et du clergé. Il n'accordait que six semaines pour l'établissement d'une perception en nature : courage maladroit et réforme prématurée. Pour établir ainsi l'égalité des impôts, au moins fallait-il s'appuyer sur la nation contre les classes privilégiées, au lieu de la soulever par le droit de *joyeux avènement* que Dubois lui-même n'avait pas réclamé, droit gothique et suranné qui forçait chacun de faire confirmer par le nouveau roi, moyennant finances, toutes les concessions des règnes précédents(1). Un autre droit féodal, levé sur les métiers, la *ceinture de la reine*, ne choqua pas moins les populations. Paris-Duverney fut mieux inspiré en organisant la milice française, formée et recrutée par

---

(1) Les traitants auxquels on l'afferma pour 24 millions, en tirèrent presque le double.

le sort, comme une réserve de 60,000 hommes, répartis en cent bataillons (1).

Quand Fleury crut le moment venu de prendre la direction des affaires, l'exil du duc de Bourbon et de la marquise de Prie, à la suite d'une intrigue de cour, lui donna le pouvoir (1726). En haine de ces deux personnages, on aima ce vieillard économe et laborieux, plus despote au fond que Louis XIV lui-même, mais qui mettait sa grandeur dans la simplicité, ami de la paix par son caractère et son âge, proscrivant jusqu'au luxe de l'esprit, sans élévation dans sa politique, mais capable au moins de reposer le pays d'une agitation stérile et de remettre l'ordre aux finances. Il nomma l'habile Orry contrôleur général ; il mit fin aux variations des monnaies, diminua les tailles, supprima le cinquantième, et ranima le crédit public par sa probité scrupuleuse envers les créanciers de l'État. Le vieux cardinal, trop favorable aux Jésuites, ne se départit de sa modération que pour les affaires religieuses au sujet de la bulle *Unigenitus*, toujours combattue par les Jansénistes et par le Parlement. On vit deux prêtres, Tencin et Lafitteau, deux créatures de Dubois, renouveler la persécution contre les Jansénistes, le Parlement s'armer contre la bulle de la célèbre Déclaration de 1682, suspendre la justice, partir pour l'exil, puis rentrer à Paris sur un faux semblant de soumission (1730); après quoi les troubles recommencèrent, au grand profit des philosophes et des incrédules qui riaient des deux partis. Les successeurs d'Arnauld et de Pascal n'étaient plus que les convulsionnaires de Saint-Médard; le Jansénisme s'avilissait dans ces prétendus miracles opérés sur la tombe du diacre Pâris, auxquels on mit fin par mesure de police.

Comme le vieux cardinal mettait toute son ambition à maintenir la paix, il ménagea surtout l'alliance anglaise, que la France avait déjà payée si cher dans les premières années de Louis XV, et suivit la politique du régent plus souvent que celle de Louis XIV. Par une complaisance exagérée pour Robert Walpole, qui fondait sur la paix son système de corruption, et qui redoutait la guerre

---

(1) C'était rétablir les milices de Louvois (1688), et préparer la conscription décrétée en 1798 sur la motion de Jourdan.

autant que Fleury lui-même, il laissa dépérir notre marine. Il semblait que le meilleur moyen d'assurer la paix fût d'apurer les comptes de la succession d'Espagne entre Charles VI et Philippe V. Il y fallut deux congrès et trois traités. Au congrès de Cambrai, ouvert dès 1722, on débattit la question de l'investiture promise à don Carlos, des réclamations soulevées contre cette investiture par les princes italiens, et de la compagnie d'Ostende fondée par Charles VI. La France, l'Espagne et les deux puissances maritimes n'entendaient pas permettre à l'empereur de relever par cette fondation le commerce des Pays-Bas autrichiens; car on avait compté que la Belgique, sous le gouvernement lointain de l'Autriche, resterait dans le même état de faiblesse et d'isolement que sous la domination espagnole. L'empereur s'indignait qu'on intervînt dans l'administration de ses états et qu'on refusât de garantir la *Pragmatique sanction*, par laquelle il assurait sa succession indivisible à ses filles, à défaut d'héritiers mâles. L'Espagne, de son côté, s'indignait du renvoi de l'infante fiancée à Louis XV. L'Autriche et l'Espagne, qu'on désespérait de réconcilier, s'entendirent mieux que n'auraient voulu leurs médiateurs, et conclurent le traité de Vienne (1725); l'empereur, outre l'investiture confirmée à don Carlos pour les duchés de Parme, de Plaisance et de Toscane, promettait d'aider l'Espagne à recouvrer Gibraltar et Minorque; Philippe V, en retour, reconnaissait la *Pragmatique* et la compagnie d'Ostende.

On s'effraya de ce traité secret de l'Autriche et de l'Espagne, comme naguère des projets d'Albéroni. On parlait même du mariage prochain de don Carlos avec Marie-Thérèse, fille aînée de Charles VI, et de ce rapprochement des deux pays que l'Europe avait tant redouté depuis Charles-Quint. Le duc de Bourbon, encore au pouvoir, coalisa par le traité de Hanovre (1725) la France et l'Angleterre, auxquelles se rattachèrent plus tard la Hollande, la Suède et le Danemark. L'Autriche mit de son côté la Prusse et la Russie, avec l'Espagne. La guerre générale éclatait : déjà Philippe V assiégeait Gibraltar. Le cardinal Fleury, devenu premier ministre, sut conjurer l'orage. Il fit signer à l'Autriche, sous le nom de Préliminaires de Paris (1727), un traité provisoire qui suspendait pour sept ans la compagnie d'Ostende. Il ouvrit ensuite un congrès à Soissons (1728), où l'Espagne demanda qu'on lui permit d'occuper militairement les duchés d'Italie. L'Autriche n'y consentait qu'à la condition de voir la Pragmatique garantie par les puissances. Fleury profita de ces dissensions pour inspirer à l'Espagne des doutes sur la sincérité de l'Autriche, et fit si bien que par le traité de Séville, en 1729, l'Espagne se rapprocha de la France et des puissances maritimes pour obtenir d'elles ce que l'Autriche lui refusait. Charles VI se plaignit qu'on disposât des fiefs de l'empire en Italie sans garantir sa Pragmatique, envoya des troupes dans le Milanais, et prit possession du duché de Parme à la mort du dernier duc Antoine Farnèse. Mais ce traité de Séville, dont l'empereur s'effrayait si fort, fut bientôt rompu par l'Angleterre et par l'Espagne. Robert Walpole était jaloux de Fleury, qui semblait diriger les destinées de l'Europe; la reine d'Espagne, Élisabeth Farnèse, trouvait le cardinal bien lent à livrer les duchés aux troupes espagnoles; l'Angleterre et la Hollande rapprochèrent les cours de Vienne et de Madrid par le second traité de Vienne, qui mit fin aux longs débats de la succession d'Espagne. L'empereur permit d'introduire six mille Espagnols dans les duchés réservés à don Carlos et abolit sa compagnie d'Ostende; à ce prix les puissances maritimes garantirent la Pragmatique sanction (1731).

IV Guerre de la succession de Pologne (1733). — Guerre contre l'Autriche sur le Rhin et en Italie. — Traité de Vienne (1738).

Après tant de traités contradictoires et de guerres avortées, une guerre plus sérieuse agita l'Europe, et fut pour Charles VI une autre occasion d'assurer la Pragmatique, que la France seule, avec la Saxe et la Bavière, n'avait pas encore reconnue. La succession d'Auguste II, roi de Pologne, était disputée par son fils Frédéric-Auguste, et par son ancien rival, Stanislas Leczinski. L'Autriche, la Prusse et la Russie, qui savaient que Louis XV attendait le moment de replacer son beau-père sur le trône de Pologne, s'étaient promis par un traité secret de combattre à Varsovie l'influence française. L'électeur de Saxe était soutenu par la Russie comme un vassal qui promettait le duché de Courlande à Biren, favori de l'impératrice Anne, et par l'Autriche comme gendre de Joseph Ier, qui renonçait à tout droit de succession sur la monarchie autrichienne et confirmait à son tour la Pragmatique après l'avoir combattue. La Prusse resta neutre comme les puissances maritimes, car elle se souciait peu d'affermir en Pologne la maison de Saxe. La Porte, la France, la grande majorité des Polonais, le primat Théodore Potocki, étaient pour Stanislas, digne du trône par ses vertus aimables, et qui fut régulièrement élu. Les baïonnettes de l'Autriche et de la Russie le chassèrent de son royaume, pour maintenir, disait-on, la liberté des suffrages, et pour mettre à sa place Auguste III, élu seulement par quinze sénateurs et six cents nobles. La France déclara la guerre cinq jours après l'élection d'Auguste III ; mais Fleury par égard pour les Anglais, et pour éviter de leur montrer une flotte française sur la mer du Nord, envoya seulement quelques vaisseaux et quinze cents hommes au secours de Stanislas assiégé dans Dantzig par trente mille Russes et Saxons. Notre ambassadeur à Copenhague, le comte de Plélo, ramena sur Dantzig cette poignée d'hommes qui n'avait pas osé risquer l'attaque, et se fit tuer à sa tête pour l'honneur de la France. La ville capitula, et Stanislas s'enfuit déguisé en matelot. La France désespérant d'atteindre la Russie, qu'elle avait pour la première fois rencontrée sous les murs de Dantzig, se retourna contre l'Autriche. Elle avait, grâce à Chauvelin qui négocia le traité de Turin, deux alliés tout prêts en Italie : le roi de Sardaigne, qui se promettait d'écorner le Milanais, et don Carlos, qui brûlait d'échanger ses fiefs de l'empire contre la royauté de Naples et de Sicile. Le Milanais, réuni au Piémont, devait former un royaume de Lombardie, et la France aurait la Savoie, si le roi de Sardaigne obtenait Mantoue en sus du Milanais.

Malgré l'avis du prince Eugène, l'empereur avait naguère diminué son armée de quarante mille hommes, dégarni l'Italie, et placé dans les Pays-Bas 30,000 hommes qui furent inutiles puisque la France, caressant la neutralité des puissances maritimes, avait promis de respecter les Pays-Bas autrichiens. Les Français avaient couvert la Lorraine et passé le Rhin, sans *attaquer le corps germanique*, avant que la diète eût décidé si la guerre était d'empire et distribué les commandements entre les protestants et les catholiques. Ils occupaient déjà Philippsbourg que la diète délibérait encore, divisée par un manifeste doucereux de Louis XV qui séparait l'empire de l'Empereur et désavouait tout projet de conquête. Ce ne fut qu'au bout de trois mois qu'elle déclara la guerre à la France et à la Savoie, sans parler de l'Espagne. L'Empereur, attaqué par trois puissances catholiques au dehors, avait contre lui dans l'Empire les électeurs catholiques qui se déclarèrent neutres, pendant que la politique lui donnait l'alliance des électeurs protestants de Saxe et de Brandebourg.

Les vieux généraux de la guerre d'Espagne reparurent dans les camps. Berwick, après avoir occupé la Lorraine et pris Kehl, eut la tête emportée par un boulet à l'attaque de Philippsbourg, que ses lieutenants Noailles et Asfeld, devenus maréchaux de France, forcèrent de capituler. Villars, nommé maréchal-général comme Turenne, mourut dans la conquête du Milanais qu'il avait menée fort vite, *étant trop vieux pour attendre* (1734). Un autre vieillard, le prince Eugène, moins heureux que ses rivaux, assista pendant trois ans aux défaites de l'Autriche. Le prince royal de Prusse (Frédéric II) qui venait avec dix mille Prussiens, les meilleurs soldats de l'empire, se mettre à l'école du grand capitaine, ne trouva plus sur le Rhin que *l'ombre* du prince Eugène. A la tête d'une armée trop jeune pour lui et composée de mauvaises recrues, Eugène, quoique bien secondé par Seckendorf, autre vétéran de Hochstœdt, n'osa pas compromettre dans une action décisive une renommée conquise en dix-huit batailles. Il se bornait à couvrir de son nom la faiblesse de l'empire et de l'Autriche. Les contingents prussiens, hanovriens, danois, ravageaient l'empire au lieu de le défendre. La czarine envoya 10,000 hommes, première apparition des Russes au centre de l'Allemagne. La guerre sur le Rhin ne fut donc qu'une parade pendant les négociations ; Eugène n'essaya pas même de sauver Philippsbourg. La lutte était plus sérieuse en Italie, où les Français, commandés par le maréchal de Coigny, gagnèrent les batailles de Parme et de Guastalla, pour le compte de l'Espagne. Don Carlos n'eut que la peine de vaincre les Autrichiens à Bitonto pour être proclamé roi de Naples et de Sicile (1735). De sa retraite de Plaisance, le vieux cardinal Albéroni put voir les Autrichiens chassés de Milan, de Naples et de Palerme.

En deçà des Alpes, Seckendorf, enhardi par l'arrivée des Russes, obtint du prince Eugène la permission de passer le Rhin, et malgré la retraite des Prussiens, battit les Français à Klausen (1735). Mais Charles VI, mécontent des puissances maritimes qui lui reprochaient son intervention en Pologne, et peu sûr du roi de Prusse, n'en signa pas moins les conditions que lui dictait la France. Stanislas abdiqua la couronne de Pologne et reçut les duchés de Bar et de Lorraine, qui devaient rester à la France après sa mort. Le duc de Lorraine, François-Étienne, fut déclaré héritier du grand-duché de Toscane, après le dernier Médicis (Jean-Gaston qui mourut en 1737). Les royaumes de Naples et de Sicile furent donnés à don Carlos, qui rendit Parme et Plaisance à l'Empereur. Le roi de Sardaigne obtint sur le Milanais les pays de Tortone et de Novare. A ce prix la France garantit la Pragmatique sanction, et Charles VI eut le triste honneur d'avoir donné à la Pologne un mauvais roi.

Ces préliminaires, ratifiés par la France après la bataille de Klausen, ne devinrent le traité de Vienne que trois ans plus tard, en 1738. La diète, qui les discuta longuement, n'exprima qu'une seule crainte en autorisant l'Empereur à céder le duché de Lorraine ; c'était que la France n'y établît des *chambres de réunion*. Le corps évangélique réclama l'abolition de la *clause* de Ryswick ; les représentants des puissances protestantes, Angleterre, Danemark, Suède, Prusse, États-Généraux, appuyèrent cette demande près des cours de Vienne et de Versailles : Louis XV leur fit répondre par Chauvelin, dans le langage du grand roi, qu'il n'était pas moins attaché à sa religion que les protestants à leur église. C'est au milieu de ces négociations, et quelques jours avant la mort du prince Eugène (1736), que Charles VI maria sa fille aînée à François-Étienne. Les généalogistes lui prouvèrent que les ducs de Lorraine descendaient, comme la maison de Habsbourg qu'ils allaient continuer, d'Éticho Ier, comte d'Alsace au viie siècle ; il ne fallait pas moins pour consoler l'Empereur de n'avoir pas d'héritier mâle. Il s'applaudissait d'autre part de voir sa Pragmatique reconnue et garantie par toutes les puissances de l'Europe, et croyait naïvement qu'après sa mort on tiendrait tous les serments qu'on lui faisait de son vivant. A mesure que la succession diminuait, il la croyait plus sûre.

Ce fut là un beau moment pour la France. Après avoir arraché à l'Autriche la Lorraine et les Deux-Siciles, elle vit encore Charles VI, engagé par l'impératrice Anne dans sa guerre contre les Turcs, leur rendre en 1739 la Servie et une partie de la Valachie, conquêtes du prince Eugène. Le traité de Belgrade, qui consacrait ce dernier affront infligé à l'Autriche par Charles VI, était conclu par l'intervention de la France, qui, sans affecter la suprématie orgueilleuse de Louis XIV, faisait partout rechercher sa médiation. Sa politique extérieure, enfin délivrée de l'alliance anglaise, avait repris avec Fleury sa force et sa dignité. A l'intérieur ses finances étaient rétablies, et son commerce se relevait ; au lieu des trois cents vaisseaux qu'il comptait avant Law, suivant Voltaire, il en avait dix-huit cents à l'époque du traité de Vienne. L'esprit philosophique continuait la suprématie littéraire de la France, sans remuer encore jusqu'en leurs fondements les vieilles sociétés de l'Europe. La cour, où régnait une reine vertueuse, et qui venait de perdre (1737) un prince justement populaire, le comte de Toulouse, semblait préservée des honteuses débauches de la régence. Du côté des Pyrénées, on était revenu à la politique de Louis XIV. La fille aînée du roi épousait l'infant don Philippe, et Fleury envoyait vingt-deux vaisseaux à l'Espagne insultée par les Anglais dans ses colonies d'Amérique.

CHAPITRE XVI.

GUERRE DE LA SUCCESSION D'AUTRICHE. — PROGRÈS DU ROYAUME DE PRUSSE. — FRÉDÉRIC II. — TRAITÉ D'AIX-LA-CHAPELLE.

SOMMAIRE.

1. — A la mort de Charles VI (1740), l'Angleterre seule maintient la Pragmatique sanction. Les autres puissances, enhardies par la faiblesse de l'Autriche, contestent les droits de Marie-Thérèse à la monarchie autrichienne. La France, entraînée par les frères Belle-Isle et par la noblesse, malgré les scrupules de Fleury, porte à l'Empire un des prétendants aux états héréditaires, Charles-Albert, électeur de Bavière. L'ennemi le plus redoutable de Marie-Thérèse est Frédéric II, le nouveau roi de Prusse.
2. — La maison de Brandebourg alors si puissante a fait de rapides progrès depuis un siècle. Le Grand-Électeur (1640-1688) a fondé le pouvoir absolu, l'armée permanente et l'indépendance de la Prusse ducale. Il a établi sa famille sur le Rhin par le dernier règlement de la succession de Juliers en 1666, résisté seul à Louis XIV comme allié de la Hollande, et provoqué dès lors la jalousie de l'Autriche. Il a recueilli généreusement les calvinistes français. Son fils Frédéric III (1688-1713), achetant de la cour de Vienne la dignité royale (1701) comme prix de son alliance dans les affaires d'Espagne, affermit le despotisme alors nécessaire dans ses états disséminés.
3. — Frédéric-Guillaume Ier (1713-1740), reconnu roi par le traité d'Utrecht au sortir d'une guerre glorieuse pour son armée, fait de la Prusse en pleine paix une puissance militaire de premier rang, s'agrandit sur la Suède et la remplace en Allemagne comme protecteur de la Réforme.
4. — Dans la guerre de la succession d'Autriche, son fils Frédéric II porte les premiers coups et joue le rôle principal. Il se jette sur la Silésie, et par sa victoire de Molwitz, détermine la ligue de Nymphenbourg contre l'Autriche (1741). L'Angleterre et la Russie étant d'abord réduites à la neutralité, Marie-Thérèse, chassée de Vienne, en appelle aux Hongrois, et suivant le conseil des puissances maritimes, désarme la Prusse, encore victorieuse à Czaslau, par le traité de Breslau (1742), pour accabler les Bavarois, puis les Français qu'elle chasse de la Bohème.
5. — L'Angleterre, rivale maritime de l'Espagne et intéressée à secourir l'Autriche, dirige la guerre par ses subsides, chasse les Français d'Allemagne par la victoire de Dettingen (1743), et d'Italie par la défection de la Sardaigne et par la neutralité qu'elle impose au roi de Naples. La France, après la

mort de Fleury et la bataille de Toulon, déclare la guerre à l'Angleterre et à la Sardaigne (1744). Tandis que deux armées françaises envahissent les Pays-Bas, les Autrichiens menacent d'envahir la France par l'Alsace. Frédéric II, effrayé des succès de l'Autriche et du traité de Worms, renouvelle à Francfort son alliance avec la France et la Bavière, et son entrée en Bohême sauve l'Alsace (1744). La Bavière se retire de la lutte par le traité de Füssen après la mort de l'Empereur Charles VII, que remplace François Ier époux de Marie-Thérèse (1745). L'Angleterre fait refuser la paix à la France, qui remporte les victoires de Fontenoy aux Pays-Bas et de Bassignano en Italie ; puis elle ménage à Frédéric II, trois fois vainqueur des Autrichiens, le traité de Dresde qui lui laisse la Silésie et met fin à la guerre en Allemagne (1745).

6. — La guerre continue pendant trois ans en Italie, aux Pays-Bas et aux colonies. L'Angleterre ruine les marines espagnole et française (prise du Cap-Breton). L'Autriche peut désormais secourir partout ses alliés et défendre ses provinces lointaines. Battue aux Pays-Bas en l'absence des Anglais, qui vont repousser chez eux la dernière tentative des Stuarts (bataille de Culloden 1746), elle chasse les Français d'Italie par sa victoire de Plaisance, occupe Gênes et menace la Provence. Mais les victoires de la France aux Pays-Bas (Raucoux et Lawfeld, 1747) et le siège de Maestricht, la supériorité des Français aux Indes malgré la funeste rivalité de Dupleix et de La Bourdonnais, d'autre part l'arrivée des Russes sur le Rhin, la destruction de la marine française en Amérique et sur les côtes d'Espagne et de Bretagne (combats du cap Finistère et de Belle-Isle) déterminent la conclusion du traité d'Aix-la-Chapelle (1748). La France, l'Angleterre et la Hollande se rendent leurs colonies en Europe et dans les Indes. Le duché de Parme est cédé à don Philippe. La *Pragmatique sanction* de Charles VI et la succession protestante en Angleterre sont confirmées. La Prusse garde la Silésie et se range parmi les grandes puissances.

1. Mort de Charles VI et avènement de Marie-Thérèse (1740). — Les prétendants à la succession d'Autriche.

La descendance mâle de Rodolphe de Habsbourg s'éteignit en 1740 avec Charles VI, après avoir donné dans un espace de 467 ans seize empereurs à l'Allemagne. A part les hostilités maritimes de l'Angleterre et de l'Espagne, la paix avait rapproché toutes les puissances européennes. La France était calme et prospère sous la sage administration de Fleury, comme l'Angleterre sous le système corrupteur de Walpole, qui lui donna vingt ans de prospérité matérielle. Il devait suffire à la reine d'Espagne, Elisabeth Farnèse, qui gouvernait l'imbécile Philippe V, d'avoir donné le royaume de Naples à son fils don Carlos. En jetant un dernier regard sur le monde, Charles VI avait pu croire que sa fille monterait sans obstacle sur le trône de ses aïeux, et que sa *pragmatique sanction*, rédigée dès 1713, éviterait pour la succession de la branche cadette en Autriche, les intrigues et les guerres que lui-même avait vues de si près à l'extinction de la branche aînée en Espagne.

Les états provinciaux des pays héréditaires, les princes allemands et toutes les puissances de l'Europe avaient garanti la Pragmatique. On a vu Charles VI faire provision de serments diplomatiques, et sacrifier dans ce but la compagnie d'Ostende aux puissances maritimes, Naples et la Sicile aux Bourbons d'Espagne, la Lorraine à la France. Mais pas une de ces puissances, l'Angleterre exceptée, ne trouva son profit à tenir ses engagements. Marie-Thérèse fut en moins d'un an attaquée par la moitié de l'Europe, et presque entièrement dépouillée de ses états. C'en était fait de la maison de Habsbourg, si la fille de Charles VI n'eût montré plus de force virile que son père et la plupart de ses ancêtres. Il faut convenir d'ailleurs que l'Autriche, mal gouvernée, plus mal défendue depuis la mort du prince Eugène (1736), battue par les Français et par les Turcs dans ses dernières guerres, devait tenter les conquérants par la facilité de la conquête. Toute l'Europe savait dans quel état la mauvaise administration de Charles VI, l'indolence ou la corruption de ses ministres laissaient les vastes provinces de la monarchie. Mais les spéculateurs n'avaient point compté sur le courage de Marie-Thérèse, ni sur la fidélité et l'héroïsme des populations autrichiennes qui mirent en défaut les calculs de la politique vulgaire.

Dès que Marie-Thérèse eut pris possession des états autrichiens, les électeurs de Bavière et de Saxe, les rois d'Espagne et de Sardaigne élevèrent des prétentions sur la totalité ou sur quelques portions de son vaste héritage. Le plus ardent et le plus loyal des ennemis de Marie-Thérèse, comme elle en jugeait elle-même, était l'électeur de Bavière. Celui-là du moins n'avait rien juré. Le voluptueux Charles-Albert revendiquait la succession totale, non-seulement comme époux d'une fille de Joseph Ier, mais comme descendant d'une fille de Ferdinand Ier, qui n'avait renoncé, disait-il, qu'en faveur des héritiers mâles de Ferdinand. Mais l'acte original dont l'électeur ne produisait que la copie, énonçait la renonciation en faveur de tous les descendants légitimes. L'électeur de Saxe, roi de Pologne, se présentait comme époux de la fille aînée de Joseph Ier. Celui-là oubliait que Charles VI avait perdu la couronne de Naples pour lui procurer celle de Pologne.

Le roi d'Espagne réclamait seulement les royaumes de Bohême et de Hongrie; sa femme Élisabeth, non contente d'avoir fait don Carlos roi de Naples et de Sicile, espérait un établissement pour son second fils don Philippe en Lombardie. Le roi de Sardaigne réclamait le Milanais. La France, par égard pour les puissances maritimes qu'elle ne voulait pas défier ouvertement, ne demandait que la gloire de servir ses alliés, et quoique payée de son adhésion à la Pragmatique par ses droits éventuels sur la Lorraine, elle déclara n'avoir rien garanti que sous la réserve des droits de la Bavière et de l'Espagne.

Les deux frères Belle-Isle, petits-fils de Fouquet, chefs d'une noblesse belliqueuse, triomphèrent des scrupules de Fleury et de l'indécision de Louis XV. L'heure était venue, disaient-ils, d'accomplir enfin le grand projet de Henri IV et de Louis XIV, d'abattre sans danger, peut-être sans guerre, la vieille rivale de la France, d'élever celle-ci au premier rang en Europe, en plaçant sur le trône impérial l'électeur de Bavière, dont le père avait si bravement servi la France. Il est vrai que depuis 1714 quatre conventions secrètes avaient promis à la Bavière l'assistance française en cas d'extinction de la branche masculine de la maison d'Autriche.

Le plus redoutable et le plus prompt des ennemis de l'Autriche fut le roi de Prusse, Frédéric II, qui venait de succéder à son père, Frédéric-Guillaume, à l'âge de vingt-huit ans. Ce correspondant de Voltaire, dont les philosophes célébrèrent l'avénement comme un bienfait pour l'humanité et comme une victoire de la philosophie, ce nouveau Marc-Aurèle songeait bien plus à consolider sa jeune royauté sur de larges bases qu'à réaliser leurs utopies. Pour son début, il pratiqua dans sa conquête de Silésie la politique immorale qu'il avait réfutée avant d'être roi dans son *Anti-Machiavel*. On vit qu'il connaissait la politique de son temps aussi bien que les livres des philosophes.

Ce petit royaume dispersé du Rhin au Niémen, avait, à force d'économie, ce qui manquait à l'Autriche, un trésor de 40 millions, une armée de soixante mille hommes, un jeune roi, capable de continuer et d'achever l'œuvre du Grand-Électeur. Avec celui-ci, la Prusse était devenue puissance de premier ordre en Allemagne: Frédéric II va la mettre au rang des premiers états de l'Europe.

II. Formation et progrès du royaume de Prusse. — Le Grand-Electeur Frédéric-Guillaume (1640-1688). — Frédéric III (1688-1713) roi de Prusse en 1701 sous le nom de Frédéric Iᵉʳ.

Il vaut la peine d'étudier l'histoire de la Prusse dans le siècle qui va de l'avénement du Grand-Électeur à celui de Frédéric le Grand (1640-1740), et de comparer à la maison d'Autriche, alors en décadence, l'ambitieuse dynastie de Hohenzollern. Il n'est guère de peuples qui doivent moins à la nature et au temps et qui doivent plus à leur énergie que cette nation prussienne, qui vint en 1740 demander à l'Autriche le partage de la puissance allemande et qui fut bientôt le cœur de la civilisation germanique.

Le Grand-Electeur, élevé aux Pays-Bas, apprit dans cette première école militaire et politique de son temps l'art de la guerre et du gouvernement. Il fut l'élève, l'ami et l'allié des Nassau. Il étudia pour fonder la monarchie prussienne ce petit peuple de Hollande, devenu par son industrie la plus riche nation du globe et capable de résister pendant près d'un siècle à ceux qui possédaient les mines du Mexique et du Pérou. Il songea dès son avénement (1640) à préparer l'indépendance de ses états en se donnant une armée permanente et le pouvoir absolu. Dans le même temps qu'il enlevait aux états provinciaux le droit de s'assembler sans son ordre, il mettait sur pied une armée de vingt mille hommes (1655). Au sortir de la guerre de Trente ans, sa politique avec les états voisins fut celle de l'époque : personne alors n'osait courir les risques de la franchise et de la loyauté. Dans les guerres entre la Suède, la Pologne et le Danemark, qui finirent par les traités de Copenhague et d'Oliva, il eut le talent de trahir à propos ses alliés. Il affranchit ainsi la Prusse de la Suède par le traité de Labiau (1656), et de la Pologne par le traité de Wéhlau (1657); il s'affranchit lui-même du contrôle des conseils provinciaux en matière de finances. La Prusse ainsi libre de toute relation féodale avec les états voisins et avec l'empire, l'électorat de Brandebourg auquel la Prusse était réunie depuis 1618, les pays ajoutés à l'électorat par le traité de Westphalie et soumis au même régime que les Marches, la part des Hohenzollern dans la succession de Juliers, constituaient déjà par leur étendue une véritable monarchie avant d'en avoir le titre. La lutte du pouvoir absolu contre les franchises provinciales et de l'unité monarchique contre les divisions féodales, fut longue et sanglante en Prusse ; l'électeur eut moins de peine à soumettre les autres provinces, plus éloignées de la Pologne et de sa turbulente anarchie. L'année 1653 vit la dernière assemblée des États de Brandebourg. Frédéric-Guillaume prenait possession du pouvoir absolu en même temps que le roi de Danemark, qui fut peut-être son modèle (loi royale, 1660). Il appliquait le despotisme comme un remède héroïque à ce peuple malade et mourant qui naguère, après le traité de Westphalie, n'attendait plus que *le fossoyeur*. Au bout de quelques années, on n'eût pas reconnu ce pays si longtemps désolé par la guerre. Les colons attirés de la Hollande et de la Frise étaient venus fertiliser les sables des Marches ; les villes et les villages avaient des prédicateurs et des maîtres d'école ; une loi contre le duel réprimait la férocité des mœurs. Calviniste modéré, l'électeur sut contenir les théologiens aussi bien que les bourgeois et les nobles. Pour l'administration, l'agriculture, l'industrie, le commerce, la marine et les canaux, il imitait ses alliés des Pays Bas. Il mit l'ordre dans les finances et les revenus de son domaine ; il établit un système général de douanes qui remplaça pour l'entretien de l'armée les subsides votés par les États ; il creusa le canal qui porte son nom et qui joint par la Sprée l'Elbe à l'Oder. Le Grand-Électeur se donna même une flottille, qui captura plus d'une fois les galions espagnols, et pour imiter en tout les Hollandais, une colonie en Guinée, Friedricksbourg, qu'ils achetèrent plus tard. Il rêvait une compagnie des Indes orientales, une grande université des peuples à Tangermünde. Les Polonais lui offrirent trois fois la couronne au prix d'un changement de religion qu'il refusa toujours.

Libre à l'est et au nord, Frédéric-Guillaume se tourna vers l'occident. Allié à la maison d'Orange par son mariage avec une fille de Frédéric-Henri de Nassau, établi sur le Rhin par son traité définitif de 1666 avec la maison de Neubourg qui lui confirmait dans la succession de Juliers les pays de Clèves, de Mark et de Ravensberg, partageant avec cette maison la direction du cercle de Westphalie, il intervenait à ces deux titres dans les affaires de l'Europe occidentale. Il fut dans la Ligue du Rhin le plus fier et le plus incommode allié de Louis XIV. Aucun ne sentait plus profondément et n'enseigna mieux à ses collègues la dignité d'un prince de l'Empire vis-à-vis des puissances étrangères. Il dénonça le premier l'ambition de la France aux Allemands qui s'en faisaient les complices. On l'a vu, dans les guerres de Louis XIV contre la Hollande, courir le premier au secours de son alliée, pour défendre en même temps ses possessions du Rhin ; puis, menacé par la Suède et la Pologne que la France relevait derrière lui, trahi par l'inaction de ses alliés, battre à Fehrbellin (1675) les Suédois jusque-là si redoutés, et rester le dernier sur le champ de bataille. La cour d'Autriche n'avait pas vu sans déplaisir ce nouveau *roi des Vandales* grandir sur la Baltique. Elle le sacrifia dans le traité de Nimègue aux vengeances de Louis XIV, qui força l'électeur de restituer toutes ses conquêtes sur la Suède. Mais on raconte qu'en signant le traité de Saint-Germain, Frédéric-Guillaume s'écria par une sorte d'inspiration prophétique : *Exoriare aliquis nostris ex ossibus ultor !* Il eut en effet au xviiie siècle son vengeur contre la France et contre l'Autriche.

Frédéric-Guillaume habitua de bonne heure la Prusse à jouer parmi les états protestants l'ancien rôle de la Suède. Lors de la révocation de l'Édit de Nantes, aucun prince ne reçut dans ses états plus de Français réfugiés. Dès 1672, Berlin avait son église de réformés français. Le Grand-Électeur livra des contrées jusque-là désertes à ces laborieux colons, vendit son argenterie pour les nourrir quand son trésor fut vide, et déclara que les gentilshommes français auraient dans ses états tous les priviléges de la noblesse indigène. Ce fervent calviniste s'affligeait de voir dans une même année (1685) la révocation de l'Édit de Nantes, l'avénement du catholique Jacques II en Angleterre, et de la branche catholique de Neubourg dans le Palatinat, après l'extinction de la branche réformée de Simmern. Il se rapprocha de Guillaume d'Orange, de la Suède et de l'empereur. Sans entrer dans la ligue d'Augsbourg contre Louis XIV, il fut désormais l'allié de Léopold qui lui céda provisoirement le cercle de Schwibus, en échange de ses prétentions sur quatre principautés de Silésie. Frédéric-Guillaume, le véritable fondateur de la monarchie prussienne, et celui des électeurs de Brandebourg qui songea le premier à la royauté, ayant ainsi relevé ses états par la guerre et par la paix mourut quelques mois avant la révolution qui plaçait son allié Guillaume III sur le trône d'Angleterre (1688).

Son fils, Frédéric III (1688-1713), petit de taille et d'esprit, amoureux du faste et de l'étiquette, imitant sans grâce la majesté naturelle à Louis XIV, suivit la politique de son père, autant par intérêt et par vanité que par force de génie ou de caractère. Il s'appuya sur l'Empereur pour casser le testament du Grand-Électeur et maintenir l'unité de ses états contre les fils d'un second lit. Moyennant 6 millions d'écus, dont les Jésuites de Vienne eurent leur bonne part, il acheta de l'Empereur ce titre de roi que son père avait mérité. Le ministre Kolb, tout puissant par sa femme sur l'esprit de son maître, offrit à son ambition l'exemple de son parent Guillaume d'Orange, devenu roi d'Angleterre, et de son voisin l'électeur de Saxe devenu roi de Pologne. Ce titre qui réjouissait la vanité théâtrale de Frédéric Ier, marquait toutefois la supériorité réelle de la Prusse sur les autres principautés de l'Empire. Cette royauté naquit, comme l'électorat de Hanovre, dans les embarras de l'Autriche, entre la guerre des Turcs et celle qui se préparait pour la succession d'Espagne. Frédéric Ier se couronna lui-même à Kœnigsberg (1701), avec la reine Sophie-Charlotte, fille du premier électeur de Hanovre, Ernest-Auguste, plus digne que son époux de la royauté et qui s'affligeait de jouer la reine de théâtre vis-à-vis de son *Ésope*. Ce n'était point l'électeur de Brandebourg, mais le duc souverain de la Prusse qui devenait roi. Quoique Frédéric promît de rester pour l'électorat dans la dépendance de l'Empire, la révolution était complète pour la Prusse et pour l'Allemagne. Le prince Eugène l'avait bien compris, lui qui voulait qu'on pendît les ministres de Léopold pour avoir reconnu cette monarchie qui naissait toute armée contre l'Autriche. Ce n'était point la royauté du moyen âge, limitée par les priviléges des États, mais la royauté moderne telle que la représentait Louis XIV, la monarchie absolue qui n'admettait d'autre juge que Dieu, ni d'autre règle de gouvernement que la conscience du roi, indépendante des nobles et de l'Empire, d'abord populaire et méritant de l'être. Le premier roi se disait républicain et patriote, le second s'appela le serviteur de Dieu, et le troisième, Frédéric le Grand, s'intitulait le premier serviteur de l'État. Il fallait cette concentration du pouvoir pour qu'un petit royaume comme la Prusse prît rang parmi les grandes puissances de l'Europe. La mort de Guillaume III agrandit d'abord la nouvelle monarchie; le roi de Prusse fut reconnu pour son héritier dans le comté de Meurs.

Quelques fondations célèbres honorèrent cette royauté naissante, entre autres l'ordre de l'Aigle-Noir, l'université de Halle, et la Société royale des sciences et belles-lettres de Berlin, dont la reine donna la présidence à Leibnitz. Le prince Léopold d'Anhalt-Dessau, disciple d'Eugène, portait chez les Prussiens les traditions militaires qui devaient périr en Autriche avec le grand capitaine; le vainqueur de Hochstœdt et de Turin fit honneur de ses victoires au courage de l'armée prussienne. Halle recueillit deux philosophes chassés par les vieux luthériens de Leipzig, Thomasius et Frank; le premier, adversaire courageux du pédantisme latin des universités et de la superstition luthérienne, apôtre du sens commun et de l'humanité, qui demandait qu'on cessât de parler et d'écrire en latin, qu'on instruisît le peuple, et que l'église de Luther cessât de favoriser le despotisme des princes; Frank, ami de Thomasius, fondateur de l'enseignement *réel*, défenseur de la religion contre la théologie et vertueux émule de Spener, ce Fénelon de la Réforme, qui venait de fonder le *piétisme* à Strasbourg. Sous les auspices de Frédéric Iᵉʳ et sous le patronage éclairé de Sophie-Charlotte, dont la mémoire est restée populaire en Prusse, le bon sens et le sentiment religieux se liguèrent contre le vieux pédantisme des écoles; la nouvelle royauté se donnait la puissance et l'autorité des idées nouvelles.

III. Frédéric-Guillaume Iᵉʳ (1713-1740). — Organisation militaire de la Prusse. — Politique et acquisitions de Frédéric-Guillaume. — Puissance de la Prusse en 1740.

Au traité d'Utrecht, Louis XIV reconnut cette royauté ridiculement contestée par le pape et par les débris de l'Ordre Teutonique. Frédéric Guillaume Iᵉʳ (1713-1740) devint prince souverain de Neuchâtel et de Valengin, après l'extinction de la maison française de Longueville. La Prusse reçut de plus, en échange de la principauté d'Orange qu'elle cédait à la France, la Gueldre espagnole moins Ruremonde et Venloo.

Frédéric-Guillaume Ier, roi bourgeois, sans premier ministre, sans maîtresse et sans cour, n'estimant que les théologiens et les soldats, proscrivit le luxe et l'étiquette, chassa les philosophes, mais garda le pouvoir absolu, et fit de la Prusse en pleine paix une puissance militaire de premier ordre. Le second roi de Prusse poussait jusqu'à la brutalité la haine des modes françaises ; mais ce despote bizarre, si dur à lui-même et aux autres, et qui ne souffrait la contradiction ni dans l'État ni dans sa famille, donna à son peuple un bon code pénal. Il fit pendre un seigneur qui maltraitait ses paysans. Ce dévot piétiste laissait la liberté de conscience aux soldats grecs et turcs de son armée. Ce roi, plein de mépris pour les savants et que son fils appelle un mécanicien militaire, fonda plus de mille écoles primaires. « Sous Frédéric Ier, Berlin était l'Athènes du Nord ; sous Frédéric-Guillaume, elle en devint la Sparte. » Il souffletait son fils pour avoir mis sur sa table des couverts d'argent. A l'élégance des cours de l'Occident, il préférait la rudesse des hommes du Nord. Ses héros étaient Charles XII, Pierre Ier, et son parent le prince de Dessau, qui dressait déjà les soldats de Frédéric II. Ce roi que George II d'Angleterre appelait *mon frère le caporal* et qui menait l'État comme un régiment, semble avoir confondu la civilisation avec la discipline militaire, qu'il établissait même dans l'Église. Il passait les prêtres en revue comme les soldats. Il confisquait pour l'armée les fonds de la Bibliothèque royale. Il aimait surtout les soldats hauts de six pieds, ces fameux *grenadiers de Potsdam* que ses recruteurs enlevaient dans les états voisins et qu'il payait jusqu'à 2,000 écus par tête. Les Prussiens de haute stature n'avaient le droit de se marier et d'échapper ainsi au service militaire qu'après le consentement de ses officiers recruteurs. Les Hollandais punirent du dernier supplice un de ces officiers ; l'électeur de Bavière les chassa de son pays ; mais la plupart des souverains expédiaient volontiers au roi de Prusse une marchandise qu'il payait fort cher. Pierre Ier en livrait cent pièces par an, et prenait en retour des fabricants, des sous-officiers et des ingénieurs.

Frédéric-Guillaume fit de Berlin une manufacture et une caserne, de ses sujets un peuple de travailleurs, de soldats et de protestants rigides. Il avançait des laines aux fabricants pauvres qui travaillaient pour vêtir son armée, et dès l'année 1733, la Prusse exportait 44,000 pièces de draps. Il forçait les gens de construire à Berlin de nouvelles maisons, sur un ordre ainsi conçu : « Le drôle est assez riche pour bâtir. » Il allait dans les boutiques encourager les ouvriers laborieux et les bonnes femmes de ménage, frappait de sa canne ceux qu'il trouvait désœuvrés dans les rues de Berlin, pour leur apprendre que le travail était la loi de l'État, et il traitait comme un fainéant son fils, qui lisait Bayle, Bolingbroke ou Voltaire, composait des vers français ou des traités de philosophie, et jouait de la flûte, au lieu de dire ses prières et d'écouter les sermons des chapelains, suivant l'ordre du jour. Il croyait que ce petit-maître, ce bel-esprit français, ce lâche, qui en effet tremblait devant lui, gâterait toute sa besogne. Le jeune Frédéric aimait comme son idiome maternel notre langue introduite en Prusse par les réfugiés, notre littérature établie à Berlin par son aïeule Sophie-Charlotte, et que lui enseignait son précepteur Duhan de Jandun, l'un des hommes les plus aimables et les plus spirituels de la colonie française. Il ne cachait point son aversion pour le bigotisme qui régnait à la cour de son père et qui chassait de l'université de Halle Charles Wolf, le plus célèbre philosophe de l'époque, qu'on regardait comme l'héritier de Leibnitz et de sa science universelle, et qu'on surnommait le *précepteur de la Germanie*. Il s'éloignait avec dégoût de la tabagie où le roi recevait les ambassadeurs et passait ses soirées en compagnie de ses officiers et de quelques malheureux savants qu'il appelait ses fous de cour. Frédéric adorait notre littérature comme un plaisir secret, parmi de plus honteux plaisirs. Contrarié dans ses goûts philosophiques, et maltraité par son père qui ne lui permettait pas même d'étudier les Grecs et les Romains, il essaya de fuir et fut condamné à mort comme déserteur. Son complice, le lieutenant Katt, jeune officier libertin, fut décapité sous les fenêtres de sa prison. Lui-même, après sa captivité, obtint la permission de reprendre l'uniforme et devint commis, puis conseiller dans les bureaux de la guerre et des domaines. Ce fut parmi ces détails prosaïques de l'administration qu'enfin le roi de Prusse devina le génie de son fils. Sa rudesse salutaire avait rappelé le jeune enthousiaste aux devoirs positifs d'un prince allemand. Il lui rendit sa confiance, et désormais sans crainte pour l'avenir de la Prusse, lui permit de se livrer à ses goûts dans sa délicieuse retraite de Rheinsberg. Deux jours avant sa mort, il remerciait Dieu de lui avoir donné un pareil fils.

A l'exemple du Grand-Electeur, Frédéric-Guillaume professait l'amour de la patrie commune, la haine de la France et de sa politique. Il fut patriote jusqu'à respecter l'empereur à la tête d'une armée de 80,000 hommes, dans un temps où la force donnait le droit ; il demeura son allié contre la France et l'Angleterre dans les derniers débats de la succession d'Espagne et dans ceux de la succession polonaise.

Aucune puissance n'avait d'ailleurs un intérêt plus direct que la Prusse à cette guerre de Pologne. Toute l'ambition de ses rois, depuis leurs acquisitions sur la Suède, tendait fatalement à s'emparer des pays polonais de la Vistule, qui séparaient la Prusse de la Poméranie brandebourgeoise. En 1715, les rois de Prusse et de Danemark avaient chassé les Suédois de Stralsund ; en 1720, Frédéric-Guillaume avait gagné sur la Suède par le traité de Stockholm les îles d'Usedom et de Wollin, Stettin qui reçut une colonie française, et tous les districts de la Poméranie jusqu'à la Peene. On avait rejeté les Suédois sur la côte pour rapprocher Kœnigsberg de Berlin ; il fallait refouler les Polonais sur Varsovie pour joindre Stettin et Kœnigsberg. On parla trois fois en Prusse de partager la Pologne avant Frédéric le Grand (1656-1710-1731). La Prusse devait craindre également que la maison de Saxe ne s'affermît en Pologne, ou que le beau-père de Louis XV, Stanislas Leckzinski, ne remontât sur le trône. Elle s'entendit donc avec l'Autriche et la Russie, en 1732, pour exclure tout candidat de la France ; mais elle n'acceptait pas sans condition celui des Autrichiens et des Russes. Avant de s'engager, elle offrit au roi de Pologne lui-même, à Auguste II, un traité de partage auquel seraient conviées les deux puissances et qu'on exécuterait malgré leur opposition. La mort de ce prince et l'avénement d'Auguste III sous la protection des baïonnettes russes ajournèrent le partage de la Pologne au grand dépit du prince royal. Frédéric-Guillaume demeura neutre dans cette guerre qui se fit d'abord à Dantzig, au milieu de ses états. Il accorda le passage aux Russes sur son territoire, mais refusa noblement de leur livrer Stanislas, réfugié à Kœnigsberg. Il ne prit pas une part beaucoup plus sérieuse à la guerre générale de l'empire et de la France, quoiqu'il eût envoyé 10,000 hommes sur le Rhin. Alors son fils alla comme volontaire saluer le vieux prince Eugène et vit de près la faiblesse de l'Autriche.

A la mort de Frédéric-Guillaume Ier (1740), la Prusse était peut-être l'état le mieux réglé de l'Europe. Un dernier trait achèvera de peindre la position élevée qu'elle avait su prendre en Allemagne. Pas un prince allemand n'osa protéger aussi hardiment que le roi de Prusse les paysans réformés du diocèse de Salzbourg, chassés de leurs foyers en 1731 par leur archevêque, livrés par l'Autriche à la cruauté des Jésuites, et deux fois délaissés par la diète où leurs députés invoquaient naïvement, comme une liberté consacrée par le traité de Westphalie, un délai de trois ans pour émigrer. Le roi de Prusse menaça d'user de représailles sur les catholiques de Magdebourg, de Halberstadt et de Minden, comme il avait déjà fait pour les calvinistes du Palatinat opprimés par un prince catholique, et recueillit plus de seize mille émigrés qu'il établit pour la plupart dans la Lithuanie prussienne. Il profitait des fautes de l'Autriche, comme naguère l'Europe des persécutions fanatiques de Louis XIV. Cette population de colons industrieux et de sujets dévoués qui fertilisaient les plaines du Brandebourg et qui s'y rencontraient avec les dissidents chassés de la Pologne, valait mieux pour la Prusse qu'un accroissement de territoire, car elle ajoutait à cette puissance morale qu'avait fondée le Grand-Electeur. La Prusse remplaçait la Suède et la Saxe dans le protectorat de la Réforme.

Charles VI eut le grand tort d'offenser à ses derniers moments ce roi de Prusse déjà si puissant. Malgré ses promesses formelles à la cour de Berlin, il convint par un dernier traité avec la France, en 1739, d'investir provisoirement la maison catholique de Sulzbach des pays contestés à l'extinction de la branche de Neubourg, et sur lesquels la Prusse élevait depuis longtemps des prétentions. C'était le dernier débat de la succession de Juliers. Frédéric-Guillaume, que la France combattait dans cette affaire comme un voisin déjà dangereux et l'Autriche comme protestant, put dès lors se croire libre de tout engagement pour la Pragmatique. « Voilà celui qui me vengera » disait-il en montrant son fils. Charles VI vit monter sur le trône Frédéric II. Il mourut lui-même quelques mois après le roi de Prusse (1740), la même année que l'impératrice Anne de Russie et le pape Clément XII.

IV. **Frédéric II. — Invasion de la Silésie et bataille de Molwitz. — Traité de Nymphenbourg et coalition contre l'Autriche (1741). — Invasion de la Bohême par les Français et l'électeur de Bavière (Charles VII). — Traité de Breslau entre Frédéric II et Marie-Thérèse (1742). — Désastres et retraite de l'armée française.**

A son avénement, Frédéric II proclama pour tous la liberté de conscience. Il abolit d'abord la torture et désavoua la brutalité des châtiments militaires. Il voulait mener les soldats par l'honneur autant que par la crainte, et fonda l'ordre du *Mérite*. Il créa dans l'administration le département des manufactures et du commerce. S'il n'osait abolir le servage, il appelait les paysans la classe la plus utile de l'État. Il se montra dans les finances aussi minutieux que son père. Il confirma les priviléges et les droits de chacun, mais sans parler des États provinciaux.

Au milieu de ces nouveaux soins du gouvernement, Frédéric allait chercher à Wesel Maupertuis, président de son Académie, et visiter Voltaire à Clèves. Il appelait des acteurs de Paris pour son théâtre et des chanteurs d'Italie pour sa chapelle. Dès qu'il apprit la mort de Charles VI, il oublia qu'il était malade, et s'enferma plusieurs jours de suite avec Schwerin et ses vieux conseillers pour concerter son entreprise en Silésie. Le soir, il faisait les honneurs de sa cour à Voltaire. Rien n'annonçait ce coup d'éclat où l'entraîna de son aveu l'amour excessif de la gloire, la passion de voir son nom dans les journaux et dans l'histoire, et le désir de tirer enfin la Prusse d'une position équivoque entre l'électorat et la royauté. Aux félicitations philosophiques de Voltaire, il répondait ironiquement qu'il avait songé d'abord à fortifier l'État de seize bataillons d'infanterie, de cinq escadrons de hussards et d'un escadron de gardes du corps.

Sans attendre la Bavière ni la France, sans déclaration de guerre, il envahit avec 30,000 hommes une province plus voisine de Berlin que les pays de Berg et de Juliers, et qui double la population de ses états. Il se dit forcé de prendre ses sûretés contre les prétendants à la succession de Charles VI. Il offre ensuite à Marie-Thérèse pour la cession de la Silésie son alliance et ses alliés, la Russie et l'Angleterre, sa voix pour le grand-duc de Toscane, et 2 millions d'écus. L'offre était sincère de la part de Frédéric II, qui ne se souciait point d'augmenter l'ascendant de la France en Allemagne, ni d'agrandir la Bavière ou la Saxe aux dépens de l'Autriche. Lui-même assure que dans les premiers mois de l'année 1741, il se fût contenté de la principauté de Glogau, la plus voisine du Brandebourg. Ses prédécesseurs avaient plusieurs fois réclamé quatre principautés de la Silésie, Jœgerndorf, Liegnitz, Brieg et Wohlau ; la première, comme un fief de la famille qu'elle n'avait pas dû perdre par la mise au ban du margrave George de Brandebourg, allié de Frédéric V pendant la guerre de Trente ans ; les trois autres en vertu des traités de succession conclus jadis avec Frédéric II, duc de Liegnitz.

A la nouvelle de l'invasion et des offres du roi de Prusse, la vieille Autriche s'indigna d'être ainsi dépouillée et protégée par cette royauté parvenue. La cavalerie formée par Montecuculli, les élèves et les vétérans du prince Eugène ne pouvaient refuser le défi des Prussiens, qui passaient pour les premiers soldats de l'Europe à la parade. Par de lâches concessions on eût enhardi tous les ennemis de l'Autriche et renversé tout droit public. Marie-Thérèse refuse d'inaugurer son règne par un démembrement, et 30,000 Autrichiens vont perdre la bataille de Molwitz (avril 1741), où l'infanterie prussienne fait ses preuves. Il se trouve que les soldats prussiens manœuvrent sur le champ de bataille avec autant de sang-froid qu'à la parade. Frédéric II, pour cette fois, n'a fait qu'assister en lieu sûr à la victoire de ses généraux, Schwerin et Dessau. C'est le signal de la ligue contre l'Autriche. Un mois après la bataille, la France, l'Espagne et la Bavière ont conclu le traité de Nymphenbourg pour le partage des états autrichiens. La France fait la part de chacun, et son ambassadeur Belle-Isle visite toutes les cours d'Allemagne. Marie-Thérèse ne gardera que la Basse-Autriche, la Styrie, la Carinthie, la Carniole et la Hongrie. La France ne lui laisse que deux alliés inutiles : l'Angleterre dont la médiation est repoussée, et la Russie qu'on tient en échec par la Suède. Frédéric adhère volontiers à la ligue pour assurer sa conquête, mais avec la ferme intention de rester indépendant de ses alliés, et de conduire à ses fins ceux qui croient le mener.

Dès l'apparition d'une armée française en Westphalie avec Maillebois, le roi d'Angleterre, pris à revers par les Prussiens, signe en même temps que la Hollande un traité de neutralité comme électeur de Hanovre, et promet sa voix pour l'empire à l'électeur de Bavière. Pour assurer et payer cette neutralité des puissances maritimes, on s'engage à respecter la Belgique. Un autre allié non moins inutile à Marie-Thérèse fut le pape Benoît XIV, qui sollicitait toutes les puissances, et principalement les états catholiques allemands, d'armer contre le *marquis de Brandebourg*. Le temps des guerres religieuses était passé. D'ailleurs Frédéric II, favorable aux luthériens de Silésie qui l'accueillirent comme un libérateur, se garda bien de prendre parti contre les catholiques. Il tolérait volontiers le catholicisme, qui ne gênait point ses opérations de guerre ou de finances. Il proclama la liberté de conscience en Silésie, mais en y supprimant toute liberté politique. En vertu de son autorité souveraine et par droit de conquête, il abolit les États provinciaux qui sous la domination de l'Autriche, avaient conservé le droit de voter les impôts, et les remplaça par deux chambres de la guerre et des domaines, dont lui-même nommait et payait les membres, choisis parmi les gentilshommes du pays.

A tant d'ennemis, Marie-Thérèse, cette belle reine de vingt-quatre ans, n'opposait que son courage, son bon droit et le dévouement de ses sujets. Dès son avènement, elle avait associé son mari François de Lorraine au gouvernement de ses états, mais par simple formalité, et pour l'investir du vote électoral de Bohême que la Bulle d'or refusait aux femmes. En réalité Marie-Thérèse régnait seule. Cette femme qui n'avait jamais appris que les devoirs d'une bonne mère de famille, devint sans efforts une grande reine. Religieuse sans fanatisme, confiante en Dieu et dans sa bonne cause, elle s'éleva d'elle-même aux plus grandes vertus. Sa pieuse résignation dans l'infortune fut plus belle que l'énergie stoïcienne et théâtrale de Frédéric II. En plaçant sur sa tête la sainte couronne de Hongrie, elle avait juré les vieilles franchises du royaume, et surtout le droit de révolte armée contre la tyrannie. Sa politique réveilla à propos le génie belliqueux d'un peuple opprimé par ses ancêtres.

Déjà l'armée franco-bavaroise, commandée par l'électeur de Bavière, *lieutenant-général du roi de France*, s'avançait à dix lieues de Vienne, tandis que le roi de Prusse pénétrait en Moravie, et l'électeur de Saxe en Bohême. En vain Marie-Thérèse offrait à Louis XV le duché de Luxembourg, au roi d'Espagne les Pays-Bas, à l'électeur de Bavière la Souabe autrichienne. Tous repoussaient les propositions de la *grande-duchesse de Toscane*. La fille des Césars se réfugia chez les Hongrois, convoqua les magnats à la diète, et parut au milieu d'eux dans le costume du pays, son fils Joseph dans ses bras, la sainte couronne sur la tête et le sabre au côté. Quand ils la virent ainsi brillante de beauté de courage et de malheur, les Hongrois s'écrièrent : Mourons pour notre roi Marie-Thérèse ! Ce qu'on n'avait pas prévu c'est qu'avec ces beaux régiments de la noblesse hongroise dont la discipline égalait le courage, vinrent des bandes farouches de Croates, d'Esclavons, de Dalmates, de Morlaques, et d'autres races à peine connues, qui ramenèrent sur l'Allemagne toutes les horreurs de la guerre de Trente ans. On eût dit que Marie-Thérèse déchaînait la barbarie contre une civilisation corrompue.

L'électeur de Bavière, laissant Vienne de côté, s'était jeté sur la Bohême afin d'arriver à Prague avant ses alliés les Saxons. Chevert et Maurice de Saxe emportèrent la ville. Charles-Albert, déjà proclamé archiduc d'Autriche à Lintz, fut couronné roi de Bohême à Prague, et s'en alla recevoir la couronne impériale à Francfort des mains du maréchal de Belle-Isle, celui que Frédéric II appelle à ce propos le *législateur de* l'Allemagne (1742). C'étaient les puissances catholiques qui se liguaient contre la maison d'Autriche, et c'était la Prusse protestante qui, de concert avec la France, donnait l'Empire à la maison de Bavière, tant la question religieuse avait perdu de son importance.

Mais, pendant les fêtes de son couronnement, le pauvre empereur perdit sa conquête d'Autriche et sa Bavière. Marie-Thérèse, ramenée à Vienne par les Hongrois, les jeta sur la Bavière, et bien conseillée par les Anglais, désarma son plus terrible ennemi, le roi de Prusse, encore vainqueur à Czaslau, par le traité de Breslau qui lui cédait la Silésie et le comté de Glatz (juin 1742). Notre armée de Bohême était coupée de la Bavière et assiégée dans Prague. Maillebois, fils de Desmarets, envoyé à son secours par Fleury, ne put que s'emparer d'OEgra pour lui ménager une retraite. De Broglie, qui le remplaça, tourna sur la Bavière. Le comte de Ségur dut capituler à Lintz. Belle-Isle, sorti de Prague au milieu d'un hiver rigoureux par une résolution désespérée (17 décembre 1742), opéra par OEgra, à la tête de 14,000 hommes, cette pénible retraite dont mourut Vauvenargues, et rejoignit Broglie en Bavière. Le brave Chevert, laissé dans Prague avec 6,000 malades, n'en voulut sortir qu'avec les honneurs de la guerre, et put rejoindre Belle-Isle (janvier 1743). Fleury mourut quelques jours après ces désastres.

Charles VII ne croyait pas sa cause perdue par la défection de la Prusse. Son général Seckendorf avait chassé les Autrichiens de la Bavière, assuré la retraite des Français et le retour de l'Empereur à Munich. Mais, ne s'abusant point sur la position réelle de son maître, il lui conseillait de traiter. Pendant que Charles VII délibérait, un corps de 7,000 Bavarois était mis en déroute à Simbach par Charles de Lorraine. De Broglie se retira précipitamment sur le Rhin, laissant Seckendorf hors d'état avec ses 10,000 hommes de conserver la Bavière. L'Empereur, contraint de quitter une seconde fois sa capitale pour se réfugier à Francfort, autorisa ses généraux à traiter pour son pays et pour sa petite armée. Les Autrichiens occupèrent la Bavière. A l'Empereur ainsi dépouillé l'empire n'offrait que sa médiation.

V. **Alliance de l'Angleterre et de l'Autriche.** — Défaite des Français à Dettingen et ligue de Worms (1743). — Campagne de Louis XV aux Pays-Bas (1744). — Ligue de Francfort. — Invasion et perte de la Bohême par Frédéric II. — Mort de l'électeur de Bavière (Charles VII) et traité de Füssen. — Bataille de Fontenoy (1745). — Élection de François Ier. — Traité de Dresde (déc. 1745).

Jusqu'ici Marie-Thérèse avait combattu seule à la tête de son peuple. Mais dans toute l'Europe, son courage avait mis l'opinion publique de son côté, et ses alliés s'enhardirent. Aucune puissance n'était plus intéressée que l'Angleterre à secourir l'Autriche. Les marchands de Londres qui continuaient en Amérique leur guerre maritime contre l'Espagne, s'indignaient de la voir grandir en Italie. George II tremblait pour le Hanovre. Quelques lords envoyaient à Marie-Thérèse l'argent que lui refusait Walpole. L'éloquence de William Pitt força le pacifique ministre de prendre parti pour l'Autriche contre l'Espagne, et de s'entendre avec Venise et la Hollande pour solder les troupes autrichiennes, époque mémorable dans l'histoire moderne, où l'Angleterre s'essayait à diriger par ses subsides la politique du continent. Après la retraite de Walpole, l'Angleterre ne se borna pas aux subsides. George II avait posé les armes comme électeur de Hanovre ; il les reprit comme roi d'Angleterre contre la France et l'Espagne, et la Hollande suivit l'Angleterre. Une flotte anglaise força le roi de Naples à la neutralité. Les subsides de Londres et la promesse de quelques beaux districts du Milanais rangèrent parmi les alliés de Marie-Thérèse le roi de Sardaigne, Charles-Emmanuel III, habile capitaine qui n'était pas indigne du siècle de Frédéric II et de Maurice de Saxe. La Lombardie fut délivrée des Espagnols, et leur allié le duc de Modène chassé de son pays.

L'année suivante (1743), à la tête d'une armée *pragmatique* composée d'Anglais et d'Hanovriens, de Hessois et d'Autrichiens, George II s'avança des Pays-Bas sur le Main, pour se joindre au prince de Lorraine et pénétrer en France par l'Alsace. Le duc de Noailles, à la tête d'une armée d'élite, lui disputa le passage du

Rhin et perdit par la témérité du duc de Gramont la bataille de Dettingen (mai 1743). Quand déjà Frédéric II, suivant de l'œil les savantes manœuvres de Noailles, croyait George II perdu sans ressource, les Français vaincus perdaient toutes leurs positions en Allemagne. De Broglie qui commandait sur le Danube, entraîna Noailles dans sa retraite. Le vainqueur de Dettingen fit signer le traité de Worms (septembre 1743) pour le maintien de la Pragmatique sanction, entre l'Angleterre, l'Autriche, les États-généraux et le roi de Sardaigne (et plus tard l'électeur de Saxe). Charles VII, toujours chassé de son électorat, allait vivre à Francfort des aumônes de la France. Un traité conclu le jour même de la bataille de Dettingen livrait la Bavière à Marie-Thérèse, qui reçut l'hommage des États du pays. La fille de Charles VI considérait la Bavière comme son indemnité légitime pour la Silésie et pour les cessions faites au roi de Sardaigne (la partie du Milanais à l'ouest du Tessin, le territoire de Pavie au sud du Pô, et le Plaisantin à l'ouest de la Stura).

Le cardinal Fleury, avant de mourir, avait désavoué tout haut cette guerre injuste qu'il avait si mal menée, et s'était livré par la naïveté de ses notes diplomatiques à la risée de toute l'Europe. Louis XV, alors dominé par la fière duchesse de Châteauroux, qui succédait dans ses amours à ses trois sœurs de la maison de Nesle, et qui lui proposait l'exemple de Frédéric II, annonça la volonté de gouverner par lui-même et de paraître à la tête de ses armées ; sa parole ne valait pas celle de Louis XIV. Dans ce beau mouvement d'orgueil, il déclara la guerre à l'Angleterre, ainsi qu'à l'Autriche et à la Sardaigne. On résolut de pousser vivement les opérations en Italie, aux Pays-Bas et sur le Rhin. On essaya dès lors de jeter en Écosse le fils de Jacques III. Maurice de Saxe et Noailles allaient conduire aux Pays-Bas deux armées organisées par d'Argenson. Tandis que le roi de Naples, don Carlos, sortait de sa neutralité pour battre les Autrichiens à Velletri, vingt mille Français commandés par Conti et trente mille Espagnols conduits par don Philippe franchirent le Var. Une flotte espagnole et française, bien commandée par de Court, sortit de Toulon pour les appuyer, et quoique battue par l'amiral Mathews, força le passage. Philippe et Conti, deux fois vainqueurs du roi de Sardaigne aux journées de Montalban et de

Château-Dauphin, furent chassés des Alpes par l'hiver. Malgré les déclarations de neutralité, la guerre était portée au centre de l'Italie, et les États de l'Église hébergeaient tour à tour les ennemis et les partisans de la Pragmatique.

Les regards de l'Europe restaient fixés sur l'Allemagne, le principal théâtre de la guerre. A son tour, Marie-Thérèse repoussait les plus humbles propositions de la Bavière et de la France. Le prince de Lorraine, avec soixante mille hommes, passa le Rhin à la vue des Français et des Bavarois, envahit l'Alsace et menaça la Lorraine. Cette invasion, dont la France s'émut et s'indigna, interrompit la première campagne de Maurice de Saxe aux Pays-Bas. Ce profond tacticien, élève d'Eugène et de Marlborough, qui fut un moment grand-duc de Courlande, venait rendre à la France presque tous les services que le prince Eugène, français d'origine, avait rendus à l'Allemagne. Il apprenait à nos troupes la manœuvre prussienne. Deux armées françaises envahirent la Flandre ; la première, de soixante mille hommes, sous Noailles était chargée des siéges que devait couvrir la seconde, forte de quarante mille hommes et commandée par Maurice. Les corps plébéiens du génie et de l'artillerie venaient aider du progrès des sciences exactes les derniers exploits de la noblesse française. Pour se venger de la Hollande, Louis XV attaqua d'abord les villes barrières, et prit en quelques semaines Courtray, Menin, Ypres et Furnes. Mais Louis XV, à peine entré aux Pays-Bas, apprit les progrès de l'invasion en Alsace. Il y courut avec Noailles et cinquante mille hommes, et tomba dangereusement malade à Metz (août). On sait la joie que le rétablissement du roi *Bien-Aimé* causa dans tout le royaume, et la surprise naïve de Louis XV devant ces transports d'amour. Le véritable sauveur de l'Alsace fut le roi de Prusse. L'armée française avait à peine atteint l'ennemi, quand elle apprit que Frédéric II, ayant rétabli son armée et ses finances par deux ans de repos, s'était jeté sur la Bohême avec 80,000 hommes qu'il appelait *l'armée impériale.*

En voyant Marie-Thérèse partout victorieuse après le traité de Breslau, Frédéric avait tremblé pour sa conquête de Silésie. Les alliés de la maison d'Autriche lui garantissaient la possession de tous ses états d'après les derniers traités, sans faire mention de celui de Breslau. Frédéric avait sans peine adhéré à *l'union de*

Francfort qui prétendait, contre les défenseurs de la Pragmatique et de l'équilibre européen, maintenir la constitution germanique et l'autorité de l'empereur. A l'Empereur se ralliaient les rois de France, de Prusse et de Suède, et les princes de Hesse-Cassel et du Palatinat. Frédéric II appelé, disait-il, à prendre la place de la Suède, affectait dans ses manifestes le langage de Gustave-Adolphe ; il avait pris les armes pour le bien commun et pour la liberté de l'empire. Il commença l'exécution du traité par la conquête de la Bohême pour l'empereur qui lui réservait sa part. Charles de Lorraine, rappelé au secours de la Bohême, repassa le Rhin sans être entamé, se joignit aux Saxons que Frédéric n'avait pu détacher des intérêts de l'Autriche, et le chassa de la Bohême et de la Haute-Silésie. Marie-Thérèse à son tour se vantait d'avoir pris les armes pour défendre les vieilles libertés des Silésiens. Les magnats hongrois se levèrent en masse contre le roi qui détruisait dans leur voisinage les priviléges de la noblesse. Frédéric II recula jusqu'en Saxe, en maudissant les généraux français qui lui laissaient toute l'Autriche sur les bras. Au lieu de poursuivre le prince de Lorraine, Noailles se contenta de prendre Fribourg et de rétablir Charles VII en Bavière. A peine rentré dans sa capitale où Marie-Thérèse promettait de ne plus l'inquiéter, Charles VII y mourut (janvier 1745) ; son fils, Maximilien-Joseph, vaincu par les Autrichiens à Pfaffenhofen, n'attendit pas une seconde défaite pour suivre les conseils de Seckendorf et faire sa paix avec Marie-Thérèse. Le traité de Fussen, qui lui rendait toute la Bavière en échange de son adhésion à la Pragmatique (avril 1745), rompit la ligue de Francfort. Les Français quittèrent l'électorat ; la Hesse-Cassel et le Palatinat rentrèrent dans la neutralité.

La guerre n'ayant plus d'objet, la France demanda la paix ; Marie-Thérèse la refusa pour complaire aux Anglais et vit ses alliés partout vaincus dans l'année 1745. Elle avait conclu la *quadruple alliance* de Varsovie avec l'Angleterre, la Hollande et la Saxe pour recouvrer la Silésie et démembrer la Prusse. Frédéric II ainsi menacé voulait que la France portât toutes ses forces en Allemagne ; mais Louis XV, au lieu d'aller chercher la paix sous les murs de Vienne, s'obstinait à la conquérir dans les Pays-Bas où Maurice de Saxe avait choisi son champ de bataille. L'année précédente le maréchal de Saxe s'était tenu sur la défensive avec 40,000 hommes contre 60,000. Après l'arrivée du roi et des renforts qui doublèrent son armée, il gagna sur le duc de Cumberland la bataille de Fontenoy. On connaît par le beau récit de Voltaire l'audace et le sang-froid de cette colonne anglaise qui, après les premiers revers de Cumberland, perça le centre de l'armée française, continua pendant six heures sa marche héroïque, et se crut maîtresse du champ de bataille, avant d'être enfin, sur les conseils de Richelieu ou de Lally, rompue par un vigoureux effort de la maison du roi et de l'artillerie de réserve. Cette victoire fameuse mit au pouvoir des Français Tournai, Gand, Ostende et toute la Flandre. Presque en même temps la bataille de Bassignano, gagnée par les Français et les Espagnols sur les Piémontais, livrait la Lombardie à don Philippe.

Frédéric II, menacé de si près par la quadruple alliance, gagna sur les Saxons et les Autrichiens la bataille de Hohenfriedberg (juin) où la cavalerie fit merveille, pour acquitter, disait-il, la lettre de change tirée sur lui à Fontenoy. Encore vainqueur à Sorr, pendant que François Ier faisait son entrée à Francfort (sept. 1745), il offrit la paix comme Louis XV après Fontenoy, mais par la médiation de l'Angleterre qui n'avait point d'intérêt à continuer la guerre contre la Prusse. L'Autriche et la Saxe s'obstinant dans leurs projets de conquête, il battit ses ennemis à Grosshennersdorf; le vieux Dessau compléta leur défaite à Kesseldorf, et Marie-Thérèse se vit forcée de signer la paix de Dresde qui confirmait le traité de Breslau (décembre 1745). Frédéric II, indemnisé par la Saxe, reconnut pour empereur l'époux de Marie-Thérèse; Hesse-Cassel et le Palatinat, qui naguère protestaient avec le roi de Prusse contre l'élection du grand-duc de Toscane, accédèrent au traité. Parmi tant de revers, la fille de Charles VI avait au moins joui de son ouvrage et de son triomphe, en venant à Francfort applaudir la première au couronnement de François Ier, élu sous la protection d'une armée imposante.

La France, après sa défaite et la paix des Bavarois, avait offert vainement l'empire au saxon Auguste III, roi de Pologne. Le marquis d'Argenson, frère aîné du ministre de la guerre et disciple de Chauvelin, ce grand ministre de Louis XV trop tôt disgracié, aurait bien voulu affranchir de la Russie cette maison de Saxe et régénérer la Pologne au profit de la France. C'est par suite du même plan que d'Argenson, avant sa disgrâce, maria le

Dauphin, veuf d'une infante d'Espagne, à une fille du roi de Pologne. Mais avec Chauvelin et d'Argenson la grande politique disparut des conseils de Louis XV. En 1745, pendant que la victoire de Fontenoy nous donnait la Flandre, nous perdions l'Allemagne. La même année voyait l'élection de François Ier et la paix de Dresde. C'était la seconde fois que le roi de Prusse se jouait de la France.

II. Lutte maritime de la France et de l'Espagne contre l'Angleterre (1740-1748). — Campagne des Pays-Bas; victoires des Français à Raucoux et à Lawfeld (1747). — Revers en Italie; défaite de Plaisance (1746). — Investissement de Maëstricht. — Paix d'Aix-la-Chapelle (1748).

La guerre qui finissait en Allemagne après quatre ans de ravages, devait désoler encore pendant trois ans l'Italie, les Pays-Bas et nos colonies. L'Angleterre, qui poussait Marie-Thérèse à continuer la guerre et soudoyait ses alliés, y gagnait l'empire de la mer. Elle avait refusé la neutralité pour les colonies. Avec cent trente vaisseaux et d'innombrables corsaires, elle ruinait les marines espagnole et française. Dans sa guerre contre l'Espagne pour le commerce de l'Amérique méridionale, elle prit Porto-Bello et bombarda Carthagène et Saint-Domingue. Elle conquit sur la France (1745) la grande île du Cap-Breton qui protége les pêcheries de Terre-Neuve et commande l'entrée du golfe du Saint-Laurent. Elle avait menacé tour à tour Brest, Toulon, Antibes et Lorient. Deux fois, à la hauteur du cap Finistère en Galice et près de Belle-Isle (1747), elle battit nos escadres. C'était là le résultat d'un premier pacte de famille entre la France et l'Espagne (oct. 1743), conseillé par Maurepas, ministre de la marine, et qui promettait de rendre à l'Espagne Gibraltar, le Milanais et la Géorgie. Le commerce français perdit dans une seule année 70 millions, et l'amiral Anson, dans son voyage autour du monde, avait combiné les opérations de la guerre navale avec les explorations scientifiques, et ravagé pendant plus de trois ans les colonies espagnoles (1740-1743). Mais l'Angleterre, victorieuse en Amérique, fut mieux contenue aux Grandes-Indes par La Bourdonnais et Dupleix, deux hommes dont l'accord l'eût ruinée et dont les discordes la sauvèrent. Le premier, gouverneur de Bourbon et de l'île de France, avait chassé les Anglais de l'Océan indien ; le second, créateur de Chandernagor, et nommé en 1742 gouverneur général des comptoirs de la compagnie, prétendait chasser aussi les Anglais du continent et donner à la France tout le territoire que possède aujourd'hui l'Angleterre aux Indes. La Bourdonnais, ayant battu l'amiral Burnett avec une flotte créée par lui-même, avait pris d'assaut Madras (1746) et reçu la ville à rançon pour 9 millions. Dupleix, en sa qualité de gouverneur général, annula la capitulation, pilla la ville, et renvoya en France La Bourdonnais enchaîné. Les Anglais, enhardis par ces discordes, assiégèrent Pondichéry (1748), mais l'énergie de Dupleix les repoussa, malgré l'arrivée de Boscawen aux Indes avec trente vaisseaux. Revenons à la guerre d'Europe.

Après avoir une seconde fois désarmé la Prusse, l'Autriche courait partout au secours de ses alliés et de ses provinces lointaines. Elle avait trop compté sur la Hollande et l'Angleterre pour la défense de ses Pays-Bas. Pendant que le duc de Cumberland et l'armée anglaise des Pays-Bas repassaient la mer pour aller défendre la maison de Hanovre et vaincre les Stuarts à Culloden (1746), après leur double victoire de Preston-Pans et de Falkirk, Maurice de Saxe prenait sous les yeux du roi Bruxelles, Anvers, Mons, Charleroi, Namur, avec leurs garnisons. Quoique Louis XV vainqueur offrît la paix aux Provinces-Unies, la République refusait de traiter aux meilleures conditions. L'Angleterre prolongeait la guerre et les périls de son alliée, pour donner à Guillaume IV, gendre de George II, l'occasion de soumettre à son autorité les Sept Provinces, et à ses amiraux le temps d'anéantir la marine française. Pendant les conférences de Bréda, les Français conquirent toute la Belgique, moins Luxembourg. Après le traité de Dresde, l'Autriche envoya 50,000 hommes et le prince de Lorraine au secours de la Hollande.

La victoire de Raucoux (1747) porta les Français jusqu'aux frontières de la République. Dès que le peuple de Zélande les vit de près dans la Flandre hollandaise, il se souleva contre les régents, le parti des États et l'aristocratie, qu'il accusait comme jadis de traiter en secret avec la France, et proclama Guillaume stathouder. Le parti d'Orange étendit l'insurrection aux pays de

Hollande, d'Utrecht et d'Over-Yssel, et pour la première fois depuis leur séparation de l'Espagne, les Sept Provinces eurent le même chef. L'Angleterre mena si bien son intrigue, que l'autorité du stathouder croissait avec les périls de la République. Après la rupture des conférences de Bréda, la troisième victoire des Français à Lawfeld et le grand exploit du suédois Lowendal, la prise de Berg-op-Zoom, ce chef-d'œuvre de Cohorn qui passait pour imprenable, les Sept Provinces déclarèrent le stathoudérat héréditaire même pour les femmes, et concentrèrent dans les mains d'un seul les pleins pouvoirs de la royauté. L'invasion de Louis XV fit donc la fortune de la maison d'Orange, comme celle de Louis XIV ; mais on ne revit plus les exploits de 1672.

Les Français et leurs alliés étaient moins heureux en Italie, où la paix de Dresde permit à Marie-Thérèse d'envoyer trente mille hommes. La première paix conclue par Frédéric II leur avait coûté la Bohême ; la seconde leur fit perdre l'Italie. La sanglante bataille de Plaisance, gagnée par Lichtenstein, chassa du Milanais l'armée des Bourbons (1746). Le nouveau roi d'Espagne, Ferdinand VI, se souciait peu de continuer une guerre ruineuse pour le compte de sa belle-mère Elisabeth et des enfants du second lit. Les Espagnols reçurent l'ordre d'évacuer l'Italie, et se replièrent sur la Provence. Gênes, découverte par la brusque retraite de ses alliés, ouvrit lâchement ses portes aux vainqueurs, et devint l'arsenal des Autrichiens qui menaçaient déjà Antibes, pendant que Toulon et Marseille étaient bloqués par les Anglais. Le maréchal de Belle-Isle, l'auteur de la guerre, celui qui naguère avait promis à la France les dépouilles de l'Autriche, eut au moins le talent de refaire en quelques jours une petite armée pour sauver la Provence et repousser l'ennemi de la Durance au Var. Gênes se souleva contre les Autrichiens qui l'imposaient à cinquante millions, pillaient sa banque et ses palais. Le peuple, plus hardi que la noblesse, attaqua sans armes 12,000 Autrichiens, en tua 4,000 et chassa le reste. Les Génois furent mis au ban de l'Empire. Le duc de Boufflers leur amena 5,000 hommes à travers la flotte anglaise. Belle-Isle conquit le comté de Nice et força les Autrichiens de lever le siége. Mais il essaya vainement de rentrer en Italie, et son frère se fit tuer avec 4,000 hommes aux retranchements du col d'Exilles. La France avait défendu son territoire, mais laissait l'Italie à l'Autriche. Le beau plan conçu par d'Argenson pour constituer la péninsule en confédération avec une diète permanente et pour en expulser les Autrichiens, n'était plus qu'une utopie inspirée par le ministre philosophe à la paresse de Louis XV. Le roi avait écrit de sa main ce plan du partage de l'Italie, qui donnait le Milanais à la Sardaigne. Mais on n'eut pas le temps de rapprocher la Sardaigne et l'Espagne. A l'arrivée de 30,000 Autrichiens, Charles-Emmanuel se rejeta du côté de l'Autriche et refusa le rôle glorieux que la France offrait dès lors à sa maison au profit de l'indépendance italienne.

Aux Pays-Bas, Maurice de Saxe, maréchal-général comme Turenne et Villars, trouva la paix dans Maëstricht comme il l'avait prédit. Dès le commencement de l'année 1748, Marie-Thérèse, l'Angleterre, la Hollande et la Sardaigne avaient concerté de nouveaux plans de guerre : déjà les subsides de Londres avaient amené jusqu'en Franconie 37,000 Russes. Pour sauver Maëstricht, investie par 80,000 hommes, et Berg-op-Zoom que la France menaçait de raser, l'Angleterre consentit enfin à négocier. On était si las de la guerre qu'après six jours de délibération, les envoyés de France, d'Angleterre et de Hollande signèrent les préliminaires du traité d'Aix-la-Chapelle, le jour même de la capitulation de Maëstricht. L'Autriche n'osa point se séparer de ses alliés, comme à la paix d'Utrecht. Louis XV, maître des Pays-Bas autrichiens, de deux provinces hollandaises, de la Savoie et de Nice, simplifia les négociations en déclarant à la grande surprise des alliés qu'il voulait traiter non en marchand, mais en roi. Par le traité définitif d'Aix-la-Chapelle (18 oct. 1748), il restitua toutes ses conquêtes, obtint pour l'infant don Philippe, son gendre, les duchés de Parme, de Plaisance et de Guastalla, rétablit le duc de Modène et la république de Gênes dans toutes leurs possessions, et ne stipula pour la France que la restitution du Cap-Breton et le maintien des fortifications de Dunkerque du côté de la terre. Il s'engageait de plus à chasser de son royaume le prétendant Charles-Edouard. L'Angleterre recouvra Madras, et pour quatre ans son droit d'importer des nègres (assiento) et son *vaisseau de permission* dans les colonies espagnoles. Toutes les puissances garantirent la succession au trône d'Angleterre dans la ligne protestante, et la Pragmatique sanction, sauf la cession de la Silésie et du comté de Glatz au roi de Prusse et d'une partie du Milanais au roi de Sardaigne. Ainsi la France avait sacrifié cinq cent mille hommes, perdu 33 vaisseaux de ligne et 74 frégates, ajouté 1200 millions à sa dette, pour établir l'infant don Philippe en Italie. Les véritables vainqueurs étaient l'Angleterre et la Prusse; l'Angleterre qui rendait aussi ses conquêtes, mais qui mettait sur mer deux cent soixante-trois vaisseaux de guerre, et n'en avait laissé que deux à la France; la Prusse qui remplaçait la Hollande comme puissance de premier ordre, et qui partageait avec la Grande-Bretagne la prépondérance européenne si longtemps disputée entre la France et l'Autriche. L'Europe avait appris ce que pouvaient pour sa destinée les soldats de la Prusse, les flottes et les subsides de l'Angleterre.

L'empire qui n'avait pris part à la guerre que par quelques sommes accordées à Charles VII, ne fut consulté dans la paix ni pour les fiefs d'Italie, ni pour la cession de la Silésie. On se contentait de réserver vaguement ses droits. Il ne faisait rien dans la guerre, parce qu'il se voyait négligé : on le négligeait dans les traités, parce qu'il n'avait rien fait dans la guerre. La France, non contente d'arracher à la maison d'Autriche une grande partie des possessions espagnoles en Italie, avait voulu encore partager les états autrichiens et rétablir en Allemagne le vieil empire électif. L'empire s'émut peu des dangers de la maison d'Autriche, ainsi menacée d'un démembrement complet et de la perte du titre impérial; il ne fit rien pour conserver ce titre à cette maison, rien pour garder les fiefs d'Italie, et les perdit sans regret comme la Lorraine. Par ce divorce public avec la maison d'Autriche, l'empire s'affaiblissait comme elle. La Prusse grandissait, comme la France, la Sardaigne et l'Espagne, aux dépens de l'Autriche et en dehors de l'empire.

CHAPITRE XVII.

GUERRE DE SEPT ANS. — TRAITÉ DE PARIS. — PERTE DES COLONIES FRANÇAISES.

SOMMAIRE.

1. — Frédéric II, dans une paix laborieuse de huit ans, affermit la puissance nouvelle qui doit opérer une révolution dans la politique européenne. Il gagne la Silésie par sa tolérance et ses bienfaits, réunit l'Ost-Frise à ses états, réforme partout la justice et les finances. Ses ennemis et surtout Marie-Thérèse imitent son gouvernement et ses réformes. Au contraire Louis XV, après une guerre sans gloire réelle et sans profit, laisse le pouvoir aux mains d'une favorite, qui renvoie ses meilleurs ministres, ceux qui rétablissent la marine et les finances. Le roi s'avilit par ses débauches, et le clergé par ses querelles avec le Parlement, pendant que le gouvernement abandonne Dupleix aux Indes et le sacrifie aux plaintes de l'Angleterre.
2. — La dispute de la France et de l'Angleterre au sujet de l'Acadie et de quelques Antilles, ou même pour l'Amérique du nord tout entière, fait d'abord éclater une guerre navale, où la France se venge des brusques hostilités de sa rivale par la victoire de La Galissonnière et la prise de Minorque (1756). Tandis que l'Angleterre s'unit à la Prusse pour couvrir le Hanovre, l'Autriche, devenue par intrigue l'alliée de la France en haine de Frédéric II, l'entraîne dans les désastres d'une guerre continentale.
3. — Frédéric II, entouré d'une vaste coalition, prévient ses ennemis ; il désarme les Saxons à Pirna (1756), bat les Autrichiens à Lowositz et à Prague (1756-1757), mais se laisse vaincre à Kollin, pendant que les Russes battent ses lieutenants à Jœgerndorf. La France, victorieuse à Hastembeck et désarmant les Anglais par la convention de Closterseven, est vaincue honteusement à Rosbach (nov. 1757) par Frédéric II, qui resserre son alliance avec l'Angleterre et recouvre la Silésie par sa belle victoire de Leuthen.
4. — Les Anglais, après la chute de Walpole, soldent l'armée que Frédéric II oppose à la France sous la conduite de Ferdinand de Brunswick. Choiseul, devenu premier ministre, exagère les fautes et les embarras de l'alliance autrichienne. Tandis qu'à l'orient Frédéric II s'oppose à la jonction des Autrichiens et des Russes, et d'abord vainqueur à Zorndorf, répare ensuite ses défaites de Zullichau, Hochkirchen et Kunnersdorf par les victoires de Liegnitz et de Torgau (1760), la France, sur l'autre théâtre de la guerre, balance à peine ses revers de Crevelt et de Minden par ses victoires de Bergen, Corbach et Clostercamp

(1757-1760). La marine française, en préparant une descente en Angleterre, subit les défaites de Lagos et de Belle-Isle (1759).

5. — La guerre se poursuit dans les deux Indes. Pitt chasse du Canada les Français, vaincus à Québec, au Sénégal et dans les Antilles. Aux Indes orientales, où le rappel de Dupleix les avait dès le début dépouillés de leurs conquêtes et désarmés, ils sont chassés de Chandernagor par Clive, le vainqueur de Plassey (1757) : Lally est réduit à capituler dans Pondichéry. Le *pacte de famille*, négocié par Choiseul entre les Bourbons (1761), ne rétablit point les affaires de la France et livre aux insultes des Anglais les colonies espagnoles. Sur le continent, Frédéric II, épuisé par six campagnes, est sauvé par l'alliance et ensuite la neutralité de la Russie, au moment où l'Angleterre l'abandonnait, et gagne encore sur l'Autriche les batailles de Burkersdorf et de Freyberg. Le traité de Paris (1763) enlève à la France ses colonies de l'Amérique du nord, le Sénégal et plusieurs Antilles. La Prusse par la paix de Hubertsbourg affermit ses conquêtes en Allemagne et sa nouvelle position en Europe.

6. — Joseph II, devenu empereur (1765) essaie de réformer la Chambre impériale, et bientôt convaincu de son impuissance dans l'Empire, ajourne toutes ses réformes jusqu'à son avènement dans les états héréditaires (1780). Frédéric II, plus libre dans son royaume, y répare tous les maux de la guerre par de grands travaux, par la fondation du crédit public (caisse hypothécaire, 1770) et par des encouragements de toutes sortes au commerce et à l'industrie. Durant une paix de vingt-trois ans (1763-1786) il rapporte toutes ses réformes et toutes ses institutions à la puissance militaire de la Prusse, et sacrifie sans peine ses opinions philosophiques à ses intérêts politiques. Il a doublé la population de ses états, bâti près de 800 villages, et rétabli ses finances par une administration sévère. Sa politique extérieure s'appuie sur l'alliance russe et provoque le premier démembrement de la Pologne ; mais il repousse en Allemagne la politique de partage et défend deux fois contre l'empereur Joseph II l'indépendance de la Bavière (traité de Teschen, 1779, et ligue des princes, 1785). Avant de mourir (1786), il traite le premier avec la République des Etats-Unis. Le héros du XVIII° siècle est pleuré par l'Allemagne dont il avait trop souvent méconnu le génie.

I. L'Allemagne et la France depuis la guerre de la succession d'Autriche jusqu'à la guerre de Sept ans. — Dupleix aux Indes orientales.

Aucun prince, dans l'intérieur de ses états, ne remplit mieux que Frédéric II les années qui suivirent la guerre de la succession d'Autriche. Dès sa victoire de Molwitz, il avait gagné les Silésiens par la discipline sévère de ses troupes, par sa tolérance, par la diminution et la répartition plus équitable des impôts. Il distribuait des titres aux gentilshommes, du blé aux paysans ruinés, de l'argent aux bourgeois qui relevaient leurs maisons. Pas un ne profita de la faculté qu'on leur laissait pendant cinq ans de passer en Autriche. Après la paix de Breslau, le grand canal de Plauen et celui de Finow abrégèrent la communication de l'Elbe et de l'Oder, entre Hambourg et Breslau. Le port de Stettin fut creusé. Dans l'Ost-Frise qui revenait à sa famille en 1744, Frédéric II créa pour le port d'Emden une compagnie de la Chine, création grandiose, mais qui ne lui réussit pas mieux que sa compagnie du Bengale. Il ne pouvait, sur quatre millions d'habitants, entretenir une armée de 150,000 hommes sans augmenter la population, enrichir ses sujets par le commerce et réformer ses finances. Il fertilisa les plaines sablonneuses des environs de Berlin par les boues de la capitale. Il s'écriait sur une chaussée nouvelle, au milieu des marais desséchés : Voilà une province conquise ! Il établit plus de trois mille familles sur les terrains conquis le long de l'Oder, fonda la ville et le port de Swinemünde à l'embouchure du fleuve, et par ces divers travaux, créa dans la paix deux cent quatre-vingts villages (1746-1756). Les manufactures fondées partout, la diminution des droits de sortie, diverses opérations de finances, augmentèrent de 1,200,000 écus les revenus des anciens pays. La population monta à cinq millions d'âmes. Le roi qui n'employait que 12,000 écus pour sa cour, n'épargnait rien pour les dépenses utiles, rien pour agrandir Berlin, et relever l'Académie des sciences (1743) ; il bâtit l'hôtel des Invalides, la Bibliothèque royale, et la cathédrale où furent déposés les restes de ses ancêtres. Frédéric II mit la même ardeur à réformer la justice et les abus de la procédure avec son chancelier Cocceji, qui lui semblait digne des beaux temps de la République romaine ; le *Code Frédéric* ne fut toutefois qu'une œuvre imparfaite et qu'il ne sanctionna jamais. Le roi faisait tout par lui-même, dans l'armée et dans l'État. Il dirigeait du fond de son cabinet les plus petites affaires. Le premier serviteur de l'État, comme il s'appelait lui-même, en était aussi le plus actif.

Ceux qui combattaient sa politique imitaient son administration. La Prusse apprit à l'Autriche à mieux connaître et à mieux employer ses forces. François Ier dans son duché de Toscane, Marie-Thérèse dans ses états héréditaires, suivaient les principes de Frédéric II. L'esprit ferme et droit de l'Impératrice s'étendait sans relâche et sans effort à tous les soins du gouvernement. Elle se consolait des pays qu'elle avait perdus par une meilleure administration de ceux qui lui restaient. Ses revenus dépassaient ceux du règne précédent, après la perte de la Silésie et les guerres des Pays-Bas. Elle allait chaque année assister aux manœuvres de ses troupes, et l'armée, mieux organisée que sous le prince Eugène, fit frapper une médaille à la *Mère des camps*. Le duc Guillaume de Lichtenstein employa plus de cent mille florins de sa propre fortune à l'organisation d'une artillerie qui devint célèbre. Marie-Thérèse exécuta pour son armée, dit Frédéric II, des desseins digne d'un grand homme. Aux intrigues de cour avait succédé l'administration de Kaunitz. Ce gentilhomme morave, si frivole dans ses goûts, mais si profond dans les affaires, et qui fut si fidèle à Marie-Thérèse pendant près d'un demi-siècle, adoptait pour devise ces deux mots : *nascitur ordo* ; critique amère et juste de ses prédécesseurs. Ministre de l'Autriche, il faisait bon marché de l'Empire et de l'Allemagne. Il était français par les mœurs, mais autrichien par la politique.

On voyait alors par l'exemple de Frédéric II et par celui du comte Brühl ce que peut un seul homme pour l'élévation ou pour la ruine d'un État. Tandis qu'en Bavière Maximilien III (Joseph), réformateur de l'armée et fondateur de l'Académie des sciences, imitait Marie-Thérèse, Brühl, ministre tout puissant d'Auguste III dans l'électorat de Saxe et dans le royaume de Pologne, imitait le luxe et les vices de la royauté française, et chargeait la Saxe d'une dette de cent millions pour les plaisirs du roi. Ce vil intrigant bornait sa politique à gouverner son maître, et sur une population plus nombreuse qu'en Prusse, n'entretenait qu'avec l'argent des étrangers une armée de 17,000 hommes. Cette cour ignoble avait juré la ruine du roi de Prusse pour se tirer d'embarras. Dans l'électorat de Hanovre, le quatrième des grands états allemands, l'absence de l'électeur, roi d'Angleterre, livrait le pays à la plus fière aristocratie de toute l'Allemagne. Chacun de ces états se séparait ainsi de l'Empire et fortifiait sa nationalité. Les plus petits même prétendaient jouer un rôle et se mêler aux grands débats de la politique européenne, en lui fournissant au moins des soldats.

En France, la paix de huit ans qui suivit le traité d'Aix-la-Chapelle et qu'auraient pu féconder les travaux d'habiles ministres tels que Machault et d'Argenson, fut troublée par la guerre du clergé et du Parlement, au sujet de la bulle *Unigenitus*. L'indolence de Louis XV et les caprices d'une favorite entravèrent toutes les réformes, entre autres celles de Machault pour les impôts.

et la marine. Le Parlement, qui soutenait les Jansénistes contre M. de Beaumont, archevêque de Paris, fut exilé, destitué, puis rappelé et pardonné à l'occasion de la naissance du duc de Berry (Louis XVI). Au milieu de cette agitation, un fanatique, François Damiens, qu'on fit périr dans d'affreuses tortures, blessa légèrement le roi d'un coup de canif aux portes du palais de Versailles. Les partis effrayés parurent se rapprocher, puis la guerre de Sept Ans, déjà engagée, occupa tous les esprits. A la duchesse de Châteauroux, morte en 1744, avait succédé la fille du boucher Poisson, madame de Pompadour. La reine et le dauphin s'enfermaient dans la retraite ; Louis XV laissa à sa nouvelle maîtresse le soin de ses plaisirs et le gouvernement de l'État. Si la province poussait parfois un cri de révolte, si la misère excitait quelque émeute à Paris, comme en 1758, si les philosophes s'enhardissaient, tous ces symptômes d'une révolution prochaine n'effrayaient pas plus sérieusement Louis XV que *l'avertissement* donné par Damiens. Il était bien convaincu que le régime tant maudit durerait toujours autant que lui. La nation ainsi gouvernée essaya de valoir mieux que son gouvernement.

Jamais le commerce français n'avait montré tant d'élan et d'audace. En 1736, Lorient avait reçu de la compagnie des Indes pour 18 millions de marchandises. L'île de France et Bourbon se souvenaient des leçons de La Bourdonnais. Dupleix croyait toujours fonder l'empire de la France aux Indes, opposer Chandernagor à Calcutta, Pondichéry à Madras. Même activité dans les Antilles, à la Louisiane, au Canada, dans la Méditerranée et dans tous nos grands ports, Marseille, Bordeaux, Nantes et Saint-Malo. Louis XV lui-même, entraîné par l'opinion publique et déjà forcé en 1744 d'appeler le marquis d'Argenson au ministère des affaires étrangères, avait confié celui de la marine à Machault en 1754. Ce ministre patriote, qui voyait l'Angleterre soutenir l'Autriche contre la France et maintenir ainsi l'équilibre sur le continent pour le rompre sur mer, avait résolu de fournir à la France, en suivant les plans de Rouillé (1749-1754), les moyens de résister à cette dictature maritime et de construire en dix ans 111 vaisseaux de ligne et 50 frégates. L'Angleterre, quoiqu'elle eût sur mer 100 vaisseaux de ligne et 74 frégates, s'effrayait de compter déjà dans nos ports en 1754 60 vaisseaux et 31 frégates. Elle arrêta, en brusquant les hostilités, cette renaissance de notre marine.

Les Anglais ne cherchèrent point leur cause de guerre dans les Indes orientales, où la France leur avait sacrifié Dupleix. Ce grand homme avait juré de nous donner un empire dans l'empire du Grand-Mogol, démembré depuis la mort d'Aureng-Zeb (1707) par les *soubabs* et les *nababs* qui s'affranchissaient, et naguère encore bouleversé par l'invasion du shah de Perse Thamas Kouli-Khan (1739). Un si fier génie ne bornait pas son ambition à faire fleurir notre comptoir de Chandernagor et ceux de Karikal, Calicut, Mahé, agrandis récemment par le gouverneur Dumas (1735-1739) sous la direction du contrôleur-général Orry (1730-1745). Intervenir dans les querelles des princes indigènes avec des Indiens disciplinés à l'européenne, et stipuler pour chaque intervention une cession de territoire, dominer la navigation sur le Gange par Chandernagor, sur tout le littoral de la presqu'île par les comptoirs échelonnés sur la côte de Malabar (Calicut, Mahé, Surate) et sur la côte de Coromandel (Karikal, Mazulipatam, Yanaon), tel était le plan de Dupleix, admirablement secondé pour la guerre par l'héroïque marquis de Bussy et pour la diplomatie par sa femme *Johanna Bégum*, la princesse Jeanne.

Après le traité d'Aix-la-Chapelle, Dupleix commença contre les Anglais une guerre indirecte pour l'exécution de ses hardis projets. Un soubab qu'il soutint contre eux dans le Dekkan ou Nizam, ainsi qu'on nomme la péninsule triangulaire qui commence aux monts Windhya, lui céda Mazulipatam et le proclama nabab du Carnatic, sur un territoire d'environ 200 lieues, entre le cap Comorin et la Kistnah. Bussy, pour les mêmes services, obtint sur la même côte la province d'Orissa entre la Kistnah et le Mahanaddy. En secourant le Grand-Mogol contre les rebelles et les Anglais, Dupleix espérait nous donner encore le royaume de Delhi. Il avait déjà le tiers de l'Inde, 30 millions de tributaires, et bâtissait des villes en son nom. Il réduisait le parti anglais dans le Carnatic à la seule ville de Tritchinapali. Mais Dupleix vit sa fortune arrêtée et brisée contre cette ville par Robert Clive, un génie égal au sien, et qui mieux soutenu par son pays, lui donna l'empire des Indes. En France, on n'avait pas compris Dupleix;

on écouta les courtisans et les marchands qui lui reprochaient de compromettre par ses plans audacieux les relations de la France et de l'Angleterre ou les dividendes de la compagnie; on le laissa lutter avec ses troupes indisciplinées contre les soldats européens de Lawrence et de Clive; les Anglais s'emparèrent alors d'Arcate et nous reprirent le Carnatic. Tandis que Clive allait triompher à Londres de ses premiers succès, notre compagnie des Indes, nos ministres et l'opinion publique abandonnaient Dupleix dès son premier revers. Le gouvernement français, effrayé par les plaintes de l'Angleterre, eut peur du génie de Dupleix autant que les Anglais eux-mêmes, le rappela, et envoya Godeheu signer le traité de Madras (1754), qui nous enlevait tout ce que nous avions conquis depuis le traité d'Aix-la-Chapelle et nous imposait la neutralité en Asie. Sacrifice inutile ! nos ministres eurent pour l'Amérique la guerre qu'ils évitaient lâchement pour les Indes orientales.

II. Causes de la guerre de Sept ans. — Hostilités des Français et des Anglais en Amérique. — Conquête de Minorque (1756). — Renversement des alliances européennes. — Traité de Versailles entre la France et l'Autriche. — Coalition contre la Prusse.

La paix d'Aix-la-Chapelle laissait deux causes de guerre à l'Europe, le ressentiment de Marie-Thérèse contre le conquérant de la Silésie, et la délimitation incertaine des possessions anglaises et françaises au nord de l'Amérique. Frédéric II n'était point né conquérant. L'acquisition de la Silésie par deux guerres et cinq victoires lui semblait suffire à sa gloire comme à ses devoirs envers son pays ; il eût volontiers consacré le reste de sa vie aux arts de la paix, et partagé son temps entre les soins de l'administration et la culture des lettres qui remplaçait chez lui les joies de la famille. Il se montra facile pour la délimitation de sa conquête. Mais les causes de haine et de défiance étaient trop récentes et trop vivaces ; il y avait entre l'Autriche et la Prusse rivalité de religion et d'influence politique, et rivalité de commerce. On dit que Marie-Thérèse ne pouvait voir un Silésien sans pleurer. Les autres nations ne voyaient pas non plus sans dépit les succès de la Prusse, dont l'élévation rapide troublait les calculs et les traditions de la vieille diplomatie. La France en particulier ne lui pardonnait point d'avoir conclu deux fois la paix sans elle, et Louis XV détestait Frédéric II comme philosophe. Si l'Autriche devait recommencer la guerre contre la Prusse, il importait à Marie-Thérèse, lasse de la protection des puissances maritimes, de gagner la France à sa cause et tous les alliés de la France en Allemagne. Immense révolution dans la diplomatie de l'Europe, que Frédéric II ne craignait guère, et que François de Lorraine ne put comprendre. Depuis François Ier l'opposition contre l'Autriche était pour la France une maxime d'État. En 1750, les instructions de notre ambassadeur à Vienne, le marquis de Hautefort, lui défendaient d'accueillir aucune proposition de Marie-Thérèse pour le recouvrement de la Silésie, dût-elle offrir à la France la Flandre et le Brabant. Mais il n'était point de maxime d'État ni de règle de gouvernement qui pût tenir en France contre la puissance d'une favorite de Louis XV. Il pouvait plaire à madame de Pompadour de renverser les combinaisons de Richelieu. L'ambassadeur autrichien à Paris (jusqu'en 1753), Kaunitz, en instruisait le cabinet de Vienne, et rapprocha les deux cours par le fameux billet de Marie-Thérèse à sa *cousine* la marquise de Pompadour. Les deux entremetteurs de cette alliance honteuse pour l'Impératrice, Kaunitz et l'abbé de Bernis, devinrent bientôt les premiers ministres des deux pays : Kaunitz, génie supérieur, et dont le dévouement égalait la science; le second, fait pour être la dupe de Kaunitz.

Depuis longtemps l'Autriche s'assurait d'autres alliés dans le nord. La Russie, après avoir écarté la Suède et affaibli la Pologne pour s'avancer en Europe, s'indignait de rencontrer en son chemin la Prusse. La czarine Élisabeth, qui portait l'amour du plaisir jusqu'à la débauche, avait d'ailleurs à se venger des épigrammes de Frédéric II. Dès l'an 1746, l'Autriche et la Russie s'unissaient contre la Prusse par un traité secret d'alliance défensive où le recouvrement de la Silésie était stipulé. L'adhésion de la Saxe était probable après l'armement des deux puissances, et certaine après une victoire; le ministre saxon Brühl, comme Bestucheff en Russie, haïssait personnellement Frédéric II, qui dédaigna de les gagner.

Ainsi Marie-Thérèse isolait la Prusse entre la Russie, la Saxe, l'Autriche et la France, quand un article obscur du traité d'Utrecht, que la paix d'Aix-la-Chapelle n'avait point éclairci, amena la guerre entre l'Angleterre et la France. Ces deux traités n'avaient fixé ni les limites précises de l'Acadie, cédée par la France aux Anglais, ni celles des colonies françaises de la Louisiane et du Canada. Quand le gouvernement français voulut joindre ses possessions du nord et du midi par une ceinture de forteresses échelonnées sur l'Ohio et le Mississipi et bordant les colonies anglaises, les Anglais contestèrent les droits de la France sur les territoires situés entre le Canada et la Louisiane. Les Français niaient de leur côté que les anciennes limites de l'Acadie s'étendissent jusqu'au fleuve Saint-Laurent. Ces débats duraient déjà depuis plusieurs années, et les colons des deux pays, aidés des Indiens, se faisaient déjà la guerre, pendant qu'on négociait encore en Europe. Un officier français, Jumonville, envoyé en parlementaire, fut tué par les ordres d'un officier anglais qui s'appelait George Washington. Son frère, Villiers, s'empara du fort de la *Nécessité*, objet de la querelle, et refusa noblement de venger la mort de Jumonville par le massacre des prisonniers. Mais sept cents soldats anglais étaient massacrés dans une embuscade avec le général Braddock. Les Anglais poussèrent l'insolence jusqu'à nous défendre sous peine de guerre d'envoyer des secours à nos colonies. Louis XV dévora cet affront. Il apprit bientôt que sans déclaration de guerre l'amiral Boscawen avait capturé deux vaisseaux de ligne et trois cents bâtiments de commerce, avec 30 millions de marchandises et dix mille matelots.

En cas de guerre continentale, le Hanovre était menacé de près par la France, assurée des électorats de Cologne et du Palatinat. L'Autriche refusa, sur la demande de George II, d'envoyer une armée aux Pays-Bas pour couvrir le nord de l'Allemagne et surtout le Hanovre. Le roi d'Angleterre se tourna vers la Prusse, non moins effrayée que lui du rapprochement de la France et de l'Autriche. Frédéric II promit de couvrir le Hanovre. La Grande-Bretagne et la Prusse s'unirent par le traité de Westminster (janvier 1756) pour s'opposer à l'entrée des troupes étrangères en Allemagne. Après tant d'alliances artificielles et contre nature qu'on avait vues depuis la mort de Louis XIV, rien n'était plus naturel que l'union de ces deux peuples. L'Angleterre avait tout à gagner, rien à perdre en s'associant la fortune de la Prusse, qui pouvait grandir encore sans la gêner. Jamais peut-être aucune alliance n'excita chez le peuple anglais une sympathie plus vive. L'Angleterre se prit d'une tendresse infinie pour ce peuple qui n'avait pas de vaisseaux, et dont les victoires allaient lui donner de nouvelles colonies.

Pour se venger des pirateries de l'amiral Boscawen, la France, sûre de l'Espagne, débarqua 30,000 hommes à Minorque, alors aux Anglais. Le duc de Richelieu s'empara de Port-Mahon, et bientôt, par un brillant assaut, du fort Saint-Philippe (avril-juin 1756), pendant que La Galissonnière repoussait glorieusement l'escadre de l'amiral Byng, que les Anglais firent condamner à mort et fusiller pour avoir été vaincu. La France, fière à bon droit de la double victoire de son armée et de sa flotte, accepta sans crainte la déclaration de guerre de l'Angleterre. Ces deux faits hâtèrent la conclusion du traité de Versailles (1er mai 1756), et ce qu'on appelait dans le Parlement anglais l'alliance monstrueuse de la France et de l'Autriche. Les deux puissances promettaient de s'aider réciproquement de 24,000 hommes, au cas où l'une des deux verrait ses provinces envahies; c'était réserver à l'Autriche, seule menacée dans ses provinces, tous les bénéfices de l'alliance.

Ainsi les vertus de Marie-Thérèse s'unissaient aux ignobles rancunes de l'impératrice Élisabeth et de la marquise de Pompadour contre les railleries trop méritées de Frédéric le Grand. L'Autriche et la Prusse partageaient l'Europe, comme autrefois la France et l'Autriche. Marie-Thérèse était résignée d'avance à tous les sacrifices pour avoir des alliés contre Frédéric II et les Anglais. Elle eût donné Mons à la France, démantelé Luxembourg, abandonné le Hainaut et le Brabant à don Philippe en échange des principautés d'Italie, donné la Poméranie prussienne à la Suède, la Prusse orientale à la Russie, et la couronne héréditaire de Pologne à la maison de Saxe pour recouvrer la Silésie. Songeant peu à l'Allemagne et à l'Europe, elle ne voyait, disait-elle aux Anglais, que deux ennemis à craindre pour ses états héréditaires, les Turcs et les Prussiens.

En France, on crut l'Angleterre confondue, la Prusse anéantie, toute l'Europe terrifiée par ce fameux traité, le cardinal de Richelieu dépassé par l'abbé de Bernis. Dans le premier entraînement d'une joie stupide, tous se disputaient la gloire du traité ; personne ne comprit que l'Angleterre, feignant de trembler pour le Hanovre, nous détournait de la défense de nos colonies par une guerre sans profit sur le continent. C'était la même joie folle à Vienne. On s'applaudissait d'avoir si bien noué les alliances, et on estimait si peu l'Angleterre, seule alliée de la Prusse, dans les chances d'une guerre continentale, qu'on ne doutait pas de voir bientôt la Prusse redescendre à l'électorat. Les politiques Kaunitz, Brühl, Bestucheff, n'oubliaient dans leurs calculs que le génie de Frédéric II, l'enthousiasme qu'il sut communiquer à son peuple, et les subsides de l'Angleterre. Les ennemis de la marquise de Pompadour, sans mieux comprendre au fond la question maritime et coloniale, comprenaient du moins et disaient que c'était folie de s'imposer de grands sacrifices pour abaisser la Prusse et relever l'Autriche.

III. Premiers succès de Frédéric II contre les Saxons. — Capitulation de Pirna (1756). — Invasion de la Bohême ; bataille de Prague et défaite de Frédéric II à Kollin (1757). — Capitulation des Anglais à Closterseven. — Situation désespérée du roi de Prusse. — Victoires de Frédéric II à Rosbach et à Leuthen (1757).

Frédéric II était depuis longtemps averti du complot des trois grandes puissances, soit par son admirateur passionné, le grand prince de Russie, Pierre de Holstein-Gottorp, soit par deux traîtres qui lui communiquaient les correspondances des cours de Vienne et de Dresde ; il résolut de prévenir ses ennemis. Il avait seul une armée prête ; il savait qu'on voulait lui donner les torts de l'initiative et il en prit les avantages. Ses ambassadeurs allèrent d'abord demander à Marie-Thérèse l'explication de ses armements en Bohême, et pourquoi la Russie armait 120,000 hommes et l'Autriche 80,000. Sur sa réponse hautaine, l'armée prussienne envahit la Saxe en trois colonnes, et bloqua 17,000 Saxons dans leur camp retranché de Pirna. La Saxe était, dans l'opinion de Frédéric II, une position militaire qu'il ne pouvait laisser aux mains de ses ennemis sans péril pour la monarchie prussienne ; il se déclarait forcé de la prendre et de la garder en dépôt. Il rappelait qu'en 1744, la Saxe unie à l'Autriche avait envahi la

Prusse et l'avait réduit lui-même à la dernière extrémité. La neutralité de la Saxe, l'occupation de Wittemberg et de Torgau par les Prussiens, que lui proposait le roi de Pologne, ne lui paraissaient pas des garanties suffisantes de la part d'un roi si mal conseillé : il exigeait une alliance formelle qui lui permît de marcher sur la Bohême et de surprendre l'Autriche avant la fin de ses armements. A toutes les menaces de l'empereur, aux procédures de son Conseil aulique, le roi de Prusse répondit par la publication des archives de Dresde ouvertes par ses grenadiers et malgré la reine de Pologne : il administrait la preuve du complot formé contre lui. En même temps Frédéric courait au devant des Autrichiens qui venaient délivrer leurs alliés, et les battait à Lowositz en Bohême. Mais loin de profiter de son premier succès et de marcher sur l'Autriche, il dut revenir sur ses pas, et désarmer les Saxons de Pirna qui capitulèrent (1756). C'était là le grand service que Brühl avait rendu à l'Autriche. Son maître se réfugia chez les Polonais, qui se croyaient fort désintéressés dans les affaires de son électorat. Frédéric II leur rappela dans une note officielle l'ancienne alliance de la République et de la maison de Brandebourg, qu'il appelait le plus solide boulevard de leur liberté, et revint lire à Dresde dans ses quartiers d'hiver les guerres de Turenne, d'Eugène et de Marlborough. Sa première campagne lui donnait la Saxe, mais non pas l'armée saxonne qu'il avait compté joindre à la sienne ; des régiments entiers forcèrent leurs chefs de fuir avec eux ; les officiers se mirent pour la plupart au service de la France, et le petit nombre seulement passa par la force sous la loi du vainqueur.

Cependant la diète germanique, faisant le procès au roi de Prusse, perturbateur de la paix publique, le condamnait à perdre ses fiefs et ses honneurs. Frédéric II n'avait guère songé, en attaquant la Saxe et la Bohême, aux lois qui défendaient les guerres privées. Il s'était cru, comme il le disait, en cas de légitime défense, et il eût trouvé bien étrange qu'on lui conseillât d'en appeler de Marie-Thérèse à son mari l'empereur ou au Conseil aulique. Il avait donc agi librement comme roi de Prusse et souverain de la Silésie, qui ne relevait de personne. Mais la reine de Hongrie trouvait plus commode d'attaquer en lui l'électeur de Brandebroug, justiciable de la diète. On décréta contre lui la guerre d'empire, malgré le corps évangélique, et l'on mit sur pied une misérable armée d'exécution. Onze jours avant cette déclaration de guerre, Frédéric II renouvelait son alliance avec la Grande-Bretagne « pour maintenir la liberté de l'Europe et la religion protestante en Allemagne. »

. La France et la Suède, aussi vénale que la Pologne, se déclarèrent pour la Saxe comme garants du traité de Westphalie. Contre le roi de Suède et contre la reine, sœur de Frédéric II, la France soudoyait la faction aristocratique des *chapeaux* qui l'emporta dans la diète sur les *bonnets*. Louis XV, beau-père d'une princesse de Saxe, envoya trois armées au lieu des 24,000 hommes qu'il avait promis. La France solda pour l'Autriche les Allemands qu'elle avait si longtemps soldés contre elle, les électeurs Palatin et de Bavière, le duc de Wurtemberg, en tout treize princes, dont trois électeurs. Les armées russes couvrirent la Pologne et marchèrent sur la Prusse orientale. Les ennemis de Frédéric armèrent plus de 400,000 hommes. Il n'en avait que 160,000 en ramassant les forces de tous les petits princes alliés de l'Angleterre; mais les deux tiers de son armée étaient prussiens. La guerre qu'on lui faisait n'était point populaire chez les protestants. Il avait d'ailleurs un immense avantage sur ses ennemis, l'unité de la pensée militaire. Il doubla la force de ses armées par leur vitesse.

Au printemps de 1757, Frédéric, espérant toujours frapper un coup décisif, envahit de nouveau la Bohème et gagna sur les Autrichiens divisés la brillante victoire de Prague, qui lui coûta 18,000 hommes et son vieux maréchal Schwerin, vétéran de Charles XII. Mais le sage Daun, le *temporiseur*, délivra Prague, vengea la défaite de l'Autriche par la victoire de Kollin, où Frédéric n'opposait que 32,000 hommes à 66,000 Autrichiens. Toute l'armée prussienne était perdue, si Daun n'eût demandé pour la poursuivre les instructions du conseil de guerre siégeant à Vienne. Un corps d'armée fut compromis dans sa retraite par les fautes de son chef, Auguste-Guillaume, frère de Frédéric II, auquel ses reproches publics donnèrent la mort. Ce fut le premier acte de cette tragédie sanglante, où la volonté d'un seul homme luttait contre la plupart des puissances européennes. Frédéric apprenait coup sur coup que le maréchal d'Estrées avait battu les Hanovriens près de Hastembeck (26 juillet) ; que Richelieu, lui succédant par intrigue, occupait le Hanovre par capitulation (18 août), et licenciait l'armée du duc de Cumberland par la honteuse convention de Closterseven, conclue sous la médiation du Danemark (9 septembre) ; que Rohan-Soubise, le favori de la Pompadour, avait rejoint l'armée de l'empire avec 25,000 hommes sur les frontières de la Saxe et de la Thuringe ; que les Russes triomphaient de son lieutenant Lehwald dans la Prusse orientale, à Grossjœgerndorf (7 septembre) ; que le même jour son favori Winterfeld, chargé de maintenir les communications entre la Saxe et la Silésie, perdait la victoire et la vie en Lusace près de Gœrlitz ; qu'enfin le duc de Bevern était repoussé jusqu'à Breslau par les Autrichiens, qui prirent bientôt la ville et le général. Menacé par les Autrichiens en Silésie, par les Français et l'armée d'exécution en Saxe, par les Russes dans la Prusse orientale, encore insulté dans sa capitale par 4,000 Croates, Frédéric semblait perdu, si Richelieu poussait jusqu'à Magdebourg et si les Russes poursuivaient leurs avantages. Il avait résolu de ne point survivre à sa défaite. Le marquis d'Argens et Voltaire, avertis par une épître, craignaient sérieusement de le voir se tuer à la façon de Caton et de Brutus.

Il est vrai que ses divers ennemis manquaient d'union et de courage, et que chacun d'eux laissait volontiers à d'autres l'honneur de lui porter le dernier coup. Richelieu, admirateur secret de Frédéric II, désapprouvant la guerre qu'on lui faisait, d'ailleurs séduit par une épître flatteuse et par un don de 100,000 écus, s'arrêta pour négocier, et les Russes reculèrent pendant une maladie de la czarine, par respect ou par crainte de son successeur, Pierre de Holstein-Gottorp. Frédéric profita d'un moment de liberté pour se tourner contre Soubise. Il eut bon marché des Français mal commandés et de l'armée d'empire plus mal composée. Frédéric feignit de fuir devant des ennemis qui croyaient que l'armée prussienne n'oserait pas les attendre ; il ne se retourna que trop tôt pour les battre à Rosbach (nov. 1757). Il n'était guère possible à 22,000 hommes d'en vaincre 60,000 à meilleur marché. Ce fut l'ouvrage d'une demi-heure. Seidlitz, le meilleur écuyer du temps, décida l'affaire avec sa cavalerie. Frédéric n'eut au feu que sept bataillons, et 300 morts ou blessés. Il tua 3,000 hommes à l'ennemi et lui en prit 7,000. Le butin consista surtout dans le camp français en objets de toilette. Ce n'était pas la prise d'un camp, mais d'un grand boudoir. Quant à l'armée d'empire, il était bien prouvé désormais que ses mauvais contingents ne pouvaient plus résister aux forces régulières des grands états. Parmi les Allemands vaincus, quelques-uns se réjouirent d'une défaite dont les Français partageaient la honte et le ridicule. L'Allemagne évangélique admirait dans le vainqueur de Rosbach le héros national et rêvait un empereur protestant, comme au temps de Gustave-Adolphe : grande ressource pour Frédéric II, s'il eût daigné faire entrer dans ses calculs la sympathie religieuse des peuples aussi bien que ses talents militaires et la force matérielle de ses troupes.

La victoire de Rosbach releva le courage des Prussiens et de leurs alliés. En Angleterre, William Pitt, devenu premier ministre, désavoua comme l'opinion publique la convention de Closterseven, que le ministère français lui-même n'avait point reconnue, renforça l'armée anglo-hanovrienne, et demanda pour elle à Frédéric un chef qui méritât de partager ses périls et sa gloire. Il leur envoya Ferdinand de Brunswick, et courut ressaisir la Silésie par la bataille de Leuthen (5 déc. 1757), sa plus belle victoire et la plus savante, celle qui, au jugement de Napoléon, suffisait pour l'immortaliser. Après cette journée et la prise de Breslau, il eut plus de prisonniers que de soldats. Sur 21,000 prisonniers, 6,000 passèrent à son service. A 80,000 Autrichiens, il n'avait opposé que 32,000 hommes, petite armée que Charles de Lorraine et Daun appelaient par mépris la *garde montante de Potsdam*. A la fin de l'année 1757, une des plus sanglantes que l'histoire eût vues jusque-là, après quatre batailles rangées, l'armée prussienne rentra victorieuse dans ses quartiers d'hiver. La Prusse orientale restait seule ouverte aux incursions des Russes, et la Westphalie aux Français. Pendant la maladie de l'impératrice Elisabeth, les ordres secrets de son favori Bestucheff, qui craignait son héritier le grand-duc Pierre, rappelèrent en Pologne l'armée d'Apraxin et de Fermor, forte de 80,000 hommes. Après sa guérison et malgré la disgrâce de Bestucheff, ennemi personnel de Frédéric, les Russes reprirent leur course jusqu'à l'Oder. Quant aux Suédois dégénérés, soudoyés par la France, et qui n'étaient que les maraudeurs de la coalition, la landwehr de la Poméranie et des Marches avait suffi pour en faire justice.

IV. Campagne de 1758 ; batailles de Crevelt, de Zorndorf et de Hochkirchen. — Campagne de 1759 ; batailles de Bergen, de Minden et de Künnersdorf. — Bataille navale de Lagos et destruction de la flotte de Brest. — Campagne de 1760 ; batailles de Liegnitz, de Torgau, de Corbach et de Clostercamp.

Après la journée de Leuthen, Frédéric offrait de négocier ; un nouvel ennemi se déclara contre lui, ce fut le Danemark, entraîné par la France qui brûlait d'effacer la honte de Rosbach. Il envisagea sans pâlir la nécessité de vaincre à force de temps tous ses ennemis et de les ruiner par la guerre. Pitt le représentait dans le Parlement comme le champion du protestantisme contre la France et l'Autriche, et poussait les Anglais à conquérir l'Amérique en Allemagne, en accusant la France d'en avoir eu l'idée. Le Parlement votait pour la Prusse un subside annuel de 670,000 livres sterling, que Frédéric doubla par l'altération des monnaies. Le duc de Marlborough conduisait 12,000 hommes à Ferdinand de Brunswick ; Londres s'illuminait pour les victoires de Frédéric II, qui n'était guère moins populaire à Paris qu'en Angleterre. De tous les pays de l'Allemagne, et de ceux-là même dont les princes l'avaient déclaré ennemi de l'empire, un grand nombre de volontaires allaient grossir ses armées et surtout ses corps-francs. La cause de Frédéric II partageait les peuples et même les familles. Dans certains petits états, les recrues refusèrent de marcher contre le héros de la religion protestante ; car le peuple s'obstinait à voir dans l'ennemi de l'Autriche le protecteur de la Réforme, comme dans l'ennemi des Français libertins et des Cosaques, il voyait le défenseur de la cause allemande. Si dans les deux premières guerres de Silésie, le danger et le courage de Marie-Thérèse avaient excité l'enthousiasme, dans la troisième guerre la persévérance héroïque de Frédéric II et son bonheur incroyable à sortir des situations les plus désespérées augmentaient de jour en jour le nombre de ses admirateurs et de ses partisans. La langue nationale, qu'il méprisait, s'animait à chanter ses victoires. Les chansons populaires après chaque bataille lui recrutaient des soldats contre les armées licencieuses de la France ou contre les bandes farouches de la Russie et de l'Autriche, Cosaques, Croates et Pandours.

La guerre avait désormais deux théâtres : la Wesphalie et le Hanovre, où Ferdinand de Brunswick tenait tête aux Français ; la Saxe et la Silésie, où le roi de Prusse s'opposait à la jonction des Autrichiens et des Russes. Ferdinand ouvrit la campagne de 1758. Il chassa les Français du Hanovre jusqu'au delà du Rhin, ramassa sur les chemins 17,000 prisonniers et battit le gros de l'armée à Crevelt. Un avantage remporté par le duc de Broglie à Sandershausen sur un de ses corps d'armée le força de repasser le fleuve. Quoique vainqueurs à Lutzelberg avec Soubise, les Français à la fin de la campagne reculèrent jusqu'à Francfort. De son côté, Frédéric portait la guerre en Moravie et en Bohême. Il y rencontra le meilleur général de l'Autriche, le livonien Laudon, dont il se repentit d'avoir méconnu le génie et refusé les services. Frédéric, trop faible pour emporter Olmütz à la vue des Autrichiens, leur échappa dans une savante retraite pour aller battre les Russes à la sanglante journée de Zorndorf et les rejeter sur la Pologne. Ces barbares, que Frédéric représente comme les fossoyeurs de l'humanité, avaient pris possession de la Prusse orientale au nom de leur souverain, et commis d'horribles cruautés dans la Poméranie et le Brandebourg ; ils n'avaient laissé que trois maisons à Custrin. Les Prussiens en tuèrent 21,000. Les autres ne bougeaient pas, et remplissaient avec sang-froid tous les vides faits dans leurs rangs par le canon ou la baïonnette. Les vainqueurs perdirent 12,000 hommes.

Après ce nouveau triomphe de la cavalerie de Seidlitz, Frédéric vole en Saxe au secours de son frère Henri, et se laisse attirer et surprendre par Daun près de Hochkirchen, dans une position condamnée par ses meilleurs généraux. On voit alors tout le sang-froid de Frédéric et l'admirable discipline de son armée, surprise au milieu de la nuit et foudroyée par sa propre artillerie. Il rallie les siens près du champ de bataille, menace encore ses vainqueurs et les chasse de l'électorat de Saxe. Il paraît plus grand par ses revers que par ses victoires. Cette campagne de 1758, qui finit par une défaite signalée, le laisse en meilleure position que l'année précédente, maître de la Saxe, de la Silésie et de Schweidnitz, sa plus forte place. La petite armée de Ferdinand a nettoyé la rive droite du Rhin et rejeté les Français entre Rhin et Meuse.

L'année suivante (1759) lui réservait de plus terribles épreuves. Les alliés redoublent d'effort contre l'ennemi commun. Élisabeth envoie Soltikoff réparer la honte de Zorndorf. La France et l'Autriche resserrent leur alliance. Le nouveau ministre dirigeant, le duc de Choiseul, dévoué personnellement à la maison de Lorraine et naguère ambassadeur à Vienne, exagère les fautes grossières du cardinal de Bernis. La France paie seule la Suède, entretient 100,000 hommes en Allemagne et garantit la Silésie à l'Autriche. C'est contre le roi de Prusse que la France prétend désormais défendre la liberté de l'empire. C'est sur le Hanovre qu'elle espère follement venger sa marine et ses colonies. D'autre part Clément XIII, élu pour venger l'Église des concessions dangereuses de Benoît XIV, envoie au maréchal Daun, vainqueur des Prussiens, l'épée et le chapeau bénits que le prince Eugène avait reçus pour ses exploits contre les Turcs. Il ne manquait plus que d'ajouter à ce projet de croisade une autre cérémonie du moyen âge, et de mettre au ban de l'Empire les rois de Prusse et d'Angleterre, comme électeurs du Brandebourg et du Hanovre. La fermeté des protestants fit reculer la diète. Le baron de Plotho avait mis à la porte, quelques jours avant Rosbach, le notaire impérial qui venait lui signifier de comparaître devant le Conseil aulique ; le représentant de la Prusse ne montra pas moins d'audace après la défaite de Hochkirchen, et Frédéric se vengea du pape par ses journaux et ses satires.

Ferdinand de Brunswick ouvrit par une défaite la campagne de 1759. Soubise, occupant Francfort, assurait les communications de l'armée française avec les troupes de l'Autriche et de l'empire. Ferdinand, à la tête de 70,000 hommes, entreprit de l'en chasser. Arrêté et battu par Broglie à Bergen, mais vainqueur de Contades à Minden, il rejeta sur Francfort les Français qui se croyaient déjà maîtres du Hanovre. Le même jour (1er août 1759), son neveu Ferdinand, qui sera si célèbre en 1792, avait battu Brissac et 10,000 Français à Gohfeld. Frédéric en Silésie se tenait sur la défensive. Effrayé de la marche des Russes et des Autrichiens sur le Brandebourg, il envoya le comte Dohna, puis Wedel, le *Léonidas prussien*, pour empêcher à tout prix leur jonction. Tous deux furent battus à Zullichau, et Laudon put se joindre aux Russes. Le péril était si grand que Frédéric nomma son frère Henri régent du royaume, prévoyant pour la prochaine bataille le cas de sa mort ou de sa captivité ; puis il courut avec 48,000 hommes affronter à Künnersdorf 100,000 ennemis, et perdit contre les Autrichiens la bataille qu'il avait déjà gagnée sur les Russes. Pour avoir trop exigé de son armée, il perdait 18,000 hommes, toute son artillerie, ses meilleurs généraux et Kleist, le poëte pastoral. Les Russes n'avaient qu'à donner le coup de grâce. Mais Soltikoff, ruiné par ses deux victoires et mécontent des Autrichiens, refusait d'avancer. La Prusse était perdue, si les officiers russes avaient su résister à l'or comme au fer. Frédéric eut le temps de rallier les débris de son armée et d'arriver en Silésie avant les Russes. Il trouva la Saxe occupée par l'armée d'empire, et Dresde qu'il venait délivrer, rendue trop vite par le comte de Schmettau. Son frère Henri, qu'il appelait le capitaine irréprochable, et que la nature avait rapproché de lui pour compléter son génie militaire, avait bien pu contenir Daun sans perdre un seul homme, mais non détourner les deux coups qui le frappèrent avant la fin de la campagne, la prise de Dresde, boulevard de la Saxe, et la défaite du général Fink, enfermé et pris dans les défilés de la Bohême avec 12,000 hommes, neuf généraux et son artillerie. Frédéric, rejoint par son frère et par 12,000 hommes de l'armée de Ferdinand, osa pourtant prendre ses quartiers d'hiver en Saxe, en face des Autrichiens, et préparer là une seconde édition de ses poésies. Sa position devenait chaque année plus difficile. Sa petite armée diminuait de nombre et de valeur, ses ennemis semblaient se multiplier après chaque défaite, et lui-même se lassait de ses *travaux d'Hercule*. Il se tint dès lors sur la défensive, comme s'il n'avait plus qu'une bataille à perdre.

Pendant ce temps les Anglais bloquaient nos ports et interceptaient toute communication avec les colonies ; tantôt ils incendiaient les chantiers de Saint-Malo, tantôt ils essayaient de combler les bassins de Cherbourg ; une autre fois ils débarquaient à l'île d'Aix et menaçaient Rochefort. On se vengea bien en 1758 de ces descentes audacieuses, à l'affaire de Saint-Cast, près de Saint Malo, où le duc d'Aiguillon et la noblesse du pays leur tuèrent ou prirent 5,000 hommes ; mais tout le littoral de la France, sur la Manche et l'Océan, n'en restait pas moins exposé à leurs incursions. Choiseul résolut de frapper un grand coup sur l'Angleterre, et d'aller reconquérir à Londres le Canada qui nous échappait. Deux flottes, parties de Toulon et de Brest, devaient porter en Angleterre deux armées réunies en Bretagne sous le duc d'Aiguillon et à Dunkerque sous Chevert. L'entreprise échoua, soit par les vents contraires, soit par l'incapacité de nos amiraux. La Clue, sorti de Toulon, fut poursuivi par Boscawen et perdit la bataille de Lagos ou du cap Saint-Vincent (août 1759) qui nous coûta cinq vaisseaux, pendant que le commodore Rodney bombardait le Havre, incendiait plusieurs quartiers de la ville et détruisait en partie nos bâtiments de transport. Le marquis de Conflans, sorti de Brest, n'osa point lutter avec 23 vaisseaux contre l'amiral Hawke qui n'en avait qu'un de plus que lui, laissa brûler ses navires sur les côtes de Bretagne et se sauva si furieusement qu'il en ensabla plusieurs dans la Vilaine (nov. 1759). *La bataille de M. de Conflans* resta proverbiale. La marine française était déshonorée, comme l'armée de terre à Rosbach.

L'escadrille de Dunkerque, commandée par l'intrépide Thurot, ne réussit pas mieux dans son coup de main sur l'Irlande ; attaqué au retour par des forces supérieures, l'ancien corsaire fut vaincu et tué (1760).

Dans l'hiver de 1760, les ennemis de Frédéric II, le croyant perdu, lui refusèrent la paix. On lui refusa jusqu'à l'échange des prisonniers, de peur de lui rendre ses officiers. Frédéric, rebuté par les puissances, en appelait aux peuples, et dans une ode patriotique exhortait tous les Allemands à se joindre à lui contre l'étranger. Il essaya, sans plus de succès, d'armer en Italie l'Espagne et la Sardaigne contre l'Autriche. Pour la prochaine campagne, il ne lui restait plus que deux alliés, le courage et la persévérance, comme il disait lui-même, ni d'autre ressource extrême que le suicide. Il n'eût pas trouvé dans sa philosophie la force que son second successeur trouva dans sa religion, en 1807, pour supporter les vengeances de Napoléon et l'abaissement de la Prusse.

D'abord Laudon s'ouvrit la Silésie par la défaite de 4,000 Prussiens à Landshut, la prise de leur général Fouquet, ami personnel du roi, et la conquête de Glatz, la place la plus importante du royaume après Magdebourg. Frédéric impatient de se venger par un coup d'éclat, manqua Dresde, inutilement ruinée par ses bombes et qui fut sauvée par Daun. Au moins Tauentzien, dont Lessing était le secrétaire, lui conserva Breslau. Les deux frères étaient séparés par 80,000 Russes et 60,000 Autrichiens. Frédéric battit ceux-ci à Liegnitz (15 août 1760), et cette brillante victoire, la première qu'il eût gagnée sur Laudon, le joignit à son frère. Il délivra ensuite, par le seul bruit de son approche, Berlin surpris par les Autrichiens et par les Russes qui s'humanisaient ; il osa enfin jouer la Saxe et la Silésie, et même la monarchie entière, dans une bataille qui fut peut-être la plus hardie et la plus glorieuse de toutes pour son armée. Avec 44,000 hommes, il attaqua 65,000 Autrichiens, fortement retranchés par Daun sur les hauteurs de Torgau. Il avait juré à ses officiers de ne point survivre à sa défaite. Daun expédia trop tôt ses messagers de victoire, comme Frédéric à Künnersdorf ; après la retraite du roi blessé, Ziethen, *le roi des hussards*, lui gagna la bataille (3 nov.). Les Russes repassèrent la Vistule, et Frédéric prit ses quartiers d'hiver à Leipzig, qui paya les désastres de Berlin.

Sur le Rhin, nos généraux, instruits par leurs revers et soutenus par des forces considérables, balancèrent la fortune. A Corbach, le comte de Saint-Germain battit le jeune Ferdinand de Brunswick. Le marquis de Castries vainquit le même prince à Clostercamp, (oct. 1760), où s'illustra par un dévouement sublime le chevalier d'Assas, capitaine au régiment d'Auvergne. Mais ces victoires des Français dans la Basse-Allemagne, qu'à Paris on croyait très importantes, ne gênaient guère les Anglais, qui voyaient tout l'intérêt et tout le profit de la guerre en Amérique ou sur les bords du Gange. Berlin semblait le centre militaire de l'Europe, et Londres en était le centre politique.

v. **Perte des colonies françaises.** — **Campagne de 1761 ; prise de Schweidnitz et de Colberg.** — **Pacte de famille.** — **Campagne de 1762 ; batailles de Burkersdorf et de Freyberg.** — **Traités de Paris et de Hubertsbourg (1763).**

Dans cette fatale année 1760, la France avait perdu toutes ses colonies de l'Amérique du Nord et des grandes Indes. Au Canada, les Français avaient d'abord vaincu les Anglais commandés par Baddock ; mais le gouverneur Montcalm ne put tenir sans renforts contre les deux armées de Boscawen et d'Abercromby. On perdit le fort Duquesne, Louisbourg, puis Québec après une bataille où périrent les chefs des deux armées, Wolf et Montcalm (1759). En 1760, toute la colonie s'était rendue faute de secours, malgré l'héroïsme de Vaudreuil. La plupart des Antilles, le Sénégal et l'île de Gorée subirent le même sort. La France avait perdu 34 vaisseaux de ligne et 74 frégates, et en 1761 elle perdit encore Belle-Isle, d'où les Anglais surveillèrent nos côtes de Bretagne.

Aux Indes orientales comme en Amérique, ce fut le gouvernement qui manqua aux hommes et non les hommes au gouvernement. Les Anglais y eurent contre nous, dès le début de la lutte, ce bel avantage d'avoir fait remplacer Dupleix par Godeheu. A ce moment (1756), le soubab du Bengale, de Bahar et d'Orissa, Suradja-Dowla, leur prenait Calcutta : ennemi formidable pour les Anglais, si Dupleix eût été encore là, ou si la compagnie eût soutenu le soubab et Bussy toujours puissant dans le Dekkan. Mais Clive obtint des agents de la compagnie française une convention de neutralité. Il reprit Calcutta et nous enleva Chandernagor, l'année même de sa fameuse victoire de Plassey (1757). Bussy tint bon dans la péninsule et leur prit tous les comptoirs de la côte d'Orissa. Lally-Tollendal, alors envoyé aux Indes, s'annonça comme l'implacable ennemi des Anglais et de tous les abus. Il eut contre lui les fonctionnaires civils, les colons, les marchands et l'armée, qui se plaignait qu'on n'eût pas remplacé Dupleix par son lieutenant Bussy, qu'il avait déclaré supérieur à lui-même. Lally, encore détesté par les indigènes, mal secondé par d'Aché, le commandant de la flotte, et par le marquis de

Conflans, triompha d'abord à force d'énergie, prit d'assaut le fort Saint-David qu'on appelait le Berg-op-Zoom de l'Inde, et menaça Madras; mais trahi par tout le monde, chassé du Dekkan et de la côte d'Orissa, assiégé dans Pondichéry après sa défaite de Vandavachi (1760), il dut se rendre à merci (1761). Il fut relâché sur parole par les Anglais, vint à Paris pour se justifier, et périt sur l'échafaud, en 1763, après dix-huit siéges et quatorze blessures. La domination française dans l'Inde était condamnée.

Dans la guerre du continent, nous avons laissé Frédéric II réduit malgré ses dernières victoires à se tenir sur la défensive, dans son camp retranché de Bunzelwitz, avec ses régiments renouvelés jusqu'à trois fois et composés de recrues ou de déserteurs. Ils étaient là 30,000 en face de 130,000 Autrichiens et Russes. Dans la campagne de 1761, il perdit deux places importantes, Schweidnitz et Colberg, qui renforçaient la position de ses ennemis dans la Silésie, la Poméranie et la Prusse. La victoire de Ferdinand de Brunswick à Willingshausen, après l'échec de Grüneberg, sur de Broglie et Soubise, toujours divisés par une ignoble jalousie, ne compensa que faiblement ce double revers. Les alliés occupaient la plus grande partie de la monarchie prussienne. Pour la première fois après six campagnes, les Autrichiens prirent leurs quartiers d'hiver en Silésie. Mais le plus grand danger pour Frédéric II était dans la révolution ministérielle qui suivit l'avénement de George III avec son favori lord Bute, et qui menaçait de lui enlever avec l'appui de William Pitt les subsides anglais. Quand l'alliance de la Prusse et de l'Angleterre se relâchait, Choiseul resserrait celle de la France et de l'Autriche et signait le fameux *pacte de famille* entre les Bourbons de France, d'Espagne et d'Italie. L'Espagne devait par l'occupation du Portugal recouvrer ses colonies. La conclusion de ce fameux traité (15 août 1761) rompit les négociations alors engagées entre la France et l'Angleterre. Pitt voyait dans la rupture avec l'Espagne un moyen de ranimer par le butin la nation ruinée par la guerre. Sur le refus de George III de faire aussitôt la guerre à l'Espagne, Pitt, d'ailleurs effrayé de l'accroissement de la dette publique, quitta le ministère. Alors la position de Frédéric II était changée. Lord Bute au lieu de renouveler le traité de subsides avec la Prusse, cherchait la paix à Saint-Pétersbourg et à

Vienne. Toutefois pour ménager l'opinion publique, toujours favorable à Frédéric II, le nouveau ministère déclarait la guerre à l'Espagne, et faisait passer en Portugal un général distingué, le comte de Lippe-Buckebourg, et des officiers allemands qui chassèrent les Espagnols et les Français de cette colonie anglaise. George III et ses ministres n'osaient parler de paix à un peuple qui saluait de ses cris d'enthousiasme les trésors des colonies espagnoles et françaises apportés en triomphe à Londres.

Le plan de Choiseul, conforme à la politique de Louis XIV, n'eut pas le résultat qu'il en attendait ; il permit aux Anglais, ayant pris nos dernières Antilles, de piller ensuite les colonies espagnoles, Manille et la Havane. Mais l'Angleterre ayant dès lors détaché ses intérêts de ceux du roi de Prusse, et le nouveau ministère pouvant offrir et conclure la paix après avoir anéanti la marine espagnole et française, les succès des Anglais sur mer et en Portugal ne sauvaient point Frédéric II. Au moment où il sollicitait sérieusement les secours du Sultan et des Tartares, son salut lui vint de la Russie.

Il fut sauvé par la mort de la czarine Elisabeth, son ennemie acharnée, et par l'avénement de Pierre III, le plus fougueux de ses admirateurs (5 janvier 1762). Ce jeune empereur qui fatiguait les Russes de l'éloge des Prussiens et de leur grand roi, n'eut que le temps de lui rendre ses officiers et ses soldats, de lui ménager la paix de Hambourg avec la Suède, et d'ordonner à son armée de quitter les Autrichiens pour s'unir à lui. Sa femme Catherine qui lui ôta le trône et la vie, déclara Frédéric ennemi du nom russe, aux applaudissements du sénat et du peuple. Elle attribuait les torts de son mari aux conseils du roi de Prusse. Détrompée par la lecture de ses lettres, elle confirma la paix de Saint-Pétersbourg, mais rappela ses troupes et se déclara neutre. Frédéric le Grand, délivré de deux ennemis dont l'un devenait son allié, avait compté reprendre sans peine Dresde et Schweidnitz, les clefs de la Saxe et de la Silésie. Ce fut au moment d'attaquer avec les Russes Daun retranché près de Schweidnitz, que le général Tchernicheff lui communiqua son ordre de rappel. Frédéric obtint de lui qu'au moins son armée figurât dans la bataille qu'il avait préparée. Le général russe y risqua sa tête. Les Russes aidèrent par leur présence à la défaite de Daun près de Burkersdorf et à la prise de Schweidnitz qui rendait la Silésie aux Prussiens. Après leur départ et la défection de la Suède, la lutte était plus égale entre Frédéric et ses ennemis. S'il ne remplaçait point l'alliance de l'Angleterre par celle de la Russie, il n'avait plus pour adversaires que les Autrichiens, les Français, et l'armée de l'Empire, des ennemis ruinés et divisés. L'Autriche craignait d'être abandonnée par la France ou attaquée par les Turcs, et les états de l'empire l'accusaient de prolonger sans résultat une guerre qui se faisait chez eux. Frédéric II courait délivrer son frère en Saxe, quand il apprit sa dernière victoire, celle de Freyberg (1762) gagnée sur les Autrichiens et sur l'armée d'exécution Ferdinand de Brunswick, du côté de la Basse-Saxe et de la Westphalie, qu'il défendait si vaillamment contre les Français toujours supérieurs en nombre, terminait la guerre par la victoire de Willemsthal et par la prise de Cassel, qui capitula malgré le succès de Condé à Friedberg sur le jeune prince de Brunswick (nov. 1762).

La signature des préliminaires de Fontainebleau, où l'Angleterre et la France rapprochées par la Sardaigne convenaient de ne plus envoyer de secours à leurs alliés d'Allemagne, força l'Autriche de conclure une double trêve pour la Saxe et la Silésie, qui ne comprenait point les autres états d'empire. Ainsi elle livrait sans scrupule aux vengeances de la Prusse tous ces bons patriotes qu'elle appelait naguère à tenter un dernier effort pour sauver la constitution et les libertés de l'Allemagne. Une incursion des Prussiens en Franconie et jusqu'aux portes de Ratisbonne où siégeait la diète, força les petits états du midi, la Bavière et le Palatinat, de rappeler leurs contingents de l'armée des cercles. Telle était la réputation des soldats prussiens qu'une ville libre, Rothenbourg, se laissa rançonner par vingt-cinq hussards qui menaçaient de mettre pied à terre et de lui donner l'assaut.

Les préliminaires de Fontainebleau, signés le 3 novembre 1762, aboutirent bientôt au traité de Paris (10 février 1763). L'Angleterre recouvra Minorque, prit dans l'Amérique du nord tout le Canada, l'Acadie, le Cap-Breton, Terre-Neuve et la Floride; aux Antilles, la Grenade et les Grenadilles, Saint-Vincent, Tabago, la Dominique; en Afrique, le Sénégal. La France recouvra le droit de pêche à Terre-Neuve, avec les îlots de Saint-Pierre et Miquelon, la Guadeloupe, Marie-Galande, la Désirade, la Martinique et Sainte-Lucie, l'île de Gorée en Afrique, et Belle-Isle sur la côte de Bretagne; aux Indes orientales, Pondichéry démantelée et trois comptoirs au Bengale. Elle céda la Louisiane à l'Espagne, qui perdait la Floride et recouvrait Cuba et Manille. Elle s'engageait encore à démolir les fortifications maritimes de Dunkerque. Ainsi la France et l'Espagne, vaincues et ruinées, laissaient l'Angleterre maîtresse des mers. Dans cette guerre, les pertes de la France furent aussi énormes que ses fautes. Elle y perdit la chance de jamais devenir une puissance coloniale et le vieil honneur de sa noblesse. Ce fut le chef-d'œuvre de la politique autrichienne de s'être donné la France pour alliée, et ce fut le comble de l'ineptie pour la France d'avoir été l'alliée de l'Autriche.

En Allemagne, l'Autriche, la Prusse et la Saxe confirmèrent par le traité de Hubertsbourg les traités antérieurs. La guerre de Sept Ans, faite par des armées plus nombreuses, avait resserré dans une plus courte durée tous les maux de la guerre de Trente ans, et moissonné près d'un million d'hommes, dont 700,000 Allemands, pour confirmer tout ce que la guerre précédente avait suffisamment prouvé : l'avènement de la Prusse au rang des grandes puissances, la force de son organisation militaire qui lui garantissait la possession de la Silésie, son influence désormais décisive dans l'empire germanique.

Ce ne fut pas trop des trente années qui suivirent pour cicatriser toutes les plaies de l'Allemagne. Frédéric le Grand n'avait pas même conquis dans cette dernière guerre assez de terrain pour enterrer ses morts, mais l'Europe était pleine de sa gloire. Jamais les puissances étrangères n'avaient payé si cher les Allemands pour les diviser. L'Autriche et différents princes d'empire reçurent de la France seule à peu près 140 millions, sans compter ce que les ministres et les généraux avaient pu recevoir. Frédéric reçut de l'Angleterre en six ans 24 millions d'écus, dont il fit plus de 40 millions à faux titre. On a calculé que ces subsides et la présence des troupes étrangères jetèrent dans la circulation plus de 500 millions d'écus, somme égale à tout le numéraire d'Allemagne dans la première moitié du siècle. Tant d'argent ne payait pas encore les désastres de la guerre. L'Autriche devait plus de cent millions. Six ans après la guerre, le roi de Prusse avait mis son armée sur le même pied qu'auparavant, et forçait Marie-Thérèse d'adopter comme lui le système ruineux des armées permanentes : nouvelle occasion de ruine et de tyrannie pour les petits princes, qui se mirent à imiter Frédéric le Grand, comme leurs pères avaient jadis imité Louis XIV.

VI. L'Empire et la Prusse après la guerre de Sept ans. — Gouvernement et politique de Frédéric II.

Deux ans après le traité de Paris mourut l'empereur François Ier, banquier de la cour d'Autriche et fournisseur de l'armée, qui prêtait sur gages à sa femme, et qui livra même en 1756 le fourrage et la farine à l'armée prussienne ; associé du marchand Schimmelmann pour la ferme des douanes saxonnes, alchimiste au milieu du XVIIIe siècle, au demeurant bon et charitable comme un prince autrichien, et que Marie-Thérèse pleura comme un grand homme. Il n'avait point eu dans l'Empire ni chez sa femme plus d'influence qu'il n'en demandait, et riait très-volontiers de sa propre insignifiance. Au lieu de conduire les armées autrichiennes comme les autres ducs de Lorraine, il s'était contenté de les habiller par entreprise. Son fils aîné, Joseph II, lui succéda sur le trône impérial, son fils cadet Léopold dans le grand-duché de Toscane, et le troisième, Ferdinand, épousa l'héritière de Modène.

Joseph II, qui n'avait que l'administration militaire en Autriche, essaya de relever dans l'Empire le pouvoir central, insensiblement réduit par les capitulations électorales à quelques vains privilèges. Ce jeune empereur passionné pour le bien, plus sensible et plus humain que Frédéric II, son modèle, qu'il cherchait à égaler, désirait son pouvoir absolu pour le bonheur de ses sujets, et s'était promis d'appliquer au gouvernement tous les principes de la philosophie moderne. Il entreprit d'abord de réorganiser le pouvoir judiciaire. On lui permit bien de réformer le Conseil aulique, tribunal particulier de l'empereur et de la maison d'Autriche, mais non pas la Chambre impériale, qui dépendait à la fois de l'empereur et de l'empire. Il poursuivit pendant sept ans ce beau projet qu'on agitait depuis un siècle. La question religieuse n'eut pas une solution plus claire ou plus prompte. La commission, tirée du corps évangélique, ne donna son rapport qu'au bout de quinze ans. Quoique le corps évangélique recherchât toute occasion de se plaindre depuis l'alliance de l'Autriche et de la France, et depuis que les catholiques ne se plaignaient plus, Joseph II vit bien qu'il lui fallait ajourner ses réformes jusqu'à la mort de sa mère, et les réserver pour les états autrichiens. Maintenu dans une position subalterne en Autriche, il vit de plus près les abus, et Marie-Thérèse nourrissait en lui sans le savoir cette fièvre de réforme qu'elle avait cru calmer par l'étude et la retraite. Il devait un jour exercer plus avidement un pouvoir si longtemps attendu.

Le roi de Prusse avait en effet pour gouverner et réformer son royaume le pouvoir absolu que lui enviait Joseph II. Si Frédéric II n'eût possédé que les talents d'un grand capitaine, il n'eût point tiré tant de ressources d'un pays aussi pauvre que la Prusse. Mais sa gloire n'est pas seulement écrite sur tous les champs de bataille de la Saxe et de la Silésie ; elle repose encore sur les bienfaits d'une administration ferme et généreuse. Le roi de Prusse, qui seul sortait sans dettes de la guerre de Sept Ans, affranchit d'impôts la Silésie pour six mois, la Poméranie pour deux ans. Dans la Silésie, désolée par trois guerres sanglantes, il distribua 17,000 chevaux pour l'agriculture, rebâtit quinze villes, créa 213 villages, et soumit toutes les classes à la taille, le roi lui-même pour son domaine. Cette belle province, dont la population s'accrut en vingt ans de 180,000 âmes, devint par tant de bienfaits aussi prussienne de cœur que le Brandebourg.

Frédéric II reprit dans les autres provinces les travaux suspendus par la guerre, parcourant les campagnes, distribuant des chevaux et de l'argent, relevant les maisons, ranimant le commerce des grandes villes. Il attira dans ses états environ 300,000 colons, et fonda en tout 800 nouveaux bourgs et villages. Selon les calculs de son ministre Herzberg, il donna aux provinces, de 1763 à 1786, près de 25 millions d'écus, et laissa encore un trésor de 70 millions. Il ranima le crédit de son royaume par la fondation d'une banque nationale en 1765, et créa en 1770 une caisse hypothécaire (lettres de gage), qui combattit l'usure dans les campagnes. L'industrie prussienne, accrue pendant la paix de 264 fabriques, fécondée par l'enseignement public des sciences exactes, protégée sur mer par le pavillon du grand roi, pouvait déjà suffire au commerce intérieur et fournir chaque année aux exportations ses toiles, ses draps et les porcelaines de Berlin, plus célèbres et plus recherchées que celles de la Saxe. C'est par tous ces travaux que Frédéric II mit la Prusse, ce pays sablonneux et peu fertile, en état de nourrir les pays voisins pendant l'horrible famine de 1771, qui ravagea surtout la Saxe et la Bohême. C'est par là qu'il fit oublier aux peuples tous les maux de la guerre de Sept Ans et surtout l'altération des monnaies.

Un de ses premiers soins fut d'entretenir le bon état de ses finances. De là cette administration générale de la douane et de l'accise qu'il organisa sous le nom de *régie*, par les conseils du fermier général Helvétius, qu'il confia à des agents français, sans se préoccuper des plaintes du peuple, et qui augmenta son revenu de quatre millions. En fait d'économie politique, il partageait les idées de son siècle; l'exclusion des marchandises étrangères et le système prohibitif lui semblaient d'excellents moyens pour enrichir le pays et le trésor public. C'est dans le même but qu'il fonda la régie des tabacs et multiplia les monopoles.

Frédéric II fit peu pour les écoles primaires et pour les Universités. La dixième partie des sommes qu'il dépensa pour son opéra ou pour des palais inutiles, eût suffi pour doter convenablement toutes les écoles publiques. Mais on voit dans ses lettres à d'Alembert qu'il croyait avoir déjà trop fait pour un peuple qui n'avait jamais su que manger, boire et se battre.

Il ambitionnait comme César, Charlemagne et Napoléon, la double gloire des armes et des lois. Il essaya d'établir dans la législation l'unité que réclamaient partout les philosophes depuis le seizième siècle, Bacon en Angleterre, Leibnitz en Allemagne. Le grand-chancelier Carmer reprit l'œuvre de Cocceji en 1776 et soumit le projet d'un Code général à tous les jurisconsultes d'Europe. C'était le premier essai d'un Code uniforme. Pour être imparfaite, l'œuvre n'était pas moins grande. Frédéric II demeura souverain juge dans son royaume, après avoir obtenu pour tous ses pays allemands (1746) le privilège *de non evocando*, ou le droit de juger sans appel aux tribunaux de l'empire. On vit des arrêts révisés et cassés par ses officiers, des tribunaux menés comme des régiments, des magistrats gourmandés par le roi et même emprisonnés, en dernier résultat la magistrature avilie aux yeux du peuple.

Par un démenti formel à ses opinions philosophiques, Frédéric II favorisa dans son armée la noblesse aux dépens de la bourgeoisie. Après la guerre de Sept Ans, il congédia presque tous les officiers bourgeois, et quand la noblesse prussienne ne lui suffit plus, il attira à son service celle des pays voisins. Ce corps nombreux d'officiers nobles, élevés dans les écoles militaires de Berlin, de Stolpe (en Poméranie) et de Culm, habitués au commandement par le privilège de la naissance, devait dans ses plans lui fournir ses serviteurs les plus habiles et les plus dévoués. Frédéric, qui raconte lui-même ces détails, prétend que la noblesse est seule capable d'honneur ; avec plus de franchise, il eût peut-être avoué que la noblesse, avide de distinctions personnelles et faite au service des cours, lui semblait le plus ferme et le plus naturel appui de la monarchie absolue, tandis qu'il redoutait dans la bourgeoisie les éléments d'une société plus libre. Frédéric II ne supprima pas le régime féodal ni la division des classes, autre démenti à la philosophie française ; mais il combattit l'esprit de caste et maintint l'équilibre entre les forces sociales. Il était permis à chacun de s'élever avec l'appui du souverain au-dessus de sa condition. Presque tous les ministres de Frédéric étaient nobles ; les dignités de la cour, de l'armée ou de l'administration, les ambassades, furent réservées pour la noblesse ; mais tous ses conseillers de cabinet, non moins influents dans l'État que les ministres, sortaient de la bourgeoisie. Il maintint les privilèges des terres féodales, mais il accorda aux bourgeois toute faculté d'être plus riches que les nobles, aux petits propriétaires toute protection contre la noblesse. Celle-ci, devenue servile en France, en Espagne et en Autriche, impérieuse en Angleterre, en Suède et en Pologne, toute puissante en Russie par les révolutions de palais, fut sous Frédéric II soumise et laborieuse.

Dégoûté de la religion par le dur bigotisme de son père, Frédéric II ne l'envisageait qu'au point de vue politique. Le catholicisme avec son chef étranger lui paraissait dangereux pour le gouvernement, et il éloigna les catholiques des hautes charges, tout en respectant leurs privilèges garantis par les traités. Il protégeait par politique les croyances qu'il méprisait par philosophie. En religion comme en politique, il évita sagement ce qu'il appelait le fanatisme des philosophes. Esprit fort à table et parmi les philosophes étrangers, il riait volontiers des préjugés de chaque secte ; mais au dehors, il gardait certains égards pour le calvinisme qui était la religion de sa famille, et il savait quelle force communiquait le corps évangélique à celui qui s'en disait le protecteur.

Faire de la Prusse une monarchie militaire de premier ordre était la politique nécessaire et le but principal de Frédéric II. Il ne remplissait son trésor que pour entretenir une forte armée, qui représentait chaque année aux manœuvres de Potsdam les grandes batailles du temps. Il écrivait pour ses troupes un système d'instruction qu'on devait cacher aux étrangers, et il avait, huit ans après la paix, 160,000 hommes sous les armes. Sa dépense militaire absorbait les deux tiers de ses revenus. C'était sa garantie et sa vengeance contre les intrigues qui l'avaient poussé malgré lui dans la guerre de Sept Ans. Les craintes qu'elles lui laissaient dominèrent dès lors sa politique extérieure, et lui dictèrent le bien et le mal, la résistance aux envahissements de l'Autriche en Bavière et le démembrement de la Pologne.

Après la paix de Hubertsbourg, Frédéric, abandonné par l'Angleterre dont la politique dépendait de la durée des ministères et des majorités mobiles du Parlement, voyait ses trois ennemis, l'Autriche, la France et la Saxe, continuer leur alliance ; forcé de s'appuyer sur une grande puissance et de sortir de l'isolement, il s'assura l'alliance de la Russie en lui sacrifiant la Pologne. Mais quand Joseph entreprit d'appliquer à l'Allemagne cette politique de partage et d'arrondissement, il sauva deux fois la Bavière de ses étreintes. La première fois il mit une armée sur pied, la seconde fois il fit la *ligue des princes* pour défendre la constitution que lui même avait bravée et violée à son aise dans la guerre de Sept Ans. Ainsi la Prusse était plus forte que l'Autriche en Allemagne (1).

(1) Maximilien-Joseph, le dernier électeur de la branche bavaroise de Wittelsbach, étant mort sans héritier en 1777, Joseph II réclamait la Bavière en

Après avoir conduit son époque d'une main si ferme, Frédéric II vit luire à ses derniers jours sur les deux mondes tous les signes d'un nouveau siècle. Le premier des souverains de l'Europe, il osa traiter avec la jeune république des États-Unis, que l'Angleterre venait de reconnaître. Il salua de ses vœux la patrie de Washington et ferma les yeux entre deux grandes révolutions. Mirabeau, agent de la France à Berlin, ne vit pas sans douleur la nature abandonner un de ses plus beaux ouvrages. Frédéric avait régné 46 ans comme Charlemagne, et mourut avec la résignation d'un stoïcien, en repoussant avec politesse les secours de la religion chrétienne.

L'Allemagne était fière à bon droit de Frédéric le Grand aussi bien que la Prusse ; car le vainqueur de Rosbach releva l'orgueil du nom allemand abattu depuis un siècle ; elle admirait le roi qui parlait mal sa langue, mais dont la politique était nationale ; le grand capitaine qui racontait ses victoires en français, mais les gagnait sur la France. Rosbach ébranlait du même coup la réputation militaire des Français et l'autorité de leur littérature. Les Allemands devaient se lasser d'imiter ceux qu'ils avaient battus, et croire enfin qu'ils n'étaient pas plus infaillibles en littérature qu'invincibles sur le champ de bataille. Les écrivains de son temps ont pu reprocher amèrement à Frédéric son indifférence pour la littérature allemande ; ceux de nos jours lui pardonnent plus volontiers d'avoir négligé pour les chefs-d'œuvre du génie français une littérature alors si pauvre, mais dont lui-même prédisait dans un de ses derniers écrits l'émancipation et la gloire future. On a remarqué que dans les dernières années, les lettres françaises n'avaient plus le même attrait pour lui, comme s'il eût compris qu'elles n'étaient pour l'Allemagne qu'un instrument d'éducation, et que la pâle imitation d'une littérature imitée ne pouvait constituer à tout jamais la littérature allemande.

vertu d'anciens traités. L'électeur palatin Charles-Théodore, de l'autre branche de Wittelsbach, auquel revenait la Bavière, n'ayant pas lui-même d'héritier légitime, paraissait disposé à transiger avec Joseph II ; mais Frédéric II provoqua et appuya les réclamations du plus proche héritier de Charles-Théodore, et mit une armée sur pied. L'empereur arma de son côté. La médiation de la Russie lui imposa le traité de Teschen (1779). Quand Joseph II en 1783, comptant cette fois sur la Russie, offrit la Belgique à Charles-Théodore en échange de la Bavière, Frédéric II n'eut pas recours aux armes, mais fit la *ligue des princes*.

Le bon Gellert s'affligeait de voir que le roi de Prusse, écrivain élégant et pur, dans sa correspondance avec Voltaire, écrivît l'allemand aussi mal que son père. Gœthe pense au contraire que le mépris de Frédéric II a mieux servi la littérature de son pays en lui laissant plus de liberté. C'est à Berlin même et sous les yeux de Frédéric II, que Lessing, membre honoraire de son Académie, troubla le triomphe de la littérature française par ses premiers ouvrages, le *Laocoon* et *Minna de Barnhelm*. Frédéric, tout entier aux soucis de la guerre ou du gouvernement et réservant tous ses loisirs pour la philosophie française, ne vit pas que les écrivains allemands qui devaient réaliser sa prophétie avaient déjà paru. Un Ramler, un Gottsched fut mieux connu que Lessing dans cette cour où les étrangers donnaient le ton, Maupertuis, le marquis d'Argens, Algarotti, l'ambassadeur anglais Mitchel, l'écossais Keith, etc.

Frédéric II correspondait avec Voltaire et d'Alembert ; il recueillit Raynal à Berlin et Rousseau à Neuchâtel. Voltaire visita cette cour française en 1743 ; il y revint en 1750 pour s'y fixer en qualité de chambellan avec 20,000 francs de pension. Le roi qui travaillait deux heures par jour avec lui, ne put longtemps soutenir la vanité et la cupidité du philosophe. Leur séparation scandaleuse en 1753, occasionnée par les querelles de Voltaire et de Maupertuis, fut précisément ce qui sauva leur amitié. Le roi reprit son estime pour le grand écrivain, dès qu'il fut débarrassé de l'homme. Dans ses vieux jours, il aima Voltaire comme le patriarche de la littérature française et comme un des plus doux souvenirs de sa jeunesse. Tous deux s'aidaient à supporter les ennuis de la vieillesse.

Le roi de Prusse cultiva toute sa vie les arts et les lettres qui l'avaient consolé du temps de son père. Le conquérant resta joueur de flûte et compositeur. En l'année 1775, il mit la dernière main au plus important de ses écrits, l'*Histoire de mon temps*. En 1763, il refit en quatre mois l'*Histoire de la guerre de Sept Ans*, brûlée par la négligence d'un valet. En 1778, il écrivit ses *Mémoires* depuis la paix de Hubertsbourg jusqu'à la fin du partage de la Pologne (1763-1775), et dans ses dernières années, les *Mémoires sur la guerre de 1778*. Historien de sa maison et de son règne, il eut dans les *Mémoires de Brandebourg* l'élégante clarté des écrivains français, et s'éleva quelquefois dans le récit de ses campagnes jusqu'à la noble simplicité de César.

Frédéric II ne connut ni l'amour ni les joies de la famille; c'est par là que cette puissante nature paraît incomplète. Il s'abandonna trop volontiers aux plaisirs grossiers du cynisme philosophique. Mais ceux qui décrièrent sa cour comme un foyer d'irréligion et qui lui reprochèrent son amitié pour les deux écrivains les plus matérialistes du siècle, Helvétius et Lamettrie, ne devaient pas oublier, pour être justes, qu'il avait réfuté le *Système de la nature*. La grandeur de sa nature l'éleva dans la vie publique et dans la vie privée au-dessus des vices de son temps. Le disciple de Voltaire, qui maniait comme lui l'épigramme et l'ironie philosophique, laissa dormir volontiers ses édits de censure. Aucun roi n'a pardonné plus de libelles à ses détracteurs. On sait qu'un jour, voyant la foule assemblée devant une affiche satirique contre sa personne, il la fit placer assez bas pour en faciliter la lecture. Dans les plaisirs d'une conversation facile et gracieuse, il oubliait la royauté et la faisait oublier à ses amis.

On l'a vu tolérer tous les cultes, encourager l'esprit d'examen, donner aux sciences une impulsion rapide, réformer les tribunaux, chasser de la jurisprudence un latin barbare, introduire la philosophie dans les lois, et par les soins variés de son gouvernement, milice, législation, finances, agriculture, inspirer aux rois une idée plus haute des devoirs de la royauté. Il mourut debout, selon le mot de Vespasien qu'il citait souvent; car il ne cessa de gouverner qu'en rendant le dernier soupir, roulant dans sa tête à ses derniers moments de nouveaux projets de manufactures et de desséchement. Ecrivain, capitaine, législateur, philosophe, il fut dans tous les genres et par ses défauts même le héros du xviii⁰ siècle, quoique le partage de la Pologne revienne en mémoire à qui voudrait le louer sans réserve.

CHAPITRE XVIII.

FIN DU RÈGNE DE LOUIS XV. — RÉUNION DE LA LORRAINE ET DE LA CORSE. — SUPPRESSION DES PARLEMENTS.

SOMMAIRE:

1. — Depuis la mort du cardinal Fleury, Louis XV, gouverné par ses favorites, leur a sacrifié ses meilleurs ministres. Au début d'un règne de dix-neuf ans (1745-1764), madame de Pompadour a renvoyé d'abord le contrôleur général Orry, sage administrateur des finances pendant quinze ans (1730-1745), puis son hardi successeur Machault, qui entreprenait d'établir par le *vingtième* l'égalité de l'impôt territorial et d'arrêter les envahissements du clergé (1754). Les grands travaux de Machault au ministère de la marine ne le sauvent point d'une autre disgrâce en 1757. Le comte d'Argenson, autre victime de la favorite, est renvoyé en même temps du ministère de la guerre, où le vieux maréchal de Belle-Isle fera d'utiles réformes. La retraite de Machault a livré les finances au pillage. La guerre où Choiseul, arrivé au pouvoir (1758), sacrifie follement les ressources de la France à l'alliance autrichienne, creuse encore l'abîme du déficit. Au sortir de cette guerre qui coûte un milliard à la France, sa dette s'augmente encore de plus de 100 millions pendant cinq ans de paix (1763-1768). Le contrôleur général Silhouette a repris sans succès contre les privilégiés les projets de Machault.

2. — Choiseul, après le traité de Paris, tente à son tour de grandes réformes, et d'abord, pour s'assurer l'alliance des philosophes et des parlements, fait prononcer par le roi l'abolition et l'expulsion de la Société de Jésus (1764). Les parlements souillent leur victoire en redoublant de rigueur contre les calvinistes (affaires de Calas, de Sirven et de la Barre), et leur zèle n'épargne pas même les philosophes. Choiseul s'honore au moins par de sages mesures. Désespérant de rétablir les finances, il encourage l'agriculture, l'industrie et le commerce (édit de 1763 pour la libre circulation des grains), et il assure la prospérité de nos colonies. Sa gloire est surtout dans les réformes de l'administration militaire. L'ordonnance de 1762 réorganise l'armée de terre; et par ses soins notre marine compte en 1770 soixante-quatre vaisseaux de ligne et cinquante frégates.

3. — Choiseul, qui relève au dehors notre diplomatie et notre politique, prépare l'intervention de la France dans les questions de la Pologne et de l'Amérique. Il veut rallier contre la tyrannie maritime des Anglais les puissances secondaires, et croit sauver la Pologne par l'Autriche et la Turquie. Contrarié

plutôt que soutenu par l'Angleterre du côté de la Pologne, il la brave dans la Méditerranée par la réunion de la Corse à la France, deux ans après celle de la Lorraine (1766-1768). Il croit par le mariage du dauphin avec Marie-Antoinette fortifier encore son crédit et l'alliance autrichienne. Une intrigue de cour le renverse comme allié des parlements et comme préparant la guerre (exil glorieux de Chanteloup, déc. 1770).

i. — La chute des parlements suit de près celle de Choiseul. Le procès intenté par le parlement de Bretagne au duc d'Aiguillon, évoqué et poursuivi par celui de Paris malgré la défense du roi, mais surtout la prétention du parlement de Paris de former avec les autres un seul corps politique, font craindre à Louis XV l'audace et l'usurpation de l'aristocratie judiciaire. Maupeou supprime les parlements et les remplace par des magistrats salariés, que Beaumarchais livre à la risée publique (1771). La France et le roi dans ses dernières années sont gouvernés par les *triumvirs*, Maupeou, l'abbé Terray et le duc d'Aiguillon, dont le nom rappelle, avec cette première suppression des parlements, la banqueroute et le partage de la Pologne. Le roi meurt dans ses débauches et parmi les malédictions du peuple affamé par le *pacte de famine* (mai 1774). Quelques utiles fondations ont pourtant signalé son règne (École militaire, manufacture royale de Sèvres, etc.).

I. **Gouvernement intérieur de la France depuis la mort de Fleury. — Madame de Pompadour. — Projets de Machault.**

Comme Frédéric II en Prusse, Choiseul eût voulu fermer en France toutes les plaies de la guerre. On appréciera dignement la partie utile et brillante de son ministère après le traité de Paris, en se rappelant les désordres et les misères qui troublèrent le pays pendant la guerre et pendant la paix depuis la mort de Fleury (1643). Alors avait commencé le règne des favorites. A son avénement, madame de Pompadour avait renvoyé le contrôleur-général Orry, qui pendant quinze ans (1730-1745) avait sagement gouverné les finances et à peu près maintenu l'équilibre du budget par la création de nouvelles rentes et par le rétablissement de l'impôt du *Dixième*, aboli sous la Régence. En 1747, elle renvoya le marquis d'Argenson, l'habile ministre des affaires extérieures. Machault d'Arnouville, le successeur d'Orry, conçut pour les finances un projet dont s'effrayèrent les privilégiés. Au mois de mai 1749, il remplaça le *dixième* par un *vingtième* à percevoir sur tous les revenus, sans faculté de rachat pour personne. Par cette contribution unique, directe et universelle, il comptait se donner les moyens d'amortir la dette publique et soumettre enfin tous les ordres à l'égalité de l'impôt territorial. Quelques mois plus tard, un édit célèbre interdisait aux gens de mainmorte toute acquisition faite sans l'aveu du roi, et supprimait tous les établissements religieux fondés depuis 1636 sans l'auto risation royale. Enfin un édit de 1750 enjoignait à tous les béné ficiers de déclarer leurs revenus. Un édit de 1754 autorisa l libre circulation des grains.

Le hardi ministre eut contre lui le Parlement, toujours hostile a toute innovation dans l'État, quoique très-disposé d'ailleurs s'entendre avec lui contre le clergé ; l'Église gallicane, qui n reconnaissait pas à la cour le droit de cadastrer et d'imposer s terres, et se croyait quitte avec le roi par le don gratuit que paya le bas clergé ; les pays d'États qui se disaient ruinés par l'unifor mité des impôts. Chacun des corps opposants effraya la cour à s manière. Le Parlement dénonçait les abus du pouvoir arbitrair et le trafic des lettres de cachet ; le clergé, ravivant les querelle religieuses, commençait contre les jansénistes de Paris la guerr des *billets de confession* (1), et contre les calvinistes de l'ouest du midi une persécution où le maréchal de Richelieu, gouverneu du Languedoc, servit trop bien sa vengeance et sa politique dans les provinces et surtout dans les pays d'États, on embarrassa la levée du vingtième par la déclaration fausse ou équivoque d revenus. Madame de Pompadour s'effraya de toutes ces opposi- tions ; elle craignait pour sa fortune de parvenue l'alliance d la noblesse et de l'Église, et renvoya Machault. Le clergé se ra cheta du vingtième par un don gratuit, les pays d'États, les sei gneurs et les villes franches s'en rachetèrent par abonnement On ne parla plus de l'égalité de l'impôt territorial ni de l'amor tissement de la dette publique, et la vieille société crut ses pr vilèges sauvés. La naissance d'un second fils du dauphin, le du de Berry (Louis XVI), offrait l'occasion d'une sorte de réconc liation générale (1754).

Machault, transféré des finances à la marine, y prépara no premiers succès sur mer dans la guerre de Sept Ans. Il eût rendu de plus grands services et relevé notre marine si la favorite eût sacrifié ses rancunes au bien de l'État. Madam de Pompadour renvoya Machault en 1757, et quelques mois plu tard le comte d'Argenson, ministre de la guerre. Ces habile organisateurs de la flotte et de l'armée eurent le tort de croir

---

(1) L'archevêque de Paris faisait refuser les sacrements aux jansénistes mourants qui n'adhéraient point à la bulle *Unigenitus*.

trop vite à la chute prochaine de madame de Pompadour, après l'attentat de Damiens et quelques remords passagers de Louis XV. C'était le moment où l'abbé de Bernis devenait notre ministre des affaires extérieures, et William Pitt premier ministre d'Angleterre. Le vieux maréchal de Belle-Isle, nommé ministre de la guerre, publia quelques bons règlements, entre autres celui qui ne permettait de commander un régiment qu'après sept ans de service, dont cinq au grade de capitaine, ni d'être capitaine qu'après avoir servi deux ans dans les grades inférieurs. Machault ne fut pas sérieusement remplacé, et l'on peut dire que pendant la guerre navale qui devait décider du sort de nos colonies, la marine n'eut point de ministre. Aux finances même, Machault n'eut que d'indignes successeurs qui connaissaient mieux les expédients ruineux que les grandes réformes : emprunts, créations de nouvelles rentes, vente des offices, loteries, etc. Le second *vingtième* établi en 1756 et la crue de la taille ne purent suffire aux dépenses de la guerre. En 1759, le déficit était de 217 millions. Les acquits au comptant s'élevèrent la même année d'une moyenne de 20 à 30 millions jusqu'à 117 millions. Le contrôleur général Silhouette reprit sans succès les idées de Machault pour une subvention générale sur tous les revenus fonciers et mobiliers. Bertin tripla le vingtième et doubla l'impôt de la capitation. Après une guerre où la France avait dépensé un milliard, le mal empira, et le contrôleur Laverdy, nommé en 1763, laissa en 1768 la dette accrue de 115 millions.

II. Ministère de Choiseul (1758-1770). — Suppression de l'Ordre des Jésuites. — Réunion de la Lorraine à la France. — Réformes de Choiseul.

Telle était la situation de la France à l'époque où le comte de Stainville, de la maison de Choiseul, reçut le pouvoir des mains de madame de Pompadour. Il lui fallait soulager un peuple accablé de plus d'impôts qu'aux plus mauvais jours de Louis XIV, et ruiné par la guerre que lui-même avait mal conduite en livrant l'or et le sang de la France à l'Autriche ; apaiser la colère de la noblesse et de l'Église qu'on avait plus d'une fois menacées dans leurs privilèges ; imposer la paix à deux compagnies puissantes, le Parlement et les Jésuites, qui vont remplir la fin du règne, non plus du scandale de leurs débats, mais du bruit de leur chute.

Le comte de Stainville, créé duc et pair, d'abord appelé au ministère des affaires extérieures en 1758, y joignit celui de la guerre et celui de la marine en 1761, donna la conduite des affaires étrangères à son cousin Choiseul-Praslin, et fut de fait, même avant la mort de la favorite, le ministre dirigeant, responsable de toutes les destinées du pays. Il espéra relever la France au dehors et mériter au dedans par de sages réformes qu'on lui pardonnât la protection de madame de Pompadour.

Choiseul, après le traité de Paris, débuta par un coup d'éclat qui devait détourner l'attention publique de cette paix honteuse, et lui concilier à la fois les parlements, les philosophes et la favorite; il fit proscrire les Jésuites. Les philosophes n'avaient pas attendu l'expulsion des Jésuites du Portugal et la banqueroute du père Lavalette à la Martinique et à Marseille en 1758, pour dénoncer ces ennemis communs des rois, des peuples et du clergé lui-même; ces religieux qui vivaient dans le monde, confessaient les rois et les reines, instruisaient la jeunesse, transformaient leurs missions étrangères en compagnies de commerce; et d'après leurs statuts mystérieux ne relevaient que du Saint-Siège. On rappelait surtout parmi leurs crimes la révocation de l'Édit de Nantes et la destruction de Port-Royal. Il fallait briser, disait-on, cette formidable *épée dont la poignée était à Rome et la pointe partout*.

Lors de la banqueroute du père Lavalette, tous les ennemis de l'Ordre éclatèrent. Les Jésuites appelés en garantie par les créanciers, ayant prétendu que d'après leurs statuts la société n'était point solidaire, le Parlement les somma de produire leurs statuts, et tous les Parlements des provinces suivirent son exemple. Le plus violent réquisitoire fut celui de Caradeuc de La Chalotais, procureur-général au Parlement de Bretagne. Le 6 août 1762, le Parlement de Paris prononça la suppression de l'Ordre. « C'est la philosophie, dit d'Alembert, qui par la bouche des magistrats, a porté l'arrêt contre les Jésuites; le jansénisme n'en a été que le rapporteur. » Le clergé, consulté par le roi, proclama d'une seule voix l'utilité de l'Ordre pour la prédication et l'instruction de la jeunesse, mais sans dissimuler qu'il serait bon de modifier ses constitutions en ce qui concernait le pouvoir absolu du général des Jésuites résidant à Rome. Le clergé, craignant que l'État ruiné ne convoitât ses biens, et d'ailleurs effrayé de tout le bruit qu'il avait fait en 1750 par sa résistance à la réduction progressive des bénéfices et à l'édit de mainmorte, n'osa pas en dire plus pour la défense des Jésuites. Il s'effraya surtout de la fière réponse du père Ricci, leur général, à ceux qui demandaient la révision des statuts : *Sint ut sunt, aut non sint*. Le Parlement, les philosophes, madame de Pompadour, qui n'avait pas à se louer pour son compte de la morale facile des Jésuites, l'emportèrent sur la reine, le dauphin et la dauphine. Un édit royal du 26 novembre 1764 confirma la sentence du Parlement, et les Bourbons d'Espagne, de Naples et de Portugal chassèrent les Jésuites comme par application du *pacte de famille*. Le pape Clément XIV abolit l'ordre le 16 août 1773.

Le Parlement, vengé des Jésuites, souilla sa victoire et crut prouver son orthodoxie par un redoublement de cruauté contre les calvinistes. En 1762, le Parlement de Toulouse faisait rouer Calas, qu'il accusait d'avoir tué son fils pour l'empêcher de se faire catholique. Les Sirven, accusés du même crime, lui échappèrent. A son tour, le Parlement de Paris, en 1765, fit décapiter le jeune La Barre, qu'on accusait sans preuves suffisantes d'avoir mutilé un crucifix sur un des ponts d'Amiens. On sait les plaidoyers éloquents de Voltaire pour ces victimes du fanatisme. Mais le Parlement frappait les philosophes eux-mêmes. En 1770, vingt-cinq ou trente de leurs ouvrages les plus hardis étaient brûlés sur le grand escalier du palais.

Dans l'année qui suivit l'expulsion des Jésuites, Louis XV vit mourir ceux qu'elle avait le plus affligés, le dauphin qui vivait dans la retraite, et la dauphine, princesse de Saxe (1765) ; dans les années suivantes, en 1766, le bon roi Stanislas qui, aux termes du traité de 1738 si habilement négocié par Chauvelin, nous laissait la Lorraine, pleine de son souvenir et de ses bienfaits ; enfin en 1768 la reine, sa fille, depuis longtemps délaissée. Louis XV ne s'inquiéta de toutes ces morts que pour les bruits d'empoisonnement qui circulèrent comme aux derniers jours de Louis XIV.

Choiseul racheta plus noblement que ses alliés du Parlement sa rigueur contre les Jésuites. Il honora son ministère par de sages réformes au dedans et par la fermeté de sa politique extérieure. Pendant que le roi prenait dix mille actions dans le *pacte de famine*, infâme société d'accapareurs qui spéculaient sur la misère du peuple, Choiseul consultait le banquier génevois Necker sur les moyens de remettre un peu d'ordre et de probité dans nos finances et de relever le crédit public. Impuissant contre le désordre et l'anarchie des finances, il reporta ses soins sur l'agriculture et le commerce. Il appliqua les principes d'une science encore toute nouvelle, l'économie politique, et renouvela en 1763 l'édit de 1754, qui permettait la libre circulation des grains à l'intérieur. Il en permit l'exportation, donna quelques franchises à l'industrie, fit même espérer déjà l'abolition des maîtrises, et ne craignit pas d'étendre aux colonies la liberté commerciale. Il essaya de coloniser la Guyane, la déclara libre dans son commerce, et lui envoya 12,000 colons, dont 2,000 à peine survécurent : hardie et malheureuse tentative pour nous dédommager de la perte du Canada ! Les désastres de la guerre de Sept Ans étaient mieux réparés par les immenses richesses de Saint-Domingue et la prospérité de nos comptoirs des Indes.

C'est dans l'organisation de nos forces militaires qu'il faut chercher la plus solide gloire de Choiseul. Une réforme était devenue nécessaire dans l'armée et dans la flotte, après nos défaites et depuis les changements opérés par Maurice de Saxe et Frédéric II dans l'art de la guerre. Sa grande ordonnance de 1762 fixa pour les corps d'une même arme le nombre des bataillons, des escadrons et des compagnies. Les colonels perdirent le droit de nommer leurs officiers, et les capitaines celui de recruter leurs compagnies. La durée des engagements fut portée de six ans à huit ; les soldats après seize ans de service avaient droit à la demi-solde, et après vingt-quatre ans à la solde entière ou aux Invalides. Choiseul ne fit pas moins pour la flotte. Gribeauval, en 1754, avait par une ordonnance célèbre perfectionné l'artillerie ; Choiseul réorganisa en 1767 celle de la marine, et créa pour la flotte un corps de 10,000 canonniers. Déjà, pendant la guerre de Sept Ans, il avait réformé le corps des officiers de marine et protégé les officiers *bleus* ou *de port* contre les officiers nobles, qui les trahissaient par mépris et refusaient de protéger les convois marchands. Il songea même à supprimer les gardes-marines dans l'intérêt des officiers plébéiens. Il fit régner une telle activité dans nos chantiers, sous la direction de Choiseul-Praslin, que la France en 1770 comptait dans ses ports 64 vaisseaux de ligne et 50 frégates. Elle devait les trouver pour la guerre d'Amérique.

III. Politique extérieure de Choiseul. — Acquisition de la Corse (1768). — Procès du duc d'Aiguillon. — Renvoi de Choiseul (1770).

Choiseul, avec une vive intelligence de l'avenir, voyait deux grandes questions surgir à l'est de l'Europe et en Amérique. Il craignait d'un côté la ruine de la Pologne, et de l'autre il espérait le soulèvement des colonies anglaises ; son patriotisme ardent voulait que la France fût prête des deux côtés. C'est pourquoi il relevait notre marine et s'efforçait de liguer les puissances secondaires contre la tyrannie maritime des Anglais. Déjà sûr de l'Espagne et des Deux-Siciles, il y eût joint le Portugal affranchi par Pombal, la Hollande et la Suède. Sur le continent, il s'assurait l'alliance de l'Autriche contre la Russie. Dès que la Russie eut démasqué ses projets sur la Pologne, Choiseul envoya aux Polonais des subsides, quelques officiers d'élite, Dumouriez, Choisy, et 1,500 hommes que l'Autriche laissa passer ; il poussa les Turcs à la guerre. Mais Choiseul crut trop facilement que l'Autriche ne consentirait jamais au démembrement de la Pologne, et que les Suédois et les Turcs l'aideraient à s'y opposer. L'alliance de l'Angleterre et de la France eût pu seule sauver la Pologne ; or, les Anglais, loin d'appuyer la politique française en faveur des Polonais, se réservaient bien plutôt de s'entendre pour leur commerce avec les ennemis de la Pologne. Et d'ailleurs, Choiseul à ce moment-là les bravait dans la Méditerranée ; il osait, malgré ces maîtres de Minorque et de Gibraltar, réunir la Corse à la France.

Dès 1734, la Corse s'était soulevée contre Gênes, et s'était donné pour roi un aventurier allemand, Théodore, baron de

Neuhof. La France, appelée au secours de Gênes, occupa l'île pour y prévenir les Anglais et chassa le roi Théodore. En 1755, la Corse parut bien près de conquérir son indépendance, quand le chef d'une autre insurrection, Pascal Paoli, libérateur de son pays et promoteur de sages réformes, eut réduit les Génois à cinq places maritimes. Paoli comptait sur le secours des Anglais. La France, appelée de nouveau contre les rebelles, s'obligea pour payer ses dettes à la République de Gênes, à défendre les places fortes et les ports qui lui restaient dans l'île. Enfin le sénat génois, de guerre lasse, céda tous ses droits sur la Corse à la couronne de France (15 mai 1768). Les insurgés, furieux d'être ainsi vendus à la France, soutinrent contre leurs nouveaux maîtres une lutte acharnée, et firent subir plus d'un échec à nos généraux, Chauvelin, de Marbeuf et Maillebois. Le comte de Vaux, envoyé dans l'île avec une armée plus nombreuse, mit fin à la lutte par la victoire de Pontenuovo (9 mai 1769). Trois mois plus tard (15 août), Napoléon Bonaparte naquit français dans cette île située à quelques heures de Marseille et de Toulon. Jean-Jacques Rousseau, auquel les Corses envoyèrent demander un projet de constitution, avait prédit, un peu au hasard, dans un passage de son *Contrat social*, qu'un jour la Corse étonnerait le monde.

On vit bien par cette conquête de la Corse qui nous donnait dans la Méditerranée une position très-importante, à quel point Choiseul se croyait dès lors en état de lutter contre l'Angleterre. Il se tenait pour assuré de la paix continentale par son alliance avec l'Autriche, et resserrait l'union des cours de Vienne et de Versailles par le mariage du Dauphin avec Marie-Antoinette, fille de Marie-Thérèse, pendant que les deux autres petits-fils de Louis XV, les comtes de Provence et d'Artois, étaient mariés à deux sœurs, princesses de Savoie. D'affreux malheurs causés par la foule, par l'incurie de la police et par un complot de malfaiteurs, attristèrent le mariage du Dauphin. Trois cents personnes périrent dans la foule, et douze cents, dit-on, à la suite de leurs blessures. Malgré ces tristes présages, Choiseul, sûr de son crédit et fort de ses services, dédaignait de plier devant la nouvelle favorite. Une intrigue de palais, concertée par madame Du Barry et ses complices, le chancelier Maupeou, l'abbé

Terray, contrôleur général, et le duc d'Aiguillon, renversa brusquement l'ami des parlements et des philosophes. Le procès du duc d'Aiguillon précipita sa chute.

Le duc d'Aiguillon, gouverneur de la Bretagne et défenseur passionné de la compagnie de Jésus, était poursuivi pour crime de concussion devant le parlement de Rennes, sur la réquisition du procureur général La Chalotais, l'accusateur le plus acharné des Jésuites (1765). L'affaire évoquée au parlement de Paris, le roi en prit connaissance, et crut l'étouffer en se bornant à exiler sans jugement ceux des magistrats de Rennes qu'on avait jetés à la Bastille pendant l'examen des pièces, et qu'un jeune maître des requêtes, M. de Calonne, accusait d'écrits injurieux contre le gouvernement du roi. C'étaient MM. de La Chalotais père et fils, et trois autres conseillers. Le duc d'Aiguillon rentra en vainqueur dans son gouvernement de Bretagne, où le roi, conseillé par Choiseul, n'osa point le laisser. Le parlement de Rennes à peine rétabli, et l'édit de proscription contre les Jésuites étant renouvelé, entama contre le duc un procès criminel; que le roi lui défendit de poursuivre, la Cour des pairs jointe au Parlement de Paris étant contre un pair de France la seule juridiction compétente. Sur les conseils du chancelier Maupeou, Louis XV ordonna que la Cour tînt ses séances à Versailles et parût s'y plaire, jusqu'au jour où les courtisans qui craignaient pour le duc affectèrent de craindre pour l'autorité royale. Le roi convertit alors la Cour des pairs en lit de justice et défendit de poursuivre les procédures. Le Parlement osa néanmoins, sur la simple inspection des pièces et sans avoir entendu l'accusé, déclarer le duc suspendu provisoirement de ses fonctions de pair de France. Louis XV cassa l'arrêt du Parlement; à leur tour les magistrats suspendirent le cours de la justice, déclarant n'avoir pas « l'esprit assez libre pour décider des biens, de la vie et de l'honneur des sujets du roi. » C'est à ce moment que Louis XV exila Choiseul dans sa terre de Chanteloup et le remplaça par le duc d'Aiguillon (déc. 1770).

Le roi ne voulait pas seulement complaire à la favorite. Comme il avait sa diplomatie secrète dont le comte de Broglie était le chef, il sut que Choiseul poussait l'Espagne à déclarer la guerre aux Anglais, au sujet des îles Malouines. L'indolent

monarque était trop disposé à craindre qu'on ne détournât pou[r]
la guerre et l'honneur du pays l'argent de ses spéculations et d[e]
ses plaisirs.

Choiseul, escorté par une foule de grands personnages à [la]
sortie de Paris, reçut encore à Chanteloup la visite et les félici[-]
tations d'une partie de la cour et de la haute société. « Spectacl[e]
étrange, qui témoignait moins du génie du ministre que de l'a[-]
baissement de la royauté et du déplacement du pouvoir. Si u[n]
tel concours ne prouvait pas en effet que M. de Choiseul fût u[n]
grand homme, il constatait du moins que le jour était proche o[ù]
l'ambition trouverait plus d'avantage à combattre la monarchi[e]
qu'à la servir » (de Carné).

IV. Le triumvirat : Maupeou, d'Aiguillon, Terray. — Suppression des parlements (1771). — Mort de Loui[s] XV (1774).

Trois hommes qui s'étaient ligués contre Choiseul le rempla[-]
cèrent, et formèrent sous la direction de la favorite un odieu[x]
triumvirat, trop digne de servir sa vengeance et ses caprices[.]
C'étaient avec le chancelier Maupeou, le duc d'Aiguillon au[x]
affaires étrangères, et l'abbé Terray aux finances.

Le Parlement aussi s'était cru bien fort pour tous l[es]
services qu'il avait rendus ; gardien des libertés publiques contr[e]
la cour et le pape, et défenseur de la foi contre les philosophe[s,]
sa dernière résistance exprimait bien toute son audace. Il pr[é-]
tendait, par son union avec les autres cours du royaume, s'o[p-]
poser *par classes* au despotisme royal, et constituer un corps p[o-]
litique représentant la nation. C'est dans cette forme hardie d[e]
monarchie parlementaire qu'il protestait contre les abus et refu[-]
sait d'enregistrer les édits bursaux. Mais sa chute suivit de pr[ès]
celle de Choiseul. Vainement le roi, dans un autre lit de justic[e]
tenu à Versailles, avait sommé les magistrats de rompre leu[r]
union séditieuse avec les autres parlements et de remonter s[ur]
leurs sièges. Dans la nuit du 19 au 20 janvier, des mousquetair[es]
allèrent leur enjoindre à domicile de reprendre leur service [et]
de répondre par écrit *oui* ou *non*. Quarante membres, ayant sig[né]
oui, se rétractèrent le lendemain. On leur signifia dans la nu[it]

suivante une lettre de cachet qui les exilait tous, et leur charges furent confisquées. Les princes du sang, treize pairs du royaume, et les parlements de province protestèrent par écrit contre ce coup d'Etat. Les membres des bailliages, les avocats et les plaideurs refusèrent de paraître devant les indignes successeurs de ces vieux parlementaires qu'on avait si longtemps vantés et respectés pour la gravité de leurs mœurs. La cour des aides fut cassée pour les remontrances que Malesherbes avait rédigées, et pour son appel aux Etats Généraux. Maupeou brava et châtia toute résistance.

A la cour il vantait le coup d'État qui la délivrait d'une opposition factieuse et retirait la *couronne du greffe*; aux philosophes, il promettait la justice réformée et désormais gratuite; aux plaideurs, une procédure plus rapide et des juges moins éloignés dans les six cours ou *conseils supérieurs* qui se partagèrent l'ancien ressort du parlement de Paris : Arras, Blois, Châlons-sur-Marne, Clermont, Lyon et Poitiers. C'était là une réforme sage et utile, si un ministre plus respecté l'eût faite pour des magistrats plus respectables. Mais on sut bientôt par les *Mémoires* de Beaumarchais, dont la lecture amusa la Du Barry et Louis XV autant que le public, ce que valaient le parlement Maupeou et sa justice gratuite. On appela le *parlement Maupeou* celui qu'il fallut bientôt composer, après le triste essai des cours supérieures, d'un certain nombre de membres du grand conseil, d'hommes d'affaires, d'avocats obscurs, et d'anciens parlementaires qu'on choisit parmi les plus dociles. Toutes les anciennes charges étaient remboursées, et dès la fin de l'année 1771, le nouvel ordre judiciaire des juges salariés par l'État fonctionnait dans tout le royaume.

Les courtisans de la favorite s'étonnèrent d'avoir si facilement renversé ce grand corps, qui depuis si longtemps contenait et bravait la royauté, mais dont la chute l'isola et la découvrit. On verra bien d'ailleurs en 1789, à la conduite du Parlement rétabli par Louis XVI, que Voltaire avait eu raison d'applaudir à la suppression du Parlement par Louis XV, tandis que Mably et l'opinion publique s'en affligeaient.

L'abbé Terray de son côté, soit pour rembourser les charges de judicature, soit pour diminuer l'intérêt de la dette publique et le déficit annuel, ou enfin pour acquitter les *ordonnances de comptant* de la favorite, augmentait les tailles, suspendait le paiement des billets de ferme, réduisait les rentes perpétuelles ou viagères et les pensions. C'était la banqueroute générale faite en détail. Il s'ensuivit plus de deux mille faillites et deux cents suicides à Paris. Les impôts, plus que triplés pendant le règne de Louis XV, atteignaient le chiffre énorme de 375 millions. Terray ne respecta pas même l'œuvre glorieuse de Machault et de Choiseul, la liberté intérieure du commerce des grains. Il excitait ou défendait l'exportation dans les provinces, pour les ruiner au profit des infâmes spéculations où le ministre était le complice du roi dans la société *Malisset*. Le contrôleur général n'avait plus à craindre les remontrances du Parlement pour les édits bursaux et les refus d'enregistrement qu'il faisait regretter. D'autre part il était défendu par une instruction royale de faire le procès aux monopoleurs.

Le duc d'Aiguillon eut pour sa part de honte le partage de la Pologne ; une part que lui fit l'opinion publique, plutôt par mépris que par justice. « Si Choiseul avait été là, le partage n'aurait pas eu lieu, » dit Louis XV apprenant la fatale nouvelle. Ce mot, si souvent cité, fait plus d'honneur au patriotisme de Choiseul qu'au jugement de Louis XV. A-t-il pu croire et dire sérieusement que Choiseul, demeuré au pouvoir, eût décidé Marie-Thérèse à combattre la Russie et la Prusse en lui promettant pour alliés nos généraux de la guerre de Sept Ans ? Et d'Aiguillon n'avait-il pas quelque raison de dire à l'Autriche qui se plaignait d'avoir été mal soutenue par la France dans ses vagues efforts pour la Pologne : « Vous ne vouliez pas qu'on vous soutînt » ?

Parmi ces hontes, Louis XV mourut dans ses débauches (mai 1774), et le peuple insulta son cercueil. Le peuple maudissait ce roi, d'abord si populaire et si richement pourvu des dons de la nature, pour avoir manqué à toutes ses espérances, et pour avoir ajouté les scandales de son règne à ceux de la Régence. Il faut pourtant citer dans ce règne si long, où parurent de grands ministres qui ne duraient guère, quelques fondations utiles : à côté de l'hôtel des Invalides, l'Ecole militaire, ouverte par les conseils du vieux Paris-Duverney à cinq cents jeunes gentilsommes orphelins ou pauvres; l'Ecole vétérinaire, l'Ecole de irurgie, la manufacture royale de porcelaine, l'Ecole des Ponts Chaussées (1751), et l'achèvement des grandes routes que la égence avait commencées.

CHAPITRE XIX.

TABLEAU DES LETTRES, DES SCIENCES ET DES ARTS AU DIX-HUITIÈME SIÈCLE. — LES PHILOSOPHES ET LES ÉCONOMISTES. — LES PRINCES RÉFORMATEURS.

SOMMAIRE.

1. — Au dix-huitième siècle, la France, vaincue au dehors, règne encore [en] Europe par les lettres et la philosophie : par les écrits de Voltaire (1694-1778), qui prêche la liberté de penser, le déisme épicurien et les réformes civiles [et] judiciaires ; par ceux de Montesquieu (1689-1755), qui réclame la liberté politique et la séparation des pouvoirs de l'État, et vante le gouvernement re[présentatif] des Anglais (*Esprit des lois*, 1748); par ceux de J.-J. Rousseau, apôtre de l'égalité sociale et de la souveraineté du peuple (*Émile et le Con*-*trat social*, 1762) ; et enfin par ceux des Encyclopédistes, d'Alembert, D[i]derot et leurs disciples, qui marquent la transition entre les trois grands écri[-]vains, inspirateurs de l'Assemblée constituante, et les philosophes matérialiste[s] Helvétius, d'Holbach, etc., précurseurs d'Hébert et du culte de la Raison. — [À] côté des philosophes, les économistes s'occupent des intérêts matériels à l'exemp[le] de Boisguillebert et de Vauban. Quesnay, Gournay et Adam Smith font co[n-]sister la richesse des nations dans l'agriculture, le commerce, l'industrie [et] tout genre de travail matériel. Tous les économistes demandent la réforme [de] l'impôt, la liberté de l'industrie et des échanges.
2. — Les beaux-arts n'ont qu'un rôle médiocre au dix-huitième siècle : la pe[in]ture avec les Vanloo, Watteau, Boucher, Greuze, Vien, etc.; la sculpture av[ec] G. Coustou, Pigalle, Bouchardon ; l'architecture avec Gabriel, Soufflot, etc.[;] la musique avec Rameau, Gluck et Grétry. Mais le dix-huitième siècle bri[lle] autant par la gloire des sciences que par l'éclat des lettres et de la philosophi[e.] Au dehors Daniel Bernouilli et Euler (de Bâle) illustrent les académies [de] Saint-Pétersbourg et de Berlin. Nos savants vont au Pérou (Godin, Bougue[r,] La Condamine), en Laponie (Maupertuis, Clairaut, Lemonnier), au cap [de] Bonne-Espérance (Lacaille), vérifier la théorie de Newton sur la figure de [la] terre (1735-1750). Herschell découvre Uranus et perfectionne le télescope ; C[a]vendish mesure la densité de la terre; Delambre et Méchain déterminent [la] longueur du mètre; Bailly résume l'histoire des découvertes astronomiques (177[9).]Trois astronomes français illustrent la fin du siècle : Lalande, Lagrange[et] Laplace. — La physique s'enrichit des découvertes de Franklin, Coulo[mb,] Ramsden, Galvani et Volta sur l'électricité. Les Saussure créent la météo[-]

logie. Les Montgolfier inventent les aérostats. Lavoisier fonde la chimie par sa théorie de la combustion, découvre l'oxygène et fait connaître la composition de l'eau et de l'air ; avec Berthollet, Guyton de Morveau et Fourcroy, il donne à la chimie ses bases véritables et sa nomenclature. — Pour l'histoire naturelle, Buffon agrandit la zoologie, fonde la géologie, et crée avec Daubenton et les Jussieu le cabinet du Jardin des Plantes. Le suédois Linné réforme en même temps la botanique dont il est le premier classificateur. Bonnet (de Genève) et Spallanzani partagent la gloire de nos naturalistes.— Pour la géographie, les Cassini continuent jusqu'en 1790 la gloire de leur famille. D'Anville retrouve l'ancien monde. Les navigateurs modernes poursuivent dans un but plus noble et plus scientifique les explorations maritimes des siècles précédents. De 1764 à 1769, trois anglais, Byron, Wallis et Carteret, frayent la voie au capitaine Cook dans les mers du sud. En même temps qu'eux Bougainville, le premier français qui fit le tour du monde (1766-1769), explore l'Océanie. De 1768 à 1779, Cook exécute dans les mêmes parages ses trois grands voyages. L'Océanie est encore visitée par La Pérouse (1785) et d'Entrecasteaux (1791) ; l'Afrique du sud-est par Levaillant (1781), et le nord-ouest de l'Amérique par Vancouver.

3. — La France littéraire et philosophique s'impose à toute l'Europe. Paris est visité par les rois étrangers ou leur envoie ses philosophes. Les idées françaises envahissent jusqu'à l'Europe méridionale où régnait toujours le clergé catholique. Elles inspirent les réformes de Pombal en Portugal, sous Joseph Ier, et la première expulsion des Jésuites ; les réformes d'Aranda, de Florida Blanca et de Campomanès en Espagne, sous Charles III ; de Tanucci à Naples, des Bourbons de Parme, des rois de Sardaigne, et de Léopold Ier en Toscane. Parmi les états du nord, Frédéric II, qui concilie ses réformes avec son despotisme et même avec le partage de la Pologne, a pour imitateurs Gustave III en Suède, Frédéric V et Christian VII en Danemark; Pierre III et Catherine II en Russie, mais surtout Joseph II en Autriche. — En politique, Joseph II impose aux diverses provinces des états héréditaires l'uniformité du gouvernement, des lois et du langage. En religion, il proclame l'égalité politique de toutes les églises, supprime un grand nombre de couvents, et affranchit les évêques du pape, malgré Pie VI et les répugnances du peuple. Ses réformes sociales proclament l'abolition du servage, l'égale répartition des charges et l'égalité de tous devant la loi. Il veut créer du même coup le commerce, la marine, et la gloire littéraire de l'Autriche. Mais parmi les embarras de la guerre contre les Turcs, il provoque par ces brusques changements la révolte aristocratique et cléricale des Pays-Bas et de la Hongrie, et comprend trop tard son imprudence. Ses réformes sont reniées par son successeur Léopold II.

1. État des esprits au XVIIIe siècle. — Les Philosophes. — Voltaire, Montesquieu, Rousseau. — Les Économistes.

Après la littérature du xviie siècle, si profondément monarchique et religieuse qu'elle semblait faire partie du gouvernement et de la religion même, vint la littérature philosophique et révolutionnaire du xviiie siècle, qui combattit sans relâche et sans respect l'église et la royauté : après Bossuet, Voltaire. Les écrivains du règne de Louis XIV avaient conformé toutes leurs créations et même leur paganisme littéraire à l'esprit du christianisme et aux institutions politiques de leur temps ; les philosophes du xviii° siècle soumirent toutes les institutions et toutes les croyances au libre examen de leur raison. Ils profanèrent tous les mystères et soulevèrent tous les voiles. Ils n'admirèrent pas seulement les chefs-d'œuvre de l'antiquité classique ; ils en prirent l'esprit et vantèrent jusqu'à l'excès les vertus des anciennes républiques. Ils suivirent les tendances pratiques et positives des écrivains anglais. Les chefs de cette littérature nouvelle tinrent le sceptre de l'opinion publique en France et même en Europe. Comme on avait jadis imité le faste du grand roi et l'élégante correction de nos écrivains, on imita la hardiesse et même l'incrédulité de nos philosophes. Comme on avait copié nos modes, on suivit nos systèmes.

On raconte que Villeroi, montrant à Louis XV enfant la foule amassée devant son palais, lui disait : « Voyez, mon maître ; tout ce peuple est à vous. » Villeroi se trompait. Le peuple allait appartenir aux philosophes autant qu'au roi, et Voltaire fut l'héritier de Louis XIV aussi bien que Louis XV ; car la philosophie devint pouvoir politique et social. Voltaire allait régner par la philosophie, comme le grand roi avait régné par les armes et le droit divin. Il allait rapporter d'Angleterre (1727-1730) une incrédulité plus savante que celle de Ninon de Lenclos et de l'abbé de Chaulieu, plus séduisante que celle de Bayle, et pour mêler la science à l'ironie, les découvertes de Newton. Tandis que la nation avançait par Voltaire jusqu'à l'extrême liberté de penser et par la philosophie idéaliste et républicaine de J.-J. Rousseau jusqu'aux principes du *Contrat social*, la royauté descendait jusqu'au règne des courtisanes.

Mais, de Bossuet à Voltaire, le passage ne fut pas si brusque. Dans la réaction contre le siècle de Louis XIV dont Vauban, Fénelon, Massillon, donnèrent le signal, Fontenelle avec sa philosophie fine et discrète, mais déjà si hardie, le bon abbé de Saint-Pierre avec sa *Polysynodie* et ses discussions au club de l'Entresol, et surtout Bayle avec son scepticisme absolu, ont préparé ce règne de Voltaire et de la philosophie. Lamotte, Destouches, Crébillon, Lesage, ne font guère que remplir l'intervalle entre les deux siècles. Louis Racine avec ses poèmes de la *Religion* et de la *Grâce*, Rollin avec ses *Histoires* et ses *Éloges* chrétiens de la vertu païenne, Daguesseau, le plus lettré des magistrats, continuent les traditions du grand siècle avec plus de mérite que d'influence réelle. Voltaire est le vrai représentant de son époque.

Voltaire, né à Paris le 20 février 1694, et fils d'un ancien notaire, élevé par les Jésuites au collège Louis-le-Grand, les effraya par l'audace de ses idées. La nature l'avait merveilleusement doué pour son rôle. Il lui fallait cette vive et féconde imagination, cette verve intarissable, cette souplesse de caractère et d'esprit, ce mélange de bon sens et de passion, cette supériorité facile dans tous les genres littéraires, pour représenter et diriger son siècle, et pour le tenir pendant soixante ans sous le charme de sa parole. A vingt et un ans, il était mis à la Bastille pour une satire dont il n'était pas l'auteur. En 1718, il débuta par la tragédie d'*Œdipe*, déjà philosophique et sentencieuse; en 1723, il publiait sa *Henriade*, un poème de philosophie versifiée en l'honneur de la tolérance, que ses contemporains et lui-même prirent pour une épopée. En 1726, il rentrait à la Bastille, pour avoir provoqué en duel un chevalier de Rohan-Chabot qui s'était vengé d'une épigramme par la main de ses laquais. Forcé de s'exiler, il alla vivre trois ans en Angleterre, dans la société de ses plus hardis philosophes, Bolingbroke, Collins, Woolston, Tindal. Au retour, il publia les *Lettres anglaises*, qui firent connaître à Paris Locke, Newton et Shakspeare; et que le Parlement fit brûler par la main du bourreau (1735). Dans ses tragédies de cette époque, *Brutus*, *Zaïre* et *La mort de César*, il s'inspira plus d'une fois de Shakspeare, qu'il devait maudire plus tard. Dans ses autres tragédies, *Alzire*, *Mahomet*, *Mérope*, et dans tous ses écrits d'histoire et de philosophie, dans ses vers et dans sa prose bien supérieure à ses vers, Voltaire, poète, historien, pamphlétaire, poursuivit sans relâche sa guerre contre l'intolérance et la superstition. Il écrivit dans sa haine contre les prêtres son *Dictionnaire philosophique*, l'*Essai sur les mœurs*, etc. Le même esprit régna, quoique avec plus de mesure, dans son *Histoire de Charles XII* et de *Pierre le Grand*, et dans son chef d'œuvre historique, le *Siècle de Louis XIV* (1750). Son bon sens éclaira toutes les questions et désigna toutes les réformes; sa mordante ironie châtia tous les ridicules; son âme s'émut de toutes les souffrances, car on le vit défendre successivemen Calas, les Sirven, La Barre, Lally-Tollendal, injustement condam nés. Sa *Correspondance* embrasse l'histoire d'un demi-siècle Il avait, plus qu'on ne l'a dit, l'intelligence et le goût de la liberté politique; autant que Montesquieu, il admirait les belles parties de la constitution anglaise, et demandait l'uniformité de la justice, l'égalité devant la loi, l'abolition de la torture et la gradation des peines, le jury comme en Angleterre, des juges de paix comme en Hollande, des retraites honnêtes pour la vieillesse et les infirmités. Il prévoyait la Révolution plus qu'il ne la désirait. Mais Voltaire, en attaquant la superstition et le fanatisme, blessa le sentiment religieux, et son déisme abstrait et froid n'était, comme on l'a dit, que la *rampe* de l'athéisme.

Après avoir été quelques années l'hôte de Frédéric II (1750-1753), il entrait dans sa longue retraite de Forney (1758), en lieu sûr, près de la frontière de France, et de là, roi de la philosophie et des lettres, correspondait avec le roi de Prusse et avec Catherine II, flattant volontiers les rois pour avoir plus de liberté contre les prêtres, et remuant toute l'Europe, soit par ses derniers ouvrages de philosophie et de polémique, soit par ses *Contes*, ses *Romans* et ses poésies légères, quelquefois indignes de son génie. Le même écrivain qui glorifiait saint Louis, Henri IV et Louis XIV, souillait la mémoire de Jeanne d'Arc. Voltaire avait dû de plus nobles inspirations à la religion chrétienne pour ses tragédies, et son cynisme outrageait la gloire même de son théâtre.

Le déisme et l'impiété de Voltaire furent bientôt dépassés par les Encyclopédistes ; l'école sensualiste, fondée par l'abbé Condillac, disciple et continuateur de Bacon et de Locke (*Origine des connaissances humaines*, 1746; *traité des sensations*, 1754), pour qui la pensée n'était que la sensation transformée, allait par une sorte d'idéalisme sensitif conduire la philosophie au matérialisme. Tous les philosophes s'unirent, aux grands applaudissements de Voltaire, sous d'Alembert et Diderot, pour élever le plus célèbre et le plus orgueilleux monument de la philosophie du XVIII° siècle, *l'Encyclopédie*, répertoire analytique de toutes les connaissances humaines en 40 volumes qui parurent de 1751 à 1770. C'était là, pour les plus enthousiastes, la *Bible de la perfectibilité*. D'Alembert conçut le plan et fit la préface, ce fameux *Discours préliminaire* où sont résumés dans un style élégant les progrès des sciences depuis Bacon. Diderot abandonné par d'Alembert au huitième volume, acheva l'entreprise. Diderot par son panthéisme confus, marque le passage du déisme de Voltaire et du sensualisme de Condillac à l'athéisme. En l'absence de Voltaire et sous son patronage, il menait le chœur des plus hardis philosophes ; il animait de sa verve et nourrissait de ses entretiens, non pas seulement l'abbé Raynal et le baron Grimm, le correspondant de toutes les cours, mais tous ceux, qui n'ayant point son intelligence, son prodigieux esprit et sa vaste érudition, croyaient le continuer et l'égaler, au moins par l'audace et le cynisme : Helvétius, honnête homme, qui dans son livre *De l'Esprit* réduisait l'homme à la matière organisée et la morale à l'égoïsme ; Lamettrie, auteur de *l'Homme-machine* et de *l'Homme-plante* ; le baron d'Holbach, qui par surcroît d'athéisme, publiait le *Système de la nature*. « Il est à remarquer que dans cette mêlée confuse, les doctrines qui semblent prévaloir, sont de toutes les plus contraires au but qu'on se propose d'atteindre ; ce but est d'élever l'homme et de l'affranchir, et on accueille avec faveur le matérialisme qui l'abaisse et qui l'asservit ; on veut faire régner la justice, et en retirant l'idée de Dieu on ôte les fondements mêmes de la justice ; on veut fonder la liberté civile et la liberté politique, et on ruine la notion du libre arbitre ; ce n'est pas tout, on invoque l'égalité, et on attaque l'Ancien Testament qui garantit à tous les hommes une commune origine, et le Nouveau Testament qui leur commande de vivre en frères et de ne former qu'une seule famille (1). »

Le moraliste Vauvenargues (1715-1747), tant admiré et pleuré par Voltaire, n'était plus là pour réclamer en faveur du libre arbitre et de la dignité de l'homme, au nom de la philosophie même, contre le fatalisme de Diderot et de ses amis.

C'est la gloire de Montesquieu (1689-1755), parmi tous ces philosophes qui maudissaient le passé, d'avoir essayé de le comprendre et de l'expliquer. Après avoir payé son tribut à la philosophie railleuse du temps par ses *Lettres Persanes* (1721), « le plus profond des livres frivoles », il annonça plus digne-

---

(1) Géruzez, hist. abrégée de la littérat. française.

ment par ses *Considérations sur les causes de la grandeur des Romains et de leur décadence* (1734) son grand ouvrage de *l'Esprit des lois* (1748), où il examine avec impartialité les origines, les principes, les effets et la décadence des gouvernements, sous trois formes, *république, monarchie, despotisme*, fondées sur la *vertu, l'honneur* et la *crainte*. Ce livre où, suivant la belle expression de Voltaire, Montesquieu retrouvait les titres du genre humain, eut un succès prodigieux dans toute l'Europe et vingt-deux éditions en dix-huit mois. Le magistrat patricien avoue sa préférence pour l'aristocratie tempérée et la monarchie constitutionnelle des Anglais. Le trône, la chambre héréditaire des lords et la chambre élective des Communes, c'est-à-dire royauté, noblesse et démocratie, lui semblaient constituer au profit du pays la pondération des pouvoirs.

Montesquieu, partisan d'une liberté sage et bien réglée, l'appuyait sur des privilèges traditionnels : J.-J. Rousseau (1712-1778) ne lui reconnaissait point d'autre base que la raison. Montesquieu, après ses profondes études, enseigne le gouvernement par l'expérience, et pour lui la politique est un art difficile : le citoyen de Genève, né dans une condition obscure et mal nourri de la lecture de Plutarque, affirme la souveraineté du peuple, et fait de la politique une science exacte qui se fonde sur des principes absolus et des droits imprescriptibles, au mépris de l'histoire et de l'expérience. Il suppose un contrat primitif, qui dès l'origine, a réglé les conditions de la société. La civilisation ayant, selon lui, corrompu les hommes, il débute à l'âge de trente-sept ans, après une jeunesse misérable, par un discours contre le rétablissement des sciences et des arts. Sa liberté sociale condamne l'inégalité des conditions : sa liberté politique veut le suffrage universel. Montesquieu recommandait la séparation des pouvoirs ; Rousseau n'admet pas que la souveraineté de tous soit aliénée, partagée ou représentée, et croit affranchir les hommes en déplaçant la tyrannie, qu'il transporte des rois ou des nobles à la multitude. Ses livres éloquents, la *Nouvelle Héloïse* (1759), l'*Émile* (1761), et le *Contrat social* (1762), font le procès à la société tout entière. Il veut refaire l'homme et la société, et n'épargne pas même les philosophes, car il défend contre les matérialistes et les athées, dans ses plus belles pages, la cause du spiritualisme et du sentiment religieux. Il hésite par moments entre l'Evangile et la philosophie.

Montesquieu éclaire les esprits sans les enflammer, et ne croit pas avoir découvert la loi universelle des sociétés ; il ouvre la voie aux sages réformes de l'Assemblée constituante; J.-J. Rousseau sera l'oracle des niveleurs de la Convention.

Les disciples ne manquèrent pas plus à J.-J. Rousseau qu'à Voltaire. Comme Rousseau avait exagéré les idées de Locke dans son *Essai sur le gouvernement civil*, et jusqu'à son système d'éducation, l'abbé Raynal dépassa Rousseau dans son *Histoire philosophique des deux Indes* (1770). L'honnête Mably dans ses *Observations sur l'histoire de France*, si fausses à tant d'égards, et dans ses divers ouvrages, *Entretiens de Phocion* (1763), *Traité de la législation* (1776), Morelly dans son *Code de la nature*, le futur girondin Brissot dans ses *Recherches philosophiques sur le droit de propriété et le vol* (1780), déduisaient des livres de Rousseau les plus audacieuses théories du socialisme et du communisme. Ces précurseurs naïfs de Saint-Just, d'Hébert et de Babeuf ne prévoyaient guère les crimes qu'on allait commettre en leur nom ; et la société dont tous les fondements étaient minés, ne croyait pas toucher de si près à la catastrophe annoncée pendant tout le cours du xviii⁰ siècle par tant de sinistres prophéties.

A voir en effet, pendant la seconde moitié du siècle, les plus graves questions de philosophie et de gouvernement agitées avec tant de grâce et d'esprit dans les salons de Mme Geoffrin ou de Mme Necker, et aux soupers du baron d'Holbach, par ces grands philosophes et par une foule de publicistes éminents que nous n'avons pas nommés, Marmontel, Duclos, l'abbé Morellet, l'abbé Galiani ; à voir le plaisir que prenaient les privilégiés à ces discussions étranges ; à voir d'autre part les paisibles méditations de Buffon sur la formation du globe et sur l'ensemble de la création, les charmantes utopies et les descriptions poétiques de Bernardin de Saint-Pierre, les bergeries et les *Fables* de Florian, les grâces d'André Chénier imitant Théocrite, l'érudition élégante de l'abbé Barthélemy dans son *Voyage du jeune Anacharsis*, la traduction des *Géorgiques* de Delille, on oublierait facilement la Révolution, si Beaumarchais n'était là, avec ses comédies, ses mémoires et sa gaieté insolente, pour en signaler l'approche.

A côté des philosophes agitant les plus hautes questions de la métaphysique et de la vie politique, religieuse et morale, les Économistes, qu'on nomma d'abord les *physiocrates*, s'occupaient des intérêts matériels. Ceux-là recherchaient les moyens d'affranchir, après la conscience et la pensée, l'agriculture, le commerce et l'industrie, et constituaient la science de la formation et de la distribution des richesses, ou l'*Économie politique*, dont Boisguillebert et Vauban furent les premiers fondateurs. Ils montraient dans tout genre de travail les vraies sources de la richesse, dont l'or et l'argent ne sont que le signe et les intermédiaires ; ils réclamaient pour tous les travaux la libre concurrence ou la suppression des corporations, et pour tous les produits la liberté de circulation et d'échange. Comme Boisguillebert et Vauban, le marquis d'Argenson et Machault, ils s'élevaient contre les privilèges pécuniaires de la noblesse et du clergé, et demandaient la répartition plus équitable des charges publiques ou la réforme totale de l'impôt.

Quesnay, médecin de Louis XV, collaborateur de l'Encyclopédie, crut d'abord organiser la science nouvelle dans son *Tableau économique*, et dans ses *Maximes générales du gouvernement économique du royaume agricole* ; mais par une grave erreur ce chef de l'école des physiocrates ne reconnut d'autre richesse véritable que la terre, ne demanda qu'un impôt foncier, et pour être conséquent, il eût donné le pouvoir à ceux qui payaient cet unique impôt ; il eût constitué l'aristocratie des grands propriétaires. Vincent de Gournay, nommé en 1751 intendant du commerce, et chef de l'école des *ploutocrates*, réclama pour le travail industriel et commercial. L'écossais Adam Smith généralisa les théories de l'un et de l'autre, et dans ses *Recherches sur la nature et les causes de la richesse des nations*, prouva que le travail de l'homme en tous les genres est la seule source des richesses d'un État. On a reproché de nos jours au célèbre écossais d'avoir oublié parmi ces richesses les valeurs immatérielles, ou le travail de la pensée qui constitue pour tant d'hommes un capital réel. Toutes ces réformes étaient discutées par une foule d'écrivains secondaires, Mably, Raynal, Mirabeau (*l'Ami des hommes*). Les économistes mettaient l'agriculture et les champs à la mode. On a vu en 1753 Machault publier un édit sur la libre circulation des grains ;

Choiseul qui renouvela l'édit, proposait de supprimer les immunités des biens ecclésiastiques ; nous verrons bientôt Turgot, sous Louis XVI, mettre à l'essai les théories des économistes. Ceux-là prévoyaient mieux et voulaient prévenir la Révolution.

II. Décadence des Beaux-Arts. — Progrès et applications des sciences. — Découvertes géographiques.

Dans le mouvement si vif et si passionné de la littérature philosophique, les beaux-arts n'ont donné qu'une gloire médiocre au règne de Louis XV. Dans la peinture, après les deux Vanloo et François Lemoine, les peintres de genre, Watteau, Boucher, qu'on appela le *Raphaël Français* (†1770), prirent le premier rang, et pouvaient plaire en effet par la mollesse et l'afféterie à ceux qui philosophaient dans les boudoirs et cherchaient l'image de la nature à l'Opéra. Nous parlerons avec plus de respect des pastels de Latour, des marines de J. Vernet, des gracieux tableaux de Greuze († 1805) et de Vien († 1809) précurseur de David et de son école. Dans l'architecture, nous devons aux Robert de Cotte la colonnade de Trianon et l'église Saint-Roch, à Gabriel les colonnades de la place de la Concorde, l'École militaire, la salle d'opéra de Versailles et le château de Compiègne; à Soufflot le Panthéon, à Servandoni le portail de Saint-Sulpice. Dans la sculpture, qui s'éloignait de l'antique et tournait au maniéré comme la peinture, G. Coustou fut inférieur à son père ; Falconet fit la statue colossale de Pierre le Grand à Saint-Pétersbourg ; Pigalle, la statue de Voltaire qu'on voit à l'Institut et le tombeau du maréchal de Saxe à Strasbourg ; Bouchardon la fontaine de la rue de Grenelle. Sous Louis XV l'art musical eut des révolutions, des luttes violentes et de grands artistes ; après Rameau († 1764), bien supérieur à Lulli par son enseignement et ses opéras, éclata la guerre de la musique française et de la musique italienne ; puis vint à l'Académie royale de musique la mêlée furieuse des *Gluckistes* et des *Piccinistes*, qui partagea le public et les écrivains. A la fin du siècle, à partir de 1768, Grétry, heureux successeur de Philidor et de Monsigny, régna sur la scène de l'Opéra-Comique.

Le XVIII° siècle, moins favorable aux beaux-arts que celui de

Louis XIV, eut par les sciences et les découvertes scientifiques autant de gloire que par les lettres et la philosophie ; l'étude et l'amour de la nature lui tinrent lieu de poésie. Cette même philosophie qui chassait l'enthousiasme du monde moral, et prétendait soumettre les choses de l'âme à l'expérimentation brutale des sciences physiques, pénétra les secrets de la nature et célébra dignement les magnificences du monde extérieur. Il sembla qu'à mesure qu'on approchait de l'époque révolutionnaire, la science elle-même s'enhardissait, et les grandes découvertes dans les mathématiques, la physique et la chimie, étaient bien faites pour justifier la doctrine de Condorcet sur la perfectibilité.

Au dehors et dans la première moitié du siècle, il faut citer parmi les grands noms deux savants nés à Bâle, Daniel Bernouilli, et Euler, l'auteur des *Lettres à une princesse allemande*, qui partagent avec nos savants, Clairaut, d'Alembert et Laplace, la gloire d'avoir complété la théorie de Newton sur les attractions mutuelles des planètes et sur la forme de la terre. Tous deux honorèrent par leurs travaux l'Académie de Saint-Pétersbourg. En 1735, nos savants Godin, Bouguer et La Condamine allaient au Pérou ; en 1736 Maupertuis, Clairaut, Camus et Lemonnier allaient en Laponie vérifier et confirmer les théories de Newton et de Huyghens sur la figure de la terre et mesurer un degré du méridien sous l'équateur et dans la région polaire. Clairaut publiait en 1743 son *Traité de la figure de la terre*, en 1752 sa *Théorie de la lune*, en 1760 la *Théorie du mouvement des comètes*. L'abbé Lacaille, dans son voyage au Cap (1750), allait mesurer un troisième degré du méridien près du pôle sud, et par l'observation de la parallaxe de la lune, reconnaître à 50 lieues près sa distance de la terre.

D'Alembert se rendait célèbre à vingt-six ans par son *Traité de dynamique* (1743), et résolvait quelques années plus tard le problème de la précession des équinoxes. Le Français de Lalande écrivait en 1764 son grand *Traité d'astronomie*, et Bailly, le futur président de l'Assemblée Constituante, s'associait à ces noms glorieux par son *Histoire de l'astronomie ancienne et moderne* (1775-1785). Citons encore Herschell perfectionnant le télescope catadioptrique et découvrant après Uranus deux satellites de Saturne ; Cavendish mesurant la densité moyenne de la terre ; Delambre et Méchain déterminant la longueur du mètre. Les deux noms qui viennent après ceux-là auraient suffi pour illustrer à jamais dans les sciences l'époque révolutionnaire : ceux de Lagrange et de Laplace. Lagrange, piémontais de naissance, français d'origine, successeur d'Euler à la présidence de l'Académie de Berlin, retenu pendant vingt ans par Frédéric II, puis attiré en France à l'instigation de Mirabeau, devait participer à l'établissement du système métrique, de la première École normale, de l'École polytechnique et de l'Institut. Ses travaux dans les mathématiques pures, sa *Méthode des variations*, sa *Mécanique analytique*, etc., sont aussi remarquables par la profondeur des pensées que par l'élégance et la clarté de l'exposition. Laplace donnait en 1796 son *Exposition du système du monde*, et commençait dans la dernière année du siècle sa *Mécanique céleste*; plus tard la *Théorie des probabilités*. Laplace fut ministre de l'intérieur sous le consulat et sénateur sous l'empire. A ces deux noms il faut joindre ceux de Fourier et de Lacroix; celui de Monge, inventeur de la géométrie descriptive, de Carnot (*Géométrie de position*), de Legendre qui popularisa la science par ses traités élémentaires, de Montucla et de Bossut qui firent l'*Histoire des mathématiques*.

Dans le même temps la physique s'enrichissait des découvertes fameuses de Franklin et de Volta sur l'électricité. Franklin, cet ouvrier imprimeur, né à Boston, qui devint membre de l'Assemblée de Philadelphie et représentant des États-Unis à Paris, démontra au péril de sa vie l'identité de la foudre avec le fluide électrique, et reconnaissant la propriété qu'ont les pointes de déterminer l'écoulement de l'électricité, inventa le paratonnerre. Ses petits livres non moins fameux, son *Almanach et la Science du bonhomme Richard* vulgarisaient ses inventions et ses préceptes économiques. Un seul vers écrit sur sa tombe a dit les découvertes du savant et les travaux du patriote : *Eripuit cœlo fulmen sceptrumque tyrannis.*

L'Europe savante admira et compléta la découverte de Franklin. Coulomb (d'Angoulème) mesura par sa *balance de torsion* les attractions et les répulsions électriques. Ramsden construisit une machine électrique. L'italien Volta (1745-1826), poursuivant les travaux de Galvani sur l'électricité animale, affirma et prouva que le contact mutuel des corps et des métaux est une source perpétuelle d'électricité, et fut ainsi conduit à la découverte de la pile voltaïque ou électro-moteur. Qui ne connaît les effets puissants de la pile de Volta dans la chimie et dans l'industrie, dans la galvanoplastie, le télégraphe électrique, etc.? Dans ce même élan des sciences physiques, la météorologie était créée par Bénédict et Théodore de Saussure; d'autres établissaient les lois de la chaleur, de la vitesse, du son, de la dispersion et de la réfraction de la lumière; Réaumur inventait son thermomètre, les frères Montgolfier, en 1783, faisaient à Annonay le premier essai d'une machine aérostatique, et Pilatre de Rozier, de Metz, faisait la même année avec le marquis d'Arlandes la première ascension en ballon.

Même révolution dans la chimie. Après de notables progrès au siècle précédent, elle s'était fourvoyée avec Stahl et son école dans la théorie du *phlogistique*, puis redressée au xviii° siècle par les travaux des suédois Bergmann et Scheele, des anglais Black, Priestley et Cavendish. La même année 1774, Priestley, Scheele et Lavoisier découvraient l'oxygène. A Lavoisier toutefois revient la gloire d'avoir fondé la chimie par sa théorie de la *calcination des métaux*, publiée en 1775. Lavoisier, aidé de Guyton de Morveau, lui donna ses bases véritables et sa nomenclature. Berthollet et Fourcroy signèrent avec lui le fameux mémoire de 1787, qui développait sa méthode. Lagrange lui reconnaissait la rigueur d'une science mathématique, désormais aussi facile à apprendre que l'algèbre. En 1789, Lavoisier publiait son *Traité élémentaire de chimie*, où il résumait toutes ses découvertes, théorie de la combustion, composition de l'eau et de l'air, etc. Tant de services rendus à la science n'empêchèrent pas Lavoisier de monter à l'échafaud en 1794 comme fermier général : ses bourreaux, qui niaient l'utilité des savants, oubliaient qu'il avait perfectionné la poudre pour nos soldats envoyés au secours des républicains d'Amérique. Un autre grand savant, l'abbé Haüy, avait mis au jour la véritable théorie de la composition des cristaux et renouvelait la science de la minéralogie.

Deux hommes étaient nés la même année, en 1707, Linné en Suède et Buffon à Montbard en Bourgogne, pour élever l'histoire naturelle aussi haut que les sciences mathématiques et physiques.

Linné, d'abord apprenti cordonnier avant d'être professeur de botanique à l'université d'Upsal, réforma la science qu'il enseigna pendant trente-sept ans, et créa pour la classification des plantes la *méthode sexuelle* (1736), abandonnée plus tard pour la méthode *naturelle* d'Antoine Laurent de Jussieu (1789). La science a conservé d'ailleurs, pour la botanique et pour toute l'histoire naturelle, la langue simple et régulière de Linné, sa nomenclature binaire pour les êtres organisés, la définition précise du genre et de l'espèce ; sa *Philosophie de la botanique* (1751) n'a point cessé d'inspirer et de guider les botanistes, comme une sorte de loi fondamentale. Buffon, fils d'un conseiller au parlement de Dijon, admis à l'Académie des sciences en 1733 et désigné par son ami Dufay pour lui succéder à l'intendance du Jardin du roi, y créa avec Bernard et Antoine de Jussieu le *Cabinet d'histoire naturelle*. Aidé par Daubenton pour les quadrupèdes, par Guéneau de Montbéliard et l'abbé Bexon pour les oiseaux, il publia de 1749 à 1788 ses trente-six volumes de l'*Histoire naturelle*, et mérita d'entrer à l'Académie française (1758), où il prononça pour sa réception le fameux *Discours sur le style*. Sa *théorie de la terre*, ses *Époques de la nature*, auxquelles on reproche trop d'hypothèses hardies, n'en ont pas moins fondé la géologie et préparé dans un magnifique langage les recherches plus sérieuses et plus complètes de Cuvier et d'Elie de Beaumont. Lacépède, que lui-même avait choisi pour compléter son œuvre, écrivit l'*histoire des reptiles, des poissons et des cétacés*. Réaumur, Charles Bonnet (de Genève) et Spallanzani publiaient vers la même époque de beaux travaux sur les insectes.

Les sciences manifestaient leurs progrès par des applications nombreuses au soulagement des souffrances humaines et par des fondations célèbres. C'étaient l'invention de la vaccine par l'anglais Jenner qui la découvrit en 1776 et ne la fit connaître que vingt ans plus tard ; l'Institution des sourds-muets par l'abbé de l'Epée en 1778 ; l'Institut des aveugles par Valentin Haüy, le frère du minéralogiste (1784) ; l'École des mines en 1783 ; l'École d'Alfort en 1766 ; le canal du Centre en 1784 ; la digue de Cherbourg commencée en 1783 ; le premier essai de la navigation à vapeur par le marquis de Jouffroy sur le Doubs en 1781; l'introduction en France de l'usage de la pomme de terre, par Parmentier ; le perfectionnement de la machine à vapeur par Watt (1765-1774).

Pour la géographie, d'Anville, après Delisle, retrouvait l'ancien monde. La famille des Cassini, aussi glorieuse que celle des Jussieu, termina en 1793, à sa quatrième génération, la grande carte topographique de la France. D'autres allaient rivaliser sur mer avec les plus hardis navigateurs du quinzième siècle et compléter leurs découvertes, ou comme les savants de 1735, recueillir au loin des observations scientifiques pour les Académies de Paris, de Londres et de Saint-Pétersbourg, et reconnaître dans les régions polaires les limites du monde habitable. De 1764 à 1769, trois anglais, Byron, Wallis et Carteret, frayèrent la voie au capitaine Cook dans la mer du Sud. Cook, d'abord simple matelot, s'était de bonne heure signalé par une belle carte du Saint-Laurent. Dans ses trois voyages (1769-1779), où l'accompagnaient des astronomes et des naturalistes célèbres (Green, Banks, les deux Forster), il visita d'abord Taïti et les îles de la Société après Bougainville, traversa le détroit qui sépare la Nouvelle-Zélande en deux îles, explora au sud-est les côtes de l'Australie qu'il appela la Nouvelle-Galles du sud, reconnut le canal entre la grande île et la terre de Van Diémen, découvrit les Hébrides et la Nouvelle-Calédonie, et chercha vainement (2e et 3e voyages) ou le continent qu'on disait situé dans les régions antarctiques, ou le passage au nord-ouest entre l'Amérique et l'Asie. Dans la première entreprise, Cook ne trouva que la terre de Sandwich, au sud-est du cap Horn, et dans la seconde, arrêté par les glaces, il ne put dépasser le 70° de latitude boréale. Il revint dans l'Océanie, et fut tué par les sauvages d'Owhihée. Au milieu de la guerre d'Amérique, Louis XVI avait commandé aux marins français de respecter « le navigateur célèbre ». Bougainville, parti avant Cook, après avoir en trois ans (1766-1769) découvert les îles de la Société, l'archipel Dangereux, celui des Navigateurs, les Nouvelles-Hébrides et l'île qui porte son nom, publia son *Voyage autour du monde*, fut sénateur sous le premier empire, et fit admirer dans sa verte vieillesse jusqu'en 1811 l'esprit vif et gracieux qui avait animé son voyage et ses récits. La Pérouse, chargé par Louis XVI en 1785 d'un voyage autour du monde, avec des instructions que le roi lui-même avait annotées de sa main, se perdit en 1788 avec ses deux frégates, a *Boussole* et l'*Astrolabe*, sur les récifs de Vanikoro, ainsi qu'on le sut quarante ans plus tard par les recherches de Dillon et de Dumont d'Urville. Levaillant par ses explorations au sud de l'Afrique (1781), Vancouver par son voyage au nord-ouest de l'Amérique, d'Entrecasteaux envoyé à la recherche de la Pérouse, ferment la liste de ces hardis navigateurs.

III. Influence des idées françaises en Europe. — Les ministres et les princes réformateurs. — Pombal. — Charles III. — Tanucci. — Léopold. — Frédéric II. — Gustave III. — Marie-Thérèse et Joseph II.

Nous avons cité dans le domaine des lettres et des sciences assez de grands noms et de grandes œuvres pour montrer que là réside la gloire la plus éclatante, et pour les sciences au moins, la plus pure du xviii° siècle. La France imprimait son mouvement littéraire, philosophique et scientifique au monde entier. Nos philosophes attaquaient les peuples par les souverains, suivant la méthode qu'on a tant reprochée aux Jésuites. L'Angleterre, interrogée par Voltaire et Montesquieu à leur début, eût poursuivi sans nous sa carrière philosophique avec ses historiens Hume, Robertson, Gibbon, et des astronomes comme Herschell; elle nous devançait d'ailleurs en liberté politique. En Allemagne une littérature nationale était née, qui s'affranchissait de nos lois et de notre critique; Lessing, Klopstock, Gœthe avaient déjà paru, Kant allait paraître (1781); mais notre philosophie, établie chez Frédéric II, avait encore pour toutes les cours d'Allemagne et pour les souverains du nord l'autorité de son nom et de son exemple. La France en ce temps-là n'en savait pas plus sur la rénovation littéraire et philosophique des Allemands que le roi de Prusse. Nous ne songions pas alors à interroger l'Allemagne. A l'exemple de Pierre Ier, Christian VII, Gustave III et Joseph II visitaient Paris. Notre philosophie connaissait à peine Vico, mais elle inspirait les philanthropes italiens, Beccaria, Filangieri, et les traduisait.

L'influence des idées françaises envahissait jusqu'à l'Europe méridionale où régnait le clergé catholique. C'est sous l'empire de nos idées philosophiques que Joseph Carvalho, marquis de Pombal, ministre de Joseph Ier, gouverna le Portugal pendant 27 ans (1750-1777). A combattre la noblesse et le clergé, il montra la même énergie qu'à rebâtir en quelques années Lisbonne, détruite par le fameux tremblement de terre de 1755, envoyant à l'échafaud, avec la même hardiesse que Richelieu, les grands seigneurs qui s'attaquaient au pouvoir ou à la vie du roi, et chassant les Jésuites impliqués dans leurs complots (1759) ; son exemple sera bientôt suivi par la France et l'Espagne. Pombal joignit trop souvent au zèle d'un réformateur la violence d'un despote, et fit le bien, comme on l'a dit, à *coups de hache*. Mais il faut louer sans réserve une foule de créations utiles, qui laissèrent dans le peuple le souvenir de son nom : répartition plus équitable des impôts et diminution des biens de mainmorte ; collège royal des nobles pour remplacer l'enseignement des Jésuites ; écoles d'arts et métiers, d'agriculture et de commerce ; dotation de huit cents maîtres donnant des leçons gratuites ; imprimerie royale à Lisbonne ; défrichement de l'Alentejo ; réorganisation de l'armée, de la marine, et de l'Université de Coïmbre ; révocation des lois contre les nouveaux chrétiens, descendants des Maures et des Juifs convertis ; création d'une grande compagnie de la Chine et des Indes, de celle du Maragnon et du Grand-Para ; envoi de nouveaux colons au Brésil. Il eût fait plus pour le commerce et l'industrie, si le traité de Méthuen lui eût permis de secouer le joug des fabriques anglaises. Et après tant de travaux, Pombal laissait plus de cent millions dans le Trésor. A la mort de Joseph I*er*, les nobles et les prêtres, ligués avec l'Angleterre contre l'ennemi commun, le firent poursuivre et bannir. Le *grand marquis*, comme l'appelaient les paysans, mourut dans ses terres en 1782, et le Portugal retomba dans sa décadence.

L'Espagne vit les mêmes réformes essayées sous les premiers Bourbons ; sous Philippe V par Albéroni, Ripperda et Patinho qu'on nomma le Colbert espagnol. Le port de Cadix était réparé et doté par Albéroni d'une école navale, des fabriques de draps et de toiles fondées à Guadalaxara et à Madrid. Sous Ferdinand VI (1746-1759) le marquis de la Ensenada porta le trésor du roi à 60 millions et la marine à 50 vaisseaux de guerre. Sous Charles III qui vint de Naples (1759-1788), les réformes furent plus sérieusement poursuivies par trois grands ministres, le comte d'Aranda, Campomanès, le Turgot de l'Espagne, et Florida Blanca. Le comte d'Aranda expulsa les Jésuites en 1767 ; il en fit jeter 2,300 sur les côtes des États de l'Église. La puissance du clergé, entamée déjà par le concordat de 1753, fut diminuée encore par les restrictions apportées au droit d'asile et aux pouvoirs de l'Inquisition. Des sociétés patriotiques, subventionnées par le roi, se formèrent pour encourager l'agriculture et l'industrie ; on appela dans la Sierra-Morena huit mille laboureurs de la Bavière ; on créa en 1782 la banque de Saint-Charles ; on acheva le grand canal d'Aragon, auquel on n'avait point travaillé depuis Charles-Quint ; on creusa ceux du Manzanarès, de Murcie, du Guadarrama, de San-Carlos et d'Urgel ; enfin on rendit aux sujets de l'Espagne la liberté du commerce aux Indes. L'industrie, anoblie par un décret de 1773, vit établir ou relever des fabriques de toutes sortes, pour les toiles à Saint-Ildefonse, pour les armes à Tolède. Une Académie des beaux-arts fut créée à Valence en 1768. Sept collèges majeurs préparaient les jeunes gens aux emplois publics. En même temps Charles III réorganisait l'armée et la marine ; il créait une école d'artillerie à Ségovie, une de cavalerie à Ocana, une d'ingénieurs maritimes à Carthagène ; l'Espagne eut 80 vaisseaux armés pour la guerre d'Amérique, où sa flotte parut avec honneur. Cette prospérité réelle se manifestait par l'accroissement de la population qui, dans le cours du siècle, s'éleva de 7 à 11 millions d'habitants, et par l'augmentation des revenus publics. Malheureusement, l'Espagne aussi, après la mort de ce prince plus avancé que son peuple, vit les réformateurs proscrits et les réformes abandonnées sous le règne honteux de son successeur Charles IV (1788).

Sous ce même Charles III, qui régna d'abord à Naples de 1738 à 1759 sous le nom de Charles VII, le toscan Tanucci, disciple de Beccaria, entreprit de réformer le royaume des Deux-Siciles, pendant son long ministère de quarante-trois ans. Dans ce pays bouleversé par tant de dominations diverses, il eût voulu remplacer par un seul code (le code *Carolin*, 1754), les débris confus de onze législations différentes, restreindre les privilèges politiques ou judiciaires de la noblesse et du clergé en les ramenant sous la loi commune, et constituer l'enseignement public. Il avait imposé à Benoît XIV le concordat de 1741, qui réduisait les immunités du clergé et ne laissait qu'aux églises le droit d'asile. Naples lui doit des monuments magnifiques, le fameux théâtre de San-Carlo, l'hospice des pauvres, et Caserte son château royal. Quand l'avénement de Charles VII à la couronne d'Espagne lui laissa la régence sous la minorité de Ferdinand IV, Tanucci poursuivit ses réformes avec plus de vigueur ; il rappela les Juifs, abolit les dîmes, supprima un grand nombre de couvents, établit la justice consulaire avec un tribunal suprême de commerce, et bannit les Jésuites en 1768. L'Université de Naples fut deux fois réformée, et chaque province eut son *institut* pour les enfants de la noblesse et de la riche bourgeoisie, chaque paroisse eut son école primaire. Mais Tanucci tomba en 1777, en même temps que le marquis de Pombal et sous les coups des mêmes ennemis, laissant le royaume des Deux-Siciles soumis à l'influence haineuse de Marie-Caroline, sœur de Marie-Antoinette.

Les Bourbons de Parme, don Philippe et son fils Ferdinand, élève de Condillac, chargèrent le français Du Tillot, marquis de Félino, d'opérer dans leur duché les mêmes réformes. On y restreignit les droits du Saint-Siège et les biens du clergé. Le pape Clément XIII, qui vengea par l'excommunication les Jésuites expulsés de Parme en 1768, vit confisquer en même temps ses domaines de France et du royaume de Naples, Avignon et Bénévent, et mourut de douleur en 1769. Son successeur, le pacifique Ganganelli, Clément XIV, ne recouvra ces dépendances des États de l'Église qu'en 1773 par la suppression de la société de Jésus. Au nord de l'Italie, Victor-Amédée II, le fondateur de la monarchie sarde, avait devancé les réformateurs du xviii° siècle par la sécularisation de l'enseignement public ; il enleva les écoles aux Jésuites. En 1761, Charles-Emmanuel III autorisait le rachat des droits féodaux, vingt-huit ans avant que l'Assemblée constituante les abolît en France. Il fonda deux universités en Sardaigne et des tribunaux de commerce. Victor-Amédée III, qui vint ensuite, eut deux passions malheureuses, l'amour de la guerre et la haine de la Révolution française.

La maison d'Autriche, en Italie et même à Vienne, cédait comme les Bourbons du midi à l'esprit du siècle. En Toscane, le grand-duc Léopold I*er*, fils de Marie-Thérèse et frère de Joseph II, se rendit cher aux philosophes pour avoir réformé avec Scipion Ricci, évêque de Pistoie, les lois civiles et criminelles (*Lois léopoldines*), supprimé la peine de mort et tenté d'abolir les privilèges du clergé. Le futur empereur appliquait dans ses réformes législatives les doctrines du publiciste Beccaria, dont le *Traité des délits et des peines* était déjà traduit dans toutes les langues de l'Europe. Il rendait le commerce libre et faisait dessécher une grande partie des maremmes. Mais son œuvre devait périr avec lui. A Milan, le sage comte Firmiani distribuait des prix d'agriculture au nom de Marie-Thérèse, et Beccaria professait l'économie politique.

Au nord de l'Europe, Frédéric II accueillit magnifiquement les philosophes de France, accepta leurs flatteries et leurs éloges, et se garda bien de poursuivre leurs utopies. Il sut concilier la philosophie avec son despotisme et même avec le partage de la Pologne. Le *code Frédéric* supprimait la question et la torture, et même les avocats, mais non pas le servage, ni les privilèges de la noblesse. Nous l'avons vu réparer dans ses états tous les maux de la guerre. Frédéric maintenait comme souverain le principe d'autorité qu'il rejetait comme philosophe. Précurseur de la Révolution française, moins brusque et plus intelligent que Joseph II, son gouvernement fut ce qu'on appela de nos jours le *despotisme éclairé*. Il n'admit point la séparation des pouvoirs enseignée par Montesquieu et pratiquée en Angleterre ; il demeura juge suprême dans son royaume.

Le roi de Suède Gustave III, admirateur de la France et du roi de Prusse, fit deux coups d'État contre la noblesse, en 1772 et en 1788 ; mais il racheta et justifia son despotisme par tout ce qu'il fit en faveur du peuple : ateliers pour les mendiants, médecins gratuits pour les pauvres, greniers publics, liberté du commerce des grains, encouragements pour la marine et pour l'exploitation des mines dont le produit fut triplé, abolition de la torture, suppression de vingt-deux jours de fêtes, restauration de l'enseignement public et de la grande Université d'Upsal, libre accès pour tous aux fonctions publiques, fondation de l'Académie suédoise, etc. Ainsi Gustave III espérait relever la Suède, déchirée depuis la mort de Charles XII par les factions des *Chapeaux* et des *Bonnets*, et menacée à son avènement du sort de la Pologne par une coalition secrète de la Prusse, de la Russie et du Danemark. Mais Gustave III s'effraya des premiers excès de la Révolution française et s'offrait pour chef d'une croisade contre la

France, quand un noble suédois, Anckarstrœm, le tua dans un bal masqué (1792).

Tous les souverains du nord essayaient comme Frédéric II, et avec le même despotisme, les réformes proposées par nos philosophes et nos économistes ; on verra Pierre III se perdre et sa meurtrière Catherine II s'illustrer par ces mêmes réformes. En Danemark, sous Frédéric V (1740), protecteur du poëte Klopstock et du voyageur Niebuhr, et dont le règne s'appela l'âge d'or des sciences et des arts, Bernstorf essaya d'affranchir les serfs. Sous Christian VII (1766), le médecin Struensée, favori du roi et de la reine Caroline-Mathilde, signala sa courte administration (1770-1772) par l'abaissement de l'aristocratie, la réorganisation des finances, la restauration du crédit public et la liberté de la presse. Accusé par ses ennemis d'outrage au roi et de tyrannie, il fut décapité et remplacé par le neveu de Bernstorf, qui continua plus sagement ses réformes, abolit le servage dans le Schleswig et le Holstein, et releva le commerce du Danemark et sa marine, jusqu'à lui donner trente vaisseaux de ligne et vingt frégates.

L'empereur Joseph II fut le plus ardent et le plus imprudent de ces réformateurs despotes qui s'effrayèrent tous de la Révolution française. Frédéric II était trop sage pour être toujours philosophe ; Joseph II fut trop philosophe pour être toujours sage. « Avec le désir d'apprendre, disait de lui le roi de Prusse, il n'a pas la patience de s'instruire. » Marie-Thérèse, effrayée de cette passion d'innover, craignait moins d'ailleurs les maximes de son fils que leur application précipitée. Elle-même entreprit sagement toutes les réformes dont l'heure était venue. Elle fonda l'Académie orientale, d'où sortirent des savants distingués, comme Hammer, Sturmer, etc. Une médaille perpétua le souvenir des soins qu'elle avait donnés à l'art qui nourrit les arts (*arti artium nutrici*), l'agriculture. Elle enleva aux églises le droit d'asile, et diminua, de l'aveu du pape, le nombre des jours de fête. Elle abolit dans tous ses états la torture et les procès de sorcellerie, l'Inquisition et les prisons monastiques à Milan. Ses ministres obtinrent qu'elle chassât les Jésuites. Elle établit la conscription dans les états autrichiens, mais se garda bien de l'imposer à ses sujets privilégiés des Pays-Bas, du Tyrol et de la Hongrie. Elle établit le conseil d'État en 1773, l'ordre militaire de Sainte-Thérèse en 1757 après la bataille de Kollin, et l'ordre de Saint-Étienne en 1764 pour le mérite civil.

A la mort de Marie-Thérèse (1780), Joseph II, jusqu'alors impuissant dans son empire et maître enfin de la monarchie autrichienne, entreprit à la fois toutes les réformes qu'il avait méditées, à la cour, dans l'église et dans l'État. Agé de quarante ans, il semblait craindre de ne pas vivre assez longtemps pour accomplir sa tâche ; il eût voulu détruire l'œuvre des siècles dès la première année de son règne. Il faut que l'Autriche, où l'esprit français n'a point pénétré, aille à sa voix plus vite et plus loin que la France et la Prusse. Il faut que tout abus cesse, si vieux qu'il soit, car la raison, dit Joseph II, est plus ancienne que les abus. La logique de la Convention française ne sera pas plus implacable. A tant de peuples qui différaient par les lois, la langue et les mœurs, il impose l'unité politique, le même pouvoir central et la même langue. Plus de divisions provinciales, ni de privilèges et d'états provinciaux ; la monarchie est divisée en treize gouvernements politiques, civils, militaires et judiciaires, sous la direction des quatre chancelleries d'état de Vienne, politique, administration, justice et guerre. Le despotisme impérial sera la base et le sommet du nouveau système.

Pour la religion, Joseph II veut affranchir les dissidents de toute persécution, et les catholiques de la tutelle des moines et de la fiscalité romaine. L'édit de tolérance de 1781 établit la liberté politique de toutes les religions. Il proclame la religion catholique dominante dans ses états, mais il en supprime tous les abus. Il transporte du pape aux évêques la juridiction ecclésiastique, affranchit ses religieux de tout supérieur étranger, réduit leur nombre de 63,000 à 27,000, ferme 624 couvents sur 1465, convertit les uns en hôpitaux, les autres en casernes ou en écoles ; il supprime les processions, les pèlerinages, et fait traduire la Bible en langue vulgaire. Le mariage n'est plus qu'un contrat civil, et le divorce est facile. Rome voit avec effroi le chef d'une famille en tout temps si dévouée à l'Église, se tourner contre elle ; Pie VI, qui vient lui-même à Vienne pour s'opposer à ces changements, n'obtient de l'empereur qu'un magnifique et respectueux accueil.

En même temps, Joseph II proclamait l'abolition du servage,

l'égale répartition des impôts sur toutes les classes d'après un nouveau cadastre, l'égalité de tous devant la loi et pour le service militaire, les Juifs eux-mêmes étant soumis à la conscription. Poursuivant son œuvre malgré les révoltes et malgré la résistance de ses propres conseillers, il fondait des écoles normales, un institut de sourds-muets, des observatoires; il rétablissait dans les finances une comptabilité sévère et prodiguait l'argent pour les grandes institutions, la Bibliothèque impériale, l'Académie Joséphine, les écoles militaires. A défaut d'un bon code, il donnait à l'Autriche un meilleur système de procédure civile et criminelle, et abolissait la peine de mort. La censure était transférée des prêtres aux gens de lettres. Aucun homme ne caractérise mieux que Joseph II les contrastes bizarres de la philosophie du XVIII° siècle, l'application impérieuse des théories philanthropiques, et l'oppression du droit historique par le droit absolu. D'autres innovations non moins brusques pour l'agriculture, le commerce et l'industrie devaient, dans l'opinion de Joseph II, égaler l'Autriche aux états protestants, où il avait cru remarquer plus d'aisance et de travail. Les douanes étaient supprimées entre les provinces et renforcées contre les marchandises étrangères au profit de l'industrie nationale, suivant les principes erronés du système mercantile. Toutefois Trieste et Fiume étaient déclarés ports francs, et les traités avec l'empereur ottoman ouvraient le bas Danube et la mer Noire au commerce autrichien.

Toutes ces réformes de Joseph II se compliquèrent des embarras d'une guerre ambitieuse qui fatigua l'Europe autant que ses sujets. On a vu ses deux entreprises contre la Bavière deux fois repoussées par la Prusse. Il annula le traité de la Barrière et chassa les garnisons hollandaises des huit villes qu'elles occupaient dans les Pays-Bas (1782). Il aurait voulu, pour ranimer le commerce d'Anvers, rouvrir l'Escaut fermé en 1648, et les canons hollandais lui barrèrent le passage; il éleva des prétentions sur Maëstricht et les pays d'outre-Meuse, et la France le força de s'arranger avec les Hollandais pour dix millions de florins. Son plus grand tort fut de rêver le partage de la Turquie d'Europe avec Catherine II.

Il avait rencontré la plus violente opposition à ses réformes chez les Hongrois et dans les Pays-Bas. Chacune des provinces belges avait ses franchises ; la constitution de Brabant ou *Joyeuse entrée* était la plus fameuse. Le pays se gouvernait réellement lui-même. Les provinces avaient leurs tribunaux supérieurs. Le clergé était riche et puissant, maître de l'enseignement et du peuple. Joseph II osa s'attaquer à ces vieilles institutions ; il partagea le pays en cercles gouvernés par des intendants, et soumit tous les tribunaux à la haute cour de Bruxelles. L'Église subit les mêmes réformes qu'en Autriche. Le clergé attaqué dans sa grande Université de Louvain et la noblesse menacée dans ses privilèges soulevèrent le peuple ; les agents de l'empereur, pris au dépourvu pendant sa guerre contre les Turcs, promirent la révocation de toutes ses ordonnances. Joseph II y consentit pour celles qui concernaient l'administration et la justice, mais non pour les réformes de l'Église et de l'enseignement. Alors une insurrection plus violente que la première chassa les Autrichiens des Pays-Bas, et les provinces proclamèrent leur indépendance au congrès de Bruxelles (juin 1790). L'influence de la Révolution française n'était pas étrangère à celle de la Belgique, quoique toutes deux eussent des causes bien différentes : la Belgique se soulevait pour défendre les vieux privilèges que la France renversait, mais les deux pays s'entendaient pour faire la guerre aux rois et à la maison d'Autriche.

A l'autre extrémité de la monarchie autrichienne, les Hongrois n'avaient pas mieux accueilli les réformes de l'empereur. Les fiers magnats, qui n'avaient pas vu sans dépit Joseph II, au lieu de recevoir la sainte couronne à Presbourg selon l'usage, l'emporter dans son palais de Vienne comme un joyau de famille, s'irritèrent de l'abolition du servage et de l'égalité des impôts, à tel point que Joseph dut révoquer pour eux la plupart de ses ordonnances.

Joseph II mourut bientôt (1790) des fatigues de la guerre des Turcs, et du chagrin de voir partout ses projets renversés et ses réformes calomniées par ceux mêmes dont il brisait les chaînes. Son frère Léopold, qui lui succéda, ne pacifia la Belgique et la Hongrie qu'en rétablissant leur ancienne constitution.

CHAPITRE XX.

CATHERINE II. — PARTAGE DE LA POLOGNE. — GUERRES DE LA RUSSIE CONTRE LA SUÈDE ET LA TURQUIE.

SOMMAIRE.

1. — Après Catherine Ire (1725) et Pierre II (1727), gouvernés par Menzikof ou par les Dolgorouki, l'impératrice Anne Ivanowna (1730), trompant l'oligarchie qui lui a donné le trône, rétablit le pouvoir absolu au profit de son favori Biren et reprend la guerre contre la Turquie. Une réaction brutale du parti moscovite contre les étrangers (1741) élève au trône Elisabeth, ennemie dangereuse de Frédéric II dans la guerre de Sept ans. Son successeur, Pierre III (maison de Holstein-Gottorp), veut continuer avec trop d'emportement les réformes de son aïeul. Catherine II, flattant le parti moscovite pour détrôner et tuer son mari (1762), fait oublier ce crime par la grandeur de ses entreprises contre la Pologne et la Turquie.
2. — Catherine impose un roi à la Pologne et la maintient dans l'anarchie, de concert avec la Prusse (1764). Elle protège les dissidents polonais pour joindre la guerre de religion à la guerre civile. Les patriotes catholiques forment la confédération de Bar (1768), et la France arme la Turquie contre la Russie. Les progrès des Russes, occupant les provinces danubiennes, inquiètent l'Autriche (entrevue de Joseph II et de Frédéric II à Neisse). L'Europe voit la flotte russe, conduite par des Anglais, sortir pour la première fois de la Baltique, soulever la Morée, détruire la flotte ottomane à Tchesmé, et menacer Constantinople. En même temps Souwarow soumet la Pologne.
3. — La Prusse et l'Autriche s'effraient des succès de la Russie (entrevue de Neustadt). Frédéric II, refusant de rompre avec la Russie, réconcilie les cours de Vienne et de Saint-Pétersbourg, en même temps qu'il sauve la Turquie d'Europe par le premier partage de la Pologne (1772). La Russie prend 2000 lieues carrées dans la Lithuanie et la Livonie polonaise ; la Prusse prend la Pologne prussienne, moins Thorn et Dantzig, et le district de la Netze, ou 630 lieues carrées ; l'Autriche reçoit les anciens royaumes de Gallicie et de Lodomirie, environ 1400 lieues carrées. Aucune puissance ne réclame pour la Pologne ; la France ne témoigne qu'une colère impuissante.
4. — Ce premier partage est naturellement suivi du traité de Kaïnardji entre les Ottomans et les Russes (1774), qui marque la décadence irrévocable de la Turquie et l'apogée du règne de Catherine II, après la révolte et le supplice de Pugatcheff (1775). Catherine établit son influence en Crimée et intervient

en Europe. Elle arrête les envahissements de l'Autriche sur la Bavière (traité de Teschen, 1779) et combat la dictature maritime des Anglais (neutralité armée, 1780). Sûre de l'alliance de Joseph II après la mort de Marie-Thérèse, elle réunit la Crimée à son empire (1783). Son voyage au midi de la Russie et les intrigues des Anglais poussent le divan à la guerre. La Russie soulève encore les Grecs. Gustave III n'opère au nord qu'une diversion inutile. Les Russes épuisés par leurs victoires, isolés par la mort de Joseph II, signent la paix d'Iassy (1792) qui les porte jusqu'au Dniester.

5. — Les Russes s'indemnisent une seconde fois sur la Pologne. Les Polonais ont détruit trop tard leur constitution anarchique, et trop naïvement compté sur le nouveau roi de Prusse, Frédéric-Guillaume II. La diète de Grodno est forcée par la Russie et la Prusse de signer le second partage, où la Russie prend la moitié de la Lithuanie, et des quartiers de la Volhynie, de la Podolie et de l'Ukraine, tandis que la Prusse occupe Thorn et Dantzig et plus de la moitié de la Grande Pologne (1793). Enfin la Pologne soulevée, et d'abord victorieuse avec Kosciusko à Raslawice, puis vaincue par le nombre à Macéjowice, est complètement démembrée par les trois puissances au troisième partage (1795). L'Autriche prend la plus grande partie du palatinat de Cracovie, Sandomir, Lublin, et s'étend jusqu'au Bug. La Prusse occupe la rive droite du Bug, et va jusqu'au Niémen. La Russie se complète dans la Lithuanie, la Volhynie, etc., et s'annexe encore la Courlande. Catherine II meurt l'année suivante (1796).

6. — A ses réformes intérieures, Catherine II a mis plus de modération que Pierre I*er* et Pierre III. Elle renonce de bonne heure au grand projet d'associer au gouvernement tous les députés de son vaste empire, et se contente d'améliorer les institutions du pays, réglant les attributions du Sénat, la nouvelle division du territoire et des magistratures, les franchises et la hiérarchie des villes, les classes de la noblesse, des bourgeois et des paysans. Elle distribue et varie l'enseignement populaire suivant les besoins de chaque province, met l'Académie des Sciences en rapport avec le peuple, et agrandit celle des beaux-arts. La liberté et l'enseignement sont garantis à tous les cultes dissidents. Le commerce, affranchi des monopoles et protégé par un code maritime, s'étend vers l'Europe méridionale et vers la Perse et la Chine.

I. Catherine I*re* (1725). — Pierre II (1727). — Anne Ivanowna (1730). — Ivan VI (1740). — Élisabeth (1741-1762). — Pierre III. — Avènement de Catherine II (1762).

Les révolutions de palais qui suivent la mort de Pierre le Grand rappellent les plus mauvais temps du Bas-Empire. L'ancien maître de Catherine, le favori Menzikoff, la fait proclamer czarine, et règne pendant deux ans sous son nom, à la tête du conseil privé qui gouverne la Russie. Cet ancien garçon pâtissier, parvenu à la façon des grands-vizirs, est digne de sa fortune par son esprit et son courage. Un parti se formait pour le fils d'Alexis; Menzikoff prévient ses ennemis et gagne le jeune prince dont il a résolu de faire son gendre. Mais le favori s'alarme de l'affection que témoigne l'impératrice au duc de Holstein, mari de sa fille aînée Anne Petrowna, et Catherine, usée par les plaisirs, meurt presque subitement (1727); son testament donne le pouvoir à Pierre II, fils du malheureux Alexis, et lui recommande d'épouser la fille de Menzikoff. Celui-ci, duc d'Ingrie et chef de toutes les armées russes, prétendant au duché de Courlande, garde l'autorité suprême, n'assemble qu'une fois le conseil de régence nommé par Catherine, et loge l'empereur chez lui. Le duc de Holstein et sa femme sont abreuvés de dégoûts et chassés de Russie. Au moment de placer l'empire dans sa famille par le double mariage de sa fille avec Pierre II et de son fils avec la sœur du czar, Menzikoff est renversé par Ivan Dolgorouki, compagnon de chasse et nouveau favori de Pierre II. Tout l'éclat de sa haute fortune va s'éteindre dans une petite ville de Sibérie. Les Dolgorouki succèdent à celui qu'ils ont renversé en flattant le parti moscovite, mais Pierre II meurt trop tôt pour leur ambition (1730).

Il semblait que la couronne dût revenir à Pierre III, fils d'Anne Petrowna, duchesse de Holstein, que le testament de Catherine avait désignée pour succéder à Pierre II, et qui était morte avant lui. L'oligarchie du haut-conseil et du sénat préféra disposer du trône en faveur d'Anne Ivanowna, nièce de Pierre I*ʳ*, duchesse douairière de Courlande, qui ne l'attendait pas, en profitant de l'occasion pour imposer une capitulation électorale, à l'exemple des nobles polonais et des électeurs allemands. Anne promit tout ce qu'on exigeait d'elle, puis souleva la petite noblesse contre l'oligarchie du haut-conseil, s'entoura d'étrangers et rétablit le pouvoir absolu pour son favori Biren. Celui-ci, qui croyait le despotisme justifié par la barbarie des Russes, envoya presque tous les Dolgorouki au supplice, et, dit-on, plus de 20,000 nobles en Sibérie. Deux allemands, Ostermann, habile diplomate, et Munnich, élève d'Eugène et de Marlborough, habile ingénieur, dirigeaient l'un sa politique extérieure, l'autre la marine et l'armée. Le fameux navigateur Behring découvrait le détroit qui porte son nom et les îles Aléoutiennes (1728-1734).

La politique russe, habile avec les forts et violente avec les faibles, évita la guerre avec la Perse pour se donner le temps d'opprimer la Pologne. Pendant qu'elle feignait de rendre à Thamas Kouli-Khan, pour quelques avantages de commerce, les con-

conquêtes de Pierre le Grand sur la mer Caspienne, qu'elle n'eût pu défendre, elle envoyait ses troupes détrôner en Pologne Stanislas Leczinski, régulièrement élu, et commander l'élection d'Auguste III, électeur de Saxe, qui promettait d'être son vassal. Biren gagna le duché de Courlande, que Menzikoff avait convoité après l'extinction de la race de Kettler. La Pologne, mal défendue par la France, comptait pour son dernier espoir sur la Turquie et sur le traité du Pruth qui stipulait son indépendance : la Russie lui ravit cette dernière sauvegarde. Elle conçut le plan d'une guerre où les Ottomans, attaqués de front par elle-même, et sur les deux flancs par l'Autriche et la Perse, seraient contraints de souffrir la domination moscovite sur la mer Noire comme en Pologne. La Perse reçut de la Russie des ingénieurs et des officiers d'artillerie. Mais Thamas Kouli-Khan s'enfonça dans les Indes et les Autrichiens furent battus. Les Russes attaquèrent d'abord la Crimée. Lascy reprit Azov, Munnich força les lignes de Pérékop qui passaient pour imprenables, et fut chassé par la famine d'un pays que ses troupes avaient ruiné. La prise d'Oczakoff et de Choczim signala les campagnes suivantes. Les Russes, arrivés jusqu'en Moldavie, soulevaient les Grecs et les Slaves au nom de la religion et de la liberté. Ils menaçaient de passer le Danube et parlaient déjà de relever l'empire grec, quand l'Autriche, vaincue à Banjaluka et sur le Timok, signa par l'entremise de la France le honteux traité de Belgrade (1739). Les Russes effacèrent au moins le traité du Pruth, dernière garantie de l'indépendance polonaise. Forcés d'ajourner leurs projets sur la mer Noire, ils se contentèrent de reprendre Azov démantelée. La Suède, que la France poussait contre la Russie pour opérer une diversion en faveur des Turcs, ne déclara la guerre qu'au moment du traité de Belgrade, et quand les Russes devenaient libres du côté de la Turquie.

Anne mourut dans les apprêts de cette guerre contre la Suède (1740), en désignant pour lui succéder, sous la régence de Biren, un enfant au berceau, Ivan Antonowitz, né du mariage de sa nièce Anne avec le prince Antoine-Ulric de Brunswick. La tyrannie insolente du régent, qui n'épargnait pas même le père et la mère de l'empereur, eut bientôt soulevé la haine universelle. Munnich s'entendit pour le perdre avec le duc et la duchesse de

Brunswick. Le régent, surpris dans son lit, condamné à mort p[ar] le sénat, fut relégué en Sibérie dans une prison construite sur l[es] plans de Munnich. Une autre révolution de palais renversa bien[t]ôt la nouvelle cour et tous les étrangers qui servaient la Russ[i]e. L[a] seconde fille de Pierre I[er], Élisabeth, qu'on voulait marier malg[ré] elle, se laissa pousser par l'ambassadeur français La Chétardie[,] par son médecin français, Lestocq, à détrôner le jeune Ivan. A [la] tête de soixante grenadiers de la garde gagnés par son ignoble fam[i]liarité, elle alla saisir le jeune empereur dans son berceau, et dé[]sarmée par les prières de sa nourrice, se contenta de l'enferm[er] dans une forteresse. Elle relégua son père et sa mère en Sibéri[e] et frappa du même coup, pour complaire aux vétérans qui l[ui] donnaient la couronne, tous les étrangers auxquels la Russie de[]vait sa première grandeur. Ostermann fut exilé dans le désert [;] Menzikoff était mort, Munnich dans la prison de Biren qui [l']rappelé. Ce fut dans toutes les villes russes la même réacti[on] contre les étrangers ; la Russie se privait de généraux tels q[ue] Lascy, Keith, Lœwendal, et de savants comme Euler, dont l'A[ca]démie de Berlin recueillit la science et la gloire. C'était le triomp[he] de l'ancienne barbarie, trop bien représentée par la nouvelle cza[]rine, grossière dans ses mœurs et dans sa foi, qui devenait le ch[ef] de l'Église et de l'État (1741).

Tandis que la succession aux trônes d'Angleterre et d'Espagn[e,] d'Autriche et même de Pologne, avait occupé toute l'Europe civ[i]lisée et soulevé dans l'Ouest tant de guerres générales, la mêm[e] question se décidait à Saint-Pétersbourg comme à Constantinop[le] par une révolution de palais ou de caserne, où l'Europe n'inte[r]venait que par les intrigues de quelques ambassadeurs.

Élisabeth, trop bonne pour signer un arrêt de mort, trop faibl[e] pour interdire à ses ministres tout autre genre de tyrannie, tr[op] voluptueuse pour s'occuper des affaires publiques, en abando[nna] la conduite d'abord au médecin Lestocq, puis au favori Bestuche[f] qui renversa Lestocq en 1748 et ne songea qu'à vendre aux étra[n]gers, pour son compte personnel, l'alliance et les forces militai[res] de la Russie. La Russie soutint l'Autriche dans sa guerre de su[c]cession contre la France jusqu'en 1748, puis contre la Prusse da[ns] la guerre de Sept ans (1756). La Russie, mal gouvernée, gar[da] toutefois parmi les états du Nord la prépondérance que Pierre

Grand lui avait donnée. La Suède, vaincue par Lascy à Wilmanstrand (1741), offrit d'assurer la succession de sa couronne au jeune duc de Holstein-Gottorp, que déjà l'impératrice avait désigné pour son successeur à l'empire de Russie. A son défaut, la diète suédoise élut, dans la même maison de Holstein, Adolphe-Frédéric, évêque de Lübeck, et céda aux Russes par le traité d'Abo (1743) quelques districts de la Finlande.

La Pologne aussi subissait la loi des Russes. Depuis l'abdication de Jean-Casimir en 1668, une loi défendait aux rois d'abdiquer. Cette misérable royauté de Pologne, subordonnée à l'anarchie légale de la diète, ne valut pas à la dynastie saxonne tout ce qu'elle coûtait à la Saxe. En théorie, les Polonais s'attachaient au *liberum veto* comme au palladium des libertés nationales, quoique la pratique en fût généralement désavouée. Pour en revenir à la loi plus sage de la majorité des suffrages, la nation avait le droit de confédération armée, et ce droit, qu'ailleurs on eût regardé comme la ruine de l'ordre public, était le seul moyen de le maintenir en Pologne.

La funeste ambition de Frédéric-Auguste ruina la Pologne et la Saxe. Pour obtenir la couronne de Pologne (1697), il abjura la communion luthérienne que les électeurs de Saxe protégeaient depuis deux siècles. Les Saxons n'osèrent se plaindre de cette conversion subite, qui fut célébrée à Rome par toute l'artillerie du château Saint-Ange; mais les Polonais, plus libres que les Saxons, refusèrent l'entrée du pays à la reine qui restait luthérienne. Après la défaite de Charles XII à Pultava (1709), Auguste II, reprenant la couronne à Stanislas Leczinski, voulait garder en Pologne son armée saxonne; les Polonais confédérés la chassèrent et convinrent avec le roi, sous la médiation de la Russie, que l'armée nationale serait réduite de plus de moitié. Pour rassurer le roi, la nation fut à peu près désarmée. Auguste II ne réussit pas mieux à gagner les grands par le luxe et les plaisirs; il les corrompit sans les rendre plus dociles, ni même plus tolérants. Au mépris des garanties stipulées par le traité d'Oliva, une confédération de la noblesse, dirigée par les Jésuites, entreprit d'enlever aux dissidents, qu'on disait partisans de la Suède, les droits politiques et religieux qui semblaient consacrés par une possession de deux cents ans. Une loi portée par une diète extraordinaire leur défendit de bâtir des églises (1717). Les protestants de Thorn s'étant soulevés contre l'intolérance des Jésuites, le premier magistrat de la cité périt sur l'échafaud et toute la bourgeoisie fut rançonnée (1724). Peu avant la mort d'Auguste II, une autre loi (1733) déclara les dissidents exclus de la diète et des charges publiques. La minorité proscrite n'osa point s'armer du *liberum veto*. Auguste III, placé sur le trône par les Autrichiens et les Russes, jura d'abord de n'introduire dans le pays aucuns soldats étrangers et confirma la loi contre les dissidents. Il persécuta lâchement comme son père la croyance qu'il avait abjurée. Son ministre, le comte Brühl, exclu comme étranger de toute participation aux affaires publiques, se fit faire une généalogie qui prouva son origine polonaise et lui donna le droit de représenter son maître en Pologne comme en Saxe. Le roi préférait Dresde à Varsovie et les forêts de la Saxe à celles de la Pologne. Tous les deux ans, aux termes de la loi, il allait convoquer à Varsovie une diète inutile, et revenait en Saxe pour l'ouverture de la chasse. La nation, n'étant point gouvernée, se croyait libre.

Deux factions pourtant sentaient le besoin d'une réforme et la nécessité d'abolir la loi funeste de l'unanimité des suffrages. L'une, qui fut longtemps dirigée par les Potocki, le maréchal de la couronne Branicki et le prince Radziwill, songeait à limiter encore l'autorité royale par un conseil permanent qui disposerait des charges publiques. L'autre, celle des princes Czartoriski, effrayée des dangers de la Pologne, souhaitait pour elle la monarchie héréditaire des pays voisins, et prétendait réformer l'État, même avec l'appui des étrangers. On soupçonnait ceux-là de vouloir affermir le trône pour y monter eux-mêmes. Dans la guerre de Sept ans, où la vénalité de Bestucheff, les intrigues de Brühl et les épigrammes de Frédéric II entraînèrent l'impératrice Élisabeth, les Polonais perdirent l'occasion de s'affranchir de la Russie en s'alliant à Frédéric II, et se tinrent dans une neutralité sans honneur et sans profit. Les Russes traversaient leur territoire pour aller jusqu'à Berlin, et le roi de Prusse envoyait ses armées détruire chez eux les magasins des Russes.

Élisabeth mourut très à propos, comme on l'a vu, pour Frédéric le Grand, et son neveu, le grand-duc Pierre, commença la dynastie de Holstein-Romanow (1762). Ce jeune homme, odieux aux

..., à l'impératrice, à sa femme Catherine d'Anhalt-Zerbst, ... depuis quelque temps loin de la cour et des affaires, dans ... disgrâce et dans la débauche. Admirateur passionné de Frédé-... II, il se vantait d'avoir servi en Prusse, il baisait l'image de ... héros devant les Russes qui lui faisaient la guerre, et concer-... avec lui le partage de la Pologne. Il préférait tout haut ses ... dats du Holstein à la garde russe qui n'apprenait pas assez vite ... manœuvres prussiennes. Le peuple le croyait déshérité, quand ... lui jeta son nom. Un des premiers actes du nouvel empereur ... de s'allier au roi de Prusse. Au dedans, il rappela les exilés, ... abolit la torture, la chancellerie secrète ou l'inquisition d'État ... le tribunal extraordinaire établi par Élisabeth. Les soldats ... urent plus à craindre des châtiments trop cruels, ni les officiers ... peines infamantes. Les nobles purent disposer de leurs biens, ... yager sans l'aveu du czar, se mettre au service des souverains ... angers. On dit même que Pierre III avait résolu d'affranchir les ... fs. Mais le czar ne savait ménager ni les préjugés nationaux, ... les intérêts d'une caste puissante. Le clergé, qui craignait de ... r ses biens sécularisés par un czar luthérien, la garde russe ... i se souvenait du sort des-strélitz qu'elle imitait trop souvent, ... therine menacée du couvent, le peuple insulté dans ses pra-... ues superstitieuses, tous maudissaient le réformateur comme un ... an. L'imitateur maladroit de Frédéric II et de Pierre le Grand ... vait pas vu qu'en désarmant le despotisme, il détruisait l'unique ... trument de la civilisation moscovite. Au dehors, les projets ... on lui prêtait n'étaient pas moins vastes, ni moins révolution-... res : opposer les puissances du nord aux puissances du midi, ... Holstein aux Bourbons, et donner au prince Henri de Prusse ... monarchie héréditaire de Pologne. Son armée de 80,000 hommes ... tendait en Poméranie pour attaquer le Danemark, et lui re-... ndre le Schleswig et les anciens domaines de la maison de ... lstein. Les Danois n'eurent pas à craindre l'invasion. On savait ... le sol était déjà miné sous les pas du czar.

On eût dit que l'impératrice oubliait pour ses amants (Soltikoff, ... niatowski, Grégoire Orloff) son mari défiguré par la petite vérole, ... que l'empereur oubliait l'impératrice pour la comtesse de ... oronzow. Au milieu des plaisirs, tous deux conspiraient l'un ... atre l'autre. Catherine, craignant que son fils, Paul Petrowitz, déjà reniée publiquement par son mari, ne fût remplacé par Ivan, ralliait depuis longtemps tous les mécontents. Allemande et philosophe, elle flattait la barbarie moscovite et l'Église grecque. Elle s'entourait dans sa retraite de Péterhof des hommes énergiques qui devaient la porter sur le trône et l'y soutenir : c'étaient Grégoire Orloff et ses frères, le comte Panin, Razumowski, hetman des cosaques de la Petite-Russie, Wolkonski, tous animés par une habile intrigante, la princesse Daschkoff. La veille du jour fixé pour son arrestation, Catherine se rendit à Saint-Pétersbourg et fut proclamée impératrice par les gardes, la noblesse et le clergé. Quelques heures suffirent à cette révolution qui donnait pour souveraine à la Russie une princesse allemande (1762). Le vieux Munnich, rappelé de Sibérie, ne put jamais décider Pierre III à défendre son trône, ni couvrir de ses mâles conseils la voix des femmes et des courtisans. Le czar négocia lâchement sa retraite, signa son abdication et fut empoisonné, puis étranglé par Alexis Orloff. Les courtisans tuèrent dans le même temps, pour la sûreté de Catherine, un autre empereur, Ivan Antonowitz, prisonnier depuis vingt ans à Schlüsselbourg, et dont les soldats avaient prononcé le nom dans leurs émeutes. La complaisance des écrivains qui dispensaient la gloire habitua de bonne heure Catherine à mépriser l'opinion publique. Elle exposa pendant trois jours le corps de Pierre III, quoique les marques du crime y fussent visibles, et ne songea plus qu'à flatter l'orgueil moscovite par de grandes entreprises.

II. **Projets de Catherine II sur la Pologne et sur la Turquie.—Élection de Stanislas Poniatowski (1764). — Confédération de Bar (1768). — Première guerre contre les Turcs (1769). — Victoires des Russes sur le Danube. — Entrevue de Frédéric II et de Joseph II à Neisse (1769). — Destruction de la flotte turque à Tchesmé (1770). — Victoires des Russes en Pologne.**

La nouvelle impératrice fit d'abord l'essai de sa puissance sur le duché de Courlande. Une armée russe alla chasser du pays le fils aîné du roi de Pologne Auguste III, et rétablir Biren. À la mort de ce même Auguste, forcé d'investir de la Courlande le spoliateur de son fils, elle mit sur le trône de Pologne son amant Poniatowski, de concert avec Frédéric II qui recherchait

...ance. La Russie fermait la diète électorale aux princes étrangers par un traité infâme ; la czarine et le roi de Prusse se garantissaient mutuellement la protection des dissidents, l'élection d'un piast, le maintien de la royauté élective et de l'anarchie polonaise. Frédéric II avait refusé la couronne pour son frère, le prince Henri.

Comme il arrive souvent que la frayeur naïve des faibles indique aux oppresseurs jusqu'où va leur force, les Polonais s'effrayèrent de l'alliance des deux souverains, craignant, disaient-ils, qu'elle n'eût pour base un partage de la Pologne. C'était dire à Frédéric II que le temps était venu pour lui de joindre la Poméranie et son duché de Prusse par les pays qui les séparaient, pays d'ailleurs plus allemands que slaves par leurs souvenirs et par leurs populations. Ce peuple sans armée, sans finances, sans bourgeoisie, sentait bien sa faiblesse entre deux états déjà puissants par les ressources de la civilisation moderne. Pour le moment les déclarations du roi de Prusse rassurèrent les Polonais.

Les troupes russes vinrent commander l'élection du favori de Catherine. Les Czartoriski, après avoir espéré le trône pour eux-mêmes, favorisèrent l'élection d'un roi marié dans leur famille, espérant sous ce roi si faible exécuter leurs projets et réformer la constitution dans un sens monarchique. En six semaines ils improvisèrent pour leur allié une royauté nouvelle, plus indépendante de la noblesse et disposant plus librement de l'armée et des impôts. Un grand nombre de sénateurs et de nonces abandonnèrent la diète électorale aux Russes et aux Czartoriski, déclarant l'élection contraire aux lois fondamentales du royaume. Les puissances protestèrent par le rappel de leurs ambassadeurs, qui mettait la Pologne à la discrétion des agents de la Prusse et de la Russie. Le vrai roi de Pologne était Repnin. Les factions qui repoussaient la réforme des Czartoriski comme l'œuvre d'un seul parti, la dénonçaient à Catherine elle-même ; les Polonais étaient réduits à demander la protection de leurs tyrans. Catherine accueillit volontiers ces réclamations des partis contre une famille qui supprimait l'anarchie et le *liberum veto* au moins pour les questions de guerre et de finances, relevait la royauté et pouvait gouverner Poniatowski dans l'intérêt de la Pologne. L'ambassadeur russe Repnin ne permit point la réforme. Frédéric II pou Catherine, croyant savoir que le plan de Poniatowski était d'épo ser une archiduchesse et de rendre la couronne héréditaire av l'appui de l'Autriche.

Les dissensions religieuses comme les factions politiques livraie ce malheureux pays à ses voisins. Les dissidents, exclus de l diète et des emplois, sociniens, grecs non unis, luthériens o calvinistes, imploraient l'intervention des puissances, comme garantes de leurs privilèges et de la paix d'Oliva. Les dissidents devinrent dès lors odieux aux catholiques comme partisans d l'étranger. Le fanatisme envenima les haines politiques, et l diète, échauffée par Soltyk, évêque de Cracovie, confirma le décre d'exclusion. L'ambassadeur russe vint alors à la tête d'une armé demander justice pour les dissidents ou confédérés de Radom et le maintien du *liberum veto* pour les affaires d'état, notammen pour l'augmentation de l'armée. La loi fatale de l'unanimité de suffrages fut rétablie, sur la demande des Czartoriski eux-même qui désespéraient de leur réforme. Comme la diète hésitait sur l premier point, Repnin fit enlever pour la Sibérie Soltyk et plusieur de ses adhérents, et la diète vota, sous la terreur de ce hardi coup de main, la réhabilitation des dissidents dans tous leur privilèges. Une commission législative choisie par Repnin rétabli le plein exercice du *liberum veto* et confirma tous les ancien abus, sous le nom de *lois cardinales*, que la nation ne pourrait jamais changer, non pas même du consentement unanime de tou les Polonais. Les agents de Catherine naturalisaient une foule de Russes en Pologne, pour y former le noyau d'une noblesse de religion grecque, étendaient les privilèges de la petite noblesse pour accroître l'anarchie, et payaient des deniers de la Pologne tous ceux qui la trahissaient.

Les patriotes catholiques formèrent contre les Russes et les dissidents la confédération de Bar (1768), une sorte de croisade payée, prêchée et dirigée par le clergé, et comptèrent sur les Turcs pour sauver leur indépendance; le secours ne leur vint de ce côté-là qu'après d'horribles massacres. Les Cosaques Zaporogues, conduits par les missionnaires russes, et poursuivant les vieilles rancunes de l'Église grecque, égorgèrent dans l'Ukraine plus de 50,000 catholiques. Ceux qui se réfugièrent dans la ville de

Balta, dépendante du khan des Tartares, y furent suivis et massacrés, parmi eux quelques musulmans. Sur le bruit qui s'en répandit à Constantinople, M. de Vergennes poussa le peuple à la révolte et le divan à la guerre. Dans le même temps, Choiseul, que la czarine appelait le *souffleur* de Mustapha III, décidait la Suède à porter une armée d'observation en Finlande. La czarine, meurtrière de deux empereurs, admirée par toute l'Europe, vantée par les encyclopédistes, célébrait d'avance à Saint-Pétersbourg le triomphe de ses soldats sur les armées innombrables et confuses de la Turquie et de la Tartarie. Le poison la délivra peut-être du khan des Tartares de Crimée, le vaillant Khérim-Géraï, qui commença la guerre avec succès. Dès que les Turcs eurent déclaré la guerre, la czarine congédia les députés des cent tribus barbares, Cosaques, Baskirs, Kalmouks, etc., qu'elle avait pompeusement réunis pour donner à son vaste empire un code uniforme.

Les Russes envahirent la Moldavie, échouèrent deux fois devant Choczim que la czarine croyait déjà prise ; mais le grand-vizir Moldavangi fut dès son premier revers abandonné par une armée superstitieuse. La lâcheté des Turcs livra Choczim, la Moldavie et la Valachie (1769). Deux victoires du maréchal Romanzoff le *Transdanubien* (sur le Pruth et sur le Kagul), affermirent les Russes dans ces deux provinces; la prise de Bender par le comte Panin leur donna la Bessarabie. La peste enlevait 80,000 hommes à Moscou ; 600,000 Tartares-Kalmouks émigraient pour la Chine ; mais Catherine qui naguère avait vu sa gloire et même sa vie compromises, était portée aux nues ; les courtisans se disputaient déjà le gouvernement des provinces turques, et la Russie déployait dans cette guerre des forces inconnues. Frédéric II s'effraya des premières victoires de la Russie sur la Pologne et sur l'empire ottoman. Il était forcé par son traité de nourrir de ses propres deniers cette grandeur menaçante. Il devait payer les subsides convenus pour cette guerre qui, d'un premier bond, portait les armées russes jusqu'au Danube. La Prusse et l'Autriche se rapprochèrent. Joseph II, qui désirait depuis longtemps connaître Frédéric II, obtint de sa mère la permission de le visiter à Neisse, en Silésie (août 1769). Le roi de Prusse salua comme le plus beau jour de sa vie celui qui rapprochait dans leur intérêt deux maisons trop longtemps ennemies. L'empereur jura qu'il n'y avait plus de Silésie pour l'Autriche, et déclara qu'il n'était pas plus disposé que sa mère à laisser les Russes en possession de la Moldavie et de la Valachie. Frédéric évita de s'engager avec l'Autriche (1).

Cependant la Russie avançait toujours sur la Pologne et la Turquie. L'Europe vit pour la première fois une flotte russe sortir de la Baltique ; cette flotte fut radoubée par les Anglais et conduite par l'écossais Elphinston sur les côtes du Péloponèse. Catherine avait repris le projet de Munnich : elle appelait les Grecs à la liberté. Grégoire Orloff, auquel les grands n'avaient pas permis d'épouser leur souveraine, espérait rétablir l'Empire d'Orient et la placer sur le trône de Constantinople. L'ancien favori venait chercher en Macédoine le royaume qu'il avait manqué du côté d'Astrakan. Les montagnards du Magne, que Voltaire appelait les Spartiates, et d'autres peuplades, travaillées de longue main par les agents de la Russie, se soulevèrent contre leurs tyrans. Navarin et Mistra furent conquises. Modon, Coron, Patras, Napoli, résistèrent mieux à cette poignée de Russes et d'Hellènes dont l'heure n'était pas encore venue. Sept à huit cents Russes ne pouvaient suffire d'ailleurs à l'affranchissement de la Grèce. Ce rêve de liberté ne dura que trois mois, et fut cruellement détruit par le pacha de Bosnie et par les 30,000 Épirotes, Illyriens et Albanais qu'il mena sur le Péloponèse.

Les Russes étaient plus heureux sur mer. Alexis Orloff battit la flotte turque près de l'île de Chio, et l'incendia dans la baie de Tchesmé (1770). Vainement le hongrois Tott, agent de Choiseul, avait mis les Dardanelles en état de défense ; Elphinston alla forcer le passage et prendre le thé sous le feu des Turcs. Il avait juré sur sa tête de dicter la paix au sultan sous les murs du sérail ; mais les Russes n'osèrent pas suivre jusqu'au bout l'intrépide écossais, qui, dans son dépit, brisa son navire contre un écueil et quitta leur service. Après son départ, les Russes se firent battre au siège de Lemnos, et ne surent profiter ni des désastres de la marine ottomane, ni de la révolte d'Ali-Bey en Syrie et en Égypte. La

---

(1) Frédéric II, Mémoires de 1763 à 1775.

pacha de Trébizonde repoussa la petite armée qui tentait par la Géorgie l'invasion de l'Asie-Mineure.

Les grandes victoires des Russes étaient sur la Pologne. La Confédération générale de Biala, qui comprenait les 169 districts du royaume, ne donna pas aux patriotes plus d'union et de force que les précédentes. Les confédérés, enhardis par quelques succès, avaient publié la vacance du trône en 1771 ; les trois puissances en profitèrent pour occuper presque tout le royaume au nom du roi. Souwarow battait sans relâche tous les généraux de la confédération, Sawa, Pulawski, et le grand-général de Lithuanie, Oginski, dont l'armée d'abord victorieuse fut détruite à Stoulavies. Les officiers et les subsides envoyés par la France, les talents du colonel Dumouriez, la glorieuse défense de Cracovie par le brave Choisy (1772), ne pouvaient plus que retarder de quelques mois la ruine de la Pologne, déjà condamnée par les puissances voisines. Les conseils de Rousseau et de Mably, invoqués par ceux qui s'étaient soulevés d'abord au nom du pape, arrivèrent trop tard. Après tant de revers la confédération fut dissoute, et les puissances menacèrent de poursuivre comme brigands, meurtriers et incendiaires ceux qui s'attrouperaient encore.

III. Négociations entre la Prusse, l'Autriche et la Russie pour le démembrement de la Pologne. — Premier partage de la Pologne (1772-1773).

Ces nouveaux progrès de la Russie redoublèrent les alarmes de l'Autriche et de la Prusse. Frédéric II avait rendu sa visite à Joseph II dans son camp de Neustadt en Moravie (sept. 1770). Il portait l'uniforme autrichien, et moins discret que Marie-Thérèse, mit le jeune empereur dans le secret de ses conférences avec Kaunitz. Le second jour de l'entrevue, un envoyé du sultan vint prier les deux souverains de se faire médiateurs entre la Russie et la Porte. Kaunitz proposait l'alliance intime de la Prusse et de l'Autriche comme une digue au torrent qui menaçait d'inonder l'Europe. Frédéric II, loin de rompre avec la Russie, offrait seulement sa médiation entre la Russie et l'Autriche, et déclarait qu'en cas de guerre il serait l'allié de Catherine II. L'Autriche leva des troupes et se tint prête à secourir la Turquie, si la Russie refusait de lui restituer les provinces du Danube. De son côté Catherine acceptait pour les affaires de Turquie la médiation des deux puissances, mais à des conditions si dures que l'Autriche faillit lui déclarer la guerre. Pendant que le prince Henri visitait la czarine à Saint-Pétersbourg, au milieu de ses triomphes sur la Pologne et sur la Turquie, on y apprit que l'Autriche, exhumant de ses archives des titres oubliés depuis trois siècles, occupait militairement treize villes du comté de Zips et les riches mines de Bochnia et de Wielizka, comme ancienne dépendance de la Hongrie. Catherine en parla au prince comme d'un premier démembrement de la Pologne par l'Autriche, que ses voisins avaient le droit d'imiter. On dit même que, trempant son doigt dans l'encre, elle marqua brutalement le partage sur une carte de la Pologne. Frédéric II, instruit de la conversation par son frère et avec l'agrément de la czarine, comprit comme elle qu'il serait facile aux trois puissances d'éviter la guerre et de s'entendre aux dépens de la Pologne. Ainsi l'Autriche, sans le vouloir, donna la première idée du partage, la czarine osa la première en parler tout haut, et le démembrement de la Pologne, agité naguère entre l'Autriche et la Turquie, parut à Frédéric II le plus sûr moyen de réconcilier l'Autriche et la Russie.

On ne saurait dire au juste comment fut nouée cette fatale intrigue, car les aveux de Frédéric II n'ont pas suffi pour la dévoiler. Il est bien sûr au moins que le partage de la Pologne résultait de la politique brutale du siècle. Dieu, dit Jean de Müller, voulait montrer la *moralité* des grands. Si l'un des trois états voisins de la Pologne la démembrait tout seul, les deux autres croyaient l'équilibre européen détruit ; mais si tous les trois la démembraient dans une égale proportion, on croyait l'équilibre sauvé. La morale et la justice n'avaient rien à voir dans ces combinaisons. Cette violation du droit des gens tirait d'un grand embarras Frédéric II, toujours prêt à sacrifier sa philosophie aux intérêts positifs de son royaume et de sa famille. Il y trouvait l'avantage d'arrondir ses états, d'éviter la guerre entre l'Autriche et la Russie, de prendre sa part d'un pays qu'elles auraient peut-être partagé sans lui, à moins que la Russie ne l'eût pris tout entier. Un moment l'Autriche et la Prusse feignirent de reculer, en sorte que la franchise brutale de Catherine II eut l'air de vaincre les scruules philosophiques de Frédéric II et de surprendre la religion de Marie-Thérèse (1).

D'abord l'Autriche, sondée par la Prusse, repoussa toute idée de partage ; elle offrit même d'évacuer la Pologne, dès que la Prusse et la Russie promettraient d'en faire autant. Frédéric II refusant, comme on a vu, la neutralité que lui proposait l'Autriche, s'entendit d'abord avec la Russie, mais non sans peine, sur le partage de la Pologne (traité de Berlin, février 1772). On disputa moins sur la légalité du partage que sur la part qui serait faite à chacun. L'Autriche, qui dans le fond n'attendait qu'une ouverture de la Russie pour accepter le partage qu'elle avait refusé naguère et qui déplaisait moins à Kaunitz qu'à Marie-Thérèse, n'hésita plus à réclamer sa part, dès qu'elle en fut priée directement par la czarine. Les trois puissances signèrent le traité de Saint-Pétersbourg (5 août 1772). On convint d'informer le roi de Pologne de la résolution des trois cabinets, de convoquer une diète à Varsovie, et d'en obtenir la cession formelle des provinces convoitées.

Pendant les négociations relatives au partage, les troupes de l'Autriche et de la Prusse occupèrent les pays qu'elles s'adjugeaient, l'Autriche pour garantir des maux de l'anarchie, disait-elle, d'anciens alliés de la Hongrie, et la Prusse pour former un cordon sanitaire contre la peste qui ravageait la Pologne. On s'entendit vite sur le partage des provinces. La cupidité des trois puissances et la crainte de manquer leur coup par la discorde, leur tinrent lieu d'union. La Prusse mit tant de soin à calmer la Russie qui s'alarmait des prétentions exagérées de Marie-Thérèse *pleurant toujours et prenant toujours*, qu'après la convention de Saint-Pétersbourg, les trois puissances purent notifier leur bon accord à la Pologne, en sommant le roi qui réclamait trop tard et le sénat, réduit à vingt-sept membres, de convoquer la diète pour entendre leurs réclamations sur plusieurs provinces et fixer les nouvelles frontières. C'était là le moyen qu'elles se vantaient d'avoir imaginé pour rendre la paix au pays. Les Polonais ne cachèrent point leur indignation. Les nonces refusèrent de se rendre à Varsovie. On les menaça, s'ils s'obstinaient, de partager

---

(1) Ferrand. *Hist. des trois démembrements.*

tout leur pays. En même temps trente mille hommes entrèrent par trois côtés. Le traité de cession fut signé par la diète (19 avril 1773).

Les pays cédés ou *reconquis* comprenaient le tiers du territoire polonais, et presque la moitié de sa population. Frédéric II eut pour sa part la Prusse occidentale ou polonaise, qui joignait son royaume à l'électorat de Brandebourg et le rendait maître de la Vistule et du commerce de la Pologne; la Poméralie, le palatinat de Marienbourg, les évêchés de Culm et d'Ermeland ou de Warmie, la partie de la Grande-Pologne située au nord de la Netze, enfin le port et les douanes de Dantzig. C'était le pays conquis par la Pologne sur les chevaliers Teutons en 1466. Les villes de Dantzig et de Thorn, dont la czarine avait garanti la liberté par égard pour l'Angleterre, conservèrent leur ancienne constitution, c'est-à-dire que leur réunion à la Prusse fut ajournée. Le royaume de Prusse gagnait 630 lieues carrées et 600,000 âmes.

La Russie eut pour son lot la Livonie polonaise, une partie considérable des palatinats de Witebsk et de Polotsk, les deux extrémités de celui de Minsk, et celui de Micislaw en totalité; à peu près 2,000 lieues carrées et 1,800,000 âmes. L'Autriche, rentrée en possession des treize villes du comté de Zips et des riches salines de Wielizka, de Bochnia et de Sambor, eut de plus la partie la plus fertile et la plus populeuse, comme royaume de Gallicie et de Lodomirie; c'était la moitié du palatinat de Cracovie, des portions de ceux de Sandomir, de Belz et de la Podolie, avec la Pokucie et le palatinat de la Russie-Rouge, environ 1400 lieues carrées, 300 villes et bourgs, plus de 6,000 villages, et près de 3 millions d'âmes.

Les manifestes où l'Autriche et la Prusse essayèrent de justifier leurs violences, devant la diète polonaise et devant le monde, n'étaient qu'une autre insulte au droit des gens; Catherine, mieux avisée, ne se justifia point. De ces manifestes de la Prusse et de l'Autriche, et de leurs réclamations fondées sur de vieilles chartes, il eût fallu conclure qu'en tout temps la Pologne n'avait rien pu acquérir, ni la Prusse et l'Autriche rien perdre. Les prétentions des Prussiens remontaient jusqu'aux émigrations des Slaves (1). A voir ces déductions plus laborieuses et plus insolentes que celles des fameuses

---

(1) Jean de Müller, hist. générale, livre III, chap. II.

Chambres de réunion sous Louis XIV, on se demande comment des droits si clairs avaient été si longtemps négligés. Ce n'était pas assez que la diète eût cédé tant de provinces, il fallut qu'elle en garantît la possession aux trois puissances, qui gagnèrent quelque chose encore au règlement des frontières. La Prusse eut dans cette dernière opération un bénéfice de 180,000 âmes. Le territoire de la Pologne fut réduit de 13,400 lieues carrées à 9,057. En modifiant la constitution polonaise, les trois puissances eurent soin de lui conserver tous ses éléments d'anarchie : *liberum veto*, couronne élective, etc. On ajoutait même à ces causes de ruine un conseil permanent, élu par la noblesse et chargé de l'administration et de la répartition des grâces.

Après avoir garanti à la Pologne les pays qui lui restaient, les puissances, renonçant d'avance à toute réclamation nouvelle contre la république, stipulèrent par un traité secret que si jamais d'autres intérêts les divisaient, elles resteraient unies pour la défense commune de leurs acquisitions en Pologne. La Prusse et la Russie ne parlaient plus de leurs protégés les dissidents, qui demeuraient exclus du sénat, et à peine tolérés dans l'État. Il est vrai que la plupart des dissidents habitaient les pays qu'on venait de prendre.

Tel fut ce premier partage de la Pologne qu'un favori de Catherine II, Potemkin, appelait quelques années plus tard un jeu d'enfants, assurant qu'on n'eût pas crié davantage, si les trois puissances avaient tout pris du premier coup. La Saxe, le Danemark et l'Angleterre, dont la Pologne implorait l'appui, la Suède alors agitée par sa révolution monarchique, la France ruinée par la guerre de Sept Ans et par une mauvaise administration, liée d'ailleurs à l'Autriche par un mariage récent, se consolèrent du premier partage de la Pologne par l'espoir que les trois puissances n'iraient pas plus loin ou que leur crime les diviserait. Les princes allemands qui représentaient l'empire dans la diète, songeaient moins à réclamer pour la Pologne qu'à vendre leurs sujets à l'Angleterre pour la guerre d'Amérique. Les trois puissances en furent quittes pour de vaines clameurs sur la chute de l'équilibre européen et sur la violation du droit des gens. Catherine avait eu quelque raison de garantir à ses complices le silence et l'impuissance de l'Europe.

IV. **Fin de la guerre contre les Turcs; traité de Kaïnardji (1774). — Supplice de Pugatcheff (1775). — Puissance de Catherine II. — Potemkin. — La neutralité armée (1780). — Soumission de la Crimée (1783. 1784). — Nouvelle guerre contre les Turcs (1787) et contre la Suède (1788-1790). — Traités de Wereloe et d'Iassy (1790-1791).**

Ainsi que Frédéric II l'avait espéré, la paix entre la Turquie et la Russie suivit de près ce premier partage de la Pologne. Les deux nations continuèrent les hostilités pour traiter avec plus d'avantage. En 1771, Dolgorouki avait forcé les lignes de Pérékop et conquis la Crimée ; en 1772 les congrès de Fockzani et de Bucharest n'amenèrent qu'une paix séparée entre les Russes et les Tartares. En 1773, Romanzoff échoua contre Silistrie, et la flotte russe rentra dans la Baltique pour surveiller la Suède. La Russie, désolée par la peste, troublée au dedans par la révolte du cosaque Pugatcheff et réduite à désirer la paix, n'osait convenir de l'épuisement de sa population et de ses finances devant l'Europe étonnée de sa grandeur subite. Elle s'habituait dès lors à placer une grande partie de sa force dans l'espèce de fascination que ses mouvements gigantesques exerçaient de loin sur l'Europe. Pour cacher l'inaction de sa flotte de l'Archipel, Catherine ordonnait qu'une autre flotte (qui n'existait pas), sortît des embouchures du Tanaïs et portât 25,000 hommes de débarquement sur Constantinople. En 1774, ses troupes de Pologne allèrent grossir sur le Danube l'armée de Romanzoff et brusquer le dénouement de cette guerre ruineuse. Romanzoff enferma l'immense armée des Turcs dans les montagnes de la Bulgarie et lui dicta sur le champ de bataille, à Schumla, la paix honteuse de Kaïnardji (juillet 1774), où la Pologne, premier sujet de la guerre, n'était pas même nommée. La Porte recouvrait la Moldavie, la Valachie et la Bessarabie, mais désormais soumises au protectorat de l'ambassadeur russe ; elle reconnaissait l'indépendance de la Crimée et du Kouban ; elle abandonnait aux Russes la libre navigation du Pont-Euxin et de l'Hellespont, la partie de la petite Tartarie située entre le Dniéper et le Bug, les places de Kinburn, Azov, Taganrog, Iénikalé, Kertsch, avec la grande et la petite Kabardie (les steppes situés entre la mer d'Azov et la mer Caspienne). Pour mieux effacer le traité du Pruth, les Russes signaient à pareille date (10 juillet) celui de Kaïnardji. L'Autriche eut des dépouilles de la Turquie un canton de la Moldavie, la Bukowine, sur le Pruth supérieur.

Le traité de Kaïnardji marque l'apogée du règne de Catherine. La même année vit la défaite du cosaque Pugatcheff, qui défiait depuis trois ans les meilleurs généraux de Catherine. Trois imposteurs avaient déjà pris le nom de Pierre III. Le quatrième, Pugatcheff, promit d'affranchir tous les serfs, de rendre au clergé ses biens confisqués, massacra la noblesse, livra dix-sept combats, s'empara de Kasan et marcha sur Moscou, où déjà le peuple l'attendait; il fut livré par des traîtres et mourut sur l'échafaud (1775).

Vers la même époque, Catherine détruisait la république des Cosaques Zaporogues, brigands de toutes nations établis vers les cataractes du Dniéper, vivant sans femmes sous des chefs électifs et recrutés parmi les vagabonds des tribus voisines. Leur vaste retranchement, la *Setscha,* rappelait le *ring* des Avares. Leur ruine affermit la domination de la czarine sur les côtes de la mer Noire.

Cette femme si terrible à ses voisins, si vantée à prix d'argent par les philosophes de Paris, par Voltaire et par Diderot, représentée par l'Académie de Saint-Pétersbourg avec les attributs de Minerve, était gouvernée par des favoris qui se succédaient si vite qu'on ne peut les nommer tous. Il semblait que le titre de premier favori désignât la principale charge de la cour et de l'État. Un d'eux sut fixer la confiance de la czarine. Après avoir été son favori, Potemkin fut son conseiller et son confident. Il lui choisit ses amants et gouverna pendant seize ans le cœur et l'empire de Catherine; il fut le tyran de la Russie et de l'impératrice. Fils d'un officier de Smolensk, destiné d'abord à l'Église, Potemkin s'enrôla dans la garde. Placé en sentinelle près de la maison où Pierre III fut étranglé, les meurtriers l'appelèrent à leur aide, et ce fut avec sa beauté le commencement de sa fortune. Orloff, qui devina ses espérances, l'envoya contre les Turcs; il revint pour annoncer à l'impératrice une victoire importante, et supplanta son rival après quatre ans de patience et d'intrigue. Joseph II le nomma prince de l'empire; Frédéric le Grand offrait de l'aider à se faire duc de Courlande et lui proposa même la royauté de Pologne qu'il méprisa; Catherine célébrait les anniversaires de sa naissance et de sa fête comme des jours mémorables dans l'histoire de la Russie. Sa politique hardie, qui ne ménageait ni l'argent ni les hommes, avait subjugué la czarine et la cour. Il songeait comme Orloff, qu'il avait peut-être empoisonné, à se faire une royauté dans les provinces de l'Empire, et pour y parvenir, il poussait les Russes sur le chemin de Byzance.

A la faveur des guerres de l'Occident, Catherine poursuivait ses projets sur la mer Noire. Les Turcs s'indignaient de voir les Russes donner un khan à la Crimée et protéger la Valachie et la Moldavie; mais la France arrêtait dans le divan toute pensée de guerre. Les Turcs, par le traité de Constantinople (1779), confirmèrent l'indépendance de la Crimée, les privilèges de la religion grecque en Turquie et la libre navigation des Russes sur les mers ottomanes. Dans le même temps, Catherine s'imposait deux fois comme arbitre aux puissances de l'Occident. Sa médiation était recherchée ou subie dans les débats de la politique européenne. Elle menaçait de s'allier à la Prusse contre l'Autriche pour défendre la Bavière et imposait à Joseph II le traité de Teschen (1779). Au plus fort de la guerre d'Amérique, elle osa braver la tyrannie de l'Angleterre et lui opposer la ligue de la *Neutralité armée*. Joseph II, naguère désarmé par l'intervention hautaine de Catherine, libre enfin par la mort de sa mère d'exécuter ses projets de réformes et de conquêtes, allait promettre son alliance à Catherine dans l'entrevue de Mohilow (1780). Tous deux se flattèrent et s'enhardirent dans leurs espérances communes et dans leurs desseins particuliers: le partage de l'empire ottoman et la délivrance des Grecs, puis les projets de Joseph II sur l'ouverture de l'Escaut et sur la marine d'Ostende.

Catherine, sûre de l'alliance autrichienne, réunit la Crimée à son empire, malgré les généreux efforts de la diplomatie française auprès des cours de l'Occident. Ses agents eurent l'art d'avilir le khan Sahim-Géraï aux yeux des Tartares qui détestaient les Russes; on l'accabla d'honneurs odieux, on l'engagea dans de folles dépenses, on excita les nobles contre lui pour avoir une occasion de venir à son aide et de massacrer les rebelles. Sahim-Géraï céda ses droits de souveraineté à Catherine, qui le livra plus tard à la vengeance des Turcs. Les Russes prirent possession de la Crimée (1783), en massacrant 30,000 habitants de tout âge et de tout sexe. Pour justifier tant de violences, la czarine proclama comme en Pologne que les Tartares n'étaient point capables d'indépendance et qu'elle n'avait pris possession du pays que pour s'indemniser des frais de la guerre. Elle poussa l'impudence jusqu'à reprocher aux Turcs d'avoir enfreint le traité de Kaïnardji. La Turquie, réduite à se justifier d'une accusation imprévue, abandonnée par l'Angleterre, contenue par la France et menacée par l'Autriche en cas de guerre avec la Russie, céda sans combattre (convention de Constantinople) ses droits sur la Crimée, le Taman et le Kouban (1784). Potemkin, sans rival depuis la mort de Panin, reçut le gouvernement de la Tauride, le surnom de *Tauridien*, et le titre de grand-amiral de la mer Noire. Les souverains de Géorgie se disaient vassaux de Catherine ; ses agents parcouraient l'Égypte, le Danube et l'Archipel. Elle donnait au second de ses petits-fils le nom de Constantin, une nourrice et des officiers grecs. La cour de Saint-Pétersbourg se partageait déjà la Turquie ; la gravure et l'imprimerie représentaient le jeune Constantin sur le trône de Byzance et Potemkin sur celui de l'antique Dacie. La czarine alla visiter sa conquête avec une armée de 40,000 hommes (1787). Des envieux accusaient Potemkin d'avoir ruiné la Crimée ; on raconte qu'il s'arrangea pour lui montrer partout sur son passage d'heureuses peuplades, qui voyageaient pendant la nuit pour reparaître le lendemain ; un grand marché à Cherson, et à Sébastopol, à la lueur d'un feu d'artifice, une flotte nombreuse, là où le jour ne lui eût montré que des bâtiments de commerce et de vieilles barques ramassées de tous côtés. Image trop fidèle de la Russie avec sa civilisation improvisée et le changement à vue qu'avait exécuté Pierre le Grand ! Catherine, reçue aux bords du Dniéper par le roi de Pologne, à Cherson par l'empereur d'Allemagne, s'indigna de voir encore sur la mer Noire le pavillon ottoman ; elle croyait la marine turque complétement détruite dans la baie de Tchesmé. Du reste elle donna gain de cause à son favori et chargea le sénat de composer un panégyrique de Potemkin, qui fut distribué dans toute l'Europe.

Tant d'outrages avaient lassé l'orgueil des Ottomans. Les Anglais, qui se souvenaient de la neutralité armée et qui voyaient la Russie négliger leur commerce dans la Baltique pour étendre le sien sur la mer Noire, poussaient les Turcs à la guerre. Ils exigèrent que la Russie rappelât son consul de Moldavie, ses troupes de la Géorgie, et laissât visiter ses vaisseaux au passage des Dardanelles. Sans attendre la réponse, ils envoyèrent le ministre russe Bulgakoff au château des Sept-Tours. Une guerre furieuse éclata sur terre et sur mer depuis Trieste jusqu'aux bouches du Danube (1787). Cobourg débuta par la prise de Choczim. Au milieu de l'hiver Potemkin prit d'assaut Oczakoff. Son lieutenant Souwarow, ralliant les Autrichiens battus avec Lascy et Joseph II, vainquit les Turcs en deux rencontres, à Fockzani et à Martinestje, et s'empara d'Ismaïl après un siège aussi meurtrier que celui d'Oczakoff, tandis que Laudon et les Autrichiens réparant leurs revers emportaient Belgrade (1789). Potemkin pouvait se croire déjà souverain de la Moldavie et de la Valachie. Gustave III s'était cru assez fort pour venger la Suède et sauver la Turquie. Il échoua par une émeute des officiers nobles au siège de Frederickshamn. Forcé de suspendre ses opérations pour faire un second coup d'État contre l'aristocratie qui déclarait la guerre illégale, vaincu, puis vainqueur sur mer à Swenksund, il avoua son impuissance en signant la paix de Wereloe qui confirmait simplement le traité d'Abo (1790). Mais la mort de Joseph II, la paix conclue avec les Turcs à Sistowa par son successeur Léopold II qui leur restituait ses conquêtes et ne gardait que le Vieux-Orsowa, l'attitude menaçante des puissances maritimes et de la Prusse, les mouvements de la Pologne et l'épuisement des finances russes déterminèrent Catherine à signer la paix d'Iassy, qui portait la frontière de la Russie jusqu'au Dniester (1791).

V. **Constitution polonaise de 1791. — Deuxième partage de la Pologne (1793). — Kosciusko. — Troisième partage de la Pologne (1795). — Mort de Catherine II (1796).**

Quand la Russie faisait la guerre au nord et au midi, contre la Turquie et la Suède, quand les puissances maritimes et la Prusse prenaient contre la Russie une attitude hostile, le moment semblait venu pour la Pologne d'échapper à la Russie en réformant sa constitution. L'habile diplomate de Berlin, Herzberg, encor tout-puissant sous le successeur de Frédéric II, approuvait le projet des patriotes polonais, et promettait d'opposer à l'alliance de la Russie et de l'Autriche, pour le maintien de l'équilibre européen, une ligue formée des puissances maritimes, de la Prusse et des états secondaires, Suède, Pologne et Turquie. Une alliance offensive et défensive fut signée avec la Prusse, qui comptait bien que la Pologne lui donnerait Thorn et Dantzig, et malgré les défenseurs de l'ancien régime, le conseil permanent fut supprimé et la réforme décrétée par acclamation (3 mai 1791). Le roi lui-même, ce timide esclave de la czarine, votait pour la nouvelle constitution, telle que Mably et Rousseau l'avaient inspirée. On donnait la royauté héréditaire à la maison de Saxe, le pouvoir exécutif au roi, le pouvoir législatif à la diète séparée en deux chambres, les sénateurs et les nonces ; la liberté de conscience était proclamée, la condition des bourgeois et des paysans améliorée. Toute l'Europe applaudissait ; la Prusse et l'Autriche réconciliées s'engageaient par des traités formels à soutenir contre les Russes la royauté saxonne. Mais cette démocratie de gentilshommes, habituée de tout temps à l'anarchie, avait perdu l'intelligence et le goût d'une liberté régulière. Les mécontents, en tête Félix Potocki, Branicki, Malachowski, implorèrent la protection de la czarine et formèrent par ses conseils la confédération de Targowice pour le maintien de la vieille constitution. L'armée russe évacua la Turquie pour envahir la Pologne.

Le roi de Prusse, appelé au secours, ne manqua pas de trahir la malheureuse Pologne, qui lui refusait Dantzig et Thorn. La cour de Berlin, effrayée des progrès de la Révolution française, se souciait peu de risquer la guerre pour une constitution révolutionnaire, contre la czarine qui n'avait plus les embarras de la guerre de Turquie. L'Autriche, déjà en guerre avec la France, n'eût point soutenu la Prusse contre la Russie. La cour de Berlin, alliée à l'Autriche contre la France, abandonna donc Herzberg et son système d'équilibre pour démembrer encore la Pologne avec la Russie. Elle se croyait le droit de traiter en ennemis les Polonais, alliés de la République française, qui envoyaient leurs députés à la barre de la Convention.

Les Prussiens envahirent la Pologne de trois côtés à la fois, et traitèrent comme la plus coupable de toutes les villes celle qu'ils désiraient le plus, Dantzig. Les patriotes, abandonnés à leurs propres forces, engagèrent la lutte avec un courage digne d'un meilleur sort. Kosciusko, le compagnon de Washington et de La Fayette, soutint bravement le premier choc des Russes à Dubienka. Puis la trahison, la discorde donnèrent la victoire aux Russes. Sur une lettre menaçante de Catherine, Poniatowski passa dans le camp des confédérés, désavoua la diète et défendit toute hostilité contre la czarine, protectrice de la liberté polonaise. Les patriotes mirent bas les armes et s'expatrièrent.

Bientôt parurent, à la grande surprise des confédérés de Targówice, les manifestes où la Russie et la Prusse se disaient forcées de réduire la Pologne à de plus étroites limites pour éteindre dans son sein le foyer du jacobinisme français et sauver du fléau les états voisins. La diète de Grodno, quoique entourée de 20,000 Russes, résista longtemps. On céda d'abord à la Russie les pays qu'elle réclamait, la moitié de la Lithuanie, des quartiers de la Wolhynie, de la Podolie et de l'Ukraine, plus de 4,000 lieues carrées et plus de 3 millions d'âmes. A ce prix, les Polonais croyaient s'être assuré l'appui de la czarine contre la Prusse, dont la perfidie leur inspirait plus d'horreur que l'ambition brutale de la Russie. L'ambassadeur russe, Sievers, fit arrêter quatre nonces et braquer les canons contre la diète. Il n'obtint d'elle qu'un morne silence qui dura jusqu'à la nuit : enfin le maréchal de la diète, Bialinsky, interprétant le silence comme un assentiment général, signa le traité (septembre 1793) qui livrait à la Prusse la meilleure partie de la Grande-Pologne, Czenstochau dans la Petite-Pologne, Dantzig et Thorn, 1,000 lieues carrées et plus d'un million d'âmes. Les deux puissances garantirent à la République les possessions qui lui restaient. L'Autriche ne prit part au second partage qu'en soutenant les prétentions de la Prusse, qui mettait cette condition à son alliance contre la France. La République ne devait garder sur pied que 16,000 hommes et désarma le reste.

Ce dernier affront souleva encore la Pologne. Le désarmement ordonné par l'ambassadeur russe Igelström fit éclater une conspiration dont Cracovie était le centre et Kosciusko le chef intrépide. Investi de la dictature militaire, Kosciusko appela toute la nation aux armes pour recouvrer son ancien territoire et sa non velle constitution. Une première victoire des insurgés à Raslawice chassa les Russes de la capitale. Le peuple dans sa fureur attacha au gibet quatre fonctionnaires connus pour leur dévouement à la Russie. Wilna et la Lithuanie suivirent l'exemple de Varsovie, et la confédération de Cracovie comprit bientôt tous les palatinats.

Kosciusko désavouait à la face du monde entier les violences populaires de Varsovie et de Wilna; la politique de Saint-Pétersbourg et de Berlin, capable de les inspirer, les dénonçait à l'Europe comme les crimes du jacobinisme polonais. Le roi de Prusse, à la tête de 40,000 hommes, venait se joindre aux Russes. A tant d'ennemis Kosciusko n'opposait qu'une petite armée de bourgeois et de paysans armés de faux et de piques, trop longtemps avilis par la misère et l'esclavage. Les nobles étaient plus nombreux, plus braves et mieux armés; mais une partie des nobles ne transformait qu'à regret ses serfs en soldats, ou craignait de perdre ses priviléges. La liberté consistait pour la plupart de ces gentilshommes à faire des lois sans les suivre et à voter des impôts sans les payer. De 25,000 Polonais engagés au service de la Russie, 3,000 seulement avaient pu rejoindre leurs frères. Le cabinet de Vienne avait trop sérieusement besoin de la Prusse et de la Russie contre la France pour laisser à Kosciusko l'espoir de son alliance. Le roi de Prusse, vainqueur près de Chelm par le nombre, maître de Cracovie par la trahison, rejoint par un corps russe, assiégea pendant deux mois Varsovie, qui n'était défendue que par 20,000 hommes. L'Autriche poussa une armée au midi pour constater ses prétentions et ses droits au troisième partage. Le soulèvement des provinces échues à la Prusse força les Prussiens à la retraite. Toute la nation célébrait avec enthousiasme le triomphe de ses libérateurs, Kosciusko, Dombrowski et Joseph Poniatowski, neveu du roi. Mais l'arrivée de Souwarow à la tête d'une nombreuse armée porta le dernier coup à la Pologne. A la bataille de Macejowice (oct. 1794), Kosciusko blessé tomba aux mains de ses ennemis en s'écriant : *Finis Poloniæ!* Après le sac de Praga, qui rappelle celui d'Ismaïl, Souwarow fit son entrée à Varsovie sur 20,000 cadavres, et Poniatowski, déposé, s'en alla vivre à Saint-Pétersbourg des aumônes de Catherine et des mépris du monde entier. Quelques mois plus tard, les trois puissances se partagèrent ce qui restait de la Pologne, et ne consultèrent plus les Polonais.

La Prusse prit Varsovie avec six lieues autour de Praga, la partie des palatinats de Podlachie et de Masovie située sur la rive droite du Bug, et s'étendit par cette nouvelle Prusse orientale jusqu'à la rive gauche du Niémen. L'Autriche eut les palatinats de Sandomir et de Lublin, la meilleure partie de celui de Cracovie, et s'étendit sur la rive gauche du Bug. La Russie se compléta dans la Lithuanie, la Samogitie et la Wolhynie. La République française n'avait parlé des Polonais à Bâle que pour justifier ses prétentions sur la rive gauche du Rhin par les accroissements de la Prusse et de l'Autriche. Ainsi disparut la malheureuse Pologne, livrée à ses bourreaux par les vices de sa constitution (1795). La Russie en prit 9,000 lieues carrées ; l'Autriche, 2,200 ; la Prusse, environ 2,700 ; la première y gagna 6,200,000 âmes ; la seconde 4,200,000, et la troisième, plus de 2,700,000. On retrouve ainsi les 14,000 lieues carrées et les 13 millions d'âmes de l'ancienne Pologne. Les Autrichiens et les Prussiens s'y rencontraient sur la Pilica et le Bug, des deux côtés de la Vistule ; les Prussiens et les Russes, sur le Niémen.

Est-ce la peine de dire, après ce grand désastre, que la Russie s'incorpora vers le même temps la Courlande, ancienne dépendance de la Pologne ? Biren, appelé à Saint-Pétersbourg, y abdiqua, et Catherine reçut la soumission volontaire et absolue de la Courlande (1795). Quelques mois après cette dernière conquête, Catherine II mourait d'apoplexie, en menaçant la Révolution française, et son fils Paul Ier lui succédait (1796).

VI. Gouvernement de Catherine II. — Constitution du Sénat. — Nouvelle division du territoire et des magistratures. — Hiérarchie des classes. — Enseignement public. — Liberté des cultes. — Protection du commerce.

Si des champs de bataille on porte ses regards sur l'intérieur de la Russie, et qu'après les victoires de Catherine II sur la Pologne et la Turquie, on considère ses réformes administratives, on verra qu'elle ne mit dans ces réformes ni la violence tyrannique de Pierre le Grand, ni la fougue insensée de Pierre III. Au milieu des grandeurs et des jouissances du despotisme oriental, Catherine courtisait les suffrages des beaux esprits de Paris. Elle résolut d'appliquer leurs principes aux peuplades grossières de son vaste empire dans un code de lois commun à toutes les Russies. L'Académie des sciences conserve le manuscrit français du préambule qu'elle écrivit de sa main pour exposer les devoirs des souverains envers les peuples d'après Montesquieu, dans un langage auquel ne répondait guère le gouvernement des favoris. Pour consulter l'esprit du peuple, elle réunit dans la capitale des députés de toute province, de toute race et de toute religion. La noblesse et les villes, les paysans libres et ceux de la couronne, les Cosaques, Toungouses, Baskirs, Kalmouks et Samoyèdes, et autres tribus non errantes, envoyèrent leurs représentants à cette *diète de tous les peuples*. Ils furent défrayés par le trésor public et déclarés inviolables. La noblesse toutefois menaça de tuer le premier qui voterait l'affranchissement des serfs. Catherine entendit sans être vue les premières délibérations, et comprit bientôt qu'on ne pouvait confier l'organisation d'un si vaste empire à des hommes de race et de culture différentes, dont chacun savait tout au plus les affaires de sa province. Lors de la première guerre des Turcs, elle renvoya chez eux ces législateurs grossiers, et Catherine la *Grande*, la *Sage*, la *Mère de la patrie*, comme ils l'appelaient dans leurs adieux en emportant leurs médailles, résolut d'être désormais la seule législatrice de son empire. Elle revint des théories grandioses des encyclopédistes aux inspirations plus modestes et plus sûres du bon sens et de l'expérience, et n'aspira plus qu'à régulariser les institutions du pays.

Réglant d'abord les attributions du Sénat, la plus haute cour de l'Empire, la czarine lui reconnaissait le droit de refuser l'enregistrement des lois contraires à la constitution; mais elle diminua le pouvoir des gouverneurs par une meilleure division du territoire et des magistratures. Les gouvernements, dont plusieurs avaient l'étendue de certains royaumes d'Europe, ne renfermèrent plus qu'environ 400,000 âmes, et les cercles ou subdivisions 40,000. Elle attribua les diverses branches d'administration, justice, police, perception des impôts, à de nouveaux magistrats qui connurent mieux les ressources et la situation de chaque pays. La justice civile et la justice criminelle furent séparées. On admit en principe que chacun serait jugé par ses pairs. A l'exemple des nobles, les paysans libres et ceux de la couronné, réunis en nombre suffisant dans les cercles, élisaient leurs juges pour les tribunaux inférieurs. Ainsi les trois classes de l'État avaient leur part du pouvoir judiciaire, et la czarine rappelait dans le cercle de la vie commune par les fonctions publiques la noblesse qui tendait à s'isoler dans ses domaines.

Chaque gouvernement eut ses tribunaux de *conscience* et de *prévoyance générale*, les uns, représentant notre justice de paix, qui devaient prévenir les procès, et les autres chargés de la surveillance des écoles et des établissements de bienfaisance. Tout cercle eut son médecin et son chirurgien. Les serfs des seigneurs, moins heureux que ceux de la couronne et du clergé, furent ramenés sous la protection spéciale des gouverneurs et garantis contre la tyrannie de leurs maîtres. La résidence des gouverneurs et des nouvelles magistratures, les assemblées triennales des nobles agrandirent les villes. La classe moyenne ou la bourgeoisie eut son rang dans l'ordre social, entre les nobles et les paysans. Quelques villes seulement, comme Saint-Pétersbourg, Moscou, Astrakan, Tver, avaient reçu de Pierre Ier ou d'Élisabeth une sorte de constitution libre ; les habitants des autres, sans excepter les marchands, n'avaient guère plus de liberté que les paysans. Catherine fixa la hiérarchie et accrut le nombre et les priviléges des villes. Elle en fonda plus de deux cents, et quelques-unes dans une admirable position, comme Cherson et Odessa. Les bourgeois eurent partout le droit d'élire leurs magistrats, par le suffrage universel ou restreint suivant l'importance des villes, et furent répartis en trois classes ou six sections, comprenant les propriétaires de la région urbaine, les marchands, les corporations, les fabricants étrangers, les savants et les artistes, et les ouvriers non corporés.

Les riches marchands et les anciens fonctionnaires participaient aux priviléges des nobles, et leurs descendants avaient le droit d'aspirer à la noblesse; mais le noble qui ne servait pas l'État retombait dans les derniers rangs de la bourgeoisie. Catherine permettait d'accorder aux paysans de la couronne le droit de bourgeoisie et de propriété immobilière, et recrutait la classe moyenne même parmi les enfants trouvés, auxquels l'instruction publique conférait la liberté. Le nom d'esclave que tout Russe prenait devant le czar, était aboli.

Pour fonder ses institutions dans l'esprit des peuples, Catherine donna plus d'attention que Pierre le Grand à l'instruction populaire. Elle multiplia les écoles d'artillerie, de marine et des mines. Une commission spéciale dut examiner les méthodes d'enseignement et fonder des écoles normales dans tout l'Empire, en donnant à chaque gouvernement le genre d'écoles qui lui convenait. Comme Alfred le Grand pour les Anglo-Saxons, Catherine traduisit pour les Russes les chefs-d'œuvre des littératures modernes ou de l'antiquité. Elle institua un comité de traduction, et donna l'exemple à ses sujets pour l'étude des langues étrangères, comme pour la vaccine. L'Académie des sciences fut mise en rapport avec le peuple. Ses membres parcouraient les provinces pour y découvrir les trésors de la nature ou la trace des anciens temps, et pour étudier les mœurs et la culture de chaque peuplade. L'Académie des Beaux-Arts, fondée sous Élisabeth, s'agrandit et reçut trois cents pensionnaires. L'ordre de Saint-Georges était fondé pour le mérite civil et celui de Saint-Wladimir pour le mérite militaire.

Plus tolérante que ses maîtres, Catherine recueillit dans ses états les Jésuites proscrits, par égard pour ses nouveaux sujets de l'Église catholique romaine ; les Jésuites eurent des écoles à Moscou. Elle disait que, parmi tant de croyances diverses, la faute la plus nuisible serait l'intolérance. On imprimait le Coran à ses frais pour ses sujets mahométans. Respectueuse envers le clergé russe, elle le dépouilla de la plus grande partie de ses biens, assigna un salaire aux prêtres, et consacra l'excédant de leurs revenus aux établissements de charité publique. Son aumônier donnait presque tous les ans, le jour des Rois, un dîner *de tolérance* où l'on invitait des prêtres de tous les cultes.

Le commerce russe, affranchi des monopoles que la cour se réservait depuis Ivan IV, protégé par un code maritime (1781), s'étendait sur les côtes de la mer Noire, franchissait les Dardanelles, visitait Smyrne, Alep, les ports de l'Italie et de la France méridionale. La seconde guerre contre les Turcs et l'explosion de la Révolution française interrompirent les relations commerciales entre la France et la Russie. Catherine, qui se vantait d'avoir toujours été républicaine dans l'âme, l'amie de Diderot tant célébrée par les philosophes français, prit parti contre la Révolution qui sortait de leurs doctrines. Du côté de l'Orient et de la mer Caspienne, elle entreprit d'ouvrir jusqu'aux frontières de la Perse et de l'Inde la voie commerciale que le génie de Pierre le Grand avait tracée à ses successeurs, et d'unir par un canal le Don et le Volga. L'astronome Lowitz, chargé de mesurer l'espace compris entre les deux fleuves, périt d'une mort cruelle sous les coups des Cosaques ; un autre explorateur mourut dans les prisons de Derbent, et Catherine armait pour le venger.

Pierre le Grand avait attiré la Russie dans le cercle des États européens ; Catherine lui marqua son rang parmi ces États, et mérita d'être elle-même rangée parmi les grands rois, malgré les crimes de son avénement et le déchirement de la Pologne. « Je suis venue pauvre dans ce pays, disait-elle, et je lui laisse deux trésors, la Crimée et la Pologne ». L'astuce de la politique européenne et la brutalité du despotisme asiatique se mêlent dans son gouvernement comme l'Europe et l'Asie dans son empire.

CHAPITRE XXI.

PUISSANCE MARITIME ET COLONIALE DE L'ANGLETERRE. — CONQUÊTES DES ANGLAIS AUX INDES ORIENTALES. — RÉGIME COLONIAL.

SOMMAIRE.

1. — Les Anglais, non moins jaloux que les Hollandais de la puissance maritime de l'Espagne et du Portugal, ont fondé pour l'Orient dès le règne d'Elisabeth leur fameuse compagnie des Indes (1600), et peu après leurs colonies de l'Amérique du Nord. La compagnie des Indes orientales, chassée par les Hollandais des îles de la Malaisie (massacre d'Amboine 1623), sans force et sans appui pendant le règne de Charles Ier, mais relevée par Cromwell, reçoit sur la dot de Charles II un premier établissement solide à Bombay. Attaquée et vaincue en 1689 par l'empereur Aureng-Zeb dans ce premier chef-lieu de ses possessions, elle fonde bientôt sa colonie de Calcutta (1698), s'affermit par sa fusion avec une compagnie rivale (1702), et organise déjà ses trois présidences de Bombay, Madras et Calcutta. Elle a dès lors son armée, sa marine et sa justice, et va profiter du démembrement de l'empire du Grand-Mogol à la mort d'Aureng-Zeb (1707). Elle a moins à redouter en Orient la rivalité des princes indiens que celle des colonies françaises fondées par Colbert et François Martin (Pondichéry, Chandernagor).

2. — Le rôle des Anglais dans la politique européenne depuis 1688 a préparé de loin leur triomphe aux Indes et leur puissance maritime et coloniale. Les successeurs de Guillaume III ont suivi sa politique. La reine Anne (1702-1714), victorieuse au dehors, opère au dedans l'union parlementaire de l'Ecosse et de l'Angleterre. La maison de Hanovre, gouvernée par les whigs après un court triomphe des tories, s'affermit par la défaite des Jacobites et par la septennalité des parlements. Sous George Ier (1714) et George II (1727), Robert Walpole, bien servi par la mauvaise politique du régent et par la faiblesse de Fleury, et fondant son système de corruption sur la prospérité matérielle, triple en quinze ans la marine marchande du Royaume-Uni, et donne une vive impulsion aux colonies d'Amérique.

3. — Déjà les Anglais, plus hardis que Walpole lui-même, prétendent maintenir contre l'Espagne la liberté des mers (affaire de l'*Assiento*), et pillent Carthagène et Porto-Bello (1739-1741). Ils continuent cette guerre navale contre la France et l'Espagne dans la guerre de la succession d'Autriche (1744), et refusent la neutralité pour les colonies. L'Angleterre, vaincue sur le conti-

nent, mais victorieuse en Amérique (prise de Louisbourg) et repoussant la dernière tentative des Stuarts à Culloden (1746), a détruit la marine française.

4. — Après le traité d'Aix-la-Chapelle, les Anglais, effrayés des projets et des conquêtes de Dupleix aux Indes, ont obtenu son rappel (1753). Pendant la guerre de Sept ans, l'administration de William Pitt porte les derniers coups à notre puissance coloniale. George III, monté sur le trône en 1760, et son favori lord Bute abandonnent l'alliance de Frédéric II, et malgré Pitt et l'opposition, signent avec la France et l'Espagne le traité de Paris (1763), qui consacre le triomphe de l'Angleterre en Amérique, aux Indes et sur toutes les mers.

5. — L'Angleterre a profité de la guerre pour fonder son empire en Asie. Clive a soumis le Bengale par la victoire de Plassey en 1757. Lally, gouverneur général des établissements français, est vaincu dans Pondichéry (1761) et sacrifié comme ses prédécesseurs; sa défaite livre à l'influence de ses vainqueurs le Dekkan et le Carnatic. La compagnie anglaise, triomphant de la première coalition indienne à la bataille de Buxar (1764), distribue les principautés, prend le Grand-Mogol Schah-Allum sous sa protection, obtient de lui la cession du Bengale, et règne en son nom sur les princes indiens, malgré la résistance de Hayder-Ali, roi de Mysore.

6. — Les colonies des Indes occupent dès lors une grande place dans les débats du parlement. Clive, accusé par les communes et absous (1763), se donne la mort. La compagnie, réorganisée par le *Bill régulateur* (1773), est désormais plus dépendante de la couronne. Warren Hastings, premier gouverneur général des Indes, poursuit l'œuvre de Clive avec la même violence (conquête et vente des provinces de Corah et d'Allahabad, annexion de Bénarès). Malgré la guerre d'Amérique et la coalition formée par les Mahrattes avec Hayder-Ali et son fils Tippou-Saëb, l'Angleterre garde ses conquêtes d'Asie (Traité de Mangalore, 1784).

7. — L'Angleterre, vaincue en Amérique, renforce par un nouveau bill (1784) l'autorité de la couronne sur les colonies indiennes. Hastings est mis en jugement, et absous après un procès qui dure sept ans. L'Angleterre, qui rougit de ses crimes, en garde tous les profits. Sous les gouverneurs désormais nommés par le roi (Cornwallis, Wellesley, etc.), la compagnie ajoute encore à ses conquêtes par la défaite de Tippou-Saëb (1792) et par sa mort (1799). Elle a fondé vers la même époque sa colonie de Botany-Bay (1788).

I. Origine de la puissance coloniale de l'Angleterre en Asie. — Compagnie des Indes orientales. — Démembrement de l'empire du Grand-Mogol. — Établissements français aux Indes.

Les Anglais avaient songé de bonne heure, ainsi que les Hollandais, à prendre leur part des pays lointains conquis par les Portugais et les Espagnols. On les vit dès le règne de Henri VII envoyer le Vénitien Gabotto vers les côtes de l'Amérique du Nord et marquer ainsi à l'ouest l'emplacement de leurs colonies futures; sous Henri VIII et Édouard VI chercher un passage aux Indes par le nord-est et le nord-ouest, établir des relations avec la Russie, envoyer par la Syrie des ambassadeurs aux grands souverains de l'Orient. L'élan fut donné à la marine anglaise sous Élisabeth par Drake, le premier Anglais qui fit le tour du monde, et qui rapporta en Europe le tabac et la pomme de terre, par Raleigh qui découvrit et nomma la Virginie, par leurs émules Hawkins, Frobisher, Cavendish, et tous ceux qui aidèrent les tempêtes à vaincre l'invincible *Armada* de Philippe II (1588).

A la fin d'un règne illustré par les exploits et les découvertes de la marine anglaise, la reine Élisabeth en 1600 fonda pour quinze ans la compagnie des Indes orientales. L'impulsion que la grande reine avait donnée aux entreprises maritimes et coloniales continua sous les Stuarts, au moins autant par leurs persécutions que par leurs encouragements. Tandis que l'intolérance de Jacques Ier et de Charles Ier envoyait de nombreux colons à l'Amérique du Nord, et parmi eux les fondateurs de Boston (1627) et de la Nouvelle-Angleterre, la compagnie des Indes orientales réalisait plus lentement son privilége de commerce au delà du cap de Bonne-Espérance. Il lui fallut plus d'un siècle pour triompher de la jalousie des Portugais et des Hollandais qui la repoussaient de l'Indoustan et des îles de la Malaisie. Les Hollandais massacrèrent ses colons dans l'île d'Amboine (1623), et les chassèrent plus tard de Bantam. Elle n'eut d'abord que les comptoirs de Surate (1611) et de Madras (1624), quand déjà la compagnie hollandaise avait conquis les îles Moluques, Java et Sumatra, chassé les Portugais de Malacca (1641), établi sa colonie du Cap (1652), et par ces deux positions sur l'Atlantique et sur le grand Océan, assuré ses nombreuses colonies des côtes de Coromandel et de Malabar (Cananore, Cochin, Colombo dans l'île de Ceylan). En 1642, à la faveur des services rendus à la cour de Delhi ou du Grand-Mogol par le médecin Broughton, les Anglais obtinrent le droit de trafiquer dans tout l'empire, et fondèrent sur les bords de l'Hougly le comptoir qui fut plus tard Calcutta. Mais leur compagnie fut mise en grand danger par la révolution de 1648. Cromwell la sauva d'une ruine imminente (1653), lui avança des fonds, rétablit son privilége, et releva son courage par ses victoires sur les Hollandais, auxquels il imposait l'*Acte de navigation*. Contre la compagnie hollandaise si fortement constituée, elle eut pour la première fois un établissement solide et une sérieuse défense quand Charles II lui donna l'île et la ville de Bombay (1668). Il avait dès son avénement accru ses priviléges et ses droits politiques. La compagnie fit deux fois à prix d'argent renouveler son privilége (1091-1694), évita par la fusion en 1702 la rivalité d'une autre compagnie fondée en 1698, et fit de Calcutta le siège d'une autre présidence. Le Grand-Mogol, irrité de l'audace et des envahissements de ces étrangers, qui envoyaient dix vaisseaux de guerre conquérir une ville de son empire, avait commandé leur expulsion et fait saisir leurs comptoirs du nord, Surate, Masulipatam et Bombay. Mais quelques années plus tard, désarmé par leurs prières, il leur rendit leurs établissements et leur permit d'élever sur le territoire de Calcutta le fort William. Dès 1702, la compagnie avait déjà divisé ses possessions en trois présidences, Bombay, Madras et Calcutta. Elle avait déjà son armée, sa flotte et sa justice, ses moyens de gouvernement et de conquête, et songeait dès lors à s'assurer une domination territoriale qu'elle eut bientôt l'occasion d'acquérir.

À la mort d'Aureng-Zeb (1707) commença le démembrement de l'empire du Grand-Mogol. Ce vaste empire fondé en 1526 par le sultan Baber, chef des Mongols, arrière-petit-fils de Timour-Lenk, n'avait pas gardé longtemps sa puissance et son éclat. La décadence avait commencé à la cour de Delhi après la mort d'Akbar, petit-fils de Baber (1556-1605). Les satrapes du Grand-Mogol, gouverneurs des neuf grandes provinces de l'empire et de leurs districts (*soubabs*, *nababs*, *zemindars*), et les *rajahs* ou princes indiens laissés dans les pays conquis en qualité de vassaux et de tributaires, avaient su peu à peu s'affranchir du pouvoir central. De là naquirent les principautés d'Aoude, du Bengale, du Dekkan, d'Allahabad, etc. De nouvelles tribus se formèrent parmi les Indiens, comme les Sykhs de l'Indus, nation belliqueuse et secte fanatique, les Mahrattes, confédération formée vers 1670 par le guerrier Sewagi, et les Radjpoutes d'Agimère. Au commencement du dix-huitième siècle, le Grand-Mogol Aureng-Zeb n'avait plus qu'un pouvoir nominal dans le vaste empire fondé par Baber. Le conquérant de la Perse, Nadir-Schah, appelé dans l'Inde par la rivalité de deux favoris, ruina Delhi, y tua cent mille hommes et se fit céder tous les pays à l'ouest du Sind (1739). Les Européens purent dès lors s'affermir et s'étendre aux Indes orientales. Qui devait dominer dans l'Inde, parmi ces soubabs et nababs à peu près indépendants, princes héréditaires du Dekkan, du Carnatic, du Bengale et de l'Aoude ? Quelle race allait l'emporter, ou les Radjpoutes, ou les Afghans du Rohilkend, ou les Mahrattes si puissants d'une mer à l'autre dans le Guzerate, le Bérar et le Tanjore ? Et si leurs discordes livraient l'Inde aux Européens, qui régnerait sur l'Inde, de la France ou de l'Angleterre ?

Les Anglais n'avaient plus rien à redouter des Portugais ni de la Hollande. Les Français, après avoir essayé deux fois sous Henri IV (1601) et sous Louis XIII (1642) de s'établir aux Indes orientales, y réussirent mieux sous Louis XIV. En 1664, la troisième compagnie des Indes reçut de Colbert un capital de 15 millions et le privilége exclusif du commerce des Indes pour cinquante ans. Son principal établissement fut Pondichéry, fondé par François Martin sur la côte de Coromandel (1679), et dont la prospérité naissante excita la jalousie des Hollandais. Occupée pendant plusieurs années et agrandie par ces fiers républicains, puis rendue à la France par le traité de Ryswick, cette colonie devint dès lors son chef-lieu dans les Indes, et renferma bientôt 80,000 habitants. Après les folies du *Système*, Pondichéry, quelque temps délaissé, fut relevé de ses ruines par Dumas, qui fit l'acquisition de Karikal et de son territoire, et reçut du Grand-Mogol, Mohammed-Schah, le droit de battre monnaie. La France avait sur d'autres points de la péninsule indienne des comptoirs importants, Ayanoum, Balassor, Chandernagor au Bengale, non loin de Calcutta, Calicut et Mahé sur la côte du Malabar, pour le commerce du poivre, Surate au nord de la même côte. Dans le même temps que Dumas agrandissait le commerce de la France en Orient, La Bourdonnais formait des établissements solides aux îles de France et de Bourbon, sur la route de Madagascar aux Indes.

Chandernagor, cédé à la France en 1688 par Aureng-Zeb, vit son habile administrateur, Dupleix, passer en 1742 à Pondichéry, en qualité de gouverneur général des colonies françaises. Dupleix ne perdit point de vue Chandernagor, le grand marché du Bengale; il y établit un gouverneur général. Son plan était de s'étendre dans l'intérieur des terres, d'intervenir avec des troupes nombreuses dans les démêlés des princes indiens, et de discipliner peu à peu les indigènes, comme firent plus tard les Anglais. Pour légitimer son pouvoir dans l'esprit des Indiens, il obtenait du Grand-Mogol le titre de nabab, et déployait dans Pondichéry le faste d'un souverain. L'Angleterre ne voyait pas sans jalousie grandir Chandernagor près de Calcutta, et Pondichéry près de Madras. Lorsqu'au milieu des débats de la succession d'Autriche, la France déclara la guerre à l'Angleterre (1744), celle-ci refusa la neutralité pour les colonies orientales.

II. Gouvernement de l'Angleterre au 18ᵉ siècle. — La reine Anne (1702-1714). — Avènement de la maison de Hanovre. — George Iᵉʳ (1714). — George II (1727). — Politique de Robert Walpole.

Au lieu d'exposer de nouveau la rivalité des deux peuples dans les Indes orientales pendant les guerres d'Europe, les grands projets de Dupleix et le grand courage de Lally, il importe bien plutôt de jeter un coup d'œil sur l'histoire intérieure de l'Angleterre depuis le commencement du dix-huitième siècle, et d'en montrer les rapports avec le développement de sa puissance maritime.

L'Angleterre, affermie dans sa constitution par la révolution de 1688 et par la politique de Guillaume III, intervint d'un mouvement plus hardi et plus décisif dans toutes les affaires de l'Europe. A la mort de Guillaume, qui lui laissait plus de deux cents vaisseaux de guerre portant dix mille canons et 50,000 hommes, sa belle-sœur Anne, seconde fille de Jacques II, monta sur le trône en vertu de l'acte de succession établi par le Parlement en 1701, et continua sa politique. La reine Anne, femme d'un esprit médiocre, longtemps gouvernée par les whigs, mais que son zèle pour l'Église anglicane rapprochait des tories, ne se résignait qu'avec peine à laisser la couronne à des étrangers. L'acte le plus important de son règne, rempli au dehors par la guerre de la succession d'Espagne, fut l'union politique ou parlementaire de l'Écosse et de l'Angleterre (1707), qui semblait depuis longtemps préparée par l'*union personnelle* des deux pays, lors de l'avènement des Stuarts au trône d'Angleterre. Mais la vieille rivalité des deux peuples s'était perpétuée par la différence des mœurs et des églises. Les Écossais, qui n'étaient plus représentés dans le Parlement commun que par seize pairs et quarante-cinq députés des Communes, ne virent pas sans regret l'ancien royaume des Duncan et des Malcolm devenir une province anglaise, et craignirent de contribuer aux lourdes charges de leurs voisins. L'Écosse ne sauva que l'indépendance de son église presbytérienne.

L'Union n'eut point d'adversaires plus acharnés que les Jacobites ou partisans des Stuarts, qui désiraient garder au moins le royaume d'Écosse à leurs anciens maîtres. Les Jacobites s'enhardirent lorsqu'après la chute des whigs (1710), la restauration des Stuarts parut désirée par le gouvernement lui-même. Ils savaient que la reine ne voyait qu'avec dépit le Parlement reconnaître pour son héritière, en vertu de l'acte de succession, Sophie, électrice douairière de Hanovre, fille d'Elisabeth et de l'électeur palatin Frédéric V, et petite-fille de Jacques Ier. La reine eût préféré laisser le trône à son frère (Jacques III), et ses deux ministres lord Oxford et lord Bolingbroke étaient tout dévoués à la maison des Stuarts. A chaque session les whigs dénonçaient dans le Parlement les complots catholiques ; on parla même d'amener de force en Angleterre le fils de Sophie, George, prince électoral de Hanovre. La mort de la reine Anne (1714) délivra les whigs de toute inquiétude. L'électeur de Hanovre, George Ier, monta sans obstacle sur le trône d'Angleterre et leur donna le pouvoir. Walpole fut chancelier de l'échiquier ; Marlborough, revenu de l'exil, reprit le commandement de l'armée. Les trois chefs du ministère précédent, Bolingbroke, Ormond et Oxford, furent décrétés d'accusation pour avoir signé la paix d'Utrecht et favorisé le prétendant. Les deux premiers rejoignirent sur le continent le chevalier de Saint-George, qui tenta de recouvrer au moins le royaume d'Écosse. Déjà le comte de Mar avait proclamé Jacques III à Castletown et rallié sous ses drapeaux tous les mécontents. Mais l'activité de Walpole et du Parlement, bien servie par la mort de Louis XIV, déjoua le complot. On suspendit l'acte d'*Habeas corpus*. Le prétendant n'arriva qu'après les deux défaites des Jacobites (Dumblain et Preston), et dut regagner aussitôt la France pour se cacher dans Avignon. Trois lords et d'autres chefs plus obscurs périrent sur l'échafaud. Pour consolider la maison de Hanovre, Walpole fit voter l'entretien d'une armée permanente et la septennalité du Parlement (1716). Il comptait par la seconde mesure garder plus facilement la majorité une fois gagnée dans les deux chambres, et les élus d'autre part n'étaient pas fâchés de diminuer les frais d'élection.

Quoique George Ier eût promis à son avènement de ne jamais entraîner son royaume dans les guerres de son électorat, il subordonna le plus souvent la politique de l'Angleterre aux intérêts du Hanovre. Comme prince de l'empire, il avait pris sa part des dépouilles de la Suède en achetant du Danemark les duchés de Brême et de Verden. George Ier se fit l'allié de l'Autriche contre Albéroni, autant pour obtenir en ces deux duchés l'investiture impériale que pour maintenir l'équilibre européen. L'Angleterre vit avec joie dans la *quadruple alliance* son amiral Byng détruire la flotte espagnole sur les côtes de Sicile, pendant que Berwick mettait le feu aux chantiers de Saint-Sébastien et du Passage. On sait comment, dans cette guerre contre l'Espagne, la mauvaise politique du régent de France servit l'Angleterre.

Après la quadruple alliance, l'Angleterre eut comme la France sa révolution financière. La *compagnie de la mer du Sud*, fondée par Blount, offrit d'amortir la dette de l'État par un système imité de Law, et le délire de l'agiotage enivra toutes les têtes. Les actions de la compagnie montèrent de cent livres sterling à mille. Tout le monde courait après les *bulles de savon*. A Londres aussi le désenchantement fut rapide, et la compagnie du Sud engloutit dans son naufrage la fortune des familles. On verrait dans le détail les mêmes désordres qu'à Paris, un chancelier (Macclesfield) condamné à ce sujet pour vénalité et brigandage, et plusieurs députés des Communes chassés pour d'infâmes concussions. Il était bien évident que Walpole trouverait des hommes faciles à corrompre.

A cette folie honteuse de l'agiotage succéda l'agitation factice que George Ier et son ministre Walpole entretenaient dans les esprits pour accroître leur influence sur les parlements. Les whigs, tout-puissants depuis que Walpole était premier ministre (1721), dénonçaient sans cesse à l'opinion publique, toujours inquiète et mobile après tant de révolutions et plus intolérante que n'aurait voulu Walpole lui-même, des complots contre le commerce anglais et l'Église anglicane, deux grands intérêts que la maison de Hanovre affectait de représenter. Sur le bruit d'un nouveau complot des Jacobites, il obtint du Parlement en 1722 la suspension de l'acte d'*Habeas corpus* pour une année entière. Quand l'empereur Charles VI créa sa compagnie d'Ostende et se rapprocha de l'Espagne par le premier traité de Vienne (1725), aussitôt George Ier dénonça la conspiration des deux puissances pour enlever à l'Angleterre Gibraltar et Port-Mahon; il obtint des deux chambres une adresse pour approuver son alliance du Hanovre avec la France et la Prusse, et des subsides extraordinaires pour garantir des entreprises de l'Autriche et de l'Espagne le commerce anglais et la religion protestante; une levée de 46,000 mille hommes et une taxe de 4 shillings par livre sur les terres. Le Parlement, jusquelà maître de l'emploi des subsides, poussa la complaisance ou l'effroi jusqu'à reconnaître au roi le droit d'appliquer les subsides à son gré (1727). Déjà les Espagnols assiégeaient Gibraltar, quand l'intervention du cardinal de Fleury arrêta les hostilités par les *préliminaires de Paris*.

George Ier mourut alors en Allemagne (1727), moins regretté des Anglais que du Hanovre. L'Angleterre lui reprochait d'avoir trop exclusivement songé dans sa politique extérieure à sa principauté du continent, et miné sourdement la constitution par un système de corruption plus dangereux que le despotisme avoué. La dette publique à sa mort s'élevait à plus de 50 millions de livres sterling. Walpole avait développé le système d'emprunts fondé sous Guillaume III, en créant, pour régulariser le crédit public, une caisse d'amortissement dont les fonds seraient consacrés au rachat de la dette. De là vint l'importance des corporations financières, intéressées à la stabilité de l'État, et dont l'État ne pouvait plus se passer. L'Angleterre trouva dans ce dangereux système d'emprunts les moyens de fonder et de maintenir sa puissance maritime, qui devait favoriser à son tour le prodigieux accroissement de son industrie. Walpole, maintenu au pouvoir par George II, eut de l'argent pour marchander toutes les consciences et payer la majorité du Parlement, mais il en eut aussi pour les colonies, et consacra des sommes énormes aux établissements de l'Amérique du Nord.

L'opposition ou le parti national, comme elle s'appelait, combattit sans succès la majorité vénale de Robert Walpole. Son plus éloquent orateur, George Windham, *l'orateur sans pair*, le *Breton incorruptible*, demanda vainement l'abolition de la septennalité et le retour aux parlements triennaux. Walpole maintint la paix générale au profit de son pouvoir et de son système. La censure lui soumit les journaux et les théâtres. Par intérêt personnel plutôt que par humanité, il aidait le pacifique Fleury à reposer l'Europe des grandes guerres de Louis XIV et de Charles XII ; de là le traité de Vienne (1731) qui réconciliait par ses soins l'Espagne et l'Autriche. Mais par l'élan même qu'il donnait au commerce, la guerre éclata entre l'Angleterre et l'Espagne (1739).

III. Guerre maritime avec l'Espagne et la France. — Expédition de Charles-Édouard en Écosse (1745-1746); bataille de Culloden. — Paix d'Aix-la-Chapelle (1748).

Par le traité d'*assiento* conclu avec l'Espagne pendant les conférences de la paix d'Utrecht et confirmé au traité de Séville en 1729, la compagnie anglaise de la mer du Sud avait le droit d'importer des nègres dans l'Amérique espagnole et d'envoyer tous les ans à la foire de Porto-Bello un navire chargé de marchandises européennes. Les Anglais faisaient du *vaisseau de permission* un entrepôt de contrebande pour toutes les colonies espagnoles. Quand la cour de Madrid voulut s'y opposer, les Anglais l'accusèrent de s'arroger au mépris des traités un droit de visite en pleine mer. Walpole obtint qu'on ouvrît des conférences à Madrid ; mais l'opposition l'accusa d'y faire trop bon marché de la dignité du peuple anglais et de la liberté des mers. L'Espagne, excitée par la France, refusa l'indemnité qu'elle avait d'abord promise, et toute satisfaction sur le reste ; l'Angleterre lui déclara la guerre. Vernon prit Porto-Bello, comme il s'en était vanté dans le Parlement. Ce brillant début excita l'orgueil et l'ambition de l'Angleterre. Vernon reçut vingt-neuf vaisseaux de ligne, 15,000 marins et 12,000 hommes de débarquement pour continuer ses conquêtes dans les Antilles et sur les côtes voisines

L'amiral Anson devait de son côté prendre à revers les côtes du Pérou et du Chili.

Après avoir doublé le cap Horn en perdant une partie de son escadre, et menacé pendant huit mois les côtes du Pérou et du Chili, Anson vit ses succès bornés à la prise de quelques vaisseaux et du riche galion que l'Espagne envoyait tous les ans du Mexique aux Philippines (d'Acapulco à Manille). Il ne rapportait d'une expédition qui dura quatre ans, qu'un butin considérable et la gloire d'avoir exploré scientifiquement la mer du Sud. Vernon n'avait pas été plus heureux dans ses entreprises sur Carthagène et sur l'île de Cuba. La nation s'irrita de ces revers; les marchands de la Cité se plaignirent d'être mal protégés, et le prince de Galles se mit lui-même à la tête de l'opposition renforcée par de nouvelles élections. George II congédia Walpole en le créant comte d'Oxford, pour lui épargner la honte d'une accusation publique (1742). Le nouveau ministère, dont les chefs étaient lord Carteret et le comte de Newcastle, manqua d'union et n'eut guère plus de popularité que Walpole. La guerre de la succession d'Autriche venait d'éclater. L'opposition se plaignit qu'au lieu de pousser la guerre contre l'Espagne, le roi donnât tous ses soins à la guerre du continent, dans l'intérêt de la maison d'Autriche ou pour son électorat de Hanovre, dont il portait la bannière au combat de Dettingen (1743), et qu'une partie des forces maritimes fût donnée à l'amiral Matthews pour croiser sur les côtes d'Italie et de Provence, au lieu de cingler vers l'Amérique et d'affranchir les mers.

Ces divisions intérieures de l'Angleterre et l'alliance intime de l'Espagne enhardirent la France, qui n'était plus gouvernée par le pacifique Fleury. Elle résolut de jeter en Écosse Charles-Edouard, fils du prétendant Jacques III, avec une armée de 20,000 hommes. L'Angleterre, sauvée du péril par les tempêtes et par le courage de ses marins, s'indigna de n'être pas mieux vengée de cet insolent coup de main par les amiraux Matthews et Lestock, qui malgré la supériorité de leurs forces, n'avaient pas su vaincre à la bataille de Toulon les flottes combinées de la France et de l'Espagne (1744). Le ministère les mit tous deux en jugement pour cette bataille indécise, et Matthews, le moins coupable des deux, fut dégradé. L'année suivante les Anglais, vaincus à Fontenoy, se vengèrent mieux par la prise de Louisbourg au Cap-Breton. Toute la nation salua d'un cri de joie cette conquête brillante qui délivrait d'un voisin dangereux ses pêcheurs de Terre-Neuve. L'Angleterre songea pour la première fois peut-être à chasser les Français de l'Amérique du Nord. Mais l'Angleterre, victorieuse au loin, était menacée au dedans par une nouvelle entreprise de Charles-Édouard qui faillit renverser la maison de Hanovre.

A voir le déchaînement des partis contre la politique hanovrienne de George II, et la violence des débats parlementaires, Charles-Édouard s'imagina qu'il serait reçu comme un libérateur par les trois royaumes. Ni lui-même ni l'Europe ne comprenaient cette constitution d'Angleterre, assez forte pour résister aux plus violentes secousses de la liberté. Au mois de juin 1745, un vaisseau fourni par un armateur de Nantes, l'Irlandais Walsh, débarqua dans l'ouest de l'Écosse, au port de Moydart, Charles-Édouard et quelques amis. Le vieux patriotisme des Highlanders dut s'émouvoir à la vue d'un Stuart qui venait manger leur pain noir et qui n'apportait pour recouvrer l'héritage de ses pères que 100,000 francs, deux mille fusils et six cents sabres : tant il avait compté sur leur bravoure et leur dévouement ! La première nouvelle qui s'en répandit dans les clans lui donna 1200 hommes. Les rois de France et d'Espagne lui firent passer quelques secours. Les lords régents n'ayant pas plus de 6,000 hommes de troupes réglées pour contenir l'insurrection, rappelèrent George II du continent. Déjà le prétendant avait pris possession de Perth et d'Édimbourg au nom de son père Jacques III, et gagnait sans cavalerie et sans artillerie la bataille de Preston-Pans sur John Cope (1745). Sa bravoure chevaleresque excitait dans toute l'Écosse un enthousiasme qui ne donnait point d'armée ni d'artillerie. On admirait Charles-Édouard sans l'aider. Il fallait plus qu'un succès de mode pour renverser la maison de Hanovre, et d'autres armes que les épigrammes et les chansons des Jacobites pour vaincre les troupes que George II, revenu du continent, rappelait des Pays-Bas. Charles-Édouard mal soutenu par les Jacobites, osa pourtant marcher sur Londres avec sa petite armée de 6,000 hommes et s'avança jusqu'à Derby. Son audace fit croire à sa force. Le bruit se répandit qu'il avait rallié 15,000 Écossais et Anglais et 10,000 Français. En réalité, Charles-Édouard n'avait point de parti sérieux en Angleterre. Richelieu n'osa point s'aventurer à travers les croisières anglaises avec l'expédition qu'il préparait dans les ports de Dunkerque et d'Ostende, et le prétendant, entouré de trois armées, ordonna la retraite en pleurant de rage. Rentré en Écosse, il y gagna sans profit la bataille de Falkirk. Trop faible pour user de sa victoire, il s'enfonça dans les Highlands, et poursuivi par le duc de Cumberland, fut contraint d'accepter la bataille de Culloden, qui ruina toutes ses espérances (1746). Le vainqueur souilla sa victoire par ses vengeances, jusqu'à mériter l'ignoble surnom de *boucher*. Cinq lords périrent sur l'échafaud, et les autres perdirent leur vieille indépendance. On abolit le système des clans, si cher à l'Écosse du nord. Charles-Édouard se réfugia dans les îles de l'ouest, toujours poursuivi par les assassins que stimulait le salaire promis pour sa tête, et toujours sauvé par le dévouement du peuple écossais. Il ne regagna la France que pour en être chassé, aux termes du traité d'Aix-la-Chapelle. La maison de Hanovre était désormais affermie sur le trône, et ce ne sera pas un des moindres exploits de William Pitt d'envoyer au service des Anglais et dans leurs colonies ces montagnards qui les avaient fait trembler dans Londres.

Pendant ces troubles, lord Carteret était sorti du ministère, et Newcastle était le chef d'une administration nouvelle où figura William Pitt, déjà célèbre et populaire pour son opposition à la politique de Walpole. L'Angleterre poursuivit sans succès la guerre du continent, mais ruina la marine française. Au retour d'un second voyage autour du monde, Anson, secondé par Warren, battit près du cap Finistère une escadre qui partait pour l'Amérique (1747) ; il prit six vaisseaux de ligne et sept navires de la compagnie des Indes, dont la cargaison, évaluée à plus de 5 millions, fut portée sur vingt chariots de Spithead à Londres. L'amiral Hawkes battait dans le même temps une autre escadre de sept vaisseaux, dont six lui restèrent. Quarante navires richement chargés, qui revenaient de Saint-Domingue, tombèrent dans les mains des Anglais. Leur butin monta dans une seule année à 50 millions de notre monnaie. L'Angleterre dut, par le traité d'Aix-la-Chapelle (1748), rendre le Cap-Breton à la France, qui restituait ses conquêtes aux Provinces-Unies. Rien ne fut décidé sur le droit de visite que s'arrogeait l'Espagne, quoique ce fut là le premier sujet de la guerre. L'*assiento* fut prolongé pour quatre ans, puis racheté par Ferdinand VI moyennant 600,000 écus.

IV. L'Angleterre pendant la guerre de Sept ans. — Administration de William Pitt. — George III (1760). — Ministère de lord Bute. — Traité de Paris (1763).

Pendant que l'Angleterre, voyant sa dette élevée de 50 à 80 millions de livres sterling, en réduisait l'intérêt de quatre à trois et demi pour cent, et cherchant de nouveaux débouchés à son commerce ou du travail pour ses soldats licenciés, envoyait des aventuriers planter son drapeau sur la côte des Mosquitos et 4,000 vétérans fonder Halifax dans la Nouvelle-Écosse, la France, réduite à deux vaisseaux de guerre, réparait ses pertes avec une activité dont sa rivale s'effraya. Des deux côtés on se préparait pour une nouvelle lutte, soit dans les Indes orientales où les deux nations se combattaient déjà comme alliées des princes indigènes, soit dans l'Amérique du Nord, où la querelle des frontières était débattue par des commissaires, par de nombreux mémoires, et souvent même par des engagements partiels entre les colons des deux pays, qui firent éclater la guerre de Sept ans.

On a vu la guerre indirecte que se firent les Anglais et les Français dans l'Inde, les conquêtes et le rappel de Dupleix, puis la convention de Madras qui détruisait son ouvrage et désarmait nos colons. On conçoit l'intérêt des Anglais à dénoncer au cabinet de Versailles, comme un brouillon dangereux, le grand homme qui nous donnait le tiers de l'Inde sur les côtes du Carnatic et d'Orissa, et disait déjà : « L'empire de la France est fondé. » Il devint plus facile aux Anglais, après le départ de Dupleix, d'envahir la succession ouverte à la mort d'Aureng-Zeb. Un nom domine toute leur histoire à cette époque. Quand la France abandonnait si lâchement Dupleix, la nation anglaise élevait William Pitt au pouvoir. Pitt, envoyé aux Communes par le bourg d'Old-Sarum, avait débuté par une opposition violente à la politique hanovrienne. Nommé vice-trésorier d'Irlande, puis payeur général de l'armée, sous le ministère du duc de Newcastle (1747), mais indigné de n'être pas dès lors secrétaire d'État, il rentra dans l'opposition pour vaincre l'antipathie du roi, et perdit ses emplois (1755). Il accepta de faire partie du ministère dirigé par le duc de Devonshire, mais il affecta d'être le plus vrai représentant de l'opinion publique, et ne s'entendit pas avec la cour. A peine renvoyé par George II, au moment des premiers revers des Anglais dans la guerre de Sept ans, l'opinion publique exigea sa rentrée au pouvoir.

La nation anglaise, dans ces temps difficiles, comptait sur le patriotisme, l'éloquence et l'énergie du *grand député des Communes*. Alors commença pour l'Angleterre la brillante période de quatre années qu'on a surnommée l'*administration de William Pitt*. Aucun Anglais, si ce n'est le second Pitt, n'a plus énergiquement servi l'ambition de l'Angleterre et toutes ses haines. L'Angleterre lui dut ses victoires dans la guerre de Sept ans, la conquête du Canada, et son empire du Bengale qui fut fondé dans l'année même de son avénement. Tous les coups qui ruinèrent nos colonies furent portés par la main de William Pitt.

La mort subite de George II, en 1760, laissa l'Angleterre victorieuse et maîtresse des mers, quoique lasse des sacrifices que lui imposait la guerre d'Allemagne. Ce roi, sans talents supérieurs, avait paru grand, parce que l'Angleterre sous son règne était grande et puissante. On lui fit honneur d'avoir sauvé d'abord l'Autriche et ensuite la Prusse pour le maintien de l'équilibre européen, quand peut-être il n'avait songé qu'aux intérêts du Hanovre. On lui attribua le progrès du commerce britannique, quand l'élan spontané du génie anglais et la guerre même suffisaient pour en expliquer le prodigieux développement. L'Angleterre, avec deux cents gros vaisseaux, vainquit sans peine la France qui n'en avait pas la moitié, et s'ouvrit partout des débouchés que la guerre fermait pour sa rivale. Au dedans, ses fabriques prospéraient, son canal Bridgewater (1758) commençait ce vaste système de canaux qui la traverse aujourd'hui tout entière. Malgré l'accroissement de sa dette, la nation poussa donc avec ardeur, sous George III, la guerre navale qui lui promettait de nouvelles conquêtes. On ouvrait des souscriptions dans toutes les villes d'Angleterre pour offrir des primes à ceux qui s'enrôlaient; une loterie organisée dans ce but produisait près de 4 millions de livres sterling. C'est par ce vigoureux élan de toute la nation que les colonies anglaises se peuplèrent si vite, et que leur population, bien supérieure en nombre, écrasa partout nos pauvres colons.

La Galissonnière, rappelé des bords de l'Ohio, suppliait vainement nos ministres d'y envoyer au plus tôt 10,000 laboureurs.

George III, premier roi hanovrien qui fût né en Angleterre, était moins disposé que ses deux prédécesseurs à subir le joug des whigs, et leur préférait les tories, plus respectueux pour la prérogative royale. Il voulait combattre au profit de la cour l'autorité ministérielle et parlementaire. Son favori lord Bute avait résolu d'abandonner Frédéric II et de se donner à propos le mérite de la paix, quand les whigs avaient tout l'honneur de la guerre. W. Pitt, qui dénonçait le *pacte de famille* négocié alors entre l'Espagne et la France, exigeait qu'on prévînt l'Espagne et qu'on lui déclarât la guerre avant la rentrée de ses galions. Que si l'on perdait cette occasion d'humilier à jamais les Bourbons, il menaçait de sortir des conseils du roi : car appelé au pouvoir, disait-il, par l'opinion publique, il lui devait compte de sa conduite, et n'entendait point rester responsable d'une politique qu'il ne dirigeait plus. Lord Bute, dont l'influence était si clairement dénoncée, pressa George III d'accepter la démission de son rival. Mais les prédictions de Pitt furent bientôt réalisées. Dès que la cour de Madrid vit ses galions rentrés, elle déclara la guerre à l'Angleterre et au Portugal qui refusait de fermer ses ports aux Anglais. L'Angleterre conquit les colonies espagnoles après les nôtres : la Havane, centre du commerce espagnol aux Antilles, et Manille, capitale des Philippines (1762). W. Pitt eut encore aux yeux des Anglais tout le mérite de ces nouvelles conquêtes. Leur butin dans ces deux colonies fut évalué à cinq millions de livres sterling. Mais les frais de la guerre excédaient pourtant les revenus annuels de la Grande-Bretagne, et la dette nationale montait de 80 millions de livres sterling à 140. George III et lord Bute n'hésitèrent plus à négocier sans le roi de Prusse, et signèrent le traité de Paris (1763). L'opposition, renforcée par un autre ministre, lord Newcastle, blâma ce traité si favorable à l'Angleterre. Parmi les conquêtes restituées à l'Espagne, les partisans de la guerre regrettaient surtout Cuba, la reine des Antilles, qui leur eût donné l'empire du golfe mexicain. William Pitt affirma que la paix était sans gloire et sans profit après tant de frais et de conquêtes. Toute l'Angleterre admira l'héroïque orateur, alors malade et porté aux Communes par deux amis, qui venait protester au péril de sa vie contre la molle politique de George III et de son favori. Mais lord Bute était sûr de la majorité. Il quitta peu après le ministère, se retirant devant la haine publique qui menaçait jusqu'à sa vie ; mais on crut généralement qu'il y gardait toute son influence. « Je vois derrière le trône, disait encore Pitt en 1769, quelque chose de plus haut que le trône. »

V. Les Anglais au Bengale. — Le colonel Clive. — Bataille de Plassey (1757). — Défaite de Lally-Tollendal (1761) et ruine des établissements français aux Indes. — Progrès des Anglais dans le Dekkan et le Carnatic.

L'Angleterre n'avait pas attendu le traité de Paris pour fonder son empire dans l'Inde. Depuis que la compagnie française s'était délivrée de l'ambition de Dupleix, celle des Anglais s'y développait librement. Avec leurs petites armées grossies par les mercenaires indiens (cipayes), qu'ils dressaient à leur discipline sur les plans de Dupleix, ils allaient conquérir un empire plus étendu que toutes les possessions de George III en Europe. Le colonel Clive, ancien commis dans les bureaux de la compagnie, préparait la conquête du Bengale. Le soubab du Bengale, Souradja-Dowla, peut-être excité contre les Anglais par le général français Bussy, leur fit la guerre sur de vains prétextes, et marcha d'abord sur Calcutta, qu'ils fortifiaient dans la prévision d'une guerre prochaine avec la France. La garnison fut surprise et périt dans les plus affreux supplices. Le colonel Clive, amené de Madras par l'amiral Watson, battit le soubab, qui promit de restituer ses conquêtes, d'indemniser les Anglais de toutes leurs pertes, de leur accorder la franchise du commerce dans ses États, et de ne plus s'opposer aux fortifications de Calcutta (1756).

Quoique la guerre de Sept ans fût déjà commencée en Europe, les Français n'avaient pris aucune part directe à cette dernière guerre, et négociaient la neutralité des colonies indiennes. Les Anglais n'en surprirent pas moins Chandernagor, où le soubab eût pu trouver des alliés, et nous chassèrent du Bengale. Il leur parut plus sûr de déposer leur ennemi, avant que Bussy qu'il appelait pût venir des Circars du nord. Ils employèrent dans ce but un ancien général du soubab, Meer Jaffier, chef de bandes. Clive, avec 3000 hommes dont 1000 Anglais, gagna (1757) la bataille de

Plassey sur l'armée du soubab, forte de 60,000 hommes et dont l'artillerie, servie par des Européens, comptait cinquante canons du plus gros calibre. Cette victoire, gagnée en moins d'une heure et qui décidait du sort du Bengale et de ses 30 millions d'habitants, ne coûta aux Anglais que 22 soldats tués et 50 blessés. Clive conquit la capitale du pays, Murshadabad, déposa le soubab et mit Jaffier à sa place. Le nouveau soubab paya 800,000 livres sterling (20 millions) à la compagnie anglaise, agrandit son territoire autour de Calcutta, et promit d'exclure les Français des trois provinces de Bérar, Orissa et Bengale, dont les Anglais furent dès lors les véritables maîtres. Clive fut nommé par la compagnie gouverneur des possessions britanniques du Bengale, et toucha pour sa part environ 7 millions.

Les colons de Pondichéry, suivant les avis du ministère français, n'avaient rien entrepris avant l'arrivée des renforts qu'on leur annonçait. On leur envoya comme gouverneur général l'Irlandais Lally, qui s'était signalé à la bataille de Fontenoy. On crut que ce fougueux ennemi de l'Angleterre était l'homme qu'il fallait pour la combattre aux Indes. Lally ne connaissait point les Indiens, ni leurs intrigues, ni leur manière de combattre. Il n'avait point la souplesse nécessaire pour s'entendre avec les agents de la compagnie. Sa rude probité s'indigna de tous les désordres qu'il voyait parmi les officiers enrichis par les guerres de Dupleix, et parmi les administrateurs de la colonie, amollis par le climat, engraissés par leurs rapines. Il avait reçu la mission de réformer les abus, entreprise difficile au milieu d'une guerre où le succès dépendait de l'union. Le même homme qui déclarait qu'il ne souffrirait point d'Anglais dans l'Inde, s'annonça comme un juge inexorable aux agent prévaricateurs de la compagnie. Il eut donc à combattre à la fois les Anglais et ses compatriotes. Il mit le feu aux comptoirs, disait d'Argenson.

Lally s'empara d'abord du fort Saint-David, qu'on appelait le Berg-op-Zoom de l'Inde, mais il échoua dans son expédition contre le sultan de Tanjore, débiteur de la compagnie. On ne put trouver 100,000 roupies à Pondichéry pour payer les soldats qui menaçaient de quitter les drapeaux. L'arrivée d'une flotte anglaise le força de lever le siége de Madras, et son second échec causa dans Pondichéry une joie scandaleuse. Les Anglais du Bengale nous prirent Masulipatam (1759), et notre armée fut battue à Vandavachi. Lally fut contraint de s'enfermer dans Pondichéry, cette *Sodome* qu'il menaçait du feu des Anglais, si le feu du ciel épargnait ses crimes. Sa prédiction se réalisa trop vite. Malgré les secours de Hayder-Ali, sultan de Mysore, Pondichéry capitula (1761), et les Anglais purent dire à leur tour: plus de Français dans l'Inde! plus de Pondichéry !

Après avoir si mal choisi le gouverneur de l'Inde française, le ministère eut la lâcheté de sacrifier aux actionnaires de la compagnie l'homme qui malgré l'inégalité des forces de terre et de mer, malgré sa pénurie d'hommes et d'argent et malgré le mauvais vouloir de ses alliés et de ses compatriotes, avait gagné neuf batailles et pris d'assaut dix places. C'était lui qu'on accusait d'avoir par ses trahisons et ses rapines perdu nos colonies d'Orient. Lally obtint du ministère anglais la permission de venir se justifier en France. « J'apporte ici ma tête et mon innocence », écrivait-il à Choiseul. Il cherchait des juges, et ne rencontra que des ennemis qui, par excès de lâche précaution, le firent traîner à l'échafaud avec un bâillon sur la bouche (1766).

La défaite des Français livra le Dekkan et le Carnatic aussi bien que le Bengale et les pays du nord à l'influence des vainqueurs. Vers 1760, Clive, à la tête de 450 Européens et de 2,000 Cipayes, avait dissipé dans le nord une coalition du nabab d'Aoude et de ses voisins les Rohillas contre Meer Jaffier. La discipline européenne avait de nouveau triomphé des Indiens et de leurs masses confuses à la bataille de Suan. Ce nabab du Bengale, qui payait fort cher ses protecteurs, chercha contre eux des alliés. Il eut la fâcheuse idée d'appeler à son aide les Hollandais, qui conservaient dans le Bengale la forteresse de Chinsurah. Sept vaisseaux envoyés de Java furent capturés en arrivant; 1,500 hommes qu'ils avaient débarqués furent mis en fuite, et on enjoignit aux Hollandais de n'avoir plus de soldats dans l'Inde que pour la police de leurs comptoirs (1760). Clive, qui revit Londres en 1761, y pouvait annoncer avant le traité de Paris le triomphe des Anglais aux Indes et la fin de toute rivalité européenne.

Le traité de Paris nous rendit Pondichéry avec un territoire de quelques lieues, Karikal, Chandernagor et les autres comptoirs du Bengale, mais à condition de ne point les fortifier. Une compagnie de pionniers vint de Calcutta combler un fossé que le gouverneur de Chandernagor avait creusé pour l'écoulement des eaux. Pondichéry, relevé de ses ruines, peuplé d'environ 30,000 habitants et sagement gouverné par Law de Lauriston, ne devait plus donner d'ombrage à ses fières rivales du Bengale et du Carnatic.

En l'absence de Clive, la compagnie, ruinée par les rapines de ses agents, imagina de reprendre le Bengale à Meer Jaffier et de le vendre. On choisit pour remplacer Jaffier son propre neveu, Mir Kossim. Le nouveau nabab acheta son titre au prix fixé par les Anglais, et ceux-ci abusèrent de leurs franchises commerciales à tel point que ses revenus étaient supprimés, et le commerce de ses sujets entièrement perdu. Après d'inutiles plaintes, Mir Kossim fit la guerre. Les Anglais tirèrent de sa retraite l'ancien nabab Jaffier, qui dut renchérir sur son rival, engager le revenu de ses provinces pour la guerre qu'on lui faisait, et livrer tout le commerce de ses États. Kossim vaincu se réfugia chez le puissant nabab d'Aoude, qui recueillait dans le même temps le Grand-Mogol Schah-Allum, chassé de sa capitale par les Mahrattes. Ce nabab, convoitant depuis longtemps le Bengale, saisit cette occasion d'entrer en guerre avec les Anglais, et fut battu par Hector Munro à Buxar (1764). Cette victoire des Anglais mit sous leur protection le Grand-Mogol. Ils promirent de l'aider à recouvrer Delhi, et lui assignèrent provisoirement la résidence d'Elhadabad. Le nabab d'Aoude, quoique renforcé par les Mahrattes, perdit Lucknow, sa capitale, fut encore battu à Kalpy, et signa la paix dans le camp de ses vainqueurs (1765). Meer Jaffier mourait la même année, et son fils mineur payait pour lui succéder dans un vain titre 140,000 livres sterling, que les principaux agents de la compagnie se partagèrent.

Clive, devenu pair d'Irlande, baron de Plassey, et renvoyé dans l'Inde avec plein pouvoir de remédier à tous les abus (1765), y continua sa politique d'envahissement. Il remit le nabab d'Aoude en possession de ses États pour 600,000 livres sterling. Le Grand-Mogol concéda aux Anglais les revenus publics du Bengale (Dewany). Sur ces revenus, qu'on évaluait à 3,125,000 livres sterling, ils promirent de payer une pension annuelle à leur nabab du Bengale et au Grand-Mogol. Une armée anglaise eut raison du nabab du Dekkan qui protestait contre ces arrangements. Outre leurs possessions du Bengale, les Anglais tenaient toute la côte orientale du Dekkan, soit par eux-mêmes, soit par leur créature, le nabab du Carnatic. Les tuteurs du Grand-Mogol exerçaient dès lors, au nom du suzerain, une autorité légale sur les princes indiens et sur leurs conquêtes. L'occupation des Circars reliait leurs établissements du Carnatic au Bengale.

Le baron de Plassey, rentré en Angleterre en 1767, ne vit pas la première attaque du plus formidable ennemi qui dût menacer un jour son œuvre. Hayder-Ali, roi musulman de Maïssour ou Mysore, plus tard si fameux, et le soubab du Dekkan, Nizam-Ali, effrayés de l'occupation des Circars, s'unirent pour marcher sur Madras. Le roi de Mysore échoua dans cette première entreprise, et abandonné par Nizam-Ali, se vit contraint d'ajourner ses profonds desseins contre les Anglais; il se contenta pour le moment d'arrêter leurs progrès dans le Carnatic par la paix qu'il leur imposait (1769).

1. Débats du Parlement sur le gouvernement des Colonies. — Le bill régulateur (1773). — Administration de Warren Hastings. — Guerre du Mysore. — Hayder-Ali. — Traité de Mangalore (1784).

La compagnie des Indes, avide et cruelle, abusait de ses succès et ne savait point concilier avec les intérêts de son commerce ceux de la civilisation chrétienne. Ses directeurs à Londres et ses agents aux colonies n'avaient point d'autre pensée que de s'enrichir aux dépens des Indiens et des actionnaires. On les accusa d'avoir spéculé en 1770 sur une affreuse disette. L'opinion publique, au théâtre et dans les romans, se déchaînait contre ces nababs, ces *Verrès* de l'Inde, parvenus grossiers dont le faste écrasait l'aristocratie, et qui faisaient hausser le prix des denrées et des bourgs pourris (1). Clive, accusé dans le Parlement (1773), et absous pour les grands services qu'il avait rendus à l'État, mais s'indigna d'avoir été réduit à se justifier et se donna la mort.

(1) Macaulay, *Biographie de Clive*.

Les relations des colonies indiennes avec la métropole étaient devenues le sujet des plus grandes discussions du Parlement et le texte des plus violentes récriminations contre les successeurs de lord Bute, qu'on accusait de continuer sa politique. On n'avait jamais vu pareille effervescence de passions politiques. Depuis le traité de Paris, les accusations n'épargnaient pas même le roi George III. C'était le moment où l'auteur du plus fameux pamphlet de la littérature anglaise, les *Lettres de Junius*, prenait parti pour un autre pamphlétaire, John Wilkes, dont le journal fut brûlé par sentence des Communes et vengé par le peuple, qui brûla lord Bute en effigie. John Wilkes, à qui sa scandaleuse popularité valut plus tard sa nomination de lord-maire de Londres, fut exclu deux fois du Parlement. Toute l'Angleterre s'émut d'une pareille atteinte à la Constitution; Westminster, York et quatorze autres comtés demandèrent la dissolution d'un parlement si corrompu. Les *Lettres de Junius* flétrirent la conduite des ministres. Le vieux Pitt sortit de sa retraite pour défendre, non John Wilkes qu'il n'estimait pas, mais les droits qu'on violait en sa personne. Le plan du ministère, suivant l'opposition, était de ruiner la Constitution, de rompre l'équilibre des pouvoirs, et d'augmenter les priviléges de la couronne en multipliant les charges dont le roi disposait, et les impôts levés par ses agents. On expliquait ainsi son intervention dans les affaires de la compagnie des Indes et les impôts qu'il levait alors sur l'Amérique du Nord : deux entreprises dont l'issue fut si différente.

Depuis les grandes victoires de la compagnie des Indes orientales, il y avait dispute entre ses directeurs et ses actionnaires. Ceux-ci demandaient qu'on augmentât leur dividende : ceux-là s'y opposaient, et montraient la compagnie ruinée dans le présent par les mêmes guerres qui devaient l'enrichir plus tard. Le gouvernement profita de ces divisions pour intervenir. La compagnie n'ayant pas le droit de conquérir en son nom de si vastes provinces, il la força deux fois de rembourser à l'État les frais de la guerre. Ce partage des dépouilles de l'Inde fut vivement blâmé par ceux qui croyaient pénétrer la politique du ministère. « Ce fut le pillage de l'Orient, disait Burke, qui porta le dernier coup à Rome. » Malgré les efforts de l'opposition, la compagnie paya, et reconnut formellement sa dépendance de la couronne en 1772. Ses embarrpécuniaires, après de si brillantes conquêtes, montraient bien les vices de son organisation. Elle devait des sommes énormes à la banque et à l'État, soit par emprunts, soit par les droits de douane. Après deux emprunts elle avait recours au ministère pour un troisième. Le Parlement ne lui confirma pour six ans la possession des pays conquis dans l'Inde, qu'en lui imposant par le bill régulateur (*regulating act*, 1773) une administration à la fois plus centrale et plus dépendante de l'État. Par cet acte, les pouvoirs des membres de la *cour des directeurs* siégeant à Londres étaient prolongés d'un an à quatre; les actionnaires pour 1,000 livres sterling étaient seuls admis à l'*assemblée générale*; le gouverneur du Bengale ou de Calcutta était désormais le chef suprême de l'Inde anglaise sous le nom de *gouverneur général*, et devait être nommé pour la première fois par le Parlement, dans la suite par les directeurs avec l'approbation de la couronne; on mettait près de lui un *conseil* de quatre membres, nommés pour cinq ans aux mêmes conditions, et en face de lui, une *haute cour de justice* dont les membres étaient à la nomination du roi.

A son début, Warren Hastings, le premier gouverneur général, s'annonça comme un réformateur; mais sa résolution ne tint pas longtemps contre les intrigues des agents subalternes ou contre la contagion de l'exemple, et le pillage reprit son cours. Plus d'intermédiaire entre le Grand-Mogol et la compagnie; on supprima l'autorité du nabab du Bengale et de son grand ministre. Tout dès lors appartint aux Anglais dans cette vaste province : le souverain et le peuple, le pouvoir exécutif et judiciaire, l'industrie et l'agriculture, et jusqu'au riz, principale nourriture des habitants. Hastings devait sauver la compagnie des plus grands périls, et élever le prodigieux édifice dont Clive avait posé les fondements, mais ternir de grandes qualités par d'ignobles rapines; héros marchand qui fut représenté par son accusateur Shéridan tenant d'une main un sceptre ensanglanté, et de l'autre une bourse vide. Pour remplir cette bourse, il vendit deux provinces du Grand-Mogol (Corah et Allahabad) au nabab d'Aoude, lui loua quelques régiments qui lui conquirent le Rohilkend sur le Gange supérieur, et se fit céder la province de Bénarès, l'antique métropole des Brames.

Bientôt la violence et la perfidie des Anglais armèrent contre eux tous les princes indiens, et la coalition fut dirigée par les deux grands États de l'Indoustan, l'empire musulman de Mysore et l'empire des Mahrattes. Ceux-ci formaient dans le nord, au centre et sur les côtes une confédération militaire et féodale de principautés héréditaires (Berar, Guzerate, Aurongabad, Bedjapour, Scindiah, Tanjore), à peu près indépendantes du suzerain ou du Peichwa, son maire du palais, qui résidait à Pounah. La guerre avec la France, alliée de l'Amérique, venait d'éclater. Les Anglais prirent Chandernagor, Karikal, Masulipatam, Pondichéry et Mahé (1779). Les Français, chassés de toutes leurs colonies des Indes, se réfugièrent chez le sultan de Mysore, Hayder-Ali, qu'ils avaient pourvu d'armes et de munitions de guerre. Une foule d'aventuriers français commandaient ses troupes. Il avait sur pied une armée de 100,000 hommes exactement payée, cent pièces de canon servies par des Européens. Il flattait la religion des Indiens par de riches offrandes à leurs pagodes. Il fit la paix avec les Mahrattes, ses plus redoutables ennemis, s'unit au Nizam, et proposa son alliance à tous les princes indiens, du cap Comorin au Bengale, pour exterminer les Anglais. Le Français Lally, à la tête de quatre cents Européens, dirigeait les opérations. L'armée de Mysore s'avança jusqu'aux portes de Madras. Le peuple du Carnatic, opprimé par les Anglais, salua le sultan de Mysore comme un libérateur. Les Mahrattes avançaient de leur côté, et tous attendaient d'un jour à l'autre l'arrivée de la flotte française. Le fils de Hayder-Ali, Tippou-Saëb, battit les Anglais dans la première rencontre devant Arcate (1780).

Alors Hastings déploya sa merveilleuse activité. Il mit la division parmi les Mahrattes, et ramena le Nizam dans la neutralité. Sir Eyre Coote, envoyé au secours de Madras (1781), arriva trop tard pour sauver Arcate, mais battit deux fois Hayder-Ali à Périmbaken et à Tripassore. Tippou-Saëb prit sa revanche près de Tanjore et reçut du bailli de Suffren un renfort de deux mille Européens. On verra dans la guerre d'Amérique comment le bailli honora le pavillon français dans les Indes orientales. Au milieu de ces revers, Hastings redoublait d'efforts pour traiter avec les Mahrattes. Enfin la défaite d'un de leurs chefs, Scindiah, décida les autres à conclure avec la compagnie une paix avantageuse. La présidence de Bombay, désormais plus libre, tourna tous ses efforts sur les côtes du Malabar, pour diviser les forces de Hayder-Ali, tout-puissant dans le Carnatic. La mort du sultan de Mysore en 1782 et la retraite momentanée de son fils favorisèrent les progrès des armes anglaises au Malabar. Tippou-Saëb évacua le Carnatic, et vint les chercher sur ce nouveau théâtre de la guerre, à la tête de 100,000 hommes. Une armée anglaise fut assiégée et massacrée dans Bednore en punition de ses cruautés. Mais la paix conclue en Europe (1783) força l'implacable ennemi des Anglais de traiter avec eux. Par le traité de Mangalore (1784), les deux parties se restituèrent toutes leurs conquêtes.

VII. Nouveau régime colonial (1784). — Procès de Hastings. — Défaite et mort de Typpou-Saëb (1799). — Conquête du Mysore. — Extension de la domination anglaise dans l'Indoustan.

Ainsi la compagnie des Indes sortait sans perte de cette formidable lutte, et dans quelques années elle allait partager avec les Mahrattes et le soubab du Dekkan ce royaume de Mysore qui s'était fait contre elle le centre de la coalition indienne. Mais le gouvernement de la métropole ne vit pas sans jalousie ce nouveau progrès des colonies orientales. L'Angleterre, forcée en 1783 d'affranchir l'Irlande du Parlement anglais et de reconnaître l'indépendance des Etats-Unis, voulut ramener au moins sous l'autorité du roi et du Parlement ce vaste empire de la compagnie des Indes. Fox, alors ministre avec lord North, proposa d'attribuer à huit personnes, choisies par le Parlement, la direction suprême des affaires de l'Inde anglaise. La majorité de la nation prit parti pour la compagnie, menacée dans ses droits et dans son privilège. Les ennemis du ministère affectèrent de craindre pour la constitution de la métropole ce pouvoir absolu qu'il réclamait aux Indes. Le bill adopté par les Communes, mais combattu en secret par le roi et repoussé par la chambre des lords, entraîna la chute du ministère. Le chef du nouveau cabinet, William Pitt, proposa de maintenir les deux comités des directeurs et des actionnaires, que le bill précédent supprimait, de laisser à la compagnie pleine liberté pour le commerce, mais de la soumettre pour les affaires politiques et militaires au contrôle de six membres du conseil privé (*board of control*), et de réserver au roi la nomination du général en chef de la compagnie, le droit de confirmer et de déposer le gouverneur général et les directeurs des trois présidences de Bombay, Madras et Calcutta. Ce bill, non moins favorable à la couronne que celui de Fox, passa pourtant sans opposition violente (1784), et désormais la compagnie des Indes releva directement du ministère. C'était là que Fox et Pitt en voulaient venir l'un comme l'autre, sauf quelques différences dans la forme.

On songeait moins sérieusement à réformer l'administration de la compagnie. Pitt lui-même déclarait que la science politique n'admettait pas comme rationnel le gouvernement de contrées si vastes et si lointaines. C'était d'avance accepter tous les crimes qui avaient tenu le budget de la compagnie en équilibre. On avait vu en 1781, au plus fort de la guerre, Hastings cherchant partout les 50 millions qui manquaient au budget, forcer son allié, le rajah d'Aoude, de dépouiller sa mère et ses sœurs. Hastings, accusé de tyrannie et de concussion à son retour en 1786, fut traduit devant la chambre des lords au nom des Communes ; mais l'issue de ce fameux procès n'était pas faite pour décourager les futurs gouverneurs de l'Inde anglaise. L'accusation échoua, quoique soutenue par les meilleurs orateurs de l'opposition, Fox, Burke, Shéridan. Le premier discours de Burke dura plusieurs jours, et passa pour un chef-d'œuvre d'éloquence. Les débats occupèrent cinq sessions (1786-1790) et l'arrêt ne fut rendu qu'en 1795. L'accusé fut absous, et condamné seulement aux frais énormes du procès, mais indemnisé par la compagnie et nommé quelques années plus tard membre du conseil privé. L'Angleterre, qui rougissait de tous ses crimes, en garda le profit.

Lord Cornwallis fut le premier gouverneur général, après Warren Hastings, dans la condition faite aux colonies indiennes par le nouveau bill. Vers 1790, Tippou-Saëb osa braver encore, sur le frêle espoir de l'alliance française, cette compagnie qui possédait les provinces du Bengale, du Béhar, d'Orissa, de Bénarès, de Madras, les Circars et le territoire de Bombay, et dont les princes du Carnatic, de l'Aoude et du Dekkan n'étaient plus que les vassaux. Les Anglais entraînèrent contre lui les Mahrattes et le Nizam ; Tippou-Saëb vaincu et refoulé sous les murs de Seringapatam, sa capitale, dut céder la moitié de ses États (traité de Seringapatam, mars 1792). En 1798, sous le gouvernement de lord

Wellesley, quand la France révolutionnaire avait sur les bras toute l'Europe coalisée, Tippou-Saëb osa compter encore sur elle pour se venger des Anglais. L'arrivée de Bonaparte en Égypte accrut son audace ; mais il mourut sur les murs de sa capitale assiégée par une armée anglaise où l'on distinguait déjà le colonel Wellesley (plus tard lord Wellington). Son empire passa presque en entier à ses vainqueurs. Les Anglais relièrent le Carnatic au pays de Mysore et leurs possessions de l'Est à celles de la côte occidentale. On laissa pourtant quelques terres au descendant des anciens rajahs de Mysore.

La mort de Tippou-Saëb (1799) marque l'extension et la transformation hardie de la domination anglaise aux Indes. Au midi, après la mort du nabab d'Arcate, les Anglais confisquèrent le Carnatic; au nord, ils sommèrent le nabab d'Aoude de leur céder la moitié de ses États pour l'entretien de leurs garnisons, et se chargèrent de gouverner le reste : première application du système *subsidiaire*. Les Mahrattes, auxquels on fit leur part sur les dépouilles de Tippou-Saëb, devaient bientôt subir le même sort.

Ainsi les Anglais compensaient largement dans les colonies orientales la perte de leurs colonies d'Amérique. Au delà des Indes, ils fondaient vers la même époque, sur la côte sud-est de l'Australie, récemment explorée par le capitaine Cook, leur colonie de Botany-Bay (Sydney, 1788). Les Anglais demeuraient donc les maîtres de l'Océan, et leurs flottes, comme des ponts volants, joignaient sous leur domination les contrées les plus lointaines.

CHAPITRE XXII.

PROGRÈS ET SOULÈVEMENT DES COLONIES D'AMÉRIQUE. — GUERRE DE L'INDÉPENDANCE DES ÉTATS-UNIS. — TRAITÉ DE VERSAILLES.

SOMMAIRE.

1. — Au sortir de la guerre de Sept ans, l'Angleterre veut rejeter une partie de sa dette sur ses treize colonies de l'Amérique du Nord dont cette guerre a développé le commerce et la puissance. Les Américains, suivant le principe anglais, refusent les impôts qu'ils n'ont pas votés (bills du timbre, du thé, etc). William Pitt dans le Parlement approuve leur refus. Quatre-vingt-treize villes signent la *convention de Boston* pour l'exclusion des marchandises imposées.
2. — Le peuple de Boston donne l'exemple de la résistance armée, bientôt suivi par toutes les provinces. Le congrès de Philadelphie suspend le commerce des colonies avec la métropole (1774), et le combat de Lexington commence la guerre. Les Américains, commandés et disciplinés par Washington, enferment les Anglais dans Boston, et quoique vaincus dans le Canada, proclament leur indépendance et leur confédération sur la motion de Franklin (4 juillet 1776).
3. — Les Anglais, forcés d'évacuer Boston, reprennent l'avantage avec les mercenaires allemands, Clinton et Cornwallis dans la Caroline du sud, Howe dans les provinces de l'est, et Burgoyne au Canada. Howe s'empare de New-York et de Rhode-Island, et par la victoire de la Brandywine s'ouvre les portes de Philadelphie (1777). Washington, deux fois vainqueur des Hessois à Trenton et à Princetown, mais vaincu par Howe, n'a pu sauver la première capitale de l'Union. Après un autre revers des Américains à Germantown, un grand succès, la capitulation de Burgoyne à Saratoga, leur procure l'alliance française, à laquelle l'Angleterre oppose en vain des concessions tardives (fév. 1778).
4. — La France, avec les forces préparées par Choiseul, ose d'abord lutter seule contre les Anglais et livre la bataille indécise et glorieuse d'Ouessant (juillet 1778). Le congrès rentre à Philadelphie par la retraite de Clinton vaincu à Monmouth. La guerre s'étend des mers d'Europe à celles d'Amérique et d'Asie. D'Estaing avec douze vaisseaux échoue dans son attaque sur Rhode-Island, et les Anglais nous enlèvent Pondichéry. En 1779, la France et l'Espagne, unissant leurs flottes, menacent les côtes d'Angleterre et Gibraltar, pendant que d'Estaing, d'abord repoussé à Sainte-Lucie, rallie Vaudreuil

vainqueur des Anglais au Sénégal, s'empare de la Grenade et défait Byron qui veut la reprendre. D'Estaing est moins heureux dans son attaque sur Savannah et ne peut délivrer la Géorgie. Charlestown et la Caroline tombent au pouvoir des Anglais.

5. — La *neutralité armée*, proposée par la Russie aux puissances secondaires (1780), laisse l'Angleterre seule contre tous. Elle ajoute encore à ses ennemis la Hollande, qui lui tient tête à Doggersbank. Son habile marin Rodney ravitaille Gibraltar, et va dans les Antilles attaquer trois fois le comte de Guichen sans le vaincre, prendre et piller les colonies hollandaises qui sont bientôt reprises et vengées. Washington, La Fayette, Rochambeau et le comte de Grasse, réduisant Cornwallis à capituler dans Yorktown, mettent fin à la guerre sur le continent (1781). Dans la guerre navale et coloniale qui dure encore deux ans, les Espagnols reprennent Minorque, mais la Jamaïque est conservée aux Anglais par la victoire de Rodney aux Saintes, et Gibraltar par l'héroïque défense d'Elliot (1782). Aux Indes orientales, le bailli de Suffren, qui va soutenir Hayder-Ali et Tippou-Saëb, bat cinq fois les escadres anglaises. Le traité de Versailles met fin à la guerre (1783), en consacrant l'indépendance des Etats-Unis. La France recouvre ses possessions aux petites Antilles et son droit de pêche à Terre-Neuve, le Sénégal et ses colonies des Indes. L'Espagne se fait rendre Minorque et la Floride. La Hollande seule indemnise l'Angleterre en lui cédant Négapatam.

6. — Après la guerre de l'indépendance, Washington, Adams, Jefferson, Franklin, achèvent la révolution américaine en donnant une constitution aux Etats-Unis (1788-1789). Washington, porté deux fois de suite à la présidence de la nouvelle république, maintient son pays dans la neutralité au milieu des guerres soulevées par la Révolution française, et meurt dans la retraite en 1799.

Origine des colonies de l'Amérique. — Leur résistance aux impôts votés par le Parlement. — Bill du timbre. Taxe du thé. — Convention de Boston.

Après la guerre de Sept ans, qui porta la dette de l'Angleterre à 184 millions de livres sterling, le ministère anglais résolut d'imposer les colonies d'Amérique. On y avait déjà songé pendant la guerre, mais Pitt avait refusé de s'y *brûler les doigts*. Il pensait, comme Walpole, que le meilleur moyen d'imposer les colonies était d'accroître leur commerce avec les manufactures anglaises. Grenville, successeur de lord Bute, fut plus hardi. Il lui sembla que l'Amérique anglaise, délivrée du voisinage des Français par la conquête du Canada, devait tenir compte à la métropole des frais d'une guerre si coûteuse. Mais Grenville ne sut pas voir que l'heure d'une administration plus libre était venue pour les colonies d'Amérique, et qu'elles n'acquitteraient les taxes nouvelles qu'à la condition de les voter elles-mêmes suivant le principe anglais. Ces puritains, chassés d'Angleterre par la persécution, avaient développé librement sur une terre vierge leur calvinisme républicain, principe de liberté politique et religieuse encore épuré et fortifié par la philosophie nouvelle. Ces petites républiques, peu gênées par les gouverneurs et par les garnisons que leur envoyait la métropole, comptaient déjà dans leurs treize provinces trois millions d'hommes, et refoulant les tribus indiennes sur le Mississipi, ouvraient chaque jour un territoire plus vaste aux travaux de l'agriculture et du commerce. On ne pouvait pas traiter ces fiers colons comme à la même époque Clive traitait les Indiens du Bengale. Les Anglais de l'Amérique n'étaient pas comme ceux de l'Inde des spéculateurs impatients de faire leur fortune et de la montrer à Londres, mais une population régulière de planteurs et de négociants, à jamais fixés dans leur nouvelle patrie avec les mœurs et l'esprit sévère de l'ancienne. Jacques II avait révoqué les chartes des colonies américaines, mais sa chute les avait rétablies, et les colons les croyaient consacrées par la révolution de 1688, comme toutes les libertés anglaises.

Rappelons en quelques mots l'origine et la formation successive de ces colonies.

Dès l'an 1606 et de l'aveu de Jacques Ier, les puritains émigrés fondèrent les deux sociétés de Londres et de Plymouth, qui s'établirent dans la Virginie. Des colons conduits par le capitaine Newport fondèrent James-Town, non loin de l'embouchure du fleuve nommé James-River en l'honneur du roi. D'autres s'établirent quelques années plus tard dans la baie de Massachusetts au pays qu'ils appelèrent la Nouvelle-Angleterre, et fondèrent Boston (1627), chef-lieu d'un État dont se séparèrent bientôt, par esprit d'indépendance religieuse, ceux de Rhode-Island, du Connecticut et de New-Hampshire. Entre la Nouvelle-Angleterre et la Virginie, lord Baltimore fonda en 1632, par donation de Charles Ier, la colonie catholique du Maryland. L'émigration, suspendue au temps de Charles Ier et de Cromwell, reprit son cours sous Charles II. Des provinces cédées par les Hollandais à la paix de Bréda (1667) se formèrent les États de New-York et de New Jersey, près de la colonie d'abord fondée par les Suédois sur le Delaware. En 1663, une charte de Charles II déclara huit seigneurs propriétaires souverains de la Caroline, située au sud de la Virginie, et qui fut divisée plus tard en Caroline du nord et Caroline du sud. Locke rédigea pour cette colonie une constitution oligarchique qui dura peu. Un démembrement de la Caroline du sud forma plus tard la Géorgie (1732). Enfin Charles II, pour honorer la mémoire de l'amiral Penn, investit son fils du territoire situé à l'ouest de New-Jersey et qu'on nomma la Pensylvanie (1681). Le célèbre quaker, disciple du cordonnier George Fox, ouvrit l'asile de Philadelphie (les frères amis) à tous les hommes paisibles. Les premiers établissements des Anglais aux Bermudes et aux Antilles (la Barbade, Saint-Christophe, Nevis, Montserrat, Antigoa) eurent la même origine et sont de la même époque (1606-1632). La conquête de la Jamaïque par Cromwell (1655) leur donna une grande importance. Il faut joindre encore aux treize colonies du nord la Nouvelle-Écosse, Terre-Neuve, la baie d'Hudson, cédées par la France en 1713, la Floride, le Canada, et les Antilles données à l'Angleterre par le traité de Paris (1763).

Les Américains se plaignaient déjà qu'on leur interdît le commerce avec les colonies espagnoles et françaises. A la même époque où l'on empêchait la contrebande qui les avait enrichis, un bill du Parlement établissait pour les colonies d'Amérique un prix d'entrée sur certains articles (1764). Quand elles gagnaient moins, on leur demandait plus. La métropole ne leur permettait pas même, pour s'acquitter, l'usage du papier-monnaie. Bien vainement les ministres promettaient que l'argent levé sur les colonies serait dépensé pour elles ; les Américains étaient moins rassurés par ces promesses qu'effrayés pour l'avenir des nouveaux droits que s'arrogeait la métropole.

L'année suivante, ce fut pis encore. Un autre bill imposa aux colonies l'usage du papier timbré (1765). Les murmures éclatèrent. Les nouvelles taxes étaient modérées, mais les Américains y voyaient avec raison la preuve que désormais les ministres avaient résolu de les traiter en sujets étrangers, sans reconnaître leur droit de vote. Or les Américains, qui s'étaient battus comme les Anglais dans la guerre de Sept ans, réclamaient les mêmes droits en politique. Ils n'avaient qu'à suivre les débats des Communes pour trouver des arguments contre le ministère. Ils comptaient dans le Parlement de nombreux partisans, que le ministère accusait de les pousser à la révolte. Certains membres des Communes craignaient que la couronne, victorieuse dans la lutte qu'elle engageait contre l'Amérique du nord, ne triomphât plus tard de la constitution même. Au point de vue de l'équité, ils montraient l'Amérique accablée d'impôts, soit par les assemblées provinciales, soit par le Parlement, pauvre et devant plusieurs millions au commerce anglais, subissant d'ailleurs le plus lourd des impôts au profit de la métropole, par les entraves apportées à son industrie particulière et par ses douanes intérieures.

« Le commerce de la Grande-Bretagne avec les colonies, disait Pitt, lui rapporte 2 millions de livres sterling par an ; c'est là le trésor qui nous a soutenus pendant la guerre de Sept ans ; c'est ainsi que l'Amérique paie notre protection. » Pitt, tout jaloux qu'il était de l'autorité de la métropole sur les colonies, niait que le droit d'imposition fît partie du pouvoir gouvernemental et législatif exercé par les Anglais en Amérique. « Les Américains du nord sont sujets de ce royaume, disait-il, et possèdent tous les droits naturels de l'homme, et tous les priviléges particuliers des Anglais. Ils sont fils légitimes et non bâtards de l'Angleterre. Ici les impôts sont le don volontaire des Communes. Or les Américains, propriétaires au même titre que les Anglais, peuvent seuls accorder l'impôt qu'on prélève sur leurs propriétés. Nous ne pouvons donner à Sa Majesté les biens de ses communes d'Amérique. La distinction entre le pouvoir législatif et le droit d'imposition est nécessaire à la liberté. La résistance glorieuse des Américains prouve qu'ils sont dignes d'être libres, et je m'en réjouis. Ces trois millions de colons, acceptant le joug qu'on leur impose, seraient devenus les instruments de notre propre servitude. »

Pitt disait encore en 1775 : « Il n'y a pas de misérable mendiant dans les rues de Londres qui ne parle de nos sujets d'Amérique, et qui ne se croie un législateur des Américains. Mais après le droit que nous donne la constitution de réglementer le commerce de nos colonies, sur quoi donc se fondent les autres droits que nous réclamons ? »

Ainsi Pitt rattachait la question d'Amérique aux principes les plus sacrés de la constitution anglaise. Ce que disaient quelques hommes en Angleterre était répété par tous en Amérique. Déjà dans les colonies le cours de la justice était suspendu, les colons ne voulant point faire usage du papier timbré. Déjà les marchands et les fabricants anglais pétitionnaient contre l'acte du timbre, car les Américains avaient résolu, tant qu'il ne serait pas révoqué, d'exclure de leurs ports toute marchandise anglaise. *Les fils de la liberté* s'associaient dans quelques provinces. Un nouveau ministère, dirigé par le marquis de Rockingham révoqua l'acte du timbre (1766), mais en réservant le principe du bill et le droit que prétendait l'Angleterre d'imposer arbitrairement ses colonies. Les Américains n'en crurent pas moins leur triomphe complet. Quelques-uns ne voyaient dans cette réserve qu'un expédient imaginé par les ministres pour se tirer d'embarras avec honneur et reculer sans honte. Tous étaient bien résolus d'ailleurs à montrer assez de fermeté pour faire révoquer le principe même. Le ministère dirigé par lord North (1767) allait mettre leur fermeté à l'épreuve. Pitt en faisait partie, et passait sous le nom de comte Chatam dans la chambre haute, que lord Chesterfield appelait à ce sujet l'*hospice des incurables*. En quittant son grand théâtre des Communes, il perdit sa puissance sur l'opinion publique, et ses infirmités lui laissèrent peu d'influence et de responsabilité dans le nouveau ministère. Ses collègues obtinrent du Parlement un bill conforme aux vues de George III, qui frappait d'un droit d'entrée certaines marchandises importées d'Angleterre en Amérique, le thé, le verre, le papier, les couleurs. Le produit des nouvelles taxes devait servir à payer les gouverneurs, les juges et les autres fonctionnaires des colonies; premier essai pour soumettre au même régime les diverses provinces, et supprimer leurs constitutions diverses, modelées pour la plupart sur celle de la métropole. Il y avait dans presque tous les états un gouverneur et un conseil divisé en deux chambres, plus ou moins dépendants de la couronne. Dans quelques-uns, comme les deux Carolines, la Géorgie, la Nouvelle-Écosse, la Virginie, New-York, etc., le gouverneur, les conseillers et les autres fonctionnaires étaient nommés par le roi. Dans quelques autres, certaines familles jouissaient de grandes prérogatives, ainsi les Penn en Pensylvanie. Dans quelques états privilégiés, comme le Connecticut, Rhode-Island, et en partie le Massachusetts, le peuple nommait le gouverneur et tous les officiers subalternes. Les Américains ne virent pas sans défiance qu'on essayât de rendre les fonctionnaires plus indépendants des colons. Ces treize colonies formées pendant les révolutions de la métropole par l'élite, plutôt que par le rebut des proscrits, avaient toutes par leurs assemblées législatives, et malgré la diversité des constitutions, la pratique et les prétentions du gouvernement représentatif.

L'état de Massachusetts était le plus ardent foyer de l'opposition, comme s'il eût gardé le génie opiniâtre des puritains qui l'avaient fondé. Les marchands de Boston frappèrent d'un bill d'exclusion toutes les marchandises anglaises, et notamment les articles imposés. Quatre-vingt-treize villes signèrent la *convention de Boston*. Le peuple de Boston se souleva le premier contre la douane. Le représentant du Massachusetts à Londres, le second fondateur des États-Unis après Washington, l'imprimeur Franklin, si fameux par sa science et son patriotisme, celui que Pitt appelait l'honneur de l'Angleterre et de l'humanité, était cité devant le conseil privé et réprimandé comme un artisan de troubles. Puis, quand les colons s'attendaient de la part des ministres aux plus violentes mesures, ils apprirent tout à coup que lord North faisait révoquer les taxes par le Parlement (1770). Les marchands anglais avaient déclaré que le chiffre de leurs importations était diminué pour l'année précédente de 744,000 livres sterling, et le revenu des douanes s'abaissait dans la même proportion. Toutefois, par suite d'engagements pris avec la compagnie des Indes orientales, et pour sauver l'honneur de l'Angleterre, on maintenait sur le thé un faible droit de trois pence par livre. Déjà les provinces du centre et du midi semblaient se calmer, et les marchandises anglaises rentraient dans leurs ports, à l'exception du thé. Mais le Massachusetts sut maintenir dans les colonies l'esprit d'indépendance. Chaque jour le peuple de Boston livrait bataille aux douaniers. Une nouvelle ordonnance, dirigée surtout contre le Massachusetts, statuait qu'à l'avenir tous les fonctionnaires seraient payés par le gouvernement, et non plus par les assemblées provinciales ; on y répondit par une déclaration solennelle des droits du colon en sa triple qualité d'homme, de citoyen anglais et de chrétien. Boston eut son comité permanent pour correspondre avec tous les états, mesure que Franklin avait demandée contre la France pendant la guerre de Sept ans.

II. **Soulèvement de Boston. — Congrès de Philadelphie (1774). — Commencement de la guerre d'Amérique. — Combat de Lexington (1775). — George Washington. — Déclaration d'Indépendance des États-Unis (1776).**

Cependant la compagnie des Indes, qui voyait le thé s'entasser dans ses magasins, offrait de payer le double à la sortie d'Angleterre, pourvu qu'on supprimât le droit d'entrée en Amérique. Le ministère, toujours convaincu de son droit, perdit cette occasion d'en finir avec les colonies, et se contenta d'affranchir de tout droit d'exportation le thé expédié dans les colonies anglaises. Il espérait que le bon marché séduirait les Américains. Ceux-ci craignaient de payer de leur liberté le thé qu'on affectait de leur vendre à bas prix. Ils furent disposés dès lors à traiter en ennemie la compagnie qui dépendait des ministres et qui se faisait leur complice. A Boston une bande d'hommes armés, déguisés en Indiens Mohawks, aborda les vaisseaux chargés de thé et jeta toute la cargaison à la mer (1774). Le châtiment ne se fit pas attendre. Un bill changea la constitution du Massachusetts, abolit la charte de Guillaume III, et ramena tous les fonctionnaires sous l'autorité de la couronne. Un autre renforçait le pouvoir central dans le Canada que les Américains s'efforçaient de pousser à la révolte, mais en même temps il étendait les frontières de cette province, et ménageait dans la nouvelle constitution, peu conforme aux principes anglais, les priviléges de la population française et catholique. Enfin le Parlement décréta le blocus du port de Boston. Aussitôt les autres états, bien loin de songer à profiter des embarras de cette riche cité, convinrent de rompre tout commerce avec la métropole, et de remplacer au plus vite ses produits par ceux du pays. A l'exemple de la Virginie, tous décidèrent que le jour où commencerait le blocus serait pour toutes les colonies un jour de jeûne et de pénitence. On voulait que la religion fortifiât dans tous les cœurs le patriotisme et la liberté. La ville de Salem refusa noblement de remplacer Boston comme chef-lieu du Massachusetts. Les marchands de Boston refusèrent d'acheter par une défection les priviléges commerciaux que leur offrait secrètement le ministère anglais.

L'union ou la mort! ce fut le cri général, et l'union se révéla dans le congrès de Philadelphie où douze états étaient déjà représentés (1774). On y confirma la suspension de tout commerce avec l'Angleterre, tant que le blocus de Boston ne serait pas levé. Après les décrets qui favorisaient le commerce intérieur, vinrent des adresses éloquentes au roi, au peuple anglais, au peuple américain, aux Français du Canada qu'on soulevait contre l'Angleterre au nom de Montesquieu, et même aux Irlandais.

La guerre suivit de près ces actes du premier congrès des États-Unis. Partout les jeunes gens s'exerçaient aux armes. On surprit quelques arsenaux. Les Américains eurent l'avantage dans le premier engagement, à Lexington (avril 1775), qui fut le signal de la guerre. Le ministère anglais ne l'avait ni désirée ni redoutée, tandis que l'opposition peu nombreuse, mais énergique et respectée, la réprouvait comme une guerre civile et la croyait impossible. A ce moment solennel, Burke déploya dans les Communes sa plus formidable éloquence, et le vieux Pitt reparut à la tribune. « Mylords, dit-il, aussi vrai qu'il me serait impossible de vous mettre en fuite avec cette béquille, vous ne triompherez point de l'Amérique. » Mais la majorité vota la guerre, et pensa qu'il s'agissait pour l'Angleterre de châtier des rebelles, et non de les combattre. Dans les Communes, le général Grant se faisait fort de parcourir l'Amérique révoltée à la tête de cinq régiments d'infanterie, et le général Gages, chargé du blocus de Boston, n'en demandait pas davantage pour soumettre le Massachusetts et toutes les colonies. Quelques-uns, loin d'applaudir à la vigueur que les colonies avaient déployée dans la guerre de Sept ans, s'en effrayaient, et croyaient qu'il était temps de contenir cette prospérité menaçante. Sous le beau prétexte de laisser à l'Angleterre tous les bras nécessaires à son industrie, on enrôla des soldats allemands ; les princes de Brunswick et de Hesse-Cassel livrèrent 16,000 hommes, et le Hanovre dut fournir un contingent non moins considérable à cette odieuse *traite des blancs*.

Les Américains eurent le bonheur de rencontrer et d'apprécier le seul homme qui pût fonder leur indépendance, George Washington, qui s'était déjà distingué dans la guerre de Sept ans, et que les troubles de son pays avaient tiré pour la seconde fois de la vie privée. Dès que la guerre fut déclarée, le congrès le nomma tout d'une voix généralissime de l'armée américaine.

Il fallait commander à des volontaires qui ne souffraient point la discipline. Les Américains, en leur qualité d'Anglais, se défiaient de toute armée permanente, et craignant que le citoyen ne se corrompît dans la vie des camps, ne croyant pas d'ailleurs à la durée de la guerre, n'engageaient les soldats que pour six ou dix mois ; le généralissime risquait jusqu'à deux fois par an de n'avoir plus d'armée. Déjà l'état de New-York s'effrayait de voir un seul chef à la tête de l'armée et stipulait qu'à la fin de la guerre il résignerait ses pouvoirs. D'autre part les assemblées provinciales laissaient peu d'influence au congrès sur l'intérieur de chaque état. Les Américains étaient moins une seule nation qu'un assemblage de peuplades qui différaient par l'origine, la religion, le climat et le travail. Ceux des brûlantes régions du midi traitaient comme étrangers et quelquefois en ennemis ceux des froides provinces du nord. Il y avait des presbytériens, des quakers, des catholiques, des méthodistes et une foule d'autres sectes. Il y avait les états agricoles, et les états commerçants ou contrebandiers, pleins de haine contre les monopoleurs anglais ; il y avait les *cavaliers* du sud et les *têtes-rondes* du nord. Des gens si différents ne s'entendaient guère pour solder l'armée et pourvoir aux besoins publics. Le congrès, n'ayant pas le droit de voter les impôts, créait du papier-monnaie, aussitôt déprécié par l'agiotage ou par les premiers revers, quoi que fît l'assemblée pour en maintenir la valeur primitive et le cours forcé. Le génie de Washington devait donc suppléer à tout ce qui manquait, l'argent, la discipline, les armes et le nombre. Il devait supporter l'ignorance prétentieuse du congrès, aguerrir peu à peu ses soldats et ses officiers, renvoyer parmi ceux-ci les plus indignes, et retenir sous les drapeaux pendant trois ans, ou même jusqu'à la fin de la guerre, des hommes qui ne s'étaient d'abord engagés que pour une campagne. Quelques américains, Arnold et Putnam, de nobles étrangers, La Fayette, Horatio Gates, Pulawski, deux vétérans allemands, Steuben et Kalb, secondèrent généreusement Washington. Sans eux les États-Unis seraient encore aujourd'hui treize provinces anglaises.

Les Anglais, d'ailleurs soutenus par un parti nombreux (les loyalistes), qui leur fournissait dans quelques provinces (New-York, New-Jersey, Maryland) presque autant de recrues qu'aux Américains, ne pensaient pas qu'un seul homme pût briser à la fois tant d'obstacles. Mais les généraux Howe, Burgoyne et Clinton, arrivés d'Angleterre avec des renforts, durent bientôt changer d'opinion sur le compte des Américains et de leurs chefs. Les quakers malgré leurs principes religieux, les vieillards et les femmes rivalisaient de zèle pour la défense commune. Il fallut revenir trois fois à la charge et perdre plus de mille hommes des meilleures troupes de l'Angleterre pour déloger les Américains de la hauteur de Bunkershill, près de Boston. Ils eurent bien le droit de regarder comme un succès leur première défaite. Washington, qui vint prendre alors le commandement de l'armée, tint vingt régiments anglais enfermés dans Boston pendant l'hiver, avec une petite armée qu'il fallut réformer et licencier aux portes mêmes de la ville. Une petite bande de volontaires du nord, les *enfants des montagnes vertes*, avait surpris les forts Ticonderago et Crownpoint. Le congrès, enhardi par ce premier succès, résolut d'envahir le Canada, et de prévenir au nord l'invasion des Anglais. On espérait toujours soulever les Canadiens contre l'Angleterre. Deux petites armées, conduites par l'irlandais Montgommery et par le brave Arnold, devaient se rejoindre devant Québec. Le premier mourut sur la brèche, après avoir pris Saint-John et Montréal ; Arnold dut battre en retraite, et le Canada fut sauvé pour l'Angleterre. Les Américains perdirent dans cette déroute leur flotte du lac Champlain. Cette expédition qui semblait manquée, eut toutefois pour les patriotes un bon résultat ; les Anglais conservèrent des inquiétudes pour le Canada, et divisèrent leurs forces.

La guerre était plus heureuse pour les Américains, quoique moins sanglante, du côté de la Virginie et de la Caroline. Les gouverneurs anglais furent chassés de ces deux belles provinces. Le congrès sollicita dès lors l'appui de la France. Le savant Franklin, après avoir vainement défendu la cause de ses compatriotes en Angleterre, alla représenter la république naissante à la cour de Louis XVI. Toute la nation était pour l'Amérique ; les uns haïssaient l'Angleterre et se rappelaient le traité de Paris ;

les autres aimaient déjà cette liberté républicaine qu'enseignait l'école de J.-J. Rousseau. La Fayette, à peine âgé de vingt ans, était parti pour l'Amérique, malgré la défense du roi. Mais la plus vieille monarchie d'Europe, quoique bien tentée aussi d'effacer la honte des derniers traités, craignit d'abord de se mésallier aux colons rebelles. Turgot lui conseillait la neutralité. La cour de Versailles souffrit seulement qu'on leur envoyât secrètement des officiers et des munitions de guerre. Le congrès, loin d'être découragé par les refus de la France, choisit ce moment-là pour proclamer, par la voix éloquente de Jefferson, l'indépendance et la souveraineté des treize États-Unis (4 juillet 1776). Deux mois plus tard l'acte fédératif, rédigé par Adams, Jefferson et Franklin, posait les bases de la Constitution future. La nouvelle république s'appelait les États-Unis de l'Amérique septentrionale, et quittait le drapeau rouge pour l'étendard aux treize raies. Les Américains fondaient leur indépendance sur les droits de l'homme que leur enseignait la philosophie française, et que North disait dédaigneusement n'avoir lus sur aucun parchemin.

III. Prise de New-York et de Philadelphie par les Anglais. — Capitulation de Burgoyne à Saratoga (1777). — Alliance de la France et des États-Unis (1778). — Rejet du bill conciliatoire.

Le général Howe, effrayé des dispositions menaçantes de Washington, avait évacué Boston (mars 1776) et s'était embarqué pour Halifax ; mais renforcé par les mercenaires allemands, il ramenait trente mille hommes sur les provinces du centre, tandis qu'au nord Burgoyne, venant du Canada, marchait sur New-York, et qu'au midi Clinton attaquait les deux Carolines. Le plan des Anglais était d'isoler les quatre provinces de la Nouvelle-Angleterre les plus dévouées à la cause de l'indépendance, New-Hampshire, Massachusetts, Rhode-Island et Connecticut, de les enfermer par terre et par eau, et d'éteindre ainsi le foyer de la révolte. Ce plan sagement combiné ne réussit qu'en partie. Burgoyne reconquit sur les Américains toutes leurs positions du Canada, mais dut ajourner jusqu'à l'année suivante son attaque sur New-York. D'autre part, la tentative de Clinton sur Charlestown fut repoussée par le général Lée, et les provinces du sud furent préservées pour trois ans du fléau de la guerre. Le plus heureux fut le généralissime Howe. Il s'embarqua vers l'embouchure de l'Hudson, battit les colons de Long-Island près de Brooklin, occupa New-York et Rhode-Island, et chassa Washington avec sa misérable armée de trois mille hommes, à travers le New-Jersey, jusqu'au delà de Trenton. Le congrès dut se retirer de Philadelphie à Baltimore, et les loyalistes relevèrent la tête. Avec plus d'audace et de promptitude, les Anglais auraient pu terminer la guerre et prendre Washington à New-York. Les Américains étaient découragés; des régiments entiers quittaient l'armée, et le bruit courut que Lée s'était fait prendre par les Anglais, parce qu'il désespérait de la cause de l'indépendance.

Washington, toujours inébranlable, dénonçait le danger et le conjurait. Il obtint que le congrès remplaçât les milices passagères par une armée permanente, et que, pour suppléer au papier-monnaie qui se dépréciait, on promit des terres à quiconque s'enrôlerait pour toute la durée de la guerre. Avant d'attendre l'effet de ces mesures, Washington sentit le besoin de relever par un coup d'éclat l'esprit public. Au milieu de l'hiver, il franchit la Delaware qui le séparait des Anglais, et enleva près de Trenton un corps de mille Hessois. Une seconde attaque près de Princetown eut le même succès. C'étaient deux victoires en huit jours. Ce fut, suivant l'expression d'un Américain, comme une résurrection des morts. Quatorze cents soldats qui naguère annonçaient leur départ, promirent de rester encore six semaines ; les promesses du congrès retinrent les autres. Philadelphie vit promener dans ses rues, chargés de fers, ces Allemands qu'on redoutait pour leur cruauté, et se crut sauvée. Mais le danger n'était qu'ajourné. Howe, n'osant traverser le New-Jersey avec ses trente mille hommes devant la petite armée de Washington, revint sur Philadelphie par la baie de Chesapeak. Le général américain accourut pour la sauver, et forcé par l'opinion publique de livrer bataille, fut deux fois vaincu, à la rencontre sur la Brandywine où La Fayette fut blessé, et à Germantown (1777). Howe prit Philadelphie, ou plutôt, comme disait Franklin, Philadelphie prit le général Howe. Washington l'enferma dans la ville, coupa ses communications avec New-York, et couvrit toute la Pensylvanie. Au plus fort de la guerre et au cœur de l'hiver, dans son camp de Valley-Forge, il faisait dresser son armée, désormais permanente, par le baron Steuben, noble vétéran de Frédéric II : une armée si pauvre que le congrès lui permit de rançonner le pays dans un rayon de soixante-dix lieues. De si beaux services ne désarmaient point l'envie. Un parti dans le congrès et parmi les officiers voulait déposer Washington, et le remplacer par le général Gates, vainqueur de Burgoyne.

La belle armée anglaise du Canada, dont les premiers succès avaient rempli de joie et d'orgueil les partisans de l'Angleterre, n'existait plus. Burgoyne, après de longs préparatifs, avait traversé le lac Champlain, repris les forts de Ticonderago et de Crownpoint, battu les insurgés en plusieurs rencontres, et franchi l'Hudson pour donner la main à l'armée de New-York. Mais son armée était ruinée par sa marche à travers des contrées désertes, où elle avait fait quatre lieues en vingt jours. Les tribus sauvages qu'elle s'associa lui furent d'un mauvais service ; la politique pouvait réclamer aussi bien que l'humanité, par l'organe de Pitt et de Burke, contre l'emploi de ces auxiliaires farouches auxquels on défendait vainement de scalper la tête des prisonniers. Les Américains se vengèrent des Indiens sur les Anglais. Au delà de l'Hudson, les bandes républicaines enveloppèrent de toutes parts l'armée de Burgoyne. Isolée du Canada, sans nouvelles des renforts qu'elle attendait de New-York, affaiblie par la bataille indécise de Stillvater, et battue dans la dernière rencontre, elle mit bas les armes devant le général Gates. Ce fut la fameuse capitulation de Saratoga (octobre 1777). Le ministère anglais refusa de ratifier la convention imposée par des rebelles : à son tour le congrès désavoua la clause qui permettait le retour de l'armée en Angleterre sous la seule condition qu'elle ne servirait plus en Amérique. L'armée de Burgoyne demeura prisonnière.

Le désastre de Saratoga décida la France à se déclarer hautement pour les Américains. Franklin, ce bourgeois de Boston que ceux de Paris révéraient comme un autre Aristide, et que la cour de Versailles reçut comme ambassadeur des États-Unis, conclut d'abord avec elle un traité de commerce, puis une alliance défensive (1778). On se promit de ne point traiter avec l'Angleterre qu'elle n'eût reconnu l'indépendance de ses colonies. La nation accueillit par des cris de joie la nouvelle du traité. Les armateurs et les négociants se flattaient de ravir à l'Angleterre les riches marchés de l'Amérique du Nord, les marins de relever l'honneur du pavillon français, flétri par le traité de Paris. Les philosophes étaient fiers de voir leur pays défendre les opprimés, et tous se réjouissaient d'abaisser la rivale de la France en servant l'humanité. On oubliait nos finances obérées, et les dangers que ferait courir à la monarchie française le triomphe de ses alliés républicains.

L'Angleterre n'admit point que la France pût rester en paix avec elle, en s'alliant avec ses sujets rebelles, et captura les navires français qui revenaient des deux Indes. Ce fut sa déclaration de guerre. Avant de connaître la résolution de la France, lord North avait témoigné des intentions pacifiques auxquelles les Américains furent peu sensibles. Il n'était plus temps d'admettre leurs représentants au Parlement de Londres, quand le congrès de Philadelphie avait deux fois proclamé leur indépendance ; de proposer des privilèges commerciaux à ceux qui signaient des traités de commerce avec les puissances. On avait mauvaise grâce à promettre aux vainqueurs de Saratoga qu'on n'enverrait plus de soldats anglais chez eux sans les consulter. Les Américains auraient craint d'ailleurs, en acceptant le *bill conciliatoire*, de s'avilir aux yeux du monde entier par un parjure si brusque envers la France. Washington, instruit par La Fayette du traité conclu avec la France, lui sauta au cou, et refusa le passage aux négociateurs anglais. A Londres, quelques-uns parlaient déjà de reconnaître sans réserve et sans condition l'indépendance des États-Unis. Le duc de Richemond proposa dans le Parlement de rappeler d'Amérique toute l'armée anglaise. Son plus fougueux adversaire fut le vieux Pitt, qui jusqu'alors avait plaidé la cause des Américains. Il avait fait la guerre de Sept ans pour conserver et agrandir ces mêmes colonies qu'on proposait d'abandonner, et s'indignait à l'idée de reconnaître leur indépendance, parce que la France l'avait reconnue. Porté à la tribune par son fils et son gendre, de sa voix mourante il supplia l'Angleterre de garder ses colonies et de châtier la France. Un mois après, on vit l'image de l'Angleterre en deuil aux funérailles publiques de lord Chatam, et la nation paya les dettes de son grand homme.

IV. **Guerre maritime de la France et de l'Angleterre. — Bataille d'Ouessant (1778). — Expédition du comte d'Estaing en Amérique. — Adhésion de l'Espagne à l'alliance américaine (1779). — Tentative des flottes alliées sur les côtes d'Angleterre. — Échec de d'Estaing à Savannah. — Soumission de la Géorgie par les Anglais. — Prise de Charlestown (1780).**

Grâce à Choiseul, la France avait alors soixante et un vaisseaux de ligne et soixante-sept frégates ou corvettes; elle était prête à la guerre, et avant d'entraîner l'Espagne, elle osa se mesurer seule avec la marine anglaise. Le comte d'Estaing quitta Toulon avec douze vaisseaux et quatre frégates. Le comte d'Orvilliers, sorti de Brest avec trente-deux vaisseaux, livra la bataille d'Ouessant (juillet 1778), bataille indécise que les maîtres de l'Océan regardèrent comme une défaite et les Français comme une première victoire. Les Anglais avouèrent la supériorité de notre artillerie, que Choiseul avait réorganisée. L'Angleterre retira du service les deux officiers (Keppel et Palliser) qui n'avaient pas mieux soutenu l'honneur de son pavillon. Après la bataille, le comte d'Estaing cingla vers l'Amérique. Les Anglais y conservaient une bonne position malgré le désastre de Saratoga. Leur principale armée, commandée par Clinton depuis la retraite du général Howe, occupait Philadelphie et menaçait de s'étendre. Mais Clinton craignit d'être enfermé dans la Delaware par la flotte française, évacua Philadelphie, fut battu à Monmouth, et fit sur New-York une savante et périlleuse retraite. Le congrès put rentrer dans Philadelphie. D'Estaing échoua dans son attaque sur Rhode-Island. Une furieuse tempête sauva de ses poursuites et d'une ruine certaine l'amiral Howe, que ses forces supérieures allaient écraser. Pendant qu'il se réfugiait dans le port de Boston, Byron amena d'Angleterre une flotte qui rétablit l'équilibre des forces maritimes.

L'Angleterre voyait revenir alors les trois commissaires qu'elle avait chargés de porter à ses colonies des paroles de paix. Le congrès américain exigeait pour traiter que la métropole reconnût son indépendance et retirât ses troupes. L'Angleterre continua la guerre.

Ceux qui s'effrayaient à Londres de voir la France s'allier aux États-Unis et leur envoyer une flotte, avaient prévu qu'elle saurait bien leur procurer d'autres alliés. L'année suivante (1779), l'Espagne s'unissait à la France, aux termes du pacte de famille. Charles III avait peu de sympathie pour les Américains protestants, qui lui disputaient certains pays de l'ouest et qui donnaient d'ailleurs un mauvais exemple aux colonies espagnoles ; mais l'occasion paraissait belle pour se venger de l'Angleterre, et reprendre Gibraltar, Minorque, les Florides, peut-être la Jamaïque. On fit comprendre à l'Espagne, qui craignait pour ses colonies le voisinage et l'exemple de la nouvelle république, que l'Angleterre une fois victorieuse des colonies rebelles, serait bien autrement dangereuse pour les mines du Mexique et du Pérou. Son premier ministre, Florida-Blanca, joua quelque temps le rôle de médiateur, et déclara la guerre aux Anglais dès que sa flotte fut prête (juin 1779). Ainsi la cause des Américains fut débattue dans le monde entier. Les Français avec le comte de Vaudreuil s'emparaient des possessions anglaises du Sénégal, les Anglais leur prenaient Gorée et Pondichéry. D'Estaing fut plus heureux dans les Antilles qu'à Rhode-Island. Repoussé par les Anglais à Sainte-Lucie, il leur prit l'année suivante Saint-Vincent et la Grenade, et battit la flotte de Byron qui tentait de les reprendre. Le marquis de Bouillé avait conquis la Dominique. En Europe l'Angleterre était menacée sur ses propres côtes par les flottes combinées de France et d'Espagne. Elle vit soixante-six voiles, sous la conduite du comte d'Orvilliers et de l'amiral Cordova, traverser le canal en face de Portsmouth, et craignit un débarquement de 40,000 hommes ; mais les tempêtes, les maladies qui sévissaient sur les deux flottes, et la mésintelligence des deux chefs la défendirent mieux que ses trente-six vaisseaux contre cette nouvelle Armada. L'amiral Rodney ravitailla Gibraltar bloqué par les Espagnols, et battit leur flotte au cap Saint-Vincent, avant d'aller combattre aux Antilles le comte de Guichen qui remplaçait d'Estaing. Guichen livra trois batailles à Rodney, gagna la première et ne perdit pas les deux autres (1780).

Dès 1778, les Anglais avaient repris le plan d'attaque sur la Géorgie qui leur avait si mal réussi au commencement de la guerre. Un corps d'armée, parti de New-York sous la conduite de

Campbell, y pénétra par mer, tandis que le général Prévost l'envahissait par la Floride. L'attaque était secondée par les loyalistes, fort nombreux dans les provinces du midi. Le général américain Lincoln et le comte d'Estaing firent d'inutiles efforts pour sauver la Géorgie ; le premier fut deux fois battu, le second échoua dans son attaque sur Savannah et fit voile vers l'Europe (1779). Toute la province fut soumise aux Anglais. Au nord les deux armées, toujours en présence, restèrent dans l'inaction pendant près de deux ans. Clinton était sans cesse forcé de s'affaiblir pour envoyer du secours à ses lieutenants, et Washington, avec sa petite armée sans solde et sans vêtements, n'était guère en état de profiter de la faiblesse de Clinton. Le numéraire avait disparu, le papier public était déprécié ; un des plus braves lieutenants de Washington, Arnold, blessé à Québec et à Saratoga, trahissait cette noble misère, et passait à l'ennemi, en affectant de rougir de l'alliance française. Mais son exemple et son adresse à l'armée qu'il abandonnait n'entraînèrent personne. L'arrivée de six mille Français, commandés par Rochambeau, releva le courage des Américains, et l'or de la France apaisa pour un temps les milices provinciales. A la vue de ces belles troupes qui venaient se ranger sous les ordres de Washington, l'Amérique eut honte de ses soldats déguenillés ; on se cotisa pour habiller les défenseurs de la patrie ; les femmes de Philadelphie donnèrent l'exemple.

La guerre se continuait sur son premier et principal théâtre, sans armées nombreuses et sans batailles mémorables. La république toujours pauvre et l'Angleterre réduite à diviser ses forces évitaient les grandes batailles. Toutefois les Anglais, encouragés par la conquête de la Géorgie, poussaient la guerre dans les provinces du sud. Clinton, parti de Rhode-Island, vint débarquer dans la Caroline méridionale, et mettre le siége devant Charlestown. Les Américains perdirent cette place importante, une nombreuse artillerie, plusieurs bâtiments de guerre, et près de six mille prisonniers (1780). Après ce brillant fait d'armes, Clinton retourna défendre New-York toujours menacé par Washington. Rochambeau avait profité de son absence pour s'emparer de Rhode-Island. Cornwallis, qu'il laissa dans la Caroline, battit Gates à Cambden, pénétra dans la Caroline du nord, et remporta plusieurs avantages sur Green et La Fayette, pendant que le traître Arnold ravageait la Virginie et le Connecticut. L'héroïque opiniâtreté du général Green, toujours battu, mais ramenant toujours à l'attaque ses mauvaises milices, devait reconquérir peu à peu les provinces du sud.

V. La neutralité armée (1780). — Guerre de l'Angleterre et de la Hollande. — Capitulation des Anglais à Yorktown (1781). — Bataille des Saintes (1782). — Siége de Gibraltar (1779-1782). — Victoires du bailli de Suffren aux Indes. — Traité de Versailles (1783).

En 1780, l'Angleterre vit croître encore le nombre de ses ennemis. Les puissances du Nord s'unirent sous la direction de la Russie pour assurer le libre commerce des neutres avec les parties belligérantes. Ce système de *neutralité armée*, comme on l'appela, posait de grands principes de liberté maritime qu'on oublia trop vite après la guerre de l'indépendance. Il établissait que le pavillon couvre la marchandise, et que l'Angleterre n'avait point le droit de visite sur les bâtiments neutres, sauf les cas de contrebande prévus par les traités antérieurs, ni le droit de blocus fictif. Presque tous les neutres donnèrent leur adhésion au système de la Russie : Danemark, Suède, Prusse, l'Empire, Naples et le Portugal. La France et l'Espagne approuvèrent sans peine des principes qui ne nuisaient qu'à l'Angleterre ; aucun peuple n'y mit plus d'empressement que la Hollande, qui faisait le commerce le plus actif avec les insurgés pour les bois de construction navale et les munitions de guerre. La république néerlandaise fût entrée dans la ligue des neutres, si l'Angleterre ne l'eût rangée elle-même parmi les parties belligérantes ; dès qu'elle vit que malgré les efforts du parti orangiste, dévoué à ses intérêts, la Hollande allait se faire admettre dans la ligue et s'assurer les bénéfices de la neutralité, elle lui déclara la guerre (6 décembre 1780). Forcée de ménager les puissances du Nord et les flottes qu'elles armaient pour la défense commune, elle leur exposa que la Hollande lui refusait ses secours au mépris des traités. Ainsi l'Angleterre était privée de l'alliance de la Russie qu'elle avait d'abord espérée, et forcée de se donner un ennemi de plus. Elle avait dans le même temps à combattre aux Indes orientales, Hayder-Ali, sultan de Mysore, et ses alliés les belliqueux Mahrattes, soulevés par les émissaires de la France. Au dedans, vers la même époque, l'excès de la misère soulevait le peuple de Londres. Pendant trois jours cent mille hommes assiégèrent la chambre des Communes et mirent le feu aux édifices publics. Quelques milliers d'hommes périrent dans la bataille livrée à cette furieuse émeute; et l'Irlande s'insurgeait!

L'Angleterre, réduite à l'alliance vénale de quelques princes allemands, était vraiment seule contre tous, comme Louis XIV au siècle précédent. Elle n'a jamais déployé plus de constance et d'énergie. Malgré le terrible échec de sa flotte au cap Saint-Vincent, l'Espagne montra dans cette guerre une force qu'on ne lui supposait plus. Elle conquit les forts anglais du Mississipi, entre autres le fort Mobile, Pensacola et les Florides. En Europe, un Français, le duc de Crillon, lui rendit Minorque. La Hollande au contraire ne joua plus qu'un rôle médiocre dans la guerre de l'indépendance. Elle fut plutôt la protégée que l'auxiliaire de la France. La flotte envoyée dans la Baltique pour la protection du commerce hollandais, y livra la bataille sanglante, mais indécise, de Doggersbank (1781), et n'osa plus dès lors disputer la mer aux Anglais. Rodney conquit sur les Hollandais, aux Antilles, la riche colonie de Saint-Eustache, et en Guyane Demerary et Essequebo. Mais le comte de Grasse, vainqueur de l'amiral Hood, reprit Saint-Eustache et ses trésors. La Motte-Piquet ravit aux Anglais, en vue de leurs côtes, les dépouilles de la Hollande.

La guerre allait se décider sur le continent. Clinton, que Washington avait trompé par une fausse attaque sur New-York, rappela l'amiral Arbuthnot et les troupes de Cornwallis qui venait de s'établir à Yorktown. Tout à coup Washington et Rochambeau traversèrent la Virginie, joignirent La Fayette, et enfermèrent Cornwallis dans Yorktown, pendant que l'amiral de Grasse profitait du départ d'Arbuthnot pour vaincre ses lieutenants et fermer aux Anglais la baie de Chesapeak. La position de Cornwallis était désespérée. Secouru trop tard par Clinton qui reconnut son erreur, repoussé dans une sortie, il dut mettre bas les armes avec près de six mille hommes (capitulation d'Yorktown, 19 oct. 1781). Ce fut pour nous la plus brillante année de la guerre d'Amérique. Les États-Unis avaient conquis ce jour-là leur indépendance, et mis fin à la guerre sur leur continent. L'Angleterre désespéra de les soumettre ; ses troupes abandonnèrent Savannah et Charlestown, et ne gardèrent plus que New-York jusqu'à la fin de la guerre.

Dans le même temps, l'Espagne dirigea plusieurs expéditions contre la Jamaïque. Cette grande colonie semblait perdue pour l'Angleterre, si les flottes espagnole et française opéraient leur jonction. Rodney la sauva par sa brillante victoire des Saintes sur le comte de Grasse, près de la Guadeloupe (avril 1782). La prise des îles Bahama par les Espagnols et des forts de la baie d'Hudson par La Pérouse, compensa pour les alliés la défaite des Saintes.

La même année Gibraltar, bloqué par terre depuis 1779, brava tous les efforts de l'Espagne. Elliot s'immortalisa par ce fameux siége, auquel étaient venus des curieux de tous les pays. Attaqué par une flotte considérable, et du côté de la terre par une armée de quarante mille hommes que dirigeait Crillon, le vainqueur de Minorque, il repoussa toutes les attaques des deux nations, et détruisit leurs batteries flottantes, invention ruineuse d'un autre Français, le chevalier d'Arçon. Les Espagnols espéraient qu'un dernier effort du côté de la terre réduirait cette garnison affamée. Quarante-six vaisseaux défendaient contre les Anglais les approches de Gibraltar. L'amiral Howe osa pourtant forcer le passage avec trente voiles. Les flottes combinées qui s'apprêtaient à punir tant d'audace, furent dispersées par une furieuse tempête, et la flotte anglaise, traversant le détroit, débarqua dans le port des munitions et des hommes. Après un siége de trois ans, Gibraltar était sauvé.

Aux Indes orientales, le pavillon français couvrit comme en Amérique les possessions hollandaises. Le bailli de Suffren, envoyé trop tard au secours de nos colonies indiennes et de nos alliés, battit sur sa route le commodore Johnston et mit la colonie du Cap en état de défense. Arrivé sur la côte de Coromandel avec des forces médiocres, onze vaisseaux, trois frégates, trois corvettes et huit transports, il y battit cinq fois en seize mois l'amiral Hughes. Le lendemain de sa première victoire, il débarqua trois mille hommes qui venaient renforcer contre les Anglais notre allié le vieux roi de Mysore, Hayder-Ali, et qui l'aidèrent d'abord à reprendre Gondelour. Les Hollandais avaient déjà perdu Sumatra, Negapatam et Trinquemale ; deux victoires de Suffren leur rendirent Trinquemale, l'un des meilleurs ports de l'Inde. La domination anglaise courut les plus grands dangers, malgré la mort de Hayder-Ali, quand le vieux marquis de Bussy-Castelnau eut rejoint Suffren avec trois vaisseaux de ligne, une frégate et 2,500 soldats. Suffren avait remporté sa cinquième victoire et la plus brillante près de Gondelour, quand la nouvelle du traité de Versailles mit fin aux hostilités. Tippou-Saëb, fils de Hayder-Ali, et furieux ennemi des Anglais comme lui, dut signer avec eux le traité de Mangalore (1784).

Les changements survenus dans le ministère anglais facilitèrent la conclusion de la paix. Dans le nouveau Parlement de 1782, l'opposition des whigs profita des malheurs de la guerre pour renverser les tories. La guerre coûtait 1400 millions à la France, et deux milliards et demi à l'Angleterre. On déclara traître au roi et à l'Angleterre, dans la chambre des Communes, quiconque proposerait de la continuer. Lord North fit place au marquis de Rockingham et aux autres chefs de l'opposition, Shelburne, Burke, Fox, Conway et le jeune William Pitt. Le nouveau ministère, dirigé par Shelburne après la mort de Rockingham et la retraite de Fox, essaya d'abord de traiter à part avec l'Amérique et la Hollande, et sur le refus loyal des deux républiques, accepta la médiation de l'Autriche et de la Russie pour traiter à Paris de la paix générale. L'Angleterre posa la base des négociations en reconnaissant l'indépendance des Etats-Unis, et signa les préliminaires de la paix à Versailles, avec l'Amérique et ses deux alliés. Par la paix définitive conclue six mois plus tard (septembre 1783), l'Angleterre reconnaissait les treize provinces comme États libres et souverains, et leur concédait tout le territoire de l'ouest jusqu'au Mississipi, avec le droit de pêche à Terre-Neuve et dans le golfe Saint-Laurent. Les deux nations avaient le droit de libre navigation sur le Mississipi. L'Angleterre restituait à la France les îles de Saint-Pierre et de Miquelon, avec le droit de pêche à Terre-Neuve, Sainte-Lucie et Tabago dans les Antilles, le Sénégal et Gorée en Afrique,

Pondichéry aux Indes orientales. La clause du traité d'Utrecht relative à Dunkerque était supprimée. L'Espagne, qui réclama vainement Gibraltar, gardait Minorque et les Florides. Dans ces traités qui terminaient la guerre la plus mémorable du dernier siècle, la Hollande seule indemnisa l'Angleterre en lui cédant Négapatam, et reconnut seule pour l'avenir la suprématie du pavillon britannique.

On protesta dans le Parlement contre une paix si désastreuse, après une guerre terminée par deux victoires éclatantes, la défense de Gibraltar et le combat naval de la Guadeloupe. Fox et lord North, coalisés contre Shelburne, lui reprochèrent surtout l'abandon des loyalistes. Malgré l'éloquence du jeune Pitt qui montrait la dette accrue de 115 millions, le Parlement blâma le traité. Shelburne dut se retirer. Ses accusateurs le remplacèrent, mais ceux qui avaient blâmé si fort le traité de Versailles n'osèrent pas l'annuler.

VI. — L'Amérique après la guerre de l'Indépendance. — Constitution des États-Unis. — Présidence de Washington.

En Amérique, la paix n'eut pas moins d'embarras que la guerre. Après avoir conquis la liberté, il fallait la maintenir et l'organiser, suivant les sages conseils que répandaient dans leurs écrits Franklin et Thomas Payne. Mais on était déjà loin du premier enthousiasme. On chargea Washington de licencier une armée qu'on ne pouvait payer. Les bourgeois étaient jaloux de cette armée, et celle-ci se plaignait des états qui l'avaient laissée si souvent sans solde et sans vêtements. Washington, sage médiateur entre les factions, suppliait ses concitoyens, fondateurs d'un état libre et d'un vaste asile pour les opprimés de tout pays et de toute religion, d'achever dignement l'œuvre commune et de mériter au dénouement du grand drame, comme au début, les applaudissements du ciel et de la terre. Il obtint que neuf états paieraient aux officiers, une fois pour toutes, cinq ans de leur solde; les simples soldats furent payés en papier d'État.

La vie militaire de Washington était finie: il résigna ses pouvoirs, recommanda l'armée au congrès, sa patrie à Dieu, et se retira, comme un autre Cincinnatus, dans sa terre de Mount-Vernon en Virginie.

Le défaut d'union réelle parmi les confédérés se fit bientôt sentir, dès qu'on chercha les moyens de soutenir le crédit public. L'Etat devait quarante millions de dollars ; le congrès, tenu de payer cette somme, n'avait pas le droit de voter les impôts ; et les divers états, munis de priviléges contradictoires, ne s'entendaient point pour la répartition des taxes. Ainsi la paix déprécia le papier public, au grand préjudice des pauvres soldats qui durent vendre à bas prix les créances de l'Etat.

On résolut en 1787 de resserrer le lien fédéral par un nouveau pacte, et de subordonner enfin les franchises particulières des états à l'autorité générale et suprême de la république, les constitutions particulières à la constitution fédérale ou commune. Il y eut de violents débats entre les démocrates ou républicains fougueux, partisans des libertés locales, et les aristocrates ou fédéralistes, partisans du système unitaire et du pouvoir central. Une furieuse émeute éclata dans le Massachusetts. Enfin tous les états, moins Rhode-Island, s'entendirent pour nommer un comité de constitution ou Convention, dont les plus illustres membres étaient Washington, John Adams, Jefferson, Hamilton, Franklin, et dont le travail, après quatre mois de délibération, fut soumis par le congrès à l'acceptation des provinces (1788-1789). La révolution d'Amérique s'achevait donc l'année même où commençait la nôtre. Les divers états, gardant leur administration séparée, abdiquèrent leur indépendance pour les affaires extérieures et pour les principales branches de l'administration. Désormais il n'appartenait qu'au gouvernement fédéral de voter les impôts, d'établir les douanes, d'administrer les finances publiques, de traiter avec les nations étrangères, de juger les différends entre les divers états, les procès entre citoyens d'une province à l'autre, et toute question maritime.

Ce gouvernement se composait : 1° d'un congrès législatif, assemblé tous les ans au mois de décembre et divisé en deux chambres : le Sénat, auquel chaque état envoyait par les suffrages de sa législature deux membres élus pour six ans, et renouvelé par tiers tous les deux ans ; puis la Chambre des représentants, élus à la même époque par le suffrage universel, et dans la proportion d'un député par 33,000 habitants, mais sans mandat impératif; 2° d'un président, investi du pouvoir exécutif et de l'autorité militaire, et nommé pour quatre ans par des électeurs spéciaux, choisis dans chaque état en nombre égal à celui des sénateurs et des représentants; 3° enfin d'une haute cour de justice, indépendante du congrès et du président. Il fallait trente ans pour être sénateur, et vingt-cinq pour être représentant. Les lois étaient proposées et discutées dans la seconde chambre, approuvées ou rejetées par le sénat. Aucune loi ne pouvait restreindre la liberté de conscience, la liberté de la presse et le droit de pétition. Le président donnait force de loi aux bills en les signant, ou les renvoyait aux chambres avec ses objections. Les bills appuyés de nouveau dans les deux chambres par les deux tiers des suffrages, ou que le président ne leur avait pas renvoyés dans un délai de dix jours, avaient force de loi. Au président, choisi par les représentants quand aucun des candidats n'avait obtenu la majorité des suffrages, on adjoignait un conseil de ministres, et un vice-président qui présidait le sénat. L'orateur ou président des représentants était choisi par eux-mêmes. Dans chaque état de l'Union, le pouvoir exécutif était de même exercé par un gouverneur assisté d'un conseil d'État, et le pouvoir législatif par des représentants élus tous les ans. Dans tous les états, sauf le Vermont, ce corps législatif était divisé en deux chambres. Du reste les rapports du gouverneur avec le pouvoir législatif, et des deux chambres entre elles, les institutions judiciaires, variaient suivant les provinces. Point d'armée permanente dans l'Union, sauf les cadres pour chaque arme. En cas de guerre, tout citoyen devait le service militaire, de seize ans à soixante. Une nation sans voisins et sans passé, comme les États-Unis, pouvait seule fonder sa constitution sur la pure théorie.

Washington, porté deux fois de suite à la présidence, exerça dans la paix les mêmes vertus que naguère on admirait dans les camps, mais sans désarmer les envieux. Quoique la nouvelle république ne reconnût point les priviléges de la noblesse, un certain nombre de familles riches ou de noble origine y formèrent le parti aristocratique, qu'on disait partisan de l'Angleterre et de sa constitution. Par une opposition naturelle, les partisans de l'égalité française y constituaient le parti démocratique. On rangea

Washington parmi les admirateurs de l'Angleterre, parce qu'en 1794 il négociait avec elle un traité de commerce, et réprouvait publiquement les théories anarchiques de la Révolution française, professées trop librement par son ambassadeur Genet. Washington, qui buvait tous les jours à la santé de La Fayette, ne pouvait guère aimer les Jacobins, persécuteurs de son compagnon d'armes. Il ne trouvait point dans la Révolution française la modération et le bon sens qu'il avait su donner à celle d'Amérique. Washington eut contre lui les Jacobins des États-Unis, et les loyalistes qui regrettaient l'ancien régime. Il y faut joindre ceux qui ne lui pardonnaient pas d'avoir reconnu dans le traité les anciennes créances du commerce anglais. On cria dans toutes les rues que Washington était vendu à l'Angleterre, et lui vendait son pays ; il se trouva même un journaliste pour imprimer qu'il avait volé 24,000 dollars à l'État. Washington signa le traité sans paraître ému de ces injures. En 1797, forcé par l'âge de renoncer aux affaires publiques, il ne rentra point dans la vie privée sans donner à ses concitoyens, par une sorte de testament public, les derniers conseils de sa haute raison et de sa longue expérience. Il conjurait les états de rester à jamais unis, le sud envoyant ses riches productions au nord qui lui prêterait sa mâle énergie. Aux esprits avides de changements politiques, il rappelait que le temps et l'habitude sont nécessaires pour fonder un gouvernement solide, et que pour l'administration d'un vaste état comme l'Amérique du Nord, il fallait donner à l'autorité centrale tout le pouvoir compatible avec la liberté de chacun. Il les conjurait, dans leurs relations extérieures, de conclure plutôt des traités de commerce que des alliances politiques, mais sans favoriser personne, sans se mettre dans la dépendance d'aucun peuple, et sans jamais s'engager dans les débats de la politique européenne.

Dans son testament particulier, Washington, qui n'avait pas d'enfants, traitait sa patrie comme sa famille. Une somme considérable était consacrée à la fondation d'une haute école dans la Colombie, car Washington ne voyait pas sans peine qu'on envoyât les jeunes gens aux écoles étrangères. Il semble que son plus grand chagrin fut de voir l'esclavage antique, aboli depuis longtemps en Europe, subsister encore aux États-Unis dans sa barbarie primitive, parmi des hommes fiers de leur indépendance et de leur liberté. Il affranchissait tous ses esclaves, et pou[r] mieux leur garantir son bienfait, il assurait le repos des plu[s] vieux et l'éducation des enfants. Washington mourut dans s[a] retraite en 1799. On lui fit dans le congrès cette oraison funèbre[:] il était le premier dans la guerre, le premier dans la paix, l[e] premier dans le cœur de ses concitoyens.

Franklin était mort dans la première année de la républiqu[e] (1790).

CHAPITRE XXIII.

LOUIS XVI. — TURGOT ET MALESHERBES. — NECKER. — ASSEMBLÉE DES NOTABLES. — CONVOCATION DES ÉTATS-GÉNÉRAUX.

SOMMAIRE.

1. — Louis XVI monte avec effroi sur le trône (1774) au milieu d'un peuple avide de réformes que lui-même croit nécessaires. Justement populaire par ses premiers actes, abolition du droit de *joyeux avénement* et renvoi du ministère Maupeou, mais égaré par les conseils de Maurepas, son premier ministre, il n'ose pas profiter de la dissolution des Parlements qu'il rétablit dans leurs priviléges, ni soutenir contre les classes privilégiées ou même contre l'aveuglement du peuple les réformes de Turgot et de Malesherbes, qui pouvaient prévenir ou modérer la révolution : liberté du commerce des grains, suppression des corvées, des maitrises et des jurandes, uniformité de l'impôt, organisation nouvelle de l'instruction publique, assemblées provinciales, etc.
2. — Le banquier génevois Necker, qui succède à Turgot (1776), rétablit le crédit de l'État sans menacer d'abord les privilégiés ; mais la guerre d'Amérique, que l'opinion publique impose à Louis XVI comme une première application des doctrines de la philosophie française, épuise encore les finances, et pour combler le déficit, Necker propose comme Turgot la répartition plus équitable des impôts. Son appel à la nation (*Compte rendu* de la situation financière, 1781) irrite la cour et la décide à le sacrifier comme son prédécesseur à la haine des privilégiés. La diplomatie de M. de Vergennes jette à ce moment son dernier éclat sur la cour de France (traité de Teschen, 1779, et paix glorieuse de Versailles, 1783).
3. — Au milieu de l'excitation produite par les succès des Américains et par la scandaleuse *affaire du collier*, le charlatanisme de M de Calonne entretient pendant quatre ans une fausse prospérité ; mais conduit par l'épuisement du crédit aux mêmes conclusions que ses devanciers et forcé d'avouer la dette et le déficit, il est renversé par les *notables* qui n'acceptent que les réformes secondaires (1787). Brienne, son adversaire et son successeur, reprend ses projets de réformes financières et propose de nouveaux impôts (timbre, subvention territoriale). Le Parlement, défenseur opiniâtre des privilégiés, ne reconnaît qu'aux États généraux déjà invoqués par les notables, le droit d'établir ces nouveaux impôts, et peu effrayé de son exil à Troyes, prétend opposer à la tyrannie de la cour les lois fondamentales du royaume. Le duc

d'Orléans, qui s'associe à cette opposition, en est puni par l'exil. L'agitation commence dans quelques provinces, Dauphiné, Bretagne, etc. Brienne, après avoir remplacé le Parlement par une *Cour plénière* pour l'enregistrement des impôts, et promis les États généraux, cède la place à Necker (1788), qui rappelle les Parlements et les notables, et malgré leur avis, attribue au tiers état une double représentation dans les États généraux. La cour adopte ainsi en partie la doctrine énoncée par Sieyès dans sa brochure fameuse qui sert de préface à la Révolution.

I. Avénement de Louis XVI (1774). — Situation intérieure de la France. — Ministère de Maurepas. — Turgot et Malesherbes. — Réformes et chute de Turgot (1776).

« Quel malheur pour moi ! » s'écria le dauphin en apprenant la mort de son aïeul (11 mai 1774). Louis XVI à vingt ans montait sur un trône environné d'écueils, car il était roi d'un peuple avide de réformes, que lui-même croyait nécessaires et qu'il n'eut pas le courage de réaliser. C'était le plus honnête homme de son royaume, et ce fut le plus faible des rois. Il n'était né ni pour le rôle de despote, ni pour celui de réformateur.

« Une noblesse à peu près exempte de fait ; un clergé offrant tous les cinq ans au roi un don gratuit ; un tiers état supportant tout le poids d'une multitude d'impôts publics et particuliers ; et dans la répartition même de ces impôts, un manque absolu d'ordre et d'uniformité, des priviléges jusque dans la roture, telle était, on le sait, la constitution financière de la France sous l'ancienne monarchie. Loin d'être l'entretien en commun de la chose publique, les contributions n'étaient encore, en plein XVIIIe siècle, qu'un vieux droit de conquête, un tribut établi par la force sur la faiblesse, et qui s'était maintenu malgré le déplacement des forces. » (1)

L'inégale répartition des impôts, c'était là le thème principal de tous les réformateurs, et le premier problème à résoudre. La taille, alors évaluée à quatre-vingt-onze millions et qui s'augmentait sans formalité d'enregistrement, et les corvées sur les routes, estimées à vingt millions, pesaient sur le peuple seul. La noblesse payait sa part du vingtième, impôt sur les terres sans distinction (75 millions), mais d'après la simple déclaration des

1. A. Bouchot. Éloge de Turgot (1846).

gentilshommes, tandis qu'on estimait rigoureusement les revenus du roturier. La noblesse et le clergé devaient encore leur part de la capitation (41 millions). Mais les privilégiés ne payaient rien pour les rentes foncières, ni pour les dîmes, ni pour les redevances féodales. Le clergé ne payait que onze millions pour ses immenses domaines et pour la dîme qui représentait le cinquième du produit net des terres, environ cent trente-trois millions. Les impôts indirects, les douanes, les régales et les monopoles sur le sel, le tabac, la poste, etc., toutes ces parts du revenu public engagées aux quarante-quatre fermiers généraux qui devenaient millionnaires en quelques années, pesaient bien plus lourdement sur les pauvres que sur les riches. La dîme et les droits seigneuriaux ruinaient le peuple et n'entraient point dans les caisses de l'Etat. La plus odieuse inégalité régnait d'une province à l'autre, des pays d'états aux pays d'élection. La gabelle imposait telle ou telle consommation de sel qui variait suivant les contrées. Ici le quintal coûtait huit ou neuf livres, là soixante livres ; ceux qui tentaient de rétablir l'équilibre par la contrebande étaient condamnés aux galères. Il y avait dans certains pays exemption des impôts sur le tabac ou sur le timbre ; d'autres s'en rachetaient par abonnement. La Lorraine ne payait point la capitation, tandis qu'on payait douze ou quatorze livres par tête en certains districts, comme Rennes, Strasbourg, et jusqu'à soixante-quatre livres dans l'Ile-de-France. Les vieilles provinces se trouvaient plus chargées que les nouvelles. Paris seul payait au roi plus que les revenus réunis des couronnes de Sardaigne, de Suède et de Danemark. Et le trésor public, si péniblement rempli, n'était pas même garanti par une comptabilité sévère contre les dilapidations de la cour.

On a vu sous Louis XV le gouvernement des maîtresses, la famine, la banqueroute, l'abaissement de la France en Europe ; on verra sous le vertueux Louis XVI la résistance des classes privilégiées à toutes les réformes, l'arrestation arbitraire des magistrats, la liberté individuelle violée par les lettres de cachet, la liberté de la presse confisquée par les censeurs du roi, la liberté de conscience toujours détruite par la révocation de l'édit de Nantes et par le fanatisme des parlements du midi, qui perpétuaient la procédure barbare du moyen âge au milieu d'une société polie ; la liberté du commerce entravée par les excès du système prohibitif, par les douanes intérieures et par les péages qui augmentaient d'environ cent millions la valeur des marchandises; la liberté du travail supprimée par les maîtrises et les jurandes. Une bourgeoisie éclairée, un peuple sans religion supportaient mal les priviléges d'un clergé corrompu et d'une noblesse avilie par ses défaites et ses débauches. Le petit clergé lui-même était jaloux des prélats choisis dans la noblesse de cour.

Refuser ou même ajourner la réforme de tant d'abus, c'était provoquer une révolution terrible ; d'autre part, pourrait-on jamais accorder aux disciples de Jean-Jacques Rousseau et des économistes tout ce qu'ils réclamaient, et décréter des réformes qui ne leur parussent pas incomplètes ? Turgot lui-même, le plus sage des ministres de Louis XVI, affirmait qu'il suffirait de dix ans pour rendre la France heureuse et méconnaissable. Depuis Jean-Jacques, on ne croyait plus à l'imperfection fatale des hommes et de leurs institutions.

Louis XVI n'eut pas la force d'ordonner le bien ni même de le laisser faire. La vie d'étude et de retraite qu'il avait menée pour échapper comme son père aux débauches de la cour, explique sa timidité, son irrésolution et son ignorance des hommes. La noblesse ne lui pardonnait point sa mauvaise tournure, ses goûts roturiers et son penchant pour les idées nouvelles ; il ne fut jamais ennobli à ses yeux que par le malheur et le danger. Le peuple fut de bonne heure habitué par les calomnies des courtisans à détester la jeune reine, élégante et gracieuse, et de bonne heure il attribua toute mesure impopulaire à l'*Autrichienne* qui dominait le roi. Il aurait dû pardonner quelque fierté de caractère à la fille de Marie-Thérèse, et ne se souvenait que trop des malheurs arrivés aux fêtes de son mariage.

Les premiers actes de Louis XVI furent justement populaires; il supprimait le droit de *joyeux avénement* et la torture. La jeune reine renonçait de son côté au vieux droit qu'on nommait la *ceinture de la reine*, et qui n'était payé que par le peuple. Mais Louis XVI, mal conseillé par ses tantes dans le choix d'un premier ministre, eut le malheur de préférer à des hommes tels que Machault ou Choiseul, le comte de Maurepas, vieillard frivole, disgrâcié jadis pour un quatrain contre madame de Pompadour.

Maurepas renvoya d'Aiguillon, Maupeou et Terray, et s'associa des hommes nouveaux et populaires : de Vergennes aux affaires étrangères, Sartine à la marine, Turgot aux finances, puis le vieux comte de Saint-Germain à la guerre. Malesherbes vint plus tard comme ministre de la maison du roi, chargé de la police du royaume et des *lettres de cachet*. Maurepas, qui n'avait ni le goût ni le génie des réformes, se donnait pour collègues deux réformateurs : Lamoignon de Malesherbes, le plus noble représentant de la vieille magistrature, directeur général de la librairie, bien connu par ses rapports d'amitié et de complaisance avec les philosophes ; au contrôle général des finances Turgot, qui résumait dans sa vaste intelligence tous les travaux des économistes et des philosophes, et se proposait d'appliquer à la France entière les réformes essayées pendant treize ans (1761-1774) dans son intendance de Limoges. Malesherbes disait de lui qu'il avait la tête de Bacon et le cœur de L'Hopital. Turgot acceptait le pouvoir sans ambition et par devoir, tristement convaincu de la faiblesse du roi, et se faisant promettre un appui qui lui manqua dès le premier jour.

Le programme de Malesherbes, qui le premier avait réclamé le retour des États généraux, comprenait la liberté de conscience pour les protestants, le droit de défense pour les accusés, la suppression de la censure et des lettres de cachet et le rétablissement de l'édit de Nantes, que le Parlement lui refusa. Turgot, d'un caractère plus hardi que Malesherbes et d'une intelligence bien supérieure, apportait au *roi législateur* qu'appelait Malesherbes, un vaste plan financier, économique et politique, qui consistait à opérer par la royauté elle-même, dans une généreuse initiative et au profit du peuple, la révolution que plus tard le peuple devait faire contre elle. Ses réformes eussent renversé tous les abus. Il ne lui suffisait pas de proposer un nouveau système d'impôts également répartis sur toutes les terres, le rachat des rentes féodales, l'abolition des corvées, des jurandes et des maîtrises, l'uniformité des poids et mesures, la liberté du commerce et de l'industrie, la suppression d'une partie des monastères, la réforme et la sécularisation de l'enseignement, la confection d'un Code civil unique, l'abolition de la torture, la révision des pensions, la réduction de l'intérêt sur les rentes et l'économie sans emprunts ;

le tiers état, dès 1614, avait déjà réclamé la plupart de ces réformes. Mais Turgot voulait de plus substituer au gouvernement du bon plaisir et du privilége des institutions libérales, une représentation nationale à tous les degrés depuis la commune jusqu'à l'État, de telle sorte que la France, hiérarchiquement divisée par municipalités de communes, d'arrondissements et de provinces, pût apprendre à se gouverner elle-même ; enfin, au-dessus de ces assemblées provinciales, où les grands propriétaires, opposés aux grands seigneurs, auraient fait leur apprentissage de la vie politique, une grande municipalité du royaume destinée à relier les efforts communs de la nation et du gouvernement, et qu'il appelait d'avance l'*Assemblée nationale*.

Un plan aussi grandiose, qui s'attaquait en même temps à tous les abus invétérés du régime féodal et quelquefois même aux préjugés des basses classes que les privilégiés avaient bien soin d'entretenir, ne pouvait réussir que par l'énergie du *roi législateur*. Louis XVI écouta les projets de son ministre et lui promit son appui. Turgot put s'apercevoir dès le premier jour du cas qu'il fallait faire de la bonne volonté du roi, car ce fut malgré sa vive opposition que Maurepas, par affectation de popularité, obtint le rétablissement du Parlement sans conditions sérieuses. Les magistrats, fiers de leur martyre et de leur triomphe, juraient seulement d'être plus tranquilles à l'avenir. Le Parlement croyait toujours à son droit de remplacer en matière d'impôts, par son refus d'enregistrement et par ses remontrances, les États généraux qu'on n'avait pas revus depuis 1614. Le peuple, trompé par cette fausse opposition, compta le rappel du Parlement et ce retour au passé parmi les bienfaits d'un règne auquel il demandait tant d'innovations.

Turgot, quoique prévoyant l'opposition prochaine du Parlement, se mit à l'œuvre. Il abolit la solidarité des tailles entre les habitants des paroisses, diminua les frais de perception et le nombre des receveurs, paya les petits rentiers qui n'y comptaient plus, et par un édit d'octobre 1774, après une mauvaise récolte, autorisa la libre circulation des grains dans l'intérieur du royaume, déjà mise à l'essai par Machault en 1754. Il encouragea l'importation des blés étrangers, racheta de certaines villes les monopoles de vente et de mouture et les droits seigneuriaux sur les grains. Les privilégiés ne manquèrent pas de soulever le peuple contre le ministre en l'accusant d'avoir causé la famine. Une émeute factice, favorisée à Paris par la connivence du Parlement et du lieutenant de police, alla demander au roi en son palais de Versailles qu'on fît baisser le prix du pain. Louis XVI promit ce qu'on lui demandait. Turgot, plus ferme, le força de rétracter sa promesse, requit l'emploi de la force armée, et se fit nommer ministre de la guerre *en cette partie*. Une armée de 25,000 hommes, commandée par Biron, comprima la révolte à Paris et dans l'Ile-de-France. Les ennemis de Turgot l'accusèrent de sacrifier le peuple à ses théories (mai 1775).

Quoique cette *guerre des farines* lui eût fourni une seconde preuve de la faiblesse du roi, Turgot persévéra dans son système de réformes. Il organisait de nouveaux moyens de transports et bâtissait des casernes pour supprimer les convois et les logements militaires; il améliorait la navigation intérieure et le commerce avec les colonies; il abaissait l'intérêt de l'argent par une caisse d'escompte, qui était le premier établissement de crédit tenté en France depuis Law et qui fut l'origine de la Banque de France. Le Parlement refusait d'enregistrer l'ordonnance qui remplaçait les corvées par un impôt général sur toutes les classes, et celle qui supprimait les maîtrises et les jurandes; le roi y contraignit les magistrats dans un lit de justice, que les économistes appelèrent un *lit de bienfaisance*. Turgot, vainqueur de l'opposition du Parlement, fit enregistrer de force et du même coup six édits (mars 1776). Mais toutes les classes s'insurgèrent bientôt contre le ministre *réformateur*, et contre ses *débordements économiques*. Les riches et les privilégiés, dont le Parlement déplorait hautement le triste sort, savaient que Turgot, dans ses plans pour la réorganisation administrative de la France, avait résolu d'appeler les citoyens à faire eux-mêmes la répartition des impôts. Le peuple des campagnes, presque indifférent à l'abolition des corvées, se laissait persuader que la liberté du commerce des grains ne pouvait produire que la famine. Les petits marchands s'indignaient de voir leurs ouvriers devenir leurs égaux. La cour, dirigée par Maurepas, la reine et les deux jeunes frères du roi, le comte de Provence et le comte d'Artois, soutenait les financiers et les fermiers généraux contre le ministre qui refusait leurs cadeaux au renouvellement des fermes et retenait sur les appointements des courtisans l'arriéré de la capitation. Les gentilshommes, que l'on croyait convertis aux idées de Voltaire et de Rousseau, abjurèrent leur philanthropie de salon et redevinrent des privilégiés opiniâtres. Le Parlement faisait brûler par le bourreau une brochure publiée contre les droits féodaux sous l'approbation du ministre. Un tel concert de malédictions s'éleva de toutes parts, que Louis XVI lui-même qui avait dit : « Il n'y a que M. Turgot et moi qui aimions le peuple » n'osait plus le soutenir. Malesherbes se retira le premier, et le roi le laissa partir avec cette seule parole : « Vous êtes plus heureux que moi ; vous pouvez abdiquer. » Turgot attendit qu'on le renvoyât ; le 12 mai 1776, il reçut l'ordre de quitter le ministère. Le grand ministre n'était pas seulement renversé par une intrigue de palais, mais par la résistance universelle. Il avait le droit d'accuser l'aveuglement de toutes les classes aussi bien que la faiblesse du souverain auquel il prédisait le sort de Charles Ier; mais dans sa lettre d'adieu à Louis XVI, il souhaitait dignement de s'être trompé et de n'être jamais regretté.

Le vieux comte de Saint-Germain, ministre de la guerre, avait fatigué l'armée par son engouement pour la tactique allemande, essayé d'abolir la vénalité des grades militaires et la préséance des gardes royales, et supprimé plusieurs corps de la maison du roi, entre autres le corps fameux des mousquetaires ; il fut congédié à son tour quelques mois plus tard.

II. Necker. — Son administration financière. — Le Compte-rendu. — Renvoi de Necker (1781). — Derniers succès de la diplomatie française.

Turgot fut d'abord remplacé aux finances par Clugny, entêté partisan du vieux régime, qui n'eut que le temps de fonder la *loterie royale* par surcroît d'abus, et de rétablir les maîtrises et les corvées. Mais bientôt les embarras du trésor public et l'imminence de la guerre d'Amérique, pour laquelle on armait déjà vingt vaisseaux de ligne, forcèrent Maurepas de donner à Turgot un plus digne successeur. Il s'associa (oct. 1776) comme simple directeur des finances un banquier génevois, Necker, dont l'État sous Louis

XV avait plus d'une fois imploré le secours et qui n'avait pas approuvé les réformes de Turgot. Necker, comparé à Colbert par ses partisans et à Law par ses détracteurs, déjà suspect à la cour et à la noblesse comme bourgeois et protestant, leur devint odieux par les moyens qu'il proposait pour rétablir les finances : l'économie, le concours des assemblées provinciales, avec double représentation du tiers, qui seraient chargées d'asseoir les impôts, et la reddition des comptes qui devait faciliter les emprunts et régulariser le crédit de l'Etat. Ce calviniste rigide, disciple et panégyriste de Colbert, travaillant sur un plan moins vaste que celui de Turgot, et plutôt préoccupé des questions de finances et de budget que des institutions politiques, eut surtout l'ambition de mettre en équilibre les recettes et les dépenses, et crut que le royaume serait sauvé par une balance de comptes et des opérations de banque. Il substitua des emprunts aux surcharges des contributions ordinaires, et créa une caisse d'escompte dont les billets étaient reçus en paiement au trésor et chez les particuliers. Il emprunta près de cinq cents millions et sut pourvoir pendant cinq ans, de 1776 à 1781, aux dépenses de l'État et aux frais de la guerre d'Amérique. Les assemblées provinciales, qu'il essaya d'abord dans le Berry (1778), se rapportaient dans ses plans à l'administration financière. On vit pour la première fois une assemblée où le tiers état avait une représentation égale à celle des deux autres ordres, et où les suffrages se comptaient non plus par ordre, mais par tête. On devait plus tard revenir en d'autres régions à ce système populaire des États provinciaux, et le tiers état applaudissait à cette première tentative ; mais Necker devait se briser comme Turgot contre la résistance opiniâtre des privilégiés.

A ce moment, la France entière, en haine des Anglais, bénissait le petit-fils de Franklin par les mains de Voltaire mourant. Ce fut l'année même de la mort de Voltaire et de Rousseau, ces deux grands promoteurs des idées nouvelles, que la France signa son traité de commerce avec l'Amérique (1778). Peu de temps après la visite de l'empereur Joseph II, frère de Marie-Antoinette et fougueux partisan de la philosophie française, Voltaire était venu jouir à Paris de son dernier triomphe et mourir au centre de sa gloire et de sa puissance (30 mai). Rousseau mourut un mois plus tard et plus tristement à Ermenonville.

Pour les disciples enthousiastes de Voltaire et de Rousseau, la guerre d'Amérique, désormais inévitable, était comme une croisade philosophique. On allait par delà les mers, et sur les principes de nos philosophes, créer dans le Nouveau-Monde un gouvernement qui servirait peut-être de modèle à l'ancien.

Louis XVI, avec son irrésolution ordinaire, eût volontiers fait la guerre sans la déclarer, laissant M. de Vergennes recevoir en secret les députés des États-Unis, Beaumarchais et tous les spéculateurs fournir aux révoltés des munitions, et les gentilshommes, comme Rochambeau et La Fayette, voler à leur secours, malgré sa défense officielle. Il craignait d'abord une lutte maritime avec l'Angleterre, et pour l'avenir de la royauté française le succès de la démocratie américaine. Mais entraîné par l'opinion, il se déclara pour la jeune république. Nos flottes, grâce à Choiseul qui vivait encore, soutinrent glorieusement la lutte contre la marine anglaise.

Necker, n'ayant pas le droit d'imposer les privilégiés, couvrit les frais de la guerre par de nouveaux emprunts dont les intérêts accrurent le déficit, parla comme Turgot de la nécessité des réformes, et se retira comme lui devant les clameurs de la noblesse. On lui reprochait surtout d'avoir par son fameux *Compte rendu*, comme dans son livre de l'*Administration des finances*, divulgué le premier les secrets du gouvernement. Les chiffres habilement disposés par Necker donnaient en apparence pour l'année 1781 un excédant de 10 millions, tandis qu'en réalité les dépenses excédaient de plus de 200 millions les ressources disponibles. Le public avait applaudi à cette publication, et les capitalistes avaient prêté 236 millions de plus, comme pour encourager cette franchise. Son crime aux yeux des nobles n'était pas d'avoir produit dans un style ambitieux des calculs inexacts, ou trop parlé de lui-même et trop peu du roi, mais bien plutôt d'avoir révélé le chiffre scandaleux des pensions qui s'élevaient à 32 millions. La publicité, selon Necker, était tout le secret de la prospérité financière des Anglais. Les courtisans dirent sottement que par cette complaisance excessive pour l'opinion publique, on réduisait les rois de France à la condition des rois d'Angleterre, ce qui n'eût pas été si fâcheux pour Louis XVI. Le *Compte rendu* effrayait la noblesse comme si la vieille société eût déposé son bilan. D'autre part les intendants et les parlements ne s'étaient pas moins effrayés que les nobles des assemblées provinciales encore essayées par Necker dans le Rouergue. La noblesse d'épée et la noblesse de robe détestaient son économie et ses états provinciaux ; les plus furieux le qualifiaient de tribun. L'armée de scribes et d'avocats qui servait le Parlement, soulevait le peuple contre lui. Louis XVI accepta volontiers sa démission (19 mai 1781). Necker, calomnié par les courtisans, emportait dans sa retraite l'estime publique, et comme Turgot avait reçu les consolations de Voltaire, Necker eut celles de Catherine et de Joseph II. Il y eut même affluence à Saint-Ouen qu'à Chanteloup.

En dehors de son administration financière, on lui devait l'affranchissement des serfs du domaine royal (1779), et le bon exemple ainsi donné par le roi aux seigneurs dont l'édit respectait d'ailleurs « le droit de propriété » ; l'abolition de la question préparatoire (1780) ; la création du Mont-de-piété ; l'amélioration du régime des prisons et des hôpitaux ; etc. Maurepas n'eut que le temps de lui choisir un successeur indigne, et la reine, après la mort de Maurepas, crut qu'il était de son devoir de gouverner la faiblesse du roi.

Cependant notre ministre des affaires étrangères, de Vergennes, assez hardi pour combattre dans le cabinet de Versailles le parti autrichien et pour soutenir la Suède et la Turquie contre la Russie, la Hollande et la Belgique contre Joseph II, frère de Marie-Antoinette, avait procuré à la monarchie française un grand succès diplomatique. La médiation de la France au traité de Teschen (1779), entre Joseph II et Frédéric II, contint l'ambition de l'Autriche qui convoitait la Bavière. Vergennes ne montra pas moins d'énergie et de talent, quand il entraîna l'Espagne contre les Anglais, et le traité de Versailles fut bien autrement glorieux pour la France que celui de Teschen. Mais l'administration de M. de Calonne allait gâter et perdre ces derniers succès de nos armes et de notre diplomatie.

III. Ministère de Calonne. — Procès du Collier. — Assemblée des notables (1787). — Ministère de Brienne. — Lutte de la cour et du Parlement. — Rappel de Necker (1788). — Convocation des États-généraux.

La guerre d'Amérique avait coûté 1400 millions à la France, et dévoré trois années de revenu ; le trésor était ruiné. Après le philosophe Turgot et le banquier Necker, la cour confia les finances, d'abord à deux parlementaires obscurs, Joly de Fleury et d'Ormesson, puis au courtisan de Calonne, poussé par le comte d'Artois, qui prévint tous les désirs de la reine et des princes, encouragea par des raisons d'État le luxe et les plaisirs, promit des réformes, abusa des emprunts, et fit vanter ses talents au milieu des fêtes de Versailles. Il parut croire que l'époque des succès de Cagliostro et de Mesmer était bonne aussi pour les charlatans financiers. Il était bien dangereux toutefois de braver ainsi l'opinion publique, exaltée par le Compte rendu de 1781, et bien difficile de tromper par de misérables expédients un peuple ébloui par le succès des Américains. L'application des doctrines politiques et philosophiques du dix-huitième siècle à la constitution de ce nouveau peuple avait répandu dans toutes les classes un immense désir de liberté. Pourquoi la France n'appliquerait-elle pas sa philosophie à ses propres destinées ? Pourquoi respecter plus longtemps une magistrature bafouée par les *Mémoires* de Beaumarchais, une noblesse qui riait d'elle-même au *Mariage de Figaro* (1784), une cour alors compromise par la scandaleuse affaire du collier ? Les imprudences de la reine, son genre de vie, son intimité avec les ennemis bien connus du peuple, son dédain de l'opinion, avaient de jour en jour accru la haine qui s'était manifestée contre elle dès son arrivée en France ; une misérable intrigue effaça le dernier prestige de la royauté. Le cardinal de Rohan, que sa conduite déréglée avait fait chasser de son ambassade de Vienne et qui n'en était pas moins devenu grand-aumônier de la cour, était en disgrâce ; se laissant abuser par une aventurière, la comtesse de Lamotte, il crut regagner la faveur de la reine en achetant secrètement pour elle et en son nom un collier estimé à 1,600,000 francs, qu'elle avait paru désirer. Les joailliers de la couronne, ne recevant pas le prix du collier, que la comtesse s'était fait remettre, le réclamèrent directement à la reine, et l'intrigue se découvrit. Le cardinal, arrêté à Versailles même, revêtu de ses habits pontificaux, fut traduit devant le Parlement qui l'acquitta, en condamnant madame de Lamotte pour escroquerie à la marque et à la réclusion.

Par un singulier contraste, l'attention publique était partagée à cette époque entre l'affaire du collier ou le *Mariage de Figaro*, et les plus magnifiques découvertes de la science. Les expériences de Lavoisier créaient la chimie, les frères Montgolfier inventaient les aérostats, et la première ascension était tentée aux Tuileries (1783). On applaudissait dans les provinces à de grands travaux d'utilité publique : canaux de Bourgogne et du Centre, agrandissement des ports du Havre, de Dunkerque et de La Rochelle; digue de Cherbourg, que Louis XVI alla visiter. Tout le peuple de Normandie courut saluer le roi à son passage, mais c'étaient là les derniers hommages rendus à la royauté (1786).

Calonne après trois ans se trouvait à bout de ressources. En huit ans les ordonnances au comptant avaient dévoré 861 millions, et la dette s'était augmentée de 800 millions. Il imagina de se sauver par la gloire des réformes, et d'être aussi hardi, mais plus heureux que Turgot. Il eût volontiers, lui aussi, soumis les privilégiés aux charges publiques, créé des assemblées provinciales, diminué les impôts, aboli les corvées, donné la liberté du commerce des grains « Du Necker tout pur ! » disait le roi. Mais la nouveauté du système de Calonne consistait simplement à recourir à l'un des plus vieux expédients de la monarchie, en faisant voter les réformes par des *notables*. On n'avait pas vu d'assemblée de notables depuis 1626. Louis XVI convoqua donc à Versailles huit archevêques, huit évêques, vingt-six ducs, huit conseillers d'Etat, quatre intendants de provinces, vingt-quatre officiers municipaux, tous les procureurs généraux et tous les présidents des parlements, en tout cent quarante-six notables, divisés en sept bureaux, pour aviser au salut de l'Etat. Ces notables (22 février-25 mai 1787) ne satisfirent ni le gouvernement ni la nation. Calonne choisissait des privilégiés dans le clergé, la noblesse et la magistrature pour leur proposer l'abolition des

31

privilèges. Ils consentirent volontiers aux réformes secondaires, suppression des douanes intérieures, de la gabelle, de la corvée, et des restrictions au commerce des grains, création d'assemblées provinciales pour répartir les impôts ; mais tous, et le clergé surtout, repoussèrent les deux impôts nouveaux que leur proposait le ministre, l'impôt sur le timbre et l'impôt sur toutes les terres ou *subvention territoriale*. Ils ne reconnurent qu'aux États généraux le droit de consentir de nouveaux impôts, forcèrent Calonne d'avouer le déficit, et le roi de renvoyer Calonne qui s'exila (avril 1787).

Brienne, archevêque de Toulouse, habile courtisan et mauvais ministre, le plus fougueux adversaire de Calonne, hérita de son pouvoir et de ses embarras. Les notables ne l'entendirent pas sans surprise proposer les deux impôts que lui-même avait combattus. Ils réclamaient la convocation des États généraux, et La Fayette en parlait plus haut que personne. Brienne congédia l'assemblée et ne trouva pas le Parlement plus docile que les notables. Il lui fallut d'abord un lit de justice pour forcer l'enregistrement des deux impôts. Le Parlement protesta contre la violence et fut exilé à Troyes. L'opposition avait deux chefs, d'Eprémesnil, défenseur opiniâtre des droits du Parlement, et Duport, plus soucieux des intérêts généraux de la nation. La cour des aides, la cour des comptes, et tous les parlements du royaume protestèrent contre les deux impôts. La querelle des ministres et des notables, agitée dans les livres et dans les journaux, avait donné l'exemple dangereux d'un appel au peuple et mis le public dans le secret des finances. Il entourait la salle des délibérations, applaudissait au passage les orateurs de l'opposition et sifflait ceux du gouvernement. En vain Brienne fit fermer les clubs ; au Parlement et dans la rue on demandait les États généraux. C'était là en effet la vraie source du droit et de la réforme, qui n'était ni dans le roi ni dans le Parlement. L'opinion publique, excitée dans tous les sens, se plaignait qu'au dehors on laissât l'Angleterre et la Prusse rétablir le stathouder, chassé de Hollande, et désarmer le parti républicain, notre allié naturel, la Russie et l'Autriche envahir la Turquie, autre alliée de la France.

Quand Brienne, croyant avoir gagné le Parlement, révoqua l'ordre d'exil et retira les deux édits, pour proposer dans un second lit de justice un emprunt de 440 millions, en même temps qu'un édit, préparé par Malesherbes, qui rendait l'état civil aux protestants, plusieurs membres et parmi eux le duc d'Orléans protestèrent si violemment contre l'édit enregistré, que la cour exila le prince et plusieurs de ses collègues. Le Parlement persista dans son opposition et demanda les États généraux. Le roi se fit apporter les registres, fit déchirer la protestation, mais promit de convoquer les États généraux avant 1792. Le Parlement répliqua par son mémorable arrêt du 5 mai 1788, qui rappelait suivant lui les lois fondamentales du royaume : le droit de la nation d'accorder librement des subsides par l'organe des États généraux ; les coutumes et les capitulations des provinces ; l'inamovibilité des magistrats ; le droit des cours de vérifier dans chaque province les volontés du roi et de n'en ordonner l'enregistrement qu'autant qu'elles sont conformes aux lois constitutives de la province et aux lois fondamentales de l'État ; le droit de chaque citoyen, en cas d'arrestation, d'être sans délai traduit devant ses juges naturels ; protestant ladite cour, etc. L'arrêt fut cassé dès le lendemain, et des gardes françaises allèrent saisir au nom du roi, au milieu de leurs collègues, d'Eprémesnil et Montsabert.

Pour en finir comme Louis XV et Maupeou avec l'opposition parlementaire, Brienne et Lamoignon firent lire à Louis XVI dans un troisième lit de justice (8 mai) un édit qui diminuait la compétence des parlements en agrandissant celle des présidiaux, créait quarante-sept grands bailliages pour juger les menus procès en dernier ressort, réduisait le Parlement de Paris à trois chambres au lieu de cinq, et le remplaçait pour l'enregistrement par une *Cour plénière*, composée des princes du sang, des pairs et d'un certain nombre de hauts dignitaires, et tenant lieu des États généraux. Paris et la province prirent parti pour la magistrature. Déjà la Bretagne, le Dauphiné, la Provence et le Languedoc se soulevaient ; on brûlait les ministres en effigie. La noblesse, le tiers état, et le clergé lui-même, convoqué en assemblée extraordinaire, demandaient les États généraux. Les états particuliers du Dauphiné décrétaient que l'impôt pour remplacer la corvée serait dans la province acquitté par les trois ordres, et donnaient double représentation au tiers. La cour dut céder ; elle renvoya Breteuil, le plus impopulaire des ministres, abolit la Cour plénière et promit les États généraux pour le 1er mai 1789. La Révolution avait déjà sa date plus précise. Cependant la disette menaçait le pays ; un hiver aussi rigoureux que celui de 1709 suivait la mauvaise récolte de l'année précédente. Brienne était réduit à suspendre le paiement des rentes en valeurs métalliques et à donner cours forcé aux billets de la caisse d'escompte, nouvelle cause d'agitation. Le roi renvoya encore Brienne et Lamoignon, et rappela Necker, qui rétablit le Parlement dans son ancienne forme, supprima les grands bailliages, releva le crédit de l'État par le seul effet de son retour, et confirma la promesse des États généraux (août 1788).

On vit bientôt que le Parlement rappelé par Necker ne défendait guère la liberté que dans l'intérêt de ses priviléges. Les magistrats aussi bien que les notables, rappelés également, opinèrent qu'on devait se régler sur les États de 1614 pour le nombre des députés et l'ordre des délibérations. Au contraire, Necker soutenait qu'il était juste et politique de doubler le nombre des députés du tiers dans les États généraux et dans les assemblées provinciales. Sieyès à cette occasion publiait sa fameuse brochure sur le tiers état, qui devint le programme de la Révolution. Necker soutint son opinion dans le conseil ; son discours au roi renfermait les grands principes de la monarchie constitutionnelle ; il suppliait Louis XVI de renoncer au pouvoir souverain pour le partager avec les représentants de la nation et restaurer l'État dans sa plus ancienne et sa plus noble forme. Le roi, déclarant le même jour qu'il adoptait les principes et les vues de son ministre des finances, et convoquant douze cents députés aux États généraux, dont la moitié pour le tiers, donnait lui-même le signal de la Révolution. Pour la seconde question posée aux notables, le vote par ordre ou par tête, on en remettait la solution aux États eux-mêmes. Le Parlement essaya trop tard de regagner sa popularité. Cette corporation égoïste, éclipsée bientôt par les États généraux, allait tomber avec la monarchie absolue et féodale sans qu'on entendit le bruit de sa chute (6 septembre 1790).

Necker était le héros du jour, mais emporté par le courant qu'il semblait diriger. La cour, sans influence sur les élections, dont le mode variait suivant les provinces, les voyait dirigées en Provence par un démagogue patricien, le comte de Mirabeau, à Paris par le duc d'Orléans, prince du sang, qui conspirait contre le roi. Il y eut parmi les députés beaucoup de gens sans propriétés et qui n'avaient rien à perdre. Necker allait se trouver sans plan et sans système arrêté en face des représentants de la nation et des plus exaltés révolutionnaires, auxquels les cahiers et les mandats impératifs traçaient leur conduite. Lorsque les États généraux s'ouvrirent le 5 mai 1789, Necker n'avait pas même songé à se réserver une place dans l'assemblée pour y défendre les intérêts du roi.

CHAPITRE XXIV.

SITUATION POLITIQUE DE L'EUROPE EN 1789.

SOMMAIRE.

1. — L'agrandissement continental de la Prusse et de la Russie et la prépondérance maritime de l'Angleterre sont les plus grands faits de l'histoire de l'Europe au dix-huitième siècle. — La France, que sa révolution va mettre aux prises avec l'Europe monarchique, a faiblement compensé par ses acquisitions de la Lorraine et de la Corse (1766-1768) le progrès des autres puissances. Elle est couverte au nord et à l'est par une ligne continue de places fortes; mais son armée de terre est mal composée; sa marine plus forte sera trop vite désorganisée par l'émigration. La France est pauvre en colonies, même après que le traité de Versailles lui a rendu le Sénégal. Elle résistera surtout par l'élan révolutionnaire. — L'Angleterre, arbitre de la paix sur le continent dans les grandes guerres du dix-huitième siècle, et reine des mers depuis la décadence de la Hollande et les revers de la France, occupant le Hanovre en Allemagne et Gibraltar en Espagne, a recouvré dans les Indes orientales l'empire que l'Europe coalisée lui a fait perdre en Amérique. Affermie au dedans par le développement de ses institutions libres, elle va payer de son or pendant vingt ans les coalitions contre la France. — La république des Provinces-Unies a perdu son importance politique en Europe, vers l'époque où la Prusse devenait puissance de premier ordre; elle est toujours déchirée par la lutte intérieure du parti républicain et de la maison d'Orange, dont profitera la Révolution française. — L'Espagne, ranimée par les Bourbons, a ressaisi deux couronnes en Italie pour ses infants, et conserve au loin ses vastes colonies, mais perd sous Charles IV l'énergique impulsion qu'elle avait reçue des réformes de Charles III. — Le Portugal, gardant plutôt son étendue que sa puissance coloniale, a tenté vainement sous Pombal d'échapper au protectorat de l'Angleterre. — Le royaume de Sardaigne qui s'étend du Rhône au Tessin sur la Savoie, le Piémont, le Montferrat, etc., est devenu l'état le plus important de l'Italie, où l'Autriche possède par elle-même ou par ses archiducs Milan, Mantoue, Modène et le grand-duché de Toscane. Venise est en pleine décadence. Gênes a perdu la Corse en 1768. Les États de l'Église n'ont point changé depuis 1661. Les Bourbons d'Espagne, établis par la France à Naples et à Parme, ont déjà rompu le *pacte de famille*. — Au nord de l'Italie, la Confédération helvétique garde ses limites et sa neutralité, mais toujours troublée par la rivalité des cantons allemands ou calvinistes et des cantons français ou catholiques, et par la lutte du parti démocratique contre les patriciens des grandes villes.

2. — Dans l'empire d'Allemagne, l'influence politique se partage désormais : d'une part entre l'Autriche qui s'est agrandie aux dépens de l'Espagne (Belgique et Lombardie), de la Turquie (Bukowine et banat de Temeswar) et de la Pologne (Gallicie et Lodomirie) ; d'autre part la monarchie prussienne, centre du protestantisme allemand, qui s'étend de la Meuse au Niémen par ses acquisitions sur la Suède, l'Autriche et la Pologne (Poméranie citérieure, Silésie, Prusse polonaise et partie de la Grande Pologne). La Bavière, réunie au Palatinat en 1777, est deux fois soutenue par la Prusse contre les envahissements de l'Autriche (traité de Teschen, 1779, et ligue des princes, 1785). Les états secondaires de Wurtemberg et de Bade ne sont pas un rempart plus solide dans le sud-ouest à cet empire ainsi morcelé, qu'au nord-ouest les pays catholiques, poussés à la révolte comme la Hongrie par les réformes de Joseph II. — La Russie, établie sur la Baltique par les traités de Nystadt et d'Abo, qui lui ont donné l'Esthonie, la Livonie, la Carélie et une partie de la Finlande, n'est pas moins puissante sur la mer Noire par le recouvrement d'Azov et de Taganrog, par l'acquisition des deux Cabardies et de la Crimée. Elle menace au midi la Turquie, prise à revers par l'Autriche ; à l'ouest, elle menace à la fois la Suède, la Prusse et la Pologne déjà démembrée. La guerre de Sept ans et le traité de Teschen ont montré sa médiation puissante dans l'empire germanique. — Entre ces accroissements rapides de la Prusse et de la Russie, la Suède, ranimée un moment par Gustave III, mais déjà entamée au sud de la Finlande et réduite en Allemagne à quelques villes de la Poméranie, et le Danemark, accru des duchés de Sleswig et de Holstein (1720, 1773), ne jouent plus qu'un rôle secondaire comme la Hollande. — La Turquie, déjà démembrée en Europe, occupe à ses derniers moments la vieille politique de l'équilibre européen. Après les traités de Kaïnardji et de Constantinople (1774-1784) qui ont marqué sa décadence rapide, la *question d'Orient* s'agite déjà pour le maintien de l'empire ottoman. La Prusse, qui vient de partager une première fois la Pologne avec la Russie et l'Autriche pour sauver la Turquie d'Europe, s'effraie de l'union de ces deux empires contre la Turquie et prépare ses armées contre Catherine et Joseph II. Mais à la mort de Joseph II, Léopold s'empresse de désarmer la Prusse et renonce à la politique de son frère pour pacifier les Pays-Bas et la Hongrie. Le traité de Sistowa (1791) est le dernier acte de l'ancienne politique. Les puissances du nord et de l'est se réconcilient pour achever le partage de la Pologne et lutter contre la Révolution française.

1. Abaissement de la France. — Puissance maritime et financière de l'Angleterre. — Décadence des Provinces-Unies, de l'Espagne et du Portugal.—Influence étrangère en Italie. — Neutralité de la Suisse.

Le dix-septième siècle a vu la France à son apogée sous Louis XIV, et vers le même temps la grandeur de la Suède et de la Hollande. L'agrandissement continental de deux états nouveaux, la Prusse et la Russie, et la prépondérance maritime de la vieille Angleterre sont les plus grands faits de l'histoire de l'Europe au dix-huitième siècle. Les traités d'Utrecht (1713) et de Nystadt (1721) ont marqué l'entrée de la Prusse et de la Russie dans le concert des grandes nations, et parmi les guerres de la France contre Marie-Thérèse et Frédéric II, les Anglais ont solidement fondé leur puissance coloniale.

La France s'est accrue sous Louis XV de deux provinces nouvelles, la Corse cédée par la République de Gênes en 1768, et la Lorraine dont elle a hérité à la mort du roi Stanislas (1766), et qui complète sa frontière de l'Est : faible compensation pour la France, si on la compare aux progrès des autres puissances. Mais sa situation politique n'est plus seulement dans ces questions de territoire et de ressources matérielles ; elle n'est pas non plus dans ses institutions délabrées, ni dans son organisation militaire, ni dans ses divisions administratives et judiciaires qui n'ont guère changé depuis Louis XIV ; elle est bien plutôt dans les esprits et dans les âmes où la Révolution fermente. Le peuple, accablé d'impôts, ne croit plus à la monarchie légitime après Louis XV, ni aux droits des seigneurs qui ne rendent plus de services, ni à la justice des magistrats qui achètent leurs charges. Les philosophes ont constitué dans ses nouvelles croyances un gouvernement idéal auquel il compare tristement la réalité. Il demande pour lui-même ces réformes que les rois absolus, inspirés par la philosophie française, viennent d'appliquer à leurs états, et que l'Amérique du Nord, affranchie par le secours de la France, vient d'établir dans une forme nouvelle. La situation politique de la France se résume dans une date: *ouverture des États généraux*, 5 mai 1789. Au dehors, notre diplomatie et nos armes ne peuvent rien pour nos alliés de Constantinople encore attaqués par la Russie, rien pour nos alliés de Hollande humiliés par l'Angleterre et la Prusse. Au dedans même faiblesse. La monarchie n'a pour se défendre contre la Révolution, et celle-ci n'aura d'abord pour résister à l'étranger, qu'une armée de 150,000 soldats mal recrutés et plus mal nourris, où tous les grades sont réservés par une ordonnance récente (1784) aux nobles *vérifiés*, et qui va fournir des auxiliaires aux premières émeutes.

La France est couverte au nord, où elle sera d'abord attaquée, là où les frontières naturelles lui manquent, par une ligne de places fortes qui va de Dunkerque à Metz ; sur le Rhin, par Landau et Strasbourg ; du côté du Jura, par Besançon et Dôle ; vers les Alpes, par Grenoble, Briançon, etc. La France est faible en colonies, même après que le traité de Versailles lui a rendu le Sénégal et ses comptoirs des Indes ; le traité de Paris lui a coûté le Canada et la Louisiane. Sa flotte, montée par 70,000 matelots, répartis en sept classes, serait plus forte et plus redoutable que l'armée sans la rivalité fatale des officiers nobles et des officiers *bleus*, qui la désorganisera si vite. Sa population totale ne s'élève alors qu'à 25,000 millions d'habitants. La France ne résistera à l'Europe coalisée que par l'élan révolutionnaire et par cette valeur dont la guerre d'Amérique a fourni les dernières preuves.

L'Angleterre, seul pays constitutionnel de l'Europe, a profité des fautes du règne de Louis XV pour devenir la première puissance maritime du monde. Grâce à la guerre de la succession d'Autriche et à la guerre de Sept ans, qu'elle a habilement entretenues, surtout par ses subsides, elle est devenue la reine des mers en même temps que l'arbitre de la paix. Établie dans l'Allemagne du Nord par la possession de l'électorat de Hanovre, elle intervient à son gré dans les débats du continent; maîtresse des îles normandes, elle surveille de près les côtes de Normandie et de Bretagne et la navigation de la Manche ; inexpugnable dans son rocher de Gibraltar, elle tient l'entrée de la Méditerranée. Il a fallu la coalition de l'Europe pour lui arracher ses colonies d'Amérique devenues la république des États-Unis ; mais l'agrandissement de son vaste empire des Indes orientales compense déjà ses pertes dans le Nouveau-Monde.

On a vu l'Angleterre, pendant la guerre de Sept ans, solder 337,000 hommes, armer soixante et un vaisseaux de ligne et trois cent cinquante-cinq autres bâtiments de guerre : on l'a vue, dans la guerre d'Amérique, combattre à la fois ses colonies rebelles, l'Irlande et le peuple de Londres insurgés, supporter le choc des partis et le poids d'une dette énorme, et braver seule la coalition des Bourbons et de ces mêmes Hollandais qui s'étaient ruinés pour elle dans leur dernière guerre contre Louis XIV. Les institutions libres, affermies en 1688, ont pris un tel développement sous la maison de Hanovre, malgré les maîtresses et les favoris et parmi les progrès du luxe et de la richesse, dans cette société mue et réglée par ses forces intérieures, que l'Angleterre demeure en 1789 la plus dangereuse ennemie de la France et de la Révolution. Qu'importe à l'Angleterre que le roi George III perde la raison dans l'automne de 1788 ? Le vrai chef du gouvernement, c'est le second Pitt, premier lord de la trésorerie et chancelier de l'échiquier depuis 1783. Celui-là, habile réformateur au dedans, conservateur énergique et fanatique au dehors, bien supérieur à son parti, va gouverner les chambres et la nation au cri de ralliement des tories : le roi et l'église ! soutenir le crédit public par l'amortissement, dont Walpole avait donné la théorie plutôt que la pratique, et par le fameux impôt sur le revenu (*income tax*) fournir à l'Angleterre tout l'or qui paiera les coalitions contre la France.

Au contraire, la république des Provinces-Unies, la redoutable ennemie de Louis XIV, est bien déchue depuis l'époque où elle avait dix vaisseaux de ligne de plus que les Anglais. Elle garde son territoire en Europe et ses vastes colonies ; en Afrique, le Cap : en Asie, Ceylan ; en Océanie, Java et les îles de la Sonde ; en Amérique, la Guyane hollandaise, Curaçao, Saint-Eustache, etc. Elle a perdu au traité de Versailles Négapatam cédé aux Anglais. La Hollande, retirée des grandes affaires, et n'en ayant plus d'autre que sa compagnie des Indes, nourrit à force de travail et d'économie, sur un territoire qui n'est pas grand deux fois comme le canton de Berne, environ 2 millions d'habitants, avec une mauvaise armée de 28,000 hommes renforcée par 9,000 Suisses ou Allemands, et une flotte de vingt vaisseaux de ligne. Son importance politique a cessé en Europe à l'époque même où la Prusse devenait puissance de premier ordre. Faible alliée de la France et des États-Unis contre les Anglais, elle est toujours déchirée par la lutte intérieure du parti républicain et de la maison d'Orange ou du stathoudérat. Joseph II n'a pu rouvrir l'Escaut, ni relever Anvers contre Amsterdam, mais il a repris sur les Hollandais en 1785 les places de la *barrière* qu'ils occupaient depuis 1715. En 1787, Frédéric-Guillaume II envoie 30,000 Prussiens, sous Ferdinand de Brunswick, rétablir et venger son beau-frère, Guillaume V, déposé par les républicains. Une triple alliance est conclue entre l'Angleterre, la Prusse et le stathouder pour maintenir en Hollande le pouvoir monarchique. Le parti des États a réclamé vainement l'appui de la France. Le stathouder rétabli va s'unir à l'Europe contre la Révolution française, qui profitera sans peine de ces dissensions pour faire triompher en Hollande ses armées et ses principes.

L'Espagne, privée au traité d'Utrecht de ses annexes d'Europe, s'est ranimée sous les Bourbons jusqu'à ressaisir en Italie deux couronnes pour ses infants, le royaume des Deux-Siciles (1738) et le duché de Parme et Plaisance (1748). Elle a vainement tenté, pendant la guerre de l'indépendance américaine, de reprendre Gibraltar aux Anglais; mais elle a recouvré Minorque au traité de Versailles. Elle conserve au loin ses immenses colonies des deux Amériques, les quatre vice-royautés du Mexique, de la Nouvelle-Grenade, du Pérou et de Buenos-Ayres, les trois capitaineries générales du Chili, de Caracas et de Guatemala, puis la Louisiane, la Floride, Cuba, Porto-Rico, une partie de Saint-Domingue; en Océanie, les Philippines et les Mariannes; en Afrique, Oran, Ceuta, les Canaries, Fernando-Po et Annobon. L'exploitation exclusive des mines du Pérou et du Mexique, au détriment de l'industrie et de l'agriculture, et le monopole du commerce réservé à la métropole ruinent toujours ces riches colonies. L'Espagne perd sous l'indolent Charles IV (1788) et sous un favori trop célèbre, Emmanuel Godoï, l'énergique impulsion qu'elle a reçue de Charles III. Le *pacte de famille* est rompu; les vieux abus ont survécu aux réformes; l'Espagne, avec ses trois mille couvents et les dix-huit tribunaux qui relèvent de l'Inquisition dans la péninsule et dans ses colonies, va combattre l'esprit nouveau. Le royaume sera livré à l'intervention étrangère, et plus tard ses colonies américaines à la révolution.

Le Portugal garde ses mêmes limites, mais sa puissance coloniale est à peu près détruite aux Indes orientales; il ne possède plus que Goa et Dia sur la côte de Malabar, Macao sur la côte de Chine, et une partie de l'île de Timor; dans l'Océan, les Açores, Madère, les îles du Cap-Vert et de Saint-Thomas; à l'ouest de l'Afrique le Congo, et à l'est Mozambique; dans l'Amérique du Sud le Brésil, destiné lui aussi à une prochaine indépendance. Le marquis de Pombal a tenté vainement de soustraire le Portugal au protectorat de l'Angleterre; ce petit royaume, à peine aussi peuplé que la république des Provinces-Unies, quoique trois fois plus grand, n'est plus depuis 1703 qu'une colonie anglaise, que l'invasion, la tyrannie ou la révolution se disputeront tour à tour comme l'Espagne.

En Italie, le royaume de Sardaigne, sagement gouverné par Charles-Emmanuel (1730-1773) et après lui par Victor-Amédée III, s'étend dans sa partie continentale du Rhône au Tessin, sur la Savoie, le Piémont, le Montferrat et le comté de Nice, entre la France, la Suisse et l'Autriche. L'île qui lui donne son nom lui fournit à peine de quoi payer son administration particulière. Ce nouveau royaume, peuplé d'environ 3 millions d'habitants, est devenu par la politique astucieuse de la maison de Savoie le plus important des états italiens au nord de la péninsule, où l'Autriche possède par elle-même les duchés de Milan et Mantoue, et par ses archiducs Modène et la Toscane. Le duché de Modène (et de Mirandole) n'a guère plus d'importance que les petits états de Monaco, de Lucques, de Massa et de Carrare. Le grand-duché de Toscane, passé dans la maison de Lorraine-Habsbourg à l'extinction des Médicis en 1737, est désormais lié aux destinées de l'Autriche ; le grand-duc Léopold (1765-1790) va quitter pour l'empire d'Allemagne le pays qu'il a si sagement administré. La république de Venise est en pleine décadence, quoique maîtresse encore de ses possessions de terre ferme, des îles Ioniennes et des principales côtes de la Dalmatie et de l'Illyrie. Gênes a recouvré sa seigneurie de Final en 1748, mais elle a perdu la Corse en 1768.

Les États de l'Église occupent toujours l'Italie centrale, entre le grand-duché de Toscane et l'Adriatique, des rivages du Pô à Terracine, avec l'enclave de la petite et ancienne république de Saint-Marin. Avignon et le duché de Bénévent appartiennent encore au pape.

Les Bourbons d'Espagne, établis par la France dans le royaume des Deux-Siciles et dans le duché de Parme, et qu'on a vus naguère suivre la politique et les idées françaises, même contre le pape, ne seront pas les derniers à se tourner contre la France. Là aussi le *pacte de famille* est rompu et fait place à l'alliance autrichienne. L'Autriche et sa politique sont déjà représentées à Naples par Marie-Caroline, sœur de Marie-Antoinette. Une réaction violente a détruit les réformes de Tanucci aussi vite qu'ailleurs celles de Pombal et de Joseph II.

Au nord de l'Italie, la république fédérative des treize cantons suisses, en y joignant ses *alliés*, Genève, le Valais et les ligues des Grisons qui possèdent la Valteline, garde ses limites et sa neutralité. Mais elle est toujours agitée au dedans par la rivalité de la Suisse allemande ou calviniste et de la Suisse française ou catholique, et par la lutte des bailliages communs contre les cantons, du parti démocratique contre les patriciens des grandes villes de Berne, Bâle, Zurich, Lucerne, etc. La neutralité de la Suisse consiste à prêter aux peuples voisins environ 38,000 soldats, dont 25,000 nationaux, engagés en moyenne pour un service de quatre ans.

II. L'Empire d'Allemagne et la maison d'Autriche. — Progrès de la Prusse et de la Russie. — Faiblesse des États scandinaves. — Décadence de la Turquie.

Les formules de la Bulle d'or, les clauses des capitulations impériales et du traité de Westphalie, sans cesse répétées, les recès de la diète permanente (depuis 1662), les arrêts de la cour impériale et du conseil aulique, conservent à l'empire germanique une apparence d'unité. On a vu toutefois sous Joseph II ce que valait le titre impérial. Empereur depuis 1765, son règne ne commence réellement qu'en 1780, à la mort de sa mère, et quand il est chef de la maison d'Autriche. Dans cet empire toujours divisé en dix cercles et huit électorats, l'influence politique se partage désormais entre deux grands états : d'une part l'Autriche, qui depuis 1713 a perdu les Deux-Siciles, le duché de Parme et la Silésie, mais qui récemment a gagné sur les Turcs le banat de Temesvar et la Bukowine, et sur les Polonais la Gallicie et la Lodomirie ; d'autre part la monarchie prussienne, centre du protestantisme allemand, dont le territoire moins compacte va de la Meuse au Niémen par ses acquisitions sur la Suède, l'Autriche et la Pologne (Poméranie citérieure, Silésie, Prusse polonaise et district de la Grande Pologne sur la Netze). Il y a dès lors en Allemagne une monarchie assez forte pour faire contre-poids à l'Autriche sans s'appuyer sur la France ; une puissance qui remplace dans son opposition à la maison de Habsbourg les deux garants du traité de Westphalie, la France et la Suède.

Marie-Thérèse a laissé à Joseph II dans les états héréditaires un empire de 20 millions de sujets dévoués, un revenu de 215 millions, une armée de 275,000 soldats dressés par d'habiles généraux (Daun, Laudon, Lascy). La monarchie autrichienne va de la Bukowine à Pavie par sa frontière méridionale qui suit les Carpathes orientales jusqu'aux Portes de fer, le Danube jusqu'au confluent de la Save (sans Belgrade), la Save jusqu'à l'Unna, et enveloppe au sud-ouest les possessions de Venise, par l'Illyrie, le Tyrol, le Milanais et le Mantouan. A l'ouest, au delà de la Bavière et du Wurtemberg, l'Autriche possède encore, en dehors de son territoire, une partie de la Souabe (Ortenau et Brisgau), Constance, Fribourg, Vieux-Brisach et les villes forestières. Joseph II aurait voulu se rapprocher de ces possessions du Rhin en joignant la Bavière à l'Autriche ; on a vu le roi de Prusse arrêter deux fois ses entreprises.

Frédéric II n'avait à son avénement que 2,200,000 sujets, et un revenu de 56 millions ; il a laissé à son successeur 6 millions de sujets, un budget de 90 millions et une armée de 250,000 hommes. Le territoire de la monarchie prussienne est continu de l'Elbe au Niémen depuis le premier partage de la Pologne ; ses possessions occidentales, Clèves, Mark et Ravensberg, une partie de la Gueldre et l'Ost-Frise, sont séparées du Brandebourg par le Hanovre, la Hesse, etc.; mais le traité de Teschen, en accordant à l'Autriche le quartier de l'Inn et Braunau, a reconnu à la maison de Brandebourg le droit de succession directe dans les margraviats d'Anspach et de Baireuth, en d'autres termes le droit d'incorporer à la monarchie ces régions franconiennes. Le successeur de Frédéric le Grand, son neveu Frédéric-Guillaume II (1786-1797), peu favorable aux philosophes et rétablissant la censure contre les *rationalistes*, suit plus fidèlement la politique de sa maison contre l'Autriche. Il prétend sauver de son ambition non plus la Bavière, mais la Turquie. Tout à l'heure il prétendra sauver de la Révolution la monarchie française. Le notable accroissement de territoire et de population qui résulte du premier partage de la Pologne et de la réunion des margraviats franconiens, le succès facile de l'expédition de Hollande, et les souvenirs de la guerre de Sept ans, exaltent la confiance et l'ambition de Frédéric-Guillaume et de ses sujets. Ils se croient trop vite un grand roi et un grand peuple.

Au-dessous de ces deux puissances, les plus importants parmi les états secondaires sont la Saxe, dont l'électeur catholique est demeuré le chef du *corps évangélique*, et la Bavière, réunie au Palatinat malgré l'Autriche. La Saxe électorale compte 2,200,000 habitants ; la Bavière et le Palatinat n'en ont pas davantage, et ne fourniront pour la guerre de l'Empire contre la France qu'un contingent de 2,800 hommes. Tel est le petit nombre des sujets directs des princes, et tel est le morcellement de l'Allemagne avant que la paix de Lunéville vienne en 1801 compléter les sécularisations du traité de Westphalie, que le cercle de Souabe, par exemple, compte quatre princes ecclésiastiques, treize princes laïques, dix-neuf prélats d'empire, vingt-six comtes et seigneurs immédiats, trente et une villes libres. De là les délibérations si lentes et si confuses de la diète, et le désordre proverbial de l'armée des cercles. Mais que signifient l'ancien mécanisme de la diète et l'armée des cercles, devant ces deux puissances de l'Autriche et de la Prusse ? On n'a pas même songé à faire confirmer par la diète la paix de Hubertsbourg. Le duché de Bade et le Wurtemberg, avec une population moindre que celle de la Saxe et de la Bavière, ne sont pas un rempart plus solide dans le sud-ouest à cet empire ainsi morcelé, qu'au nord-ouest les Pays-Bas catholiques formant toujours le cercle de Bourgogne, mais plus directement soumis à la maison d'Autriche, et soulevés contre elle par les réformes violentes de Joseph II.

La population de toute l'Allemagne en 1790 ne peut guère s'évaluer qu'à vingt-sept millions d'âmes. Depuis 1764, des milliers de familles de la Souabe, des pays du Rhin et du Palatinat, émigraient vers la Russie (Saratow), vers le banat de Temesvar et jusqu'en Espagne. L'empereur dut en 1768 combattre et entraver l'émigration (1). Malgré les progrès notables de l'agriculture et de l'industrie dans les trente années de paix qui suivirent le traité de Hubertsbourg, les réformes que demandait la France semblaient nécessaires en Allemagne. Les idées françaises avaient pénétré par les livres de nos philosophes ou par la franc-maçonnerie dans tous les états allemands et jusque dans les pays catholiques du midi. C'est en Bavière que le professeur Weishaupt

---

1. Böttiger, *Hist. d'Allemagne*, 3ᵉ partie.

fondait la secte des *Illuminés* (1776), plus hardie que nos philosophes et que Joseph II lui-même.

En 1789, la Russie est bornée à l'ouest par la Laponie danoise, la Finlande suédoise, la Baltique, la Prusse ducale et la Pologne; au sud par la Turquie, la mer Noire, la mer d'Azov et le Caucase; à l'est par la mer Caspienne et les monts Ourals. Elle comprend dans ces vastes limites l'Esthonie, la Livonie, l'Ingrie, la Carélie et une partie de la Finlande (Frédéricshamm et Wilmanstrandt), enlevées à la Suède par les traités de Nystadt (1721) et d'Abo (1743); la partie de la Pologne située entre la Dwina, le Dniéper et la Drustsch, conquise en 1772; Azov, Taganrog, perdues par Pierre le Grand au traité du Pruth et recouvrées en 1774 au traité de Kaïnardji avec Kertsch, Kinburn, Ienikalé; la Crimée, déclarée indépendante en 1774 et occupée en 1783 par Catherine II, et les deux Cabardies au nord du Caucase. La Russie compte alors 30 millions d'habitants, et peut mettre sur pied une armée régulière de 300,000 hommes renforcée par 200,000 hommes de hordes belliqueuses et pillardes, Cosaques, Kirghiz, Kalmouks, etc. Dans le même temps qu'elle attaque des deux côtés de la mer Noire la Turquie, prise à revers par l'Autriche, la Russie, sur sa frontière de l'ouest qui longe les monts Olonetz, la Dwina, le Dniéper et le Bug, menace à la fois la Suède, la Prusse et la Pologne. Elle soudoie et soutient la noblesse en Suède, les chrétiens et les Slaves en Turquie, et l'anarchie en Pologne. On a vu ses armées dans la guerre de Sept ans, et sa médiation puissante dans l'empire germanique au traité de Teschen (1779); puis en 1780 son intervention contre l'Angleterre par la ligue de la neutralité armée. Catherine II ne mourra (1796) qu'après avoir accompli la ruine de la Pologne et pris une grosse part des pays qui restent encore à ce malheureux royaume, Grande Pologne (Varsovie), Petite Pologne (Cracovie), Podolie (Kaminiek) et Lithuanie (Wilna).

Entre ces accroissements formidables de la Prusse et de la Russie, la Suède a perdu son ancienne grandeur et ne joue plus qu'un rôle secondaire. En dehors de son territoire déjà entamé dans la Finlande orientale, elle n'a pu que sauver les débris de ses conquêtes en Allemagne, dans la Poméranie citérieure, depuis Stralsund jusqu'à la Peene (Stralsund, Wismar et l'île de Rügen). On l'a vue ranimée un moment par l'énergie de Gustave III, qui deux fois (1772-1788) abaisse la noblesse et le parti russe au profit du peuple et de la royauté; soutenu de loin par les encouragements de la France, il est contraint par la rébellion des nobles de renoncer à la lutte contre la Russie. Le Danemark, toujours uni à la Norvége et accru des duchés de Sleswig et de Holstein (1720-1773), anciens domaines des princes de Holstein-Gottorp, s'est réformé à l'intérieur sous le règne de Christian VII et sous l'administration hardie de Struensée et de Bernstorf. Les deux royaumes scandinaves n'ont pas désormais plus d'importance que la Hollande dans l'ancien système d'équilibre arrivé à son dernier terme. Mais la Suède, avec son unique colonie de Saint-Barthélemy aux Antilles, achetée à la France en 1784, et le Danemark avec ses établissements dans le même archipel, Saint-Thomas, Saint-Jean et Sainte-Croix, Christianborg en Afrique, Tranquebar aux Indes, les îles Féroë, l'Islande et le Groënland, n'ont point de rang parmi les puissances coloniales.

La Turquie, affaiblie en Asie par l'éternelle rébellion de la Syrie et de l'Égypte, et qui vient d'être démembrée en Europe par les traités de Kaïnardji (1774) et de Constantinople (1784), y garde encore toute la péninsule illyrique, divisée en quatre pachaliks, Roumélie, Servie, Bosnie et gouvernement des îles ou du Capitan-Pacha. Chassée par les Russes d'une grande partie du littoral européen de la mer Noire, elle conserve au nord du Danube ses droits de suzeraineté sur les hospodars de la Moldavie et de la Valachie, et la province d'Oczakoff sur la mer Noire. Mais les derniers traités ont marqué sa décadence, et la vieille politique de l'équilibre européen s'agite à ses derniers moments pour le maintien de l'Empire ottoman en Europe. L'ambition de la Russie a déjà soulevé la *question d'Orient*. Catherine et Joseph II, s'unissant contre la Turquie, envahissent les provinces danubiennes. Joseph II a repoussé fièrement la médiation du nouveau roi de Prusse. Il voit dans cette guerre une occasion de réparer toutes les pertes de la maison d'Autriche. En 1770, il avait failli déclarer la guerre à la Russie pour sauver l'empire ottoman; en 1787, il déclare le démembrement de cet empire nécessaire à l'honneur de l'Autriche. Il convoite la Valachie et la Moldavie; on dit même qu'il songe à rendre héréditaire dans sa famille un nouvel empire romain d'Occident, pendant que la czarine eût relevé pour les Russes l'empire romain d'Orient. Il est certain que dans une de ces entrevues de Mohilew, de Kherson ou de Saint-Pétersbourg, qui ressemblent si fort à celle d'Erfürt en 1808, Catherine offrait à Joseph II Rome et l'Italie. La Prusse, qui par le premier partage de la Pologne avait cru sauver la Turquie d'Europe, s'effraie de cette alliance des deux empires, met sur pied ses armées contre l'Autriche et contre la Russie, en appelle aux puissances maritimes, et pousse les Polonais eux-mêmes à secouer le joug des Russes. Mais après la mort de Joseph II, Léopold, son frère et son successeur à l'Empire, s'empresse de désarmer la Prusse par la convention de Reichenbach (1790) et de signer la paix de Sistowa avec les Turcs (1791), pour se donner le temps de pacifier les Pays-Bas et la Hongrie révoltés. Ce sont là les derniers actes de l'ancienne politique. Les puissances du nord et de l'est seront désormais plus libres et mieux unies pour achever le démembrement de la Pologne et lutter contre la Révolution française. La rivalité de Vienne et de Berlin sera suspendue par la querelle de la France et de l'Europe, et la guerre de dynasties par la guerre de principes.

Telle est en 1789 la situation politique de l'Europe. Au-dessus des états ou groupes d'états secondaires, la Hollande et la Suède abaissées, le Danemark isolé, la Pologne déjà démembrée, la Turquie réduite à se défendre, l'Italie divisée, l'Espagne sans force au dehors et le Portugal asservi à la domination étrangère, on voit dominer les cinq grandes puissances qui vont diriger la politique moderne : France, Angleterre, Autriche, Prusse et Russie.

TABLE DES CHAPITRES.

	Pages

CHAPITRE I. — Géographie politique de l'Europe en 1610 5
 § 1. — Europe occidentale et méridionale: France, Angleterre, Provinces-Unies, Italie, Espagne. 6
 § 2. — Europe occidentale et septentrionale : Allemagne, États scandinaves, Pologne et Russie. — Empire ottoman . 9

CHAPITRE II. — Louis XIII ; États généraux de 1614 ; Richelieu ; Sa lutte contre les protestants et contre la noblesse 14
 § 1. — Régence de Marie de Médicis. — Concini. — Première révolte des huguenots et des seigneurs. — Traité de Sainte-Menehould (1614) 15
 § 2. — Majorité de Louis XIII. — États généraux de 1614. — Deuxième révolte de Condé ; traité de Loudun (1616). — Arrestation de Condé. — Meurtre de Concini (1617). . 19
 § 3. — D'Albert de Luynes. — Révoltes de la reine mère ; traités d'Angoulême et d'Angers (1619-1620). — Révolte des huguenots ; siége de Montauban ; mort de Luynes (1621) ; traité de Montpellier (1622) 25
 § 4. — Entrée de Richelieu au ministère. — Sa politique intérieure et extérieure. — Paix de Monçon (1626). — Abaissement des grands ; complots de Gaston ; exécution de Chalais. — Assemblée des notables (1626) 29
 § 5. — Nouvelle guerre avec les protestants. — Siége de La Rochelle (1628). — Paix d'Alais (1629). — Guerre pour la succession de Mantoue (1629-1631). — Diète de Ratisbonne (1630). 33
 § 6. — Journée des Dupes (1630). — Révolte de Gaston. — Exécution de Marillac. — Insurrection du Languedoc ; exécution de Montmorency 36
 § 7. — Dernières révoltes des grands. — Intervention directe de la France dans la guerre de Trente Ans. — Gaston et le comte de Soissons. — Cinq-Mars. — Mort de Richelieu et de Louis XIII (1642-1643) 40

§ 8. — Administration intérieure de Richelieu. — Création des intendants. — Soumission de la noblesse et du parlement. — Législation. — Finances. — Armée et marine. — Commerce et colonies. — Principales institutions. — Etat des lettres : Corneille et Descartes ; fondation de l'Académie française. 43

CHAPITRE III. — La guerre de Trente ans ; paix de Wesphalie.................. 50

§ 1. — L'Allemagne depuis la paix d'Augsbourg jusqu'en 1618. — Introduction du calvinisme en Allemagne. — Causes de la guerre de Trente Ans. — L'union évangélique et la ligue catholique 52

§ 2. — Les Etats scandinaves et slaves de 1580 à 1618. — La Réforme luthérienne en Danemark et en Suède. — Luttes de la Suède contre le Danemark, la Pologne et la Russie. — Avènement des Romanow en Russie. — Gustave-Adolphe . 58

§ 3. — Guerre de Trente Ans. — Période palatine (1618-1625). — Défaite de l'Electeur palatin et de l'union évangélique. — Soumission de la Bohême à l'Autriche. — Mansfeld et Christian de Brunswick 63

§ 4. — Période danoise (1625-1629). — Waldstein. — Défaite du roi de Danemark à Lutter et paix de Lübeck (1629). — Edit de restitution. — Diète de Ratisbonne (1630). . . . 66

§ 5. — Période suédoise (1630-1635). — Campagnes de Gustave-Adolphe ; sa mort à Lützen (1632). — Meurtre de Waldstein. — Défaite des Suédois à Nordlingen (1634). — Traité de Prague (1635) 70

§ 6. — Période française (1635-1648). — Alliances de Richelieu. — Invasion de la France (1636). — Bernard de Saxe-Weimar. — Conquête de l'Alsace, de l'Artois et du Roussillon. — Victoires des Suédois en Allemagne ; Banner et Torstenson. — Victoires de Condé à Rocroi (1643), à Fribourg (1644), à Nordlingen (1645), à Lens (1648). — Campagne de Turenne et de Wrangel en Allemagne. — Fin de la guerre de Trente Ans 76

§ 7. — Paix de Westphalie (1648). — Congrès de Munster et d'Osnabrück. — Acquisitions de la France et de la Suède. — Clauses relatives à la religion. — Indépendance des Etats de l'Empire. — Exécution et conséquences des traités de Westphalie 83

CHAPITRE IV. — Les Stuarts en Angleterre. — Révolution de 1648. — Olivier Cromwell 91

§ 1. — Avènement des Stuarts en Angleterre : Jacques Ier (1603-1625). — Le droit divin des rois. — Abandon de la politique d'Elisabeth. — Conspiration des poudres (1605). — Lutte entre la couronne et le parlement. — Gouvernement des favoris. 93

§ 2. — Charles Ier (1625). — Continuation de la lutte de la couronne avec les parlements. — Bill de la pétition des droits (1628). — Assassinat de Buckingham. — Dissolution du troisième parlement (1629). — Charles Ier gouverne en s'appuyant sur l'Eglise épiscopale. — Laud et Strafford. — Persécutions religieuses et émigrations. — Procès de Hampden. — Covenant d'Ecosse (1638). — Le quatrième ou court parlement (1640). 98

§ 3. — Le cinquième ou Long parlement s'empare du pouvoir (1640). — Procès de Strafford. — Massacre des protestants d'Irlande. — Commencement de la guerre civile. — Le roi installe son gouvernement à York. — Essex chef de l'armée parlementaire. — Débuts de Cromwell. — Défaite de Charles Ier à Newbury (1643) 104

§ 4. — Divisions des Presbytériens et des Indépendants. — Victoire de Cromwell à Marston-Moor. — Deuxième bataille de Newbury. — Bill du renoncement. — Prédominance des Indépendants et de l'armée. — Défaite du roi à Naseby et ruine du parti royaliste. — Charles Ier, réfugié chez les Ecossais, est vendu au parlement. 110

§ 5. — Domination de Cromwell. — Les niveleurs. — Cromwell dompte la réaction royaliste. — Procès et mort de Charles Ier. — Abolition de la royauté (1648) . . . 114

§ 6. — République anglaise. — Proclamation de Charles II en Ecosse. — Victoires de Cromwell à Dunbar et à Worcester (1650-1651). — Fuite du prétendant. — Soumission de l'Ecosse et de l'Irlande.—Politique extérieure de Cromwell; acte de navigation ; guerre avec la Hollande. — Ambition de Cromwell; dissolution du Long parlement 119

§ 7. — Le parlement Barebone. — Proclamation du Protectorat. — Puissance extérieure de l'Angleterre. — Lutte de Cromwell contre les Communes. — Sa mort (1658). — Abdication de Richard Cromwell. — Monk et la restauration des Stuarts (1660) 124

CHAPITRE V. — Minorité de Louis XIV. — Le Parlement de Paris et la Fronde. — Guerre contre l'Espagne. — Traité des Pyrénées. 130

§ 1. — Régence d'Anne d'Autriche. — Cabale des Importants. — Mazarin.—Résistance du Parlement à l'autorité royale.— Arrêt d'union des cours souveraines. — Journée des Barricades (août 1648). — Déclaration de Saint-Germain (oct. 1648) 131

§ 2. — Guerre de la Fronde. — La Fronde parlementaire; paix de Rueil (1649). — La Fronde des Princes ou des Petits-Maîtres ; arrestation de Condé et des princes (1650). — Union des deux Frondes contre Mazarin ; exil de Mazarin et retour de Condé (1651). 137

§ 3. — Nouvelle révolte de Condé et guerre ouverte contre le roi ; retour de Mazarin ; combat du faubourg Saint-Antoine (1652). — Massacres de l'Hôtel de Ville. — Fin de la Fronde. — Rentrée du roi et de Mazarin à Paris (1652-1653). 141

§ 4. — Guerre avec l'Espagne. — Bataille d'Arras (1654). — Alliance de Mazarin avec Cromwell (1657). — Bataille des Dunes (1658). — Ligue du Rhin. — Traité des Pyrénées (1659). — Mort de Mazarin (1661). — Son administration intérieure 145

CHAPITRE VI. — Situation politique de l'Europe en 1661 151
§ 1. — Europe occidentale et méridionale : France, Espagne, Italie, Angleterre, Provinces-Unies 152
§ 2. — Europe centrale et septentrionale : Allemagne, États Scandinaves, Pologne et Russie. — Empire ottoman. . . 156

CHAPITRE VII. — Gouvernement personnel de Louis XIV. — Colbert et Louvois. — Guerre de dévolution. — Paix d'Aix-la-Chapelle. 160
§ 1. — Gouvernement personnel de Louis XIV. — Disgrâce de Fouquet. 161
§ 2. — Ministère de Colbert. — Réforme des finances. — Encouragements à l'agriculture et à l'industrie. — Commerce intérieur et extérieur. — Colonies. — Marine militaire. — Police. — Beaux-arts 164
§ 3. — Ministère de Louvois. — Centralisation militaire. — Instruction de l'armée. — Organisation des différents corps. — Nouveau système d'administration militaire. — Vauban. — Lionne ; affaires étrangères. 171
§ 4. — Premiers actes de la politique de Louis XIV. — Guerre de dévolution. — La triple alliance. — Paix d'Aix-la-Chapelle (1668) 176

CHAPITRE VIII. — Guerre de Hollande. — Conquête de la Franche-Comté. — Paix de Nimègue. — Chambres de réunion. — Révocation de l'édit de Nantes. 183
§ 1. — Causes de la guerre de Hollande. — Alliances de la France. — Invasion des Provinces-Unies (1672). — Révolution de Hollande; Guillaume d'Orange. — Coalition contre Louis XIV. — Grande alliance de La Haye (1673). . . 184
§ 2. — Guerre générale. — Conquête de la Franche-Comté 1674). — Campagne de Condé aux Pays-Bas: victoire de Senef. — Campagne de Turenne en Alsace (1674-1675); Sa mort. — Défaite des Suédois à Fehrbellin (1675). — Dernière campagne de Condé en Alsace. — Victoires navales de Duquesne (1676). — Campagne de 1677. — Traité de Nimègue (1678). — Pacification générale 192
§ 3. — Apogée du règne de Louis XIV. — Chambres de réunion. — Occupation de Strasbourg (1681). — Formation d'une nouvelle coalition (1681-1682), et trêve de Ratisbonne (1684). — Bombardement d'Alger et de Gênes. — Politique de Louis XIV à l'égard de la papauté ; déclaration du clergé de 1682. 199
§ 4. — Révocation de l'édit de Nantes (1685). — Formation de la ligue d'Augsbourg (1686). — Intervention de Louis XIV en Allemagne. — Coalition générale contre la France. . . 205

CHAPITRE IX. — Révolution de 1688 en Angleterre. — Guillaume III. — Guerre de la Ligue d'Augsbourg. — Traité de Ryswick 211

§ 1. — Charles II (1660-1685). — Ministère de Clarendon. — Rétablissement de l'église épiscopale. — Guerre avec la Hollande (1662-1667). — La Cabal. — Traité de Douvres (1670). — Opposition du Parlement ; bill du Test (1673). — Bill d'*habeas corpus* (1679). — Révolte d'Ecosse. — Les whigs et les tories. — Conspiration de Rye-House (1683). — Triomphe de la réaction monarchique 212

§ 2. — Jacques II (1685). — Opposition de l'aristocratie et de l'église anglicane aux tendances catholiques de Jacques II. — Procès des évêques (1687). — Révolution protestante de 1688 ; Guillaume III. — Déclaration des droits (1689). 221

§ 3. — Guerre de la Ligue d'Augsbourg (1687). — Lutte maritime contre l'Angleterre. — Expédition d'Irlande (1689-1690). — Défaite de la Hogue (1692). — Bataille de Lagos (1693). 227

§ 4. — Guerre continentale. — Incendie du Palatinat (1689). — Campagnes de Catinat en Italie ; victoires de Staffarde et de la Marsaille (1690-1693). — Campagnes de Luxembourg aux Pays-Bas ; victoires de Fleurus, Steinkerke et Neerwinde (1690-92-93). — Traité de Turin (1696). — Paix de Ryswick (1697) 231

CHAPITRE X. — Guerre de la Succession d'Espagne. — Traité d'Utrecht 237

§ 1. — Négociations relatives à la succession d'Espagne — Traités de partage (1698-1700). — Mort de Charles II et avènement de Philippe d'Anjou (1700). — Grande alliance de La Haye (1701) 238

§ 2. — Guerre de la succession d'Espagne. — Défaites de Catinat et victoires de Vendôme en Italie (1701-1702). — Villars en Allemagne ; victoires de Friedlingen et de Hochstœdt (1702-1703). — Défection de la Savoie. — Bataille navale de Vigo et défection du Portugal. — Insurrection des Cévennes. — Défaite de Hochstœdt (1704) et perte de l'Allemagne. — Prise de Gibraltar par les Anglais. — Défaites de Ramillies et de Turin (1706) ; perte des Pays-Bas et de l'Italie. 245

§ 3. — Succès de Berwick en Espagne ; victoire d'Almanza (1707). — Succès de Tessé en Provence et de Villars sur le Rhin. — Charles XII à Altranstadt. — Défaite d'Oudenarde (1708). — Détresse de la France (1709). — Défaite de Malplaquet. — Conférences de Gertruidenberg. — Victoire de Vendôme à Villaviciosa (1710) 251

§ IV. — Disgrâce de Marlborough et avènement des tories en Angleterre. — Avènement de Charles VI à l'Empire (1711). — Préliminaires de Londres. — Prise de Rio de Janeiro par Duguay-Trouin. — Victoire de Denain (1712). — Traité d'Utrecht (1713). — Traités de Rastadt, de Baden (1714) et de la Barrière (1715). — Mort de Louis XIV. . . . 256

CHAPITRE XI. — Caractère du gouvernement de Louis XIV. — Institutions et fondations de son règne 263

Pages.

§ 1. — Caractère du gouvernement de Louis XIV. — Soumission de toutes les classes et des parlements à l'autorité royale. — Suppression des libertés politiques et des franchises municipales. — Querelles du jansénisme et Bulle *Unigenitus* . . . 254

§ 2. Résumé des institutions et fondations du règne de Louis XIV. — Travaux législatifs. — Commencement de réaction contre le pouvoir absolu. 260

CHAPITRE XII. — Tableau des lettres, des sciences et des arts en France pendant le règne de Louis XIV. 275

§ 1. — Prépondérance universelle de la France au XVII° siècle. — Période littéraire antérieure à l'avènement réel de Louis XIV. — Influence personnelle du roi sur la littérature de son règne. 276
§ 2 — Les prosateurs et les poëtes. 279
§ 3. — Les érudits. — Les historiens 283
§ 4. — Les philosophes. — Progrès des sciences. 286
§ 5. — Les beaux-arts. 289
§ 6. — Réaction littéraire des dernières années de Louis XIV. 291

CHAPITRE XIII. — Lutte de la Suède et de la Russie. — Charles XII et Pierre le Grand. . . . 293

§ 1. — La Suède, le Danemark et la Pologne depuis le traité de Westphalie jusqu'à l'avènement de Charles XII (1648-1697). — Révolutions despotiques du Danemark et de la Suède. — Anarchie de la Pologne. 294
§ 2. — La Russie sous les Romanow. — Pierre le Grand (1689). — Son voyage en Europe (1697). — Extermination des Strelitz (1698). — Ses premières conquêtes sur la mer Noire et ses premières réformes. 299
§ 3. — Avènement de Charles XII (1697) et coalition contre la Suède (1700). — Traité de Travendal avec le Danemark (1700). — Défaite des Russes à Narva. — Invasion et occupation de la Pologne (1701-1706); Stanislas Leczinski. — Charles XII à Altranstadt. 304
§ 4. — Conquêtes des Russes sur la Baltique et fondation de Saint-Pétersbourg (1703). — Invasion de la Russie par Charles XII; sa défaite à Pultava (1709) et sa fuite en Turquie. — Traité du Pruth (1711). — Nouvelle coalition contre la Suède. — Retour de Charles XII à Stralsund (1714). — Sa mort (1718). — Traités de Stockholm et de Nystadt (1720-1721) 307
§ 5. — Fin du règne de Pierre le Grand. — Son voyage à Paris (1717). — Condamnation et mort de son fils Alexis (1718). — Dernières réformes et fondations de Pierre le Grand. — Son gouvernement autocratique. — Sa mort (1725). . . . 311

CHAPITRE XIV. — Géographie politique de l'Europe en 1715-1721. 317

§ 1. — Europe occidentale : France, Angleterre et Provinces-Unies, Espagne et Portugal. 318
§ 2. — Italie — Allemagne. — États Scandinaves. — Russie. — Pologne. — Empire ottoman. 321

CHAPITRE XV. — Louis XV. — Régence du duc d'Orléans. — Système de Law. — Ministère du cardinal de Fleury. — Guerre de la Succession de Pologne. — Traité de Vienne 325

§ 1. — Régence du duc d'Orléans (1715-1723.) — Dubois. — Réaction contre la politique de Louis XIV. — Alliance avec l'Angleterre contre l'Espagne. — Plans d'Albéroni. — La triple et la quadruple alliance (1717-1718). — Guerre avec l'Espagne (1719-1720). — Traité de Madrid (1720). . . 326

§ 2. — Révolution financière. — Système de Law (1716-1720). — Premier essai du crédit public. — Exagération et chute du Système. — Corruption des mœurs. — Peste de Marseille (1720) 331

§ 3. — Ministère et mort du cardinal Dubois (1723).—Mort du duc d'Orléans. — Ministère du duc de Bourbon (1723-1726). — Mariage de Louis XV et de Marie Leczinska (1725). — Ministère du cardinal Fleury (1726). —Réconciliation de la France et de l'Espagne. — Reconnaissance des Bourbons d'Espagne par la maison d'Autriche (1731). . . . 337

§ 4. — Guerre de la succession de Pologne (1733). — Guerre contre l'Autriche sur le Rhin et en Italie. — Traité de Vienne (1738). 343

CHAPITRE XVI. — Guerre de la Succession d'Autriche. — Progrès du royaume de Prusse. — Frédéric II. — Traité d'Aix-la-Chapelle. 348

§ 1. — Mort de Charles VI et avènement de Marie-Thérèse (1740). — Les prétendants à la succession d'Autriche. . . 349

§ 2. — Formation et progrès du royaume de Prusse. — Le grand-électeur Frédéric-Guillaume (1640-1688). — Frédéric III (1688-1713), roi de Prusse en 1701 sous le nom de Frédéric Ier. 352

§ 3. — Frédéric-Guillaume Ier (1713-1740). — Organisation militaire de la Prusse. — Politique et acquisitions de Frédéric-Guillaume. — Puissance de la Prusse en 1740. . . . 356

§ 4. — Frédéric II. — Invasion de la Silésie et bataille de Molwitz. — Traité de Nymphenbourg et coalition contre l'Autriche (1741). — Invasion de la Bohême par les Français et l'électeur de Bavière (Charles VII). — Traité de Breslau entre Frédéric II et Marie-Thérèse (1742).—Désastres et retraite de l'armée française. 361

§ 5. — Alliance de l'Angleterre et de l'Autriche. — Défaite des Français à Dettingen et ligue de Worms (1743). — Campagne de Louis XV aux Pays-Bas (1744). — Ligue de Francfort. — Invasion et perte de la Bohême par Frédéric II. — Mort de l'électeur de Bavière (Charles VII) et traité de Füssen. — Bataille de Fontenoy (1745) — Election de François Ier. — Traité de Dresde (1745). 366

§ 6. — Lutte maritime de la France et de l'Espagne contre l'Angleterre (1740-1748). — Campagne des Pays-Bas : victoires des Français à Raucoux et à Lawfeld (1747).—Revers en Italie; défaite de Plaisance (1746). — Investissement de Maestricht. — Paix d'Aix-la-Chapelle (1748). 371

CHAPITRE XVII. — Guerre de Sept ans. — Traité de Paris. — Perte des colonies françaises. 376

§ 1. — L'Allemagne et la France depuis la guerre de la Succession d'Autriche jusqu'à la guerre de Sept ans. — Dupleix aux Indes orientales. 377

§ 2. — Causes de la guerre de Sept Ans. — Hostilités des Français et des Anglais en Amérique. — Conquête de Minorque (1756). — Renversement des alliances européennes. — Traité de Versailles entre la France et l'Autriche. — Coalition contre la Prusse 382

§ 3. — Premiers succès de Frédéric II contre les Saxons. — Capitulation de Pirna (1756). — Invasion de la Bohême; bataille de Prague et défaite de Frédéric II à Kollin (1757). — Capitulation des Anglais à Closterseven. — Situation désespérée du roi de Prusse. — Victoires de Frédéric II à Rosbach et à Leuthen (1757) 386

§ 4. — Campagne de 1758; batailles de Crevelt, de Zorndorf et de Hochkirchen. — Campagne de 1759; batailles de Bergen, de Minden et de Künnersdorf. — Bataille navale de Lagos et destruction de la flotte de Brest. — Campagne de 1760; batailles de Liegnitz, de Torgau, de Corbach et de Clostercamp 391

§ 5. — Perte des colonies françaises. — Campagne de 1761; prise de Schweidnitz et de Colberg. — Pacte de famille. — Campagne de 1762; batailles de Bürkersdorf et de Freyberg. —Traités de Paris et de Hubertsbourg (1763). . . . 397

§ 6. — L'Empire et la Prusse après la guerre de Sept Ans. — Gouvernement et politique de Frédéric II 402

CHAPITRE XVIII. — Fin du règne de Louis XV. — Réunion de la Lorraine et de la Corse.— Suppression des Parlements 410

§ 1. — Gouvernement intérieur de la France depuis la mort de Fleury. — Madame de Pompadour. — Projets de Machault. 411

§ 2. — Ministère de Choiseul (1758-1770). — Suppression de l'ordre des Jésuites. — Réunion de la Lorraine à la France. — Réformes de Choiseul 413

§ 3. — Politique extérieure de Choiseul. — Acquisition de la Corse (1768). — Procès du duc d'Aiguillon. — Renvoi de Choiseul (1770) 417

§ 4. — Le triumvirat : Maupeou, d'Aiguillon, Terray. — Suppression des parlements (1771). — Mort de Louis XV (1774). 420

CHAPITRE XIX. — Tableau des lettres, des sciences et des arts au dix-huitième siècle. — Les Philosophes et les Économistes. — Les princes réformateurs 424

§ 1. — Etat des esprits au XVIIIe siècle. — Les philosophes. — Voltaire, Montesquieu, Rousseau. — Les économistes. 425

§ 2. — Décadence des beaux-arts. — Progrès et applications des sciences. — Découvertes géographiques. . . . 433

§ 3. — Influence des idées françaises en Europe. — Les ministres et les princes réformateurs. — Pombal. — Charles III. — Tanucci. — Léopold. — Frédéric II. — Gustave III. — Marie-Thérèse et Joseph II. 439

CHAPITRE XX. — Catherine II. — Partage de la Pologne. — Guerres de la Russie contre la Suède et la Turquie 448

§ 1. — Catherine Ire (1725). — Pierre II (1727). — Anne Ivanowna (1730). — Ivan VI (1740). — Elisabeth (1740-1762). — Pierre III. — Avénement de Catherine II (1762). 449

§ 2. — Projets de Catherine II sur la Pologne et sur la Turquie. — Election de Stanislas Poniatowski (1764). — Confédération de Bar (1768). — Première guerre contre les Turcs (1769). — Victoires des Russes sur le Danube. — Entrevue de Frédéric II et de Joseph II à Neisse (1769). — Destruction de la flotte turque à Tchesmé (1770). — Victoires des Russes en Pologne 456

§ 3. — Négociations entre la Prusse, l'Autriche et la Russie pour le démembrement de la Pologne. — Premier partage de la Pologne (1772-1773). 461

§ 4. — Fin de la guerre contre les Turcs ; traité de Kaïnardji (1774). — Supplice de Pugatcheff (1775). — Puissance de Catherine II. — Potemkin. — La neutralité armée (1780). — Soumission de la Crimée (1783-1784). — Nouvelle guerre contre les Turcs (1787) et contre la Suède (1788-1790). — Traités de Wereloe et d'Iassy (1790-1791) 466

§ 5. — Constitution polonaise de 1791. — Deuxième partage de la Pologne (1793). — Kosciusko. — Troisième partage de la Pologne (1795). — Mort de Catherine II (1796). 470

§ 6. — Gouvernement de Catherine II. — Constitution du Sénat. — Nouvelle division du territoire et des magistratures. — Hiérarchie des classes. — Enseignement public. — Liberté des cultes. — Protection du commerce. 474

CHAPITRE XXI. — Puissance maritime et coloniale de l'Angleterre. — Conquêtes des Anglais aux Indes Orientales. — Régime colonial 479

§ 1. — Origine de la puissance coloniale de l'Angleterre en Asie. — Compagnie des Indes Orientales. — Démembrement de l'empire du Grand-Mogol. — Etablissements français aux Indes 480

§ 2. — Gouvernement de l'Angleterre au XVIIIe siècle. — La reine Anne (1702-1714). — Avénement de la maison de Hanovre. — George Ier (1714). — George II (1727). — Politique de Robert Walpole. 484

§ 3. — Guerre maritime avec l'Espagne et la France. — Expédition de Charles-Edouard en Ecosse (1745-1746); bataille de Culloden. — Paix d'Aix-la-Chapelle (1748). . 488

§ 4. — L'Angleterre pendant la guerre de Sept Ans. — Administration de William Pitt. — George III (1760). — Ministère de lord Bute. — Traité de Paris (1763) 492

§ 5. — Les Anglais au Bengale. — Le colonel Clive. — Bataille de Plassey (1759).—Défaite de Lally-Tollendal (1761) et ruine des établissements français aux Indes. — Progrès des Anglais dans le Dekkan et le Carnatic. 495

§ 6. — Débats du Parlement sur le gouvernement des colonies. — Le Bill régulateur (1773). — Administration de Warren Hastings. — Guerre du Mysore. — Hayder Ali. — Traité de Mangalore (1784). 499

§ 7. — Nouveau régime colonial (1784). — Procès de Hastings. — Défaite et mort de Tippou-Saëb (1799). — Conquête du Mysore. — Extension de la domination anglaise dans l'Indoustan. 503

CHAPITRE XXII. — Progrès et soulèvement des colonies d'Amérique. — Guerre de l'indépendance des États-Unis — Traité de Versailles 506

§ 1. — Origine des colonies anglaises de l'Amérique. — Leur résistance aux impôts votés par le Parlement. — Bill du timbre. — Taxe du thé. — Convention de Boston. . . 507

§ 2. — Soulèvement de Boston. — Congrès de Philadelphie (1774). — Commencement de la guerre d'Amérique. — Combat de Lexington (1775). — George Washington. — Déclaration d'indépendance des États-Unis (1776) . . . 513

§ 3. — Prise de New-York et de Philadelphie par les Anglais. — Capitulation de Burgoyne à Saratoga (1777). — Alliance de la France et des États-Unis (1778). — Rejet du bill conciliatoire 517

§ 4. — Guerre maritime de la France et de l'Angleterre. — Bataille d'Ouessant (1778). — Expéditions du comte d'Estaing en Amérique. — Adhésion de l'Espagne à l'alliance américaine (1779). — Tentatives des flottes alliées sur les côtes d'Angleterre. — Echec de d'Estaing à Savannah. — Soumission de la Géorgie par les Anglais. — Prise de Charlestown (1780). 521

§ 5. — La neutralité armée (1780). — Guerre de l'Angleterre et de la Hollande. — Capitulation des Anglais à Yorktown (1781). — Bataille des Saintes (1782) — Siége de Gibraltar (1779-1782). — Victoires du bailli de Suffren aux Indes. — Traité de Versailles (1783). 524

§ 6. — L'Amérique après la guerre de l'indépendance. — Constitution des États-Unis. — Présidence de Washington. 528

CHAPITRE XXIII. — Louis XVI. — Turgot et Malesherbes. — Necker. — Assemblée des notables. — Convocation des États généraux 533

§ 1. — Avénement de Louis XVI (1774). — Situation intérieure de la France. — Ministère de Maurepas. — Turgot et Malesherbes. — Réformes et chute de Turgot (1776). . . 534

§ 2. — Necker. — Son administration financière. — Le compte rendu. — Renvoi de Necker (1781). — Derniers succès de la diplomatie française. 540

§ 3. — Ministère de Calonne. — Procès du Collier. — Assemblée des Notables (1787). — Ministère de Brienne. — Lutte de la Cour et du Parlement. — Rappel de Necker (1788). — Convocation des États généraux 544

www.ingramcontent.com/pod-product-compliance
Lightning Source LLC
Chambersburg PA
CBHW060508230426
43665CB00013B/1435